Haberland, Eingliederung von Aussiedlern und Zuwanderern

Haberland

Eingliederung von Aussiedlern und Zuwanderern

Sammlung von Texten, die für die Eingliederung von Aussiedlern aus den osteuropäischen Staaten und von Zuwanderern aus der DDR und aus Berlin (Ost) von Bedeutung sind

Bearbeitet von Jürgen Haberland
Ministerialrat im
Bundesministerium des Innern

Heggen-Verlag, Leverkusen

© 1988 Heggen-Verlag, Leverkusen
4. überarbeitete und erweiterte Auflage
ISBN 3-927 448-00-1

VORWORT

Die hiermit vorgelegte Sammlung soll die Arbeit bei der Eingliederung der deutschen Aussiedler aus den osteuropäischen Staaten sowie der Zuwanderer aus der DDR und aus Berlin (Ost) erleichtern. Sie wendet sich an die Mitarbeiter in den Behörden sowie bei den Verbänden und schließlich an jeden, der mit der Betreuung der Aussiedler und Zuwanderer befaßt ist.

Die Einleitung ist ebenso gegliedert wie die nachfolgende Textsammlung; sie soll dem Leser einen kurzgefaßten Überblick über die angesprochenen Bereiche geben. Die Textsammlung beginnt mit der Wiedergabe von Dokumenten, die eine Grundlage für die Aussiedlung aus den osteuropäischen Staaten bilden. Abschließend werden die Maßnahmen der Bundesregierung im Rahmen des Programms zur Eingliederung von Aussiedlern und Zuwanderern vom 12. Mai 1976 dargestellt. Des weiteren werden Gesetze, Verordnungen, Richtlinien, Beschlüsse und Merkblätter wiedergegeben, die für die Eingliederung von Bedeutung sind.

Ein Teil dieser Texte war bisher nicht veröffentlicht. Andere Texte waren nur schwer zugänglich, weil sie an einer Vielzahl von Stellen abgedruckt und nicht in einem Sammelwerk zusammengestellt worden waren. Das führte dazu, daß die umfassende Beratung von Aussiedlern und Zuwanderern über die ihnen zustehenden Rechte im Einzelfall immer wieder auf Schwierigkeiten stoßen konnte. Diesem Zustand soll durch diese Sammlung abgeholfen werden, die den vom Bundesminister des Innern herausgegebenen „Wegweiser für Aussiedler", der sich in erster Linie an die Betroffenen wendet, ergänzt. Den einzelnen Abschnitten sind daher Hinweise auf die entsprechenden Abschnitte des „Wegweisers" vorangestellt.

Aus Raumgründen konnten nicht alle einschlägigen Vorschriften abgedruckt werden. Hierbei wurde überwiegend auf die Aufnahme solcher Bestimmungen verzichtet, die ohne Schwierigkeiten zugänglich sind.

Hinweise für Ergänzungen und Verbesserungen werden gern entgegengenommen.

Bonn, im Juni 1978

VORWORT ZUR 4. AUFLAGE

Seit dem Erscheinen der 3. Auflage im Jahre 1983 sind die Bestimmungen im Bereich der Eingliederung von Aussiedlern und Zuwanderern erneut tiefgreifenden Änderungen unterworfen gewesen. So wurden etwa neue Rechtsgrundlagen für die Gewährung einer Überbrückungshilfe, die Erstattung von Rückführungskosten und die Sprachförderung geschaffen.

Zur Durchführung des § 1 Abs. 2 Nr. 3 BVFG („Vertreibungsdruck") wurden in den Ländern übereinstimmende Bestimmungen erlassen. Die bisherigen Garantiefondsrichtlinien des Bundesministers für Jugend, Familie, Frauen und Gesundheit wurden mit Wirkung vom 1. August 1988 durch zwei getrennte Richtlinien für den Schul- und Berufsbildungsbereich und für den Hochschulbereich abgelöst. An die Stelle der BMJFFG-Richtlinien vom 22. Juni 1978 trat das Akademikerprogramm des Bundesministers für Bildung und Wissenschaft. Diese Änderungen sind in der Neuauflage berücksichtigt. Zusätzlich aufgenommen wurden u. a. Auszüge aus Internationalen Verträgen und Deklarationen, auf denen die Aussiedlung beruht (unter 1.1), das Gesetz über die Deutsche Ausgleichsbank (11.3), das Kriegsgefangenenentschädigungsgesetz (16.1) und das Häftlingshilfegesetz (16.2). Dagegen wurde auf den Abdruck der Verwaltungsvorschrift des Innenministeriums Baden-Württemberg zur Durchführung des Bundesvertriebenengesetzes vom 15. April 1981, die derzeit überarbeitet und voraussichtlich im Jahre 1989 neu bekanntgemacht wird, verzichtet.

Die Einleitung ist grundlegend überarbeitet und in vielen Bereichen erweitert worden. Das Sonderprogramm der Bundesregierung zur Eingliederung von Aussiedlern und Zuwanderern vom 31. August 1988 konnte bereits berücksichtigt werden.

Allen Kollegen, die mich bei der Vorbereitung der 4. Auflage unterstützt haben, vor allem den Herren Ministerialrat Manfred Meissner und Oberamtsrat Heinz Berresheim aus der Unterabteilung VtK I des Bundesministeriums des Innern danke ich für viele wertvolle Hinweise.

Bonn, im September 1988   Jürgen Haberland

In einen Nachtrag (Seite 472ff sind drei Texte zu den Bereichen Wohnraumversorgung und Garantiefondsrichtlinien aufgenommen worden, die erst während der Drucklegung bekannt gegeben wurden.

INHALTSÜBERSICHT
Seite

VORWORT	5
ABKÜRZUNGSVERZEICHNIS	14
EINLEITUNG	18

1. **Grundlagen der Aussiedlung**
   - 1.1 Internationale Verträge und Deklarationen
     - 1.1.1 Allgemeine Erklärung der Menschenrechte vom 10. Dezember 1948 – Auszug – ... 70
     - 1.1.2 Internationaler Pakt zur Beseitigung jeder Form von Rassendiskriminierung vom 7. März 1966 (BGBl. 1969 II S. 961) – Auszug – ... 70
     - 1.1.3 Internationaler Pakt über bürgerliche und politische Rechte vom 19. Dezember 1966 (BGBl. 1973 II S. 1569) – Auszug – ... 71
     - 1.1.4 Schlußakte der Konferenz über Sicherheit und Zusammenarbeit in Europa (Helsinki 1975) – Auszug – ... 72
   - 1.2 Aussiedlung aus der Union der Sozialistischen Sowjetrepubliken
     Repatriierungserklärung vom 8. April 1958 ... 74
   - 1.3 Aussiedlung aus der VR Polen
     - 1.3.1 Information der Regierung der Volksrepublik Polen (Dezember 1970) ... 76
     - 1.3.2 Ausreiseprotokoll (9. Oktober 1975) ... 77
     - 1.3.3 Schreiben des Bundesministers des Auswärtigen, Hans-Dietrich Genscher, an den Außenminister der VR Polen, Stefan Olszowski, vom 9. März 1975 ... 78
     - 1.3.4 Schreiben des Außenministers der VR Polen an den Bundesminister des Auswärtigen vom 15. März 1976 ... 79
   - 1.4 Aussiedlung aus der CSSR
     Briefwechsel über humanitäre Fragen (11. Dezember 1973) ... 80

2. **Leistungen an Aussiedler und an Zuwanderer aus der DDR und aus Berlin (Ost) – Übersicht –** ... 81

3. **Aufnahme der Aussiedler und Zuwanderer in der Bundesrepublik Deutschland**
   - 3.1 Verordnung über die Bereitstellung von Durchgangslagern und über die Verteilung der in das Bundesgebiet aufgenommenen deutschen Vertriebenen auf die Länder des Bundesgebiets (Verteilungsverordnung) vom 28. März 1952 (BGBl. I S. 236) ... 94
   - 3.2 Grundsätze für die Aufnahme in der von der Arbeitsgemeinschaft der Landesflüchtlingsverwaltungen im Einvernehmen mit dem Bundesminister des Innern beschlossenen Fassung vom 19. Dezember 1986 ... 95

3.3	Richtlinie des Bundesministers des Innern für die Zahlung einer einmaligen Überbrückungshilfe der Bundesregierung vom 29. November 1985 (GMBl. 1986, S. 8), geändert durch Richtlinie vom 17. Dezember 1986 (GMBl. 1987, S. 20)	96
3.4	Richtlinie des Bundesministers des Innern über die Verrechnungsfähigkeit der Kosten der Rückführung gemäß § 15 des Ersten Gesetzes zur Überleitung von Lasten und Deckungsmitteln auf den Bund ... vom 4. Februar 1986 (GMBl. S. 87)	98
3.5	Gesetz über die Aufnahme von Deutschen in das Bundesgebiet (Aufnahmegesetz – AufnG) i. d. F. vom 23. Oktober 1961 (BGBl. I S. 1883), geändert durch Gesetz vom 18. Februar 1986 (BGBl. I S. 265)	100
3.6	Verordnung zur Durchführung des Aufnahmegesetzes vom 11. Juni 1951 (BGBl. I S. 381), geändert durch Gesetz vom 18. Februar 1986 (BGBl. I S. 265)	102

4. Rechtsstellung der Aussiedler und Zuwanderer

4.1	Gesetz über die Angelegenheiten der Vertriebenen und Flüchtlinge (Bundesvertriebenengesetz) i. d. F. vom 3. September 1971 (BGBl. I S. 1565), zuletzt geändert durch Gesetz vom 18. Februar 1986 (BGBl. I S. 265)	103
4.2	Richtlinien zur einheitlichen Anwendung des § 1 Abs. 2 Nr. 3 des Bundesvertriebenengesetzes (BVFG) (sog. Vertreibungsdruck), Runderlaß des Ministers für Arbeit, Gesundheit und Soziales des Landes Nordrhein-Westfalen vom 14. August 1986 (MBl. S. 1291)	139
4.3	Richtlinien zur Anwendung der §§ 3 und 4 des Bundesvertriebenengesetzes (BVFG), Runderlaß des Ministers für Arbeit, Gesundheit des Landes Nordrhein-Westfalen vom 10. Mai 1982 (MBl. S. 942)	144
4.4	Richtlinien zur Anwendung des § 6 des Bundesvertriebenengesetzes, Runderlaß des Ministers für Arbeit, Gesundheit und Soziales des Landes Nordrhein-Westfalen vom 20. Februar 1980 (MBl. S. 1782)	158
4.5	Richtlinien, betreffend Durchführung des § 13 des Bundesvertriebenengesetzes vom 20. Juli 1954 (GMBl. S. 418)	166
4.6	Flüchtlingshilfegesetz i. d. F. vom 15. Mai 1971 (BGBl. I S. 681), zuletzt geändert durch Gesetz vom 24. Juni 1985 (BGBl. I S. 1144)	174
4.7	Gesetz über den ehelichen Güterstand von Vertriebenen und Flüchtlingen vom 4. August 1969 (BGBl. I S. 1067)	182

5. Staatsangehörigkeit, Namensrecht

5.1	Artikel 116 des Grundgesetzes	184
5.2	Reichs- und Staatsangehörigkeitsgesetz vom 22. Juli 1913 (RGBl. S. 583), zuletzt geändert durch Gesetz vom 25. Juli 1986 (BGBl. I S. 1142) – Auszug –	185
5.3	Gesetz zur Regelung von Fragen der Staatsangehörigkeit vom 22. Februar 1955 (BGBl. I S. 65), geändert durch Gesetz vom 29. Juni 1977 (BGBl. I S. 1101)	186

		Seite 9
5.4	Richtlinien des Bundesministers des Innern für die Prüfung der Staatsangehörigkeit und Namensführung der Aussiedler vom 29. Juli 1976	192
5.5	Merkblatt des Bundesministers des Innern über Fragen der Staatsangehörigkeit und der Namensführung	198

6. Wohnraumversorgung, Wohngeld, Einrichtungsdarlehen

6.1	§§ 25, 26 des Zweiten Wohnungsbaugesetzes i. d. F. vom 11. Juli 1985 (BGBl. I S. 1284, 1661), zuletzt geändert durch Gesetz vom 25. Juli 1988 (BGBl. I S. 1093)	202
6.2	§§ 16, 17 des Wohngeldgesetzes i. d. F. vom 11. Juli 1985 (BGBl. I S. 1421, 1661)	204
6.3	Richtlinien für die Gewährung von zinsverbilligten Einrichtungsdarlehen an Aussiedler und Zuwanderer vom 20. September 1976 (Bundesanzeiger vom 30. September 1976, S. 1)	205
6.4	Rundschreiben des BMI vom 24. September 1976	209
6.5	Rundschreiben des BMI vom 1. Juni 1977	211
6.6	Rundschreiben des BMI vom 3. Oktober 1978	213
6.7	Rundschreiben des BMI vom 25. Oktober 1978	213
6.8	Rundschreiben des BMI vom 25. November 1978	214
6.9	Rundschreiben des BMI vom 6. Dezember 1978	214
6.10	Rundschreiben des BMI vom 19. Juli 1979	214
6.11	Rundschreiben des BMI vom 12. März 1984	215
6.12	Rundschreiben des BMI vom 26. März 1984	215
6.13	Rundschreiben des BMI vom 25. August 1987	216

7. Leistungen nach dem Arbeitsförderungsgesetz

7.1	Arbeitsförderungsgesetz vom 25. Juni 1969 (BGBl. I S. 582), zuletzt geändert durch Gesetz vom 14. Dezember 1987 (BGBl. I S. 2602) – Auszug –	216
7.2	Anordnung des Verwaltungsrats der Bundesanstalt für Arbeit über die individuelle Förderung der beruflichen Ausbildung (A Ausbildung) i. d. F. der 26. Änderungsanordnung vom 1. Oktober 1986 (ANBA S. 1458)	237
7.3	Anordnung des Verwaltungsrats der Bundesanstalt für Arbeit über die individuelle Förderung der beruflichen Fortbildung und Umschulung (A Fortbildung und Umschulung) i. d. F. der 16. Änderungsanordnung vom 17. Dezember 1987 (ANBA 1988 S. 254)	249
7.4	Arbeitslosenhilfeverordnung vom 7. August 1974 (BGBl I S. 1929), zuletzt geändert durch Art. 16 des Arbeitsförderungs- konsolidierungsgesetzes – AFKG – vom 22. Dezember 1981 (BGBl. I S. 1497)	260
7.5	Runderlaß des Präsidenten der Bundesanstalt für Arbeit, betr. Eingliederung der Aussiedler vom 2. August 1988 (Dienstblatt der Bundesanstalt für Arbeit 105/88)	264

8. Sprachförderung

8.1 §§ 62 a ff Arbeitsförderungsgesetz vom 25. Juni 1969 (BGBl. I S. 582), zuletzt geändert durch Gesetz vom 14. Dezember 1987 (BGBl. S. 2602) ... 267

8.2 Anordnung des Verwaltungsrats der Bundesanstalt für Arbeit über die Förderung der Teilnahme an Deutsch-Lehrgängen für Aussiedler, Asylberechtigte und Kontingentflüchtlinge (A Sprachförderung) vom 16. März 1988 (ANBA S. 700) ... 269

8.3 Runderlaß des Präsidenten der Bundesanstalt für Arbeit vom 10. März 1980, betr. Förderung der Teilnahme von Aussiedlern, Asylberechtigten und Kontingentflüchtlingen an Deutsch-Lehrgängen (Dienstblatt der Bundesanstalt für Arbeit 68/80) – Auszug – ... 271

8.4 Runderlaß des Präsidenten der Bundesanstalt für Arbeit zur Förderung der Teilnahme von Aussiedlern, Asylberechtigten und Kontingentflüchtlingen an Deutsch-Lehrgängen; hier: Änderung der Sprachförderungsverordnung vom 14. Dezember 1981 (ANBA 1982, S. 1) – Auszug – ... 279

8.5 Runderlaß des Präsidenten der Bundesanstalt für Arbeit zur Förderung der Teilnahme an Deutsch-Sprachlehrgängen für Aussiedler, Asylberechtigte und Kontingentflüchtlinge; hier: Achtes Gesetz zur Änderung des Arbeitsförderungsgesetzes vom 11. Dezember 1987 (Dienstblatt der Bundesanstalt für Arbeit 139/87) ... 281

9. Eingliederung in Schule und Beruf

9.1 Zweite Neufassung der Empfehlung der Kultusministerkonferenz zur Eingliederung von deutschen Aussiedlern in Schule und Berufsausbildung vom 17. November 1977 (GMBl. 1978, S. 76) ... 282

9.2 Richtlinien des Bundesministers für Jugend, Familie, Frauen und Gesundheit für die Vergabe von Beihilfen zur schulischen, beruflichen und gesellschaftlichen Eingliederung junger Aussiedler, junger Zuwanderer aus der DDR und Berlin (Ost) sowie junger ausländischer Flüchtlinge – sog. Garantiefonds – Schul- und Berufsbildungsbereich – (RL-GF-SB) vom 1. März 1988 (GMBl. S. 243) ... 289

9.3 Richtlinien des Bundesministers für Jugend, Familie, Frauen und Gesundheit für
 – die Gewährung von Zuwendungen an die Otto Benecke Stiftung e. V., Bonn, und
 – die Vergabe von Stipendien durch die Otto Benecke Stiftung an junge Aussiedler, junge Zuwanderer aus der DDR und Berlin (Ost) sowie junge ausländische Flüchtlinge zur Vorbereitung und Durchführung eines Hochschulstudiums – sog. Garantiefonds – Hochschulbereich – (RL-GF-H) vom 1. März 1988 (GMBl. S. 256) ... 308

9.4 Nebenbestimmungen für Zuwendungen zur Projektförderung aus dem Garantiefonds (NBest-P-GF) zu Nr. 16 der RL-GF-H (GMBl. 1988, S. 262) ... 320

Inhaltsübersicht Seite 11

9.5 Richtlinien des Bundesministers für Bildung und Wissenschaft über Zwendungen an die Otto Benecke Stiftung zur Förderung der Eingliederung von Zuwanderern aus der DDR und aus Berlin (Ost) und Aussiedlern mit abgeschlossenem Hochschulstudium (Akademikerprogramm)   323

9.6 Vereinbarung über die Berechnung der Gesamt- bzw. Durchschnittsnote der Hochschulzugangsberechtigung deutscher Aussiedler, Beschluß der Kultusministerkonferenz vom 9. September 1985 (GMBl. 1986, S. 351)   327

9.7 Vereinbarung über die Errechnung der Durchschnittsnote für Zeugnisse über die Hochschulzugangsberechtigung aus der DDR, Beschluß der Kultusministerkonferenz vom 8. Juli 1987 (GMBl. S. 455)   330

10. Anerkennung von Prüfungen und Befähigungsnachweisen

10.1 Grundsätze zur rechtlichen Handhabung der §§ 92 und 71 des Bundesvertriebenengesetzes sowie des § 7 Abs. 7 der Handwerksordnung des Bundesministers für Wirtschaft vom 26. November 1976   331

10.2 Beschluß der Kultusministerkonferenz zur Erteilung von Genehmigungen zur Führung ausländischer akademischer Grade sowie zur Führung entsprechender ausländischer Bezeichnungen vom 28. April 1977 i. d. F. vom 13. Mai 1985 (GMBl. S. 498)   349

10.3 Beschluß der Kultusministerkonferenz zur nachträglichen Graduierung/Diplomierung von Berechtigten nach dem Bundesvertriebenengesetz i. d. F. vom 25. Juni 1982 (GMBl. S. 559)   351

10.4 Rundschreiben des Bundesministers für Verkehr vom 10. Mai 1977 zur Erteilung der Fahrerlaubnis an Personen, die einen entsprechenden Anspruch nach § 92 des Bundesvertriebenengesetzes (BVFG) haben   352

11. Hilfen zur Gründung von selbständigen Existenzen

11.1 Wegweiser des Bundesministers für Wirtschaft für den Aufbau einer selbständigen Existenz in der gewerblichen Wirtschaft (aus dem vom Bundesminister des Innern herausgegebenen „Wegweiser für Aussiedler", Januar 1988)   352

11.2 Richtlinien für die Berücksichtigung bevorzugter Bewerber bei der Vergabe öffentlicher Aufträge (Vertriebene, Sowjetzonenflüchtlinge, Verfolgte, Evakuierte, Werkstätten für Behinderte und Blindenwerkstätten) i. d. F. vom 11. August 1975 (Bundesanzeiger vom 20. August 1975, S. 2), geändert durch Richtlinie vom 5. August 1981 (Bundesanzeiger vom 25. August 1981, S. 1)   355

11.3 Gesetz über die Deutsche Ausgleichsbank (Ausgleichsbankgesetz-AusglBankG) i. d. F. vom 23. September 1986 (BGBl. I S. 1544), geändert durch Gesetz vom 16. Dezember 1986 (BGBl. I S. 2478)   362

11.4 Übersicht über die wichtigsten Darlehens- und Bürgschaftsprogramme der Deutschen Ausgleichsbank   367

11.5 Richtlinien des Bundesministers für Wirtschaft für ERP-Darlehen zur Förderung der Existenzgründung   370

11.6 Allgemeine Bedingungen für die Vergabe von ERP-Mitteln (ERP-Vergabebedingungen)	371
11.7 Merkblatt der Deutschen Ausgleichsbank zum ERP-Existenzgründungsprogramm für Spätaussiedler und andere Spätberechtigte	373
11.8 Ergänzungsprogramm I der Deutschen Ausgleichsbank für kleine und mittlere Unternehmen sowie Angehörige wirtschaftsnaher freier Berufe	373
11.9 Ergänzungsprogramm II der Deutschen Ausgleichsbank für die Existenzgründung von Spätaussiedlern und anderen Spätberechtigten	374

12. Lastenausgleich

12.1 Merkblatt des Bundesausgleichsamts zum Lastenausgleich für Aussiedler – Erste Informationen – (Merkblatt BAA 21-84, aus dem vom Bundesminister des Innern herausgegebenen „Wegweiser für Aussiedler", Januar 1988)	375
12.2 Rundschreiben des Präsidenten des Bundesausgleichsamts betreffend Hausratsentschädigung für Spätaussiedler vom 29. November 1971	379

13. Steuerliche Vergünstigungen

13.1 §§ 7e, 10a, 33, 52 Abs. 22 des Einkommensteuergesetzes i. d. F. vom 27. Februar 1987 (BGBl. I S. 657), zuletzt geändert durch Gesetz vom 25. Juli 1988 (BGBl. I S. 1093)	380
13.2 § 33a Abs. 1 des Einkommensteuergesetzes 1953 i. d. F. vom 15. September 1953 (BGBl. I S. 1355)	383
13.3 Abschnitte 179, 184, 189, 193 der Einkommensteuer-Richtlinien (EStR 1987) vom 24. Februar 1988 (BStBl., Sondernummer 1/1988)	383

14. Eingliederung in die Landwirtschaft

14.1 Richtlinien des Bundesministers für Ernährung, Landwirtschaft und Forsten für die Gewährung von Darlehen und Beihilfen aus Bundeshaushaltsmitteln für die ländliche Siedlung nach dem Bundesvertriebenengesetz vom 31. März 1954 (MinBl. BML S. 4), zuletzt geändert durch Rundschreiben des BML vom 9. September 1969 (MinBl. BML S. 162)	387
14.2 Prioritätenregelung gemäß § 46 Abs. 4 und § 67 des Bundesvertriebenengesetzes (BVFG), zuletzt geändert durch Rundschreiben des BML vom 20. Dezember 1983 – 523 – 6160 – (Richtlinien für die Rangfolge bei der Bewilligung von Finanzierungshilfen des Bundes) i. d. F. vom 9. September 1968 (MinBl. BML S. 479),	398
14.3 Rundschreiben des Bundesministers für Ernährung, Landwirtschaft und Forsten zur Auslegung des Begriffs „aus der Landwirtschaft stammen" in § 35 BVFG vom 6. November 1978, geändert durch Rundschreiben des BML vom 20. Dezember 1983 – 523 – 6160	399
14.4 Fragebogen zur Erfassung der aus der Landwirtschaft stammenden Aussiedler	401

Inhaltsübersicht

15. Renten- und Unfallversicherung
Fremdrentengesetz vom 25. Februar 1960 (BGBl. I S. 93), zuletzt geändert durch Gesetz vom 12. Juli 1987 (BGBl. S. 1585)   402

16. Recht der Heimkehrer, Häftlinge und Kriegsgefangenen
16.1 Gesetz über die Entschädigung ehemaliger deutscher Kriegsgefangener (Kriegsgefangenenentschädigungsgesetz – KgfEG –) i. d. F. vom 4. Februar 1987 (BGBl. I S. 506)   413

16.2 Gesetz über Hilfsmaßnahmen für Personen, die aus politischen Gründen außerhalb der Bundesrepublik Deutschland in Gewahrsam genommen wurden (Häftlingshilfegesetz) i. d. F. vom 4. Februar 1987 (BGBl. I S. 512)   422

16.3 Richtlinien der Heimkehrerstiftung – Stiftung für ehemalige Kriegsgefangene – für die Gewährung von Leistungen aus Stiftungsmitteln i. d. F. vom 1. Januar 1987 (BAnz. S. 12441), geändert durch Bekanntmachung vom 27. April 1988 (BAnz. S. 2017)   431

16.4 Merkblatt der Heimkehrerstiftung zu Leistungen zur Minderung von Nachteilen in der gesetzlichen Rentenversicherung   437

16.5 Merkblatt der Heimkehrerstiftung für die Gewährung von Unterstützungen aus Mitteln der Heimkehrerstiftung   439

16.6 Richtlinien der Stiftung für ehemalige politische Häftlinge für die Gewährung von Leistungen aus Stiftungsmitteln i. d. F. vom 17. Dezember 1985 (BAnz. 1986, S. 3982), geändert durch Bekanntmachung vom 11. Februar 1988 (BAnz. S. 717)   441

17. Anhang
17.1 Artikel 119 bis 120a des Grundgesetzes (BGBl. S. 1), mehrfach geändert   443

17.2 Erstes Gesetz zur Überleitung von Lasten und Deckungsmitteln auf den Bund (Erstes Überleitungsgesetz) i. d. F. vom 28. April 1955 (BGBl. I S. 193), zuletzt geändert durch Gesetz vom 8. Juni 1977 (BGBl. I S. 801)   444

17.3 § 41 des Wehrpflichtgesetzes i. d. F. vom 13. Juni 1986 (BGBl. I S. 879)   453

17.4 Artikel 8 des Gesetzes über die Verwaltung der Mittel der Träger der Krankenversicherung (KVMG) vom 15. Dezember 1979 (BGBl I S. 2241)   454

17.5 § 51 des Bundesseuchengesetzes i. d. F. vom 18. Dezember 1979 (BGBl I S. 2261), zuletzt geändert durch Gesetz vom 27. Juni 1985 (BGBl. I S. 1254)   455

17.6 §§ 1, 2 des Bundeskindergeldgesetzes i. d. F. vom 21. Januar 1986 (BGBl. I S. 222), geändert durch Gesetz vom 25. Juli 1988 (BGBl. I S. 1093)   456

18. Anschriften der für die Eingliederung der Aussiedler und Zuwanderer zuständigen obersten Landesbehörden   459

SACHVERZEICHNIS   460

ABKÜRZUNGSVERZEICHNIS

A	Anordung
aaO	am angegebenen Ort
Abs.	Absatz
a. E.	am Ende
ÄndG	Änderungsgesetz
AFG	Arbeitsförderungsgesetz vom 25. Juni 1969 (BGBl. I S. 582), mehrfach geändert
Alg	Arbeitslosengeld
Alhi	Arbeitslosenhilfe
ANBA	Amtliche Nachrichten der Bundesanstalt für Arbeit
AOK	Allgemeine Ortskrankenkasse
Art.	Artikel
AufnG	Aufnahmegesetz = Gesetz über die Aufnahme von Deutschen in das Bundesgebiet vom 23. Oktober 1961, geändert durch Gesetz vom 18. Februar 1986 (BGBl. I S. 265)
BA	Bundesanstalt für Arbeit
BAA	Bundesausgleichsamt
BAföG	Bundesausbildungsförderungsgesetz i. d. F. vom 6. Juni 1983 (BGBl. I S. 645, 1680)
BAnZ	Bundesanzeiger
BBiG	Berufsbildungsgesetz vom 14. August 1969 (BGBl. I S. 1112), mehrfach geändert
BEG	Bundesentschädigungsgesetz i. d. F. vom 29. Juni 1956 (BGBl. I S.559), mehrfach geändert
ber	berichtigt
BEvG	Bundesevakuiertengesetz i. d. F. vom 13. Oktober 1961 (BGBl. I S. 1866), geändert
BFH	Bundesfinanzhof
BGB	Bürgerliches Gesetzbuch vom 18. August 1986 (RGBl. S. 195), mehrfach geändert
BGBl.	Bundesgesetzblatt
BHO	Bundeshaushaltsordnung vom 19. August 1969 (BGBl. I S. 1284), mehrfach geändert
BkGG	Bundeskindergeldgesetz i. d. F. vom 21. Januar 1986 (BGBl. I S. 222), geändert
BMF	Bundesminister der Finanzen
BMI	Bundesminister des Innern
BMJFFG	Bundesminister für Jugend, Familie, Frauen und Gesundheit
BML	Bundesminister für Ernährung, Landwirtschaft und Forsten
BR-Drucksache	Bundesratsdrucksache
BSHG	Bundessozialhilfegesetz i. d. F. vom 20. Januar 1987 (BGBl. I S. 401, 494)
BStBl	Bundessteuerblatt
BT-Drucksache	Bundestagsdrucksache
BVerfG	Bundesverfassungsgericht
BVerfGE	Entscheidungen des Bundesverfassungsgerichts, Amtliche Sammlung
BVFG	Bundesvertriebenengesetz i. d. F. vom 3. September 1971 (BGBl. I S. 1565,1807), mehrfach geändert

Abkürzungsverzeichnis

BVerwG	Bundesverwaltungsgericht
BVerwGE	Entscheidungen des Bundesverwaltungsgerichts, Amtliche Sammlung
BVG	Bundesversorgungsgesetz i. d. F. vom 22. Januar 1982 (BGBl. I S. 21), mehrfach geändert
CSSR	Tschechoslowakische Sozialistische Republik
DAZ	Durchgangswohnheim für Aussiedler und Zuwanderer des Landes Berlin
DDR	Deutsche Demokratische Republik
DÖV	Die öffentliche Verwaltung
DSL-Bank	Deutsche Siedlungs- und Landesrentenbank
DVBl	Deutsches Verwaltungsblatt
E	Entscheidungssammlung
EKD	Evangelische Kirche in Deutschland
ERP	European Recovery Program
EStG	Einkommensteuergesetz i. d. F. vom 27. Februar 1987 (BGBl. I S. 657), zuletzt geändert durch Gesetz vom 25. Juli 1988 (BGBl. I S. 1 093)
EStG	Einkommensteuergesetz i. d. F. vom 15. September 1953 (BGBl. I S. 1355)
EStR 1987	Einkommensteuer-Richtlinien vom 24. Februar 1988 (BStBl., Sondernummer 1/1988)
FANG	Fremdrenten- und Auslandsrenten-Neuregelungsgesetz vom 25. Februar 1960 (BGBl. I S. 93), geändert
f.,ff.	folgende(r), folgende
FlüHG	Flüchtlingshilfegesetz vom 15. Mai 1971 (BGBl. I S. 681), mehrfach geändert
FlüSG	Füchtlingssiedlungsgesetz vom 10. August 1949 (WiGBl. S. 231), aufgehoben
FRG	Fremdrentengesetz i. d. F. vom 25. Februar 1960 (BGBl. I S. 93), mehrfach geändert
G 131	Gesetz zur Regelung der Rechtsverhältnisse der unter Artikel 131 b des Grundgesetzes fallenden Personen i. d. F. vom 13. Oktober 1965 (BGBl. I S. 1685), mehrfach geändert
GABl	Gemeinsames Amtsblatt (Baden-Württemberg)
GBl	Gesetzblatt
GDL	Grenzdurchgangslager
GewO	Gewerbeordnung i. d. F. vom 1. Januar 1987 (BGBl. I S. 425)
GG	Grundgesetz für die Bundesrepublik Deutschland vom 23. Mai 1949 (BGBl. S. 1), mehrfach geändert
GMBl.	Gemeinsames Ministerialblatt
GVBl.	Gesetz- und Verordnungsblatt
HAG	Gesetz über die Rechtsstellung heimatloser Ausländer im Bundesgebiet vom 25. April 1951 (BGBl. I S. 269), mehrfach geändert
HASt	Heimatauskunftstelle
HHG	Häftlingshilfegesetz i. d. F. vom 4. Februar 1987 (BGBl. I S. 512)
HkG	Heimkehrergesetz vom 19. Juni 1950 (BGBl. I S. 221), mehrfach geändert

HR-DB	Durchführungsbestimmungen zur Hausratsentschädigung
HwO	Handwerksordnung i. d. F. vom 28. Dezember 1965 (BGBl. I S. 1)
ibv	Informationen für die Beratungs- und Vermittlungsdienste der Bundesanstalt für Arbeit
i.d.F.	in der Fassung
i.d.R.	in der Regel
i.S.	im Sinne
i.V.m.	in Verbindung mit
KgfEG	Kriegsgefangenenentschädigungsgesetz i. d. F. vom 4. Februar 1987 (BGBl. I S. 508)
KMK	Ständige Konferenz der Kultusminister der Länder
KSZE	Konferenz für Sicherheit und Zusammenarbeit in Europa
KV	Krankenversicherung
KVMG	Gesetz über die Verwendung der Mittel der Träger der gesetzlichen Krankenversicherung vom 15. Dezember 1979 (BGBl. I S. 2241)
LAB	Lastenausgleichsbank (jetzt: Deutsche Ausgleichsbank)
LAG	Lastenausgleichsgesetz i. d. F. vom 1. Oktober 1969 (BGBl. I S. 1909), mehrfach geändert
MBlNW	Ministerialblatt Nordrhein-Westfalen
MinFVK	Ministerium für Flüchtliche, Vertriebene und Kriegsgeschädigte
Mtbl. BAA	Mitteilungsblatt des Bundesausgleichsamts
NAG	Notaufnahmegesetz vom 22. August 1950 i. d. F. vom 23. Oktober 1961 (jetzt: Aufnahmegesetz)
NDV	Nachrichtendienst des Deutschen Vereins für öffentliche und private Fürsorge
NamÄndG	Gesetz über die Änderung von Vor- und Familiennamen vom 5. Januar 1938 (RGBl. I S. 9), mehrfach geändert
NBest-P-GF	Nebenbestimmungen für Zuwendungen zur Projektförderung aus dem Garantiefonds
NJW	Neue Juristische Wochenschrift
Nr., Nrn.	Nummer, Nummern
OS	Oberschlesien
OVG	Oberverwaltungsgericht
RdErl.	Runderlaß
RGBl.	Reichsgesetzblatt
RiA	Recht im Amt
RL-GF-H	Richtlinien des BMJFFG für die Vergabe von Beihilfen..., sog. Garantiefonds-Hochschulbereich vom 1. März 1988 (GMBl. S. 256)
RL-GF-SB	Richtlinien des BMJFFG für die Vergabe von Beihilfen..., sog. Garantiefonds – Schul- und Berufsbildungsbereich vom 1. März 1988 (GMBl. S. 243)
ROW	Recht in Ost und West
RRO	Rechnungslegungsordnung für das Reich i. d. F. vom 31. August 1942 (Reichsministerialblatt S. 211)
RuStAG	Reichs- und Staatsangehörigkeitsgesetz vom 22. Juli 1913 (RGBl. S. 583), mehrfach geändert

Abkürzungsverzeichnis

RV	Rentenversicherung
RVO	Reichsversicherungsordnung i. d. F. vom 15. Dezember 1924 (RGBl. I S. 799), mehrfach geändert
S.	Seite, Seiten
SBZ	Sowjetische Besatzungszone
Schnellbr.	Schnellbrief
SchwbG	Schwerbehindertengesetz i. d. F. vom 26. August 1986 (BGBl. I S. 1421, 1550)
SGB	Sozialgesetzbuch vom 11. Dezember 1975 (BGBl. I S. 3015)/ 23. Dezember 1976 (BGBl. I S. 3845)
UdSSR	Union der Sozialistischen Sowjetrepubliken
UhG	Unterhaltsgeld
UN	Vereinte Nationen
usw.	und so weiter
VG	Verwaltungsgericht
VGH	Verwaltungsgerichtshof
vgl.	vergleiche
v.H.	vom Hundert
VO	Verordnung
VOS	Vereinigung der Opfer des Stalinismus
VorlVV	Vorläufige Verwaltungsvorschriften zur BHO
VR	Volksrepublik
VVO	Verteilungsverordnung vom 28. März 1952 (BGBl. I S. 236)
VwVfGNW	Verwaltungsverfahrensgesetz Nordrhein-Westfalen
WASt	Wehrmachtsauskunftsstelle
Wegweiser DDR	Wegweiser für Flüchtlinge und Übersiedler aus der DDR (herausgegeben vom Bundesminister des Innern)
WiGBl.	Gesetzblatt der Verwaltung des Vereinigten Wirtschaftsgebiets
II. WobauG	Zweites Wohnungsbaugesetz i. d. F. vom 11. Juli 1985 (BGBl. I S. 1284, 1661), mehrfach geändert
WoGG	Wohngeldgesetz i. d. F. vom 11. Juli 1985 (BGBl. I S. 1421,1661), mehrfach geändert
ZAH	Zentrale Aufnahmestelle des Landes Hessen
z.B.	zum Beispiel
ZfSH/SGB	Zeitschrift für Sozialhilfe und Sozialgesetzbuch
Ziff.	Ziffer

EINLEITUNG

1. GRUNDLAGEN DER AUSSIEDLUNG

Vorbemerkung

Während des **Zweiten Weltkriegs** und danach haben Millionen von Deutschen ihre Heimat in den Gebieten des Deutschen Reiches östlich von Oder und Neiße, die durch das Potsdamer Kommuniqué (**„Potsdamer Abkommen"**) vom 2. August 1945 unter die Verwaltung der Union der Sozialistischen Sowjetrepubliken und Polens gestellt worden waren, und in den ost- und südosteuropäischen Staaten UdSSR, Polen, Rumänien, CSSR, Ungarn und Jugoslawien durch Flucht und Vertreibung verloren. Artikel XIII des Abkommens hatte „die Überführung der deutschen Bevölkerung oder von Bestandteilen derselben, die in Polen, der Tschechoslowakei und Ungarn zurückgeblieben sind", „in ordnungsgemäßer und humaner Weise" in deutsche Gebiete vorgesehen. Mit „Polen" waren hier auch die deutschen Ostgebiete gemeint.

Die Vertreibungsmaßnahmen gingen Ende 1948 zurück und waren im Herbst 1950 im wesentlichen abgeschlossen. Nach diesem Zeitpunkt wird als **Aussiedler** angesehen, wer „die zur Zeit unter fremder Verwaltung stehenden deutschen Ostgebiete, Danzig, Estland, Lettland, Litauen, die Sowjetunion, Polen, die Tschechoslowakei, Ungarn, Rumänien, Bulgarien, Jugoslawien, Albanien, oder China verlassen hat oder verläßt" (§ 1 Abs. 2 Nr. 3 des Bundesvertriebenengesetzes, abgedruckt unter 4.1).

Insgesamt hatten bis Ende 1949 fast 8 Millionen Menschen ihre Heimat in den Vertreibungsgebieten verlassen und überwiegend in den drei westlichen Besatzungszonen und in den Westsektoren Berlins, später in der Bundesrepublik Deutschland und in Berlin (West) Aufnahme gefunden. Bis jetzt hat sich diese Zahl durch den Zuzug von Aussiedlern auf über 9 Millionen erhöht.

Die **Aussiedlung aus den Staaten Ost- und Südosteuropas** hat sich in der Zeit von 1950 wie folgt entwickelt:

Bereiche:	UdSSR	Polen	Rumänien	CSSR	Gesamtzahl
1950–1969	22.151	402.801	19.748	76.094	659.738
1970	342	5.624	6.519	4.702	19.444
1971	1.145	25.241	2.848	2.337	33.637
1972	3.420	13.482	4.374	894	23.895
1973	4.493	8.903	7.577	525	23.063
1974	6.541	7.825	8.484	378	24.507
1975	5.985	7.040	5.077	516	19.657
1976	9.704	29.364	3.766	849	44.402
1977	9.274	32.857	10.989	612	54.251
1978	8.455	36.102	12.120	904	58.123
1979	7.226	36.274	9.663	1.058	54.887
1980	6.954	26.637	15.767	1.733	52.071
1981	3.773	50.983	12.031	1.629	69.455
1982	2.071	30.355	12.972	1.776	48.170
1983	1.447	19.121	15.501	1.176	37.925
1984	913	17.455	16.553	963	36.459
1985	460	22.075	14.924	757	38.968
1986	753	27.188	13.130	882	42.788
1987	14.488	48.423	13.994	835	78.523
zusammen	109.595	847.750	206.037	98.620	1.419.963

Einleitung

In der Gesamtzahl (rechte Spalte) sind außer den Aussiedlern aus den Bereichen UdSSR, VR Polen, Rumänien und CSSR Aussiedler aus Ungarn (16.213), Jugoslawien (86.415), aus sonstigen Gebieten (2.851) und über das freie Ausland aufgenommene Vertriebene (52.482) enthalten. Die Aufstellung umfaßt auch Aussiedler, die ohne eine Genehmigung der Behörden ihres Herkunftslandes zur endgültigen Ausreise im Bundesgebiet eingetroffen sind.

In der ersten Jahreshälfte 1988 hat sich die **Aussiedlung** wie folgt entwickelt (zum Vergleich die Zahlen des 1. Halbjahres 1987):

Bereich	1. Halbjahr '88	1. Halbjahr '87
UdSSR	16.479	3.840
VR Polen	41.676	13.209
Rumänien	6.281	6.225
CSSR	295	327
Ungarn	133	237
Jugoslawien	49	85
sonstige Gebiete	6	7
über das freie Ausland aufgenommen	7	23
insgesamt	64.926	23.953

In den vorstehenden Zahlen nicht enthalten sind im Jahr 1987 über 7.500 und in der ersten Jahreshälfte 1988 etwa 12.000 bis 15.000 Aussiedler, die seit September 1987 wegen des starken Zugangs nicht in den Aufnahmeeinrichtungen aufgenommen werden konnten und ohne Registrierung unmittelbar in die aufnehmenden Bundesländer weitergeleitet wurden.

Rund 2,7 Millionen Menschen haben in der Zeit von 1949 bis zum Bau der Mauer in Berlin am 13. August 1961 **Mitteldeutschland** verlassen und im Bundesgebiet (einschließlich Land Berlin) Aufnahme gefunden. Seit dem 13. August 1961 bis heute kamen rd. 590.000 weitere Zuwanderer hinzu.

Als Übersiedler werden Personen bezeichnet, die mit Genehmigung der DDR-Behörden in das Bundesgebiet (einschließlich Land Berlin) gezogen sind. Flüchtlinge sind Personen, die die DDR oder Berlin (Ost) ohne behördliche Genehmigung verlassen haben und ständigen Aufenthalt im Bundesgebiet genommen haben. Sperrbrecher sind Personen, die die DDR oder Berlin (Ost) unter Gefahr für Leib und Leben verlassen haben. Sonstige sind Deutsche aus der DDR oder aus Berlin (Ost), die nach vorangegangener Haft mit Genehmigung der dortigen Behörden oder ohne eigenen Antrag auf deren Veranlassung in das Bundesgebiet (einschließlich Land Berlin) gekommen sind.

Die Entwicklung der **Übersiedlung aus der DDR und Berlin (Ost)** ergibt sich aus der nachstehenden Übersicht.

Von Kriegsende bis 1948 kamen aus dem Gebiet der heutigen DDR und aus Berlin (Ost) 732.100 Personen, von 1949 bis zum 12. August 1961 2.686.942 Flüchtlinge.

Einleitung

	Gesamtzahl	Übersiedler	Flüchtlinge	Sperrbrecher*	Sonstige**
13.8.1961–1969	263.755	133.657	130.098	28.711	–
1970	17.519	12.472	5.047	901	–
1971	17.408	11.565	5.843	832	–
1972	17.164	11.627	5.537	1.245	–
1973	15.189	8.667	6.522	1.842	–
1974	13.252	7.928	5.324	969	–
1975	16.285	10.274	6.011	673	–
1976	15.168	10.058	5.110	610	–
1977	12.078	8.041	4.037	721	–
1978	12.117	8.271	3.846	461	–
1979	12.515	9.003	3.512	463	–
1980	12.763	8.775	3.107	424	881
1981	15.433	11.093	2.900	298	1.440
1982	13.208	9.113	2.565	283	1.530
1983	11.343	7.729	2.487	228	1.127
1984	40.974	34.982	3.651	192	2.341
1985	24.912	18.752	3.484	160	2.676
1986	26.178	19.982	4.660	210	1.536
1987	18.958	11.459	6.252	288	1.247
1. Hälfte 1988	14.010	9.675	4.246	163	89
insgesamt	590.229	363.123	214.239	39.674	12.867

Die Gesamtzahl der Zuwanderer seit Kriegsende beträgt damit 4.009.271 Personen.

Die Zahl der **Zuwanderer aus der DDR und aus Berlin (Ost)** lag zwischen 1977 und 1983 jeweils zwischen 12.000 und 13.000. Das Jahr 1984 brachte eine erhebliche Steigerung. Danach gingen die Zugangszahlen zwar zurück, liegen aber immer noch höher als in den Jahren nach 1976.

Die **künftige Entwicklung der Aussiedlung** läßt sich nicht abschätzen. In den Aussiedlungsgebieten der Staaten Ost- und Südosteuropas leben derzeit noch rd. 3,2 bis 3,5 Millionen Deutsche. Eine genaue Gesamtzahl läßt sich nicht ermitteln, zumal die Existenz von Deutschen in diesen Gebieten von den Regierungen teilweise geleugnet wird.

Aber auch **über vierzig Jahre nach dem Ende des Zweiten Weltkrieges** fühlen sich viele dieser Deutschen nach wie vor der deutschen Sprach- und Kulturnation zugehörig. Die Folgen des Zweiten Weltkrieges haben ihnen jedoch weithin die Möglichkeit genommen, in den Aufenthaltsstaaten als Volksgruppe mit eigener Identität in Sprache, Kultur und Religion zu leben. Viele Deutsche in den Aussiedlungsgebieten setzen deshalb keine Hoffnung mehr auf die Zukunft ihrer Volksgruppe.

Hinzu kommt, daß der Strukturwandel vom Agrar- zum Industriestaat unabhängig von der herrschenden Ideologie und von einem ausgeprägten Nationalismus in einigen Staaten den Prozeß der Assimilierung der Minderheiten beschleunigt.

Deshalb ist die in der Welt einmalige Entwicklung der schon fast vierzig Jahre währenden Aussiedlung von Deutschen aus ihren angestammten Heimatgebieten in die Bundesrepublik Deutschland noch keineswegs abgeschlossen. Die Aussiedlung ist ein langdauernder, dynamischer Prozeß, der sich seit Mitte 1987 in einem unvorhersehbaren Maße verstärkt hat.

---

*) Die Sperrbrecher sind in der Zahl der Flüchtlinge enthalten.
**) Die Gruppe der „Sonstigen" wird erst ab 1. Januar 1980 erfaßt und ist bis dahin in der Rubrik „Flüchtlinge" enthalten.

Die Bundesregierung betreibt **keine Volkstumspolitik**. Sie fordert die Deutschen in den Staaten Ost- und Südosteuropas nicht dazu auf, in die Bundesrepublik Deutschland zu kommen.

Sie sieht es allerdings mit Blick auf eine Einreise in die Bundesrepublik Deutschland als ein Menschenrecht der im Ausland lebenden Deutschen an, selbst darüber zu entscheiden, in welchem Land, in welcher Gesellschaftsordnung, mit welcher Sprache und in welchem Kulturkreis sie leben und ihre Kinder aufwachsen lassen wollen.

Sie unterstützt deshalb bestehende **Ausreisewünsche**. Sie ist entschlossen, den im Bundesgebiet eintreffenden Aussiedlern gemeinsam mit den Ländern, den Gemeinden, den Kirchen, den Vertriebenen- und den Wohlfahrtsverbänden sowie engagierten Bürgern eine schnelle **Eingliederung** in die hiesigen Lebensverhältnisse zu gewährleisten.

Die **Rechtsordnung der Bundesrepublik Deutschland** bietet den hierfür erforderlichen Rahmen. Sie garantiert von Verfassungs wegen die Freizügigkeit für alle Deutschen (Art. 11 GG) und die Aufnahme von Volksdeutschen zusammen mit ihren nichtdeutschen Ehegatten und den gemeinsamen Abkömmlingen (Art. 116 Abs. 1 GG). Sie sieht in ihren Gesetzen, insbesondere im Bundesvertriebenengesetz, die bevorzugte Aufnahme dieses Personenkreises und seine wirtschaftliche, gesellschaftliche und soziale Eingliederung in Deutschland vor.

Für die deutschen Aussiedler ohne deutsche Staatsangehörigkeit (vgl. hier Einleitung Nr. 5) ist die Zuerkennung des Status als Vertriebener (Aussiedler) Voraussetzung für den Erwerb der Rechtsstellung als Deutscher (Art. 116 Abs. 1 GG). Der Erwerb des Aussiedlerstatus ist für deutsche Staatsangehörige und deutsche Volkszugehörige wesentlich für die Begründung einer wirtschaftlichen Existenz in der Bundesrepublik Deutschland durch die Inanspruchnahme von Rechten, Vergünstigungen und Eingliederungshilfen.

1. Internationale Verträge und Deklarationen

Der Wunsch vieler Deutscher, als Deutsche unter Deutschen zu leben und selbst darüber zu bestimmen, in welcher Kultur und welcher Gesellschaftsordnung sie und ihre Kinder leben, läßt sich häufig nur dann verwirklichen, wenn die Aufenthaltsstaaten eine Ausreise mit dem Ziel der dauernden Wohnsitznahme in der Bundesrepublik Deutschland zulassen. Eine Reihe von internationalen Verträgen und Deklarationen enthält die Forderung nach Gewährung von **Ausreisefreiheit**.

Zu nennen sind Artikel 13 der **Allgemeinen Erklärung der Menschenrechte** vom 10. Dezember 1948 – abgedruckt unter 1.1.1, Artikel 5 – des **Internationalen Paktes zur Beseitigung jeder Form von Rassendiskriminierung** vom 7. März 1966 – abgedruckt unter 1.1.2 – und Artikel 12 des **Internationalen Pakts über bürgerliche und politische Rechte** vom 19. Dezember 1966 – abgedruckt unter 1.1.3.

Die **Schlußakte der Konferenz über Sicherheit und Zusammenarbeit in Europa (Helsinki 1975)** – auszugsweise abgedruckt unter 1.1.4 – enthält im sogenannten Korb III in dem Abschnitt „Menschliche Kontakte" Grundsätze zur Erleichterung der Familienzusammenführung und zur Ermöglichung der Aus- und Einreise in Fällen der Eheschließung zwischen Bürgern verschiedener Staaten.

In den Entschließungen der **XXV. Internationalen Rotkreuzkonferenz** (1986) werden in Abschnitt XV (Zusammenarbeit zwischen den nationalen Rotkreuz- und Rothalbmondgesellschaften und den Regierungen bei Familienzusammenführungen) die Regierungen ersucht,

> die Anträge von Personen, die das Land zu verlassen und mit Angehörigen ihrer Familie in einem Land vereinigt zu werden wünschen, das sich zu ihrer Aufnahme bereit erklärt hat, unter humanitären Gesichtspunkten wohlwollend zu prüfen, unverzügliche Entscheidungen zu treffen und dabei darauf zu achten, daß kein Antrag ungerecht oder diskriminierend bearbeitet wird.

1.1 Aussiedlung aus der Union der Sozialistischen Sowjetrepubliken

Die Denkschrift zum **Abkommen über Allgemeine Fragen des Handels und der Seeschiffahrt und zu dem Konsularvertrag** zwischen der Bundesrepublik Deutschland und der Union der Sozialistischen Sowjetrepubliken aus dem Jahre 1958 (BT-Drucksache 545) hatte sich eingehend mit der Repatriierung deutscher Staatsangehöriger befaßt. Ein von deutscher Seite angestrebtes Abkommen, das deutschen Staatsangehörigen unter Wahrung der Freiwilligkeit die Rückkehr aus der Sowjetunion ermöglichen sollte, war seinerzeit nicht zustandegekommen. Die sowjetische Seite erklärte jedoch, daß Ostpreußen, andere deutsche Staatsangehörige und unter bestimmten Voraussetzungen auch Memelländer sowie sog. Vertragsumsiedler uneingeschränkt repatriierungsberechtigt seien.

Dabei war die **Repatriierung** jeweils abhängig von dem Nachweis der deutschen Staatsangehörigkeit am 21. Juni 1941. Eine sowjetische Wohlwollenserklärung bestand zugunsten der Repatriierung der Vertragsumsiedler, die von den sowjetischen Behörden als sowjetische Staatsangehörige angesehen werden. Die vorgenannte Denkschrift ist durch Zeitablauf im wesentlichen gegenstandslos geworden, weil die auf sie gestützten Ausreisefälle erledigt sein dürften.

Nach der sowjetischen **Repatriierungserklärung** vom 8. April 1958 – abgedruckt unter 1.2 – haben sich beide Seiten im Verlauf der Verhandlungen zum Prinzip der Zusammenführung von Familien bekannt, die infolge des Zweiten Weltkrieges getrennt worden sind. Dabei sind sie übereingekommen, daß jede der beiden Seiten auf der Grundlage ihrer Gesetzgebung verfahren wird.

Durch einen Beschluß des Ministerrats der UdSSR ist die Verordnung über die Einreise in die UdSSR und die Ausreise aus der UdSSR vom 20. September 1970 um einen neuen Abschnitt (Punkte 19 ff) ergänzt worden **(Verordnung vom 28. August 1986).** Nach Punkt 24 aaO wird ein Antrag auf Ausreise aus der UdSSR in das Ausland zum Zwecke der **Familienzusammenführung** geprüft bei Vorlage einer Einladung des Ehemannes, der Ehefrau, des Vaters, der Mutter, des Sohnes, der Tochter, des leiblichen Bruders und der leiblichen Schwester, die von den zuständigen Behörden des jeweiligen ausländischen Staates beglaubigt ist. Außerdem müssen notariell beglaubigte Erklärungen der in der UdSSR zurückbleibenden Familienmitglieder sowie des früheren Ehepartners (sofern aus der gemeinsamen Ehe minderjährige Kinder vorhanden sind) darüber vorliegen, daß der Ausreisende ihnen gegenüber keine unerfüllten Verpflichtungen nach der Gesetzgebung der UdSSR mehr hat.

Auf Antrag des Ausreisenden kann die Frage geprüft werden, ob mit ihm zusammen andere Verwandte und arbeitsunfähige Unterhaltsberechtigte ausreisen, wenn sie zusammenleben und einen gemeinsamen Haushalt führen.

Sofern eine Person, die die Ausreise beantragt, in der UdSSR keine Familienmitglieder besitzt, kann ein Antrag auch bei Vorlage einer Einladung eines anderen Verwandten zur Prüfung entgegengenommen werden.

Der vorstehende Beschluß ist am 1. Januar 1987 in Kraft getreten.

1.2 Aussiedlung aus der Volksrepublik Polen

Im Zusammenhang mit dem Abschluß des Vertrages zwischen der Bundesrepublik Deutschland und der Volksrepublik Polen über die Grundlagen der Normalisierung ihrer gegenseitigen Beziehungen vom 7. Dezember 1970 hat die Regierung der VR Polen gegenüber der Regierung der Bundesrepublik Deutschland eine „**Information über Maßnahmen zur Lösung humanitärer Probleme**" – abgedruckt unter 1.3.1 – abgegeben. In dieser Information wird darauf verwiesen, daß auf Grund einer Vereinbarung zwischen dem Polnischen Roten Kreuz und dem Deutschen Roten Kreuz, die auf Grund einer Empfehlung der polnischen Regierung aus dem Jahre 1950 geschlossen worden sei, bis 1959 etwa eine Viertelmillion Menschen ausgereist seien. In den Jahren 1960 bis 1969 seien „im normalen Verfahren" zusätzlich etwa 150 000 Menschen aus Polen ausgereist. Die polnische Seite erkannte an, daß in Polen bis heute „aus verschiedenen Gründen (z. B. enge Bindung an den Geburtsort) eine gewisse Zahl von Personen mit unbestreitbar deutscher Volkszugehörigkeit und von Personen aus gemischten Familien zurückgeblieben" sei, „bei denen im Laufe der vergangenen Jahre das Gefühl dieser Zugehörigkeit dominiert" habe. Die polnische Regierung erklärte, daß „Personen, die auf Grund ihrer unbestreitbaren deutschen Volkszugehörigkeit in einen der beiden deutschen Staaten auszureisen wünschen, dies unter Beachtung der in Polen geltenden Gesetze und Rechtsvorschriften tun können".

Im Zusammenhang mit dem Schlußtreffen der Konferenz für Sicherheit und Zusammenarbeit in Europa (KSZE) im Oktober 1975 in Helsinki hat der Minister für auswärtige Angelegenheiten der VR Polen, Stefan Olszowski, erklärt, daß in den Jahren 1971 bis 1975 auf der Grundlage der „Information der Regierung der Volksrepublik Polen" aus dem Jahre 1970 etwa 65 000 Personen die Genehmigung zur Ausreise für den ständigen Aufenthalt in der Bundesrepublik Deutschland und in der DDR erhalten haben.

In dem **Ausreiseprotokoll** vom 9. Oktober 1975 – abgedruckt unter 1.3.2 – stellte die polnische Seite fest, daß sie auf Grund der Untersuchungen der zuständigen polnischen Behörden in der Lage sei zu erklären, daß etwa 120 000 bis 125 000 Personen im Laufe der nächsten vier Jahre die Genehmigung ihres Antrags zur Ausreise erhalten werden, wobei die Ausreisegenehmigungen in dem vorgesehenen Zeitraum möglichst gleichmäßig erteilt werden. Darüber hinaus wurde in dem Protokoll ausdrücklich festgehalten, daß keine zeitliche Einschränkung für die Antragstellung durch Personen vorgesehen sei, die die in der „Information" genannten Kriterien erfüllen.

In einem Schreiben des Bundesministers des Auswärtigen, Hans-Dietrich Genscher, an den Außenminister der Volksrepublik Polen vom 9. März 1976 – abgedruckt unter 1.3.3 – wird erklärt, die Bundesregierung lege der erneuten Bekräftigung großen Wert bei,

– daß im Laufe von vier Jahren etwa 120 000 bis 125 000 Personen die Genehmigung ihres Antrags zur Ausreise auf der Grundlage der „Information" und in Übereinstimmung mit den in ihr genannten Kriterien erhalten werden

und

– daß darüber hinaus keine zeitliche Einschränkung für die Einreichung und möglichst zügige Bearbeitung der Anträge von Personen vorgesehen wird, die die in der „Information" genannten Kriterien erfüllen, was bedeutet, daß auch in diesen Fällen die Ausreisegenehmigungen nach dem genannten Verfahren erteilt werden.

Das Antwortschreiben des Außenministers der VR Polen vom 15. März 1976 ist unter 1.3.4 abgedruckt.

1.3 Aussiedlung aus Rumänien

In der **„Gemeinsamen Erklärung** zwischen der Bundesrepublik Deutschland und der Sozialistischen Republik Rumänien" zum Abschluß des offiziellen Besuchs von Bundeskanzler Helmut Schmidt am 6. und 7. Januar 1978 in der Sozialistischen Republik Rumänien heißt es u. a.:

„Sie (der Bundeskanzler der Bundesrepublik Deutschland, Helmut Schmidt, und der Präsident der Sozialistischen Republik Rumänien, Nicolae Ceausescu) bekräftigen ihre Absicht, die Kontakte zwischen den Bürgern beider Länder und den Reiseverkehr einschließlich zwischen Verwandten weiter zu erleichtern. Sie stimmen darin überein, daß humanitäre Fragen im Bereich der Familienzusammenführung und der Eheschließungen zwischen Bürgern beider Länder auf der Grundlage der in bilateralen und internationalen Dokumenten bekräftigten Absichten weiterhin wohlwollend behandelt werden." (Bulletin des Presse- und Informationsamts der Bundesregierung, 1978, S. 23)

In einer **Gemeinsamen Presseerklärung** im Anschluß an den Besuch des Bundesministers des Auswärtigen, Hans-Dietrich Genscher, in der Sozialistischen Republik Rumänien vom 31. Mai bis 1. Juni 1983 heißt es u. a.:

„Die beiden Seiten hoben die Bedeutung ihrer Zusammenarbeit auf dem humanitären Gebiet hervor und drückten ihre Befriedigung über die getroffene Regelung aus. Sie bekräftigten ihre Absicht, im Geiste des Vertrauens, des guten Willens und des gegenseitigen Verständnisses bei der Behandlung der humanitären Fragen auf der Grundlage der in bilateralen und internationalen Dokumenten festgelegten Prinzipien zusammenzuarbeiten." (Bulletin des Presse- und Informationsamts der Bundesregierung, 1983, S. 515)

1.4 Aussiedlung aus der CSSR

In einem **Briefwechsel** aus Anlaß des Abschlusses des Vertrages über die gegenseitigen Beziehungen zwischen der Bundesrepublik Deutschland und der Tschechoslowakischen Sozialistischen Republik vom 11. Dezember 1973 – abgedruckt unter 1.4 – hat die Regierung der CSSR erklärt, daß die zuständigen tschechoslowakischen Stellen Anträge tschechoslowakischer Bürger, die auf Grund ihrer deutschen Nationalität die Aussiedlung in die Bundesrepublik Deutschland wünschen, im Einklang mit den in der CSSR geltenden Gesetzen und Rechtsvorschriften wohlwollend beurteilen werden.

2. EINGLIEDERUNGSHILFEN

2.1 Eingliederungsprogramm vom 12. Mai 1976

Am 12. März 1976 hatte der **Bundesrat** einstimmig das im Oktober 1975 geschlossene deutsch-polnische Abkommen über Renten- und Unfallversicherung, die Vereinbarung über die pauschale Abgeltung von Rentenansprüchen und das Abkommen mit der VR Polen über die Gewährung eines Finanzkredits gebilligt. Damit war der Weg frei für das Wirksamwerden des Ausreiseprotokolls vom 9. Oktober 1975, abgedruckt unter 1.3.2.

Das Bundeskabinett hatte sich daraufhin in seiner Sitzung am 17. März 1976 eingehend mit der Frage der Eingliederung der deutschen Aussiedler aus der Volksrepublik Polen befaßt. Die zuständigen Bundesminister wurden aufgefordert, unter Ausnutzung aller Möglichkeiten jede Anstrengung zu unternehmen, um die Eingliederung so unbürokratisch wie möglich zu fördern und, soweit dies in ihren Zuständigkeiten liegt, sicherzustellen. Der Bundesminister des Innern wurde beauftragt, ein **Programm zur Eingliederung** der Aussiedler vorzulegen.

Dieses Programm ist in Abstimmung mit den Ländern erarbeitet und am 12. Mai 1976 vom Bundeskabinett verabschiedet worden. Es beschränkte sich nicht auf die Aussiedler aus dem polnischen Bereich, sondern erstreckte sich sowohl auf die Aussiedler aus den übrigen ost- und südosteuropäischen Staaten sowie auf die Zuwanderer aus der DDR und aus Berlin (Ost).

Die **Schwerpunkte** der Maßnahmen lagen und liegen vor allem in folgenden Bereichen:
- Schaffung von Wohnraum und Gewährung von Einrichtungsdarlehen,
- Überwindung der Sprachschwierigkeiten durch großzügige Sprachförderungsmaßnahmen auch für solche Aussiedler, die eine Berufstätigkeit nicht anstreben,
- Beschleunigung und Vereinfachung der Anerkennung von Ausbildungsgängen und Befähigungsnachweisen,

- qualifikationsgerechte Vermittlung von Arbeit und Beratung durch Fachkräfte, die mit den Problemen der Aussiedler vertraut sind,
- Hilfen zur Gründung selbständiger Existenzen,
- besondere Maßnahmen zur gesellschaftlichen Eingliederung jugendlicher Aussiedler,
- verstärkte individuelle Betreuung in den Familien, insbesondere durch die Vermittlung von Patenschaften,
- Weckung von Verständnis für die Probleme und die besondere Lage der Aussiedler in der Öffentlichkeit.

Das Programm der Bundesregierung vom 12. Mai 1976 mit Fortschreibungen ist dargestellt bei HABERLAND, Hilfen für deutsche Aussiedler – Fünf Jahre Eingliederungsprogramm der Bundesregierung, NDV 1981, S. 124 ff = ibv 1981, 809 ff, ferner bei HABERLAND, Eingliederungshilfen für deutsche Aussiedler NDV 1984, S. 185 ff = ibv 1984, S. 1073 ff und HABERLAND, Eingliederungshilfen für Zuwanderer aus der DDR und aus Berlin (Ost) ZfSH/SGB 1984, S. 344 ff = ibv 1984, S. 1723 ff. Ein ausführlicher Überblick über die organisatorischen Maßnahmen zur Eingliederung von Aussiedlern und Zuwanderern findet sich bei KARL HEINZ SCHAEFER, Aufgaben und Organisation der öffentlichen Verwaltung zur Eingliederung von Aussiedlern und späten DDR-Zuwanderern, Die Verwaltung 19 (1986), S. 65 ff.

2.2 Sonderprogramm der Bundesregierung vom 31. August 1988

Auf Vorschlag der für Vertriebenen- und Flüchtlingsfragen zuständigen Minister und Senatoren hatten die Regierungschefs der Länder am **28. Februar 1985** die Bundesregierung gebeten, in Zusammenarbeit mit den Ländern das bestehende Eingliederungskonzept für Aussiedler und Zuwanderer mit Hilfe einer Bestandsaufnahme und einer Bedarfsanalyse mit Verbesserungsvorschlägen zu überprüfen. Dabei sollten die zwischenzeitlich eingetretenen sozialen und wirtschaftlichen Veränderungen in den Herkunftsländern und in der Bundesrepublik Deutschland berücksichtigt werden.

Das Bundeskabinett hat die daraufhin vom Bundesminister des Innern vorgelegte Bestandsaufnahme der Eingliederungshilfen von Bund und Ländern für Aussiedler und für Zuwanderer aus der DDR und aus Berlin (Ost) – mit einer Analyse des Bedarfs – in seiner Sitzung am 8. Juni 1988 zur Kenntnis genommen. Anschließend wurde eine interministerielle Arbeitsgruppe unter der Federführung des Bundesminister des Innern eingesetzt, die bis Ende August 1988 ein mit den Ländern und mit den Verbänden abgestimmtes Sonderprogramm für Aussiedler vorlegen soll.

Das Sonderprogramm ist am 31. August 1988 vom Bundeskabinett beschlossen worden. Seine Schwerpunkte sind Verbesserungen in den Bereichen
- Aufnahme und Registrierung der Aussiedler,
- Versorgung mit Wohnraum,
- Sprachförderung,
- schulische und berufliche Eingliederung und
- individuelle Beratung und Betreuung durch die Vertriebenen- und Wohlfahrtsverbände.

Es sieht eine Erhöhung der für das Jahr 1989 vorgesehenen Haushaltsansätze um 366,6 Mio DM auf insgesamt 1.745,2 Mio DM vor. Der Bund wird sich insbesondere am Mietwohnungsbau der Länder für Aussiedler beteiligen, vgl. im einzelnen hierzu Nr. 6.1 der Einleitung.

Bundeskanzler Dr. Helmut Kohl hat bei der Vorstellung des Programms am 31. August 1988 vor der Bundespressekonferenz u. a. erklärt (Bulletin des Presse- und Informationsamts der Bundesregierung, S. 961 f):

„Eine erfolgreiche Eingliederung der Aussiedler in unser wirtschaftliches und gesellschaftliches Leben kann nur gelingen, wenn alle bereit sind, unsere deutschen Landsleute als gleichberechtigte Bürger zu akzeptieren und ihnen mit Verständnis und Hilfsbereitschaft zu begegnen.

Die Aussiedler sind Deutsche, die bis heute besonders schwer unter den Folgen des Zweiten Weltkrieges leiden. Es wäre beschämend, wenn diesen Menschen, die sich – allen Widrigkeiten zum Trotz – immer wieder zu ihrer deutschen Herkunft und Kultur bekannt haben, bei uns Gleichgültigkeit oder gar Ablehnung entgegenschlüge.

Mein Wunsch ist, daß wir diese Landsleute mit offenen Armen empfangen. Niemand von uns sollte vergessen, daß es den meisten von uns gut geht, während diese Landsleute in der Regel aus Bedrückung und Not zu uns kommen. Wir sollten dabei nicht nur über Solidarität reden, sondern sie auch wirklich praktizieren.

Wir sollten das Menschenmögliche dafür tun, daß diese Menschen hier eine neue Heimat finden.

Unsere neuen Mitbürger aus den Aussiedlungsgebieten sind ein Gewinn für unser Land und unsere Gesellschaft, und das nicht nur unter demographischen Gesichtspunkten. Es muß für uns selbstverständlich sein, den Aussiedlern eine neue Heimat zu geben und gerade den vielen jungen Menschen unter ihnen eine gesicherte Zukunft in Freiheit zu bieten.

Ein besonderes Problem ist, daß viele Aussiedler – besonders aus der jüngeren Generation – über keine oder nur geringe Deutschkenntnisse verfügen. Das ist nicht ihr Verschulden. **Man muß sich bewußt sein, daß es den meisten Aussiedlern verwehrt war, unsere Sprache zu erlernen.**

Deshalb ist der Bedarf an intensiven Sprachkursen gestiegen; denn die Sprachförderung ist eine der wichtigsten Voraussetzungen für die berufliche und gesellschaftliche Eingliederung. Dies bedingt eine erheblich höhere Mittelvergabe durch die Bundesanstalt für Arbeit, aber auch eine bessere Organisation der Kurse, wenn man zum Beispiel an Mütter mit Kindern denkt, die zusätzlicher Betreuung – etwa durch Kindergärten – bedürfen.

Der Bund hat bereits mit Anstieg der Aussiedlerzahlen die Mittel für Eingliederungsmaßnahmen erheblich erhöht und eine Reihe personeller und organisatorischer Vorkehrungen getroffen."

Eine ausführliche Darstellung der Eingliederungsmaßnahmen für Aussiedler und Zuwanderer enthält eine Aufzeichnung des Bundesministers des Innern, die unter 2 abgedruckt ist. Diese Übersicht berücksichtigt noch nicht das Programm der Bundesregierung vom 31. August 1988.

3. AUFNAHME DER AUSSIEDLER UND ZUWANDERER IN DER BUNDESREPUBLIK DEUTSCHLAND

vgl. Wegweiser für Aussiedler Nr. 1, 2
vgl. Wegweiser DDR Nr. 1, 2

3.1 Aufnahme im Grenzdurchgangslager

Aussiedler werden grundsätzlich zunächst **aufgenommen**

- im Grenzdurchgangslager (GDL) Friedland bei Göttingen, 3403 Friedland (Telefon 05504/1021-25)

Einleitung

- in der Außenstelle Osnabrück des GDL Friedland, Caprivistraße, 4500 Osnabrück (Telefon 05 41/4 80 21)
- in der Landesstelle für Aussiedler und Zuwanderer in Unna-Massen, Auf der Tuete 1, 4750 Unna-Massen (Telefon 0 23 03/5 38-0)
- in der Durchgangsstelle für Aussiedler in Nürnberg, Beuthener Str. 39, 8500 Nürnberg 50 (Telefon 09 11/40 60 31)
- im Durchgangswohnheim für Aussiedler und Zuwanderer des Landes Berlin (DAZ), Berlin-Marienfelde, Marienfelder Allee 66, 1000 Berlin 46 (Telefon 0 30/72 10 91)

Für **Zuwanderer aus der DDR und aus Berlin (Ost)** steht

- die Zentrale Aufnahmestelle des Landes Hessen in Gießen (ZAH), Meisenbornweg 27, 6300 Gießen (Tel. 06 41/7 40 71)

zur Verfügung. Zuwanderer werden aber auch in Berlin-Marienfelde und in Unna-Massen aufgenommen.

Das Grenzdurchgangslager Friedland ist eine Einrichtung des Landes Niedersachsen und bietet Unterkunft für bis zu 1.300 Personen. Die Durchgangsstelle für Aussiedler in Nürnberg wird vom Freistaat Bayern unterhalten und verfügt z. Z. über 860 Plätze.

In Friedland sind neben der Lagerleitung tätig

- der Bundesbeauftragte für die Verteilung der Aussiedler
- Länderbeauftragte für die Verteilung der Aussiedler
- eine Beratungsstelle der Bundesanstalt für Arbeit
- der Suchdienst des Deutschen Roten Kreuzes
- die karitativen Verbände (Deutsches Rotes Kreuz, Caritas, Diakonisches Werk, Arbeiterwohlfahrt)
- der katholische und der evangelische Lagerdienst
- der Verein Friedlandhilfe e. V.

Der Aufenthalt im Grenzdurchgangslager beträgt in der Regel drei bis sechs Tage. Bei besonders starkem Zugang kann sich die Verweildauer verlängern. Während des Aufenthalts in Friedland durchläuft der Aussiedler das sogenannte **Registrierverfahren**. Antragsteller, die ihre Eigenschaft als Deutsche als Vertriebene schlüssig darlegen und glaubhaft machen können, erhalten einen Registrierschein. Dieses Dokument ist als vorläufige Berechtigungsbescheinigung die Grundlage für weitere Maßnahmen, insbesondere für das Melde- und Ausweiswesen (Ausstellung von Personalausweis und Reisepaß, Ausstellung des Vertriebenenausweises), das Staatsangehörigkeits- und Namensrecht (vgl. hierzu die Richtlinien des Bundesministers des Innern für die Prüfung der Staatsangehörigkeit und Namensführung im Grenzdurchgangslager Friedland vom 29. Juli 1976, abgedruckt unter 5.4), die Unterbringung in einem Durchgangswohnheim, die Zahlung der Überbrückungshilfe, die Leistungen nach dem Arbeitsförderungsgesetz (u. a. Arbeitslosengeld, Arbeitslosenhilfe, Sprachförderung) und die Einbeziehung in die Krankenversicherung. Zum vorläufigen Nachweis vgl. auch Einleitung Nr. 7.5.

Seit dem 1. Februar 1988 ist zur Entlastung des Grenzdurchgangslagers Friedland eine Nebenstelle des Beauftragten der Bundesregierung für die Verteilung der Aussiedler bei der Landesstelle für Aussiedler und Zuwanderer des Landes Nordrhein-Westfalen in Unna-Massen eingerichtet worden.

Der organisatorische Ablauf in der **Durchgangsstelle Nürnberg** entspricht dem Ablauf im GDL Friedland.

Wegen des starken Zugangs von Aussiedlern seit Mitte 1987 konnten im Jahre 1987 über 7.500 Antragsteller und in der ersten Hälfte des Jahres 1988 weitere rd. 10.000 Antragsteller nicht in den Grenzdurchgangseinrichtungen aufgenommen werden. Sie wurden **ohne Registrierung** unmittelbar in die aufnehmenden Bundesländer weitergeleitet.

Der Verein Friedlandhilfe e. V. sammelt Sach- und Geldspenden **(Postgirokonto Hannover 1515-306,** BLZ 250 100 30). Die Friedlandhilfe stellt den in den Aufnahmeeinrichtungen tätigen karitativen Verbänden Geldmittel zur Verfügung, die seit dem 1. Juli 1988 für jeden betreuten Aussiedler 25,– DM und für jeden betreuten Zuwanderer 20,– DM betragen. Die Verbände beschaffen hiervon unter Hinzunahme von Eigenmitteln Bekleidungsstücke und Hygieneartikel. Außerdem werden Sachspenden verteilt.

In den Aufnahmeeinrichtungen steht u. a. folgendes **Informationsmaterial** bereit:

für Aussiedler

- Wegweiser für Aussiedler (deutsch, russisch, polnisch), herausgegeben vom Bundesminister des Innern,
- Merkblatt über Fragen der Staatsangehörigkeit und der Namensführung, herausgegeben vom Bundesminister des Innern, abgedruckt unter 5.5,
- Starthilfen des Arbeitsamtes für Aussiedler (deutsch, rumänisch, polnisch), herausgegeben von der Bundesanstalt für Arbeit,
- Merkblatt für Arbeitslose, herausgegeben von der Bundesanstalt für Arbeit,

für Zuwanderer

- Wegweiser für Flüchtlinge und Übersiedler aus der DDR, herausgegeben vom Bundesminister des Innern,
- Kompaß für den ehemaligen politischen Häftling, herausgegeben von der Stiftung für ehemalige politische Häftlinge,
- Merkblatt für Arbeitslose, herausgegeben von der Bundesanstalt für Arbeit,
- Faltblatt „Akademikerprogramm für Übersiedler aus der DDR", herausgegeben von der Otto Benecke Stiftung.

Aussiedler, die das Grenzdurchgangslager Friedland oder die Durchgangsstelle für Aussiedler in Nürnberg nach Abschluß des Verteilungsverfahrens verlassen, werden auf Kosten des Landes Niedersachsen bzw. des Freistaats Bayern in das jeweilige Aufnahmeland **weitergeleitet.** Hierfür wird in der Regel eine Fahrkarte der Deutschen Bundesbahn ausgehändigt. Sofern sie mit ihrem eigenen PKW weiterreisen, erhalten sie einen Barbetrag bis zur Höhe der Bundesbahnfahrtkosten für den Kauf von Treibstoff. Ggf. werden auch Omnibusse eingesetzt (etwa für die Fahrt von Friedland nach Unna-Massen).

Zuwanderer erhalten nach Erteilung des Aufnahmescheins in der Zentralen Aufnahmestelle des Landes Hessen in Gießen eine Fahrkarte oder (bei Aufenthaltnahme in Berlin) einen Flugschein zum künftigen Wohnort. Zuwanderern, die das Durchgangswohnheim in Berlin-Marienfelde verlassen, steht ein Flugschein und ggf. eine Anschlußfahrkarte zu ihrem künftigen Wohnsitz zur Verfügung.

Wird ein Aussiedler im Aufnahmeland zunächst in einem Durchgangswohnheim untergebracht, so werden die Kosten für die Weiterleitung an den endgültigen Wohnort von dem jeweiligen Aufnahmeland getragen.

Die **Frachtkosten für Umzugsgut** vom Herkunftsort bis zum Grenzdurchgangslager werden als Rückführungskosten erstattet (vgl. unter 3.4). Die Kosten für den Weitertransport aus Friedland und Nürnberg tragen das Land Niedersachsen bzw. der Freistaat Bayern.

3.2 Verteilung

Rechtsgrundlage für die **Verteilung der Aussiedler** auf die Bundesländer ist die gesetzesvertretende, auf Art. 119 GG beruhende Verordnung über die Bereitstellung von Durchgangslagern und über die Verteilung der in das Bundesgebiet aufgenommenen deutschen Vertriebenen auf die Länder des Bundesgebietes (Verteilungsverordnung) vom 28. März 1952 (BGBl. I S. 36), abgedruckt unter 3.1.

Die **Zuweisung an die Bundesländer** erfolgt aufgrund einer zwischen den Ländern geschlossenen Vereinbarung (Fassung vom 31. Mai 1972) nach folgendem Schlüssel:

Land	Sollanteil v. H.
Schleswig-Holstein	1,8
Hamburg	3,1
Niedersachsen	8,2
Bremen	1,2
Nordrhein-Westfalen	31,7
Hessen	8,5
Rheinland-Pfalz	4,9
Baden-Württemberg	16,9
Bayern	13,2
Saarland	2,5
Berlin (West)	8,0

Über 90 v. H. der im Bundesgebiet eintreffenden Aussiedler haben feste Vorstellungen über ihren künftigen Wohnsitz. Das ist im allgemeinen der Ort, an dem Verwandte oder Freunde wohnen. Da diese Wünsche der Aussiedler mit Rücksicht auf Artikel 11 GG (Freizügigkeit) grundsätzlich berücksichtigt werden, wird der vorstehende Schlüssel in der Praxis nicht eingehalten.

Einzelheiten des Verteilungsverfahrens regeln die **Grundsätze für die Aufnahme** in der von der Arbeitsgemeinschaft der Landesflüchtlingsverwaltungen im Einvernehmen mit dem Bundesminister des Innern beschlossenen Fassung vom 19. Dezember 1986, abgedruckt unter 3.2. Diese Grundsätze lösen die „Richtlinien für die Verteilung der Zuwanderer aus der sowjetisch besetzten Zone Deutschlands und dem sowjetisch besetzten Sektor von Berlin, der Aussiedler und der Vertriebenen aus dem freien Ausland (Verteilungsrichtlinien)" vom 10. März 1961 und die Übernahmevereinbarung vom 31. Mai 1972 ab.

Bei der **Verteilung** werden folgende Kriterien berücksichtigt:
Im Rahmen der vorgenannten Schlüsselzahlen sollen die aufnehmenden Bundesländer gleichmäßig belastet werden. Die Verteilungsentscheidung wird vom dem Beauftragten der Bundesregierung im Registrierverfahren für Aussiedler und im Aufnahmeverfahren für Zuwanderer unter angemessener Berücksichtigung des Ersteinweisungswunsches, der familiären und persönlichen Bindungen, der Versorgung mit Wohnraum und der beruflichen Eingliederungsmöglichkeiten getroffen. Dabei werden die betroffenen Länder gehört.

Die Dienststelle des **Beauftragten der Bundesregierung für die Verteilung** der Aussiedler ist seit dem 1. Januar 1988 in das Bundesverwaltungsamt, Barbarastraße 1, 5000 Köln 60, Tel. 02 21/77 80-0 eingegliedert. Der Beauftragte ist in Friedland, Osnabrück (ab 1. November 1988), Nürnberg und Unna-Massen tätig (s. oben unter 3.1).

3.3 Überbrückungshilfe

Aussiedler und Zuwanderer erhalten zur Bestreitung der ersten dringenden Ausgaben von der Bundesregierung eine **Überbrückungshilfe**. Sie beträgt 200,– DM und wird seit dem 1. Januar 1987 auch Minderjährigen in dieser Höhe gewährt. Die Überbrückungshilfe wird in der Regel bei Verlassen der Aufnahmestellen ausgezahlt, um die ersten Tage bis zum Einsetzen anderer Leistungen zu überbrücken.

Grundlage für diese Leistung sind die **Richtlinien des Bundesministers des Innern für die Zahlung einer einmaligen Überbrückungshilfe der Bundesregierung** vom 29. November 1985 (GMBl S. 1986, S. 8), geändert durch die Richtlinie vom 17. Dezember 1986 (GMBl. 1987, S. 20), abgedruckt unter 3.3. Sie haben die Richtlinien des Bundesministers des Innern für die Zahlung einer einmaligen Unterstützung der Bundesregierung (Begrüßungsgabe) vom 15. August 1974, geändert am 10. Mai 1976 abgelöst.

Die **Überbrückungshilfe** erhalten u. a. auch zum Familienverband des Aussiedlers gehörende nichtdeutsche Angehörige, die gemeinsam mit Anspruchsberechtigten auf Dauer in das Bundesgebiet einreisen. Voraussetzung hierfür ist, daß für sie eine Übernahmeerklärung des Bundesverwaltungsamts vorliegt und daß die Nichtgewährung der Leistung eine unbillige Härte darstellen würde (Nr. 5, Buchst. a aaO). Diese Regelung gewinnt ihre besondere Bedeutung dadurch, daß nach § 62 a Abs. 1 Nr. 2 AFG Sprachförderung u. a. Personen gewährt wird, die die einmalige Überbrückungshilfe der Bundesregierung erhalten haben.

Die Auszahlung, die auf dem Registrierschein (für Aussiedler) oder auf dem Aufnahmeschein (für Zuwanderer aus der DDR oder aus Berlin [Ost]) vermerkt wird, erfolgt durch den Leiter des Grenzdurchgangslagers oder durch den Leiter des Aufnahmeverfahrens (Nr. 6 aaO). Wird der Vertriebenenausweis ausgestellt, ohne daß bei Beantragung ein Registrierschein vorlag, zahlt die den Ausweis ausstellende Behörde die Überbrückungshilfe bei Aushändigung des Ausweises aus.

Neben der Überbrückungshilfe der Bundesregierung erhalten Aussiedler auch ein **Überbrückungsgeld** der Länder; lediglich Hamburg hat seit dem 1. Juli 1988 die Zahlung des Überbrückungsgeldes eingestellt. Diese Leistung wird auf der Grundlage des Ersten Überleitungsgesetzes in der hier maßgebenden Fassung der Bekanntmachung vom 28. April 1955 (BGBl. I S. 193) gezahlt. Dieses Überbrückungsgeld beträgt seit dem 1. Januar 1973 für den Haushaltsvorstand oder für eine allein im Bundesgebiet eintreffende Person 30,– DM und für gleichzeitig eintreffende Familienangehörige 15,– DM. Das Überbrückungsgeld der Länder wird – wie die einmalige Überbrückungshilfe der Bundesregierung – in den Grenzdurchgangslagern ausgezahlt.

Zuwanderer aus der DDR und aus Berlin (Ost) erhalten demgegenüber kein Überbrückungsgeld der Länder. Sie erhalten allerdings in der Zentralen Aufnahmestelle des Landes Hessen in Gießen aus Sozialhilfemitteln ein einmaliges Taschengeld, das für den Haushaltsvorstand 15,– DM und für gleichzeitig eintreffende Haushaltsangehörige 10,– DM beträgt.

Aussiedler und Zuwanderer erhalten darüber hinaus im Durchgangswohnheim Berlin-Marienfelde (Stand: 31. März 1988) eine einmalige Bargeldhilfe des Landes Berlin in Höhe von 15,– DM täglich bis zum Einsetzen von Hilfe zum Lebensunterhalt nach dem Bundessozialhilfegesetz. Diese Leistung ist auf höchstens fünf Tage begrenzt und wird ohne Rücksicht darauf gewährt, ob Aussiedler zuvor das Überbrückungsgeld der Länder oder Zuwanderer bei einem vorangegangenen Aufenthalt in der Zentralen Aufnahmestelle des Landes Hessen in Gießen ein einmaliges Taschengeld erhalten haben.

3.4 Rückführungskosten

Nach § 15 Abs. 1 des Ersten Gesetzes zur Überleitung von Lasten und Deckungsmitteln auf den Bund (Erstes Überleitungsgesetz) i. d. F. vom 28. April 1955 (BGBl. I S. 193) – abgedruckt unter 17.2 – trägt der Bund u. a. die **Kosten der Rückführung** von Deutschen aus den Aussiedlungsgebieten. Auf dieser Grundlage erhalten Aussiedler eine Erstattung ihrer Umzugskosten. Eine vergleichbare Regelung für Zuwanderer aus der DDR und aus Berlin (Ost) besteht nicht, vgl. hierzu unten.

Die Erstattung der Rückführungskosten ist geregelt in der **Richtlinie des Bundesministers des Innern vom 4. Januar 1986 über die Verrechnungsfähigkeit der Kosten der Rückführung** gem. § 15 des Ersten Gesetzes zur Überleitung von Lasten und Deckungsmitteln auf den Bund (Erstes Überleitungsgesetz) i.d.F. der Bekanntmachung vom 28. April 1955 (BGBl. I S. 193), zuletzt geändert durch Gesetz vom 8. Juni 1977 (BGBl. I S. 801) (GMBl. 1986, S. 87), abgedruckt unter 3.4.

Hiernach haben die im Bundesgebiet eintreffenden Aussiedler einen Anspruch auf Erstattung der Auslagen, die in Verbindung mit der Aussiedlung außerhalb des Geltungsbereichs des Bundesvertriebenengesetzes entstanden sind (§ 1 Abs. 1 aaO). Der Antrag muß innerhalb von zwei Jahren nach Eintreffen im Bundesgebiet gestellt werden. Verzögert sich die Ausstellung des Vertriebenenausweises, so gilt die Frist auch als gewahrt, wenn der Antrag innerhalb eines Jahres nach dessen Aushändigung eingereicht wird (§ 1 Abs. 3 aaO).

Hierzu zählen:
– Fahrkosten (§ 3 aaO)
– Gebühren für Paß und Ausreisegenehmigung (§ 4 aaO)
– Gebühren für die Entlassung aus der Staatsangehörigkeit des Herkunftslandes (§ 5 aaO)
– Güterbeförderungs- und sonstige Nebenkosten (§ 6 aaO).

Erstattet werden die **Fahrkosten** grundsätzlich nur für die Fahrt auf der kürzesten Strecke mit der Eisenbahn in der niedrigsten Wagenklasse vom bisherigen Wohnort bis zum nächsten Grenzdurchgangslager (§ 3 Abs. 1 aaO). Flugkosten werden nur dann erstattet, wenn die kürzeste Entfernung mindestens 2000 km beträgt (§ 3 Abs. 3 aaO).

Gebühren für die **Entlassung aus der Staatsangehörigkeit** des Herkunftslandes werden nur dann erstattet, wenn sie vor dem Eintreffen im Bundesgebiet entstanden sind (§ 5 Abs. 1 aaO). Gebühren für eine danach beantragte Entlassung werden nur dann erstattet, wenn die Entlassung aus der Staatsangehörigkeit des Herkunftslandes die Zusammenführung mit zurückgelassenen Familienangehörigen (Ehegatte, Kinder, Eltern, Geschwister) ermöglicht werden soll. Gleiches gilt für die Zusammenführung einer Haushaltsgemeinschaft mit weiteren Verwandten, die durch die Ausreise des Berechtigten getrennt worden ist (§ 5 Abs. 2 aaO).

Voraussetzung für die Erstattung der notwendigen Auslagen für die **Beförderung von Umzugsgut** ist, daß eine deutsche Übernahmegenehmigung und eine Aussiedlungsgenehmigung der Behörden des Herkunftsstaates vorlag (§ 6 Abs. 1 aaO). Dabei sind grundsätzlich die Auslagen für die Beförderung des Umzugsguts vom bisherigen Wohnort bis zum nächsten Grenzdurchgangslager im Bundesgebiet verrechnungsfähig (§ 6 Abs. 3 aaO).

Die Abgeltung der **Nebenkosten** und sonstigen Gebühren wird mit einem Betrag von 30,– DM pauschaliert, ohne daß es eines Nachweises der tatsächlichen Auslagen bedarf (§ 6 Abs. 5 aaO).

Die vorgenannte Richtlinie ist mit Wirkung vom 1. Januar 1986 an die Stelle der Richtlinien des Bundesministers des Innern über die Verrechnungsfähigkeit der Kosten der Rückführung gemäß § 15 des Ersten Überleitungsgesetzes vom 1. Juli 1960 in der Fassung vom 1. Oktober 1973 getreten.

Verläßt ein Aussiedler das Herkunftsgebiet über ein Drittland, so kann er bei Vorliegen der Voraussetzungen bei einer Auslandsvertretung der Bundesrepublik Deutschland (Botschaft, Konsulat) Hilfen für die Begleichung der Fahr- und Transportkosten in Anspruch nehmen. Diese sind aber gemäß § 5 Abs. 5 des Konsulargesetzes vom 11. September 1974 (BGBl. I S. 2317) zurückzuzahlen. Sie können allerdings im Einzelfall im Wege einer Härtefallregelung bis zur Höhe der Rückführungskosten, die für den direkten Weg vom Wohnsitz in das Bundesgebiet entstanden wären, erstattet werden.

Die **Umzugskosten für Zuwanderer aus der DDR und aus Berlin (Ost)** werden – anders als bei den Aussiedlern – nicht erstattet. Das ist darauf zurückzuführen, daß § 15 Abs. 1 des Ersten Überleitungsgesetzes (s. o.) eine Rechtspflicht des Bundes insoweit nicht vorsieht. Dieser Rechtszustand im Bereich der Kostenübernahmeverpflichtung ist nach dem Gesetzesstand vom 1. Oktober 1969 durch den am 28. Juli 1969 neugefaßten Artikel 120 GG festgeschrieben. Der Deutsche Bundestag hat in einer Entschließung vom 16. Oktober 1986 (BT-Drucksache 10/5657, unter II.4) gleichwohl die Bundesregierung gebeten, die Kosten des Transports von Umzugsgut von Zuwanderern aus der DDR und aus Berlin (Ost) zu übernehmen. Gegenwärtig besteht nur die Möglichkeit, daß Zuwanderer das **zinsverbilligte Einrichtungsdarlehen** aufgrund der Richtlinien vom 20. September 1976 – abgedruckt unter 6.3 – für die Bezahlung von Umzugskostenrechnungen verwenden. Hierzu hat der Bundesminister des Innern mit Rundschreiben vom 12. März 1984 – abgedruckt unter 6.11 – sein Einverständnis erklärt.

3.5 Aufnahme von Deutschen aus der DDR und aus Berlin (Ost)

Nach § 1 Abs. 1 des **Gesetzes über die Aufnahme von Deutschen in das Bundesgebiet (Aufnahmegesetz)** vom 22. August 1950 (BGBl. S. 367), zuletzt geändert durch Gesetz vom 18. Februar 1986 (BGBl. I S. 265) – abgedruckt unter 3.5 –, benötigen deutsche Staatsangehörige und deutsche Volkszugehörige, die ihren Wohnsitz oder ständigen Aufenthalt in der DDR oder in Berlin (Ost) haben oder gehabt haben, für den ständigen Aufenthalt im Bundesgebiet einer besonderen Erlaubnis. Die Freizügigkeit, die allen Deutschen gemäß Art. 11 des Grundgesetzes zusteht, wird insoweit eingeschränkt.

Eine eingehende Darstellung des Aufnahmeverfahrens für Zuwanderer findet sich bei WOLFGANG FRITZ, Zum Aufnahmegesetz – Beseitigung der Not und was jetzt?, RiA 1988, 85 ff.

Einzelheiten des Aufnahmeverfahrens sind in der **Verordnung zur Durchführung des Gesetzes über die Aufnahme von Deutschen in das Bundesgebiet** vom 11. Juni 1951 (BGBl. I S. 381), zuletzt geändert durch Gesetz vom 18. Februar 1986 (BGBl. I S. 265) geregelt. Diese Verordnung ist unter 3.6 abgedruckt.

Zuwanderer aus der DDR und aus Berlin (Ost) werden von den Grundsätzen für die Aufnahme (vgl. oben 3.2) und von den Richtlinien über die Zahlung einer einmaligen Überbrückungshilfe (vgl. oben 3.3) erfaßt, nicht jedoch von der Richtlinie über die Verrechnungsfähigkeit der Kosten der Rückführung (vgl. oben 3.4).

3.6 Beratung und Betreuung durch Verbände und kirchliche Institutionen

Bund und Länder gewähren zentralen Organisationen und Verbänden Zuwendungen zur Finanzierung von **Eingliederungsmaßnahmen** für Aussiedler und Zuwanderer.

Aus dem Haushalt des Bundesministers des Innern werden **Aufbauwochen, Familienfreizeiten** (1 bis 3 Wochen) und Wochenendseminare finanziert, die sich mit staatsbürgerlichen Fragen, Schule und Erziehung, Berufs- und Arbeitswelt, Rechts- und Wirtschaftsfragen, Gesundheitsvorsorge, Kirche und Religion, Urlaubsgestaltung und Freizeitmaßnahmen sowie mit Bildung und Kultur befassen. Träger dieser Eingliederungsmaßnahmen, die auch eine Einzelberatung und -betreuung einschließen, sind die bundesweit tätigen Verbände und Institutionen der Freien Wohlfahrtspflege und der Kirchen (Deutscher Caritasverband, Diakonisches Werk der EKD, Deutsches Rotes Kreuz, Arbeiterwohlfahrt, Deutscher Paritätischer Wohlfahrtsverband, Evangelische Frauenarbeit in Deutschland, Evangelische Kirche – Aussiedlerarbeit beim Kirchenamt, Katholischer Flüchtlingsrat in Deutschland, Ackermann-Gemeinde) und die zentralen Organisationen der Vertriebenen und Flüchtlinge sowie der ehemaligen politischen Häftlinge (Bund der Vertriebenen, Bauernverband der Vertriebenen, Deutsche Jugend in Europa, Bund der Mitteldeutschen, Zentralverband Mittel- und Ostdeutscher, Stiftung für ehemalige politische Häftlinge, Gemeinschaft ehemaliger politischer Häftlinge – Vereinigung der Opfer des Stalinismus [VOS]).

Aus dem Haushalt des Bundesministers für Jugend, Familie, Frauen und Gesundheit erhalten die Spitzenverbände der Freien Wohlfahrtspflege sowie Vertriebenenverbände Zuschüsse zu den Personal- und Sachkosten der von ihnen angebotenen Dienste im Rahmen ihrer **Beratungs- und Betreuungstätigkeit**, die in den Aufnahmeeinrichtungen, in den Übergangswohnheimen und am endgültigen Wohnsitz erfolgt.

Mit Mitteln aus dem Haushalt des Bundesministers für Jugend, Familie, Frauen und Gesundheit wird auch die Eingliederungsarbeit der in der **Bundesarbeitsgemeinschaft Jugendaufbauwerk** (Haager Weg 44, 5300 Bonn 1, Telefon 02 28/28 50 36) zusammengeschlossenen Trägergruppen der Jugendsozialarbeit unterstützt, die im Bundesgebiet ein Netz von 141 Beratungs- und Betreuungsdiensten unterhalten. Gewährt werden u. a. Zuschüsse zu den Sach- und Personalkosten, zu Sprachhilfekursen, Einführungsseminaren und Eingliederungsfreizeiten.

Einen guten Überblick über die Eingliederungsarbeit der Verbände vermittelt die Dokumentation „Protokoll der fünften Fachtagung „Zehn Jahre Eingliederungsarbeit mit Aussiedlern und DDR-Zuwanderern" vom 2. bis 4. Juni 1986 in der „Evangelischen Akademie Loccum" (herausgegeben von WOLFGANG LANQUILLON im Auftrag des Diakonischen Werkes der EKD, Stuttgart, 324 Seiten).

4. RECHTSSTELLUNG DER AUSSIEDLER UND ZUWANDERER

vgl. Wegweiser für Aussiedler Nr. 6, 29
vgl. Wegweiser DDR 7, 8, 30

4.1 Bundesvertriebenengesetz

Das **Gesetz über die Angelegenheiten der Vertriebenen und Flüchtlinge (Bundesvertriebenengesetz)** vom 19. Mai 1953 in der Fassung der Bekanntmachung vom 3. September 1971 (BGBl. I S. 1565, ber. 1807), zuletzt geändert durch Gesetz vom 18. Februar 1986 (BGBl. I S. 325) – abgedruckt unter 4.1 – regelt u. a.

– den Status der von dem Gesetz erfaßten Personen (§§ 1 bis 8, vgl. hierzu Einleitung 4.2 bis 4.7)

– die Voraussetzungen für die Inanspruchnahme von Rechten und Vergünstigungen (§§ 9 bis 13)

– die Ausstellung und Einziehung von Ausweisen (§§ 15 bis 20)

– die Errichtung von Behörden und Beiräten (§§ 21 bis 26)

– die Eingliederung der Vertriebenen und Flüchtlinge (§§ 26 ff), durch

– Umsiedlung innerhalb des Bundesgebiets (§§ 26 bis 34, heute ohne Bedeutung, daher nicht abgedruckt)

– Eingliederung in die Landwirtschaft (§§ 35 bis 68, vgl. hierzu Einleitung Nr. 14)

- Zulassung zur Berufs- und Gewerbeausübung (Zulassung zur Kassenpraxis, Eintragung in die Handwerksrolle, §§ 69 bis 71, zur Eintragung in die Handwerksrolle vgl. Einleitung Nr. 10)
- Förderung selbständig Erwerbstätiger (§§ 72 bis 76, vgl. hierzu Einleitung Nr. 11)
- Förderung unselbständig Erwerbstätiger (§§ 77 bis 79, vgl. hierzu Einleitung Nr. 7 und 8)
- Wohnraumversorgung (§ 80, vgl. hierzu Einleitung Nr. 6)
- Nichtanwendung beschränkender Vorschriften (§ 81)
- Schuldenregelung für Vertriebene und Sowjetzonenflüchtlinge (§§ 82 bis 89)
- sozialrechtliche Angelegenheiten (§§ 90, 90a, 91, vgl. hierzu Einleitung Nr. 2, 7, 8, 15, 17)
- Anerkennung von Prüfungen und Befähigungsnachweisen (§ 92, vgl. hierzu Einleitung Nr. 10) und Ersatz von Urkunden (§ 93)
- Familienzusammenführung (§ 94)
- unentgeltliche Beratung (§ 95)
- Pflege des Kulturguts der Vertriebenen und Flüchtlinge und Förderung der wissenschaftlichen Forschung (§ 96)
- Statistik (§ 97)
- Strafbestimmungen (§§ 98, 99)
- Übergangs- und Schlußbestimmungen (§§ 100 bis 107, nur zum Teil abgedruckt).

Das Bundesvertriebenengesetz enthält zum Teil nur Programmsätze oder Rahmenbestimmungen (z. B. § 72 ff, §§ 77 ff, § 80, § 90). Ein wesentlicher Teil der Eingliederungshilfen ist daher außerhalb des BVFG geregelt worden. Weitere Eingliederungshilfen sind ohne unmittelbare Beziehung zum BVFG entstanden.

Eine Reihe von Vorschriften ist insbesondere durch Zeitablauf gegenstandslos geworden (z. B. §§ 26 ff über die Umsiedlung innerhalb des Bundesgebiets, §§ 50 ff über die Berücksichtigung der Vermögens- und der Hypothekengewinnabgabe bei der Eingliederung in die Landwirtschaft) oder ohne praktische Bedeutung (z. B. § 57 ff über die zwangsweise Inanspruchnahme von Land, §§ 82 ff über die Schuldenregelung). Auch entspricht die Terminologie des Gesetzes nicht immer dem heutigen Sprachgebrauch (vgl. z. B. § 3: „sowjetische Besatzungszone", „sowjetisch besetzter Sektor von Berlin", „Sowjetzonenflüchtling").

Nach § 20 des Flüchtlingshilfegesetzes, abgedruckt unter 4.6, ist eine Reihe von Vorschriften des Bundesvertriebenengesetzes auf Zuwanderer aus der DDR und aus Berlin (Ost), die nicht Flüchtlinge im Sinne der §§ 3, 4 BVFG sind, entsprechend anwendbar.

Eine kritische Auseinandersetzung mit der gegenwärtigen Handhabung der Bestimmungen des § 1 Abs. 2 Nr. 3 BVFG („Vertreibungsdruck", s. unter 4.2) und des § 6 BVFG (s. unter 4.4) findet sich bei VON BARGEN, Rechtsprechung als Hochseilakt – Plädoyer für eine Reform des Vertriebenenrechts in Festschrift für Wolfgang Zeidler (1987), S. 503 ff.

4.2 Vertreibungsdruck (§ 1 Abs. 2 Nr. 3 BVFG)

Die Anerkennung als Aussiedler kann im Einzelfall im Rahmen einer Prüfung nach § 1 Abs. 2 Nr. 3 BVFG daran scheitern, daß die Ausreise auf vertreibungsfremde Gründe zurückzuführen ist. Das Bundesvertriebenengesetz will nur diejenigen Deutschen aus den Aussiedlungsgebieten begünstigen, die ein Vertreibungsschicksal erlitten haben, das durch eine **ursächliche Verknüpfung von Vertreibung und Wohnsitzverlust** gekennzeichnet ist.

Diese ursächliche Verknüpfung ist bei Vertriebenen i. S. des § 1 Abs. 1 BVFG unmittelbar gegeben. Bei Aussiedlern wird die unmittelbare Vertreibung ersetzt durch die Wohnsitzaufgabe aufgrund des **Vertreibungsdrucks,** der nach der Rechtsprechung des Bundesverwaltungsgerichts in der fortdauernden Bedrückung der deutschen Staatsangehörigen und deutschen Volkszugehörigen, insbesondere durch Vereinsamung als Folge der allgemeinen Vertreibungsmaßnahmen und der seitherigen Aussiedlung besteht (vgl. BVerwGE 52, 167 [176 ff]). Das Bestehen des Vertreibungsdrucks ist zu unterstellen. Dies gilt auch bei Angehörigen der nach dem Ende des Zweiten Weltkrieges geborenen Generationen.

Die Minister und Senatoren für Arbeit und Soziales der Länder haben sich im Juni 1986 auf **Richtlinien zur einheitlichen Anwendung des § 1 Abs. 2 Nr. 3 des Bundesvertriebenengesetzes (sog. „Vertreibungsdruck")** geeinigt, die von den Ländern im Erlaßwege umgesetzt werden. Abgedruckt ist unter 4.2 der Runderlaß des Ministers für Arbeit, Gesundheit und Soziales des Landes Nordrhein-Westfalen vom 14. August 1986 (MBl. S. 1291).

In den Richtlinien wird darauf verwiesen, daß die Deutschen in den meisten Aussiedlungsgebieten weitestgehend unter Bedingungen leben, die ihnen die Wahrnehmung grundlegender Menschenrechte als Deutsche nicht gestatten. Sie sind als Volksgruppe nicht anerkannt und können ihre kulturelle Identität nicht wahren (Nr. 2 aaO).

Folgende Tatsachen werden als nicht geeignet bezeichnet, die bestehende **Vermutung des Vertreibungsdrucks** zu widerlegen: fehlende Ausreisebemühungen in der Vergangenheit, Zugehörigkeit zu einer spätgeborenen Generation, Reisen in das Bundesgebiet oder in das westliche Ausland, Eheschließung mit einer außerhalb des Aussiedlungsgebietes wohnenden Person und das Erreichen einer gehobenen beruflichen Position im Aussiedlungsgebiet (Nr. 4 aaO).

Dagegen kommt eine Prüfung, ob die allgemeine Bedrückung der Deutschen Grund für die Ausreise war, dann in Betracht, wenn eindeutige Anhaltspunkte für einen nicht fortdauernden Vertreibungsdruck sprechen. Hierzu gehören:
- die bewußte Abwendung vom deutschen Volkstum,
- eine herausgehobene politische Stellung,
- eine herausgehobene berufliche Stellung, die im allgemeinen nicht ohne eine besondere Bindung an das politische Regime im Herkunftsland erreicht werden kann,
- das Verhalten gegenüber Deutschen in den Aussiedlungsgebieten,
- kriminelle Delikte,
- das Stellen eines Asylantrags, wenn sich aus ihm ergibt, daß der Betroffene nicht mehr in dem Bewußtsein ausgereist ist, Deutscher zu sein (Nr. 5 aaO).

4.3 Anerkennung als „Sowjetzonenflüchtling" (§§ 3, 4 BVFG)

Einzelheiten der **Durchführung der §§ 3 und 4 des Bundesvertriebenengesetzes** regeln die **Richtlinien des Ministers für Arbeit, Gesundheit und Soziales des Landes Nordrhein-Westfalen** vom 10. Mai 1982 (MBl. S. 942). Diese Richtlinien sind vom Bundesminister des Innern und den Obersten Landesflüchtlingsverwaltungen gemeinsam erarbeitet und von den Ländern gleichlautend in Kraft gesetzt worden.

Voraussetzung für eine Anerkennung als „Sowjetzonenflüchtling" nach § 3 BVFG ist das Verlassen des bisherigen Wohnsitzes in der Absicht, sich durch den Aufenthaltswechsel aus dem Bereich einer drohenden Gefahr oder sonstiger Bedrängnisse zu begeben, die eine besondere Zwangslage zur Folge haben. Eine **besondere Zwangslage,** die das Gesetz nicht definiert, ist nur dann anzunehmen, wenn die zu ertragenden Beschwernisse und Gefahren über das Maß dessen hinausgehen, was die Bevölkerung in der DDR und in Berlin (Ost) aufgrund der dort herrschenden Verhältnisse allgemein hinnehmen muß. Eine besondere Zwangslage ist z. B. einem schweren Gewissenskonflikt gegeben, ebenso bei der Zerstörung oder entscheidenden Beeinträchtigung der Existenzgrundlage. Der Tatbestand der „Flucht" kann auch dann erfüllt sein, wenn die DDR-Behörden die Ausreise gestattet oder den Betroffenen abgeschoben haben.

4.4 Deutsche Volkszugehörigkeit (§ 6 BVFG)

Nach § 6 BVFG ist **deutscher Volkszugehöriger**, wer sich in seiner Heimat zum deutschen Volkstum bekannt hat (subjektives Erfordernis), sofern dieses Bekenntnis durch bestimmte Merkmale (Abstammung, Sprache, Erziehung, Kultur) bestätigt wird (objektives Erfordernis). Diese Umschreibung ist zugleich die Legaldefinition für den Begriff „deutsche Volkszugehörigkeit" in Artikel 116 Abs. 1 GG.

Einzelheiten der Durchführung sind in **Richtlinien zur Anwendung des § 6 des Bundesvertriebenengesetzes** geregelt, die von dem Bundesminister des Innern gemeinsam mit den Obersten Landesflüchtlingsverwaltungen erarbeitet und von den Ländern gleichlautend in Kraft gesetzt worden sind. Abgedruckt ist unter 4.4 der Runderlaß des Ministers für Arbeit, Gesundheit und Soziales des Landes Nordrhein-Westfalen vom 20. Februar 1980 (MBl. S. 1782, auch Mtbl BAA 1980, S. 380).

§ 6 BVFG dient dazu, den Kreis der Volksdeutschen zu umschreiben. Ein **Bekenntnis zum deutschen Volkstum** ist anzunehmen, wenn der Antragsteller durch sein Verhalten das Bewußtsein und den Willen, dem deutschen Volkstum und keinem anderen anzugehören, für Dritte als Teil der Allgemeinheit wahrnehmbar verbindlich kundgetan hat (BVerwGE 26, 344). Dies kann durch eine ausdrückliche Erklärung (z. B. bei amtlichen Volkszählungen, der Einschulung von Kindern, der Anmeldung von Personenstandsveränderungen, der Erfassung zum Wehrdienst, der Bewerbung zur Anstellung im öffentlichen Dienst, der Ausstellung von Pässen und Personalausweisen) oder aber auch durch schlüssiges Verhalten erfolgt sein. Die Eheschließung mit einem deutschen oder mit einem nichtdeutschen Partner läßt im allgemeinen keinen Schluß auf ein bestimmtes Bekenntnis zu. Ein Indiz für das Bekenntnis zum deutschen Volkstum ist der Gebrauch der deutschen Sprache als Umgangssprache in der Öffentlichkeit.

Die in § 6 genannten Bestätigungsmerkmale sind beispielhaft und brauchen nicht insgesamt vorzuliegen. Der Sachverhalt ist von Amts wegen zu ermitteln, wobei alle erreichbaren Beweismittel heranzuziehen sind. Für die Beweisführung genügt die Glaubhaftmachung.

4.5 Beendigung der Inanspruchnahme von Rechten und Vergünstigungen (§ 13 BVFG)

Die unter 4.5 abgedruckten **Richtlinien** des früheren Bundesministers für Vertriebene, Flüchtlinge und Kriegsgeschädigte **betreffend die Durchführung des § 13 des Bundesvertriebenengesetzes** vom 20. Juli 1954 (GMBl. S. 418) regeln die Beendigung der Inanspruchnahme von Rechten und Vergünstigungen für Vertriebene und Flüchtlinge, die in das wirtschaftliche und soziale Leben in einem nach ihren früheren wirtschaftlichen und sozialen Verhältnissen zumutbaren Rahmen eingegliedert sind.

Mit der **Betreuungsbeendigung** entfällt z. B. die Möglichkeit, Steuervergünstigungen nach §§ 7 e und 10 a des Einkommensteuergesetzes – abgedruckt unter 13.1 – in Anspruch zu nehmen. Ferner entfallen z. B. Erleichterungen bei der Zulassung zur Berufs- und Gewerbeausübung (§§ 69 ff BVFG – abgedruckt unter 4.1), die Förderung selbständiger Existenzen durch Kredite, Zinsverbilligungen, Bürgschaften und Teilhaberschaften (§ 72 BVFG), die bevorzugte Vergabe von Aufträgen durch die öffentliche Hand (§ 74 BVFG) und die Bevorzugung bei der Vermietung, Verpachtung und Übereignung durch die öf-

Einleitung Seite 37

fentliche Hand (§ 76 BVFG). Dagegen hat die Betreuungsbeendigung keinen Einfluß auf die Anerkennung von Zeugnissen und Befähigungsnachweisen nach § 92 BVFG.

Über die Beendigung der Betreuung entscheiden die zentralen Dienststellen der Länder (Landesflüchtlingsverwaltungen) oder die von ihnen bestimmten Behörden. Antragsberechtigt sind die zur Gewährung von Rechten und Vergünstigungen zuständigen Stellen.

4.6 Flüchtlingshilfegesetz

Das **Flüchtlingshilfegesetz** i. d. F. vom 15. Mai 1971 (BGBl I S. 681) – abgedruckt unter 4.6 – enthält Regelungen zugunsten von Zuwanderern aus der DDR und aus Berlin (Ost), die nicht „Sowjetzonenflüchtlinge" im Sinne des § 3 BVFG sind, vgl. hierzu oben unter 4.3. Vorgesehen sind die Gewährung einer Einrichtungshilfe (§§ 3 ff aaO), die Gewährung einer laufenden Beihilfe als Beihilfe zum Lebensunterhalt oder als besondere laufende Beihilfe (§§ 10 ff aaO) und die Gewährung von Eingliederungsdarlehen als Aufbaudarlehen für die gewerbliche Wirtschaft, für die freien Berufe und für die Landwirtschaft sowie für den Wohnungsbau (§§ 17 ff aaO).

4.7 Ehelicher Güterstand

Das **Gesetz über den ehelichen Güterstand von Vertriebenen und Flüchtlingen** vom 4. August 1969 (BGBl. I S. 1067) ist unter 4.7 abgedruckt.

Nach § 1 aaO gilt für Ehegatten, die Vertriebene oder Sowjetzonenflüchtlinge (§§ 1, 3, 4 BVFG) sind, ihren gewöhnlichen Aufenthalt im Geltungsbereich dieses Gesetzes haben und im gesetzlichen Güterstand eines außerhalb des Geltungsbereichs dieses Gesetzes maßgebenden Rechts leben, vom Inkrafttreten dieses Gesetzes an das eheliche Güterrecht des Bürgerlichen Gesetzbuchs (Zugewinngemeinschaft, §§ 1363 ff. BGB). Das gleiche gilt für Ehegatten, die aus der DDR oder aus Berlin (Ost) zugezogen sind, sofern sie im Zeitpunkt des Zuzugs deutsche Staatsangehörige waren oder – ohne die deutsche Staatsangehörigkeit zu besitzen – als Deutsche im Sinne des Artikels 116 Abs. 1 GG – abgedruckt unter 5.1 – Aufnahme gefunden haben.

Begründen beide Ehegatten ihren gewöhnlichen Aufenthalt im Geltungsbereich des Gesetzes erst nach Inkrafttreten des Gesetzes (1. Oktober 1969, vgl. aber § 7 aaO), so gilt für sie das Güterrecht des Bürgerlichen Gesetzbuches erst vom Anfang des nach Eintritt dieser Voraussetzung folgenden vierten Monats an.

Bis zu diesem Zeitpunkt kann der Aussiedler gegenüber dem örtlichen zuständigen Amtsgericht die Erklärung abgeben, daß für die Ehe der bisherige gesetzliche Güterstand fortgelten solle.

4.8 Sonstiges

In der Vorauflage war die **Verwaltungsvorschrift des Innenministers Baden-Württemberg zur Durchführung des Bundesvertriebenengesetzes** vom 15. April 1981 – VIII 2555/22 – (GABl. S. 497 ff) abgedruckt, außerdem das dieser Verwaltungsvorschrift als Anlage beigefügte Verzeichnis der Heimatortskarteien/Heimatauskunftsstellen. Die Verwaltungsvorschrift, die eine eingehende Regelung zur Durchführung der §§ 1 bis 20 und 94, 98 BVFG enthält, wird derzeit überarbeitet und voraussichtlich 1989 in einer Neufassung bekanntgemacht. Aus diesem Grunde wird auf einen Abdruck der derzeit geltenden Fassung der Verwaltungsvorschrift verzichtet. Für die derzeit noch geltende Fassung wird auf die Vorauflage (dort unter 4.6 und 4.7) verwiesen.

5. STAATSANGEHÖRIGKEIT, NAMENSRECHT

vgl. Wegweiser für Aussiedler Nr. 7, 38

5.1 Deutsche Staatsangehörigkeit, deutsche Volkszugehörigkeit

Deutscher im Sinne des Grundgesetzes für die Bundesrepublik Deutschland ist nach **Artikel 116 Abs. 1 GG** – abgedruckt unter 5.1 – wer

- die deutsche Staatsangehörigkeit besitzt oder
- wer als Vertriebener deutscher Volkszugehörigkeit oder als dessen Ehegatte oder Abkömmling in dem Gebiet des Deutschen Reiches nach dem Stande vom 31. Dezember 1937 Aufnahme gefunden hat.

Der Erwerb der deutschen Staatsangehörigkeit richtet sich nach dem **Reichs- und Staatsangehörigkeitsgesetz** vom 22. Juli 1913 (RGBl. S. 583), zuletzt geändert durch Gesetz vom 25. Juli 1986 (BGBl. I S. 1142), auszugsweise abgedruckt unter 5.2.

Besondere Regelungen über

- die Staatsangehörigkeit deutscher Volkszugehöriger, denen die deutsche Staatsangehörigkeit in den Jahren 1938 bis 1945 durch Sammeleinbürgerung verliehen worden ist,
- die Staatsangehörigkeit der Personen, die aufgrund des Artikels 116 Abs. 1 GG Deutsche sind, ohne die deutsche Staatsangehörigkeit zu besitzen und
- die Staatsangehörigkeit sonstiger Personengruppen

trifft das **Gesetz zur Regelung der Staatsangehörigkeit** vom 22. Februar 1955 (BGBl. I S. 65), geändert durch Gesetz vom 29. Juni 1977 (BGBl I S. 1101), abgedruckt unter 5.3.

Die in § 1 Abs. 1 aaO genannten Verträge und Verordnungen, aufgrund deren deutsche Volkszugehörige die deutsche Staatsangehörigkeit erworben haben, sind wiedergegeben bei WEIDELENER-HEMBERGER, Deutsches Staatsangehörigkeitsrecht.

Die Zugehörigkeit zum Personenkreis der Deutschen, die als deutsche Volkszugehörige nicht die deutsche Staatsangehörigkeit besitzen, richtet sich nach Art. 116 Abs. 1 GG und ggfs. nach § 6 BVFG, vgl. hierzu Einleitung 4.4 und die Richtlinien zur Anwendung des § 6 des Bundesvertriebenengesetzes, abgedruckt unter 4.4.

Das Verfahren für die Feststellung des Status als Deutscher ist in den **Richtlinien** des Bundesministers des Innern **für die Prüfung der Staatsangehörigkeit und Namensführung der Aussiedler** im Grenzdurchgangslager Friedland vom 29. Juli 1976 – abgedruckt unter 5.4 – geregelt. Die Richtlinien gelten trotz der eng gefaßten Überschrift auch für die Verfahren in anderen Grenzdurchgangslagern. Die Richtlinien enthalten im Ersten Abschnitt Bestimmungen über die Eintragung als deutscher Staatsangehöriger oder als Deutscher (ohne deutsche Staatsangehörigkeit im Sinne des Art. 116 Abs. 1 GG) in den Registrierschein (vgl. dazu Einleitung Nr. 3.1).

Die Richtlinien berücksichtigen den Rechtszustand bis zum Gesetz zur Änderung des Reichs- und Staatsangehörigkeitsgesetzes vom 20. Dezember 1974 (BGBl. I S. 3714). Die danach eingetretenen Änderungen Staatangehörigkeitsrechtlicher Vorschriften sind bei der Anwendung der Richtlinien zu beachten. Das gilt z. B. für folgende wichtige Neuregelungen:

- Die Einführung der „Annahme als Kind" als Erwerbsgrund für die deutsche Staatsangehörigkeit (§ 6 RuStAG i. d. F. des Art. 9 Nr. 2 des Adoptionsgesetzes vom 2. 7. 1976 – BGBl. I S. 1749 – wirksam seit dem 1. 1. 1977) und die Gewährung eines Erklärungsrechts für die Überleitungsfälle (Art. 12 § 4 AdoptG).

Nach § 6 RuStAG erwirbt das von einem deutschen Elternteil wirksam angenommene minderjährige ausländische Kind die deutsche Staatsangehörigkeit; als minderjährig ist ein Kind anzusehen, das zum Zeitpunkt des Annahmeantrages das 18. Lebensjahr noch nicht vollendet hat (Art. 6 § 5 IPR-Gesetz vom 25. 7. 1986 – BGBl. I S. 1142). Die in der Zeit vom 1. Januar 1959 bis zum 31. Dezember 1976 geborenen und angenommenen Kinder deutscher Aussiedler können auch nach Ablauf der allgemeinen Erklärungsfrist (31. 12. 1979) die Erwerbserklärungen noch innerhalb von sechs Monaten nachholen.

– Die Anwendung der Staatenlosen-Schutzklausel auch auf die Rechtsstellung als Deutscher ohne deutsche Staatsangehörigkeit (Art. 1 Nr. 2 und Art. 3 [= § 7 a des 1. StARegG] des Gesetzes zur Verminderung der Staatenlosigkeit vom 29. 6. 1977 – BGBl. I S. 1101).

– Hierdurch ist sichergestellt, daß Deutsche ohne deutsche Staatsangehörigkeit auch bei (endgültiger) Rückkehr in den Heimatstaat oder einen anderen Staat im Vertreibungsgebiet ihre Rechtsstellung als Deutsche durch Abwanderung bei einer Aufenthaltsverlegung seit dem 30. Juni 1977 nicht mehr verlieren (§ 7 des 1. StARegG), wenn sie dadurch staatenlos würden (§ 7 a des 1. StARegG).

Insoweit trifft Nummer 14 der Richtlinien nicht mehr uneingeschränkt zu, sondern gilt nur noch, wenn der Betroffene neben der Rechtsstellung als Deutscher ohne deutsche Staatsangehörigkeit noch eine andere (ausländische) Staatsangehörigkeit innehat.

Die in den Grenzdurchgangslagern eintreffenden Aussiedler erhalten ein **Merkblatt über Fragen der Staatsangehörigkeit und der Namensführung** abgedruckt unter 5.5. Dieses Merkblatt erläutert u. a. den Begriff der Staatsangehörigkeit und unterrichtet über die Möglichkeit, den Erwerb der Eigenschaft als Deutscher auszuschließen.

Personen, die nicht Deutsche sind und die es auch durch die Aufnahme im Bundesgebiet nicht werden wollen, können den Erwerb der Eigenschaft als Deutscher ohne deutsche Staatsangehörigkeit durch eine Erklärung verhindern, die sie bei der Registrierung abgeben. Wer erklärt, daß er nicht Aufnahme nach Artikel 116 Abs. 1 des Grundgesetzes finden will, bleibt Ausländer. Diese Erklärung kann nur anläßlich der Registrierung im Grenzdurchgangslager abgegeben werden. Sie ist nicht widerruflich.

5.2 Namensrecht

Im zweiten Abschnitt der vorgenannten Richtlinien sind Fragen der Namensführung behandelt.

Grundsätzlich sind **Namen** deutscher Aussiedler, die von Organen eines fremden Staats verändert (z. B. slawisiert oder romanisiert) worden sind, in ihrer ursprünglichen deutschen Form in den Registrierschein einzutragen, der Grundlage für die spätere Ausstellung der Ausweispapiere (Personalausweis, Reisepaß, Vertriebenenausweis) ist. Für diese Eintragung der Vornamen gilt (Nr. 18 der Richtlinien) im einzelnen:

Ist die Geburt des Aussiedlers in einem nach deutschem Recht geführten Personenstandsbuch oder Personenstandsregister beurkundet worden und weisen die vorgelegten Personalpapiere eine fremdländische Vornamensform aus, so sind die Vornamen in ihrer ursprünglichen deutschen Form einzutragen.

Ist die Geburt des Aussiedlers dagegen nicht in einem nach deutschem Recht geführten Personenstandsbuch oder Personenstandsregister beurkundet worden und weisen die vorgelegten Personalunterlagen eine fremdländische Vornamensform aus, so ist die Namensform einzutragen, die dem Willen des Sorgeberechtigten entsprach.

In den Fällen, in denen es sich nicht mit hinreichender Sicherheit feststellen läßt, daß der Aussiedler die Vornamen in deutscher Form führen kann, sind die Vornamen in der Form einzutragen, wie sie sich aus den vorgelegten Ausweisen ergibt. Eine Änderung der fremdländischen Namensform in eine deutsche Namensform ist nur in einem Verfahren nach § 11 des Gesetzes über die Änderung von Familiennamen und Vornamen vom 5. Januar 1938 (NamÄndG), zuletzt geändert durch Artikel 13 des Zuständigkeitslockerungsgesetzes vom 10. März 1975 (BGBl I S. 685) möglich.

Die Änderung des Familiennamens eines deutschen Staatsangehörigen auf Grund ausländischen Rechts oder ausländischer Verwaltungsmaßnahmen sowie die Veränderung der Schreibweise des Familiennamens wird im deutschen Rechtsbereich grundsätzlich nicht anerkannt. In diesen Fällen wird der deutsche Name in den Registrierschein eingetragen (Nr. 19 aaO).

Für Aussiedler, die nicht deutsche Staatsangehörige sind und die die Rechtsstellung als Deutsche (ohne deutsche Staatsangehörigkeit) durch die Aufnahme im Bundesgebiet erlangen, gilt:
Ist der Familienname in den vorgelegten Unterlagen in fremdländischer Form wiedergegeben, so kann in der Regel der deutsche Namensform nur durch eine Änderung in einem Verfahren nach § 3 des Namensänderungsgesetzes erlangt werden. Ist lediglich die Schreibweise des Namens verändert worden, so kann die ursprüngliche Namensform in den Registrierschein übernommen werden.

6. WOHNUNGSBAU, WOHNGELD, EINRICHTUNGSDARLEHEN

vgl. Wegweiser für Aussiedler Nr. 9, 10, 25
vgl. Wegweiser DDR Nr. 11, 12

6.1 Wohnraumversorgung

§ 80 BVFG erklärt die **Wohnraumversorgung** der Berechtigten nach dem BVFG für eine vordringliche Aufgabe. Diese Bestimmung ist ein Programmsatz, der einer Ausfüllung durch Einzelregelungen bedarf.
Nach **§ 18 des Zweiten Wohnungsbaugesetzes** i. d. F. vom 11. Juli 1985 (BGBl. I S. 1284, 1661), zuletzt geändert durch Gesetz vom 25. Juli 1988 (BGBl I S. 1093) beteiligt sich der Bund an der Finanzierung des sozialen Wohnungsbaus der Länder. Der Bundesminister für Raumordnung, Bauwesen und Städtebau verteilt die Bundesmittel aufgrund einer mit den Ländern abgeschlossenen Verwaltungsvereinbarung.
Bis 1980 hatte sich der Bund am **Aussiedlerwohnungsbau** der Länder mit Finanzhilfen gemäß Art. 104a Abs. 4 GG beteiligt. Für jede zu berücksichtigende Person wurden 1.556 DM als Darlehen und 2.666 DM als Zuschuß zur Verfügung gestellt. Insgesamt hat der Bund für die Förderung des Wohnungsbaus für Aussiedler und Zuwanderer in den Jahren 1953 bis 1980 – neben den allgemeinen Wohnungsbaumitteln – rd. 8,5 Mrd DM aufgewandt.
In den Haushaltsjahren 1981 bis 1984 wurden von dem Verpflichtungsrahmen für den öffentlich geförderten sozialen Wohnungsbau insgesamt 500 Mio DM jeweils nach dem Anteil der im Vorjahr von den Ländern aufgenommenen Aussiedler und Zuwanderer verteilt. Diese Mittel waren jedoch nicht für die Unterbringung von Aussiedlern und Zuwanderern zweckgebunden.
Seit dem Haushaltsjahr 1985 wurden die Finanzhilfen des Bundes gemäß Art. 104a Abs. 4 GG den Ländern nur noch für die Förderung von Eigentumsmaßnahmen zur Verfügung gestellt. Die Förderung des sozialen Mietwohnungsbaus lag damit in der originären Zuständigkeit der Länder.
Mit dem Sonderprogramm zur Eingliederung der Aussiedler, das vom Bundeskabinett am 31. August 1988 verabschiedet wurde (vgl. hierzu Einleitung Nr. 2.2), hat sich der Bund be-

Einleitung

reit erklärt, die Schaffung von Mietwohnraum für Aussiedler durch die Länder im Rahmen des Art. 104a GG zu unterstützen.

Dabei sind Finanzhilfen des Bundes für ein Förderungsvolumen von 45.000 Wohnungen (1989: 30.000, bei anhaltendem starken Zuzug von Aussiedlern 1990: 15.000) vorgesehen.

Die Finanzhilfe soll sich auf 25.000 DM pro Wohnung belaufen, wobei von den Ländern erwartet wird, daß sie den gleichen Betrag noch einmal zur Verfügung stellen.

Ein wesentlicher Beitrag zur Wohnraumversorgung der Aussiedler wird über die Errichtung landwirtschaftlicher Nebenerwerbsstellen für aus der Landwirtschaft stammende Aussiedler geleistet (vgl. hierzu Einleitung Nr. 14).

Die Schaffung von Wohnungseigentum wurde ferner durch Grunderwerbsteuerbefreiungen in landesrechtlichen Regelungen erleichtert (z. B. nordrhein-westfälisches Gesetz über Grunderwerbsteuerbefreiung für Vertriebene, Sowjetzonenflüchtlinge, Verfolgte und politische Häftlinge vom 21. Mai 1970 [GVNW S. 395], aufgehoben durch § 25 Abs. 8 Nr. 12 des Grunderwerbsteuergesetzes vom 17. Dezember 1982 [BGBl. I S. 1777]).

Nach § 25 Abs. 1 des Zweiten Wohnungsbaugesetzes i. d. F. vom 11. Juli 1985 (BGBl. I S. 1284, 1661) – abgedruckt unter 6.1 – beträgt die Jahreseinkommensgrenze für Wohnungssuchende, die Anspruch auf Sozialwohnungen haben, 21 600 DM zuzüglich 10 200 DM für den zweiten und weitere 6 300 DM für jeden weiteren zur Familie gehörenden Angehörigen. Für Aussiedler und Zuwanderer erhöht sich die Einkommensgrenze bis zum Ablauf des 5. Kalenderjahres nach der Einreise in das Bundesgebiet um weitere 6 300 DM (§ 25 Abs. 1 Satz 5 aaO).

Nach § 26 Abs. 2 Nr. 2 aaO soll der öffentliche Wohnungsbau u. a. für Vertriebene (Aussiedler) und Flüchtlinge vorrangig gefördert werden.

Nach § 2 des Gesetzes zur Sicherung der Zweckbestimmung von Sozialwohnungen (Wohnungsbindungsgesetz) i. d. F. vom 22. Juli 1982 (BGBl. I S. 972) hat die zuständige Stelle den öffentlich geförderten Wohnungsbau zu erfassen. Damit werden auch die Voraussetzungen dafür geschaffen, daß Aussiedlern nach Ausstellung eines Wohnberechtigungsscheins (§ 5 aaO) eine Sozialwohnung angeboten werden kann. Diese Bescheinigung ist zu erteilen, wenn das Gesamteinkommen des Antragstellers die vorgenannten Grenzen des § 25 Abs. 1 des Zweiten Wohnungsbaugesetzes nicht überschreitet.

Ferner kommt die Gewährung von Aufbaudarlehen für den Wohnungsbau nach § 254 Abs. 2 bis 4 des Lastenausgleichsgesetzes für die Errichtung eines Eigenheims oder einer Eigentumswohnung (auch Erwerb eines Baugrundstücks) in Betracht. Antragsberechtigt sind Begünstigte nach dem BVFG innerhalb von zehn Jahren nach dem Eintreffen im Bundesgebiet. Für Zuwanderer, die nicht von § 3 BVFG erfaßt werden, kommen Aufbaudarlehen nach § 19 FlüHG – abgedruckt unter 4.6 – in Betracht. Einzelheiten regeln die Weisung des Präsidenten des Bundesausgleichsamts über Aufbaudarlehen für den Wohnungsbau (AW-Weisung) i. d. F. vom 17. März 1958 (Mtbl. BAA S. 96), die Durchführungsbestimmungen des Präsidenten des BAA i. d. F. vom 5. Juni 1974 (Mtbl. BAA S. 170) sowie die Durchführungsbestimmungen zum Flüchtlingshilfegesetz (DB-Flüchtlingshilfe) vom 19. November 1965 (Mtbl. BAA S. 409) mit Änderungen. Vgl. auch das Merkblatt des Bundesausgleichsamts, abgedruckt unter 12.1.

6.2 Wohngeld

Das **Wohngeldgesetz** i. d. F. vom 11. Juli 1985 (BGBl I S. 1421, 1661) sieht in § 16 – abgedruckt unter 6.2 – bei der Ermittlung des Jahreseinkommens, das für die Berechtigung zum Bezug von Wohngeld maßgebend ist, für Vertriebene und Flüchtlinge im Sinne der §§ 1 bis 4 BVFG einen besonderen Freibetrag in Höhe von 2.400 DM vor. (§ 16 Abs. 2 Nr. 1

aaO). Eine entsprechende Regelung treffen § 16 Abs. 2 Nr. 2 aaO für Zuwanderer und § 16 Abs. 2 Nr. 3 für Heimkehrer im Sinne des Heimkehrergesetzes.

Diese Vergünstigung gilt für den Zeitraum von vier Jahren nach Stellung des ersten Wohngeldantrages, längstens jedoch bis zum Ablauf von zehn Jahren nach Zuzug in das Bundesgebiet. Die Gewährung von Wohngeld ist im übrigen abhängig von der Zahl der zum Haushalt rechnenden Familienmitglieder und der Höhe der Miete (bei Eigenheimen, Nebenerwerbsstellen, Eigentumswohnungen usw.: der Belastung) im Rahmen der zu berücksichtigenden Höchstbeträge (§ 8 WoGG).

Nach § 17 aaO sind bei der Feststellung des Jahreseinkommens gestaffelte pauschale Abzüge vorgesehen, durch die u. a. die Zahlung von Beiträgen zur gesetzlichen Krankenversicherung, zur gesetzlichen Rentenversicherung und die Entrichtung von Steuern berücksichtigt werden.

Einzelheiten der Durchführung des Wohngeldgesetzes enthalten die Wohngeldverordnung i. d. F. vom 25. Mai 1988 (BGBl. I S. 647) und die Allgemeine Verwaltungsvorschrift zum Wohngeldgesetz i. d. F. vom 22. Oktober 1985 (Beilage zum Bundesanzeiger Nr. 205 a vom 31. Oktober 1985).

Eine detaillierte Information zum Wohngeldgesetz enthält die Broschüre „Wohngeld" des Presse- und Informationsamts der Bundesregierung, Welckerstraße 11, 5300 Bonn 1.

6.3 Einrichtungsdarlehen

Nach den **Richtlinien** des Bundesministers des Innern **für die Gewährung von zinsverbilligten Einrichtungsdarlehen** an Aussiedler und Zuwanderer vom 20. September 1976 – abgedruckt unter 6.3 – haben Aussiedler und Zuwanderer die Möglichkeit, aus Anlaß des erstmaligen Bezugs einer ausreichenden Wohnung ein besonders zinsgünstiges Darlehen in Anspruch zu nehmen.

Dieses **Einrichtungsdarlehen** kann bis zu folgender Höhe gewährt werden:

3.000 DM für Alleinstehende
4.000 DM als Sockelbetrag für Mehrpersonenhaushalte
1.000 DM zusätzlich für die zweite und für jede weitere zur Haushaltsgemeinschaft gehörende Person.

Der Höchstbetrag des Einrichtungsdarlehens ist 10.000 DM.

Die Darlehenssummen betragen demnach:

3.000 DM für einen Alleinstehenden
5.000 DM für ein Ehepaar ohne Kinder
6.000 DM für ein Ehepaar mit einem Kind
7.000 DM für ein Ehepaar mit zwei Kindern usw.
10.000 DM für ein Ehepaar mit fünf und mehr Kindern.

Zu beachten ist in diesem Zusammenhang insbesondere das Rundschreiben des Bundesministers des Innern vom 25. August 1987, abgedruckt unter 6.13.

Der Bund verbilligt das Darlehen durch eine **Zinssubvention,** die derzeit (Stand 1. September 1988) bei 3,5 v. H. liegt, und durch die pauschale Abgeltung der Gebühren für die Deutsche Ausgleichsbank, die den Kreditinstituten (Hausbanken) die Mittel für die Darlehensgewährung zur Verfügung stellt. Der Zinssatz für den Darlehensnehmer beträgt derzeit 3,75 v. H. (Stand: 1. September 1988). Hamburg übernimmt den Restzins bis zur Höhe von 3. v. H.

Die Einrichtungsdarlehen können bei allen Banken, Sparkassen und Raiffeisenkassen in Anspruch genommen werden. Voraussetzung hierfür ist die Vorlage eines Berechtigungsscheins, der in Bayern, Hamburg und im Saarland beim Ausgleichsamt, in den üb-

Einleitung

rigen Ländern vom Flüchtlingsamt (Vertriebenenamt, Amt für Aussiedler und Zuwanderer) ausgestellt wird.

Das Darlehen steht Aussiedlern und Zuwanderern zu, die seit dem 1. Januar 1974 im Bundesgebiet eingetroffen sind und noch notdürftig (z. B. in einem Lager, einem Übergangswohnheim oder bei Verwandten) untergebracht sind. Der Antrag auf Ausstellung eines Berechtigungsscheins ist innerhalb von sechs Monaten nach Bezug einer ausreichenden Wohnung zu stellen.

Das Darlehen ist nach zwei tilgungsfreien Jahren im Verlauf von längstens weiteren acht Jahren zu tilgen.

Bis zum 31. Dezember 1987 sind insgesamt 249.124 Einrichtungsdarlehen mit einem Gesamtbetrag von rd. 1.244 Mrd DM ausgereicht worden.

Bei der Geltendmachung von außergewöhnlichen Belastungen nach § 33 des Einkommensteuergesetzes i. d. F. vom 27. Februar 1987 (BGBl. I S. 657) können Aufwendungen für die Beschaffung von Möbeln und Hausrat, die aus Mitteln des Einrichtungsdarlehens erbracht worden sind, nicht in voller Höhe abgesetzt werden. Berücksichtigungsfähig sind lediglich die jährlichen Zins- und Tilgungsleistungen, die aber in den seltensten Fällen hoch genug sein werden, um eine außergewöhnliche Belastung zu begründen.

Der Bundesminister des Innern hat in einer Reihe von **Rundschreiben** Erläuterungen zur Durchführung der Richtlinien für die Gewährung von zinsverbilligten Einrichtungsdarlehen gegeben. Es handelt sich dabei u. a. um

– das Rundschreiben vom 24. September 1976, auszugsweise abgedruckt unter 6.4
– das Rundschreiben vom 1. Juni 1977, auszugsweise abgedruckt unter 6.5
– das Rundschreiben vom 3. Oktober 1978, abgedruckt unter 6.6
– das Rundschreiben vom 25. Oktober 1978, abgedruckt unter 6.7
– das Rundschreiben vom 25. November 1978, abgedruckt unter 6.8
– das Rundschreiben vom 6. Dezember 1978, abgedruckt unter 6.9
– das Rundschreiben vom 19. Juli 1979, abgedruckt unter 6.10
– das Rundschreiben vom 12. März 1984, abgedruckt unter 6.11
– das Rundschreiben vom 26. März 1984, abgedruckt unter 6.12
– das Rundschreiben vom 25. August 1987, abgedruckt unter 6.13.

In dem Rundschreiben vom 1. Juni 1977 – abgedruckt unter 6.5 – ist Teil I, Abschnitt A Ziffer 3 der Durchführungsbestimmungen zur Hausratsentschädigung (HRDB) vom 24. Januar 1955 (MtblBAA S. 29) in der Fassung vom 5. Oktober 1967 (MtblBAA S. 330) zitiert. Nach dieser Vorschrift ist als Hausrat die Gesamtheit aller beweglichen Sachen (Hausratsgegenstände), die in einer Wohnung einschließlich der Nebenräume zur persönlichen (privaten) Lebensführung im Gebrauch sind oder zu diesem Gebrauch bestimmt sind.

Durch die Rundschreiben werden insbesondere für folgende Fallgestaltungen Regelungen getroffen:

a) Unter erstmaligem Bezug einer Wohnung ist nicht zwingend zu verstehen, daß der Berechtigte nach dem Verlassen der Not- und Durchgangsunterkunft (Aufnahmelager, Übergangswohnheim) erstmals eine Wohnung bezieht. Entscheidend ist vielmehr, daß es sich um den erstmaligen Bezug einer ausreichenden Wohnung handelt. Hiermit ist eine Wohnung gemeint, die im Zeitpunkt der Antragstellung dem Bedarf des Antragstellers und seiner Angehörigen nach dessen eigener Auffassung entspricht. Der Berechtigungsschein darf lediglich dann nicht erteilt werden, wenn aus den Angaben des Antragstellers ersichtlich ist, daß (erneut) eine Notunterkunft (z. B. eine Wohnung in einem Übergangswohnheim) bezogen werden soll (Rundschreiben vom 1. Juni 1977 zu Nr. 1.1, abgedruckt unter 6.5).

b) Der Bezug einer ausreichenden Wohnung ist in der Regel durch die Vorlage eines Mietvertrages nachzuweisen (aaO, Ziffer 1 zu Nr. 2.2).

c) Bezieht der Aussiedler oder Zuwanderer lediglich ein möbliertes Zimmer, ohne damit auch einen eigenen Haushalt zu begründen, so kann er das Darlehen nicht in Anspruch nehmen (aaO).

d) Die Richtlinien sehen keine Einkommensgrenzen oder Altersgrenzen vor. Die Kreditinstitute sind jedoch gehalten, das Einrichtungsdarlehen nicht zu gewähren, wenn die Rückzahlung und die Zinszahlung nicht möglich sind. Dieser Fall dürfte insbesondere dann vorliegen, wenn sich der Antragsteller in hohem Alter befindet und keine Sicherheiten gegeben werden können (z. B. Bürgschaft durch die erwachsenen Kinder des Antragstellers) oder wenn der Antragsteller dauernd erwerbsunfähig ist (aaO, Ziffer 1 zu Nr. 5.6).

e) Ausnahmen von den Fristerfordernissen nach Ziffer 2.6 (Eintreffen im Bundesgebiet seit dem 1. Januar 1974), 2.4 der Richtlinien (Antragstellung innerhalb von sechs Monaten nach Bezug einer ausreichenden Wohnung) können grundsätzlich nicht zugelassen werden, vgl. aber oben unter a). Zur Fristwahrung nach Ziffer 2.4 der Richtlinien reicht es aus, daß der Antragsteller seine Absicht, das Einrichtungsdarlehen in Anspruch nehmen zu wollen, deutlich zu erkennen gegeben („manifestiert") hat. Das kann auch bei einer unzuständigen Behörde, bei einer Beratungs- und Betreuungsstelle oder bei einem Kreditinstitut und auch durch Einholen von Informationen geschehen sein (aaO, Ziffer 2). Wer mehr als die Hälfte seines gesamten Hausrats verloren hat, kann außerdem Hausratsentschädigung nach dem Lastenausgleichsgesetz erhalten (vgl. hierzu das Merkblatt des Bundesausgleichsamts (BAA), abgedruckt unter 12.1, und das Rundschreiben des Präsidenten des BAA vom 29. November 1971, abgedruckt unter 12.2).

f) Aussiedler und Zuwanderer, die ohne Inanspruchnahme öffentlich subventionierter Notunterkünfte sofort eine ausreichende Wohnung beziehen, sind von der Inanspruchnahme des Darlehens nicht ausgeschlossen. (Rundschreiben vom 3. Oktober 1978, abgedruckt unter 6.6).

g) Zur Verlängerung der Gültigkeit des Berechtigungsscheins vgl. Rundschreiben vom 25. Oktober 1978, abgedruckt unter 6.7, zur Berechtigung von Evakuierten vgl. Rundschreiben vom 25. November 1978, abgedruckt unter 6.8.

h) **Zuwanderer aus der DDR und aus Berlin (Ost)** können das Einrichtungsdarlehen auch zur Begleichung von **Rechnungen für den Transport von Möbeln** und anderen Hausratsgegenständen verwenden, vgl. Rundschreiben vom 12. März 1984, abgedruckt unter 6.11. In diesen Fällen kann der Berechtigungsschein – bs auf weiteres – auch ausgestellt werden, bevor der erstmalige Bezug einer ausreichenden Wohnung nachgewiesen wird, vgl. Rundschreiben vom 26. März 1984, abgedruckt unter 6.12.

i) Treffen Mitglieder einer Haushaltsgemeinschaft nacheinander ein, so erhält das zuerst gekommene Mitglied den Ledigenbetrag von 3.000,– DM. Die nachträglich eintreffenden Mitglieder der Haushaltsgemeinschaft erhalten den Sockelbetrag für den Zweitantragsteller und 1.000,– DM für jede weitere zur Haushaltsgemeinschaft gehörende Person mit Ausnahme des Erstantragstellers. Dies führt im Ergebnis dazu, daß für einen Zweipersonenhaushalt in derartigen Fällen ein Einrichtungsdarlehen in Höhe von 7.000,– DM gewährt wird, vgl. Rundschreiben vom 25. August 1987, abgedruckt unter 6.13.

7. LEISTUNGEN NACH DEM ARBEITSFÖRDERUNGSGESETZ

vgl. Wegweiser für Aussiedler Nr. 12
vgl. Wegweiser DDR Nr. 15

7.1 Allgemeines

§§ 77 ff BVFG enthalten Vorschriften zur Förderung unselbständiger Erwerbstätiger. Diese Bestimmungen sind heute ohne praktische Bedeutung. Demgegenüber regelt das Arbeitsförderungsgesetz vom 25. Juni 1969 (BGBl I S. 582), zuletzt geändert durch Gesetz vom 14. Dezember 1987 (BGBl I S. 2602) – auszugsweise abgedruckt unter 7.1 – u. a. folgende Bereiche:
- die Förderung der beruflichen Ausbildung (§§ 40 f, vgl. 7.2)
- die Förderung der beruflichen Fortbildung und Umschulung (§§ 41 ff, vgl. 7.3)
- die Förderung der Arbeitsaufnahme (§§ 53 f, vgl. 7.4)
- die Sprachförderung (§§ 62 a ff, vgl. 7.5 und 8)
- die Gewährung von Arbeitslosengeld (§§ 100 ff, vgl. 7.6)
- die Gewährung von Arbeitslosenhilfe (§§ 134 ff, vgl. 7.7)

7.2 Förderung der beruflichen Ausbildung

Aussiedler und Zuwanderer können Leistungen nach § 40 AFG zur **Förderung der beruflichen Ausbildung** erhalten. Soweit dem Auszubildenden die erforderlichen Mittel nicht zur Verfügung stehen, gewährt die Bundesanstalt für Arbeit Berufsausbildungsbeihilfen für eine berufliche Ausbildung in Betrieben oder überbetrieblichen Ausbildungsstätten sowie für die Teilnahme an berufsvorbereitenden Bildungsmaßnahmen, die nicht den Schulgesetzen der Länder unterliegen.

Einzelheiten regelt die **Anordnung des Verwaltungsrats der Bundesanstalt für Arbeit über die individuelle Förderung der beruflichen Ausbildung (A Ausbildung)** i. d. F. der 26. Änderungsanordnung vom 1. Oktober 1986 (ANBA S. 1457), abgedruckt unter 7.2.

Die Höhe der Beihilfe richtet sich nach dem Bedarf für den Lebensunterhalt, dem Bedarf für die Ausbildung oder für die Teilnahme an einer berufsvorbereitenden Maßnahme und für sonstige Kosten. Die Lehrgangsgebühren werden ebenfalls von der Arbeitsverwaltung getragen.

Der Bedarf für den Lebensunterhalt wird unterschiedlich unter Berücksichtigung von Alter, Familienstand und Unterbringung des Auszubildenden ermittelt, z. B. beträgt der Bedarf für einen unverheirateten Auszubildenden, der das 21. Lebensjahr noch nicht vollendet hat und bei seinen Eltern wohnt, derzeit monatlich 425,– DM (§ 11 Abs. 1 aaO).

Einkommen des Auszubildenden ist auf den Bedarf grundsätzlich in voller Höhe anzurechnen. Das Einkommen von Eltern und Ehegatten wird nur bei Überschreiten bestimmter Höchstgrenzen herausgezogen (§§ 15 ff. aaO).

7.3 Förderung der beruflichen Fortbildung und Umschulung

Nach § 41 Abs. 1 AFG fördert die Bundesanstalt für Arbeit die Teilnahme an Maßnahmen, die das Ziel haben, berufliche Kenntnisse und Fertigkeiten festzustellen, zu erhalten, zu erweitern oder der technischen Entwicklung anzupassen oder einen beruflichen Aufstieg zu ermöglichen, und eine abgeschlossene Berufsausbildung oder eine angemessene Berufserfahrung voraussetzen **(berufliche Fortbildung).**

Antragsteller mit abgeschlossener Berufsausbildung werden nach dreijähriger beruflicher Tätigkeit gefördert, Antragsteller ohne abgeschlossene Berufsausbildung nach sechsjähriger beruflicher Tätigkeit (§ 42 Abs. 1 AFG).

Einzelheiten regelt die **Anordnung des Verwaltungsrats der Bundesanstalt für Arbeit über die individuelle Förderung der beruflichen Fortbildung und Umschulung (A Fortbildung und Umschulung)** i. d. F. der 16. Änderungsanordnung vom 17. Dezember 1987 (ANBA 1988, S. 254).

Nach § 8 Abs. 1 aaO werden Personen, die nicht Deutsche im Sinne des Artikels 116 des Grundgesetzes sind, nur gefördert, wenn sie in den letzten drei Jahren vor dem Eintritt in die Maßnahme mindestens zwei Jahre im Geltungsbereich des Arbeitsförderungsgesetzes tätig waren. Nach § 8 Abs. 2 Nr. 1 aaO soll die Einschränkung des Abs. 1 nicht für Aussiedler im Sinne des § 1 Abs. 2 Nr. 3 und Abs. 3 des Bundesvertriebenengesetzes gelten. Diese Vorschrift ist zumindest mißverständlich, da sie den Eindruck erweckt, Aussiedler seien keine Deutschen im Sinne des Art 116 GG. Die Aussiedlereigenschaft nach § 1 Abs. 2 Nr. 3 BVFG setzt die deutsche Staatsangehörigkeit oder die deutsche Volkszugehörigkeit voraus. Damit ist jeder von § 1 Abs. 2 Nr. 3 BVFG erfaßte Aussiedler auch Deutscher im Sinne des Art. 116 GG. Nach § 1 Abs. 3 BVFG gilt als Vertriebener (Aussiedler), wer ohne selbst deutscher Staatsangehöriger oder deutscher Volkszugehöriger zu sein, als Ehegatte eines Vertriebenen (Aussiedlers) den ständigen Aufenthalt in den sog. Vertreibungsgebieten verloren hat. Auch diese Aussiedler fallen unter Art. 116 GG, der als Deutsche im Sinne des Grundgesetzes auch Personen bezeichnet, die als Ehegatten oder Abkömmlinge eines Vertriebenen (Aussiedlers) deutscher Volkszugehörigkeit in dem Gebiet des Deutschen Reiches nach dem Stand vom 31. Dezember 1937 Aufnahme gefunden haben. § 8 Abs. 2 Nr. 1 der A Fortbildung und Umschulung hat danach nur geringe Bedeutung, z. B. für den Personenkreis, der durch Erklärung im Grenzdurchgangslager den Erwerb der Deutscheneigenschaft nach Art. 116 GG ausschlägt (vgl. Einleitung Nr. 5.1).

Teilnehmer an Maßnahmen der beruflichen Fortbildung mit ganztägigem Unterricht wird als Ersatz für den entstehenden Lohnausfall ein Unterhaltsgeld gewährt, das 65 v. H. des erzielbaren Nettoarbeitsentgelts beträgt. Der Unterhaltsgeldsatz erhöht sich auf 73 v. H. für Personen, die die Voraussetzungen des § 111 Abs. 1 Nr. 1 AFG erfüllen (Vorhandensein mindestens eines Kindes, für das die Voraussetzungen des § 32 Abs. 4, 6 und 7 des Einkommensteuergesetzes vorliegen: Ausbildung usw., dauernde Erwerbsunfähigkeit). Gleiches gilt, wenn der Ehegatte des Teilnehmers, mit dem er in häuslicher Gemeinschaft lebt, eine Erwerbstätigkeit nicht ausüben kann, weil er der Pflege bedarf (§ 42 Abs. 2 AFG).

Voraussetzung ist, daß die Bildungsmaßnahme notwendig ist, um einen arbeitslosen Antragsteller einzugliedern, daß durch die Maßnahme drohende Arbeitslosigkeit verhindert oder der Erwerb einer beruflichen Qualifikation gesichert werden kann. Gleiches gilt, wenn der Teilnehmer einen Mangelberuf ergreift (§ 44 Abs. 2 AFG).

Fehlt es an diesen Voraussetzungen und kann von dem Teilnehmer die Teilnahme an einer gleichwertigen Bildungsmaßnahme mit berufsbegleitendem Unterricht nicht erwartet werden, so beträgt das Unterhaltsgeld nur 58 v. H. des erzielbaren Nettoarbeitsentgelts. Es wird in diesem Falle als Darlehen gewährt (§ 44 Abs. 2a AFG).

Hervorzuheben ist, daß die Leistungssätze im Rahmen des § 44 AFG in Höhe von 58, 63 und 68 v. H. nach wie vor individuell ermittelt werden. Das bedeuet, daß hier – anders als bei der Sprachförderung – unterschiedliche berufliche Qualifikationen berücksichtigt werden.

Einzelheiten der Leistungsgewährung regelt derzeit die Verordnung über die Leistungssätze des Unterhaltsgeldes, des Arbeitslosengeldes, der Arbeitslosenhilfe, des Kurzarbeitergeldes und des Schlechtwettergeldes für das Jahr 1988 (AFG-Leistungsverordnung 1988) vom 3. Dezember 1987 (BGBl. I S. 2455).

Schließlich fördert die Bundesanstalt für Arbeit die Teilnahme von Arbeitsuchenden an Maßnahmen der beruflichen **Umschulung** (§ 47 Abs. 1 Satz 1 AFG). Hier gelten hinsichtlich des berechtigten Personenkreises und des Leistungsumfangs die Vorschriften über die berufliche Fortbildung entsprechend.

7.4 Förderung der Arbeitsaufnahme

§§ 53, 54 AFG regeln die Förderung der Arbeitsaufnahme durch Gewährung von Leistungen an Arbeitsuchende und an Arbeitgeber. Einzelheiten der Durchführung richten sich

nach der **Anordnung des Verwaltungsrats der Bundesanstalt für Arbeit zur Förderung der Arbeitsaufnahme (FdA-Anordnung)** i.d.F. der 9. Änderungsanordnung vom 16. März 1988 (ANBA S. 675).
Nach § 33 aaO soll die Eingliederungshilfe an Arbeitgeber 50 v.H. des tariflichen bzw. ortsüblichen Entgelts grundsätzlich nicht übersteigen. § 34 aaO sieht u.a. vor, daß für bestimmte Personengruppen der Satz auf bis zu 70 v.H. für die Dauer bis zu einem Jahr festgesetzt werden kann, wenn hierfür ein besonderes arbeitsmarktpolitisches Interesse besteht. Durch Runderlaß des Präsidenten der Bundesanstalt für Arbeit vom 10. Mai 1982 (Dienstblatt 107/82) ist eine solche begünstigende Regelung für Aussiedler und Zuwanderer getroffen worden, die sich noch nicht länger als fünf Jahre im Bundesgebiet aufhalten.

7.5 Sprachförderung

Durch das 8. Gesetz zur Änderung des Arbeitsförderungsgesetzes vom 14. Dezember 1987 (BGBl. I S. 2602) sind die **Sprachförderungsverordnung** vom 27. Juli 1976 (BGBl. I S. 1949), mehrfach geändert, und die **Sprachförderungsvereinbarung** zwischen der Bundesregierung und der Bundesanstalt für Arbeit vom 22. Juli 1976 **aufgehoben** worden. Die in diesen Regelungen bisher vorgesehenen Maßnahmen sind mit Wirkung vom 1. Januar 1987 in die §§ 62a ff des Arbeitsförderungsgesetzes überführt worden. Die Sprachförderung wird in dieser Sammlung – wie bisher – in dem nachfolgenden Abschnitt 8 behandelt.

7.6 Gewährung von Arbeitslosengeld

Aussiedler und Zuwanderer haben einen Anspruch auf **Arbeitslosengeld,** wenn sie arbeitslos sind, der Arbeitsvermittlung zur Verfügung stehen, die Anwartschaftszeit erfüllen, sich beim Arbeitsamt arbeitslos gemeldet und Arbeitslosengeld beantragt haben (§ 100 Abs. i AFG). Die Anwartschaftszeit hat erfüllt, wer in der Rahmenfrist von drei Jahren 360 Kalendertage in einer die Beitragspflicht zur Bundesanstalt für Arbeit begründenden Beschäftigung gestanden hat (§ 104 Abs. 1, Abs. 3 AFG). Den Zeiten einer solchen Beschäftigung stehen u.a. gleich
– Zeiten einer Beschäftigung, die ein Deutscher im Sinne des Art. 116 GG im Gebiet des Deutschen Reiches nach dem Stand vom 31. Dezember 1937, aber außerhalb des Geltungsbereiches des AFG ausgeübt hat (§ 107 Abs. 1 Satz 1 Nr. 3 AFG),
– Zeiten einer Beschäftigung, die ein Vertriebener (Aussiedler) außerhalb des Gebiets des Deutschen Reiches nach dem Stand vom 31. Dezember 1937 ausgeübt hat (§ 107 Abs. 1 Satz 1 Nr. 4 AFG),
– Zeiten eines politischen Gewahrsams im Sinne des § 1 Abs. 1 Nr. 1 des Häftlingshilfegesetzes – abgedruckt unter 16.2 – (§ 90a Abs. 1 BVFG),
– Zeiten, in denen ein Aussiedler oder Zuwanderer aus politischen Gründen an der Ausübung einer Beschäftigung gehindert worden ist (§ 90a Abs. 1 BVFG).

Durch die vorstehenden Vorschriften ist für Aussiedler, die im Herkunftsland eine abhängige Beschäftigung ausgeübt haben, ein Anspruch auf Arbeitslosengeld grundsätzlich gegeben.

Das Arbeitslosengeld beträgt 63 v. H. des erzielbaren Nettoarbeitsentgelts; es erhöht sich auf 68 v. H. für Arbeitslose, die mindestens ein Kind im Sinne des § 32 Abs. 1, 4 und 5 des Einkommensteuergesetzes haben (Kind in der Ausbildung, dauernd erwerbsunfähiges Kind) sowie für Arbeitslose, deren Ehegatte mindestens ein Kind im Sinne der vorstehenden Bestimmungen hat, wenn beide Ehegatten unbeschränkt einkommensteuerpflichtig sind und nicht dauernd getrennt leben (vgl. § 111 Abs. 1 AFG). Einzelheiten regelt zur Zeit die AFG-Leistungsverordnung 1988 vom 3. Dezember 1987 (BGBl. I S. 2455).

Die Höhe des Arbeitslosengeldes richtet sich nach dem tariflichen Arbeitsentgelt für die Beschäftigung, für die der Empfänger der Leistung nach seinem Lebensalter und seiner Leistungsfähigkeit unter Berücksichtigung seines Berufs und seiner Ausbildung nach Lage und Entwicklung des Arbeitsmarkts in Betracht kommt. Solange ein Aussiedler die von ihm angestrebte berufliche Tätigkeit nicht aufnehmen kann, weil ihm hierzu die erforderlichen Kenntnisse der deutschen Sprache fehlen, kann seine im übrigen vorhandene Qualifikation bei der Bemessung des Arbeitslosengeldes nicht berücksichtigt werden.

Durch Runderlaß vom 5. März 1984 (Dienstblatt 48/68) hat die Bundesanstalt für Arbeit für Arbeitslose, die wegen fehlender oder nicht ausreichender **Sprachkenntnisse** nicht in eine Arbeitsstelle vermittelt werden können, die ihrer beruflichen Qualifikation entspricht, folgendes angeordnet:

„Bis zur Beseitigung des Vermittlungshindernisses ist für die Festsetzung des Arbeitsentgelts von der Beschäftigung auszugehen, für die der Arbeitslose schon vor der Beseitigung des Hindernisses günstigstenfalls in Betracht kommt. Der Arbeitslose ist darüber zu informieren, daß eine günstigere Bestimmung der für ihn in Betracht kommenden Beschäftigung erst nach Vorlage des entsprechenden Nachweises (z. B. Nachweis des erfolgreichen Besuchs einer Sprachschulung) erfolgen kann. Erst für den Zeitraum nach der Beseitigung des Vermittlungshindernisses ist von der Beschäftigung auszugehen, für die der Arbeitslose nunmehr in Betracht kommt."

7.7 Gewährung von Arbeitslosenhilfe

Aussiedler und Zuwanderer haben Anspruch auf **Arbeitslosenhilfe,** wenn sie arbeitslos sind, der Arbeitsvermittlung zur Verfügung stehen, sich beim Arbeitsamt arbeitslos gemeldet und Arbeitslosenhilfe beantragt haben, und

- wegen Nichterfüllung der Anwartschaftszeit nach § 104 AFG keinen Anspruch auf Arbeitslosengeld haben,
- bedürftig sind und
- mindestens 150 Kalendertage bzw. 240 Kalendertage in einer Beschäftigung gestanden haben, die zur Erfüllung der Anwartschaftszeit dienen kann. An die Stelle einer Beschäftigung kann auch die Zurücklegung einer Zeit treten, die zur Erfüllung der Anwartschaftszeit dienen kann (§ 137 Abs. 1 AFG).

Eine zusätzliche Vergünstigung für Aussiedler und Zuwanderer enthält § 134 Abs. 3a AFG.

§ 4 Nr. 1 der **Arbeitslosenhilfeverordnung** vom 7. August 1974 (BGBl. I S. 1929) hatte u. a. Berechtigte nach §§ 1 bis 3 BVFG (also auch Aussiedler) für den Bezug von Arbeitslosenhilfe von dem Erfordernis einer vorherigen entlohnten Beschäftigung ausgenommen. Diese Vorschrift ist durch Art. 16 des Arbeitsförderungskonsolidierungsgesetzes vom 22. Dezember 1981 (BGBl. I S. 1497) ersatzlos gestrichen worden.

Die frühere Rechtslage ist aber zum Teil wieder hergestellt worden durch die Einführung des § 90a BVFG durch das Sechste Gesetz zur Änderung des BVFG vom 2. Dezember 1985 (BGBl. I S. 2138). Nunmehr ist vorgesehen, daß ebenso wie beim Bezug von Arbeitslosengeld (siehe oben unter 7.6) für den Bezug von Arbeitslosenhilfe als Beschäftigungszeiten angerechnet werden

- Zeiten eines politischen Gewahrsams im Sinne des § 1 Abs. 1 des Häftlingshilfegesetzes,
- Zeiten, in denen ein Aussiedler oder Zuwanderer aus politischen Gründen an der Ausübung einer Beschäftigung gehindert war (§ 90a Abs. 1 BVFG).

Nach § 90a Abs. 2 BVFG steht für den Anspruch auf Arbeitslosenhilfe die Tätigkeit als Selbständiger oder mithelfender Familienangehöriger ebenfalls einer die Beitragspflicht begründenden Tätigkeit gleich.

Die Arbeitslosenhilfe beträgt 56 v. H. des erzielbaren Nettoarbeitsentgelts. Der Satz erhöht sich auf 58 v. H. für den Personenkreis, für den das Arbeitslosengeld 68 v. H. beträgt (§ 136 Abs. 1 AFG, vgl. unter 7.6).

Zur Höhe der Arbeitslosenhilfe in Fällen, in denen ein Aussiedler die von ihm angestrebte Tätigkeit wegen fehlender oder nicht ausreichender Sprachkenntnisse nicht aufnehmen kann, gelten die gleichen Regelungen wie bei dem Bezug von Arbeitslosengeld, vgl. hierzu unter 7.6 am Ende.

Die Arbeitslosenhilfeverordnung, die weitere Voraussetzungen für den Bezug von Arbeitslosenhilfe regelt (Berücksichtigung von Vermögen, Bestreiten des Lebensunterhalts auf andere Weise, Berücksichtigung von Einkommen), ist unter 7.4 abgedruckt.

7.8 Vorläufiger Nachweis der Berechtigung zum Leistungsbezug

Der Runderlaß des Präsidenten der Bundesanstalt für Arbeit, betr. Eingliederung von Aussiedlern, vom 2. August 1988 (Dienstblatt 105/88) – abgedruckt unter 7.5 – trifft Regelungen zum vorläufigen Nachweis der Eigenschaft als Aussiedler, die Voraussetzung für den Bezug von Leistungen ist. Stellungnahmen der Vertriebenen-/Ausgleichsämter für die Gewährung von Leistungen werden als vorläufiger Nachweis der Vertriebeneneigenschaft anerkannt, wenn Aussiedler aus Kapazitätsgründen nicht am Registrierverfahren (vgl. dazu Einleitung Nr. 3.1) teilnehmen können.

8. SPRACHFÖRDERUNG

vgl. Wegweiser für Aussiedler Nr. 36

8.1 Allgemeines

In dem vom Bundesminister des Innern herausgegebenen Wegweiser für Aussiedler, der jeden eintreffenden Aussiedler bereits im Grenzdurchgangslager über die ihm zustehenden Eingliederungshilfen unterrichtet, heißt es in Ziffer 36 u. a.:

„Denken Sie bitte daran, daß Ihnen das Leben in Deutschland erleichtert wird, wenn Sie die deutsche Sprache gut beherrschen. Am Anfang ist Deutschlernen wichtiger als Geldverdienen. Nutzen Sie deshalb die Ihnen gebotenen Möglichkeiten der Sprachförderung."

Da insbesondere eine berufliche und gesellschaftliche Eingliederung der Aussiedler ohne ausreichende deutsche Sprachkenntnisse nicht denkbar ist, waren **Sprachförderungsmaßnahmen** mit unterschiedlicher Zielsetzung und mit unterschiedlichem Umfang u. a. vorgesehen nach

- der Sprachförderungsverordnung vom 27. Juli 1976 (BGBl. I S. 1949),
- der Sprachförderungsvereinbarung vom 22. Juli 1976 und
- den Garantiefondsrichtlinien des BMJFFG vom 17. Dezember 1981 (GMBl. 1982, S. 65 ff).

Durch das 8. Gesetz zur Änderung des Arbeitsförderungsgesetzes vom 14. Dezember 1987 (BGBl. I S. 2602) sind Sprachförderungsverordnung und Sprachförderungsvereinbarung aufgehoben worden. Die Sprachförderung ist nunmehr in einem eigenen Unterabschnitt des Arbeitsförderungsgesetzes (§§ 62 a ff) – abgedruckt unter 8.1 – geregelt.

Die Sprachförderungsverordnung war für Aussiedler bestimmt, die nach Beendigung in ein Arbeitsverhältnis vermittelt werden wollen. Sie ist durch §§ 62 a, 62 b AFG ersetzt worden.

Die Sprachförderungsvereinbarung galt für nicht erwerbstätige Personen (im wesentlichen Rentner und Hausfrauen), die eine Erwerbstätigkeit nicht anstreben oder für sie nicht in Betracht kommen. An ihre Stelle ist § 62 c AFG getreten.

Die Garantiefondsrichtlinien richteten sich an junge Aussiedler bis zum Alter von 35 Jahren, die noch in der Ausbildung stehen oder eine weiterführende Ausbildung anstreben. Dieser Personenkreis wird auch von den neuen Garantiefondsrichtlinien erfaßt (vgl. hierzu die Einleitung unter 9.2).

Die Sprachförderung nach der Sprachförderungsverordnung hatte ursprünglich bis zu 12 Monate betragen. Durch Artikel 10 des Gesetzes vom 15. Dezember 1981 (BGBl. I S. 1390) war die Höchstdauer der Sprachförderung mit Rücksicht auf die angespannte Haushaltslage auf acht Monate gekürzt worden. Nach der seit dem 1. Januar 1988 geltenden Regelung in §§ 62 a, b AFG liegt die Höchstdauer nunmehr bei zehn Monaten.

Von Aussiedlern, die qualifizierte Berufe ausüben, wurde häufig kritisiert, daß die Sprachkurse nach der Sprachförderungsverordnung (jetzt: nach §§ 62 a, 62 b AFG) für einen Eintritt in das Berufsleben nicht ausreichen, da in dem zur Verfügung stehenden Zeitraum eine spezifische Fachsprache nicht zu erlernen sei. Wenn in derartigen Fällen die volle Ausschöpfung der Mögichkeiten der §§ 62 a, 62 b AFG, die eine Höchstdauer der Kurse von zehn Monaten vorsehen, nicht ausreicht, kann daran gedacht werden, die betroffenen Aussiedler an einer Maßnahme der beruflichen Ausbildung nach §§ 41 ff AFG teilnehmen zu lassen, in der auch fachspezifische Sprachkenntnisse vermittelt werden. Zu den Leistungen der Arbeitsverwaltung im Rahmen der beruflichen Fortbildung vgl. Einleitung Nr. 7.3.

Einzelheiten der Sprachförderung sind geregelt in
- der Anordnung des Verwaltungsrats der Bundesanstalt für Arbeit über die Förderung der Teilnahme an Deutsch-Lehrgängen für Aussiedler, Asylberechtigte und Kontingentflüchtlinge (A Sprachförderung) vom 16. März 1988 (ANBA S. 700), abgedruckt unter 8.2,
- dem Runderlaß des Präsidenten der Bundesanstalt für Arbeit vom 10. März 1980, betr. Förderung der Teilnahme von Aussiedlern, Asylberechtigten und Kontingentflüchtlingen an Deutsch-Lehrgängen (Dienstblatt der Bundesanstalt für Arbeit 68/80), abgedruckt unter 8.3
- dem Runderlaß des Präsidenten der Bundesanstalt für Arbeit zur Förderung der Teilnahme von Aussiedlern, Asylberechtigten und Kontingentflüchtlingen; hier: Änderung der Sprachförderungsverordnung, vom 14. Dezember 1981 (ANBA 1982, S. 1), abgedruckt unter 8.4,
- dem Runderlaß des Präsidenten der Bundesanstalt für Arbeit zur Förderung der Teilnahme an Deutsch-Sprachlehrgängen für Aussiedler, Asylberechtigte und Kontingentflüchtlinge; hier: Achtes Gesetz zur Änderung des Arbeitsförderungsgesetzes, vom 11. Dezember 1987 (Dienstblatt der Bundesanstalt für Arbeit 139/87), abgedruckt unter 8.5.

Die Runderlasse vom 18. März 1980 und 14. Dezember 1981, die zur Durchführung von Sprachförderungsverordnung und Sprachförderungsvereinbarung ergangen sind, gelten vorerst fort.

8.2 Sprachförderung als Vorbereitung auf eine Erwerbstätigkeit
Bevor im Rahmen des Eingliederungsprogramms der Bundesregierung vom 12. Mai 1976 (vgl. hierzu Einleitung Nr. 2.1) die Sprachförderungsverordnung vom 12. Mai 1976 aufgrund der Ermächtigung des § 3 Abs. 5 des Arbeitsförderungsgesetzes erlassen wurde, hatte die Bundesanstalt bereits Lehrgänge gefördert, in denen Aussiedlern außer berufs-

Einleitung

spezifischen Kenntnisse auch Kenntnisse der deutschen Sprache vermittelt wurden. Diese Förderung konnte allerdings nur von Aussiedlern in Anspruch genommen werden, die die allgemeinen Förderungsvoraussetzungen des § 42 AFG (abgeschlossene Berufsausbildung und mindestens dreijährige berufliche Tätigkeit oder sechsjährige berufliche Tätigkeit) erfüllten.

Durch die Verordnung über die Förderung der Teilnahme von Aussiedlern an Deutsch-Lehrgängen vom 27. Juli 1976 (BGBl. I S. 1949) war der Bundesanstalt für Arbeit die Aufgabe übertragen worden, u. a. Aussiedlern und Empfängern der Begrüßungsgabe der Bundesregierung nach den Richtlinien des Bundesministers des Innern für die Zahlung einer einmaligen Unterstützung der Bundesregierung (Begrüßungsgabe) vom 15. August 1974 Sprachförderung zu gewähren. Die Erstreckung der Sprachförderung auf Empfänger der Begrüßungsgabe verfolgte das Ziel, Angehörige von Aussiedlern zu erfassen, die zum Familienverband von Aussiedlern gehören und mit ihnen gemeinsam auf Dauer in das Bundesgebiet einreisen, selbst aber die Aussiedlereigenschaft nicht besitzen (z. B. die nichtdeutsche Schwiegermutter eines Aussiedlers, die anders als die nichtdeutsche Ehefrau des Aussiedlers nicht über § 1 Abs. 3 des Bundesvertriebenengesetzes als Aussiedlerin gilt).

Mit Wirkung vom 1. Januar 1988 führt § 62a AFG diese Regelung fort. Anspruchsberechtigt sind außer Aussiedlern im Sinne von § 1 Abs. 2 Nr. 3 BVFG Personen, die eine einmalige Überbrückungshilfe der Bundesregierung nach den Richtlinien des Bundesministers des Innern vom 29. November 1985 (GMBl. 1986, S. 8) abgedruckt unter 3.3 – erhalten haben. Die Überbrückungshilfe ist an die Stelle der Begrüßungsgabe getreten.

Leistungen nach § 62a AFG erhalten Aussiedler und Empfänger der einmaligen Überbrückungshilfe, wenn sie

– an einem Lehrgang der deutschen Sprache mit ganztägigem Unterricht teilnehmen,
– im Herkunftsland eine Erwerbstätigkeit von mindestens zehn Wochen Dauer in den letzten zwölf Monaten vor der Ausreise ausgeübt haben,
– beabsichtigen nach Abschluß des Deutsch-Sprachlehrgangs eine nicht der Berufsausbildung dienende Erwerbstätigkeit im Geltungsbereich des Gesetzes aufzunehmen

und

– die für die Aufnahme einer Erwerbstätigkeit erforderlichen Kenntnisse der deutschen Sprache nicht besitzen.

Nach § 62b Abs. 1 Buchstabe a) erhalten AFG Teilnehmer für **längstens zehn Monate Unterhaltsgeld,** das den Lebensunterhalt des Kursusteilnehmers und seiner Familie sicherstellt. Dieses Unterhaltsgeld beträgt 63 v. H. des um die gesetzlichen Abzüge, die bei Arbeitnehmern gewöhnlich anfallen, verminderten durchschnittlichen Arbeitsentgelts aller Bezieher von Arbeitslosengeld am 1. September des vorangegangenen Kalenderjahres (derzeit 1.045,20 DM).

Damit wird die Höhe des Unterhaltsgeldes – anders als bei der Berechnung des Unterhaltsgeldes bei der Teilnahme an Maßnahmen der beruflichen Fortbildung und Umschulung – nicht individuell nach der Höhe des erzielbaren Nettoarbeitsentgelts ermittelt. Außerdem werden die durch die Teilnahme entstehenden notwendigen Kosten erstattet (§ 62b Abs. 2 AFG). Für die Leistungen nach § 62b AFG gelten gemäß § 62d AFG die §§ 33, 34 und 45 AFG – abgedruckt unter 7.1 – entsprechend. Nach § 45 AFG trägt die Bundesanstalt für Arbeit die notwendigen Kosten, die durch Fortbildungsmaßnahmen unmittelbar entstehen. Hierzu gehören insbesondere die Lehrgangskosten, Kosten für Lernmittel, Fahrkosten und Kosten der Kranken- und Unfallversicherung. Hinzu kommen Kosten der Unterkunft und Mehrkosten der Verpflegung, wenn die Teilnahme an dem Sprachkurs eine auswärtige Unterbringung erfordert. Darüber hinaus können unter bestimmten Voraussetzungen Kinderbetreuungskosten bis zu 60 DM monatlich übernommen werden.

Nach § 2 der **Anordnung Sprachförderung des Verwaltungsrats der Bundesanstalt für Arbeit** (A Sprachförderung) vom 16. März 1988 (ANBA S. 700) – abgedruckt unter 8.2 – werden grundsätzlich nur Personen gefördert, deren Einreise in das Bundesgebiet nicht länger als fünf Jahre zurückliegt.

Nach § 62a Abs. 2 AFG können Leistungen auch an Personen gewährt werden, die wegen der besonderen Verhältnisse im Herkunftsland die Voraussetzungen des § 62a Abs. 1 AFG nicht erfüllen können. Voraussetzung ist allerdings, daß die Nichtgewährung der Leistungen eine unbillige Härte darstellen würde.

Von dieser Regelung werden z. B. nichtdeutsche Ehegatten von Aussiedlern erfaßt, die selbst die Aussiedlereigenschaft nicht über § 1 Abs. 3 BVFG erwerben, weil sie nicht als Ehegatten des Aussiedlers in das Bundesgebiet gekommen sind. Zu denken ist an Fälle, in denen eine beabsichtigte Eheschließung zwischen Verlobten zurückgestellt wurde, um die Ausreisebemühungen nicht zu gefährden. Voraussetzung ist allerdings, daß die Eheschließung nach Fortfall der Hinderungsgründe unverzüglich nachgeholt wird.

Nicht auf die Härteklausel des § 62a AFG sind Aussiedler angewiesen, die mit Rücksicht auf ihren Ausreisewunsch ihre Arbeitsstelle verloren haben und dadurch das Erfordernis einer vorangegangenen Erwerbstätigkeit nicht erfüllen. Für sie gilt § 90a Abs. 1 BVFG, wonach in Fällen, in denen ein Anspruch nach dem Arbeitsförderungsgesetz davon abhängt, daß der Antragsteller in einer die Beitragspflicht begründenden Beschäftigung gestanden hat.

8.3 Sprachförderung für Nichterwerbstätige

Nach der **Vereinbarung** zwischen der Bundesregierung und der Bundesanstalt für Arbeit über die Förderung von Deutsch-Lehrgängen für Aussiedler, Asylberechtigte und Kontingentflüchtlinge (Sprachförderungsvereinbarung) vom 22. Juli 1976 hatte die Bundesanstalt für Arbeit die Förderung von Deutsch-Lehrgängen u. a. für Aussiedler übernommen, die weder Ansprüche nach der Sprachförderungsverordnung noch nach den Garantiefondsrichtlinien hatten.

Die Sprachförderungsvereinbarung ist mit Wirkung vom 1. Januar 1988 durch § 62c des Arbeitsförderungsgesetzes abgelöst worden. Nach dieser Vorschrift übernimmt die Bundesanstalt für Arbeit die Förderung von Deutsch-Lehrgängen für Aussiedler und Empfänger der einmaligen Überbrückungshilfe, die weder Ansprüche nach §§ 62a, 62b AFG noch nach den Garantiefondsrichtlinien für den Schul- und Berufsausbildungsbereich (abgedruckt unter 9.2) oder den Garantiefondsrichtlinien für den Hochschulbereich (abgedruckt unter 9.3) haben.

Dabei sind die Empfänger der einmaligen Überbrückungshilfe nach der Richtlinie des Bundesministers des Innern vom 29. November 1985 – abgedruckt unter 3.3 – neu in diese Form der Sprachförderung aufgenommen worden. Die Empfänger der Begrüßungsgabe nach den früheren Richtlinien des Bundesministers des Innern vom 15. August 1974 konnten Leistungen nach der Sprachförderungsvereinbarung nicht beanspruchen.

In dem geltenden Gesetzeswortlaut werden noch die Garantiefondsrichtlinien vom 11. Juli 1974 zitiert, die mit Wirkung vom 1. August 1988 durch die vorgenannten Richtlinien vom 1. März 1988 abgelöst worden sind.

Erfaßt werden durch diese Regelung erwachsene Personen, die nicht die Absicht haben, eine Erwerbstätigkeit auszuüben, also in erster Linie nicht erwerbstätige Hausfrauen und Rentner.

Die Berechtigten nach § 62 c AFG erhalten **kein Unterhaltsgeld**. Dieses kommt als Lohnersatz nicht für Personen in Betracht, die nicht im Erwerbsleben stehen. Die Bundesanstalt für Arbeit erstattet jedoch den Trägern von Deutsch-Lehrgängen für Aussiedler die notwendigen Kosten, die durch die Durchführung der Lehrgänge und die Abgabe von Lernmitteln an die Teilnehmer unmittelbar entstehen. Auch die notwendigen unmittelbar entstehenden Fahrkosten werden von der Bundesanstalt für Arbeit getragen.

Nach § 2 der Anordnung Sprachförderung des Verwaltungsrats der Bundesanstalt für Arbeit (A Sprachförderung) vom 16. März 1988 (ANBA, S. 700) – abgedruckt unter 8.2 – erfolgt die Förderung grundsätzlich nur innerhalb von fünf Jahren nach der Einreise in das Bundesgebiet. Die Sprachförderungsmaßnahmen sollen mindestens 300, höchstens 800 Unterrichtsstunden umfassen und innerhalb von 18 Monaten abgeschlossen sein (§ 3 Abs. 3 aaO.).

§ 62 d erklärt auch für Leistungen nach § 62 c die §§ 33, 34 und 45 AFG für anwendbar. Das bedeutet aber nicht, daß der gesamte Leistungsbereich des § 45 für Teilnehmer nach diesen Sprachförderungsmaßnahmen zur Verfügung steht.

8.4 Sonstige Sprachförderungsmaßnahmen

Sprachförderung ist ferner vorgesehen nach den Garantiefondsrichtlinien des BMJFGG für den Schul- und Berufsausbildungsbereich (abgedruckt unter 9.2), den Garantiefondsrichtlinien des BMJFFG für den Hochschulbereich (abgedruckt unter 9.3) sowie nach den Richtlinien des Bundesministers für Bildung und Wissenschaft über Zuwendungen zur Förderung der Eingliederung von Zuwanderern aus der DDR und Berlin (Ost) und Aussiedlern mit abgeschlossenem Hochschulstudium (Akademikerprogramm), abgedruckt unter 9.5.

9. EINGLIEDERUNG IN SCHULE UND BERUF

vgl. Wegweiser für Aussiedler Nr. 30, 31, 32, 33,
vgl. Wegweiser DDR Nr. 35, 36, 37, 38

9.1 Empfehlung der KMK zur Eingliederung in Schule und Berufsausbildung

Die Ständige Konferenz der Kultusminister der Länder hat am 17. November 1977 eine Zweite Neufassung der Empfehlung zur **Eingliederung von deutschen Aussiedlern in Schule und Berufsausbildung** vom 3. Dezember 1971 (Erste Neufassung vom 31. Januar 1975) beschlossen. Die Neufassung ist unter 9.1 abgedruckt.

Die Empfehlung betrifft insbesondere folgende Schwerpunkte:
– individuelle Beratung über Schul- und Ausbildungsgänge
– Förderungsmaßnahmen zum Erwerb und zur Vertiefung deutscher Sprachkenntnisse
– Bewertung und Anerkennung der bisher erworbenen Bildungsnachweise
– Eröffnung von Möglichkeiten, begonnene Bildungsgänge zum Abschluß zu bringen.

Von den in dem Beschluß enthaltenen Empfehlungen sind besonders hervorzuheben:
Im Sekundarbereich (also ab Klasse 5) kann anstelle einer der verbindlichen Pflichtfremdsprachen die Sprache des Herkunftslandes oder Russisch gewählt oder anerkannt werden. Für Schüler, die unmittelbar in die Sekundarstufe II (also ab Klasse 11) eintreten, können sowohl die Sprache des Herkunftslandes als auch Russisch an die Stelle der verbindlichen Pflichtfremdsprache treten (Nr. 2.1.2 der Empfehlung).

Schüler der Jahrgangsstufe 1 bis 9 in Grundschulen und weiterführenden allgemeinbildenden Schulen werden entweder durch Förderunterricht in der Schule oder durch Unterricht in besonderen Fördereinrichtungen (Förderklassen/Förderschulen) auf die Eingliederung in die ihrem Alter oder ihre Leistung entsprechenden Klasse der Grundschule oder der weiterführenden Schule vorbereitet. Dabei soll der Aufenthalt in den Fördereinrichtungen, falls nicht organisatorische Gründe entgegenstehen, ein Jahr nicht überschreiten. In besonders gelagerten Fällen kann die Verweildauer auf höchstens zwei Jahre verlängert werden (Nr. 2.2 der Empfehlung).

Geregelt sind der Besuch von berufsbildenden Schulen (Nr. 2.3 der Empfehlung) und von Sonderschulen (Nr. 3 der Empfehlung).

Ferner befaßt sich die Empfehlung eingehend mit

- Bildungsabschlüssen und ihren Berechtigungen (Abschlußzeugnis der Hauptschule, mittlerer Bildungsabschluß, Studienqualifikation) – Nr. 5 der Empfehlung –
- Erwerb von Studienqualifikationen – Nr. 6 der Empfehlung –.

Der Nachweis eines mindestens eineinhalbjährigen Hochschulstudiums oder eines mindestens zweijährigen entsprechenden Abend- oder Fernstudiums vermittelt die Hochschulreife (Nr. 5.3.4 der Empfehlung).

Wer ein Hochschulzugangszeugnis besitzt, das nach den Bewertungsvorschlägen der Zentralstelle für ausländisches Bildungswesen eine fachgebundene Studienbefähigung verleiht, erwirbt die allgemeine Hochschulreife

- durch den selbständigen Besuch eines mindestens einjährigen Sonderlehrgangs und
- durch das Bestehen einer Abschlußprüfung (Nr. 6.1.1 der Empfehlung).

Wer ein Hochschulzeugnis besitzt, das nach den Bewertungsvorschlägen der Zentralstelle für ausländisches Bildungswesen die Befähigung zum Studium aller Fachrichtungen verleiht, erwirbt die allgemeine Hochschulreife

- durch Besuch eines mindestens einjährigen Sonderlehrgangs und
- durch das Bestehen der Abschlußprüfung.

In den leistungsmäßig begründeten Fällen kann auf den Besuch des einjährigen Sonderlehrgangs ganz oder teilweise verzichtet werden. Hier braucht der Aussiedler lediglich eine Bestätigungsprüfung abzulegen (Nr. 6.1.2 der Empfehlung).

Aussiedler ohne Hochschulzugangszeugnis des Herkunftslandes, die jedoch im Herkunftsland die Berechtigung zum Eintritt in die letzte Jahrgangsklasse einer zur Studienbefähigung führenden Schule erlangt haben, erwerben die allgemeine Hochschulreife

- durch den vollständigen Besuch eines mindestens einjährigen Sonderlehrgangs und
- durch das Bestehen einer erweiterten Abschlußprüfung (Nr. 6.2 der Empfehlung, die Nr. 6.3 der Empfehlung unberührt läßt).

Für Aussiedler aus der Sowjetunion, die im Herkunftsland den Abschluß der vollen Mittelschule (10./11. Klasse) oder einer zur Studienberechtigung führenden Fachmittelschule erhalten haben und nicht die Voraussetzungen gemäß Nr. 5.3.4 (Nachweis eines mindestens eineinhalbjährigen Hochschulstudiums oder eines mindestens zweijährigen entsprechenden Abend- oder Fernstudiums) erfüllen, gilt in Abweichung von den Nummern 5.3.2 (ein Abschlußzeugnis, das im Herkunftsland zum Studium an einer Hochschule befähigt, eröffnet in der Bundesrepublik Deutschland den Zugang zu Berufen, die das Abitur- oder Reifezeugnis, aber kein Hochschulstudium voraussetzen), 5.3.3 (das Hochschulzugangszeugnis des Herkunftslandes wird als Zeugnis anerkannt, das zum Stu-

Einleitung

dium an Fachhochschulen in der Bundesrepublik Deutschland berechtigt), 6.1 (siehe oben) und 6.2 (siehe oben) folgendes:

Der Erwerb der allgemeinen Hochschulreife setzt
– den Besuch eines zweijährigen Sonderlehrgangs
und
– das Bestehen einer erweiterten Abschlußprüfung
voraus (Nr. 6.3.1 der Empfehlung).

In leistungsmäßig begründeten Fällen kann die erweiterte Abschlußprüfung ohne vollständigen Besuch eines zweijährigen Sonderlehrgangs – jedoch frühestens nach einem Jahr (z. B. durch vorzeitiges Aufrücken innerhalb des Sonderlehrgangs) – abgelegt werden (Nr. 6.3.2 der Empfehlung).

Mit der Versetzung bzw. mit dem Vorrücken in das zweite Jahr des Sonderlehrgangs wird die Befähigung zum Studium an einer Fachhochschule festgestellt. Darüber hinaus eröffnet sie den Zugang zu Berufen, die das Abitur- oder Reifezeugnis, jedoch kein Hochschulstudium voraussetzen (Nr. 6.3.3 der Empfehlung, vgl. hierzu Nr. 5.3.2 der Empfehlung).

Nr. 6.5 der Empfehlung stellt einen Katalog der Unterrichtsfächer für den Sonderlehrgang nach Ziffer 6.1 der Empfehlung zusammen und regelt die Abschlußprüfung sowie die Bestätigungsprüfung.

Nr. 6.6 der Empfehlung tritt entsprechende Regelungen für den Sonderlehrgang gemäß Nr. 6.2 der Empfehlung (Katalog der Unterrichtsfächer, Ablegung der erweiterten Abschlußprüfung).

Nr. 6.7 der Empfehlung trifft entsprechende Regelungen für den Sonderlehrgang gemäß Nr. 6.3 (Katalog der Unterrichtsfächer, Ablegung der erweiterten Abschlußprüfung).

9.2 Garantiefondsrichtlinien

Die Allgemeinen Verwaltungsvorschriften des Bundesministers für Jugend, Familie, Frauen und Gesundheit über Beihilfen zur Eingliederung junger Aussiedler, junger Zuwanderer aus der DDR und Berlin (Ost) sowie junger ausländischer Flüchtlinge (sog. Garantiefonds) i. d. F. vom 17. Dezember 1981 (GMBl. 1982, S. 65), mit nachfolgenden Änderungen ist mit Wirkung vom 1. August 1988 abgelöst worden durch **zwei getrennte Richtlinien,** die einerseits den Schul- und Berufsbildungsbereich, andererseits den Hochschulbereich betreffen. Es handelt sich um

– Richtlinien des BMJFFG für die Vergabe von Beihilfen zur schulischen, beruflichen und gesellschaftlichen Eingliederung junger Aussiedler, junger Zuwanderer aus der DDR und Berlin (Ost) sowie junger ausländischer Flüchtlinge – sog. **Garantiefonds – Schul- und Berufsbildungsbereich** (RL-GF-SB) vom 1. März 1988 (GMBl. S. 243), abgedruckt unter 9.2, und

– Richtlinien des BMJFFG für
  – die Gewährung von Zuwendungen an die Otto Benecke Stiftung e. V., Bonn, und
  – die Vergabe von Stipendien durch die Otto Benecke Stiftung an junge Aussiedler, junge Zuwanderer aus der DDR und Berlin (Ost) sowie junge ausländische Flüchtlinge zur Vorbereitung und Durchführung eines Hochschulstudiums – **sog. Garantiefonds – Hochschulbereich –** (RL-GF-H) vom 1. März 1988 (GMBl. S. 256), abgedruckt unter 9.3.

Abgedruckt unter 9.4 sind die Nebenbestimmungen für Zuwendungen zur Projektförderung aus dem Garantiefonds zu Nr. 16 der vorgenannten Richtlinien zum Hochschulbereich.

Für beide Richtlinien gilt gemeinsam:
Sie haben den Zweck, die alsbaldige berufliche und gesellschaftliche Eingliederung u. a. von Aussiedlern und Zuwanderern zu ermöglichen. Daneben werden, auch sonstige deutsche Staatsangehörige oder deutsche Volkszugehörige, die erstmals nach dem 8. Mai 1945, aber vor dem 1. April 1952 ihren ständigen Wohnsitz in den Aussiedlungsgebieten genommen hatten, und deren Abkömmlinge (Gruppe der sog. Nichtvertriebenen) gefördert.

Aussiedler haben zum Nachweis ihrer Antragsberechtigung den Vertriebenenausweis oder ersatzweise den Registrierschein eines Grenzdurchgangslagers vorzulegen. Ggf. reicht auch eine Bestätigung, aus der zu ersehen ist, daß die Anerkennung als Aussiedler mit hoher Wahrscheinlichkeit zu erwarten ist (Nr. 3.1 Buchst. a) RL-GF-SB, Nr. 3.1 Buchst. a) RL-GF-H). Die vorgenannten sonstigen deutschen Staatsangehörigen oder Volkszugehörigen legen einen Nachweis über den Erhalt der einmaligen Überbrückungshilfe (vgl. Einleitung Nr. 3.2) vor (Nr. 3.1 Buchst. b) RL-GF-SB, Nr. 3.1 Buchst. b) RL-GF-H). Zuwanderer weisen ihre Berechtigung durch den Flüchtlingsausweis C (vgl. § 15 Abs. 2 Nr. 3 BVFG) oder den Aufnahmeschein nach § 1 des Aufnahmegesetzes nach.

Wird im Falle der Nr. 3.1 Buchstabe a) RL-GF-SB/RL-GF-H die Erteilung des Vertriebenenausweises unanfechtbar abgelehnt, so wird die Förderung nach den Richtlinien eingestellt. Vor der Ablehnung gewährte Leistungen werden nicht zurückgefordert (Nr. 3.2 RL-GF-SB, Nr. 3.2 RL-GF-H).

Anträge auf erstmalige Gewährung einer Leistung sind grundsätzlich innerhalb von 24 Monaten nach der Einreise in das Bundesgebiet zu stellen (Nr. 4.2 RL-GF-SB, Nr. 4.2 RL-GF-H).

Geeignet ist ein Antragsteller, wenn seine Leistungen erwarten lassen, daß er das angestrebte Ausbildungsziel erreicht (Nr. 5.2 RL-GF-SB, Nr. 5.2 RL-GF-H).

Die Beihilfen (RL-GF-SB) und Stipendien (RL-GF-H) sind nachrangig gegenüber Ausbildungshilfen oder entsprechenden Leistungen nach anderen Vorschriften (Nr. 6.1.1 RL-GF-SB, NR. 6.1.1 RL-GF-H).

Bis zum Einsetzen anderer Leistungen können Beihilfen oder Stipendien nach den Richtlinien im Vorschußwege gewährt werden (**Vorschußfunktion** des Garantiefonds; Nr. 6.2 RL-GF-SB, Nr. 6.2 RL-GF-H).

Erreichen andere Leistungen nicht die Höhe der Leistungen nach dem Garantiefonds, so wird der Differenzbetrag als Aufstockung gezahlt (**Aufstockungsfunktion** des Garantiefonds, Nr. 6.3 RL-GF-SB, Nr. 6.3 RL-GF-H).

Beihilfen und Stipendien werden als Zuschuß geleistet, soweit es sich nicht um eine Leistung im Wege des Vorschusses handelt (**Zuschußfunktion** des Garantiefonds, Nr. 6.4 RL-GF-SB, Nr. 6.4 RL-GF-H).

Die Förderung endet nach 36 Monaten, in Ausnahmefällen nach 48 Monaten (Nr. 8.1 RL-GF-SB, Nr. 8.1, 8.1.1 RL-GF-H). Mit Rücksicht auf den Eingliederungscharakter der Förderung sind Beihilfe oder Stipendium spätestens 60 Monate nach der Einreise einzustellen. Diese Frist kann um Zeiten verlängert werden, in denen eine Eingliederung wegen eines Verfahrens zur Feststellung der Vertriebeneneigenschaft nicht stattfinden konnte oder eine Verlängerung der Eingliederungsmaßnahme über 36 Monate hinaus zugelassen ist (Nr. 8.2. RL-GF-SB, Nr. 8.2 RL-GF-H).

Die Höhe von Beihilfe und Stipendium richtet sich nach den Ausbildungskosten, den Kosten des Lebensunterhalts und eines etwaigen Sonderbedarfs (Nr. 9.1 RL-GF-SB, Nr. 9.1 RL-GF-H).

Einleitung

Zu den **Ausbildungskosten** zählen
- Unterrichtsgelder und Prüfungsgebühren
- Kosten für notwendige Lernmittel
- notwendige Fahrkosten einschließlich der Kosten für Familienheimfahrten (Nr. 10.1 RL-GF-SB, Nr. 10.1 RL-GF-H).

Bei den Beihilfen nach den Richtlinien für den Schul- und Berufsbildungsbereich treten die Kosten für die Arbeitsausrüstung und für Arbeitsmaterialien hinzu (Nr. 10.1 RL-GF-SB).

Kosten des Lebensunterhalts sind Kosten für die Unterbringung und die Verpflegung sowie für notwendige persönliche Bedürfnisse (Nr. 11.1 RL-GF-SB, Nr. 11.1 RL-GF-H).

Zum **Sonderbedarf** zählen
- Kosten der Übersetzung, der Beglaubigung und Anerkennung von Vorbildungsnachweisen,
- Kosten der Beschaffung von Ersatzurkunden,
- Beiträge zur Krankenversicherung,
- von der Krankenversicherung nicht gedeckte Kosten für unaufschiebbare ärztliche und zahnärztliche Behandlung,
- zusätzlicher Krankenbedarf (Nr. 12.1 RL-GF-SB, Nr. 12.1 RL-GF-H).

Einkommen und Vermögen des Leistungsempfängers sind anzurechnen (Nr. 13 RL-GF-SB, Nr. 13 RL-GF-H). Grundsätzlich sind auch Einkommen und Vermögen von Ehegatten und Eltern des Auszubildenden oder Stipendiaten anzurechnen. Dies gilt allerdings nicht in den ersten 36 Förderungsmonaten (Nr. 14.1, 14.2 RL-GF-SB, Nr. 14.1, 14.2 RL-GF-H).

Nach den **Richtlinien für den Schul- und Berufsbildungsbereich** werden die Beihilfen gewährt für
- die Teilnahme an einer Berufsausbildung
- den Besuch von allgemeinbildenden, berufsbildenden Schulen und schulischen Lehrgängen
- die Teilnahme an von den zuständigen Stellen zugelassenen Fortbildungsmaßnahmen (unter engbegrenzten Voraussetzungen)
- die Teilnahme an Umschulungsmaßnahmen (unter engbegrenzten Voraussetzungen)
- die Teilnahme an Kursen überörtlicher Bedeutung zum Erlernen der deutschen Sprache, die für die Aufnahme einer Ausbildung oder Berufstätigkeit notwendig und geeignet sind (Nr. 7.1 RL-GF-SB).

Zuständig für die Bewilligung von Beihilfen sind grundsätzlich die kreisfreien Städte und die Landkreise (Nr. 16.1.1 RL-GF-SB).

Nach den **Richtlinien für den Hochschulbereich** werden durch Stipendien gefördert
- Kurse zur Eingliederung in das Studium an einer Hochschule unter Einschluß von Sprachkursen,
- das Studium an einer Hochschule und die dazugehörenden notwendigen Praktika,
- Kurse überörtlicher Bedeutung zum Erlernen der deutschen Sprache sowie Maßnahmen, die für die Aufnahme einer Berufstätigkeit nach einer im Herkunftsland abgeschlossenen akademischen Ausbildung notwendig und geeignet sind (Nr. 7.1 RL-GF-H).

Die Aufnahme in die Förderung nach den Richtlinien für den Hochschulbereich ist schriftlich bei den Beratungsstellen oder bei der Geschäftsstelle der **Otto Benecke Stiftung**, Bonner Talweg 57, 5300 Bonn 1, Telefon: 02 28/10 90) zu beantragen.

Der Bund gewährt nach Maßgabe der Richtlinien zum Garantiefonds-Hochschulbereich Zuwendungen als Zuschüsse an die Otto Benecke Stiftung. Diese wiederum vergibt die Stipendien, auf die ein Rechtsanspruch nicht besteht (Nr. 1 RL-GF-H).

Die Gewährung der Zuwendungen (Stipendien) richtet sich nach den **Nebenbestimmungen für Zuwendungen zur Projektförderung aus dem Garantiefonds** (NBest-P-GF), abgedruckt unter 9.4. Nach Nr. 1.5 aaO erfolgt die Weitergabe von Zuwendungsmitteln an den Stipendiaten auf der Grundlage eines zwischen ihm und der Otto Benecke Stiftung abzuschließenden privatrechtlichen Vertrages (vgl. auch Nr. 1 Abs. 3 der RL-GF-H).

9.3 Akademikerprogramm

Aussiedler und Zuwanderer können ferner aufgrund der Richtlinien des Bundesministers für Bildung und Wissenschaft über Zuwendungen an die Otto Benecke Stiftung zur Förderung der Eingliederung von Zuwanderern aus der DDR und aus Berlin (Ost) und Aussiedlern mit abgeschlossenem Hochschulstudium **(Akademikerprogramm)** – abgedruckt unter 9.5 – gefördert werden.

Das Akademikerprogramm richtet sich an Personen, die das 30. Lebensjahr bereits vollendet, das 50. Lebensjahr aber noch nicht vollendet haben. Ausnahmen hiervon kann der Bundesminister für Bildung und Wissenschaft im Einzelfall zulassen.

Voraussetzung für eine Förderung ist, daß der Antragsteller vor seiner Aufnahme im Bundesgebiet ein Hochschulstudium oder eine gleichwertige Ausbildung abgeschlossen hat, sein im Herkunftsland berufsqualifizierender Abschluß hier jedoch

– nicht anerkannt wird,
– nur teilweise anerkannt wird oder
– zwar voll anerkannt wird, aber nur mit Hilfe eines Ergänzungsstudiums oder eines Ergänzungskurses verwertbar ist,

und die Förderung für eine angemessene berufliche Eingliederung notwendig ist (Nr. 3 aaO).

Beihilfen, auf die ein Rechtsanspruch nicht besteht (vgl. Nr. 5.1 aaO), werden gewährt

– zur Teilnahme an Kursen zum Erlernen der deutschen Sprache,
– zum Studium an Hochschulen im Bundesgebiet und
– zur Teilnahme an besonderen, geeigneten Kursen und Maßnahmen, die zur beruflichen Eingliederung notwendig sind (Nr. 4 aaO).

Die Förderung besteht in einer Beihilfe, die aufgrund eines Vertrages gezahlt wird, die der Antragsteller mit der Otto Benecke Stiftung, Bonner Talweg 57, 5300 Bonn 1 (Telefon: 02 28/10 90) schließt (Nr. 7 aaO). Die Beihilfe setzt sich nach Nr. 8 aaO zusammen aus

– den Ausbildungskosten (Sprachkurskosten, Kosten von Eingliederungskursen, Kosten für notwendige Lernmittel, notwendige Fahrtkosten),
– Kosten des Lebensunterhalts für den Geförderten
– Kosten des Sonderbedarfs (Krankenversicherung, Kosten für die Übersetzung, die Beglaubigung und Anerkennung von Vorbildungsnachweisen, andere Kosten, die mit der Aufnahme der Ausbildung im Zusammenhang stehen).

Das Akademikerprogramm ist am 1. Oktober 1985 in Kraft getreten. Eine vergleichbare Regelung hatten die Richtlinien des (früheren) Bundesministers für Jugend, Familie und Gesundheit zur Förderung der beruflichen Eingliederung über 35jähriger spätausgesiedelter oder aus der DDR und Berlin (Ost) zugewanderter Studienbewerber vom 22. Juni 1978 (GMBl. S. 375) enthalten.

9.4 Hochschulzugangsberechtigung

Die Berechnung der Gesamt- und Durchschnittsnoten der Hochschulzugangsberechtigung von Aussiedlern ist in dem Beschluß (Vereinbarung) der Kultusministerkonferenz vom 9. September 1985 (GMBl. 1986, S. 351) geregelt, der unter 9.6 abgedruckt ist.

Die Errechnung der Durchschnittsnote für Zeugnisse über die Hochschulzugangsberechtigung für Studienbewerber aus der DDR und aus Berlin (Ost) richtet sich nach dem Beschluß (Vereinbarung) der Kultusministerkonferenz vom 8. Juli 1987 (GMBl. S. 445), abgedruckt unter 9.7.

9.5 Bundesausbildungsförderungsgesetz

Aussiedler und Zuwanderer haben bei Erfüllung der sonstigen Voraussetzungen wie alle übrigen Deutschen die Möglichkeit, Leistungen nach dem **Bundesausbildungsförderungsgesetz** i. d. F. vom 6. Juni 1983 (BGBl. I S. 645), 1680), zuletzt geändert durch Gesetz vom 21. Juni 1988 (BGBl. I S. 829) für eine der Neigung, Eignung und Leistung entsprechende Ausbildung in Anspruch zu nehmen, wenn ihnen die für den Lebensunterhalt und die Ausbildung erforderlichen Mittel nicht anderweitig zur Verfügung stehen. Die Höhe der Förderung, die durch Zuschüsse oder Darlehen erfolgt, richtet sich nach dem Bedarf sowie nach dem Einkommen und dem Vermögen des Auszubildenden, seines Ehegatten und seiner Eltern.

Die Altersgrenze für die Aufnahme eines förderungsfähigen Studiums liegt grundsätzlich bei der Vollendung des 30. Lebensjahres. Nach § 10 Abs. 3 BAföG können bei Vorliegen besonderer Gründe Ausnahmen zugelassen werden. Der Bundesminister für Bildung und Wissenschaft hat die zuständigen obersten Landesbehörden durch Rundschreiben über die Auslegung der BAföG-Regelungen bei der Förderung von Aussiedlern und Zuwanderern unterrichtet.

9.6 Graduiertenförderung

Die Graduiertenförderung erfolgte früher durch den Bund auf der Grundlage des Gesetzes über die Forderung des wissenschaftlichen Nachwuchses an den Hochschulen (Graduiertenförderungsgesetz) i. d. F. vom 22. Januar 1976 (BGBl. I S. 2072). Dieses Gesetz ist durch Art. 29 des Haushaltsbegleitgesetzes 1984 vom 22. Dezember 1983 (BGBl. I S. 1532) aufgehoben worden. Eine Graduiertenförderung ist heute in Regelungen der Länder vorgesehen.

9.7 Wissenschaftlerprogramm

Nach den Richtlinien des Bundesministers für Bildung und Wissenschaft für die Förderung der Eingliederung von Wissenschaftlern aus der DDR, Berlin (Ost) und den Aussiedlungsgebieten nach § 1 Abs. 2 Nr. 3 BVFG vom 1. Oktober 1983, die hier nicht abgedruckt sind, wird die **berufliche Eingliederung in das Hochschulleben** erleichtert.

Um Nachteile auszugleichen, die Wissenschaftler in ihrer wissenschaftlichen Laufbahn im Zusammenhang mit ihrer Übersiedlung oder Aussiedlung erlitten haben, kann eine Angestelltenstelle bis zur Dauer von zwei Jahren (höchstens nach der Vergütungsgruppe II a des Bundesangestelltentarifvertrages [BAT]) finanziert werden. Hierzu ist u. a. erforderlich, daß eine Universität oder eine sonstige wissenschaftliche Institution mit Zustimmung der zuständigen obersten Landesbehörde bereit ist, den Wissenschaftler einzustellen. Sie muß sich darüber hinaus verpflichten, den Wissenschaftler nach Beendigung der Förderung entweder weiterzubeschäftigen oder aber sich nachhaltig um seine weitere Eingliederung zu bemühen.

10. ANERKENNUNG VON PRÜFUNGEN UND BEFÄHIGUNGSNACHWEISEN

vgl. Wegweiser für Aussiedler Nr. 11
vgl. Wegweiser DDR Nr. 14

10.1 Allgemeines

Nach § 92 Abs. 2 und Abs. 3 BVFG sind u. a. **Prüfungen und Befähigungsnachweise** von Berechtigten nach dem BVFG aus der Zeit nach dem 8. Mai 1945 anzuerkennen, wenn sie den entsprechenden Prüfungen und Befähigungsnachweisen im Geltungsbereich des Gesetzes gleichwertig sind. Dies gilt nach § 20 Abs. 2 des Flüchtlingshilfegesetzes auch für Zuwanderer aus der DDR, die nicht die Voraussetzungen der §§ 3, 4 BVFG erfüllen. Die Beendigung der Betreuungsberechtigung nach § 13 BVFG hat keinen Einfluß auf die Anerkennung nach § 92 BVFG.

Für die Anerkennung von Schul- und Hochschulzeugnissen sind die Kultusminister der Länder, für die Anerkennung sonstiger Prüfungen und Befähigungsnachweisen sind die Stellen zuständig, die im Bundesgebiet vergleichbare Prüfungen abnehmen oder vergleichbare Befähigungsnachweise ausstellen. In Berlin liegt die Anerkennung von Aus- und Fortbildungsprüfungen sowie von handwerklichen Meisterprüfungen beim Senator für Schulwesen, Berufsausbildung und Sport.

Gutachten über die **Gleichwertigkeit** von Schul- und Hochschulabschlüssen erstellen auf Anforderung einer für die Anerkennung zuständigen Stelle die Zentralstelle für ausländisches Bildungswesen beim Sekretariat der Ständigen Konferenz der Kultusminister, Nassestraße 8, 5300 Bonn 1, Telefon 02 28/50 10 (für Aussiedler) und das Pädagogische Zentrum – Referat Gutachterstelle für deutsches Schul- und Studienwesen Berlin, Uhlandstraße 96, 1000 Berlin 31, Telefon 0 30/86 87-1 (für Zuwanderer).

Gutachten über die Gleichwertigkeit von juristischen Prüfungen können bei dem Institut für Ostrecht in München, Theresienstraße 40, 8000 München 2 (Telefon 0 89/28 50 45) angefordert werden.

Der Bundesminister für Wirtschaft und das Bundesinstitut für Berufsbildung, Fehrbelliner Platz 3, 1000 Berlin 31, Telefon 0 30/86 83-1 haben Untersuchungen über die berufliche Bildung in der UdSSR, in Polen, Rumänien, der CSSR, Ungarn, Jugoslawien und der DDR veröffentlicht, aus denen die Kriterien für die Anerkennung der Gleichwertigkeit zu entnehmen sind. Sie sind über das Bundesinstitut zu beziehen.

Die Anerkennung setzt einen Antrag voraus, dem Urkunden mit Übersetzungen beizufügen sind. Zur Aufklärung des Sachverhalts kommt auch ein Gespräch mit dem Antragsteller in Betracht, dem ggf. Gelegenheit zu geben ist, sich hierauf vorzubereiten. Eine nochmalige Prüfung im Rahmen des Anerkennungsverfahrens ist nicht zulässig. Dagegen können Fortbildungsmaßnahmen zur Vorbereitung auf das Gespräch oder eine Anpassung an die hiesigen Berufsanforderungen im Rahmen eines nach § 54 AFG durch Einarbeitungszuschüsse geförderten Arbeitsverhältnisses hilfreich sein.

Bei der Auslegung des unbestimmten Rechtsbegriffs „Gleichwertigkeit" müssen Gesetzeszweck, Wortsinn und der zu würdigende Lebenssachverhalt berücksichtigt werden. Grundlegende Kriterien hierfür erhalten die nachfolgend dargestellten Grundsätze des Bundesministers für Wirtschaft.

10.2 Grundsätze des Bundesministers für Wirtschaft vom 20. November 1976

Der Bundesminister für Wirtschaft hat am 26. November 1976 Grundsätze zur rechtlichen Handhabung der §§ 92 und 91 des Bundesvertriebenengesetzes sowie des § 7 Abs. 7 der Handwerksordnung im Bereich der gewerblichen Wirtschaft – abgedruckt unter 10.1 – erlassen. Ziel dieser Grundsätze ist die großzügige und möglichst reibungslose berufliche und gesellschaftliche Eingliederung der Aussiedler und „Sowjetzonenflüchtlinge" (vgl.

hierzu § 3 BVFG, abgedruckt unter 4.1). Die Grundsätze befassen sich eingehend mit dem Begriff der Gleichwertigkeit, die wichtigste Voraussetzung für die Anerkennung von außerhalb des Bundesgebiets abgelegten Prüfungen und von dort erworbenen Befähigungsnachweisen ist.

§ 92 Abs. 2 des Bundesvertriebenengesetzes bezweckt die Integration durch eine wirtschaftliche und gesellschaftliche Eingliederung **bei Wahrung des Besitzstandes unter besonderer Berücksichtigung des Sozialstaatsgedankens.** Prüfungen und Befähigungsnachweise müssen von gleichem Wert sein; dagegen können Gleichartigkeit oder gar Gleichheit nicht verlangt werden. Bei der Ermittlung der Gleichwertigkeit der ausländischen Prüfung ist zu berücksichtigen, daß Unterschiede, die sich aus dem jeweiligen Staats-, Wirtschafts- und Bildungssystem ergeben, kein grundsätzliches Hindernis für eine Anerkennung bilden. Der Eingliederungsgedanke fordert eine Großzügigkeit bei der Einzelfallentscheidung unter voller Ausschöpfung aller Beurteilungs- und Ermessensspielräume. Entscheidungen sollten deshalb im Zweifelsfalle immer zugunsten des Antragstellers erfolgen. Die Grundsätze wenden sich in erster Linie an die für die Anerkennung von Aussiedlerzeugnissen und ihre Eintragung in die Handwerksrolle zuständigen Stellen.

10.3 Anerkennung akademischer und staatlicher Grade

Die Ständige Konferenz der Kultusminister der Länder hat am 14. September 1979 einen Beschluß zur Erteilung von Genehmigungen zur Führung ausländischer **akademischer Grade** sowie zur Führung entsprechender ausländischer Bezeichnungen gefaßt, der durch Beschluß vom 13. Mai 1985 geändert worden ist (GMBl. S. 498). Der Beschluß ist unter 10.2 abgedruckt.

Inhaber eines ausländischen akademischen Grades, dessen zugrundeliegender Abschluß dem an einer Hochschule im Geltungsbereich des Grundgesetzes materiell gleichwertig ist und für die es einen gleichartigen Grad gibt, erhalten auf Antrag die Genehmigung, ihren ausländischen akademischen Grad in Form des entsprechenden deutschen akademischen Grades zu führen (Abschnitt II Nr. 1 aaO). Entsprechendes gilt für Inhaber eines staatlichen Grades, dessen zugrundeliegender Abschluß dem an einer Hochschule im Geltungsbereich des Grundgesetzes gleichwertig ist und für den es einen gleichartigen akademischen Grad gibt (Abschnitt II Nr. 3 aaO). In beiden Fällen soll die Genehmigung grundsätzlich mit der Auflage verbunden werden, den akademischen Grad mit einem auf das Herkunftsland oder die verleihende Institution hinweisenden Zusatz zu führen. Diese Auflage unterbleibt für Berechtigte nach § 92 BVFG und deren Abkömmlinge im Hinblick auf den Eingliederungszweck des Bundesvertriebenengesetzes (Abschnitt II Nr. 5 aaO). Gibt es für einen ausländischen akademischen oder staatlichen Grad keinen gleichartigen akademischen Grad oder fehlt es an der Gleichwertigkeit, wird die Genehmigung zur Führung des ausländischen Grades erteilt (Abschnitt II Nrn. 2 und 4, Abschnitt III aaO).

10.4 Nachträgliche Graduierung

Außerdem hat die Ständige Konferenz der Kultusminister der Länder am 25. Juni 1982 einen „Beschluß zur **nachträglichen Graduierung** von Berechtigten nach dem Bundesvertriebenengesetz" – abgedruckt unter 10.3 – gefaßt. Nach diesem Beschluß erhalten Berechtigte im Sinne des § 92 BVFG, die vor ihrer Aussiedlung oder Zuwanderung einen berufsqualifizierenden Abschluß erworben haben, der dem Abschluß an einer Ingenieurschule oder Höheren Fachschule materiell gleichwertig ist, auf Antrag das Recht, eine staatliche Graduierungsbezeichnung zu führen, die für einen Abschluß im Geltungsbereich des Grundgesetzes vorgesehen ist (Nr. 1 aaO). Den Bundesländern bleibt es allerdings unbenommen, ihre Entscheidung mit der Auflage zu versehen, daß die staatliche Graduierungsbezeichnung mit einem auf das Herkunftsland hinweisenden Zusatz geführt wird, wenn dies zur Kennzeichnung wesentlicher Unterschiede in der Ausbildung notwendig erscheint (Beispiel: Ing. (grad.)/Pl für das Herkunftsland Polen).

10.5 Anerkennung von Führerscheinen

Der Bundesminister für Verkehr hat am 10. Mai 1977 ein Rundschreiben an die für die Straßenverkehrs-Zulassungsordnung/Fahrerlaubniswesen zuständigen Minister und Senatoren der Länder zur Frage der Erteilung der **Fahrerlaubnisse** an Personen gerichtet, die einen Anspruch nach § 92 BVFG haben. Das Rundschreiben ist unter 10.4 abgedruckt.

Hiernach kann von der Gleichwertigkeit inbesondere der in Polen, Rumänien, Ungarn und in der Sowjetunion abgelegten Fahrerlaubnisprüfungen ausgegangen werden. Damit besteht für Aussiedler grundsätzlich ein Rechtsanspruch auf Erteilung eines deutschen Führerscheins. Nur bei offensichtlicher oder gar eindeutig nachgewiesener Ungeeignetheit zum Führen eines Kraftfahrzeuges darf der deutsche Führerschein nicht ausgehändigt werden.

11. HILFEN ZUR GRÜNDUNG SELBSTÄNDIGER EXISTENZEN

vgl. Wegweiser für Aussiedler Nr. 39
vgl. Wegweiser DDR Nr. 41

Der vom Bundesminister des Innern herausgegebene Wegweiser für Aussiedler enthält unter Nr. 39 einen vom Bundesminister für Wirtschaft erarbeiteten „Wegweiser für den Aufbau einer selbständigen wirtschaftlichen Existenz in der gewerblichen Wirtschaft", der unter 11.1 wiedergeben ist.

Behandelt werden die Bereiche: Chancen und Risiken einer selbständigen wirtschaftlichen Existenz, Beratung über die Gründung einer selbständigen wirtschaftlichen Existenz, öffentliche Finanzierungshilfen und Anerkennung von Zeugnissen/Eintragung in die Handwerksrolle. Eine entsprechende Darstellung findet sich in dem Wegweiser für Flüchtlinge und Übersiedler aus der DDR unter Nr. 41.

Die **Richtlinien** des Bundesministers für Wirtschaft **für die Berücksichtigung bevorzugter Bewerber** bei der Vergabe öffentlicher Aufträge vom 11. August 1975, geändert durch Richtlinie vom 5. August 1981, sind unter 11.2 abgedruckt. Nach § 6 Nr. 1 der Richtlinien sind bei beschränkten Ausschreibungen und freihändigen Vergaben die von der Regelung erfaßten Personen, zu denen u. a. Vertriebene und „Sowjetzonenflüchtlinge" gehören, zur Abgabe von Angeboten aufzufordern. Ist das Angebot eines bevorzugten Bewerbers ebenso wirtschaftlich oder annehmbar wie das Angebot des anderen Bewerbers, so soll dem Berechtigten der Zuschlag erteilt werden. Dies gilt innerhalb festgesetzter Grenzen (vgl. hierzu § 6 Nr. 4 aaO) auch bei einer geringfügigen Überschreitung des wirtschaftlichsten und annehmbarsten Angebots.

Die **Deutsche Ausgleichsbank** (früher: Lastenausgleichsbank) ist eine bundesunmittelbare rechtsfähige Anstalt des öffentlichen Rechts mit Sitz in Bonn (Anschrift: Wielandstraße 4, 5300 Bonn 2). Das Gesetz über die Deutsche Ausgleichsbank i. d. F. vom 23. September 1986 (BGBl. I S. 1544), geändert durch Gesetz vom 16. Dezember 1986 (BGBl. I S. 2478) ist unter 11.3 abgedruckt. Die Bank hat u. a. die Aufgabe, Maßnahmen zur wirtschaftlichen Eingliederung und Förderung der durch den Zweiten Weltkrieg und seine Folgen betroffenen Personen zu finanzieren (§ 4 Abs. 1 Nr. 4 aaO).

Eine Übersicht über die wichtigsten **Darlehens- und Bürgschaftsprogramme** der Deutschen Ausgleichsbank ist unter 11.4 wiedergegeben.

Einleitung

Die **Richtlinie** des Bundesministers für Wirtschaft für ERP-Darlehen **zur Förderung der Existenzgründung** (ERP-Existenzgründungsprogramm) – abgedruckt unter 11.5 – sieht erleichterte Bedingungen für Aussiedler und Zuwanderer vor. So kann unter bestimmten Voraussetzungen eine zweite Existenzgründung gefördert werden (keine Berücksichtigung einer selbständigen Tätigkeit vor der Aufnahme im Bundesgebiet). Aussiedler und Zuwanderer, die im Bundesgebiet bereits einmal selbständig tätig waren, werden im übrigen nur ausnahmsweise ein zweites Mal gefördert, wenn sie die Aufgabe der früheren selbständigen Existenz nicht zu vertreten haben.

Von der allgemein geltenden Altersgrenze (Mindestalter: 21 Jahre; Höchstalter: 50 Jahre) wird bei Aussiedlern und Zuwanderern abgesehen. Der ERP-Finanzierungsanteil an den Investitionskosten kann für sie auf bis zu zwei Drittel (übliche Finanzierung: bis zur Hälfte) erhöht werden. Als Ersatz für fehlendes Eigenkapital können erforderlichenfalls Mittel aus dem Ergänzungsprogramm II der Deutschen Ausgleichsbank (vgl. Text unter 11.9) herangezogen werden, so daß eine Fremdfinanzierung bis zu 100 v. H. ermöglicht wird.

Schließlich kann die Hausbank des Darlehnsnehmers bei der Deutschen Ausgleichsbank eine Entlastungszusage bis zu 50 v. H. beantragen, wenn die Absicherung des Darlehens Schwierigkeiten bereitet. Der Kreis der Förderungsberechtigten umfaßt auch die Angehörigen der wirtschaftsnahen Berufe wie Wirtschaftsprüfer, Steuerberater und beratende Ingenieure.

Die **Allgemeinen Bedingungen für die Vergabe von ERP-Mitteln** (ERP-Vergabebedingungen) des Bundesministers für Wirtschaft sind unter 11.6 abgedruckt.

Das Merkblatt der Deutschen Ausgleichsbank zum **ERP-Existenzgründungsprogramm** für Spätaussiedler und andere Spätberechtigte ist unter 11.7 wiedergegeben.

Nach dem **Ergänzungsprogramm I** der Deutschen Ausgleichsbank für kleinere und mittlere gewerbliche Unternehmen und wirtschaftsnahe freie Berufe – abgedruckt unter 11.8 – werden Investitionen von Aussiedlern und Zuwanderern im Bereich von kleineren und mittleren Unternehmen der gewerblichen Wirtschaft gefördert. Voraussetzung ist, daß der Antragsteller seinen Wohnsitz im Bundesgebiet erstmals nach dem 31. Dezember 1970 begründet hat und hier eine selbständige gewerbliche Tätigkeit nicht länger als zwölf Jahre ausgeübt hat, sofern nicht eine Förderung nach dem Ergänzungsprogramm II der Deutschen Ausgleichsbank in Betracht kommt.

Das **Ergänzungsprogramm II** der Deutschen Ausgleichsbank für die Existenzgründung von Spätaussiedlern und anderen Spätberechtigten – abgedruckt unter 11.9 – ist ausschließlich für Aussiedler und Zuwanderer bestimmt, die nach dem 31. Dezember 1970 ihren Wohnsitz im Bundesgebiet begründet haben. Nach diesem Programm finanziert die Deutsche Ausgleichsbank Investitionen und in angemessenem Umfang auch Betriebsmittel zur Gründung einer selbständigen Existenz im Bereich der gewerblichen Wirtschaft und der wirtschaftsnahen freien Berufe. Die Darlehen können – ggfs. zusammen mit einem ERP-Darlehen – bis zu 100 v. H. der Investitionskosten erreichen. Die Darlehnshöhe beträgt bis zu 200.000 DM, die Laufzeit in der Regel bis zu zwölf Jahren, davon bis zu zwei tilgungsfreien Jahren. Auf Antrag kann die Deutsche Ausgleichsbank der Hausbank eine Haftungsentlastung bis zu 80 v. H. erteilen.

In Betracht kommen ferner die Gewährung von **Aufbaudarlehen** für die gewerbliche Wirtschaft und die freien Berufe auf der Grundlage der §§ 254 Abs. 1, 301 b des Lastenausgleichsgesetzes (vgl. hierzu Abschnitt 12) und die Gewährung von Darlehen an Zuwanderer aus der DDR und aus Berlin (Ost), die nicht „Sowjetzonenflüchtlinge" sind, nach § 18 des Flüchtlingshilfegesetzes (abgedruckt unter 4.6).

12. LASTENAUSGLEICH

vgl. Wegweiser für Aussiedler Nr. 17, 40
vgl. Wegweiser DDR Nr. 20, 42

Das **Lastenausgleichsgesetz** (LAG) i. d. F. der Bekanntmachung vom 1. Oktober 1969 (BGBl. I S. 1909), zuletzt geändert durch Gesetz vom 18. Dezember 1987 (BGBl. I S. 2747) ist aus Raumgründen nicht abgedruckt. Der Lastenausgleich ist geschaffen worden, um u. a. Vertriebenen und Flüchtlingen einen gewissen Ausgleich für die durch den Zweiten Weltkrieg und seine Folgen entstandenen Vermögensverluste zu gewähren und ihnen bei ihrer Eingliederung zu helfen.

Das Bundesverwaltungsgericht hatte mit Urteil vom 2. August 1984 – Az 3 C 40.83 – entschieden, daß Schäden von Aussiedlern, die nach 1968 in das Bundesgebiet gekommen sind, praktisch nicht mehr als Vertreibungsschäden nach § 12 LAG geltend gemacht werden können. Dies wurde damit begründet, daß die entstandenen Schäden im Regelfall nicht auf Maßnahmen beruhen, die gegen Deutsche gerichtet sind.

Durch das **31. Gesetz zur Änderung des Lastenausgleichsgesetzes** vom 26. Januar 1987 (BGBl. I S. 474) ist jedoch durch § 12 Abs. 6 a LAG eine Regelung getroffen worden, nach der Schäden, die einem Aussiedler im Zusammenhang mit der Aussiedlung bis zum 1. Januar 1992 entstanden sind, als Vertreibungsschäden anerkannt werden. Damit wird die bisherige Verwaltungspraxis, die vom Bundesverwaltungsgericht nicht gebilligt wurde, wieder auf eine eindeutige Rechtsgrundlage gestellt.

Der Wegweiser für Aussiedler des Bundesministers des Innern enthält unter Nr. 40 ein **Merkblatt des Bundesausgleichsamts** zum Lastenausgleich für Aussiedler, das unter 12.1 wiedergegeben wird. Ein entsprechendes Merkblatt findet sich unter Nr. 42 im Wegweiser für Flüchtlinge und Übersiedler aus der DDR.

Eine Erleichterung der Feststellung, ob im Einzelfall mehr als 50 v. H. des Hausrats verloren gegangen sind, ist durch das Rundschreiben des Präsidenten des Bundesausgleichsamts vom 29. November 1971 (MtblBAA S. 376) vorgesehen, das unter 12.2 abgedruckt ist.

13. STEUERLICHE VERGÜNSTIGUNGEN

vgl. Wegweiser für Aussiedler Nr. 26
vgl. Wegweiser DDR Nr. 29

Nach **§ 7e des Einkommensteuergesetzes** (EStG) i. d. F. vom 27. Februar 1987 (BGBl. I S. 657), zuletzt geändert durch Gesetz vom 25. Juli 1988 (BGBl. I S. 1093) – abgedruckt unter 13.1 – können u. a. Berechtigte nach dem Bundesvertriebenengesetz für Fabrikgebäude, Lagerhäuser und landwirtschaftliche Betriebsgebäude im Wirtschaftsjahr der Herstellung und in dem darauffolgenden Jahr Sonderabschreibungen bis zu 10 v. H. der Herstellungskosten vornehmen.

Nach **§ 10a EStG** kann der vorgenannte Personenkreis, der seine frühere Erwerbsgrundlage verloren hat, unter bestimmten Voraussetzungen auf Antrag bis 50 v. H. der Summe der nicht entnommenen Gewinne, höchstens aber 20000 DM als Sonderausgaben vom Gesamtbetrag der Einkünfte abziehen. Diese Steuervergünstigung kann nur für den Veranlagungszeitraum, in dem der Steuerpflichtige im Geltungsbereich des Gesetzes erstmals Einkünfte aus Land- und Forstwirtschaft erzielt hat sowie für die folgenden sieben Veranlagungszeiträume in Anspruch genommen werden (Abs. 4 Satz 1 aaO). Nach Ablauf von 20 Veranlagungszeiträumen seit der erstmaligen Begründung eines Wohnsitzes oder gewöhnlichen Aufenthalts im Geltungsbereich des Gesetzes ist die Inanspruchnahme der Steuervergünstigung nicht mehr zulässig (Abs. 4 Satz 2 aaO).

Nach § 52 Abs. 22 EStG gilt **§ 33a Abs. 1 des Einkommensteuergesetzes 1953** i. d. F. vom 15. September 1953 (BGBl. I S. 1355) – abgedruckt unter 13.2 – weiterhin. Nach dieser Vorschrift erhalten u. a. Vertriebene (und damit auch Aussiedler), Heimatvertriebene und diesen gleichgestellte Personen (§§ 1 bis 4 des Bundesvertriebenengesetzes, abgedruckt unter 4.1), die höchstens eine Entschädigung von 50 v. H. ihres Kriegsschadens erhalten haben, auf Antrag einen Freibetrag, der vom Einkommen abgezogen wird (sogenannter Flüchtlingsfreibetrag). Der Freibetrag wird in dem Jahr gewährt, in dem die Voraussetzungen für die Gewährung eines Freibetrages erstmals vorliegen, und außerdem in den beiden darauffolgenden Jahren.

Außerdem sind unter 13.3 die **Abschnitte 179, 184, 189 und 193 der Einkommensteuerrichtlinien** (EStR) vom 24. Februar 1988 (BStBl. Sondernummer 1/1988) abgedruckt.

Abschnitt 179 aaO regelt die steuerliche Berücksichtigung von Kindern, die als Deutsche im Sinne des Art. 116 GG oder als deutsche Volkszugehörige in der DDR, in Berlin (Ost) oder in den Aussiedlungsgebieten nach § 1 Abs. 2 Nr. 3 BVFG (Ausnahmen: Jugoslawien, China) leben.

Abschnitt 184 aaO trifft eine Regelung für die steuerliche Berücksichtigung von Ehegatten, wenn diese in den vorstehend genannten Gebieten leben und die Ausreise in das Bundesgebiet aus politischen Gründen verweigert wird.

Die Abschnitte 189 und 193 aaO regeln Einzelheiten der Durchführung des § 33 EStG (Aufwendungen für die Wiederbeschaffung von Hausrat und Kleidung als außergewöhnliche Belastung) und des § 33a EStG 1953 (Freibeträge für besondere Fälle).

14. EINGLIEDERUNG IN DIE LANDWIRTSCHAFT

vgl. Wegweiser für Aussiedler Nr. 25

Die Eingliederung von Aussiedlern und Zuwanderern, **die aus der Landwirtschaft stammen,** richtet sich nach §§ 35 ff BVFG – abgedruckt unter 4.1. –, ferner nach dem Lastenausgleichsgesetz i. d. F. der Bekanntmachung vom 1. Oktober 1969 (BGBl. I S. 1909), zuletzt geändert durch Gesetz vom 18. Dezember 1987 (BGBl. I S. 2747) und nach dem Flüchtlingshilfegesetz i. d. F. vom 15. Mai 1971 (BGBl. I S. 681), zuletzt geändert durch Gesetz vom 24. Juni 1985 (BGBl. I S. 1144), abgedruckt unter 4.6.

Aussiedler und Zuwanderer, die aus der Landwirtschaft stammen (vgl. hierzu das Rundschreiben des Bundesministers für Ernährung, Landwirtschaft und Forsten vom 6. November 1978 – abgedruckt unter 14.3 –), können gefördert werden durch Hilfen

– bei der Neuerrichtung und bei dem Kauf landwirtschaftlicher Nebenerwerbsstellen,

– bei der Neuerrichtung, dem Kauf und der Pacht landwirtschaftlicher Vollerwerbsstellen im Rahmen der Förderungshöchstbeträge für Nebenerwerbsstellen.

Hierzu stellt der Bund im Rahmen eines jährlich nach § 46 Abs. 1 BVFG aufzustellenden **Siedlungsprogramms,** das von den Ländern durchgeführt wird, Mittel zur Verfügung gestellt. In den Jahren 1983 bis 1986 wurden aus dem Zweckvermögen bei der Deutschen Siedlungs- und Landesrentenbank (DSL-Bank) sowie aus einem Sonderprogramm dieser Bank rd. 475 Mio DM bereit gestellt. Der Anteil der Länder betrug fast 213 Mio DM. Hinzu kamen 82,3 Mio DM für die Gewährung von Aufbaudarlehen aus dem Lastenausgleichsfonds.

Die Finanzierung erfolgt nunmehr bundesseitig ausschließlich über ein von der DSL-Bank als Sondervermögen des Bundes treuhänderisch verwaltetes Zweckvermögen. Dieses wird aus Bundeshaushaltsmitteln gebildet, die gemäß § 46 Abs. 1 BVFG und § 4 Abs. 1 des Gesetzes zur Förderung der landwirtschaftlichen Siedlung vom 15. Mai 1953 (BGBl. I

S. 224), zuletzt geändert durch Gesetz vom 25. Februar 1983 (BGBl. I S. 199) zur Verfügung gestellt werden. Seit 1983 werden neue Bewilligungen im Rahmen des jeweiligen Siedlungsprogramms ausschließlich aus dem Mehraufkommen aufgrund des Gesetzes vom 25. Februar 1983 ausgesprochen. Das Zweckvermögen weist derzeit einen Bestand von rd. 3,7 Mrd DM aus und setzt sich u. a. aus den Forderungen und Rückflüssen zusammen, die aus den Mitteln des Zweckvermögens gewährt worden sind.

Die Gewährung von Darlehen und Beihilfen aus Bundeshaushaltsmitteln für die ländliche Siedlung nach dem Bundesvertriebenengesetz erfolgt nach den Finanzierungsrichtlinien des Bundesministers für Ernährung, Landwirtschaft und Forsten, abgedruckt unter 14.1. In einer Entschließung des Deutschen Bundestages vom 26. Juni 1969 (Protokolle – 5. Wahlperiode – S. 13553/4 und 13597) wurde davon ausgegangen, daß die Landzulage einer Nebenerwerbsstelle i. d. R. geringer als 1.000 qm ist. In Anlehnung an diese Entschließung und unter Berücksichtigung der Entscheidung des BVerwG in E 28, 80 werden in der Praxis folgende **Anforderungen an eine Nebenerwerbsstelle** gestellt: Es werden nur Objekte gefördert, die nach Belegenheit, Größe und baulicher Beschaffenheit eine landwirtschaftliche oder gärtnerische Nutzung ermöglichen. Erforderlichenfalls muß eine von dem Wohngrundstück getrennte Eigentums- oder Pachtfläche genutzt werden. Die Nebenerwerbsstelle soll 600 qm nicht unterschreiten und muß mindestens die in dem jeweiligen Bundesland vorgeschriebene Große für Kleinsiedlungen aufweisen. Wohngrundstück und hiervon getrennt liegende Nutzfläche dürfen jeweils nicht kleiner als 400 qm sein. In sozialen Härtefällen können durch die nach Landesrecht zuständigen Stellen Ausnahmen zugelassen werden. Zur Unterbringung der für die ordnungsgemäße Bewirtschaftung der Stelle erforderlichen Geräte sowie der Vorräte und Erntegüter ist ein geeigneter Raum vorzusehen. Die Möglichkeit, einen solchen Raum kurzfristig verfügbar zu machen, reicht aus.

Die **Prioritätenregelung** gemäß § 46 Abs. 4 und § 67 BVFG i. d. F. vom 9. September 1968 (MinBl. BML S. 479), 1961, zuletzt geändert durch Rundschreiben des BML vom 20. Dezember 1983 – 523 – 6160 – abgedruckt unter 14.2 – legt drei Kategorien von Berechtigten für die Förderung bei der Eingliederung auf Nebenerwerbsstellen fest, die nacheinander zu berücksichtigen sind.

Den berechtigten Personenkreis umschreibt das Rundschreiben des Bundesministers für Ernährung, Landwirtschaft und Forsten zur **Auslegung des Begriffes „aus der Landwirtschaft stammen"** in § 35 BVFG vom 6. November 1978, geändert durch Rundschreiben des BML vom 20. Dezember 1983 – 523 – 6160, abgedruckt unter 14.3.

In den Grenzdurchgangslagern wird für eine Förderung in Betracht kommenden Personen ein Fragebogen zur Erfassung der aus der Landwirtschaft stammenden Aussiedler überreicht, der unter 14.4 abgedruckt ist.

§ 28 des Gesetzes über eine Altershilfe für Landwirte i. d. F. vom 14. September 1965 (BGBl. I S. 1448), zuletzt geändert durch Gesetz vom 21. Juli 1988 (BGBl. I S. 1053) sieht für Berechtigte nach §§ 1 bis 4 BVFG die Nachentrichtung von Beiträgen vor.

Ein Teil der aus der Landwirtschaft stammenden Aussiedler, vor allem aus dem polnischen Bereich, hat keine Ansprüche nach dem **Fremdrentenrecht** (vgl. Einleitung Nr. 15), da sie in der Heimat selbständig tätig gewesen sind. Beschäftigungszeiten ihrer mithelfenden Familienangehörigen können bei der Rentenversicherung berücksichtigt werden, wenn sie im polnischen Rentensystem angerechnet werden. Personen, die insoweit keine Ansprüche haben und auf Leistungen nach dem Lastenausgleichsrecht (Kriegsschadenrente) angewiesen sind, kann künftig in Einzelfällen durch Leistungen der Konrad-Adenauer-Stiftung für Flüchtlinge und Vertriebene geholfen werden. Hierzu werden der Stiftung Mittel von der Ostpreußischen Landgesellschaft, der Pommerschen Landgesellschaft und der Oberschlesischen Landgesellschaft zur Verfügung gestellt.

Die Anschrift des Bauernverbandes der Vertriebenen ist Godesberger Allee 142 – 148, 5300 Bonn 2, Telefon 02 28/81 98-2 15.

15. RENTEN- UND UNFALLVERSICHERUNG

vgl. Wegweiser für Aussiedler Nr. 14, 15, 16.
vgl. Wegweiser DDR Nr. 17, 18

Nach § 90 BVFG sind Vertriebene (Aussiedler) und Flüchtlinge u. a. in der **Sozialversicherung** den Berechtigten im Bundesgebiet gleichgestellt. Eine entsprechende Gleichstellung ist in den jeweiligen Gesetzen auch für Zuwanderer aus der DDR und aus Berlin (Ost) vorgesehen.

Regelungen zur **Krankenversicherung** enthalten § 10 des Fremdrenten- und Auslandsrentengesetzes vom 7. August 1953 (BGBl. I S. 848), Art. 7 § 3 Abs. 2 des Fremdrenten- und Auslandsrenten-Neuregelungsgesetzes vom 25. Februar 1960 – FRG – (BGBl. I S.93), § 165 Abs. 1 Nr. 3 Buchst. b der Reichsversicherungsordnung i. d. F. vom 15. Dezember 1924 (RGBl. I S. 799), zuletzt geändert durch Gesetz vom 14. Dezember 1987 (BGBl. I S. 2602), das Gesetz über die Verwaltung der Mittel der Träger der Krankenversicherung (KVMG) vom 15. Dezember 1979 (BGBl. I S. 2241) – Artikel 8 Nr. 1 dieses Gesetzes ist unter 17.4 abgedruckt –, das Heimkehrergesetz vom 19. Juni 1950 (BGBl. S. 221), mehrfach geändert, sowie § 9 des Häftlingshilfegesetzes i. d. F. vom 4. Februar 1987 (BGBl. I S. 512), abgedruckt unter 16.2. Es ist beabsichtigt, das Krankenversicherungsrecht neu zu regeln und die vorstehend genannten Rechtsgrundlagen mit Wirkung vom 1. Januar 1989 durch neue Bestimmungen zu ersetzen (Entwurf eines Gesetzes zur Strukturreform im Gesundheitswesen, BT-Drucksache 11/2237).

Regelungen zur **Renten- und Unfallversicherung** enthalten das Fremdrentengesetz vom 25. Februar 1960 (BGBl. I S. 93), zuletzt geändert durch Gesetz vom 12. Juli 1987 (BGBl. I S. 1585) – abgedruckt unter 15 –, das Abkommen zwischen der Bundesrepublik Deutschland und der Volksrepublik Polen über Renten- und Unfallversicherung vom 9. Oktober 1975 (BGBl. 1976 II S. 396) und das Gesetz zur Regelung der Rechtsverhältnisse der unter Art. 131 des Grundgesetzes fallenden Personen (G 131) i. d. F. der Bekanntmachung vom 13. Oktober 1965 (BGBl. I S. 1685), mehrfach geändert.

Aussiedler und Zuwanderer werden in der gesetzlichen **Rentenversicherung** grundsätzlich so behandelt, als ob sie ihr gesamtes Arbeitsleben in der Bundesrepublik Deutschland zurückgelegt hätten.

Aussiedler und Zuwanderer erhalten demnach aufgrund des Fremdrentengesetzes individuelle Rentenleistungen nach dem hier geltenden Rentenrecht. Für Aussiedler aus der Volksrepublik Polen findet vorrangig das deutsch-polnische Abkommen über Renten- und Unfallversicherung Anwendung.

Bei der Gewährung von Renten wegen Berufs- oder Erwerbsunfähigkeit werden Rentenbezugszeiten im Herkunftsgebiet wie Rentenbezugszeiten im Bundesgebiet behandelt. Für die Versicherung und die Anrechnung von Versicherungszeiten wegen Kindererziehung bzw. für einen Anspruch auf Leistung für Kindererziehung wird die Erziehung bzw. die Geburt von Kindern im Herkunftsgebiet der Erziehung bzw. der Geburt im Bundesgebiet gleichgestellt.

Eine Rente aus der gesetzlichen Rentenversicherung kommt allerdings nur dann in Betracht, wenn nach den hier geltenden Vorschriften der Versicherungsfall der Berufs- oder Erwerbsunfähigkeit eingetreten ist oder wenn ein Anspruch auf Altersruhegeld besteht. Aussiedler und Zuwanderer, die im Herkunftsgebiet eine Rente bezogen haben, nach den hier geltenden Vorschriften jedoch die Voraussetzungen für einen Rentenbezug nicht erfüllen, erhalten danach im Bundesgebiet keine Rente.

Grundsätzlich werden auch die außerhalb des Bundesgebiets eingetretenen **Arbeitsunfälle** anerkannt, wenn im Zeitpunkt des Unfalls eine Versicherung bestanden hat. Für Aussiedler (außer aus der Volksrepublik Polen) und für Zuwanderer werden die Leistungen nach den im Bundesgebiet geltenden gesetzlichen Bestimmungen, für Aussiedler aus dem polnischen Bereich nach dem deutsch-polnischen Abkommen über Renten- und Unfallversicherung erbracht.

16. RECHT DER HEIMKEHRER, HÄFTLINGE UND KRIEGSGEFANGENEN

vgl. Wegweiser für Aussiedler Nr. 22, 23, 24
vgl. Wegweiser DDR Nr. 26, 27, 28

Deutsche, die kriegsgefangen, interniert oder verschleppt waren, erhalten für die Zeit ihrer Gefangenschaft (frühestens ab 1. Janaur 1947) Leistungen nach dem Gesetz über die Entschädigung ehemaliger deutscher Kriegsgefangener **(Kriegsgefangenenentschädigungsgesetz)** i. d. F. vom 4. Februar 1987 (BGBl. I. S. 506), abgedruckt unter 16.1.

Voraussetzung hierfür ist, daß sie innerhalb von sechs Monaten nach ihrer Aussiedlung ihren ständigen Aufenthalt im Bundesgebiet begründet haben.

Für ehemalige politische Häftlinge sind besondere Leistungen vorgesehen in dem Gesetz über Hilfsmaßnahmen für Personen, die aus politischen Gründen außerhalb der Bundesrepublik Deutschland in Gewahrsam genommen wurden **(Häftlingshilfegesetz)** i. d. F. vom 4. Februar 1987 (BGBl. I S. 512), abgedruckt unter 16.2.

Hierzu gehören

– Beschädigten- und Hinterbliebenenversorgung nach Maßgabe des Bundesversorgungsgesetzes i. d. F. vom 22. Januar 1982 (BGBl. I S. 21), zuletzt geändert durch Gesetz vom 22. Dezember 1983 (BGBl. I S. 1532) für die Folgen einer gesundheitlichen Schädigung durch die Haft,

– Unterhaltsbeihilfe für Angehörige,

– Anspruch auf die für Heimkehrer vorgesehenen Vergünstigungen,

– Eingliederungshilfen nach den §§ 9a bis 9c des Häftlingshilfegesetzes

– Leistungen der Stiftung für ehemalige politische Häftlinge.

Das **Gesetz über Hilfsmaßnahmen für Heimkehrer** vom 19. Juni 1950 (BGBl. I S. 221), zuletzt geändert durch Gesetz vom 2. Dezember 1985 (BGBl. I S. 2138) – nicht abgedruckt – begünstigt Aussiedler (insbesondere aus der UdSSR) und Zuwanderer, die wegen ihrer Internierung oder Verschleppung die Heimkehrereigenschaft besitzen. Von den Maßnahmen nach diesem Gesetz hat neben dem Entlassungsgeld in Höhe von 200,– DM und einer nur subsidiär gewährten Übergangsbeihilfe in Höhe von 300,– DM nur der Anspruch auf Krankenhilfe (einschließlich) Zahnersatz eine praktische Bedeutung.

Die **Richtlinien der Heimkehrerstiftung** für die Gewährung von Leistungen aus Stiftungsmitteln sind unter 16.3 abgedruckt. In Betracht kommen

– die Gewährung von Darlehen zum Aufbau oder zur Sicherung der wirtschaftlichen Existenz,

– die Gewährung von Darlehen zur Schaffung von Wohnraum,

– die Gewährung von Darlehen für sonstige förderungswürdige Vorhaben,

– die Zahlung einmaliger Unterstützungen,

– Leistungen zur Minderung von Nachteilen in der gesetzlichen Rentenversicherung.

Das **Merkblatt der Heimkehrerstiftung** zu Leistungen zur Minderung von Nachteilen in der Rentenversicherung ist unter 16.4, das Merkblatt der Heimkehrerstiftung für die Ge-

Einleitung

währung von Unterstützungen aus Mitteln der Heimkehrerstiftung unter 16.5 wiedergegeben.

Die **Richtlinien der Stiftung für ehemalige politische Häftlinge** für die Gewährung von Leistungen aus Stiftungsmitteln ist unter 16.6 abgedruckt. Die Anschrift der Heimkehrerstiftung ist: Konstantinstr. 56, 5300 Bonn 2 (Telefon: 02 28/35 30 45). Die Anschrift der Stiftung für ehemalige politische Häftlinge ist: Wurzerstr. 106, 5300 Bonn 2 (Telefon: 02 28/ 35 11 38).

17. ANHANG

Artikel 119 bis 120a des Grundgesetzes – abgedruckt unter 17.1 – enthalten Regelungen über die Ermächtigung der Bundesregierung zum Erlaß von Verordnungen und zur Erteilung von Einzelweisungen (weitgehend gegenstandslos), die Tragung der Kriegsfolgelasten und die Durchführung des Lastenausgleichs.

Das Erste Gesetz zur **Überleitung von Lasten und Deckungsmitteln auf den Bund** (Erstes Überleitungsgesetz) in der Fassung vom 28. April 1955 (BGBl. I S. 193), zuletzt geändert durch Gesetz vom 8. Juni 1977 (BGBl. I S. 801) – abgedruckt unter 17.2 –, regelt u. a. die Verteilung der Tragung von Aufwendungen für die Rückführung von Deutschen und für die Grenzdurchgangslager.

Von Bedeutung für Aussiedler ist die Bestimmung des § 41 des Wehrpflichtgesetzes i. d. F. vom 13. Juni 1986 (BGBl. I S. 879) wonach die **Wehrpflicht** erst zwei Jahre nach der Begründung des ständigen Aufenthalts im Geltungsbereich des Gesetzes beginnt. § 41 WPflG ist unter 17.3 abgedruckt.

Nach Artikel 8 Nr. 2 des Gesetzes über die Verwaltung der Mittel der Träger der **Krankenversicherung** vom 15. Dezember 1979 (BGBl. I S. 2241) – abgedruckt unter 17.4 – haben Aussiedler und Zuwanderer aus der DDR und aus Berlin (Ost), die krank im Bundesgebiet eintreffen oder innerhalb von drei Wochen nach ihrem Eintreffen erkranken, Anspruch auf Leistungen nach § 23 des Heimkehrergesetzes vom 19. Juni 1950 (BGBl. I S. 221), zuletzt geändert durch Gesetz vom 2. Dezember 1985 (BGBl. I S. 2138). Hierzu gehört u. a. der Anspruch auf Krankengeld.

Die Gewährung von Leistungen wegen erlittener Impfschäden an Aussiedler und Zuwanderer regelt § 51 des **Bundesseuchengesetzes** i. d. F. vom 18. Dezember 1979 (BGBl. I S. 2261), abgedruckt unter 17.5.

Durch das Achte Gesetz zur Änderung des **Bundeskindergeldgesetzes** (BKGG) vom 14. November 1978 (BGBl. I S. 1757) war die bis dahin geltende Vorschrift des § 2 Abs. 5 Satz 2 Nr. 1 BKGG (Regelung zugunsten der Kinder von Aussiedlern und Zuwanderern, die noch in den Herkunftsgebieten wohnen) ersatzlos gestrichen worden. Nach einem Erlaß des Bundesministers für Arbeit und Sozialordnung vom 13. September 1979 und einem Gemeinsamen Erlaß des Bundesministers für Jugend, Familie und Gesundheit und des Bundesministers des Innern vom 19. Sepember 1979 (GMBl. S. 517) war trotz der Streichung Kindergeld für Kinder gezahlt worden, die sich noch in den Herkunftsgebieten (Ausnahmen: China und Jugoslawien) aufhielten. Voraussetzung hierfür war, daß die Eltern Aussiedler oder Zuwanderer waren und regelmäßig mindestens den Kindergeldbetrag für den Unterhalt ihrer Kinder aufwandten. Die genannten Rundschreiben sind inzwischen gegenstandslos, weil die in ihnen enthaltenen Regelungen durch Artikel 1 des Gesetzes vom 27. Juni 1985 (BGBl. I S. 1251) in § 2 Abs. 5 des Bundeskindergeldgesetzes, das zuletzt durch Gesetz vom 25. Juli 1988 (BGBl. I S. 1093) geändert worden ist – abgedruckt unter 17.6. – aufgenommen wurde.

18. ANSCHRIFTEN DER FÜR DIE EINGLIEDERUNG DER AUSSIEDLER UND ZUWANDERER ZUSTÄNDIGEN OBERSTEN LANDESBEHÖRDEN

Ein Verzeichnis der für die Eingliederung der Aussiedler zuständigen obersten Landesbehörden ist unter 18 abgedruckt.

1. GRUNDLAGEN DER AUSSIEDLUNG

1.1 Internationale Verträge und Deklarationen
1.1.1 Allgemeine Erklärung der Menschenrechte vom 10 Dezember 1948 – Auszug –

Präambel

Da die Anerkennung der allen Mitgliedern der menschlichen Familie innewohnenden Würde und ihrer gleichen und unveräußerlichen Rechte die Grundlage der Freiheit, der Gerechtigkeit und des Friedens in der Welt bildet,

...

proklamiert die Generalversammlung

diese Allgemeine Erklärung der Menschenrechte als das von allen Völkern und Nationen zu erreichende gemeinsame Ideal, damit jeder einzelne und alle Organe der Gesellschaft sich diese Erklärung stets gegenwärtig halten und sich bemühen, durch Unterricht und Erziehung die Achtung dieser Rechte und Freiheiten zu fördern und durch fortschreitende Maßnahmen im nationalen und internationalen Bereiche ihre allgemeine und tatsächliche Anerkennung und Verwirklichung bei der Bevölkerung sowohl der Mitgliedstaaten wie der ihrer Oberhoheit unterstehenden Gebiete zu gewährleisten.

...

Artikel 13

(1) Jedermann hat das Recht, sich innerhalb eines Staates frei zu bewegen und seinen Wohnsitz frei zu wählen.

(2) Jedermann hat das Recht, jedes Land einschließlich seines eigenen zu verlassen und in sein Land zurückzukehren.

...

1.1.2 Internationales Übereinkommen zur Beseitigung jeder Form von Rassendiskriminierung vom 7. März 1966 (BGBL 1969 II S. 961) – Auszug –

...

Artikel 5

Im Einklang mit den in Artikel 2 niedergelegten grundsätzlichen Verpflichtungen werden die Vertragsstaaten die Rassendiskriminierung in jeder Form verbieten und beseitigen und das Recht jedes einzelnen, ohne Unterschied der Rasse, der Hautfarbe, des nationalen Ursprungs oder des Volkstums, auf Gleichheit vor dem Gesetz gewährleisten; dies gilt insbesondere für folgende Rechte:

a) das Recht auf Gleichbehandlung vor den Gerichten und allen sonstigen Organen der Rechtspflege,
b) das Recht auf Sicherheit der Person und auf staatlichen Schutz gegen Gewalttätigkeit oder Körperverletzung, gleichviel ob sie von Staatsbediensteten oder von irgendeiner Person, Gruppe oder Einrichtung verübt werden,
c) die politischen Rechte, insbesondere das aktive und passive Wahlrecht auf der Grundlage allgemeiner und gleicher Wahlen, das Recht auf Beteiligung an der Regierung und an der Führung der öffentlichen Angelegenheiten auf jeder Ebene sowie das Recht auf gleichberechtigten Zugang zum öffentlichen Dienst,
d) sonstige Bürgerrechte, insbesondere

   I) das Recht auf Bewegungsfreiheit und freie Wahl des Aufenthaltsortes innerhalb der Staatsgrenzen,

   II) das Recht, jedes Land einschließlich des eigenen zu verlassen und in das eigene Land zurückzukehren,

   III) das Recht auf Staatsangehörigkeit,

   IV) das Recht auf Ehe und auf freie Wahl des Ehegatten,

   V) das Recht, allein oder in Verbindung mit anderen Vermögen als Eigentum zu besitzen,

   VI) das Recht zu erben,

   VII) das Recht auf Gedanken-, Gewissens- und Religionsfreiheit,

   VIII) das Recht auf Meinungsfreiheit und freie Meinungsäußerung,

   IX) das Recht, sich friedlich zu versammeln und friedliche Vereinigungen zu bilden,

e) wirtschaftliche, soziale und kulturelle Rechte, insbesondere

   I) das Recht auf Arbeit, auf die freie Wahl des Arbeitsplatzes, auf gerechte und befriedigende Arbeitsbedingungen, auf Schutz gegen Arbeitslosigkeit, auf gleiches Entgelt für gleiche Arbeit, auf gerechte und befriedigende Entlohnung,

   II) das Recht, Gewerkschaften zu bilden und ihnen beizutreten,

   III) das Recht auf Wohnung,

   IV) das Recht auf öffentliche Gesundheitsfürsorge, ärztliche Betreuung, soziale Sicherheit und soziale Dienstleistungen,

   V) das Recht auf Erziehung und Ausbildung,

   VI) das Recht auf eine gleichberechtigte Teilnahme an kulturellen Tätigkeiten,

f) das Recht auf Zugang zu jedem Ort oder Dienst, der für die Benutzung durch die Öffentlichkeit vorgesehen ist, wie Verkehrsmittel, Hotels, Gaststätten, Cafés, Theater und Parks.

...

1.1.3 Internationaler Pakt über bürgerliche und politische Rechte vom 19. Dezember 1966 (BGBl 1973 II S. 1569) – Auszug –

...

Artikel 12

(1) Jedermann, der sich rechtmäßig im Hoheitsgebiet eines Staates aufhält, hat das Recht, sich dort frei zu bewegen und seinen Wohnsitz frei zu wählen.

(2) Jedermann steht es frei, jedes Land einschließlich seines eigenen zu verlassen.

(3) Die oben erwähnten Rechte dürfen nur eingeschränkt werden, wenn dies gesetzlich vorgesehen und zum Schutz der nationalen Sicherheit, der öffentlichen Ordnung (ordre public), der Volksgesundheit, der öffentlichen Sittlichkeit oder der Rechte und Freiheiten anderer notwendig ist und die Einschränkungen mit den übrigen in diesem Pakt anerkannten Rechten vereinbar sind.

(4) Niemand darf willkürlich das Recht entzogen werden, in sein eigenes Land einzureisen.

(3) Die Freiheit, seine Religion oder Weltanschauung zu bekunden, darf nur den gesetzlich vorgesehenen Einschränkungen unterworfen werden, die zum Schutz der öffentlichen Sicherheit, Ordnung, Gesundheit, Sittlichkeit oder der Grundrechte und -freiheiten anderer erforderlich sind.

(4) Die Vertragsstaaten verpflichten sich, die Freiheit der Eltern und gegebenenfalls des Vormunds oder Pflegers zu achten, die religiöse und sittliche Erziehung ihrer Kinder in Übereinstimmung mit ihren eigenen Überzeugungen sicherzustellen.

...

1.1.4 Schlußakte der Konferenz über Sicherheit und Zusammenarbeit in Europa (Helsinki 1975)[1] – Auszug –
Zusammenarbeit in humanitären und anderen Bereichen

Die Teilnehmerstaaten,

Von dem Wunsche geleitet,

zur Stärkung des Friedens und der Verständigung zwischen den Völkern und zur geistigen Bereicherung der menschlichen Persönlichkeit ohne Unterschied von Rasse, Geschlecht, Sprache oder Religion beizutragen,

Im Bewußtsein,

daß eine Steigerung des Austausches auf dem Gebiet der Kultur und Bildung, eine größere Verbreitung von Information, Kontakte zwischen den Menschen und die Lösung humanitärer Probleme zur Erreichung dieser Ziele beitragen werden,

Daher entschlossen,

unabhängig von ihren politischen, wirtschaftlichen und sozialen Systemen untereinander zusammenzuarbeiten, um in den oben genannten Bereichen bessere Bedingungen zu schaffen, bestehende Formen der Zusammenarbeit zu entwickeln und zu stärken sowie neue, diesen Zielen gemäße Mittel und Wege auszuarbeiten,

In der Überzeugung,

daß diese Zusammenarbeit unter voller Achtung der die Beziehungen zwischen den Teilnehmerstaaten leitenden Prinzipien durchgeführt werden sollte, wie sie in dem einschlägigen Dokument aufgeführt sind,

Haben folgendes angenommen:

1. Menschliche Kontakte

Die Teilnehmerstaaten,

[1] Bulletin des Presse- und Informationsamtes der Bundesregierung 1975, S. 965 ff

1.1 Grundlagen / allgemein

In der Erwägung,

daß die Entwicklung von Kontakten ein wichtiges Element bei der Stärkung freundschaftlicher Beziehungen und des Vertrauens zwischen den Völkern ist,

In Bekräftigung

der Bedeutung, die sie bei ihren gegenwärtigen Bemühungen, die Bedingungen in diesem Bereich zu verbessern, humanitären Erwägungen beimessen,

In dem Wunsch,

in diesem Geist weitere Bemühungen im Zuge der Entspannung zu entwickeln, um weitergehenden Fortschritt auf diesem Gebiet zu erzielen,

Und im Bewußtsein,

daß die diesbezüglichen Fragen von den betreffenden Staaten unter gegenseitig annehmbaren Bedingungen geregelt werden müssen,

Setzen sich zum Ziel,

freiere Bewegung und Kontakte auf individueller und kollektiver, sei es auf privater oder offizieller Grundlage zwischen Personen, Institutionen und Organisationen der Teilnehmerstaaten zu erleichtern und zur Lösung der humanitären Probleme beizutragen, die sich in diesem Zusammenhang ergeben,

Erklären ihre Bereitschaft,

zu diesem Zweck Maßnahmen zu ergreifen, die sie für geeignet halten, und falls notwendig, untereinander Abkommen zu schließen oder Vereinbarungen zu treffen, und

Drücken ihre Absicht aus,

nunmehr zur Durchführung des folgenden zu schreiben:

a) Kontakte und regelmäßige Begegnungen auf der Grundlage familiärer Bindungen

Um die weitere Entwicklung von Kontakten auf der Grundlage familiärer Bindungen zu fördern, werden die Teilnehmerstaaten Gesuche auf Reisen wohlwollend prüfen mit dem Ziel, Personen zu erlauben, in ihr Territorium zeitweilig und, wenn gewünscht, regelmäßig einzureisen oder aus ihm auszureisen, um Mitglieder ihrer Familien zu besuchen.

Gesuche auf zeitweilige Besuchsreisen zum Zweck von Begegnungen mit Mitgliedern ihrer Familien werden ohne Unterschied hinsichtlich des Herkunfts- oder Bestimmungslandes behandelt werden; bestehende Bestimmungen hinsichtlich Reisedokumente und Visa werden in diesem Geiste angewendet werden. Die Ausstellung und Ausgabe solcher Dokumente und Visa werden innerhalb vernünftiger Fristen erfolgen; Dringlichkeitsfälle – wie ernste Erkrankung oder Todesfall – werden mit Vorrang behandelt werden. Sie werden die Schritte unternehmen, welche notwendig sein können, um zu gewährleisten, daß die Gebühren für amtliche Reisedokumente und Visa annehmbar sind.

Sie bestätigen, daß die Einreichung eines Gesuchs betreffend Kontakte auf der Grundlage familiärer Bindungen zu keiner Veränderung der Rechte und Pflichten des Gesuchstellers oder seiner Familienmitglieder führen wird.

b) Familienzusammenführung

Die Teilnehmerstaaten werden in positivem und humanitärem Geist Gesuche von Personen behandeln, die mit Angehörigen ihrer Familie zusammengeführt werden möchten, unter besonderer Beachtung von Gesuchen dringenden Charakters – wie solchen, die von kranken oder alten Personen eingereicht werden.

Sie werden Gesuche in diesem Bereich so zügig wie möglich behandeln.

Sie werden, wo notwendig, die im Zusammenhang mit diesen Gesuchen erhobenen Gebühren verringern, um sicherzustellen, daß sie gemäßigt sind.

Gesuche betreffend Familienzusammenführung, denen nicht stattgegeben wird, können auf entsprechender Ebene erneut eingereicht werden; sie werden von den Behörden des Aufenthaltslandes beziehungsweise des Aufnahmelandes in angemessen kurzen Zeitabständen von neuem geprüft; unter diesen Umständen werden Gebühren nur im Falle der Genehmigung des Gesuchs erhoben.

Personen, deren Gesuchen betreffend Familienzusammenführung stattgegeben wurde, können ihr Haushaltsgut und ihre persönliche Habe mitführen oder versenden; zu diesem Zwecke werden die Teilnehmerstaaten alle in den bestehenden Vorschriften enthaltenen Möglichkeiten nutzen.

Solange Angehörige derselben Familien nicht zusammengeführt sind, können Begegnungen und Kontakte zwischen ihnen entsprechend den Modalitäten für Kontakte auf der Grundlage familiärer Bindungen stattfinden.

Die Teilnehmerstaaten werden die Bemühungen der Gesellschaften des Roten Kreuzes und des Roten Halbmondes unterstützen, die sich mit den Problemen der Familienzusammenführung befassen.

Sie bestätigen, daß die Einreichung eines Gesuchs betreffend Familienzusammenführung zu keiner Veränderung der Rechte und Pflichten des Gesuchstellers oder seiner Familienmitglieder führen wird.

Der aufnehmende Teilnehmerstaat wird angemessene Sorge tragen hinsichtlich der Arbeitsbeschaffung für Personen aus anderen Teilnehmerstaaten, die in diesem Staat im Rahmen der Familienzusammenführung mit dessen Bürgern ständigen Wohnsitz nehmen, und darauf achten, daß ihnen die gleichen Möglichkeiten der Bildung, medizinischen Betreuung und sozialen Sicherheit wie den eigenen Bürgern gewährt werden.

c) Eheschließung zwischen Bürgern verschiedener Staaten

Die Teilnehmerstaaten werden wohlwollend und auf der Grundlage humanitärer Erwägungen Gesuche auf Bewilligung der Aus- oder Einreise von Personen prüfen, die beschlossen haben, einen Bürger aus einem anderen Teilnehmerstaat zu heiraten.

Die Bearbeitung und Ausgabe der Dokumente, die zu den oben genannten Zwecken und für die Eheschließung erforderlich sind, wird in Übereinstimmung mit den Bestimmungen erfolgen, die für die Familienzusammenführung angenommen wurden.

Bei der Behandlung von Gesuchen bereits verheirateter Ehegatten aus verschiedenen Teilnehmerstaaten, es ihnen und den minderjährigen Kindern aus ihrer Ehe zu ermöglichen, ihren Wohnsitz in einen Staat zu verlegen, in dem einer von ihnen normalerweise ansässig ist, werden die Teilnehmerstaaten ebenfalls die Bestimmungen anwenden, die für die Familienzusammenführung angenommen wurden.

1.2 Aussiedlung aus der Union der Sozialistischen Sowjetrepubliken
Repatriierungserklärung vom 8. April 1958

Der Text der sowjetischen mündlichen Erklärung zur Repatriierungsfrage und der Text der deutschen Gegenerklärung, abgegeben am 8. April 1958 in Moskau, lauten wie folgt:

1. Text der sowjetischen Erklärung

Im Verlaufe der Verhandlungen zwischen den Regierungsdelegationen der Union der Sozialistischen Sowjetrepubliken und der Bundesrepublik Deutschland über Fragen der Entwicklung der Beziehungen zwischen den beiden Ländern wurden auch die Fragen erörtert, die einerseits mit der Ausreise von zur Zeit in der Bundesrepublik befindlichen sowjetischen Staatsangehörigen und andererseits mit der Ausreise deutscher Staatsangehöriger aus der Sowjetunion in die Bundesrepublik im Einzelfall zusammenhängen. Die hinsichtlich dieser Fragen getroffene Vereinbarung findet ihren Ausdruck in dem von den Delegationen vereinbarten, für die Veröffentlichung bestimmten gemeinsamen Kommuniqué über die Ergebnisse der Verhandlungen.

Außerdem ist die sowjetische Delegation ermächtigt, mündlich zu erläutern, daß die sowjetische Seite die praktischen Fragen prüfen und positiv entscheiden wird, die sich im Zusammenhang mit Anträgen deutscher Staatsangehöriger, die die deutsche Staatsangehörigkeit am 21. Juni 1941 besessen haben, soweit sich solche heute noch auf dem Gebiet der Sowjetunion befinden, auf Ausreise mit ihren Ehegatten und Kindern aus der Sowjetunion in die Bundesrepublik im Einzelfall ergeben. Bei diesen Personen kommt es lediglich auf den Besitz der deutschen Staatsangehörigkeit am 21. Juni 1941 an. Diese Vereinbarung erstreckt sich jedoch nicht auf Personen nichtdeutscher Volkszugehörigkeit, die nach 1918 in das Memelgebiet zugewandert sind.

Das oben Gesagte gilt nicht für auf Grund der Abkommen von 1939 bis 1941 nach Deutschland ausgereiste Personen, die Staatsangehörige der Sowjetunion sind. Die sowjetische Seite wird bei der Prüfung der Anträge dieser Personen wie folgt verfahren:

Die sowjetische Seite ist bereit, Anträge dieser Personen auf Ausreise in die Bundesrepublik im individuellen Verfahren und gemäß der sowjetischen Gesetzgebung wohlwollend zu prüfen. Dies gilt für Personen, die ihre Familie oder nahe Angehörige in der Bundesrepublik haben oder aber für Personen, deren Familien aus Deutschen bestehen. Bei Mischehen wird die Frage der Ausreise solcher Personen von der sowjetischen Seite je nach den konkreten Umständen unter Berücksichtigung der Interessen der Familie wie auch der einzelnen Familienmitglieder entschieden. Die getroffene Vereinbarung erstreckt sich nicht auf Personen, gegen die auf dem Gebiet der Sowjetunion ein Untersuchungsverfahren läuft oder die dort auf Grund eines Gerichtsurteils eine Strafe verbüßen.

Die sowjetische Seite geht davon aus, daß die mit der getroffenen Vereinbarung zusammenhängenden Maßnahmen bis Ende 1959 durchgeführt sein werden.

Die sowjetische Delegation nimmt die im Verlaufe der Verhandlungen von der Delegation der Bundesrepublik Deutschland abgegebene Erklärung zur Kenntnis, daß auch seitens der Bundesrepublik Deutschland der Bereitschaft Ausdruck gegeben wird, die praktischen Fragen, die sich im Zusammenhang mit Anträgen sowjetischer Staatsangehöriger auf Ausreise aus der Bundesrepublik in die Sowjetunion ergeben, zu prüfen und positiv zu entscheiden und daß sich diese Vereinbarung auf alle sowjetischen Staatsangehörigen, die sich infolge des Krieges auf dem Gebiet der Bundesrepublik befinden, ebenso wie auf deren Ehegatten und Kinder erstreckt.

Beide Seiten haben im Verlaufe der Verhandlungen erklärt, daß sie sich zum Prinzip der Zusammenführung von infolge des letzten Krieges getrennter Familien bekennen, wobei sie übereingekommen sind, daß jede der beiden Seiten auf der Grundlage ihrer Gesetzgebung verfahren wird.

Beide Seiten haben sich damit einverstanden erklärt, daß die Zusammenarbeit der Rotkreuz-Gesellschaften der beiden Staaten fortgesetzt wird.

2. Text der deutschen Gegenerklärung

Ich habe Ihre heutige mündliche Erklärung, die folgenden Wortlaut hat, zur Kenntnis ge-

nommen (Text der sowjetischen Erklärung siehe vorstehend). Meinerseits habe ich folgende Erklärung abzugeben:
Ich nehme Bezug auf das heutige gemeinsame Kommuniqué. Außerdem bin ich ermächtigt, mündlich zu erläutern, daß auch seitens der Bundesrepublik Deutschland die Bereitschaft besteht, die praktischen Fragen, die sich im Zusammenhang mit Anträgen sowjetischer Staatsangehöriger auf Ausreise aus der Bundesrepublik in die Sowjetunion ergeben, zu prüfen und positiv zu entscheiden, und daß sich diese Vereinbarung auf alle sowjetischen Staatsangehörigen, die sich infolge des Krieges auf dem Gebiet der Bundesrepublik befinden, ebenso wie auf deren Ehegatten und Kinder erstreckt.

Beide Seiten haben im Verlaufe der Verhandlungen erklärt, daß sie sich zum Prinzip der Zusammenführung von infolge des letzten Krieges getrennten Familien bekennen, wobei sie übereingekommen sind, daß jede der beiden Seiten auf der Grundlage ihrer Gesetzgebung verfahren wird.

Beide Seiten haben sich damit einverstanden erklärt, daß die Zusammenarbeit der Rotkreuz-Gesellschaften der beiden Staaten fortgesetzt wird.

1.3 Aussiedlung aus der VR Polen

1.3.1 Information der Regierung der Volksrepublik Polen (Dezember 1970)[1)]

Die Regierung der Volksrepublik Polen hat die Bundesregierung mit nachstehender Information über Maßnahmen zur Lösung humanitärer Probleme unterrichtet:

1. Im Jahre 1955 hat die polnische Regierung dem Polnischen Roten Kreuz empfohlen, eine Vereinbarung mit dem Roten Kreuz der BRD[2)] über die Familienzusammenführung abzuschließen, auf Grund derer bis 1959 aus Polen etwa eine Viertelmillion Menschen ausgereist ist. In den Jahren von 1960 bis 1969 sind im normalen Verfahren zusätzlich etwa 150 000 Menschen aus Polen ausgereist. Bei der Aktion der Familienzusammenführung hat sich die polnische Regierung vor allem von humanitären Gründen leiten lassen. Sie war und ist jedoch nicht damit einverstanden, daß ihre positive Haltung in der Frage der Familienzusammenführung für eine Emigration zu Erwerbszwecken von Personen polnischer Nationalität ausgenutzt wird.

2. In Polen ist bis heute aus verschiedenen Gründen (z. B. enge Bindung an den Geburtsort) eine gewisse Zahl von Personen mit unbestreitbarer deutscher Volkszugehörigkeit und von Personen aus gemischten Familien zurückgeblieben, bei denen im Laufe der vergangenen Jahre das Gefühl dieser Zugehörigkeit dominiert hat. Die polnische Regierung steht weiterhin auf dem Standpunkt, daß Personen, die auf Grund ihrer unbestreitbaren deutschen Volkszugehörigkeit in einen der beiden deutschen Staaten auszureisen wünschen, dies unter Beachtung der in Polen geltenden Gesetze und Rechtsvorschriften tun können.

Ferner werden die Lage von gemischten Familien und getrennten Familien sowie solche Fälle polnischer Staatsangehöriger berücksichtigt werden, die entweder infolge ihrer veränderten Familienverhältnisse oder infolge der Änderung ihrer früher getroffenen Entscheidung den Wunsch äußern werden, sich mit ihren in der BRD oder in der DDR lebenden nahen Verwandten zu vereinigen.

3. Die zuständigen polnischen Behörden verfügen nicht einmal annähernd über solche Zahlen von Anträgen auf Ausreise in die BRD, wie sie in der BRD angegeben werden. Nach den bisherigen Untersuchungen der polnischen Behörden können die Kriterien, die

---
[1)] Bulletin des Presse- und Informationsamtes der Bundesregierung 1976, S. 204
[2)] gemeint ist hier und im folgenden: Bundesrepublik Deutschland.

zu einer eventuellen Ausreise aus Polen in die BRD oder die DDR berechtigen, einige Zehntausende Personen betreffen. Die polnische Regierung wird daher entsprechende Anordnungen erlassen, zwecks sorgfältiger Untersuchung, ob die Anträge, die eingereicht worden sind, begründet sind und zwecks Prüfung derselben in möglichst kurzer Zeit.

Die polnische Regierung wird das Polnische Rote Kreuz ermächtigen, vom Roten Kreuz der BRD Listen über die Personen entgegenzunehmen, deren Anträge sich im Besitz des DRK befinden, um diese Listen mit den entsprechenden Zusammenstellungen, die sich bei den zuständigen polnischen Behörden befinden, zu vergleichen und sorgfältig zu prüfen.

4. Die Zusammenarbeit des Polnischen Roten Kreuzes mit dem Roten Kreuz der BRD wird in jeder erforderlichen Weise erleichtert werden. Das Polnische Rote Kreuz wird ermächtigt werden, Erläuterungen des DRK zu den Listen entgegenzunehmen, und das DRK über das Ergebnis der Prüfung übermittelter Anträge durch die polnischen Behörden unterrichten. Das Polnische Rote Kreuz wird darüber hinaus ermächtigt sein, gemeinsam mit dem Roten Kreuz der BRD alle praktischen Fragen zu erwägen, die sich aus dieser Aktion etwa ergeben könnten.

5. Was den Personenverkehr anbelangt, und zwar im Zusammenhang mit Besuchen von Familienangehörigen, so werden die zuständigen polnischen Behörden nach Inkrafttreten des Vertrages über die Grundlagen der Normalisierung der Beziehungen zwischen den beiden Staaten die gleichen Grundsätze anwenden, die gegenüber anderen Staaten Westeuropas üblich sind.

1.3.2 Ausreise-Protokoll (9. Oktober 1975)[1]

Der Bundesminister des Auswärtigen der Bundesrepublik Deutschland, Hans-Dietrich Genscher, und der Minister für Auswärtige Angelegenheiten der Volksrepublik Polen, Stefan Olszowski, sind am 1. August 1975 in Helsinki zusammengetroffen und haben einen Bericht über die Ergebnisse der Gespräche entgegengenommen, die zwischen dem Staatssekretär des Auswärtigen Amts, Walter Gehlhoff, und dem Botschafter der Volksrepublik Polen, Waclaw Piatkowski, über humanitäre Fragen geführt worden sind. Sie nahmen von diesem Bericht zustimmend Kenntnis.

Minister Olszowski stellte fest, daß in den Jahren 1971 bis 1975 auf der Grundlage der „Information der Regierung der Volksrepublik Polen" von 1970 etwa 65 000 Personen die Ausreisegenehmigung für den ständigen Aufenthalt in der Bundesrepublik Deutschland und der Deutschen Demokratischen Republik erhalten haben.

Minister Olszowski erklärte die Bereitschaft der Regierung der Volksrepublik Polen, unter Berücksichtigung aller Aspekte dieser Angelegenheit und im Bestreben nach ihrer umfassenden Lösung sich an den Staatsrat der Volksrepublik Polen zu wenden, um das Einverständnis zur Ausreise einer weiteren Personengruppe auf der Grundlage der „Information" und in Übereinstimmung mit den in ihr genannten Kriterien und Verfahren zu erlangen.

In diesem Zusammenhang stellte die polnische Seite fest, daß sie auf Grund der Untersuchungen der zuständigen polnischen Behörden in der Lage ist zu erklären, daß etwa 120 000 bis 125 000 Personen im Laufe der nächsten vier Jahre die Genehmigung ihres Antrages zur Ausreise erhalten werden. Dies bezieht sich auch auf die Prüfung und Bearbeitung von bereits eingereichten Ausreiseanträgen von Personen, deren nächste Familienangehörige (Ehegatten sowie Verwandte in gerader Linie) in der Bundesrepublik

---

[1] Bulletin des Presse- und Informationsamtes der Bundesregierung 1975, S. 1199.

Deutschland aus unterschiedlichen Gründen nicht zu ihren Familien in Polen zurückgekehrt sind.

Die Ausreisegenehmigungen werden in dem vorgenannten Zeitraum möglichst gleichmäßig erteilt werden.

Es wird keine zeitliche Einschränkung für die Antragstellung durch Personen vorgesehen, die die in der „Information" genannten Kriterien erfüllen.

Minister Genscher erklärte seinerseits, daß nach den geltenden Gesetzen der Bundesrepublik Deutschland grundsätzlich jedermann ausreisen kann, der dies wünscht. Dies gelte auch für jedermann, der auf Grund eines von den polnischen Behörden genehmigten Ausreiseantrages in die Bundesrepublik Deutschland gelangt ist und später wieder in die Volksrepublik Polen zurückzukehren wünscht.

gez.   gez.
Hans-Dietrich Genscher   Stefan Olszowski

1.3.3 Schreiben des Bundesministers des Auswärtigen, Hans-Dietrich Genscher, an den Außenminister der Volksrepublik Polen, Stefan Olszowski, vom 9. März 1976

Sehr geehrter Herr Minister,

für die Unterrichtung über Ihre Erklärung gegenüber der polnischen Presseagentur vom 9. März 1976 zur Diskussion über die am 9. Oktober 1975 in Warschau unterzeichneten Vereinbarungen von Helsinki zwischen der Bundesrepublik Deutschland und der Volksrepublik Polen danke ich Ihnen sehr.

Ihre Erklärung stellt noch einmal das in Helsinki erzielte und bei meinem Besuch anläßlich der Unterzeichnung der Vereinbarungen in Warschau am 9. Oktober 1975 bestätigte Einverständnis darüber klar, daß alle sich aus den am 9. Oktober 1975 unterzeichneten Vereinbarungen ergebenden Verpflichtungen gleichermaßen verbindlich sind.

Die Bundesregierung legt der erneuten Bekräftigung großen Wert bei, daß im Laufe von vier Jahren etwa 120000 bis 125000 Personen die Genehmigung ihres Antrages zur Ausreise auf der Grundlage der „Information" und in Übereinstimmung mit den in ihr genannten Kriterien und Verfahren erhalten werden und daß darüber hinaus keine zeitliche Einschränkung für die Einrichtung und möglichst zügige Bearbeitung der Anträge von Personen vorgesehen wird, die die in der „Information" genannten Kriterien erfüllen, was bedeutet, daß auch in diesen Fällen die Ausreisegenehmigungen nach den genannten Verfahren erteilt werden.

Mit Befriedigung hat die Bundesregierung davon Kenntnis genommen, daß die Rot-Kreuz-Gesellschaften beider Seiten eine engere Zusammenarbeit auf der Basis der getroffenen Vereinbarungen in Aussicht genommen haben.

Ich bin zuversichtlich, daß die Zusammenarbeit zwischen der Botschaft der Bundesrepublik Deutschland in Warschau und dem polnischen Außenministerium sowie zwischen der Botschaft der Volksrepublik Polen in Bonn und dem Auswärtigen Amt der Bundesrepublik Deutschland bei der Durchführung aller getroffenen Vereinbarungen, darunter auch des Ausreiseprotokolls, sich weiter gut entwickeln wird.

Sie haben im einzelnen zu der politischen Bedeutung der Vereinbarungen Stellung genommen. Die Bundesregierung hat sich während des Ratifizierungsverfahrens im Deutschen Bundestag im gleichen Sinne geäußert. Sie ist der Überzeugung, daß die Verwirklichung der Vereinbarungen einen bedeutenden Beitrag für die Weiterentwicklung der gegenseitigen Beziehungen sowie für die Intensivierung des Prozesses der Entspannung und der Zusammenarbeit in Europa darstellt.

Mit dem Ausdruck
meiner ausgezeichnetsten Hochachtung
gez. Genscher

1.3.4 Schreiben des Außenministers der Volksrepublik Polen an den Bundesminister des Auswärtigen vom 15. März 1976

Warszawa, den 15. März 1976

Seiner Exzellenz
Herrn Hans-Dietrich Genscher
Bundesminister des Auswärtigen
Bonn

Sehr geehrter Herr Bundesminister!

Ich danke Ihnen höflich für Ihren Brief vom 9. März 1976. Ich benutze diese Gelegenheit, meine Zufriedenheit über die Zustimmung des Bundesrats zu dem Abkommen zwischen der Volksrepublik Polen und der Bundesrepublik Deutschland über Renten- und Unfallversicherung auszudrücken, das am 9. Oktober 1975 in Warschau unterzeichnet worden ist.

Ich habe die Ehre, Ihnen ebenfalls mitzuteilen, daß der Staatsrat der Volksrepublik Polen auf der Sitzung vom 15. März 1976 die im Protokoll enthaltenen Feststellungen der polnischen Seite akzeptiert und entsprechend dem Antrag der Regierung der Volksrepublik Polen sein Einverständnis zur Erteilung der Ausreisegenehmigung für etwa 120 000 bis 125 000 Personen im Laufe der nächsten vier Jahre gegeben hat.

Mit Genugtuung stelle ich fest, daß meinem Verständnis nach die in Ihrem Brief enthaltenen Feststellungen dem Inhalt der Erklärung entsprechen, die ich der Polnischen Presseagentur am 9. März 1976 gegeben habe, und in diesem Sinne kann ich die in Ihrem oben erwähnten Brief enthaltenen Ansichten teilen.

Mit dem Ausdruck
meiner ausgezeichnetsten Hochachtung
gez. Olszowski

1.4 Aussiedlung aus der CSSR
Briefwechsel über humanitäre Fragen (11. Dezember 1973)[1]

An den
Minister für Auswärtige Angelegenheiten
der Tschechoslowakischen Sozialistischen Republik
Herrn Dipl.-Ing. Bohuslav Chnoupek

Sehr geehrter Herr Minister,

im Zusammenhang mit der heutigen Unterzeichnung des Vertrages über die gegenseitigen Beziehungen zwischen der Bundesrepublik Deutschland und der Tschechoslowakischen Sozialistischen Republik habe ich die Ehre, Ihnen unter Bezugnahme auf Art. V dieses Vertrages mitzuteilen, daß bei den Vertragsverhandlungen Übereinstimmung in folgenden Fragen erzielt worden ist:

1. Im Rahmen ihrer Bemühungen um die Entwicklung der gegenseitigen Beziehungen werden die Regierung der Bundesrepublik Deutschland und die Regierung der Tschechoslowakischen Sozialistischen Republik den humanitären Fragen Aufmerksamkeit zuwenden.

2. Die tschechoslowakische Seite hat erklärt, daß die zuständigen tschechoslowakischen Stellen Anträge tschechoslowakischer Bürger, die auf Grund ihrer deutschen Nationalität die Aussiedlung in die Bundesrepublik Deutschland wünschen, im Einklang mit den in der Tschechoslowakischen Sozialistischen Republik geltenden Gesetzen und Rechtsvorschriften wohlwollend beurteilen werden.

Die deutsche Seite hat erklärt, daß in Übereinstimmung mit den in der Bundesrepublik Deutschland geltenden Gesetzen und Rechtsvorschriften Personen tschechischer oder slowakischer Nationalität, die dies wünschen, in die Tschechoslowakische Sozialistische Republik aussiedeln können.

3. Es gibt keine Einwände seitens der beiden Regierungen, daß das Deutsche Rote Kreuz und das Tschechoslowakische Rote Kreuz die Lösung der oben erwähnten Fragen fördern.

4. Beide Regierungen werden den Reiseverkehr zwischen den beiden Ländern weiterentwickeln, einschließlich der Verwandtenbesuche.

5. Beide Regierungen werden Möglichkeiten technischer Verbesserungen im Reiseverkehr prüfen, einschließlich einer zügigen Abfertigung an den Grenzübergangsstellen sowie der Eröffnung weiterer Grenzübergänge.

6. Der Inhalt dieses Briefwechsels wird sinngemäß entsprechend dem Viermächte-Abkommen vom 3. September 1971 in Übereinstimmung mit den festgelegten Verfahren auch auf Berlin (West) angewandt.

Ich bitte Sie, mir den Inhalt dieses Briefes zu bestätigen.

Genehmigen Sie, Herr Minister, die Versicherung meiner ausgezeichnetsten Hochachtung.

---

[1] Bulletin des Presse- und Informationsamtes der Bundesregierung 1973, S. 1632 f

1.4 Grundlagen / CSSR

An den
Bundesminister des Auswärtigen
der Bundesrepublik Deutschland
Herrn Walter Scheel

Sehr geehrter Herr Minister,

ich habe die Ehre, im Namen der Regierung der Tschechoslowakischen Sozialistischen Republik den Empfang Ihres Briefes vom heutigen Tage zu bestätigen, der folgenden Wortlaut hat:

„Im Zusammenhang . . . (siehe vorstehenden Brief)

Ich bitte Sie, mir den Inhalt dieses Briefes zu bestätigen."

Die Regierung der Tschechoslowakischen Sozialistischen Republik ist damit einverstanden.

Genehmigen Sie, Herr Minister, die Versicherung meiner ausgezeichnetsten Hochachtung.

2. Leistungen an Aussiedler und an Zuwanderer aus der DDR und aus Berlin (Ost)*

Lfd. Nr.	Leistung	Aussiedler § 1 Abs. 2 Nr. 3 BVFG	Deutsche aus der DDR / Berlin (Ost) Flüchtlinge § 3 BVFG	Deutsche aus der DDR / Berlin (Ost) Übersiedler
	Anläßlich des Aufenthalts in den Aufnahmestellen			
1	Einmalige Überbrückungshilfe der Bundesregierung pro Person 200 DM	ja	ja	ja
2	Überbrückungsgeld der Länder Haushaltsvorstand 30 DM Haushaltsangehörige 15 DM	ja	nein	nein
3	Taschengeld (aus Mitteln der Sozialhilfe des Landes Hessen) Haushaltsvorstand 15 DM Haushaltsangehörige 10 DM	nein	ja	ja
4	Festlegung des Aufnahmelandes nach den Wünschen des Antragstellers (z. B. persönliche Bindungen) und den Eingliederungsmöglichkeiten (Arbeitsplatz, Wohnung u. a.)	ja	ja	ja
5	Beratung über die berufliche und soziale Eingliederung und über die Inanspruchnahme von Hilfen und Vergünstigungen	ja	ja	ja
6	Unterkunft und Verpflegung bzw. Verpflegungsgeld	ja	ja	ja
7	Ärztliche Untersuchung und ggf. Versorgung	ja	ja	ja
8	Einkleidung durch karitative Verbände	ja	ja	ja
9	Fahrkarte zum zukünftigen Wohnort bzw. Landesdurchgangsheim	ja	ja	ja
10	Transport des Umzugsgutes von Gießen, Friedland, Nürnberg und Unna-Massen zum zukünftigen Wohnort	ja	ja	ja
11	Studienberatung	ja	ja	ja

* Quelle: Der Bundesminister des Innern, VtK I 6 – 934 170/3 – (Stand: 1. Januar 1988): „Leistungen an Aussiedler und an Übersiedler aus der DDR"

2 Leistungen (Übersicht)

Lfd. Nr.	Leistung	Aussiedler § 1 Abs. 2 Nr. 3 BVFG	Deutsche aus der DDR / Berlin (Ost) Flüchtlinge § 3 BVFG	Deutsche aus der DDR / Berlin (Ost) Übersiedler
	Nach Eintreffen im Aufnahmeland			
12	Falls Unterkunft durch familiäre oder sonstige Bindungen nicht möglich ist			
	a) Unterbringung im Durchgangswohnheim oder	ja	ja	ja
	b) Vermittlung von Wohnraum	ja	ja	ja
	c) Finanzhilfen des Bundes zum Wohnungsbau	ja	ja	ja
	Der Bund stellt den Ländern Mittel zur Förderung des sozialen Wohnungsbaus zur Verfügung. Die Länder setzen diese Bundesmittel zusammen mit ihren eigenen Landesmitteln auf der Grundlage der von ihnen erlassenen Förderbestimmungen vor allem nach Kriterien der sozialen Dringlichkeit ein.			
	d) Wohnberechtigungsschein	ja	ja	ja
	Die gemäß § 25 II. WoBauG maßgebliche Jahreseinkommensgrenze erhöht sich für Aussiedler und Übersiedler bis zum Ablauf des 5. Kalenderjahres nach dem Eintreffen um 6.300 DM			
13	Beratung und Betreuung der Aussiedler und Übersiedler	ja	ja	ja
14	Erstattung von Rückführungskosten	ja	nein	nein
15	Zinsverbilligte Einrichtungsdarlehen des Bundes	ja	ja	ja
	Alleinstehende 3.000 DM			
	Sockelbetrag für Mehrpersonenhaushalt 4.000 DM			
	Für die zweite und jede weitere zum Haushalt gehörende Person 1.000 DM			
	Höchstbetrag 10.000 DM			

Lfd. Nr.	Leistung	Aussiedler § 1 Abs. 2 Nr. 3 BVFG	Deutsche aus der DDR / Berlin (Ost) Flüchtlinge § 3 BVFG	Übersiedler
16	Anerkennung von in den Aussiedlungsgebieten und in der DDR abgelegten Prüfungen und erworbenen Befähigungsnachweisen (§ 92 BVFG)	ja	ja	ja
17	Bundesausbildungsförderungsgesetz (BAföG) Leistung von Ausbildungsförderung für eine förderungsfähige Ausbildung im Sinne der §§ 2, 3 BAföG (Schul- und Hochschulbesuch, in begrenztem Umfang auch Teilnahme am Fernunterricht) bei Anrechnung eigenen Einkommens, ggf. des Einkommens des Ehegatten und/oder der Eltern	ja	ja	ja
	Altersgrenze für die Aufnahme des Studiums: Grundsätzlich Vollendung des 30. Lebensjahres (Ausnahmen bei Vorliegen besonderer Gründe – § 10 Abs. 3 BAföG)			
18	Beihilfen aus dem sogenannten Garantiefonds an – junge Aussiedler (bis 35 Jahre) – junge Zuwanderer (bis 35 Jahre)	ja	ja	ja
	Individualbeihilfen zur Sicherstellung – der Ausbildungskosten – des Lebensunterhalts – eines etwaigen Sonderbedarfs (bei Studenten ca. 100 DM zusätzlich zum BAföG)			
19	Akademikerprogramm (Altersgrenze: 30. bis 50. Lebensjahr) Eine Förderung von Kursen zum Erlernen der deutschen Sprache, ergänzenden Studien an Hochschulen in der Bundesrepublik Deutschland und Kursen/Maßnahmen, die zur beruflichen Eingliederung notwendig sind, kann erfolgen, wenn der im Herkunftsland berufsqualifizierende Abschluß nicht anerkannt wird, nur teilweise anerkannt wird oder zwar voll anerkannt wird aber nur mit Hilfe eines Ergänzungsstudiums bzw. Kurses verwertbar ist, und die Förderung für eine angemessene berufliche Eingliederung notwendig ist.	ja	ja	ja

2 Leistungen (Übersicht)

Lfd. Nr.	Leistung	Aussiedler § 1 Abs. 2 Nr. 3 BVFG	Deutsche aus der DDR / Berlin (Ost) Flüchtlinge § 3 BVFG	Deutsche aus der DDR / Berlin (Ost) Übersiedler
20	Sprachförderung			
	a) Sprachförderungsverordnung*	ja	entfällt	entfällt
	b) Vereinbarung zwischen der Bundesregierung und der Bundesanstalt für Arbeit über die Förderung von Deutsch-Lehrgängen für Aussiedler*	ja	entfällt	entfällt
21	Kindergeld	ja	ja	ja
	Kindergeld nach dem Bundeskindergeldgesetz (unter bestimmten Voraussetzungen auch für Kinder, die noch in den Aussiedlungsgebieten, der DDR oder Berlin [Ost] leben)			
22	Krankenhilfe, Krankengeld	ja	ja	ja
	In der gesetzlichen Krankenversicherung Versicherte erhalten die nach dem in der Bundesrepublik geltenden Krankenversicherungsrecht vorgesehenen Leistungen von ihrer Krankenkasse.			
	Aussiedler und Übersiedler, die krank im Bundesgebiet eintreffen oder innerhalb von drei Monaten nach ihrem Eintreffen erkranken, haben Anspruch auf Krankenhilfe (vorherige Beitragsleistung nicht erforderlich).**			
	Das Krankengeld beträgt 80% des Tariflohns, höchstens das entgangene Nettoarbeitsentgelt.			
23	Rentenversicherung			
	Individuelle Leistungen nach dem in der Bundesrepublik geltenden Rentenrecht	ja	ja	ja

* jetzt §§ 62 a ff des Arbeitsförderungsgesetzes, vgl. Nr. 8 der Einleitung
** Rechtsgrundlage: Artikel 8 Nr. 2 des Gesetzes über die Verwaltung der Mittel der Träger der Krankenversicherung (KVMG) vom 15. 12. 1979 – BGBl. I S. 2241 – in Verbindung mit § 23 Heimkehrergesetz, *abgedruckt unter 17. 4.*

Lfd. Nr.	Leistung	Aussiedler § 1 Abs. 2 Nr. 3 BVFG	Deutsche aus der DDR / Berlin (Ost) Flüchtlinge § 3 BVFG	Deutsche aus der DDR / Berlin (Ost) Übersiedler
	Berücksichtigung von anrechenbaren Beitragszeiten, die in den Aussiedlungsgebieten, der DDR oder Berlin (Ost) zurückgelegt wurden	ja	ja	ja
	Berücksichtigung von anrechenbaren Beschäftigungszeiten ohne Beitragsleistung in den Aussiedlungsgebieten	ja	entfällt	entfällt
	Zeit vom 1. 1. 1945 bis 31. 12. 1946 sowie Zeiten der Aussiedlung bzw. Flucht und einer anschließenden Krankheit oder unverschuldeten Arbeitslosigkeit im allgemeinen als Ersatzzeiten	ja	ja	nein
	Beitragsnachentrichtung ehemals Selbständiger	ja	ja	nein
24	Arbeitslosenversicherung	ja	ja	ja
	Berücksichtigung von Beschäftigungszeiten und Zeiten einer Arbeitslosigkeit aus politischen Gründen in den Aussiedlungsgebieten, der DDR oder Berlin (Ost) sowie Gewahrsamszeiten von ehemaligen politischen Häftlingen bei Arbeitslosengeld und -hilfe			
	Berücksichtigung von Zeiten einer hauptberuflichen Tätigkeit als Selbständiger oder mithelfender Familienangehöriger in den Aussiedlungsgebieten, der DDR oder Berlin (Ost) bei Arbeitslosenhilfe			
	Arbeitslosengeld Höhe: 68 % oder – bei Arbeitslosen, die nicht mindestens ein Kind haben – 63 % des Tariflohns (Nettolohn) der jeweiligen Berufsgruppe			

2 Leistungen (Übersicht)

Lfd. Nr.	Leistung	Aussiedler § 1 Abs. 2 Nr. 3 BVFG	Deutsche aus der DDR / Berlin (Ost) Flüchtlinge § 3 BVFG	Übersiedler
	z. B. monatlich: **Metallfacharbeiter (Lohngruppe 7, NRW)** ledig 884,— DM verheiratet, Steuerklasse III, ohne Kind 959,40 DM verheiratet, Steuerklasse III, mit Kind 1.037,40 DM **Technischer Angestellter (Dipl.-Ing. ab 5. Berufsjahr, Baugewerbe, Bund)** ledig 1.739,40 DM verheiratet, Steuerklasse III, ohne Kind 2.171,— DM verheiratet, Steuerklasse III, mit Kind 2.342,60 DM **Kaufmännischer Angestellter (Endgehalt, Gruppe III, Textilindustrie, Nordbayern)** ledig 1.367,60 DM verheiratet, Steuerklasse III, ohne Kind 1.591,20 DM verheiratet, Steuerklasse III, mit Kind 1.718,60 DM Arbeitslosenhilfe Höhe: 58 % oder – bei Arbeitslosen, die nicht mindestens ein Kind haben – 56 % des Tariflohns (Nettolohn) (wobei anderweitiges Einkommen anzurechnen ist)			
25	Unfallversicherung Grundsätzlich Leistungen nach dem in der Bundesrepublik geltenden Versicherungsrecht, auch aus einem Arbeitsunfall in den Aussiedlungsgebieten, der DDR oder Berlin (Ost)	ja	ja	ja

Lfd. Nr.	Leistung	Aussiedler § 1 Abs. 2 Nr. 3 BVFG	Deutsche aus der DDR / Berlin (Ost) Flüchtlinge § 3 BVFG	Deutsche aus der DDR / Berlin (Ost) Übersiedler
26	Kriegsopferversorgung	ja	ja	ja
	Wer eine Schädigung im Sinne § 1 des Bundesversorgungsgesetzes (BVG) erlitten hat, erhält wegen der gesundheitlichen und wirtschaftlichen Folgen der Schädigung auf Antrag Versorgung. Dies gilt bei Vertriebenen auch für eine Schädigung im Dienst des Heimatstaates vor dem 9. Mai 1945 (§ 2 Abs. 2 BVG) und bei Schädigung in Erfüllung der gesetzlichen Wehrpflicht im Heimatstaat nach dem 8. Mai 1945 unter bestimmten Voraussetzungen (§ 82 Abs. 2 BVG).			
	Ist der Beschädigte an den Folgen einer Schädigung verstorben, so erhalten seine Hinterbliebenen auf Antrag Versorgung (§ 1 Abs. 5 BVG).			
	Beschädigtenversorgung (Monatsbeträge) (Je nach Grad der Minderung der Erwerbsfähigkeit) – Grundrente 166 – 873 DM – Volle Ausgleichsrente 534 – 873 DM – Berufsschadensausgleich – Schwerstbeschädigtenzulage 101 – 620 DM – Pflegezulage 370 – 1.835 DM			
	Hinterbliebenenversorgung (Monatsbeträge) – Grundrente für Witwen 522 DM – Volle Ausgleichsrente für Witwen 522 DM – Schadensausgleich – Grundrente für Halbwaisen 147 DM – Ausgleichsrente für Halbwaisen 257 DM – Grundrente für Vollwaisen 276 DM – Ausgleichsrente für Vollwaisen 359 DM – Volle Elternteilrente 439 DM – Volle Elternpaarrente 647 DM			

Lfd. Nr.	Leistung	Aussiedler § 1 Abs. 2 Nr. 3 BVFG	Deutsche aus der DDR / Berlin (Ost) Flüchtlinge § 3 BVFG	Übersiedler
27	**Bundessozialhilfegesetz** Hilfe zum Lebensunterhalt Regelsätze (Monatsbeträge im Bundesdurchschnitt) – Haushaltsvorstand oder Alleinstehender 403 DM Angehöriger – bis zur Vollendung des 7. Lebensjahres 181 DM – vom 8. bis zur Vollendung des 11. Lebensjahres 262 DM – vom 12. bis zur Vollendung des 15. Lebensjahres 302 DM – vom 16. bis zur Vollendung des 21. Lebensjahres 363 DM – vom Beginn des 22. Lebensjahres 322 DM Daneben – Mietbeihilfen – Heizkostenbeihilfe – Beihilfe für Bekleidung und Hausrat Hilfe in besonderen Lebenslagen – Hilfe zum Aufbau oder zur Sicherheit der Lebensgrundlage – vorbeugende Gesundheitshilfe – Krankenhilfe, sonstige Hilfe – Hilfe zur Familienplanung – Hilfe für werdende Mütter und Wöchnerinnen – Eingliederungshilfe für Behinderte – Altenhilfe – Blindenhilfe – Hilfe zur Pflege – Hilfe zur Weiterführung des Haushalts – Hilfe zur Überwindung besonderer sozialer Schwierigkeiten Bevorzugung bei der Vergabe öffentlicher Aufträge (§ 74 BVFG)	ja ja	ja ja	ja nein

Lfd. Nr.	Leistung	Aussiedler § 1 Abs. 2 Nr. 3 BVFG	Deutsche aus der DDR / Berlin (Ost) Flüchtlinge § 3 BVFG	Deutsche aus der DDR / Berlin (Ost) Übersiedler
29	Erleichterte Eintragung in die Handwerksrolle (§ 71 BVFG)	ja	ja	ja
30	Steuerfreibetrag (§ 52 Abs. 24 EStG* in Verbindung mit § 33 a Abs. 1 EStG 1953) Für die Dauer von drei Jahren (im allgemeinen beginnend mit dem Kalenderjahr der Wohnsitznahme im Geltungsbereich des Einkommensteuergesetzes oder mit dem Kalenderjahr, in dem der unverzüglich beantragte Flüchtlingsausweis ausgestellt wird) ein Steuerfreibetrag in Höhe von – 720 DM wenn keine Kinder zu berücksichtigen sind und die E-Steuer nach Splittingverfahren ermittelt wird – 840 DM bei Steuerpflichtigen, die Kinder haben, zuzüglich – 60 DM für das dritte und jedes weitere Kind – 540 DM bei allen anderen Steuerpflichtigen oder Berücksichtigung von Aufwendungen in angemessener Höhe für die Wiederbeschaffung von Hausrat und Kleidung (§ 33 EStG)	ja	ja	nein
		ja	ja	ja
31	Steuerbegünstigung nach §§ 7e, 10 a EStG Sonderabschreibungen für Fabrikgebäude, Lagerhallen u. ä.; steuerliche Begünstigung des nicht entnommenen Gewinns	ja	ja	nein

* jetzt § 52 Abs. 22 EStG

2 Leistungen (Übersicht)

Seite 91

Lfd. Nr.	Leistung	Aussiedler § 1 Abs. 2 Nr. 3 BVFG	Deutsche aus der DDR / Berlin (Ost) Flüchtlinge § 3 BVFG	Übersiedler
32	Steuerklasse	ja	ja	ja
	Für die Festlegung der Steuerklasse und die steuerliche Berücksichtigung von Kindern kommen unter bestimmten Voraussetzungen auch noch in den Aussiedlungsgebieten, der DDR oder Berlin (Ost) lebende Ehegatten und Kinder in Betracht			
33	Besondere Freibeträge beim Wohngeld (§ 16 WoGG)	ja	ja	ja
	Für die Dauer von 4 Jahren, längstens jedoch bis zum Ablauf von 10 Jahren nach Verlegung des Wohnsitzes oder des gewöhnlichen Aufenthalts in die Bundesrepublik Deutschland oder nach Berlin (West) ein Freibetrag von 2.400 DM bei der Ermittlung des Jahreseinkommens			
34	Leistungen für Wissenschaftler	ja	ja	ja
	Zum Ausgleich von Nachteilen, die Wissenschaftler in ihrer wissenschaftlichen Laufbahn durch Umstände, die mit der Aus- oder Übersiedlung zusammenhängen, erlitten haben, kann vom Bundesminister für Bildung und Wissenschaft zur Erleichterung der beruflichen Eingliederung in das Hochschulleben der Bundesrepublik Deutschland eine Angestelltenstelle bis maximal BAT II a bis zu zwei Jahren finanziert werden. Eine der Voraussetzungen für die Förderung ist, daß eine Universität oder wissenschaftliche Institution in der Bundesrepublik Deutschland bereit ist, den Wissenschaftler einzustellen, und sich verpflichtet, ihn anschließend entweder weiterzubeschäftigen oder sich nachhaltig um eine weitere Eingliederung zu bemühen.			

Lfd. Nr.	Leistung	Aussiedler § 1 Abs. 2 Nr. 3 BVFG	Deutsche aus der DDR / Berlin (Ost) Flüchtlinge § 3 BVFG	Übersiedler
35	Hilfen zur Gründung einer selbständigen Existenz	ja	ja	ja
	– Darlehen aus dem ERP-Existenzgründungsprogramm (gewerbliche Wirtschaft)			
	– Darlehen aus dem Eigenkapitalhilfeprogramm			
	– Darlehen aus den Ergänzungsprogrammen I und II der Deutschen Ausgleichsbank			
	– Ansparzuschüsse für Sparleistungen aufgrund eines zum Zwecke der Existenzgründung abgeschlossenen Sparvertrages			
36	Zuschüsse und Darlehen zur Eingliederung in die Landwirtschaft (Nebenerwerbsstellen) Darlehen in Höhe von 100.000 DM bis zu 150.000 DM; hinzu kann u. U. noch ein Aufbaudarlehen nach dem Lastenausgleichsgesetz bis zu 24.600 DM kommen.	ja	ja	ja
37	Entschädigung für bestimmte, im Herkunftsland eingetretene Impfschäden (§ 51 Abs. 3 Bundesseuchengesetz)	ja	ja	ja
38	Entschädigung nach dem Kriegsgefangenenentschädigungsgesetz für ehemalige Kriegsgefangene	ja	ja	ja*)
39	Einmalige Unterstützungen und Rentenausgleichsleistungen für ehemalige Kriegsgefangene durch die Heimkehrerstiftung	ja	ja	ja
40	Leistungen nach dem Häftlingshilfegesetz einschl. der Unterstützungen der Stiftung für ehemalige politische Häftlinge	ja	ja	ja**)

*) nur bei Erfüllung der Stichtagsvoraussetzungen
**) teilweise nur bei Erfüllung der Stichtagsvoraussetzungen

2 Leistungen (Übersicht) Seite 93

Lfd. Nr.	Leistung	Aussiedler § 1 Abs. 2 Nr. 3 BVFG	Deutsche aus der DDR / Berlin (Ost) Flüchtlinge § 3 BVFG	Übersiedler
41	**Lastenausgleichsgesetz**			
	a) Hauptentschädigung	ja	ja	ja*)
	b) Hausratentschädigung	ja	nein	nein
	c) Kriegsschadenrente	ja	nein	nein
	d) Eingliederungsdarlehen	ja	nein	nein
	Entsprechende Leistungen nach dem Reparationsschädengesetz (RepG) werden bei Schäden im westlichen Ausland gewährt und bei Vertreibungsschäden von Aussiedlern und Flüchtlingen, die nicht die Aufenthaltsvoraussetzungen nach § 230 LAG erfüllen.			
	Für den Verlust von Spareinlagen im Aussiedlungsgebiet kommt noch Entschädigung nach dem **Währungsausgleichsgesetz** (WAG) in Betracht.			
	Härtefonds des Lastenausgleichs			
	a) Beihilfe zur Beschaffung von Hausrat	nein	ja	nein**)
	b) Laufende Beihilfe	nein	ja	nein**)
	c) Eingliederungsdarlehen	nein	ja	nein**)
	Flüchtlingshilfegesetz			
	a) Einrichtungshilfe (bis zu einer bestimmten Einkommensgrenze)	nein	nein	ja
	b) Laufende Beihilfe	nein	nein	ja
	c) Eingliederungsdarlehen	nein	nein	ja
	Außergewöhnliche Härtefälle (§ 301 b LAG) durch Nichtgewährung entsprechender Leistungen nach den Lastenausgleichsgesetzen			
	a) Hausratbeihilfe	ja	ja	ja
	b) Laufende Beihilfe	ja	ja	ja
	c) Einmalige Kapitalbeihilfe	ja	ja	ja
	d) Eingliederungsdarlehen	ja	ja	ja

*) bei Zuzug im Wege der Familienzusammenführung (§ 230 Abs. 2 Nr. 4 LAG)
**) jedoch kommen diese Leistungen für Nichtstichtagsvertriebene (§ 301 Abs. 1 LAG) in Betracht

3. AUFNAHME DER AUSSIEDLER UND ZUWANDERER IN DER BUNDESREPUBLIK DEUTSCHLAND

3.1 Verordnung über die Bereitstellung von Durchgangslagern und über die Verteilung der in das Bundesgebiet aufgenommenen deutschen Vertriebenen auf die Länder des Bundesgebietes (Verteilungsverordnung), vom 28. März 1952 (BGBl. I, S. 236)

Auf Grund des Artikels 119 des Grundgesetzes für die Bundesrepublik Deutschland verordnet die Bundesregierung mit Zustimmung des Bundesrates:

§ 1
Bereitstellung von Durchgangslagern

(1) Die Länder sind verpflichtet, die Vertriebenen, die entweder im Zuge der Aussiedlung von Personen deutscher Staatsangehörigkeit oder deutscher Volkszugehörigkeit oder auf Grund einer ordnungsmäßigen Einreiseerlaubnis und einer Aufenthaltserlaubnis, die nicht nur zum vorübergehenden Aufenthalt berechtigt, im Bundesgebiet eintreffen, vorläufig in Durchgangslagern unterzubringen.

(2) Die Bundesregierung bestimmt die Durchgangslager, in welchen die eintreffenden Personen vorläufig unterzubringen sind.

§ 2
Verteilung

(1) Ein Beauftragter der Bundesregierung verteilt die in den Durchgangslagern vorläufig untergebrachten Personen, wenn sie keine Zusage für die Unterbringung in einem Lande besitzen und für die Begründung eines ersten Wohnsitzes auf öffentliche Hilfe angewiesen sind, auf die Länder.

(2) Der Bundesminister für Vertriebene[1]) beruft und entläßt den Beauftragten der Bundesregierung.

(3) Die Länder bestimmen Vertreter, die vor der Verteilung in den Durchgangslagern zu hören sind.

(4) Die Verteilung erfolgt, soweit sie sich nicht nach § 3 regelt, nach einem vom Bundesrat festgesetzten Schlüssel.[2])

(5) Die Länder sind verpflichtet, die auf Grund der Verteilung zugewiesenen Personen unverzüglich aufzunehmen.

§ 3
Familienzusammenführung

(1) Verwandte auf- und absteigender Linie sowie Ehegatten und unmündige Geschwister sind nach ihrer Wahl entweder dem Land zuzuweisen, in dem ihre Angehörigen wohnen, oder in die Verteilung nach dem Schlüssel einzubeziehen.

(2) Verwandte auf- und absteigender Linie, die eine selbständige Familie begründet hatten und vor der Aussiedlung des ersten Familienteiles einen selbstän-

---
[1]) jetzt: Bundesminister des Innern
[2]) vgl. Einleitung Nr. 3

3.2 Aufnahmegrundsätze
Seite 95

digen Haushalt geführt haben, können nur dann die Einweisung in das Land, in dem ihre Angehörigen wohnen, wählen, wenn der Ernährer der zuzuweisenden Familie fehlt oder die Gemeindebehörde des betreffenden Landes bestätigt, daß eine Unterbringung im Wohnraum möglich ist.

§ 4
Rücksicht auf Verwandtschaft und Beruf

(1) Bei den übrigen Personen soll bei der Zuweisung auf verwandtschaftliche Beziehungen Rücksicht genommen werden, insbesondere wenn eine Unterbringung in gemeinsamem Wohnraum oder eine Beschäftigung im Betrieb eines Verwandten möglich ist.

(2) Der Beruf des Aufgenommenen und die Möglichkeit einer entsprechenden Berufsausbildung sollen bei der Zuweisung berücksichtigt werden.

§ 5
Rücksicht auf überbelegte Länder

Die mit Vertriebenen überbelegten Länder werden bei der Festsetzung des Schlüssels gemäß § 2 Abs. 4 ausgenommen.

§ 6
Anwendung der Verordnung im Lande Berlin

Diese Verordnung gilt auch im Lande Berlin, sobald es die Anwendung dieser Verordnung beschlossen hat.

§ 7
Schlußbestimmungen

(1) Diese Verordnung tritt am Tage nach ihrer Verkündung in Kraft.

(2) Gleichzeitig tritt die Verordnung über die Bereitstellung von Lagern und über die Verteilung der in das Bundesgebiet aufgenommenen Deutschen aus den unter fremder Verwaltung stehenden deutschen Gebietsteilen, aus Polen und der Tschechoslowakei auf die Länder des Bundesgebietes vom 8. Feburar 1951 (Bundesanzeiger Nr. 29 vom 10. Februar 1951) außer Kraft.

(3) Wo in gesetzlichen Bestimmungen die im Absatz 2 bezeichnete Verordnung genannt ist, tritt an ihre Stelle diese Verordnung.

3.2 Grundsätze für die Aufnahme in der von der Arbeitsgemeinschaft der Landesflüchtlingsverwaltungen im Einvernehmen mit dem Bundesminister des Innern beschlossenen Fassung vom 19. Dezember 1986

I. Für das Verfahren bei der Aufnahme von Zuwanderern aus der DDR und Berlin (Ost) und von Aussiedlern werden vom Bund und den Landesflüchtlingsverwaltungen jeweils in ihrer Zuständigkeit folgende Grundsätze angewendet:

1. Bei der Festlegung des zunächst aufnehmenden Landes (Aufnahmeland) für Zuwanderer aus der DDR und Berlin (Ost) und für Aussiedler ist für eine gleichmäßige Belastung der Länder im Rahmen der hierzu vom Bundesrat festgesetzten Schlüsselzahlen Sorge zu tragen.

2. Der Beauftragte der Bundesregierung legt das Aufnahmeland für Antragsteller im Aufnahmeverfahren für Zuwanderer und im Registrierverfahren für Aussiedler, soweit mehrere Länder betroffen sind erforderlichenfalls in einer Aufnahmesitzung, unter angemessener Berücksichtigung des Ersteinweisungswunsches, der familiären und persönlichen Bindungen, der wohnungsmäßigen Unterbringung sowie der beruflichen Eingliederungsmöglichkeiten des Antragstellers nach Anhören des Ländervertreters fest. Eine von der Äußerung des Ländervertreters abweichende Festlegung ist schriftlich zu begründen.

Für das Anhören werden die Antragsunterlagen, aus denen das vorgesehene Aufnahmeland zu ersehen ist, dem Ländervertreter auf Verlangen zugeleitet.

Ein persönliches Gespräch eines Ländervertreters mit dem Antragsteller ist dann vorzusehen, wenn dies aus Gründen der Aufnahme erforderlich ist oder der Antragsteller oder der Ländervertreter es wegen der Beratung über Unterbringungs-, Arbeits- oder Betreuungsmöglichkeiten wünscht.

3. Sofern ein Antragsteller
a) pflegebedürftig ist,
b) als Alleinstehender unter 24 Jahren einer besonderen Betreuung bedarf,
c) voraussichtlich auf längere Zeit oder dauernd auf Leistungen nach Abschnitt 2 des Bundessozialhilfegesetzes (Hilfe zum Lebensunterhalt) oder der Kriegsopferfürsorge angewiesen sein wird,

legt der Beauftragte der Bundesregierung im Benehmen mit dem Ländervertreter entsprechend dem Quotenstand dieser Fälle unter Berücksichtigung von Nr. 2 das Aufnahmeland fest.

4. Die Zahlen der von den Ländern aufgenommenen Zuwanderer und Aussiedler sind monatlich vom Beauftragten der Bundesregierung festzustellen. Sie sind den Ländern unverzüglich mitzuteilen.

5. Wechselt ein aufgenommener Zuwanderer oder Aussiedler das Aufnahmeland innerhalb von zwei Jahren nach Aufenthaltnahme im Bundesgebiet, teilt die für den neuen Wohnort zuständige Dienststelle (Vertriebenen-, Flüchtlings- oder Ausgleichsamt) dies dem Beauftragten der Bundesregierung zur Berichtigung der Aufnahmezahlen mit. Einer Mitwirkung des Betroffenen bedarf es dabei nicht.

Der Beauftragte der Bundesregierung beteiligt bei der Berichtigung der Aufnahmezahlen die hiervon betroffenen Ländervertreter. Die Umbuchungen führen die Aufnahmestellen durch, die den Registrierschein/Aufnahmeschein ausgestellt haben.

II. In ihrer jeweiligen Zuständigkeit heben der Bund die Verteilungsrichtlinien in der vom Bundesminister für Vertriebene, Flüchtlinge und Kriegsgeschädigte mit Schreiben vom 10. März 1961 mitgeteilten Fassung und die Länder die Übernahmevereinbarung vom 31. Mai 1972 hiermit auf.

3.3 Richtlinie des Bundesministers des Innern für die Zahlung einer einmaligen Überbrückungshilfe der Bundesregierung vom 29. November 1985 (GMBl 1986, S. 8), geändert durch Richtlinie vom 17. Dezember 1986 (GMBl. 1987, S. 20)

1. Anspruchsberechtigte

Eine Überbrückungshilfe der Bundesregierung erhalten
a) Aussiedler im Sinne von § 1 Abs. 2 Nr. 3 und Abs. 3 des Bundesvertriebenengesetzes,

b) sonstige deutsche Staatsangehörige und deutsche Volkszugehörige, die vor dem 1. April 1952 ihren gewöhnlichen Aufenthalt in den in § 1 Abs. 2 Nr. 3 des Bundesvertriebenengesetzes genannten Gebieten gehabt haben,

c) Abkömmlinge von unter a) und b) genannten Personen,

d) Deutsche aus der DDR und aus Berlin (Ost), denen der Aufnahmeschein nach dem Notaufnahmegesetz erteilt ist,

wenn sie die in § 1 Abs. 2 Nr. 3 und § 3 des Bundesvertriebenengesetzes genannten Gebiete nach dem 31. März 1952 erstmals verlassen und innerhalb von sechs Monaten ihren gewöhnlichen Aufenthalt im Geltungsbereich des Bundesvertriebenengesetzes genommen haben. Für die Frist nach Satz 1 gilt § 10 Abs. 2 Satz 2 des Bundesvertriebenengesetzes sinngemäß.

2. Überbrückungshilfe

Die Überbrückungshilfe beträgt 200,– Deutsche Mark.

3. Zweckbestimmung

Die Überbrückungshilfe ist eine freiwillige Leistung der Bundesregierung zur Bestreitung der ersten dringenden Ausgaben. Sie wird nur einmal gezahlt.

4. Ausschluß

Überbrückungshilfe wird nur gewährt, wenn sie innerhalb von sechs Monaten nach Eintreffen im Geltungsbereich des Bundesvertriebenengesetzes beantragt worden ist.

Für den Ausschluß der Leistungen gelten die §§ 11 und 12 des Bundesvertriebenengesetzes.

5. Härtefälle

Die Überbrückungshilfe erhalten auch

a) zum Familienverband von Aussiedlern gehörende nichtdeutsche Angehörige, die gemeinsam mit Anspruchsberechtigten im Sinne der Richtlinie auf Dauer einreisen, sofern für sie eine Übernahmeerklärung des Bundesverwaltungsamtes vorliegt,

b) ehemalige politische Häftlinge im Sinne des § 1 Abs. 1 Nr. 1 Häftlingshilfegesetz, die unmittelbar aus dem Gewahrsam in den Aufnahmestellen eintreffen und auf die die Bestimmungen des Notaufnahmegesetzes keine Anwendung finden, sofern dies nicht durch Ausschließungsgründe nach § 1 Abs. 2 des Notaufnahmegesetzes bedingt ist,

c) Vertriebene gemäß § 1 Abs. 1 des Bundesvertriebenengesetzes, die nach ihrer Vertreibung aus von ihnen nicht zu vertretenden Gründen im Geltungsbereich des Bundesvertriebenengesetzes nicht eingegliedert werden konnten und nunmehr ihren ständigen Aufenthalt im Geltungsbereich des Bundesvertriebenengesetzes begründen,

wenn die Nichtgewährung eine unbillige Härte bedeuten würde.

6. Verfahren

Die Entscheidung über die Gewährung der Überbrückungshilfe einschließlich der Härtefälle obliegt dem Beauftragten der Bundesregierung für die Verteilung im Grenzdurchgangslager Friedland und dem Leiter des Bundesnotaufnahmeverfahrens.

Die Überbrückungshilfe wird von dem Leiter des Grenzdurchgangslagers oder von dem Leiter des Bundesnotaufnahmeverfahrens ausgezahlt.

Die Auszahlung ist auf dem Registrierschein oder auf dem Aufnahmeschein zu vermerken.

7. Inkrafttreten

Diese Richtlinie tritt für Berechtigte, die nach dem 31. Dezember 1985 im Geltungsbereich des Bundesvertriebenengesetzes eintreffen, an die Stelle der Richtlinien des Bundesministers des Innern für die Zahlung einer einmaligen Unterstützung der Bundesregierung (Begrüßungsgabe) vom 15. August 1974, zuletzt geändert am 10. Mai 1976.

3.4 Richtlinie des Bundesministers des Innern über die Verrechnungsfähigkeit der Kosten der Rückführung gemäß § 15 des Ersten Gesetzes zur Überleitung von Lasten und Deckungsmitteln auf den Bund (Erstes Überleitungsgesetz) in der Fassung der Bekanntmachung vom 28. April 1955 (BGBl. I S. 193 ff.), zuletzt geändert durch Gesetz vom 8. Juni 1977 (BGBl. I S. 801 ff.), Bekanntmachung des BMI vom 4. Februar 1986 – Vtk I 4 – 933 720/31 – (GMBl. S. 87)

§ 1
Anspruchsberechtigung

(1) Rückführungskosten werden zum Ersatz von Auslagen, die außerhalb des Geltungsbereichs des Bundesvertriebenengesetzes entstehen, auf Antrag erstattet

1. Aussiedlern (§ 1 Abs. 2 Nr. 3 und Abs. 3 des Bundesvertriebenengesetzes)
2. Personen, die nicht zu den Berechtigten nach Nummer 1 gehören, weil sie ihren Wohnsitz erst nach dem 8. Mai 1945, jedoch vor dem 1. April 1952, in die in § 1 Abs. 2 Nr. 3 des Bundesvertriebenengesetzes genannten Gebiete verlegt haben, und
3. Abkömmlingen von Aussiedlern und von in Nr. 2 genannten Personen.

(2) Nicht anspruchsberechtigt sind Personen, die nach den §§ 10 bis 12 des Bundesvertriebenengesetzes von der Inanspruchnahme von Rechten und Vergünstigungen ausgeschlossen sind.

(3) Der Antrag muß innerhalb von zwei Jahren nach Eintreffen des Berechtigten im Geltungsbereich des Bundesvertriebenengesetzes gestellt werden; die Frist gilt auch als gewahrt, wenn der Antrag innerhalb eines Jahres nach Aushändigung des Vertriebenenausweises gestellt wird.

§ 2
Art und Umfang der Rückführungskosten

(1) Die Erstattung der Rückführungskosten umfaßt:
1. Fahrkosten (§ 3),
2. Gebühren für Paß und Ausreisegenehmigung (§ 4),
3. Gebühren für die Entlassung aus der Staatsangehörigkeit des Herkunftslandes (§ 5),
4. Güterbeförderungs- und sonstige Nebenkosten (§ 6).

(2) Rückführungskosten können an einen Berechtigten nur einmal gezahlt werden.

(3) Nicht nachgewiesene Kosten sind glaubhaft zu machen.

(4) Bei der Erstattung der Rückführungskosten sind aus Bundesmitteln gezahlte Vorschüsse und Darlehen auf die zu zahlenden Rückführungskosten anzurechnen.

(5) Über Härtefälle entscheidet der Bundesminister des Innern.

§ 3
Fahrkosten

(1) Erstattet werden die Fahrkosten grundsätzlich nur für die Fahrt auf der kürzesten Strecke mit der Eisenbahn in der niedrigsten Wagenklasse vom bisherigen Wohnort bis zum nächsten Grenzdurchgangslager im Geltungsbereich des Bundesvertriebenengesetzes oder, wenn ein Grenzdurchgangslager nicht unmittelbar berührt wird, bis zum Grenzbahnhof.

(2) Die Kosten eines Schlaf- oder Liegewagenplatzes oder der höheren Wagenklasse sind verrechnungsfähig, wenn die Strecke mindestens 1 500 Eisenbahnkilometer beträgt.

(3) Die Flugkosten für die kürzeste Strecke in der niedrigsten Klasse werden erstattet, wenn diese mindestens 2 000 Kilometer beträgt.

(4) Die Kosten eines Fluges oder eines Transports mit Krankenwagen werden dem Berechtigten erstattet, wenn durch ärztliches Zeugnis nachgewiesen wird, daß er aus gesundheitlichen Gründen auf diese Art der Beförderung angewiesen war. Einer notwendigen Begleitperson werden die Kosten der Hin- und Rückreise erstattet.

(5) Bei Benutzung anderer als der in den Absätzen 1 und 3 genannten Beförderungsmittel sind die tatsächlich entstandenen Kosten bis zu dem sich aus Absatz 1 ergebenden Betrag erstattungsfähig.

§ 4
Erstattung der Kosten für Paß und Ausreisegenehmigung

(1) Erstattet werden die amtlichen Gebühren für die Beantragung und Ausstellung des Passes, der für die Ausreise benutzt worden ist.

(2) Erstattet werden die Gebühren für den Antrag und die Genehmigung der Ausreise.

§ 5
Gebühren für die Entlassung aus der Staatsangehörigkeit des Herkunftslandes

(1) Gebühren für die Entlassung aus der Staatsangehörigkeit des Herkunftslandes, die vor dem Eintreffen im Geltungsbereich des Bundesvertriebenengesetzes entstanden sind, werden erstattet.

(2) Gebühren für die Entlassung aus der Staatsangehörigkeit, die nach dem Eintreffen der Berechtigten im Geltungsbereich des Bundesvertriebenengesetzes beantragt worden ist, werden erstattet, sofern mit der Entlassung aus der Staatsangehörigkeit die Zusammenführung mit zurückgelassenen Angehörigen der Familie (Ehegatte, Kinder, Eltern, Geschwister) ermöglicht oder eine durch die Ausreise des Berechtigten getrennte Haushaltsgemeinschaft mit weiteren Verwandten wiederhergestellt werden soll. Diese Gebühr ist nur für denjenigen Berechtigten verrechnungsfähig, der nach seiner Einreise die notwendigen Schritte für die Zusammenführung mit den zurückgelassenen Angehörigen tatsächlich in die Wege geleitet hat.

§ 6
Güterbeförderungs- und sonstige Nebenkosten

(1) Die notwendigen Auslagen für die Beförderung des Umzugsguts werden den Anspruchsberechtigten erstattet, soweit für sie eine deutsche Übernahmegenehmigung und eine Aussiedlungsgenehmigung der Behörden des Herkunftsstaates erteilt worden ist.

(2) Als Umzugsgut ist der für die Lebensverhältnisse des Aussiedlers übliche Hausrat anzusehen. Zum Umzugsgut gehören auch die vom Aussiedler zur Ausübung seines Berufs

üblicherweise erforderlichen Gegenstände. Neuanschaffungen zum Zwecke des Vermögenstransfers gehören nicht zum Umzugsgut.

(3) Verrechnungsfähig sind die Auslagen für die Beförderung des Umzugsguts vom bisherigen Wohnort bis zum nächsten Grenzdurchgangslager im Bundesgebiet oder, wenn ein Grenzdurchgangslager nicht aufgesucht wird, bis zum Ort des Grenzübertritts in das Bundesgebiet.

(4) Erstattungsfähig sind nur die Auslagen für die kostengünstige Versandart des Umzugsguts.

(5) Zur Abgeltung von Nebenkosten und sonstigen Gebühren wird für jeden Anspruchsberechtigten nach Absatz 1 eine Pauschalzahlung von dreißig Deutsche Mark geleistet.

§ 7
Umrechnungskurse

(1) Bei der Erstattung der Kosten, die in ausländischer Währung entstehen, ist der in dem betreffenden Land am Tage des Grenzübertritts in den Geltungsbereich des Bundesvertriebenengesetzes gültige Devisenkurs für die Deutsche Mark zugrunde zu legen. Bei Ländern mit differenziertem Kurssystem ist der Kurs anzuwenden, über den Zahlungen im Reiseverkehr abgerechnet werden.

(2) In Fällen, in denen der Deutschen Bundesbank der Devisenkurs der Währung des Herkunftslandes am Tage des Grenzübertritts in den Geltungsbereich des Bundesvertriebenengesetzes noch nicht vorliegt, ist für die Abrechnung der ihr zuletzt bekanntgewordene Kurs zugrunde zu legen.

§ 8
Übergangsregelung

Berechtigten, die vor dem Inkrafttreten dieser Richtlinie in den Geltungsbereich des Bundesvertriebenengesetzes einreisen, werden die Rückführungskosten nach den Richtlinien des Bundesministers des Innern über die Verrechnungsfähigkeit der Kosten der Rückführung gemäß § 15 des Ersten Überleitungsgesetzes vom 1. Juli 1960 in der Fassung vom 1. Oktober 1973 erstattet.

§ 9
Inkrafttreten

Diese Richtlinie tritt am 1. Januar 1986 in Kraft.

3.5 Gesetz über die Aufnahme von Deutschen in das Bundesgebiet vom 22. August 1950 (BGBl. S. 367), zuletzt geändert durch Gesetz vom 18. Februar 1986 (BGBl. I S. 265)

Der Bundestag hat mit Zustimmung des Bundesrates das folgende Gesetz beschlossen:

§ 1

(1) Deutsche Staatsangehörige und deutsche Volkszugehörige, die Wohnsitz oder ständigen Aufenthalt in der sowjetischen Besatzungszone oder dem sowjetischen Sektor von Berlin haben oder gehabt haben, bedürfen, wenn sie sich ohne Genehmigung im Geltungsbereich dieses Gesetzes aufhalten, für den ständigen Aufenthalt einer besonderen Erlaubnis. Die Freizügigkeit wird nach Artikel 11 Absatz 2 des Grundgesetzes für die Bundesrepublik Deutschland insoweit eingeschränkt.

3.5 Aufnahmegesetz

(2) Diese besondere Erlaubnis darf Personen nicht verweigert werden, die aus den in Absatz 1 genannten Gebieten geflüchtet sind, um sich einer von ihnen nicht zu vertretenden und durch die politischen Verhältnisse bedingten besonderen Zwangslage zu entziehen, es sei denn, daß sie

1. dem in der sowjetischen Besatzungszone und im sowjetisch besetzten Sektor von Berlin herrschenden System erheblich Vorschub geleistet haben oder
2. während der Herrschaft des Nationalsozialismus oder in der sowjetischen Besatzungszone oder im sowjetisch besetzten Sektor von Berlin durch ihr Verhalten gegen die Grundsätze der Menschlichkeit oder Rechtsstaatlichkeit verstoßen haben oder
3. die freiheitliche demokratische Grundordnung der Bundesrepublik Deutschland einschließlich des Landes Berlin bekämpft haben.

Eine besondere Zwangslage ist vor allem dann gegeben, wenn eine unmittelbare Gefahr für Leib und Leben oder die persönliche Freiheit vorgelegen hat. Eine besondere Zwangslage ist auch bei einem schweren Gewissenskonflikt gegeben. Wirtschaftliche Gründe sind als besondere Zwangslage anzuerkennen, wenn die Existenzgrundlage zerstört oder entscheidend beeinträchtigt worden ist oder wenn die Zerstörung oder entscheidende Beeinträchtigung nahe bevorstand.

§ 2

Die in § 1 bezeichneten Personen haben sich in einer dafür bestimmten Aufnahmestelle zu melden.

§ 3

(aufgehoben)

§ 4

Die Bundesregierung wird ermächtigt, durch Rechtsverordnung Bestimmungen über die Errichtung der Aufnahmestellen, das Aufnahmeverfahren und die Verteilung der aufgenommenen Personen zu treffen.

§ 5

Die Bundesregierung oder die von ihr beauftragte Stelle bestimmt das Land, in dem der nach § 2 Aufgenommene seinen ersten Wohnsitz zu nehmen hat. Auf die wirtschaftlichen Verhältnisse des Aufnahmelandes ist Rücksicht zu nehmen. Das Land ist verpflichtet, ihn aufzunehmen. Der Aufenthaltsort für den Aufgenommenen soll unter Wahrung der Familien-, Haushalts- und Lebensgemeinschaft des Aufgenommenen bestimmt werden.

§ 6

Die Bundesregierung hat bei der Zuteilung der Aufgenommenen für eine gleichmäßige Belastung der Länder durch Flüchtlinge und Vertriebene Sorge zu tragen.

§ 7

Die bis zur Übernahme des Aufgenommenen durch das Aufnahmeland entstehenden Kosten trägt bis zu einer Regelung nach Artikel 120 des Grundgesetzes der Bund.

§ 7 a[1)]

Dieses Gesetz gilt in Berlin, wenn das Land Berlin die Anwendung durch Gesetz gemäß Artikel 87 Absatz 2 seiner Verfassung beschließt.

[1)] Das Aufnahmegesetz ist am 1. Februar 1952 in Berlin in Kraft getreten (GV Bl. Berlin Nr. 1 vom 4. Januar 1973).

§ 8
Dieses Gesetz tritt am Tage nach seiner Verkündung in Kraft.

3.6 Verordnung zur Durchführung des Aufnahmegesetzes vom 11. Juni 1951 (BGBl. I S. 381), zuletzt geändert durch Gesetz vom 18. Februar 1986 (BGBl. I S. 265)

Auf Grund des § 4 des Gesetzes über die Notaufnahme von Deutschen in das Bundesgebiet vom 22. August 1950 (BGBl. S. 367) wird mit Zustimmung des Bundesrates verordnet:

I. Bestimmung der Lager

§ 1
(1) Als Durchgangseinrichtungen für die Aufnahme von Deutschen (Aufnahmestellen) werden bestimmt:
1. das Durchgangswohnheim des Landes Berlin in Berlin-Marienfelde
2. die zentrale Aufnahmestelle des Landes Hessen in Gießen.

(2) Bei Bedarf kann die Bundesregierung weitere Aufnahmestellen bestimmen.

§ 2
(aufgehoben)

II. Das Aufnahmeverfahren

§ 3
(aufgehoben)

§ 4
Der Bundesminister des Innern beruft und entläßt den Leiter der Aufnahmebehörde sowie das für das Aufnahmeverfahren erforderliche Personal.

§§ 5 bis 7
(aufgehoben)

§ 8
(1) Der Antrag auf Erteilung der Aufenthaltserlaubnis ist bei dem Leiter der Aufnahmebehörde zu stellen. Bei der Antragstellung ist die Anwesenheit des Antragstellers erforderlich, sofern er nicht vom persönlichen Erscheinen freigestellt wird.
(2) Eheleute können sich gegenseitig und ihre minderjährigen Kinder vertreten.
(3) Für Minderjährige, die keine Erziehungsberechtigten im Bundesgebiet haben, können die Jugendämter den Antrag stellen.

§§ 9 bis 16
(aufgehoben)

III. Verteilung

§ 17

(1) Ein Beauftragter der Bundesregierung bestimmt nach Anhören der Ländervertreter und auf Grund eines vom Bundesrat festzustellenden Schlüssels das Land, in welchem der Aufgenommene seinen ersten Wohnsitz zu nehmen hat.

(2) Der Bundesminister des Innern beruft und entläßt den Beauftragten der Bundesregierung.

§ 18

Der Aufgenommene ist vor seiner Einweisung zu hören.

IV. Schlußbestimmungen

§ 19

Der Bundesminister des Innern übt in allen das Aufnahmeverfahren und die Verteilung betreffenden Angelegenheiten die Aufsicht aus.

§ 20

Diese Verordnung tritt am Tage nach ihrer Verkündung in Kraft.

4. RECHTSSTELLUNG DER AUSSIEDLER UND ZUWANDERER

4.1 Gesetz über die Angelegenheiten der Vertriebenen und Flüchtlinge (Bundesvertriebenengesetz – BVFG –) vom 19. Mai 1953 in der Fassung der Bekanntmachung vom 3. September 1971 (BGBl. I S. 1565, ber. S. 1807), zuletzt geändert durch Gesetz vom 18. Februar 1986 (BGBl. I S. 265)

Erster Abschnitt

Allgemeine Bestimmungen

Erster Titel

Begriffsbestimmungen

§ 1
Vertriebener

(1) Vertriebener ist, wer als deutscher Staatsangehöriger oder deutscher Volkszugehöriger seinen Wohnsitz in den zur Zeit unter fremder Verwaltung stehenden deutschen Ostgebieten oder in den Gebieten außerhalb der Grenzen des Deutschen Reiches nach dem Gebietsstande vom 31. Dezember 1937 hatte und diesen im Zusammenhang mit den Ereignissen des zweiten Weltkrieges infolge Vertreibung, insbesondere durch Ausweisung oder Flucht, verloren hat. Bei mehrfachem Wohnsitz muß derjenige Wohnsitz verlorengegangen sein, der für die persönlichen Lebensverhältnisse des Betroffenen bestimmend war. Als bestimmender Wohnsitz im Sinne des Satzes 2 ist insbesondere der Wohnsitz anzusehen, an welchem die Familienangehörigen gewohnt haben.

(2) Vertriebener ist auch, wer als deutscher Staatsangehöriger oder deutscher Volkszugehöriger

1. nach dem 30. Januar 1933 die in Absatz 1 genannten Gebiete verlassen und seinen Wohnsitz außerhalb des Deutschen Reiches genommen hat, weil aus Gründen politischer Gegnerschaft gegen den Nationalsozialismus oder aus Gründen der Rasse, des Glaubens oder der Weltanschauung nationalsozialistische Gewaltmaßnahmen gegen ihn verübt worden sind oder ihm drohten,

2. auf Grund der während des zweiten Weltkrieges geschlossenen zwischenstaatlichen Verträge aus außerdeutschen Gebieten oder während des gleichen Zeitraumes auf Grund von Maßnahmen deutscher Dienststellen aus den von der deutschen Wehrmacht besetzten Gebieten umgesiedelt worden ist (Umsiedler),

3. nach Abschluß der allgemeinen Vertreibungsmaßnahmen die zur Zeit unter fremder Verwaltung stehenden deutschen Ostgebiete, Danzig, Estland, Lettland, Litauen, die Sowjetunion, Polen, die Tschechoslowakei, Ungarn, Rumänien, Bulgarien, Jugoslawien, Albanien oder China verlassen hat oder verläßt, es sei denn, daß er, ohne aus diesen Gebieten vertrieben und bis zum 31. März 1952 dorthin zurückgekehrt zu sein, nach dem 8. Mai 1945 einen Wohnsitz in diesen Gebieten begründet hat (Aussiedler),

4. ohne einen Wohnsitz gehabt zu haben, sein Gewerbe oder seinen Beruf ständig in den in Absatz 1 genannten Gebieten ausgeübt hat und diese Tätigkeit infolge Vertreibung aufgeben mußte,

5. seinen Wohnsitz in den in Absatz 1 genannten Gebieten gemäß § 10 des Bürgerlichen Gesetzbuchs durch Eheschließung verloren, aber seinen ständigen Aufenthalt dort beibehalten hatte und diesen infolge Vertreibung aufgeben mußte,

6. in den in Absatz 1 genannten Gebieten als Kind einer unter Nummer 5 fallenden Ehefrau gemäß § 11 des Bürgerlichen Gesetzbuchs keinen Wohnsitz, aber einen ständigen Aufenthalt hatte und diesen infolge Vertreibung aufgeben mußte.

(3) Als Vertriebener gilt auch, wer, ohne selbst deutscher Staatsangehöriger oder deutscher Volkszugehöriger zu sein, als Ehegatte eines Vertriebenen seinen Wohnsitz oder in den Fällen des Absatzes 2 Nr. 5 als Ehegatte eines deutschen Staatsangehörigen oder deutschen Volkszugehörigen den ständigen Aufenthalt in den in Absatz 1 genannten Gebieten verloren hat.

(4) Wer infolge von Kriegseinwirkungen Aufenthalt in den in Absatz 1 genannten Gebieten genommen hat, ist jedoch nur dann Vertriebener, wenn es aus den Umständen hervorgeht, daß er sich auch nach dem Kriege in diesen Gebieten ständig niederlassen wollte.

§ 2
Heimatvertriebener

(1) Heimatvertriebener ist ein Vertriebener, der am 31. Dezember 1937 oder bereits einmal vorher seinen Wohnsitz in dem Gebiet desjenigen Staates hatte, aus dem er vertrieben worden ist (Vertreibungsgebiet); die Gesamtheit der in § 1 Abs. 1 genannten Gebiete, die am 1. Januar 1914 zum Deutschen Reich oder zur Österreichisch-Ungarischen Monarchie oder zu einem späteren Zeitpunkt zu Polen, zu Estland, zu Lettland oder zu Litauen gehört haben, gilt als einheitliches Vertreibungsgebiet.

(2) Als Heimatvertriebener gilt auch ein vertriebener Ehegatte oder Abkömmling, wenn der andere Ehegatte oder bei Abkömmlingen ein Elternteil am 31. Dezember 1937 oder bereits einmal vorher seinen Wohnsitz im Vertreibungsgebiet (Absatz 1) gehabt hat.

§ 3
Sowjetzonenflüchtling

(1) Sowjetzonenflüchtling ist ein deutscher Staatsangehöriger oder deutscher Volkszugehöriger, der seinen Wohnsitz in der sowjetischen Besatzungszone oder im sowjetisch besetzten Sektor von Berlin hat oder gehabt hat und von dort geflüchtet ist, um sich einer von ihm nicht zu vertretenden und durch die politischen Verhältnisse bedingten besonderen Zwangslage zu entziehen. Eine besondere Zwangslage ist vor allem dann gegeben, wenn eine unmittelbare Gefahr für Leib und Leben oder die persönliche Freiheit vorgelegen hat. Eine besondere Zwangslage ist auch bei einem schweren Gewissenskonflikt gegeben. Wirtschaftliche Gründe sind als besondere Zwangslage anzuerkennen, wenn die Existenzgrundlage zerstört oder entscheidend beeinträchtigt worden ist oder wenn die Zerstörung oder entscheidende Beeinträchtigung nahe bevorstand.

(2) Von der Anerkennung als Sowjetzonenflüchtling ist ausgeschlossen,
1. wer dem in der sowjetischen Besatzungszone und im sowjetisch besetzten Sektor von Berlin herrschenden System erheblich Vorschub geleistet hat,
2. wer während der Herrschaft des Nationalsozialismus oder in der sowjetischen Besatzungszone oder im sowjetisch besetzten Sektor von Berlin durch sein Verhalten gegen die Grundsätze der Menschlichkeit oder Rechtsstaatlichkeit verstoßen hat,
3. wer die freiheitliche demokratische Grundordnung der Bundesrepublik Deutschland einschließlich des Landes Berlin bekämpft hat.

(3) § 1 Abs. 1 Satz 2 und 3, Abs. 2 Nr. 4 bis 6, Abs. 3 und 4 ist sinngemäß anzuwenden.

§ 4
Sowjetzonenflüchtlingen gleichgestellte Personen

(1) Einem Sowjetzonenflüchtling wird gleichgestellt ein deutscher Staatsangehöriger oder deutscher Volkszugehöriger, der im Zeitpunkt der Besetzung seinen Wohnsitz in der sowjetischen Besatzungszone oder im sowjetisch besetzten Sektor von Berlin gehabt und sich außerhalb dieser Gebiete aufgehalten hat, dorthin jedoch nicht zurückkehren konnte, ohne sich offensichtlich einer von ihm nicht zu vertretenden und unmittelbaren Gefahr für Leib und Leben oder die persönliche Freiheit auszusetzen.

(2) § 1 Abs. 1 Satz 2 und 3, Abs. 2 Nr. 1, 4 bis 6, Abs. 3 und 4 sowie § 3 Abs. 2 Nr. 2 und 3 sind sinngemäß anzuwenden.

§ 5
Verwendung des Wortes „Vertreibung"

Soweit in diesem Gesetz das Wort „Vertreibung" verwendet wird, sind hierunter auch die Tatbestände der §§ 3 und 4 zu verstehen.

§ 6
Volkszugehörigkeit

Deutscher Volkszugehöriger im Sinne dieses Gesetzes ist, wer sich in seiner Heimat zum deutschen Volkstum bekannt hat, sofern dieses Bekenntnis durch bestimmte Merkmale wie Abstammung, Sprache, Erziehung, Kultur bestätigt wird.

§ 7
Nach der Vertreibung geborene oder legitimierte Kinder

Kinder, die nach der Vertreibung geboren sind, erwerben die Eigenschaft als Vertriebener oder Sowjetzonenflüchtling des Elternteiles, dem im Zeitpunkt der Geburt oder der Legitimation das Recht der Personensorge zustand oder zusteht. Steht beiden Elternteilen das Recht der Personensorge zu, so erwirbt das Kind die Eigenschaft als Vertriebener oder Sowjetzonenflüchtling desjenigen Elternteiles, dem im Zeitpunkt der Geburt oder der Legitimation das Recht der gesetzlichen Vertretung zustand oder zusteht.

§ 8
Heirat und Annahme als Kind

Durch Heirat oder Annahme als Kind nach der Vertreibung wird die Eigenschaft als Vertriebener oder Sowjetzonenflüchtling weder erworben noch verloren.

Zweiter Titel

Voraussetzungen für die Inanspruchnahme von Rechten und Vergünstigungen

§ 9
Ständiger Aufenthalt

(1) Rechte und Vergünstigungen als Vertriebener oder Sowjetzonenflüchtling kann vorbehaltlich der §§ 10 bis 13 nur in Anspruch nehmen, wer im Geltungsbereich des Gesetzes seinen ständigen Aufenthalt hat.

(2) Die Beschränkung des Absatzes 1 gilt nicht für einen Vertriebenen oder Sowjetzonenflüchtling, der als Angehöriger des öffentlichen Dienstes seinen ständigen Aufenthalt im Ausland genommen hat.

§ 10
Stichtag für Vertriebene

(1) Rechte und Vergünstigungen als Vertriebener kann nur in Anspruch nehmen, wer bis zum 31. Dezember 1952 im Geltungsbereich des Gesetzes seinen ständigen Aufenthalt genommen hat.

(2) Ohne Rücksicht auf den in Absatz 1 genannten Stichtag kann ein Vertriebener Rechte und Vergünstigungen in Anspruch nehmen, wenn er im Geltungsbereich des Gesetzes seinen ständigen Aufenthalt genommen hat
1. als nach dem 31. Dezember 1952 geborenes Kind eines zur Inanspruchnahme von Rechten und Vergünstigungen berechtigten Vertriebenen,
2. spätestens sechs Monate nach dem Zeitpunkt, in dem er die zur Zeit unter fremder Verwaltung stehenden deutschen Ostgebiete oder das Gebiet desjenigen Staates, aus dem er vertrieben oder ausgesiedelt worden ist, verlassen hat,

3. als Heimkehrer nach den Vorschriften des Heimkehrergesetzes vom 19. Juni 1950 (Bundesgesetzblatt S. 221) in seiner jeweils geltenden Fassung,
4. im Wege der Familienzusammenführung gemäß § 94 Abs. 2, vorausgesetzt, daß er mit einem Angehörigen zusammengeführt wird, der schon am 31. Dezember 1952 im Geltungsbereich des Gesetzes seinen ständigen Aufenthalt hatte oder der selbst Rechte und Vergünstigungen als Vertriebener oder Sowjetzonenflüchtling in Anspruch nehmen kann,
5. als Sowjetzonenflüchtling gemäß § 3,
6. nach Zuzug aus dem Ausland bis zum 31. Dezember 1964, wenn die hierfür im Geltungsbereich des Gesetzes bestehenden Vorschriften beachtet worden sind, der
7. nach Zuzug aus der sowjetischen Besatzungszone Deutschlands oder aus dem sowjetisch besetzten Sektor von Berlin bis zum 31. Dezember 1964.

Bei der Frist nach Nummer 2 werden solche Zeiten nicht mitgerechnet, in denen ein Vertriebener nach Verlassen eines der in § 1 Abs. 2 Nr. 3 bezeichneten Gebiete, aus dem er vertrieben oder ausgesiedelt worden ist, in einem anderen der dort bezeichneten Gebiete sich aufgehalten hat, ferner nicht solche Zeiten, in denen er oder ein mit ihm vertriebener oder ausgesiedelter Familienangehöriger aus Gründen, die er nicht zu vertreten hat, an der Weiterreise in den Geltungsbereich des Gesetzes gehindert worden ist.

§ 11
Ausschluß von der Inanspruchnahme von Rechten und Vergünstigungen

Rechte und Vergünstigungen als Vertriebener oder Sowjetzonenflüchtling kann nicht in Anspruch nehmen, wer

1. nach dem 31. Dezember 1937 erstmalig Wohnsitz in einem in das Deutsche Reich eingegliederten, von der deutschen Wehrmacht besetzten oder in den deutschen Einflußbereich einbezogenen Gebiet genommen und dort die durch die nationalsozialistische Gewaltherrschaft geschaffene Lage ausgenutzt hat,
2. während der Herrschaft des Nationalsozialismus oder im Vertreibungsgebiet oder in der sowjetischen Besatzungszone Deutschlands oder im sowjetisch besetzten Sektor von Berlin durch sein Verhalten gegen die Grundsätze der Menschlichkeit oder Rechtsstaatlichkeit verstoßen hat,
3. dem in der sowjetischen Besatzungszone Deutschlands und im sowjetisch besetzten Sektor von Berlin und in den in § 1 Abs. 2 Nr. 3 genannten Gebieten herrschenden System erheblich Vorschub geleistet hat oder leistet,
4. die freiheitliche demokratische Grundordnung der Bundesrepublik Deutschland einschließlich des Landes Berlin bekämpft hat oder bekämpft oder
5. offensichtlich ohne wichtige Gründe aus dem Geltungsbereich des Gesetzes in die in § 1 Abs. 2 Nr. 3 genannten Gebiete oder in die sowjetische Besatzungszone Deutschlands oder in den sowjetisch besetzten Sektor von Berlin verzogen und von dort zurückgekehrt ist.

Bei der Anwendung der Nummer 5 bleibt § 1 Abs. 2 Nr. 3 unberührt.

§ 12
Ausschluß bei Erwerb einer fremden Staatsangehörigkeit

(1) Rechte und Vergünstigungen als Vertriebener oder Sowjetzonenflüchtling

kann nicht in Anspruch nehmen, wer nach der Vertreibung eine fremde Staatsangehörigkeit erworben hat oder erwirbt und seine Rechtsstellung als Deutscher im Sinne des Artikels 116 des Grundgesetzes verliert. Dies gilt nicht im Falle des § 1 Abs. 2 Nr. 1, es sei denn, daß die fremde Staatsangehörigkeit nach Inkrafttreten dieses Gesetzes erworben wird.

(2) Erwirbt ein Vertriebener oder Sowjetzonenflüchtling, der nach der Vertreibung eine fremde Staatsangehörigkeit erworben hat, die deutsche Staatsangehörigkeit, so kann er von diesem Zeitpunkt ab Rechte und Vergünstigungen als Vertriebener oder Sowjetzonenflüchtling in Anspruch nehmen, sofern die sonstigen Voraussetzungen dieses Titels gegeben sind.

§ 13
Beendigung der Inanspruchnahme von Rechten und Vergünstigungen

(1) Rechte und Vergünstigungen als Vertriebener oder Sowjetzonenflüchtling nach diesem Gesetz kann nicht mehr in Anspruch nehmen, wer in das wirtschaftliche und soziale Leben in einem nach seinen früheren wirtschaftlichen und sozialen Verhältnissen zumutbaren Maße eingegliedert ist. Unberührt bleiben die Vorschriften des Ersten Abschnittes sowie des § 70 Abs. 1 bis 4 und der §§ 71, 81 bis 90 und 92 bis 97 dieses Gesetzes. Unberührt bleiben ferner die Vergünstigungen nach § 91, soweit es sich um die Rückzahlung von Leistungen der Sozialhilfe handelt, die vor der Erteilung des Ausschließungsvermerks empfangen wurden. Unberührt bleiben auch steuerrechtliche Vergünstigungen, die sich auf die Zeit vor der Erteilung des Ausschließungsvermerks beziehen, soweit nicht in anderen Vorschriften eine günstigere Regelung getroffen ist.

(2) Dasselbe gilt, wenn ein Vertriebener oder Sowjetzonenflüchtling in die in § 1 Abs. 1 und § 3 genannten Gebiete nicht zurückkehrt, obwohl ihm die Rückkehr dorthin möglich und zumutbar ist.

(3) Über die Beendigung der Inanspruchnahme von Rechten und Vergünstigungen gemäß den Absätzen 1 und 2 entscheiden die zentralen Dienststellen der Länder (§ 21) oder die von ihnen bestimmten Behörden. Der Vertriebene oder Sowjetzonenflüchtling ist verpflichtet, diesen Dienststellen auf Verlangen die erforderlichen Auskünfte zu erteilen und Unterlagen vorzulegen. Die für die Gewährung von Rechten und Vergünstigungen zuständigen Stellen sind berechtigt, deren Beendigung zu beantragen.

Dritter Titel
Erweiterung des Personenkreises

§ 14
Ermächtigung

Die Bundesregierung wird ermächtigt, durch Rechtsverordnung mit Zustimmung des Bundesrates weitere Personengruppen, die von Vertreibungs- oder vertreibungsähnlichen Maßnahmen betroffen sind oder werden, den Vertriebenen oder Sowjetzonenflüchtlingen gleichzustellen sowie Voraussetzungen und Umfang der ihnen zu gewährenden Rechte und Vergünstigungen zu bestimmen.

Vierter Titel
Ausweise

§ 15
Zweck und Arten der Ausweise

(1) Vertriebene und Sowjetzonenflüchtlinge erhalten zum Nachweis ihrer Vertriebenen- oder Flüchtlingseigenschaft (§§ 1 bis 4) Ausweise, deren Muster der Bundesminister des Innern bestimmt.

(2) Es erhalten
1. Heimatvertriebene den Ausweis A,
2. Vertriebene, die nicht Heimatvertriebene sind, den Ausweis B,
3. Sowjetzonenflüchtlinge (§§ 3 und 4), die nicht gleichzeitig Vertriebene sind, den Ausweis C.

(3) Liegen bei einem Vertriebenen die Voraussetzungen des § 3 vor, so ist auf Antrag der Ausweis A oder B durch einen entsprechenden Vermerk zu kennzeichnen.

(4) Die Ausweise derjenigen Vertriebenen und Sowjetzonenflüchtlinge, die nach den §§ 9 bis 12 zur Inanspruchnahme von Rechten und Vergünstigungen nicht berechtigt sind, werden besonders gekennzeichnet.

(5) Die Entscheidung über die Ausstellung des Ausweises ist für alle Behörden und Stellen verbindlich, die für die Gewährung von Rechten oder Vergünstigungen als Vertriebener oder Sowjetzonenflüchtling nach diesem oder einem anderen Gesetz zuständig sind. Hält eine Behörde oder Stelle die Entscheidung der zuständigen Behörde über die Ausstellung des Ausweises nicht für gerechtfertigt, so kann sie nur ihre Änderung oder Aufhebung durch die Ausstellungsbehörde beantragen. Wenn diese dem Antrag nicht entsprechen will, so entscheidet darüber die gemäß § 21 errichtete zentrale Dienststelle oder die von dieser bestimmte Behörde des Landes, in welchem der Ausweis ausgestellt worden ist.

§ 16
Zuständigkeit und Verfahren

(1) Den Ausweis stellen auf Antrag die von den zentralen Dienststellen der Länder (§ 21) bestimmten Behörden aus. In den Fällen, in welchen ein Vertriebener oder Sowjetzonenflüchtling seinen gewöhnlichen Aufenthalt im Ausland hat, bestimmt die Regierung des Landes, in welchem die Bundesregierung ihren Sitz hat, die zuständige Behörde. Solange sich ein Vertriebener oder Sowjetzonenflüchtling in einem Gast- oder Durchgangslager befindet, bestimmt die Regierung des Landes, in welchem das Lager gelegen ist, die zuständige Behörde.

(2) Der Antrag ist auf einem Vordruck zu stellen, dessen Fassung der Bundesminister des Innern im Benehmen mit den zentralen Dienststellen der Länder (§ 21) bestimmt.

(3) Hält die Behörde mit Rücksicht auf die Bedeutung einer Aussage eine eidliche Vernehmung für geboten, so ist das Amtsgericht, in dessen Bezirk die zu vernehmende Person ihren Wohnsitz oder Aufenthaltsort hat, um die eidliche Vernehmung zu ersuchen. Auf das Vernehmungsersuchen sind die Vorschriften des Gerichtsverfassungsgesetzes und der Zivilprozeßordnung sinngemäß anzuwenden.

§ 17
Ablehnender Bescheid

Wird die Ausstellung des Ausweises oder die Eintragung eines Vermerks gemäß § 15 Abs. 3 abgelehnt, der Ausweis gemäß § 15 Abs. 4 oder § 19 besonders gekennzeichnet oder gemäß § 18 eingezogen oder für ungültig erklärt, so ist die Entscheidung schriftlich zu erlassen.

§ 18
Einziehung und Ungültigkeitserklärung
Der Ausweis ist einzuziehen oder für ungültig zu erklären, wenn die Voraussetzungen für seine Ausstellung nicht vorgelegen haben. Hierüber entscheidet die Ausstellungsbehörde.

§ 19
Vermerk über die Beendigung der Inanspruchnahme von Rechten und Vergünstigungen
Die Beendigung der Inanspruchnahme von Rechten und Vergünstigungen ist im Ausweis zu vermerken. Der Ausweis bleibt im Besitz des Inhabers.

§ 20
(aufgehoben)

Zweiter Abschnitt
Behörden und Beiräte

Erster Titel

Behörden

§ 21
Landesflüchtlingsverwaltungen
Die Länder sind verpflichtet, zur Durchführung dieses Gesetzes zentrale Dienststellen zu unterhalten. Diese sind, soweit sie nicht selbst zuständig sind, bei den Maßnahmen zur Durchführung dieses Gesetzes zu beteiligen.

Zweiter Titel

Beiräte

§ 22
Bildung und Aufgaben
(1) Bei dem Bundesminister des Innern und bei den zentralen Dienststellen der Länder sind Beiräte für Vertriebenen- und Flüchtlingsfragen zu bilden.
(2) Die Beiräte haben die Aufgabe, die Bundesregierung und die Landesregierungen sachverständig in Vertriebenen- und Flüchtlingsfragen zu beraten. Sie sollen zu allgemeinen Regelungen und Maßnahmen gehört werden.

§ 23
Zusammensetzung des Beirates bei dem Bundesminister des Innern
(1) Der Beirat für Vertriebenen- und Flüchtlingsfragen bei dem Bundesminister des Innern setzt sich zusammen aus

je einem Vertreter der bei den zentralen Dienststellen der Länder gebildeten Beiräte für Vertriebenen- und Flüchtlingsfragen (§ 22), sechzehn Vertretern der auf Bundesebene tätigen Organisationen der Vertriebenen und Flüchtlinge, je einem Vertreter der Evangelischen und der Katholischen Kirche,

je einem Vertreter der kommunalen Spitzenverbände,

je einem Vertreter der anerkannten Spitzenverbände der freien Wohlfahrtspflege sowie des Deutschen Vereins für öffentliche und private Fürsorge,

zwei Vertretern der Spitzenorganisationen der Arbeitgeber und zwei Vertretern der Spitzenorganisationen der Arbeitnehmer.

(2) Für jedes Mitglied des Beirates kann ein Stellvertreter berufen werden.

(3) Den Vorsitz im Beirat führt der Bundesminister des Innern.

§ 24
Berufung und Amtsdauer

Die Mitglieder des Beirates für Vertriebenen- und Flüchtlingsfragen bei dem Bundesminister des Innern und ihre Stellvertreter beruft dieser auf Vorschlag der in § 23 genannten Organisationen auf die Dauer von vier Jahren. Scheidet ein Mitglied des Beirates vor Ablauf der Amtsdauer aus oder verliert ein Mitglied seine Eigenschaft als Vertreter einer der in § 23 genannten Organisationen, so beruft der Bundesminister des Innern auf Vorschlag dieser Organisation einen Ersatzmann für den Rest der Amtsdauer.

§ 25
Zusammensetzung der Beiräte bei den zentralen Dienststellen der Länder

Die Zusammensetzung der Beiräte für Vertriebenen- und Flüchtlingsfragen bei den zentralen Dienststellen der Länder und die Berufung und Amtsdauer ihrer Mitglieder regeln die Länder.

Dritter Abschnitt

Eingliederung der Vertriebenen und Flüchtlinge

Erster Titel

Umsiedlung

(§§ 26 bis 34 sind nicht abgedruckt)

Zweiter Titel

Landwirtschaft

§ 35
Grundsatz

Vertriebene und Sowjetzonenflüchtlinge, die aus der Landwirtschaft stammen oder nach der Vertreibung überwiegend in der Landwirtschaft tätig waren, sollen nach Maßgabe dieses Titels dadurch in die Landwirtschaft eingegliedert werden, daß sie entweder als Siedler im Sinne der Siedlungs- und Bodenreformgesetzgebung oder sonst als Eigentümer oder Pächter land- oder forstwirtschaftlicher Grundstücke oder in einem anderen zweckdienlichen Nutzungsverhältnis angesetzt werden.

§ 36
Voraussetzungen für die Eingliederung
Für die Eingliederung nach § 35 müssen die folgenden Voraussetzungen vorliegen:
1. Der Erwerber oder Pächter muß die zur ordnungsmäßigen Bewirtschaftung der Stelle erforderlichen Eignung besitzen.
2. Die Umstände müssen erwarten lassen, daß durch die Veräußerung oder Verpachtung für den Erwerber oder Pächter eine neue gesicherte Lebensgrundlage geschaffen oder eine bereits geschaffene, aber noch gefährdete Lebensgrundlage gesichert wird. Diese Voraussetzungen können auch erfüllt sein, wenn die Veräußerung oder Verpachtung zur Begründung einer landwirtschaftlichen Nebenerwerbsstelle dient.
3. Der Erwerber oder Pächter darf nicht mit dem Veräußerer oder Verpächter in gerader Linie verwandt sein. Das gilt nicht, wenn der Veräußerer oder Verpächter nach dem Flüchtlingssiedlungsgesetz vom 10. August 1949 (Gesetzblatt der Verwaltung des Vereinigten Wirtschaftsgebietes S. 231) oder nach den Vorschriften dieses Titels in die Landwirtschaft eingegliedert ist.
4. Der Pächter darf nicht der Ehegatte des Verpächters sein.

§ 37
Mitwirkung der Siedlungsbehörde
(1) Voraussetzung für die Gewährung von Darlehen und Beihilfen nach den §§ 41 bis 45 und für die Gewährung von Vergünstigungen auf dem Gebiete des Steuer- und Abgabenrechts nach den §§ 47 bis 56 ist die Mitwirkung der Siedlungsbehörde bei der Eingliederung (§ 35). Sie kann auch dadurch mitwirken, daß sie einem bereits abgeschlossenen Vertrage zustimmt. Im Falle des § 44 erfolgt die Mitwirkung der Siedlungsbehörde durch Erteilung einer Bescheinigung darüber, daß die Voraussetzungen des § 44 vorliegen.

(2) Die Siedlungsbehörde hat mitzuwirken, wenn die Voraussetzungen für die Gewährung von Darlehen und Beihilfen oder von Vergünstigungen auf dem Gebiete des Steuer- und Abgabenrechts (§§ 35 und 36) vorliegen. Sie hat ihre Mitwirkung zu versagen, wenn diese Voraussetzungen nicht erfüllt sind.

(3) Sie kann die Mitwirkung versagen, wenn der Erwerber oder Pächter mit dem Veräußerer oder Verpächter bis zum dritten Grade der Seitenlinie verwandt oder als Verwandter der Seitenlinie gesetzlicher Erbe oder bis zum zweiten Grade verschwägert ist und die Veräußerung oder Verpachtung auch ohne die Vergünstigungen auf dem Gebiete des Steuer- und Abgabenrechts erfolgen würde oder der Erwerber oder Pächter durch die Veräußerung oder Verpachtung auch ohne diese Vergünstigungen eine gesicherte Lebensgrundlage in der Land- oder Forstwirtschaft bereits hat oder erhält. Hierdurch wird die Gewährung von Darlehen und Beihilfen und die hierfür erforderliche Mitwirkung der Siedlungsbehörde nicht ausgeschlossen.

(4) Die zuständigen Behörden haben ohne weitere Nachprüfung die Vergünstigungen auf dem Gebiete des Steuer- und Abgabenrechts nach den §§ 47 bis 56 zu gewähren, wenn die Siedlungsbehörde bescheinigt, daß die Voraussetzungen für die Gewährung dieser Vergünstigungen vorliegen. Diese Bescheinigung ist für die zuständigen Behörden bindend.

(5) Die Darlehen und Beihilfen (Absatz 1) können mit Zustimmung der Siedlungsbehörde auch in den Fällen gewährt werden, in denen Vertriebene oder Sowjetzonenflüchtlinge bereits vor Inkrafttreten dieses Gesetzes in einer dem § 42 entsprechenden Weise ohne Mitwirkung der Siedlungsbehörde zur Ansetzung gelangt sind.

§ 38
Beteiligung an der Neusiedlung

Bei der Vergabe von Neusiedlerstellen ist das neu anfallende Siedlungsland im Bundesgebiet ländermäßig nach Fläche und Güte mindestens zur Hälfte dem in § 35 genannten Personenkreis zuzuteilen. Bei der weiteren Vergabe sind gleichrangig die einheimischen Siedlungsbewerber entsprechend der Zahl der vorliegenden Anträge zu berücksichtigen.

§ 39
Auslaufende und wüste Höfe

(1) Für die Ansetzung nach § 35 kommen vor allem auch auslaufende Höfe, deren unwirtschaftliche Zerschlagung verhindert werden soll, sowie wüste Höfe, die sich für eine Wiederinbetriebnahme eignen, in Betracht.

(2) Auslaufende Höfe sind landwirtschaftliche Betriebe, deren Eigentümer diese nicht mehr selbst bewirtschaften oder bewirtschaften können und keine Erben haben, die den Betrieb selbst bewirtschaften können oder wollen. Wüste Höfe sind früher selbständige landwirtschaftliche Betriebe, deren Betriebsgebäude ganz oder teilweise noch vorhanden sind, deren Land aber veräußert oder verpachtet oder anderweitig zur Nutzung abgegeben worden ist.

§ 40
Moor-, Ödland und Rodungsflächen

(1) Für die Ansetzung nach § 35 kommen ferner Moor-, Ödland und Rodungsflächen in Betracht.

(2) Für die Anwendung des § 3 des Reichssiedlungsgesetzes vom 11. August 1919 (Reichsgesetzblatt I, S. 1429) stehen dem Moor- und Ödland gleich
1. landwirtschaftlich nutzbare Ländereien, die nicht planmäßig bewirtschaftet werden,
2. nicht sachgemäß bewirtschaftete Holzbodenflächen (Rodungsflächen), soweit sie zur Besiedlung geeignet sind. Die Enteignung von Rodungsflächen ist nur nach Anhören der obersten Landesforstbehörde zulässig.

§ 41
Darlehen und Beihilfen bei Neusiedlung

Können für die Ansetzung von Vertriebenen oder Sowjetzonenflüchtlingen als Neusiedler Mittel nicht rechtzeitig oder nur in unzureichendem Maße eingesetzt werden, so können zugunsten des einzelnen Vertriebenen oder Sowjetzonenflüchtlings zusätzlich zu den von den Ländern bereitzustellenden Finanzierungshilfen zinslose Darlehen und Beihilfen, insbesondere zur Land- und Inventarbeschaffung und für notwendige bauliche Aufwendungen, gewährt werden.

§ 42
Darlehen und Beihilfen bei Übernahme bestehender landwirtschaftlicher Betriebe

Wird ein land- oder forstwirtschaftlicher Betrieb (Betrieb) oder ein Teil eines solchen Betriebes (Betriebsteil) oder ein Grundstück im Sinne des Bewertungsgesetzes, dessen Veräußerung oder Verpachtung der Bildung eines land- oder forstwirtschaftlichen Betriebes des Erwerbers oder Pächters dient oder das zur Grundlage einer landwirtschaftlichen Nebenerwerbsstelle wird (Grundstück), unter Mitwirkung der Siedlungsbehörde (§ 37) an einen zu dem in § 35 genannten Personenkreis gehörigen Vertriebenen oder Sowjetzonenflüchtling veräußert oder auf mindestens zwölf Jahre verpachtet, so können zur Finanzierung der hierfür erforderlichen Aufwendungen, insbesondere zur Zahlung des Erwerbspreises, zur Anschaffung des Inventars, für notwendige bauliche Aufwendungen und für die Beschaffung von Ersatzwohnungen, zinslose Darlehen gewährt werden. Es können in besonderen Fällen an Stelle oder neben Darlehen auch Beihilfen gewährt werden.

§ 43
Beihilfen bei Ansetzung auf Moor-, Ödland oder Rodungsflächen

Sofern die Ansetzung von Vertriebenen oder Sowjetzonenflüchtlingen auf kultivierbarem Moor- oder Ödland oder auf Rodungsflächen (§ 40) gewährleistet ist, können außer den in den §§ 41 und 42 genannten Darlehen und Beihilfen dem Siedlungsbewerber oder dem Siedlungsunternehmen auf Antrag des Landes Beihilfen bis zu 2 500 Deutsche Mark je Hektar der zu kultivierenden oder zu rodenden Fläche gewährt werden.

§ 44
Einheirat und Erwerb von Todes wegen

(1) Der Veräußerung eines Betriebes, Betriebsteils oder Grundstücks an einen Vertriebenen oder Sowjetzonenflüchtling (§ 42) steht unter der Voraussetzung, daß dadurch für diesen Vertriebenen oder Sowjetzonenflüchtling eine selbständige Existenz in der Land- oder Forstwirtschaft geschaffen wird, gleich
1. die Entstehung des Gesamthandeigentums an einem Betrieb, Betriebsteil oder Grundstück durch die Vereinbarung der Gütergemeinschaft (§§ 1415 ff. des Bürgerlichen Gesetzbuchs) zugunsten eines Ehegatten, der Vertriebener oder Sowjetzonenflüchtling ist,
2. die Übertragung des Miteigentums an einem Betrieb, Betriebsteil oder Grundstück an einen Vertriebenen oder Sowjetzonenflüchtling,
3. der Erwerb eines Betriebes, Betriebsteils oder Grundstücks von Todes wegen durch einen Vertriebenen oder Sowjetzonenflüchtling, der mit dem Erblasser nicht in gerader Linie oder bis zum dritten Grade der Seitenlinie verwandt oder bis zum zweiten Grade verschwägert ist.

(2) In den Fällen des Absatzes 1 ist die Gewährung von Darlehen oder Beihilfen nur zulässig, wenn dies zur Sicherung einer selbständigen Existenz notwendig ist.

§ 45
Pachtverlängerung und Begründung eines sonstigen Nutzungsverhältnisses

Der Verpachtung eines Betriebes, Betriebsteils oder Grundstücks auf mindestens zwölf Jahre (§ 42) steht gleich

1. die Verlängerung eines mit einem Vertriebenen oder Sowjetzonenflüchtling auf weniger als zwölf Jahre abgeschlossenen Pachtvertrages um mindestens sechs Jahre auf insgesamt mindestens zwölf Jahre,
2. die Begründung eines anderen zweckdienlichen Nutzungsverhältnisses auf mindestens zwölf Jahre.

§ 46
Bereitstellung der Mittel

(1) Die für die Zwecke dieses Titels erforderlichen Mittel einschließlich von Mitteln für die Vorbereitung, Durchführung und Sicherung der Eingliederung stellt der Bund zur Verfügung. Er stellt insbesondere zur Durchführung eines von der Bundesregierung jährlich aufzustellenden Siedlungsprogramms zusätzlich zu den von den Ländern aufzubringenden finanziellen Leistungen, soweit die haushaltsmäßige Deckung beschafft werden kann, Mittel bereit

1. für die Neusiedlung,
2. zur Förderung der in den §§ 42, 44 und 45 festgelegten Zwecke,
3. für die Ansetzung auf Moor- und Ödland und Rodungsflächen für die Beihilfen nach § 43.

Mittel für Zwecke dieses Titels werden nach dem 31. Dezember 1976 nur bereitgestellt zur Bewilligung von Anträgen, die bis zu diesem Tage gestellt, aber noch nicht bewilligt sind, und für Anträge, die innerhalb von zehn Jahren nach dem erstmaligen Eintreffen des Berechtigten im Geltungsbereich dieses Gesetzes gestellt werden. In Härtefällen können abweichend von Satz 3 für die Sicherung der Eingliederung (Nachfinanzierung) 1981 noch bis zu 50 Millionen Deutsche Mark, 1982 bis zu 40 Millionen Deutsche Mark und 1983 bis zu 30 Millionen Deutsche Mark bereitgestellt werden.

(2) Die Mittel, die auf Grund des Absatzes 1 bereitgestellt worden sind oder werden, fließen dem Zweckvermögen bei der Deutschen Siedlungs- und Landesrentenbank zu.

(2 a) Die Zins- und Tilgungssätze von Darlehen, für die der Bund nach Absatz 1 Mittel zur Förderung der Eingliederung von Vertriebenen und Flüchtlingen auf landwirtschaftlichen Nebenerwerbsstellen bereitgestellt hat, werden, soweit es sich nicht um noch nicht unterverteilte Zwischenkredite handelt, abweichend von den vertraglichen Vereinbarungen mit den Darlehensnehmern, erhöht; das gleiche gilt für landwirtschaftliche Vollerwerbsstellen, die sich zu landwirtschaftlichen Nebenerwerbsstellen entwickelt haben. Die Deutsche Siedlungs- und Landesrentenbank erhebt danach jeweils zuzüglich ersparter Zinsen vom Darlehensursprungsbetrag

a) einen Zins 4 vom Hundert und eine Tilgung von 3,5 vom Hundert, soweit die Darlehen vor dem 1. Januar 1965 bewilligt worden sind,
b) einen Zins von 2,25 vom Hundert und eine Tilgung von 3,25 vom Hundert, soweit die Darlehen nach dem 31. Dezember 1964 und vor dem 1. Januar 1971 bewilligt worden sind und
c) einen Zins von 1,75 vom Hundert und eine Tilgung von 2,25 vom Hundert, soweit die Darlehen nach dem 31. Dezember 1970 und vor dem 1. Januar 1973 bewilligt worden sind.

Die sich aus Satz 2 Buchstaben a bis c sowie nach Absatz 2 b ergebende jährliche Mehrbelastung ist für die einzelne Siedlerstelle auf 1 200 Deutsche Mark zu begrenzen. Bei vorzeitiger Rückzahlung der in Satz 2 genannten Darlehen innerhalb von sechs Monaten nach Inkrafttreten dieses Gesetzes wird ein Schuldnachlaß in Höhe von 6 vom Hundert (Buchstabe a), 13 vom Hundert (Buchstabe b) und 15 vom Hundert (Buchstabe c) der valutierenden Darlehensschuld gewährt. Die durch die Erhöhung aufkommenden Mittel fließen dem Zweckvermögen bei der Deutschen Siedlungs- und Landesrentenbank zu und sind ausschließlich für die Eingliederung der aus der Landwirtschaft stammenden Vertriebenen und Flüchtlinge, insbesondere zur Förderung des Erwerbes landwirtschaftlicher Nebenerwerbsstellen, zu verwenden.

(2 b) Absatz 2 a gilt sinngemäß für die von den Ländern bereitgestellten Darlehen mit der Maßgabe, daß die Mittel von den Ländern erhoben und von ihnen entsprechend verwendet werden.

(3) Daneben werden zur verstärkten Förderung der in diesem Titel festgelegten Zwecke aus dem Ausgleichsfonds (§ 5 des Lastenausgleichsgesetzes vom 14. August 1952 – Bundesgesetzbl. I, S. 446) für die Jahre 1953 bis 1957, unbeschadet der nach dem Lastenausgleichsgesetz zu gewährenden Eingliederungsdarlehen, den Ländern jährlich 100 Millionen Deutsche Mark aus den im Wege der Vorfinanzierung bereitgestellten Mitteln darlehnsweise zur Verfügung gestellt. Die Länder haben als erste Darlehnsnehmer dem Ausgleichsfonds gegenüber die Darlehen derart zu tilgen, daß die Tilgung bis zum 31. März 1979 abgeschlossen ist.

(4) Die Richtlinien über die Verteilung und Verwendung der hiernach bereitgestellten Mittel sowie über die Kontrolle ihrer Verwendung erläßt der Bundesminister für Ernährung, Landwirtschaft und Forsten im Einvernehmen mit den Bundesministern der Finanzen und des Innern und, soweit es sich um Lastenausgleichsmittel handelt, im Benehmen mit dem Präsidenten des Bundesausgleichsamtes. Dabei kann die Verteilung mit der Bedingung verbunden werden, daß die Länder, soweit es zur Erfüllung der in § 35 festgelegten Zwecke erforderlich ist, Landesmittel zur Verfügung stellen.

(5) Eingliederungsdarlehen nach dem Lastenausgleichsgesetz, die für Vertriebenen oder Sowjetzonenflüchtlinge zur Schaffung oder Sicherung von Existenzen in der Landwirtschaft gewährt werden, dürfen nur im Einvernehmen mit der Siedlungsbehörde bewilligt werden.

(6) Bei Gewährung von Wohnraumhilfe nach den §§ 289 ff. des Lastenausgleichsgesetzes ist der Wohnteil von nach diesem Titel geförderten Vorhaben angemessen zu berücksichtigen.

(7) Beansprucht der bisherige Eigentümer eine ortsübliche und angemessene Versorgung mit Wohnung und Unterhalt (z. B. Altenteil) und übernimmt das Land die Bürgschaft hierfür, so stellt der Bund das Land insoweit frei, als es aus der Bürgschaft in Anspruch genommen wird. Entsprechende Verpflichtungen können bis zur Höhe von insgesamt 5 Millionen Deutsche Mark übernommen werden.

§ 47
Vergünstigungen für den Landabgeber auf dem Gebiete des Steuer- und Abgabenrechts

(1) In den Fällen der §§ 42 bis 45 und bei Anwendung des Absatzes 2 werden auf dem Gebiete des Steuer- und Abgabenrechts Vergünstigungen nach den §§ 48 bis 56 insoweit gewährt, als der Einheitswert des veräußerten oder verpachteten Betriebes, Betriebsteils oder Grundstücks (§ 42) oder bei Zukauf oder Zupachtung der Einheitswert des von dem Erwerber oder Pächter unter Einschluß der zugekauften oder zugepachteten Fläche insgesamt bewirtschafteten Betriebes 80 000

Deutsche Mark nicht übersteigt. Diese Wertgrenze gilt nicht für die Veräußerung von Betrieben, Betriebsteilen oder Grundstücken im Rahmen eines ordentlichen Siedlungsverfahrens und für den Fall des Absatzes 3.
(2) Bei dem Erwerb des Gesamthandeigentums nach § 44 Abs. 1 Nr. 1 werden die Vergünstigungen auf dem Gebiete des Steuer- und Abgabenrechts für den ganzen zu dem Gesamthandeigentum gehörenden Betrieb, Betriebsteil oder für das ganze zum Gesamthandeigentum gehörige Grundstück gewährt. Bei Erwerb des Miteigentums nach § 44 Abs. 1 Nr. 2 werden die Vergünstigungen auf dem Gebiete des Steuer- und Abgabenrechts gewährt
1. für den ganzen Betrieb, an dem das Miteigentum zugunsten des Vertriebenen oder Sowjetzonenflüchtlings begründet wird, wenn das Miteigentum mindestens zur Hälfte dem Vertriebenen oder Sowjetzonenflüchtling übertragen wird,
2. nur für den übertragenen Miteigentumsanteil, wenn das Miteigentum mit weniger als zur Hälfte an den Vertriebenen oder Sowjetzonenflüchtling übertragen wird.
(3) Der Veräußerung an einen Vertriebenen oder Sowjetzonenflüchtling steht die zum Zwecke der Ansetzung von Vertriebenen oder Sowjetzonenflüchtlingen vorgenommene Veräußerung an ein gemeinnütziges Siedlungsunternehmen im Sinne der Siedlungs- und Bodenreformgesetzgebung gleich, wenn die Siedlungsbehörde bescheinigt, daß der erworbene Betrieb, Betriebsteil oder das Grundstück mindestens zur Hälfte seiner Fläche der Ansiedlung von Vertriebenen oder Sowjetzonenflüchtlingen dient.
(4) Die Vergünstigungen nach Maßgabe der §§ 48 bis 56 werden nicht gewährt für die Veräußerung von Betrieben, Betriebsteilen oder Grundstücken, die als vollständige oder teilweise Erfüllung des Landabgabesolls im Rahmen der Bodenreformgesetzgebung behandelt wird.

§ 48
Vergünstigungen bei der Einkommensteuer
Wird ein Betrieb, Betriebsteil oder Grundstück nach Maßgabe des § 42 veräußert oder verpachtet, so rechnen die während der Bewirtschaftung durch den Erwerber oder Pächter, seine Familienangehörigen oder Erben fälligen Einkünfte aus der Verpachtung oder aus einer bei der Veräußerung vorbehaltenen Versorgung mit Wohnung und Unterhalt (z. B. Altenteil) nicht zum einkommensteuerpflichtigen Einkommen, soweit diese Einkünfte jährlich 2000 Deutsche Mark nicht übersteigen.

§ 49
Vergünstigungen bei der Erbschaftsteuer
Das Erbschaftsteuergesetz in der Fassung der Bekanntmachung vom 30. Juni 1951 (Bundesgesetzbl. I, S. 764) wird wie folgt geändert:
1. § 18 Abs. 1 Nr. 11a erhält folgende Fassung:
„11a. ein Erwerb

a) von Vermögen, das aus Erlösen stammt, die der Erblasser (Schenker) für eine nach dem 21. Juni 1948 durchgeführte Veräußerung eines auslaufenden Hofes oder eines wüsten Hofes an einen Vertriebenen oder Sowjetzonenflüchtling erworben hat,

b) eines auslaufenden Hofes oder eines wüsten Hofes, wenn er von dem Erben (Beschenkten) innerhalb von zwölf Monaten nach erlangter Kenntnis von dem

✗ Anfall oder während der Dauer eines Pachtverhältnisses gemäß Buchstabe c) an einen Vertriebenen oder Sowjetzonenflüchtling veräußert wird,

c) eines auslaufenden Hofes oder eines wüsten Hofes, der von dem Erblasser (Schenker) auf die Dauer von mindestens zwölf Jahren an einen Vertriebenen oder Sowjetzonenflüchtling verpachtet worden ist, zur Hälfte des auf dieses Vermögen entfallenden Steuerbetrages; der restliche Steuerbetrag wird bis zur Beendigung des Pachtverhältnisses gestundet. Das gleiche gilt, wenn die Verpachtung durch den Erben (Beschenkten) innerhalb von zwölf Monaten nach erlangter Kenntnis von dem Anfall erfolgt. Diese Steuervergünstigungen entfallen rückwirkend, wenn das Pachtverhältnis vor Ablauf von zwölf Jahren nach der Übergabe erlischt."

2. § 18 Abs. 2 erhält folgende Fassung:

„(2) Steuerbegünstigt gemäß Nummer 11a ist nur eine Veräußerung oder Verpachtung eines auslaufenden Hofes oder eines wüsten Hofes an einen Vertriebenen oder Sowjetzonenflüchtling gemäß den §§ 42, 44 und 45 in Verbindung mit § 39 Abs. 2 des Gesetzes über die Angelegenheiten der Vertriebenen und Flüchtlinge (Bundesvertriebenengesetz) vom 19. Mai 1953 (Bundesgesetzbl. I, S. 201). Der Veräußerung an einen Vertriebenen oder Sowjetzonenflüchtling steht gleich die Veräußerung an ein gemeinnütziges Siedlungsunternehmen im Sinne der Siedlungs- und Bodenreformgesetzgebung gemäß § 47 Abs. 3 des Bundesvertriebenengesetzes."

§ 50[1])
Befreiung von der Vermögensabgabe bei der Veräußerung

(1) Wird ein Betrieb, Betriebsteil oder Grundstück nach Maßgabe des § 42 veräußert, so gelten die nach dem Zeitpunkt der Übergabe zur Bewirtschaftung an einen Vertriebenen oder Sowjetzonenflüchtling fällig werdenden Vierteljahresbeträge der nach dem Lastenausgleichsgesetz zu erhebenden Vermögensabgabe des Veräußerers in der sich aus den Absätzen 2 bis 4 ergebenden Höhe vorbehaltlich der §§ 51 und 52 als durch die Veräußerung abgegolten. Satz 1 gilt in den Fällen des § 44 Abs. 1 mit der Maßgabe, daß an die Stelle des Zeitpunktes der Übergabe zur Bewirtschaftung der Zeitpunkt tritt, an dem die genannten Rechtsverhältnisse oder Tatbestände zugunsten des Vertriebenen oder Sowjetzonenflüchtlings begründet werden oder entstehen.

(2) Als abgegolten gilt von dem gesamten von dem Veräußerer zu leistenden Vierteljahresbetrag ein Betrag von 0,55 vom Hundert des für den 21. Juni 1948 geltenden Einheitswertes (Einheitswertanteiles) des veräußerten Betriebes, Betriebsteils oder Grundstücks. Vom Einheitswert (Einheitswertanteil) sind die mit dem veräußerten Betrieb, Betriebsteil oder Grundstück nach dem Stande vom 21. Juni 1948 in wirtschaftlichem Zusammenhang stehenden Verbindlichkeiten in ihrer Höhe vom 21. Juni 1948 abzusetzen. Bei Grundstücken im Sinne des Bewertungsgesetzes, die nach dem Stande vom 21. Juni 1948 als unbebaute Grundstücke bewertet worden sind, gilt statt des Satzes 0,55 vom Hundert der Satz von 0,85 vom Hundert.

---

[1]) Die §§ 50 – 56 sind inzwischen gegenstandslos geworden, da die Vermögensabgabe nach §§ 16 ff LAG seit dem 1. April 1979 nicht mehr erhoben wird (§ 34 Abs. 1 LAG) und die Hypothekengewinnabgabe nach §§ 91 ff LAG seit dem 1. Januar 1980 entfallen ist (§ 199 c LAG)

(3) Handelt es sich bei dem veräußerten Betriebsteil um die in § 40 aufgeführten Flächen, so erhöht sich der Betrag nach Absatz 2 um 7,50 Deutsche Mark je Hektar der veräußerten Fläche.

(4) Übersteigt der nach den Absätzen 2 und 3 errechnete Betrag den vom Veräußerer insgesamt zu leistenden Vierteljahresbetrag an Vermögensabgabe, so tritt dieser an die Stelle des errechneten Betrages.

§ 51[1)]
Fortfall der Befreiung von der Vermögensabgabe bei Rückerwerb durch den Veräußerer

(1) Fällt ein Betrieb, Betriebsteil oder Grundstück, dessen Veräußerung nach § 50 zur Abgeltung der darauf entfallenden Vierteljahresbeträge an Vermögensabgabe geführt hat, innerhalb von zwölf Jahren seit der Veräußerung an den Veräußerer, seine Erben oder an einen seiner Erben zurück, so gilt die Abgeltung als nicht erfolgt. Die vom Zeitpunkt der Veräußerung bis zum Zeitpunkt des Rückfalls fällig gewordenen Vierteljahresbeträge sind innerhalb eines Zeitraumes von zwölf Monaten nachzuentrichten. Beruht der Rückfall auf dem Tode des Erwerbers, so werden die nachzuentrichtenden Vierteljahresbeträge erlassen. Satz 3 gilt im Fall des § 44 Abs. 1 Nr. 1 entsprechend, wenn die Ehe geschieden, aufgehoben oder für nichtig erklärt worden ist; im Falle der Auflösung der Ehe durch Tod gilt Satz 3 mit der Maßgabe, daß die Vierteljahresbeträge erlassen werden, die innerhalb von zwölf Jahren nach der Entstehung des in § 44 Abs. 1 Nr. 1 genannten Rechtsverhältnisses fällig werden.

(2) Absatz 1 Satz 1 und 2 gilt entsprechend im Falle der Rückveräußerung oder der Verpachtung an den Veräußerer oder dessen Erben.

§ 52[1)]
Fortfall der Befreiung von der Vermögensabgabe bei Veräußerung durch den Erwerber

(1) Wird ein Betrieb, Betriebsteil oder Grundstück, dessen Veräußerung nach § 50 zur Abgeltung der darauf entfallenden Vierteljahresbeträge an Vermögensabgabe geführt hat, innerhalb von sechs Jahren seit der Veräußerung durch den Erwerber oder seine Erben (Ersterwerber) an andere als die in § 51 genannten Personen veräußert, so gilt die Abgeltung als nicht erfolgt. In diesem Falle gilt die Verpflichtung zur Entrichtung dieser Vierteljahresbeträge als auf den Ersterwerber übergegangen. Die während der Dauer des Eigentums des Ersterwerbers fällig gewordenen Vierteljahresbeträge werden erlassen.

(2) Absatz 1 ist für den Fall der Verpachtung durch den Ersterwerber entsprechend anzuwenden.

(3) Die Absätze 1 und 2 gelten nicht, wenn der Betrieb, Betriebsteil oder das Grundstück nach Maßgabe des § 42 veräußert oder verpachtet wird.

§ 53[1)]
Befreiung von der Vermögensabgabe bei der Verpachtung

(1) Wird ein Betrieb, Betriebsteil oder Grundstück nach Maßgabe des § 42 verpachtet, so werden die nach dem Zeitpunkt der Übergabe zur Bewirtschaftung an den Pächter während der Bewirtschaftung durch diesen, seine Familienangehörigen oder Erben fälligen, auf den verpachteten Betrieb, Betriebsteil oder

---

[1)] s. Anmerkung zu § 50

das verpachtete Grundstück entfallenden Vierteljahresbeträge an Vermögensabgabe erlassen. § 50 Abs. 2 ist entsprechend anzuwenden.

(2) Absatz 1 gilt im Falle des § 45 Nr. 1 mit der Maßgabe, daß an die Stelle des Zeitpunktes der Übergabe zur Bewirtschaftung der Zeitpunkt des Abschlusses des Verlängerungsvertrages tritt.

(3) Ist ein Betrieb, Betriebsteil oder Grundstück vor Inkrafttreten dieses Gesetzes an einen Vertriebenen verpachtet worden und sind auf Grund des § 66 der (Ersten) Durchführungsverordnung zum Ersten Teil des Soforthilfegesetzes vom 8. August 1949 (Gesetzblatt der Verwaltung des Vereinigten Wirtschaftsgebietes S. 214) oder des § 6 der Zweiten Durchführungsverordnung zum Ersten Teil des Soforthilfegesetzes vom 29. Dezember 1950 (Bundesgesetzbl. 1951 I, S. 51) die auf den Betrieb, Betriebsteil oder das Grundstück entfallenden Leistungen an Soforthilfeabgaben unerhoben geblieben, so gelten die unerhoben gebliebenen Beträge für die Berechnung der Vermögensabgabe als entrichtet, jedoch höchstens bis zur Höhe der Abgabeschuld (§ 31 des Lastenausgleichsgesetzes). Die ab 1. April 1952 während der Dauer der Bewirtschaftung durch den Vertriebenen, seine Familienangehörigen oder seine Erben fällig werdenden Vierteljahresbeträge an Vermögensabgabe werden nach Maßgabe des § 50 Abs. 2 erlassen.

§ 54[1)]
Befreiung von der Hypothekengewinnabgabe bei der Veräußerung

Ruht auf einem nach Maßgabe des § 42 veräußerten Betrieb, Betriebsteil oder Grundstück eine Hypothekengewinnabgabe als öffentliche Last, so werden auf Antrag des Erwerbers oder seiner Erben die nach dem Zeitpunkt der Übergabe zur Bewirtschaftung an den Erwerber während der Bewirtschaftung durch diesen, seine Familienangehörigen oder seine Erben fällig werdenden Leistungen an Hypothekengewinnabgabe bis zur Höhe von jährlich 2,2 vom Hundert der Abgabeschuld an Hypothekengewinnabgabe nach dem Stande vom 21. Juni 1948 erlassen. Bei unbebauten Grundstücken im Sinne des Bewertungsgesetzes gilt statt des Satzes 2,2 vom Hundert der Satz 3,4 vom Hundert. Satz 1 und Satz 2 gelten in den Fällen des § 44 Abs. 1 mit der Maßgabe, daß an die Stelle des Zeitpunktes der Übergabe zur Bewirtschaftung der Zeitpunkt tritt, an dem die genannten Rechtsverhältnisse oder Tatbestände zugunsten des Vertriebenen oder Sowjetzonenflüchtlings begründet werden oder entstehen; § 51 Abs. 1 Satz 4 ist entsprechend anzuwenden. Wird ein Betrieb, Betriebsteil oder Grundstück, dessen Veräußerung zum Erlaß der Hypothekengewinnabgabe nach Satz 1 geführt hat, nach Maßgabe des § 42 weiterveräußert oder verpachtet, so gelten die Sätze 1 und 2.

§ 55[1)]
Befreiung von der Vermögens- und Hypothekengewinnabgabe bei Veräußerung vor dem Inkrafttreten dieses Gesetzes

(1) Ist ein Betrieb, Betriebsteil oder Grundstück vor dem Inkrafttreten dieses Gesetzes an einen Vertriebenen veräußert worden und sind auf Grund des § 66 der (Ersten) Durchführungsverordnung zum Ersten Teil des Soforthilfegesetzes oder des § 6 der Zweiten Durchführungsverordnung zum Ersten Teil des Soforthilfegesetzes die auf den Betrieb, Betriebsteil oder das Grundstück entfallenden

---
[1)] s. Anmerkung zu § 50

Leistungen an Soforthilfeabgabe unerhoben geblieben, so gelten die unerhoben gebliebenen Beträge für die Berechnung der Vermögensabgabe als entrichtet, jedoch höchstens bis zur Höhe der Abgabeschuld (§ 31 des Lastenausgleichsgesetzes). Die ab 1. April 1952 fällig werdenden Vierteljahresbeträge an Vermögensabgabe gelten nach Maßgabe des § 50 Abs. 2 als abgegolten. Die Vorschriften der §§ 51 und 52 sind vom Inkrafttreten dieses Gesetzes ab entsprechend anzuwenden.

(2) Ruht auf einem unter Absatz 1 fallenden Betrieb, Betriebsteil oder Grundstück eine Hypothekengewinnabgabe als öffentliche Last, so werden auf Antrag des Erwerbers oder seiner Erben die nach Inkrafttreten dieses Gesetzes während der Dauer der Bewirtschaftung durch den Erwerber, seine Familienangehörigen oder seine Erben fällig werdenden Leistungen an Hypothekengewinnabgabe bis zur Höhe von jährlich 2,2 vom Hundert der Abgabeschuld an Hypothekengewinnabgabe nach dem Stande vom 21. Juni 1948 erlassen. Bei unbebauten Grundstücken im Sinne des Bewertungsgesetzes gilt statt des Satzes 2,2 vom Hundert der Satz 3,4 vom Hundert; § 54 Satz 4 gilt entsprechend.

(3) Die Absätze 1 und 2 gelten in den in § 44 genannten Fällen des Erwerbs des Miteigentums, des Gesamthandeigentums und des Erwerbs von Todes wegen entsprechend.

§ 56[1])
Befreiung von der Vermögens- und Hypothekengewinnabgabe bei der Veräußerung von Grundstücken in Berlin (West)

(1) Für einen Betrieb, Betriebsteil oder ein Grundstück in Berlin (West) treten in § 50 Abs. 2 an die Stelle von 0,55 vom Hundert des Einheitswertes oder Einheitswertanteils 0,5 vom Hundert und an die Stelle von 0,85 vom Hundert des Einheitswerts oder Einheitswertanteils 0,75 vom Hundert dieser Werte, jedoch für die Zeit bis zum 31. März 1957 nur ein Drittel dieser Vomhundertsätze. An die Stelle des 21. Juni 1948 tritt jeweils der 1. April 1949, soweit es sich nicht um Wirtschaftsgüter eines gewerblichen Betriebes handelt, dessen DM-Eröffnungsbilanz auf den 21. Juni 1948 erstellt ist.

(2) In den §§ 54 und 55 Abs. 2 treten bei Betrieben, Betriebsteilen oder Grundstücken in Berlin (West) an die Stelle von 2,2 vom Hundert der Abgabeschuld 2 vom Hundert und an die Stelle von 3,4 vom Hundert 3 vom Hundert der Abgabeschuld. In diesen Fällen ist der Stand der Abgabeschuld vom 25. Juni 1948 maßgebend.

§ 57
Aufhebung von Mietverhältnissen

(1) Wird ein Betrieb, Betriebsteil oder ein Grundstück mit Gebäuden nach Maßgabe des § 42 veräußert oder verpachtet und sind in diesen Gebäuden Räume zu Wohnzwecken vermietet, so kann der Vermieter die Aufhebung des Mietverhältnisses verlangen, wenn und soweit die Räume für Zwecke des Betriebes benötigt werden.

(2) In den Fällen des Absatzes 1 gelten die Vorschriften des § 4 Abs. 2 bis 6 des Mieterschutzgesetzes entsprechend.

---
[1]) s. Anmerkung zu § 50

§ 58
Aufhebung eines Pacht- oder sonstigen Nutzungsverhältnisses bei freiwilliger Landabgabe

(1) Ein Pacht- oder sonstiges Nutzungsverhältnis über Grundstücke, die der Eigentümer einem Vertriebenen oder Sowjetzonenflüchtling zu Eigentum überträgt oder zur Ausstattung eines wüsten Hofes pachtweise zur Verfügung stellt, kann die Siedlungsbehörde durch schriftliche Verfügung an den Nutzungsberechtigten unter Einhaltung einer angemessenen Frist ganz oder teilweise aufheben.

(2) Die Aufhebung des Nutzungsverhältnisses ist nur zulässig, wenn dadurch die Wirtschaftlichkeit des Betriebes, dem die Grundstücke bisher dienten, nicht nachhaltig beeinträchtigt wird oder die Aufhebung aus einem anderen Grunde nicht eine unbillige Härte bedeutet.

§ 59
Rechtsbehelfe und Rechtsmittel

Gegen die nach § 58 erlassene Verfügung der Siedlungsbehörde können die Beteiligten zwei Wochen nach Zustellung an den bisherigen Nutzungsberechtigten gerichtliche Entscheidung beantragen. In der gerichtlichen Entscheidung kann die Verfügung der Siedlungsbehörde bestätigt, geändert oder aufgehoben werden. Zuständig für die Entscheidung sind bis zum Erlaß einer bundesgesetzlichen Regelung des gerichtlichen Verfahrens in Landwirtschaftssachen die in den Ländern für Pachtschutzsachen zuständigen Gerichte nach den für sie geltenden Verfahrensvorschriften.

§ 60
Besitzeinweisung

Die Verfügung oder die gerichtliche Entscheidung schließt die Besitzeinweisung ein. Die Besitzeinweisung gilt als erfolgt zwei Wochen nach Eintritt der Rechtskraft der Verfügung oder der gerichtlichen Entscheidung oder, wenn in der Verfügung oder der gerichtlichen Entscheidung ein späterer Zeitpunkt festgesetzt ist, mit diesem Zeitpunkt, frühestens jedoch mit der rechtskräftigen Aufhebung des Nutzungsverhältnisses.

§ 61
Entschädigung des bisherigen Nutzungsberechtigten

(1) Wer infolge einer nach den §§ 58 und 59 ergangenen Verfügung oder gerichtlichen Entscheidung die Nutzung verliert, kann Geldentschädigung für Verwendungen in sinngemäßer Anwendung der Vorschriften der §§ 994 bis 996, 998 und 999 des Bürgerlichen Gesetzbuchs verlangen.

(2) Für andere Vermögensnachteile, die durch eine nach den §§ 58 und 59 ergangene Verfügung oder gerichtliche Entscheidung entstehen, kann der Betroffene eine Entschädigung verlangen, soweit eine solche unter gerechter Abwägung der Interessen der Allgemeinheit und des Betroffenen geboten erscheint.

(3) Zur Leistung der Entschädigung ist ausschließlich das Land verpflichtet. Der Bund erstattet dem Land die geleistete Entschädigung, wenn entweder unter Mitwirkung der Siedlungsbehörde eine Einigung über die Entschädigung erzielt oder eine Entschädigung rechtskräftig festgesetzt ist.

§ 62
Inanspruchnahme von Gebäuden und Land

(1) Für den in § 35 bezeichneten Zweck können für den Betrieb der Land- oder Forstwirtschaft eingerichtete Gebäude, die ganz oder überwiegend anderweitig genutzt oder nicht genutzt werden, nach Maßgabe des § 63 bis zu achtzehn Jahren zur Nutzung in Anspruch genommen werden, falls entsprechendes Land bis zur Größe einer selbständigen Ackernahrung zur Verfügung gestellt werden kann.

(2) Land, das sich im Eigentum des Bundes oder der Länder befindet, soll nach Maßgabe des § 63 bis zur gleichen Dauer zu dem in § 35 bezeichneten Zweck für die Ausstattung eines wüsten Hofes, einer sonstigen Hofstelle oder eines landwirtschaftlichen Kleinbetriebes bis zur Größe einer selbständigen Ackernahrung zur Nutzung in Anspruch genommen werden, anderes Land, sofern es anhaltend so schlecht bewirtschaftet wird, daß die gesetzlich vorgeschriebenen Maßnahmen zur Sicherung der Landbewirtschaftung angeordnet werden können.

(3) Die Inanspruchnahme ist nur zulässig, wenn die Wirtschaftlichkeit des Betriebes, dem die Gebäude oder das Land dienen, nicht nachhaltig beeinträchtigt wird oder wenn die Inanspruchnahme aus einem anderen Grund für den Eigentümer oder sonstigen Nutzungsberechtigten nicht eine unbillige Härte bedeutet.

§ 63
Verfahren

(1) Die Siedlungsbehörde kann nach Anhörung der Beteiligten verlangen, daß der Verfügungsberechtigte mit einer der in § 35 bezeichneten Personen nach Maßgabe des § 42 ein Rechtsverhältnis vereinbart, das diese zur Nutzung einer der nach § 62 der Inanspruchnahme unterliegenden Sache berechtigt. Die Siedlungsbehörde hat dem Verfügungsberechtigten eine angemessene Frist für eine Vereinbarung des Nutzungsverhältnisses zu setzen. Die Frist beginnt mit der Zustellung an den Verfügungsberechtigten.

(2) Kommt die Vereinbarung innerhalb der Frist nicht zustande, so kann die Siedlungsbehörde die Person, mit der das Nutzungsverhältnis zu begründen ist, mit deren Einverständnis bestimmen und die im Rahmen des Ortsüblichen angemessenen Vertragsbedingungen festsetzen. Die festgesetzten Bedingungen gelten als zwischen den Beteiligten vereinbart; § 60 ist anzuwenden.

(3) Gegen eine nach Absatz 1 oder Absatz 2 erlassene Verfügung der Siedlungsbehörde können die Beteiligten binnen zwei Wochen nach Zustellung gerichtliche Entscheidung beantragen. § 59 Satz 2 und 3, die §§ 60 und 61 sind anzuwenden.

(4) Besteht über dieselbe Sache bereits ein Miet- oder Nutzungsverhältnis, so gelten die §§ 57 bis 61 entsprechend, § 57 jedoch mit der Maßgabe, daß an die Stelle des Vermieters die Siedlungsbehörde tritt.

§ 64
Entsprechende Anwendung von Vorschriften des Reichssiedlungsgesetzes

Für Geschäfte und Verhandlungen, die der Durchführung der Vorschriften dieses Titels dienen, gilt § 29 des Reichssiedlungsgesetzes entsprechend.

§ 65
Ausschluß des Vorkaufsrechts der Siedlungsunternehmen
In den Fällen des § 42 ist die Ausübung des Vorkaufrechts nach § 4 des Reichssiedlungsgesetzes ausgeschlossen.

§ 66
Änderung des Reichssiedlungsgesetzes
(1) § 3 Abs. 1 Satz 2 des Reichssiedlungsgesetzes wird aufgehoben.
(2) Bei einer Enteignung nach § 3 Abs. 1 des Reichssiedlungsgesetzes ist das Siedlungsunternehmen verpflichtet, das enteignete Land innerhalb einer von der Siedlungsbehörde zu bestimmenden Frist zu kultivieren. Wird das enteignete Land nicht innerhalb dieser Frist kultiviert, so hat der Enteignete oder sein Rechtsnachfolger nach Ablauf eines Jahres nach Beendigung der Frist (Satz 1) binnen eines weiteren Jahres einen Anspruch auf Rückübereignung gegen Erstattung der Entschädigung.
(3) Betriebe, die Land zur Kultivierung abgeben, erhalten auf Antrag nach Durchführung der Kultivierung im Wege der Anliegersiedlung (§ 1 des Reichssiedlungsgesetzes) Land in der ihrer Abgabe entsprechenden Größe, höchstens jedoch eine Fläche, die zur Hebung des Betriebes bis zur Größe einer selbständigen Ackernahrung erforderlich ist.

§ 67
Finanzierungsrichtlinien
Die Richtlinien für die Gewährung von Darlehen und Beihilfen, für die Verwendung des Zweckvermögens (§ 46 Abs. 2), für die Freistellung der Länder (§ 46 Abs. 7) und für die Regelung der Entschädigung (§ 61 Abs. 3) erläßt der Bundesminister für Ernährung, Landwirtschaft und Forsten im Einvernehmen mit dem Bundesminister für Wirtschaft und Finanzen und dem Bundesminister des Innern.

§ 68
Verwaltungsanordnungen der Länder
(1) Bei der Durchführung dieses Titels beteiligen die zuständigen Landesbehörden nach Maßgabe der nach Absatz 2 zu treffenden Bestimmungen die berufsständische Vertretung der Landwirtschaft, die Organisation der Vertriebenen und Flüchtlinge und die Selbsthilfeeinrichtungen.
(2) Die Landesregierungen bestimmen, welche Stellen die Aufgaben der Siedlungsbehörde wahrzunehmen haben und in welchem Umfange die Siedlungsbehörde unter Beteiligung der Flüchtlingsbehörde in den Verfahren nach den Vorschriften dieses Titels mitzuwirken hat; sie bestimmen ferner, in welcher Weise die berufsständische Vertretung der Landwirtschaft, die Organisationen der Vertriebenen und Flüchtlinge und die Selbsthilfeeinrichtungen zu beteiligen sind.

Dritter Titel
Zulassung zur Berufs- und Gewerbeausübung

§ 69
Allgemeine Vorschriften

(1) Ist für die Ausübung eines Berufes oder Gewerbes eine Zulassung oder Erlaubnis erforderlich, deren Erteilung von der Feststellung eines Bedürfnisses oder ähnlicher Voraussetzungen abhängt, so sind Vertriebene und Sowjetzonenflüchtlinge, die vor der Vertreibung in einem solchen oder ähnlichen Beruf oder Gewerbe tätig waren, bevorzugt zu berücksichtigen, sofern die persönlichen Voraussetzungen für die Zulassung oder die Erteilung der Erlaubnis gegeben sind.

(2) Die bevorzugte Berücksichtigung gilt bei der Zulassung oder Erlaubnis für mehrere Berufe oder Gewerbezweige für jede früher ausgeübte Tätigkeit, bei mehreren gleichartigen Zulassungen oder Genehmigungen für einen angemessenen Teil derselben.

(3) Die Absätze 1 und 2 finden auch Anwendung auf Personen, bei denen eine Vereidigung in Verbindung mit einer Bedürfnisprüfung die Voraussetzung für die Berufsausübung bildet.

(4) Vorschriften, in denen für die Zulassung zu einem Gewerbezweig Höchstzahlen festgesetzt werden, die unter der Zahl der bisherigen Zulassungen liegen, finden auf Vertriebene und Sowjetzonenflüchtlinge, die vor der Vertreibung in diesem Gewerbezweig tätig waren, keine Anwendung, sofern die persönlichen Voraussetzungen für die Zulassung gegeben sind.

(5) Diese Bestimmungen finden keine Anwendung, wenn und solange der Anteil der Vertriebenen und Sowjetzonenflüchtlinge in dem Beruf oder Gewerbe dem Verhältnis entspricht, in dem die Zahl der Vertriebenen und Sowjetzonenflüchtlinge zur Gesamtzahl der Bevölkerung des Landes steht.

§ 70
Zulassung zur Kassenpraxis

(1) Vertriebene und Sowjetzonenflüchtlinge, die vor dem 4. September 1939 als Ärzte, Zahnärzte oder Dentisten zur Kassenpraxis zugelassen waren oder denen in der Zeit vom 4. September 1939 bis zum 8. Mai 1945 die Teilnahme an der Kassenpraxis als Arzt, Zahnarzt oder Dentist gestattet war und die bis zum 31. Dezember 1952 ihren ständigen Aufenthalt im Geltungsbereich des Gesetzes genommen haben, gelten weiterhin als zur Kassenpraxis zugelassen. Sie haben sich innerhalb einer Frist von drei Monaten nach dem Inkrafttreten dieses Gesetzes bei dem für den Ort ihres ständigen Aufenthalts zuständigen Zulassungsausschuß zwecks Wiederaufnahme der Kassenpraxis zu melden.

(2) Der Zulassungsausschuß hat Ärzten, Zahnärzten und Dentisten, die sich gemäß Absatz 1 gemeldet haben, unverzüglich einen Tätigkeitsbereich ohne Rücksicht auf die Zahl der im Zulassungsbezirk bereits Zugelassenen und ohne Anrechnung auf die Verhältniszahl zuzuweisen.

(3) Absatz 1 Satz 2 und Absatz 2 finden auch Anwendung auf Vertriebene und Sowjetzonenflüchtlinge, die vor der Vertreibung oder Flucht zur Ausübung eines Berufes als Arzt, Zahnarzt oder Dentist befugt waren und nach bundes- oder landesrechtlichen Vorschriften umgesiedelt wurden oder werden, wenn sie am bisherigen Aufenthaltsort zur Kassenpraxis zugelassen waren oder wenn ihnen die Teilnahme an der Kassenpraxis als Arzt, Zahnarzt oder Dentist gestattet war, mit der Maßgabe, daß die Meldefrist für nach Inkrafttreten dieses Gesetzes Umgesiedelte mit der Aufenthaltsnahme im neuen Zulassungsbezirk beginnt.

(4) Gegen die Entscheidung des Zulassungsausschusses gemäß den Absätzen 1 bis 3 kann der Antragsteller von den für das Zulassungsverfahren vorgesehenen Rechtsmitteln Gebrauch machen.

(5) Im übrigen sind Vertriebene und Sowjetzonenflüchtlinge, die vor der Vertreibung zur Ausübung eines Berufes als Arzt, Zahnarzt oder Dentist befugt waren, bei sonst gleichen Bedingungen bevorzugt zuzulassen. Das gilt nicht, wenn und solange der Anteil der Vertriebenen und Sowjetzonenflüchtlinge in diesen Berufen dem Verhältnis entspricht, in dem die Zahl der Vertriebenen und Sowjetzonenflüchtlinge zur Gesamtzahl der Bevölkerung des Landes steht.

§ 71
Eintragung in die Handwerksrolle

Vertriebene und Sowjetzonenflüchtlinge, die glaubhaft machen, daß sie vor der Vertreibung ein Handwerk als stehendes Gewerbe selbständig betrieben oder die Befugnis zur Anleitung von Lehrlingen besessen haben, sind auf Antrag bei der für den Ort ihres ständigen Aufenthaltes zuständigen Handwerkskammer in die Handwerksrolle einzutragen. Für die Glaubhaftmachung ist § 93 entsprechend anzuwenden.

Vierter Titel
Förderung selbständiger Erwerbstätiger

§ 72
Kredite, Zinsverbilligungen, Bürgschaften und Teilhaberschaften

(1) Die Begründung und Festigung selbständiger Erwerbstätigkeit der Vertriebenen und Sowjetzonenflüchtlinge in der Landwirtschaft, im Gewerbe und in freien Berufen ist durch Gewährung von Krediten aus öffentlichen Mitteln zu günstigen Zins-, Tilgungs- und Sicherungsbedingungen, durch Zinsverbilligungen und Bürgschaftsübernahmen zu fördern.

(2) Zur Festigung selbständiger Erwerbstätigkeit soll auch die Umwandlung hochverzinslicher und kurzfristiger Kredite in langfristige zu günstigen Zins- und Tilgungsbedingungen ermöglicht werden.

(3) Die Absätze 1 und 2 gelten entsprechend für Unternehmen, an denen Vertriebene oder Sowjetzonenflüchtlinge mit mindestens der Hälfte des Kapitals beteiligt sind, sofern diese Beteiligung und eine Mitwirkung an der Geschäftsführung für

mindestens sechs Jahre sichergestellt sind. Beteiligungen der öffentlichen Hand, die der Konsolidierung solcher Betriebe dienen, bleiben bei der Ermittlung der Beteiligung der Vertriebenen oder Sowjetzonenflüchtlinge außer Ansatz, wenn diesen das Recht eingeräumt ist, die Beteiligungen der öffentlichen Hand abzulösen.

(4) Die Vergünstigungen des Absatzes 1 können auch Unternehmen gewährt werden, die Vertriebenen und Sowjetzonenflüchtlingen den Aufbau einer selbständigen Existenz dadurch ermöglichen, daß sie ihnen eine Beteiligung von mindestens 35 vom Hundert an ihrem Kapital und Gewinn auf die Dauer von mindestens sechs Jahren sowie eine Beteiligung an der Geschäftsführung einräumen (Teilhaberschaft).

§ 73
Steuerliche Vergünstigungen und Beihilfen

(1) Zum Zwecke der Begründung und Festigung selbständiger Erwerbstätigkeit der Vertriebenen und Sowjetzonenflüchtlinge werden steuerliche Vergünstigungen nach Maßgabe des Einkommensteuergesetzes in seiner jeweils geltenden Fassung gewährt.

(2) Im Hinblick auf die Nichtgewährung der steuerlichen Vergünstigungen gemäß Absatz 1 im Veranlagungszeitraum 1951 werden aus Mitteln des Bundeshaushalts 1952 7 Millionen Deutsche Mark an Vertriebene und Sowjetzonenflüchtlinge als Beihilfen nach Richtlinien gewährt, die der Bundesminister für Vertriebene im Einvernehmen mit dem Bundesminister der Finanzen und dem Bundesminister für Wirtschaft erläßt.

§ 74
Vergabe von Aufträgen durch die öffentliche Hand

(1) Bei der Vergabe von Aufträgen durch die öffentliche Hand sind Vertriebene und Sowjetzonenflüchtlinge unbeschadet von Regelungen für notleidende Gebiete bevorzugt zu berücksichtigen. Entsprechendes gilt für Unternehmen, an denen Vertriebene oder Sowjetzonenflüchtlinge mit mindestens der Hälfte des Kapitals beteiligt sind, sofern diese Beteiligung und eine Mitwirkung an der Geschäftsführung für mindestens sechs Jahre sichergestellt sind. Der Bundesminister für Wirtschaft erläßt im Einvernehmen mit dem Bundesminister des Innern hierzu allgemeine Richtlinien.

(2) Finanzierungshilfen der öffentlichen Hand sollen unter der Auflage gegeben werden, daß die Empfänger dieser Hilfen sich verpflichten, bei der Vergabe von Aufträgen entsprechend Absatz 1 zu verfahren.

(3) Bei der Vergabe von Aufträgen an Optiker, Orthopäden und Bandagisten durch die Träger der sozialen Krankenversicherung sind Vertriebene und Sowjetzonenflüchtlinge bei sonst gleichen Bedingungen in angemessenem Umfange zu berücksichtigen.

§ 75
Kontingente

(1) Bei Maßnahmen, die die Erzeugung oder die Zu- und Verteilung von Gütern, Leistungen und Zahlungsmitteln für gewerbliche Zwecke kontingentieren oder in anderer Weise beschränken, haben die zuständigen Behörden und Organisationen der Wirtschaft die Betriebe der Vertriebenen und Sowjetzonenflüchtlinge unter Berücksichtigung ihrer besonderen Lage angemessen zu beteiligen. Entsprechendes gilt für Unternehmen, an denen Vertriebene oder Sowjetzonenflüchtlinge mit mindestens der Hälfte des Kapitals beteiligt sind, sofern diese Beteiligung und eine Mitwirkung an der Geschäftsführung für mindestens sechs Jahre sichergestellt sind.

(2) Sofern bei der Festsetzung von Kontingenten ein in der Vergangenheit liegender Zeitraum oder Zeitpunkt zugrunde gelegt wird, ist bei den in Absatz 1 genannten Betrieben auf Antrag in der Regel ein anderer entsprechender Zeitraum oder Zeitpunkt zugrunde zu legen, welcher der Anordnung der Kontingentierungsmaßnahme vorausgeht und den besonderen Verhältnissen dieser Betriebe Rechnung trägt. Von diesem Recht können Antragsteller längstens bis zum 31. Dezember 1960 Gebrauch machen.

(3) Die Absätze 1 und 2 gelten entsprechend, wenn Vertriebene oder Sowjetzonenflüchtlinge, ohne Inhaber eines Betriebes zu sein, Werk- oder ähnliche Verträge mit bestehenden Betrieben abschließen, sofern sie vor der Vertreibung einen gleichartigen Betrieb als Eigentümer oder Pächter oder in einem sonstigen Nutzungsrechtsverhältnis geführt haben. Zur berufsgleichen Eingliederung sind solche Verträge zuzulassen und zu fördern.

§ 76
Vermietung, Verpachtung und Übereignung durch die öffentliche Hand

Soweit die öffentliche Hand Grund und Boden, Räumlichkeiten oder Betriebe zum Zwecke einer bestimmten gewerblichen Nutzung verpachtet, vermietet oder übereignet, sollen Vertriebene und Sowjetzonenflüchtlinge, die vor der Vertreibung ein gleichartiges Gewerbe ausgeübt haben, bevorzugt berücksichtigt werden, bis das Verhältnis erreicht ist, in dem die Zahl der Vertriebenen und Sowjetzonenflüchtlinge zur Gesamtzahl der Bevölkerung im Bereich der vergebenden Körperschaft oder Stelle steht.

Fünfter Titel
Förderung unselbständiger Erwerbstätiger

§ 77
Arbeiter und Angestellte

(1) Die Bundesanstalt für Arbeit hat dahin zu wirken, daß der Anteil der beschäftigten Arbeitnehmer, die Vertriebene oder Sowjetzonenflüchtlinge sind, an der Gesamtzahl der beschäftigten Arbeitnehmer innerhalb der Landesarbeitsamts-

bezirke dem Verhältnis entspricht, in dem die Zahl der Arbeitnehmer, die Vertriebene oder Sowjetzonenflüchtlinge sind, zur Gesamtzahl der Arbeitnehmer – getrennt nach Arbeitern und Angestellten – in diesen Bezirken steht. Außerdem hat die Bundesanstalt dahin zu wirken, daß dieser Personenkreis aus berufsfremder Beschäftigung in die erlernten oder überwiegend ausgeübten Berufe vermittelt wird.

(2) Solange das Verhältnis gemäß Absatz 1 nicht erreicht ist, sind arbeitslose Vertriebene und Sowjetzonenflüchtlinge, die nach dem 1. Januar 1949 weniger als zwei Jahre in Beschäftigung gestanden haben, von der Bundesanstalt für Arbeit vor anderen Bewerbern mit gleicher persönlicher und fachlicher Eignung und gleichen sozialen Verhältnissen unter Berücksichtigung der Wirtschaftslage bevorzugt in Arbeit zu vermitteln. Diese Bestimmung findet jedoch auf die Vermittlung der Wiedereinstellung von Arbeitskräften keine Anwendung, die wegen vorübergehender Betriebseinschränkung oder -stillegung entlassen worden sind, sofern die Entlassung nicht länger als sechs Monate zurückliegt. Der Verwaltungsrat der Bundesanstalt erläßt über die bevorzugte Vermittlung von arbeitslosen Vertriebenen und Sowjetzonenflüchtlingen Richtlinien. Diese bedürfen der Zustimmung des Bundesministers für Arbeit und Sozialordnung.

(3) In die Beschäftigungszeiten nach Absatz 2 werden Zeiten der Notstandsarbeit, geringfügiger Beschäftigung, einer Beschäftigung, die diesen Personen nach ihrer beruflichen Vorbildung, ihrem Alter oder Gesundheitszustand als Dauerbeschäftigung nicht zugemutet werden kann, sowie Beschäftigungszeiten vor einer Umsiedlung nach bundes- oder landesrechtlichen Vorschriften nicht eingerechnet.

(4) Die Verpflichtung zur Beschäftigung und bevorzugten Arbeitsvermittlung anderer Personengruppen nach Maßgabe bestehender Gesetze wird hierdurch nicht berührt.

§ 78
Lehrstellen und Ausbildungsstellen sonstiger Art

(1) Die Bundesanstalt für Arbeit hat unter Beteiligung der zuständigen Organisationen der Wirtschaft dahin zu wirken, daß bei der Besetzung von Lehrstellen und Ausbildungsstellen sonstiger Art Vertriebene und Sowjetzonenflüchtlinge unter Berücksichtigung der Berufsnachwuchslage in den Landesarbeitsamtsbezirken sowie der Eignung der Lehrstellenbewerber angemessen beteiligt werden.

(2) Sofern für die Schaffung zusätzlicher Lehrstellen und Ausbildungsstellen sonstiger Art einschließlich der Einrichtung von Lehrwerkstätten und Lehrlingswohnheimen öffentliche Mittel zur Verfügung gestellt werden, sind diese bevorzugt für die Unterbringung von Vertriebenen und Sowjetzonenflüchtlingen zu verwenden, bis bei der Besetzung von Lehrstellen und Ausbildungsstellen sonstiger Art das Verhältnis erreicht ist, in dem die Zahl der Vertriebenen und Sowjetzonenflüchtlinge zur Gesamtzahl der Bevölkerung im Bereich der Körperschaft steht, welche die Mittel zur Verfügung stellt.

§ 79
Dauerarbeitsplätze

(1) Zur Schaffung von zusätzlichen Dauerarbeitsplätzen für Vertriebene und Sowjetzonenflüchtlinge sollen aus öffentlichen Mitteln Kredite zu günstigen Zins-, Tilgungs- und Sicherungsbedingungen sowie Zinsverbilligungen gewährt und Bürgschaften übernommen werden. Diese Vergünstigungen sollen Betrieben bevorzugt gewährt werden,

1. deren Inhaber Vertriebene oder Sowjetzonenflüchtlinge sind oder
2. an denen Vertriebene oder Sowjetzonenflüchtlinge mit mindestens der Hälfte des Kapitals beteiligt sind, sofern diese Beteiligung und eine Mitwirkung an der Geschäftsführung für mindestens sechs Jahre sichergestellt sind, oder
3. die sich verpflichten, in dem geförderten Betrieb mindestens 70 vom Hundert Vertriebene oder Sowjetzonenflüchtlinge für die Laufzeit der Vergünstigung zu beschäftigen.

(2) In besonderen Fällen können die Vergünstigungen des Absatzes 1 auch gewährt werden

1. für die Restfinanzierung – jedoch nicht für die nachstellige Finanzierung – von Wohnungsbauten, sofern diese die Schaffung zusätzlicher Dauerarbeitsplätze ermöglicht, oder
2. zur Erhaltung gefährdeter Dauerarbeitsplätze.

Sechster Titel
Sonstige Vorschriften

§ 80
Wohnraumversorgung

(1) Die Versorgung der Vertriebenen und Sowjetzonenflüchtlinge mit Wohnraum ist eine vordringliche Aufgabe der Wohnraumbewirtschaftung und des öffentlich geförderten Wohnungsbaues.

(2) Vertriebenen und Sowjetzonenflüchtlingen ist ein angemessener Teil des vorhandenen und des neu zu schaffenden Wohnraumes zuzuteilen. Dabei sind die noch in Lagern und anderen Notunterkünften Untergebrachten besonders zu berücksichtigen.

(3) Im Rahmen der Wohnungsbauprogramme für den öffentlich geförderten sozialen Wohnungsbau (§§ 29ff. des Zweiten Wohnungsbaugesetzes vom 27. Juni 1956 – Bundesgesetzbl. I, S. 523) ist in möglichst weitem Umfange zugunsten der Vertriebenen und Sowjetzonenflüchtlinge auch die Begründung von Eigentum an Wohnungen (Eigenheimen, Kleinsiedlungen, Wohnungseigentum oder Dauerwohnrecht) zu fördern.

(4) Die Bundesregierung wird ermächtigt, durch Rechtsverordnung mit Zustimmung des Bundesrates Vorschriften über die angemessene Berücksichtigung der Vertriebenen und Sowjetzonenflüchtlinge bei der Zuteilung des Wohnraumes zu erlassen, der im Rahmen des mit öffentlichen Mitteln geförderten sozialen Wohnungsbaues neu geschaffen wird.

§ 81
Nichtanwendung beschränkender Vorschriften

(1) Vorschriften, nach denen die Ausübung eines Rechts oder die Erlangung einer Berufsstellung von einer besonderen Beziehung zu einem Lande oder einer Gemeinde (z. B. Geburt, Wohnsitzdauer, Ausbildung) abhängig gemacht ist, finden auf Vertriebene und Sowjetzonenflüchtlinge keine Anwendung, wenn sie dort im Zeitpunkt des Inkrafttretens dieses Gesetzes ihren ständigen Aufenthalt haben oder nach diesem Zeitpunkt dorthin behördlich zugewiesen oder umgesiedelt werden.

(2) Durch Absatz 1 werden die besonderen Rechte auf Grund einer Mitgliedschaft bei bestehenden Realgemeinden oder ähnlichen Nutzungsgemeinschaften nicht berührt.

Vierter Abschnitt
Einzelne Rechtsverhältnisse

Erster Titel

Schuldenregelung für Vertriebene und Sowjetzonenflüchtlinge

§ 82
Grundsatz

Vertriebene können wegen der Verbindlichkeiten, die vor der Vertreibung begründet worden sind, nicht in Anspruch genommen werden, soweit sich aus den folgenden Vorschriften nichts Abweichendes ergibt. Dies gilt auch für Vertriebene, die nach der Bestimmung des § 10 Rechte und Vergünstigungen nicht in Anspruch nehmen können.

§ 83
Vertragshilfeverfahren auf Antrag des Gläubigers

(1) Auf Antrag des Gläubigers kann das Gericht zur Vermeidung unbilliger Härten die unter die Regelung des § 82 fallenden Verbindlichkeiten im Wege der richterlichen Vertragshilfe nach den Vorschriften des Vertragshilfegesetzes vom 26. März 1952 (Bundesgesetzbl. I, S. 198) abweichend regeln.

(2) Bei Abwägung der Interessen und der Lage beider Teile gemäß § 1 Abs. 1 des Vertragshilfegesetzes sind die Vermögens- und Erwerbsverhältnisse des Schuldners am 21. Juni 1948 oder, wenn er erst zu einem späteren Zeitpunkt seinen ständigen Aufenthalt im Geltungsbereich des Gesetzes genommen hat, die Vermögens- und Erwerbsverhältnisse zu diesem Zeitpunkt zugrunde zu legen.

(3) Das Gericht kann jedoch auch nach dem in Absatz 2 genannten Zeitpunkt erlangtes Vermögen des Schuldners berücksichtigen, wenn und soweit dies aus besonderen Gründen zur Vermeidung einer unbilligen Härte gegenüber dem Gläubiger erforderlich erscheint. Haben sich die Vermögens- und Erwerbsver-

hältnisse des Schuldners nach dem in Absatz 2 genannten Zeitpunkt verschlechtert, so ist dies zu berücksichtigen, wenn und soweit dies aus besonderen Gründen zur Vermeidung einer unbilligen Härte gegenüber dem Schuldner erforderlich erscheint.

(4) Wird über einen Anspruch im Sinne des § 82 ein Rechtsstreit anhängig, so kann das Prozeßgericht Vertragshilfe nach den Vorschriften der Absätze 1 bis 3 auch gewähren, wenn nur der Gläubiger es beantragt.

§ 84
Antragsfrist

(1) Der Antrag des Gläubigers nach § 83 Abs. 1 oder 4 kann nur bis zum 31. Dezember 1953 gestellt werden; hat der Schuldner jedoch erst nach dem 31. Dezember 1952 seinen ständigen Aufenthalt im Geltungsbereich des Gesetzes genommen, so kann der Antrag innerhalb eines Jahres, seitdem der Schuldner seinen ständigen Aufenthalt im Geltungsbereich des Gesetzes genommen hat, gestellt werden. Das Gericht kann einen Antrag des Gläubigers nach diesem Zeitpunkt durch besonderen Beschluß zulassen, wenn der Gläubiger glaubhaft macht, daß er ohne sein Verschulden den Antrag nicht rechtzeitig gestellt hat und ihn nach Wegfall des Hindernisses unverzüglich nachgeholt hat. Gegen die Entscheidung des Gerichts über die Zulassung findet die sofortige Beschwerde statt. Das Beschwerdegericht entscheidet endgültig.

(2) Hat der Gläubiger den Anspruch gegen den Schuldner mit der Begründung gerichtlich geltend gemacht, daß die Voraussetzungen des § 82 nicht gegeben seien, so gilt ein binnen sechs Monaten nach Rechtskraft der gerichtlichen Entscheidung oder nach Klagerücknahme gestellter Antrag gemäß § 83 Abs. 1 oder 4 als rechtzeitig gestellt.

§ 85
Juristische Personen und Handelsgesellschaften

Die Vorschriften der §§ 82 bis 84 gelten entsprechend für Verbindlichkeiten von juristischen Personen und Handelsgesellschaften, die ihren Sitz vor dem 8. Mai 1945 in den in § 1 Abs. 1 bezeichneten Gebieten hatten, sofern sich der Sitz, der Ort der Niederlassung oder die Geschäftsleitung im Geltungsbereich dieses Gesetzes befindet.

§ 86
Frühere gerichtliche Entscheidungen und Vergleiche

(1) Die Vorschriften der §§ 82 bis 85 gelten auch, wenn vor der Vertreibung der Anspruch ganz oder teilweise durch rechtskräftiges Urteil festgestellt oder über ihn ein Vergleich abgeschlossen worden ist. Die Unzulässigkeit der Zwangsvollstreckung kann der Schuldner im Wege der Erinnerung nach § 766 der Zivilprozeßordnung geltend machen.

4.1 Bundesvertriebenengesetz

(2) Ist der Anspruch nach der Vertreibung ganz oder teilweise durch rechtskräftiges Urteil festgestellt oder über ihn ein Vergleich abgeschlossen worden, so sind in einem nach allgemeinen Vorschriften eingeleiteten Vertragshilfeverfahren die Vorschriften des § 83 Abs. 2 und 3 entsprechend anzuwenden, sofern der Schuldner den Antrag auf Gewährung von Vertragshilfe bis zu dem in § 84 Abs. 1 Satz 1 bezeichneten Zeitpunkt stellt. § 84 Abs. 1 Satz 2 bis 4 gilt sinngemäß. Das Vertragshilfeverfahren ist auch zulässig, wenn der Anspruch nach dem 20. Juni 1948, jedoch vor der Vertreibung begründet und nach der Vertreibung durch rechtskräftiges Urteil eines außerhalb des Geltungsbereiches des Gesetzes gelegenen Gerichts festgestellt worden ist.

(3) Vor Inkrafttreten dieses Gesetzes ergangene rechtskräftige Entscheidungen, durch die Vertragshilfe gewährt worden ist, bleiben vorbehaltlich der Bestimmung des § 17 des Vertragshilfegesetzes unberührt.

§ 87
Ausnahmen

(1) Die Vorschriften der §§ 82 bis 86 gelten nicht für
1. Verbindlichkeiten, die mit Vermögenswerten des Vertriebenen im Geltungsbereich des Gesetzes in wirtschaftlichem Zusammenhang stehen,
2. gesetzliche Unterhaltsverpflichtungen,
3. Löhne und Gehälter,
4. die in § 6 Abs. 1 Nr. 2 des Vertragshilfegesetzes bezeichneten Verbindlichkeiten,
5. Verbindlichkeiten von Kreditinstituten, die ihren Sitz vor dem 8. Mai 1945 in den in § 1 Abs. 1 bezeichneten Gebieten hatten und der Aufsicht des Reichsaufsichtsamtes für das Kreditwesen unmittelbar oder mittelbar unterstanden, gegenüber
a) Gläubigern, in deren Person bei Geltendmachung des Anspruchs die Wohnsitzvoraussetzungen der §§ 1, 5 und 6 des Umstellungsergänzungsgesetzes vom 21. September 1953 (Bundesgesetzbl. I, S. 1439), zuletzt geändert durch das Vierte Umstellungsergänzungsgesetz vom 23. Dezember 1964 (Bundesgesetzbl. I, S. 1083), gegeben ist,
b) dem Ausgleichsfonds (§ 5 des Lastenausgleichsgesetzes).

(2) Die Vorschrift des § 6 Abs. 2 des Vertragshilfegesetzes gilt entsprechend.

§ 88
Regelung für Sowjetzonenflüchtlinge

(1) Sowjetzonenflüchtlinge, die vor der Flucht oder in den Fällen des § 4 im Zeitpunkt der Besetzung den überwiegenden Teil ihres Vermögens in der sowjetisch besetzten Zone oder im sowjetisch besetzten Sektor von Berlin hatten und diesen Teil ihres Vermögens durch Enteignungsmaßnahmen oder diesen wirtschaftlich gleichstehende Maßnahmen verloren haben oder darüber nicht verfügen können, können wegen der Verbindlichkeiten, die vor der Flucht oder in den Fällen des § 4 vor der Besetzung begründet worden sind, nicht in Anspruch genommen werden, soweit sich aus Absatz 2 nichts Abweichendes ergibt.

(2) § 83 Abs. 1 und 4, die §§ 84, 86 Abs. 1, Abs. 2 Satz 3, Abs. 3 und § 87 sind entsprechend anzuwenden.

§ 89
Erledigung anhängiger Verfahren

(1) Erledigt sich ein anhängiger Rechtsstreit durch die Anwendung der §§ 82 bis 88, so trägt jede Partei ihre außergerichtlichen Kosten und die Hälfte der gerichtlichen Auslagen; das Gericht kann jedoch die außergerichtlichen Kosten und die gerichtlichen Auslagen anders verteilen, wenn dies aus besonderen Gründen der Billigkeit entspricht. Die Gerichtsgebühren werden nicht erhoben.

(2) Erledigt sich ein anhängiges Vertragshilfeverfahren durch die Anwendung der §§ 82 bis 88, so werden die gerichtlichen Gebühren und Auslagen nicht erhoben.

Zweiter Titel
Sozialrechtliche Angelegenheiten

§ 90
Sozialversicherung

(1) Vertriebene und Sowjetzonenflüchtlinge werden in der Sozialversicherung und Arbeitslosenversicherung den Berechtigten im Geltungsbereich des Gesetzes gleichgestellt.

(2) Vertriebene und Sowjetzonenflüchtlinge können Ansprüche und Anwartschaften, die sie bei nicht mehr vorhandenen oder nicht erreichbaren Trägern der deutschen Sozialversicherung oder bei nichtdeutschen Trägern der Sozialversicherung erworben haben, unter Zugrundelegung der bundesrechtlichen Vorschriften über Sozialversicherung bei Trägern der Sozialversicherung im Geltungsbereich des Gesetzes geltend machen.

(3) Das Nähere regelt ein Bundesgesetz.

§ 90 a
Arbeitsförderung

(1) Soweit ein Anspruch nach dem Arbeitsförderungsgesetz davon abhängt, daß der Antragsteller in einer die Beitragspflicht begründenden Beschäftigung gestanden hat, werden auch Zeiten berücksichtigt, in denen
1. ein Berechtigter im Sinne des § 1 Abs. 1 Nr. 1 des Häftlingshilfegesetzes in Gewahrsam gehalten worden ist, oder
2. a) ein Deutscher im Sinne des Artikels 116 des Grundgesetzes im Gebiet des Deutschen Reiches nach dem Stande vom 31. Dezember 1937, aber außerhalb des Geltungsbereiches des Gesetzes,
b) ein Vertriebener im Sinne des § 1 in den in § 1 Abs. 2 Nr. 3 genannten Gebieten, aber außerhalb des Gebietes des Deutschen Reiches nach dem Stande vom 31. Dezember 1937,
wegen seiner Volkszugehörigkeit, seiner Aussiedlungs- oder Übersiedlungsabsicht oder wegen eines vergleichbaren nach freiheitlich-demokratischer Auffassung von ihm nicht zu vertretenden Grundes gehindert worden ist, als Arbeitnehmer tätig zu sein.

(2) Für den Anspruch auf Arbeitslosenhilfe steht die Tätigkeit als Selbständiger oder mithelfender Familienangehöriger, die eine in Absatz 1 Nr. 2 genannte Person in dem dort genannten Gebiet hauptberuflich ausgeübt hat, einer die Beitragspflicht nach dem Arbeitsförderungsgesetz begründenden Beschäftigung gleich.

(3) Mehraufwendungen, die der Bundesanstalt für Arbeit durch die Regelung des Absatzes 1 entstehen, erstattet der Bund. Verwaltungskosten werden nicht erstattet.

§ 91
Ersatz von Kosten der Sozialhilfe

(1) Vertriebene und Sowjetzonenflüchtlinge sind nicht verpflichtet, die Kosten der Sozialhilfe nach § 92 b des Bundessozialhilfegesetzes zu ersetzen.

(2) Für Erben von Vertriebenen und Sowjetzonenflüchtlingen, die bis zu ihrem Tode Rechte und Vergünstigungen nach diesem Gesetz in Anspruch nehmen konnten, gilt § 92 c Abs. 3 Nr. 1 des Bundessozialhilfegesetzes mit der Maßgabe, daß an die Stelle des Zweifachen das Vierfache des Grundbetrages nach § 81 Abs. 1 des Bundessozialhilfegesetzes tritt.

(3) Ein nach bürgerlichem Recht unterhaltspflichtiger Vertriebener oder Sowjetzonenflüchtling ist, soweit es sich um eine Person handelt, auf die sich die Vorschrift des § 1603 Abs. 1 des Bürgerlichen Gesetzbuchs bezieht, nach den §§ 90 und 91 des Bundessozialhilfegesetzes in der Regel nicht in Anspruch zu nehmen. Dasselbe gilt für die Inanspruchnahme nach § 82 des Gesetzes für Jugendwohlfahrt.

Dritter Titel
Prüfungen und Urkunden

§ 92
Anerkennung von Prüfungen

(1) Prüfungen oder Befähigungsnachweise, die Vertriebene und Sowjetzonenflüchtlinge bis zum 8. Mai 1945 im Gebiet des Deutschen Reiches nach dem Gebietsstande vom 31. Dezember 1937 abgelegt oder erworben haben, sind im Geltungsbereich des Gesetzes anzuerkennen.

(2) Prüfungen oder Befähigungsnachweise, die Vertriebene und Sowjetzonenflüchtlinge bis zum 8. Mai 1945 in Gebieten außerhalb des Deutschen Reiches nach dem Gebietsstande vom 31. Dezember 1937 abgelegt oder erworben haben, sind anzuerkennen, wenn sie den entsprechenden Prüfungen oder Befähigungsnachweisen im Geltungsbereich des Gesetzes gleichwertig sind.

(3) Auf Prüfungen oder Befähigungsnachweise, die Vertriebene und Sowjetzonenflüchtlinge nach dem 8. Mai 1945 in Gebieten außerhalb des Geltungsbereichs des Gesetzes abgelegt oder erworben haben, ist Absatz 2 entsprechend anzuwenden. Die Vorschriften über die Anerkennung von Prüfungen oder Befähigungsnachweisen im öffentlichen Dienst bleiben unberührt.

§ 93
Ersatz von Urkunden

(1) Haben Vertriebene oder Sowjetzonenflüchtlinge die zur Ausübung ihres Berufes notwendigen oder für den Nachweis ihrer Befähigung zweckdienlichen Urkunden (Prüfungs- oder Befähigungsnachweise) und die zur Ausstellung von Ersatzurkunden erforderlichen Unterlagen verloren, so ist ihnen auf Antrag durch die für die Ausstellung entsprechender Urkunden zuständigen Behörden und Stellen eine Bescheinigung auszustellen, wonach der Antragsteller die Ablegung der Prüfung oder den Erwerb des Befähigungsnachweises glaubhaft nachgewiesen hat.

(2) Voraussetzung für die Ausstellung der Bescheinigung gemäß Absatz 1 ist die glaubhafte Bestätigung

1. durch schriftliche, an Eides Statt abzugebende Erklärung einer Person, die auf Grund ihrer früheren dienstlichen Stellung im Bezirk des Antragstellers von der Ablegung der Prüfung oder dem Erwerb des Befähigungsnachweises Kenntnis hat, oder

2. durch schriftliche, an Eides Statt abzugebende Erklärungen von zwei Personen, die von der Ablegung der Prüfung oder dem Erwerb des Befähigungsnachweises eigene Kenntnis haben.

(3) Die Bescheinigung gemäß Absatz 1 hat im Rechtsverkehr dieselbe Wirkung wie die Urkunde über die abgelegte Prüfung oder den erworbenen Befähigungsnachweis.

(4) Die Absätze 1 bis 3 sind für den Nachweis rechtserheblicher Tatsachen im Sinne des Gesetzes zur Regelung der Rechtsverhältnisse der unter Artikel 131 des Grundgesetzes fallenden Personen vom 11. Mai 1951 (Bundesgesetzbl. I, S. 307) entsprechend anzuwenden.

(5) Zuständig für die Entgegennahme von Erklärungen an Eides Statt gemäß Absatz 2 sind die für die Ausstellung der Bescheinigungen gemäß Absatz 1 zuständigen und die von den Ländern hierzu bestimmten Behörden und Stellen.

Vierter Titel
Sonstige Vorschriften

§ 94
Familienzusammenführung

(1) Sofern nach Vorschriften des Bundes, der Länder oder einer Besatzungsmacht der Zuzug oder der Aufenthalt im Geltungsbereich des Gesetzes von einer Erlaubnis abhängt, darf diese nicht verweigert werden, wenn sie ein Vertriebener oder Sowjetzonenflüchtling, der im Geltungsbereich des Gesetzes seinen ständigen Aufenthalt hat, für seine in Absatz 2 genannten Angehörigen zum Zweck der Familienzusammenführung beantragt.

(2) Als Familienzusammenführung im Sinne des Absatzes 1 gilt die Zusammenführung

1. von Ehegatten,
2. von minderjährigen Kindern zu den Eltern,
3. von hilfsbedürftigen Eltern zu Kindern; dabei sind im Verhältnis zwischen Eltern und Kindern auch Schwiegerkinder zu berücksichtigen, wenn das einzige oder letzte Kind verstorben oder verschollen ist,
4. von hilfsbedürftigen Großeltern zu Enkelkindern,
5. von volljährigen hilfsbedürftigen Kindern zu den Eltern oder volljährigen Kindern zu hilfsbedürftigen Eltern,
6. von minderjährigen Kindern zu den Großeltern, falls die Eltern nicht mehr leben oder sich der Kinder nicht annehmen können,

7. von minderjährigen Kindern zu Verwandten der Seitenlinie, wenn Verwandte aufsteigender Linie nicht mehr leben oder sich der Kinder nicht annehmen können,
8. von volljährigen, in Ausbildung stehenden Kindern zu den Eltern,
9. von Eltern zu Kindern oder, wenn Enkel vorhanden sind, zu Schwiegerkindern,
10. von Geschwistern zueinander, wenn ein Teil hilfsbedürftig ist,
11. von hilfsbedürftigen Personen zu Verwandten der Seitenlinie bis zum dritten Grade, wenn nähere Verwandte nicht mehr leben oder sich der Personen nicht annehmen können,
12. von Schwiegerkindern zu hilfsbedürftigen Schwiegereltern.

(3) Personen, die im Wege der Familienzusammenführung ihren ständigen Aufenthalt im Geltungsbereich des Gesetzes genommen haben, können ihrerseits ein Recht auf Nachzug von Familienangehörigen aus dieser Vorschrift nur dann herleiten, wenn sie selbst Rechte und Vergünstigungen als Vertriebene oder Sowjetzonenflüchtlinge in Anspruch nehmen können.

§ 95
Unentgeltliche Beratung

(1) Organisationen der Vertriebenen und Flüchtlinge, deren Zweck nicht auf einen wirtschaftlichen Geschäftsbetrieb gerichtet ist, dürfen Vertriebene und Sowjetzonenflüchtlinge im Rahmen ihres Aufgabengebietes in Rechts-, Steuer- und Wirtschaftsfragen unentgeltlich beraten. Sie bedürfen hierzu keiner besonderen Erlaubnis.

(2) Diese Tätigkeit kann ihnen im Falle mißbräuchlicher Ausübung untersagt werden. Das Nähere bestimmt die Bundesregierung durch Rechtsverordnung mit Zustimmung des Bundesrates.

Fünfter Abschnitt

Kultur, Forschung und Statistik

§ 96
Pflege des Kulturgutes der Vertriebenen und Flüchtlinge und Förderung der wissenschaftlichen Forschung

Bund und Länder haben entsprechend ihrer durch das Grundgesetz gegebenen Zuständigkeit das Kulturgut der Vertreibungsgebiete in dem Bewußtsein der Vertriebenen und Flüchtlinge, des gesamten deutschen Volkes und des Auslandes zu erhalten, Archive, Museen und Bibliotheken zu sichern, zu ergänzen und auszuwerten, sowie Einrichtungen des Kunstschaffens und der Ausbildung sicherzustellen und zu fördern. Sie haben Wissenschaft und Forschung bei der Erfüllung der Aufgaben, die sich aus der Vertreibung und der Eingliederung der Vertriebenen und Flüchtlinge ergeben, sowie die Weiterentwicklung der Kulturleistungen der Vertriebenen und Flüchtlinge zu fördern. Die Bundesregierung berichtet jährlich dem Bundestag über das von ihr Veranlaßte.

§ 97
Statistik

(1) Bund und Länder haben die auf dem Gebiete des Vertriebenen- und Flüchtlingswesens erforderlichen statistischen Arbeiten durchzuführen. Insbesondere haben sie die Statistik so auszugestalten, daß die statistischen Unterlagen für die Durchführung der zum Zwecke der Eingliederung der Vertriebenen und Sowjetzonenflüchtlinge erlassenen Vorschriften zur Verfügung gestellt werden können.

(2) Der Stand der wirtschaftlichen und sozialen Eingliederung der Vertriebenen und Sowjetzonenflüchtlinge im Vergleich zu deren Lage vor der Vertreibung ist durch eine Statistik festzustellen, die im Zusammenhang mit der Beantragung von Ausweisen durchzuführen ist. Die Antragsteller haben die Antragsvordrucke (§ 16) in doppelter Ausfertigung auszufüllen. Die für die statistische Auswertung bestimmten Doppelstücke werden durch die Statistischen Ämter nach den für die Statistik geltenden Vorschriften weiter bearbeitet. Die Kosten hierfür tragen Bund und Länder nach den bei ihnen anfallenden Arbeiten.

Sechster Abschnitt
Strafbestimmungen

§ 98
Erschleichung von Vergünstigungen

Mit Freiheitsstrafe bis zu fünf Jahren oder mit Geldstrafe wird bestraft, wer unrichtige oder unvollständige Angaben tatsächlicher Art macht oder benutzt, um für sich oder einen anderen Rechte oder Vergünstigungen, die Vertriebenen oder Sowjetzonenflüchtlingen vorbehalten sind, zu erschleichen.

§ 99
Pflichtverletzung von Verwaltungsangehörigen

Mit Freiheitsstrafe bis zu fünf Jahren oder mit Geldstrafe wird bestraft, wer als Verwaltungsangehöriger bei der Durchführung dieses Gesetzes Ausweise oder Bescheinigungen für Personen ausstellt, von denen er weiß, daß sie kein Recht auf Erteilung des Ausweises oder der Bescheinigung haben.

Siebenter Abschnitt
Übergangs- und Schlußbestimmungen
(§§ 100 bis 105 sind nicht abgedruckt.)

§ 105 a
Übergangsvorschrift zu § 90 a

(1) Zeiten nach § 90 a Abs. 1 Nr. 1, die vor der Entstehung eines Anspruchs auf Arbeitslosengeld nach § 9 des Häftlingshilfegesetzes in Verbindung mit Abschnitt V des Heimkehrergesetzes liegen, werden für einen Anspruch auf Arbeitslosengeld nach dem Arbeitsförderungsgesetz nicht berücksichtigt.

(2) § 90 a Abs. 1 Nr. 2 gilt auch für Ansprüche auf Arbeitslosengeld nach dem Arbeitsförderungsgesetz, die am 31. Dezember 1985 noch nicht erschöpft sind.

§ 106
Verwaltungsvorschriften

Die zur Durchführung dieses Gesetzes erforderlichen allgemeinen Verwaltungsvorschriften erläßt die Bundesregierung mit Zustimmung des Bundesrates.

§ 107
Berlin-Klausel

Dieses Gesetz gilt nach Maßgabe des § 12 Abs. 1 und des § 13 Abs. 1 des Dritten Überleitungsgesetzes vom 4. Januar 1952 (Bundesgesetzbl. I, S. 1) auch im Land Berlin. Rechtsverordnungen, die auf Grund der in diesem Gesetz enthaltenen Ermächtigungen erlassen werden, gelten im Land Berlin nach § 14 des Dritten Überleitungsgesetzes.

4.2 Richtlinien zur einheitlichen Anwendung des § 1 Abs. 2 Nr. 3 des Bundesvertriebenengesetzes (BVFG) (sog. „Vertreibungsdruck"), Runderlaß des Ministers für Arbeit, Gesundheit und Soziales Nordrhein-Westfalen vom 14. August 1986 – II C 1 – 9010.1.20 (MBl. S. 1291)

Auf der 62. Konferenz der Minister und Senatoren für Arbeit und Soziales der Länder (ASMK) vom 11. – 13. Juni 1986 haben sich die Länder auf eine einheitliche Anwendung des § 1 Abs. 2 Nr. 3 BVFG (sog. Vertreibungsdruck) geeinigt.

Zur Durchführung des Beschlusses ist folgende bundeseinheitliche Regelung vereinbart worden:

1. Rechtliche Regelung des § 1 Abs. 2 Nr. 3 BVFG

Nach dem Wortlaut des § 1 Abs. 2 Nr. 3 des Bundesvertriebenengesetzes ist Vertriebener (Aussiedler), wer „als" deutscher Staatsangehöriger oder deutscher Volkszugehöriger die Aussiedlungsgebiete verläßt und die übrigen Voraussetzungen des Gesetzes erfüllt. Der Gesetzgeber hat diese Regelungen getroffen, weil er es den in diesen Gebieten zurückgebliebenen Deutschen nicht zumuten wollte, unter den politischen Verhältnissen, die sich dort im Zusammenhang mit den Ereignissen des Krieges und der Entwicklung der Nachkriegsjahre ergeben hatten, weiterhin zu leben. Hierfür spricht, daß in die Regelung des § 1 Abs. 2 Nr. 3 BVFG nur die Staaten des kommunistischen Herrschaftsbereichs einbezogen wurden. Die nachträgliche Einbeziehung der Volksrepublik China durch das Zweite Gesetz zur Änderung und Ergänzung des Bundesvertriebenengesetzes vom 27. Juli 1957 (BGBl. I S. 1207) bestätigt die Systembezogenheit der Vorschrift. Damit erweist sich der Gebietsbezug in § 1 Abs. 2 Nr. 3 BVFG als System- und Ideologiebezug.

Die deutsche Staatsangehörigkeit bestimmt sich nach den Regeln des Reichs- und Staatsangehörigkeitsgesetzes vom 22. Juli 1913 – RuStaG – (RGBl. S. 583), zuletzt geändert durch Gesetz vom 29. Juni 1977 (BGBl. I S. 1101) – vgl. Erlaß des Bundesministers des Innern über die staatsangehörigkeitsrechtliche und namensrechtliche Behandlung der Aussiedler bei der Registrierung im Grenzdurchgangslager und der Verteilung auf die Länder vom 29. Juli 1976 – V II 5-124 230-1/5 –.

Die deutsche Volkszugehörigkeit richtet sich nach § 6 des Bundesvertriebenengesetzes. Maßgebend für die Auslegung sind die einstimmig vom Rechtsausschuß der Arbeitsgemeinschaft der Landesflüchtlingsverwaltungen festgelegten Richtlinien zu § 6 BVFG.

2. Situation in den Aussiedlungsgebieten

An den in den Aussiedlungsgebieten herrschenden Verhältnissen hat sich seit Inkrafttreten des Bundesvertriebenengesetzes nichts Grundlegendes geändert. Der Gesetzgeber hat deswegen auch anläßlich der Änderungen zum Bundesvertriebenengesetz keinen Anlaß gesehen, die Vorschrift des § 1 Abs. 2 Nr. 3 BVFG zu ändern. Deutsche Staatsangehörige und deutsche Volkszugehörige leben in den meisten dieser Gebiete weitestgehend unter Bedingungen, die ihnen die Wahrnehmung grundlegender Menschenrechte als Deutsche nicht gestatten. Sie sind als Volksgruppe nicht anerkannt und können ihre kulturelle Identität nicht wahren. Selbst Liberalisierungstendenzen in einzelnen Staaten stehen dem insoweit nicht entgegen, als sie unter den dort herrschenden politischen Bedingungen jederzeit rücknehmbar sind, der einzelne also keine Garantie für die Dauerhaftigkeit hat und sich deswegen in seiner Lebensplanung nicht darauf einstellen kann.

3. Fortdauernder Vertreibungsdruck

Die Bedrückung der Deutschen in den Aussiedlungsgebieten besteht demnach fort. Sie ist unabhängig vom Anlaß der Ausreise – und neben anderen Ausreisegründen – regelmäßig als wesentliche Ursache für das Verlassen des Aussiedlungsgebietes zu unterstellen und nicht besonders zu prüfen.

Auch nach der Rechtsprechung des Bundesverwaltungsgerichts ist fortdauernder Vertreibungsdruck allgemein zu unterstellen. Danach

– ist Aussiedler, „wer sein Vertreibungsgebiet wegen der Nachwirkungen der allgemeinen Vertreibungsmaßnahmen verläßt" (Entscheidung vom 4. Februar 1981 – BVerwG 8 C 4.80 – Buchholz 412.3 § 1 BVFG Nr. 25),

– hat die allgemeine Bedrückung der deutschen Bevölkerung „die Funktion einer Vertreibungsmaßnahme" (Entscheidung vom 4. Februar 1981 – BVerwG 8 C 4.80 – Buchholz 412.3 § 1 BVFG Nr. 25),

– besteht die allgemeine Bedrückung der Deutschen in den Aussiedlungsgebieten schwerpunktmäßig in der „Vereinsamung der in den von der deutschen Bevölkerung weitgehend entvölkerten Vertreibungsgebieten Zurückgebliebenen" (BVerwG 52, 167, 177),

– ist jedes wesentlich auf Vertreibungsgründen beruhende Verlassen des Aussiedlungsgebietes Vertreibung (Urteil des Bundesverwaltungsgerichts vom 11. Februar 1983 – BVerwG 8 C 178.81 – Buchholz 412.3 § 1 BVFG Nr. 29),

– ist die allgemeine Bedrückung als sogenannter fortdauernder Vertreibungsdruck regelmäßig zu unterstellen und nicht zu prüfen (vgl. Nummer 5.1),

– darf nur dort der Ausreisegrund geprüft werden, wo eindeutige Anhaltspunkte für einen nicht fortdauernden Vertreibungsdruck vorliegen (vgl. Nummer 5.2).

4. Folgende Tatsachen sind nicht geeignet, die Vermutung des fortbestehenden Vertreibungsdrucks zu widerlegen:

4.1 Fehlende Ausreisebemühungen

Die allgemeine Bedrückung der Deutschen als wesentliche Ursache der Ausreise bedarf im Einzelfall nicht des Nachweises durch Ausreiseanträge.

Es entspricht weder dem Ziel des Bundesvertriebenengesetzes noch der Politik der Bundesrepublik Deutschland, auf die in den Aussiedlungsgebieten verbliebenen Deutschen in der Weise einzuwirken, daß sie diese Gebiete zu dem für sie frühest möglichen Zeitpunkt verlassen. Die Entscheidung, mit dem Aussiedlungsgebiet auch die Heimat, die Umgebung und den gewohnten Bekanntenkreis aufzugeben, liegt allein bei dem Aussiedler. Es ist ausschließlich Zweck des Bundesvertriebenengesetzes, dem Betroffenen, wenn er diese schwerwiegende Entscheidung für sich getroffen hat, durch die Zuordnung

4.2 Richtlinie zu 1 Abs. 2 Nr. 3 BVFG   Seite 141

zum Bundesvertriebenengesetz die Eingliederung in der Bundesrepublik Deutschland zu erleichtern. Dementsprechend muß es unerheblich bleiben, ob sich ein Antragsteller vor dem eigentlichen Anlaß zur Ausreise bereits um eine Aussiedlung in die Bundesrepublik Deutschland bemüht hat.

4.2 Zugehörigkeit zu einer spätgeborenen Generation

Auf Grund der tatsächlichen Verhältnisse in den Aussiedlungsgebieten und unter Berücksichtigung von Sinn und Zweck des Bundesvertriebenengesetzes ist Vertreibungsdruck auch bei Angehörigen von nach dem Kriegsende geborenen Generationen zu unterstellen.

Die allgemeine Bedrückung der Deutschen in den Aussiedlungsgebieten (s. hierzu Nr. 2) richtet sich unterschiedslos gegen alle Deutschen. Es ist daher nicht möglich und würde dem Sinn des Bundesvertriebenengesetzes widersprechen, innerhalb derselben ausreisenden Familie die Eltern oder Großeltern anders als die Kinder oder Enkelkinder zu behandeln oder Unterschiede danach zu machen, ob jemand mit Angehörigen früherer Generationen oder allein ausreist.

4.3 Reisen in das Bundesgebiet oder westliche Ausland

Besuchsreisen in die Bundesrepublik Deutschland können grundsätzlich keinen Anhaltspunkt zur Prüfung des Vertreibungsdrucks bieten. Sie können auch nicht Anlaß sein, den Vertreibungsdruck zu verneinen. Da kein deutscher Staatsangehöriger oder deutscher Volkszugehöriger durch das Bundesvertriebenengesetz veranlaßt werden soll, die Aussiedlungsgebiete zu dem für ihn frühest möglichen Zeitpunkt zu verlassen, ist es ihm nicht zuzumuten, eine Besuchsreise außerhalb der Aussiedlungsgebiete zum endgültigen Verlassen dieser Gebiete zu benutzen. Es kommt also auch nicht darauf an, ob ihm dieses Verlassen u. U. wegen des Zurücklassens von Angehörigen in den Aussiedlungsgebieten überhaupt zuzumuten war. Darüber hinaus gibt es keinen Anlaß, denjenigen, der die Bindung zum Deutschtum über das allgemeine Maß hinaus durch den Besuch bei Verwandten oder Bekannten im Bundesgebiet oder auf andere Weise gepflegt hat, anders zu behandeln als denjenigen, der derartige Bemühungen nicht unternommen hat.

Dies gilt auch bei vorübergehendem Aufenthalt im Bundesgebiet oder im westlichen Ausland, z. B. Studienaufenthalt, Saisonarbeit, Montageaufenthalt, Werkvertrag.

4.4 Eheschließung mit einer außerhalb des Aussiedlungsgebietes wohnenden Person

Wählt ein deutscher Staatsangehöriger oder ein deutscher Volkszugehöriger die Eheschließung mit einem im Bundesgebiet lebenden Ehepartner als unmittelbaren Anlaß der Ausreise, so schließt dies die allgemeine Bedrückung der Deutschen in den Aussiedlungsgebieten als wesentliche Ursache der Ausreise nicht aus.

Es darf dem Aussiedler nicht zum Nachteil gereichen, daß er den Ausreiseentschluß erst faßt, nachdem ihm durch die Heirat mit einem im Bundesgebiet lebenden Ehepartner die zusätzliche Geborgenheit einer Ehe geboten wird.

4.5 Berufliche Stellung im Aussiedlungsgebiet

Eine nach den allgemeinen Bildungs- und Lebensumständen erreichte gehobene berufliche Stellung (vgl. jedoch 5.2) bietet keinen Anlaß, den Vertreibungsdruck allein aus diesem Grund zu verneinen.

5. Anhaltspunkte für die Prüfung von Vertreibungsdruck

Ob die allgemeine Bedrückung der Deutschen in Einzelfall auch der Grund der Ausreise ist, darf nur dort geprüft werden, wo eindeutige Anhaltspunkte für einen nicht fortdauernden Vertreibungsdruck vorliegen (vgl. Nummer 6.1).

5.1 Abwendung vom deutschen Volkstum

Bei einer bewußten Abwendung vom deutschen Volkstum kann im allgemeinen fortdauernder Vertreibungsdruck nicht mehr unterstellt werden.

Zu berücksichtigen ist jedoch, daß vielfach Bestätigungsmerkmale für die Zugehörigkeit zur deutschen Volksgruppe wegen der gezielten Assimilierungspolitik des Herkunftsstaates fehlen (vgl. auch Nummer 2.4.2.1 der Richtlinie zu § 6 BVFG). In diesen Fällen ist Vertreibungsdruck allein deswegen nicht zu verneinen.

5.2 Herausgehobene politische und berufliche Stellung

Eine Prüfung ist insbesondere dann geboten, wenn eindeutige Anhaltspunkte dafür vorliegen, daß der Betroffene wegen

- seiner herausgehobenen politischen Stellung,
- seiner herausgehobenen beruflichen Stellung, die im allgemeinen nicht ohne eine besondere Bindung an das politische Regime im Herkunftsstaat erreicht werden konnte,
- seines Verhaltens gegenüber Deutschen in den Aussiedlungsgebieten

nicht mehr von der allgemeinen Bedrückung der Deutschen betroffen war.

5.3 Kriminelle Delikte

Das Bundesverwaltungsgericht hat festgestellt (BVerwG 52, 167, 178), daß Personen, die das Vertreibungsgebiet wegen krimineller Delikte verlassen, keine Vertriebenen im Sinne des § 1 Abs. 2 Nr. 3 BVFG sind. Bei der Prüfung, ob ein Antragsteller die Aussiedlungsgebiete wegen einer drohenden strafrechtlichen Verfolgung auf Grund eines kriminellen Delikts verlassen hat, sind aber die allgemeinen Grundsätze nach Nummer 3 zu beachten. Gerade hier ist abzuwägen, ob die wegen der Schwere des kriminellen Delikts drohende Strafverfolgung als Ausreiseursache überwiegt und damit eine allgemeine Bedrückung als wesentliche Ausreiseursache zurücktreten muß, oder ob die Strafverfolgung wegen krimineller Delikte dazu diente, den Betreffenden in erster Linie wegen seines Ausreisewillens oder anderer, vergleichbarer Gründe zu belangen.

5.4 Asylanträge

Asylanträge können der Annahme von Vertreibungsdruck entgegenstehen, wenn sich aus den Anträgen ergibt, daß der Betroffene nicht mehr im Bewußtsein ausgereist ist, deutscher Staatsangehöriger oder deutscher Volkszugehöriger zu sein. Hierbei ist jedoch zu beachten, daß im Asylverfahren nur die dort relevanten Tatsachen erfragt werden. Es ist deshalb im Einzelfall zu prüfen, ob darüber hinaus annähernd vertreibungsbedingte Gründe für das Verlassen vorliegen. Dies gilt insbesondere mit Rücksicht auf die Assimilierungspolitik des Herkunftsstaates.

6. Verhältnis von vertreibungsbedingten zu vertreibungsfremden Gründen

Kommt beim Vorliegen mehrerer Ausreisegründe den vertreibungsbedingten Gründen für die Ausreise nach Bedeutung und Tragweite annähernd das gleiche Gewicht zu wie den vertreibungsfremden Gründen, so sind auch die vertreibungsbedingten Gründe wesentliche Ursache für das Verlassen des Aussiedlungsgebietes (Relevanztheorie). Jedes wesentlich auf Vertreibungsgründen beruhende Verlassen des Aussiedlungsgebietes ist Vertreibung (Bundesverwaltungsgericht vom 11. 2. 1983 – BVerwG 8 C 178.81).

7. Verfahren

7.1 Da Vertreibungsdruck zu unterstellen ist, hat eine Prüfung im Regelfall nicht zu erfolgen. Dies „verbietet die Regelung des § 1 Abs. 2 Nr. 3 BVFG" (BVerwG 52, 167, 177), so daß grundsätzlich von der dargelegten allgemeinen Bedrückung der Deutschen „auszugehen ist" (Urteil des Bundesverwaltungsgerichts vom 4. Februar 1981 – 8 C 4.80 – Buchholz 412.3 § 1 BVFG Nr. 25).

4.2 Richtlinien zu 1 Abs. 2 Nr. 3 BVFG

Eine Prüfung, ob die allgemeine Bedrückung der deutschen Bevölkerung tatsächlich Ursache der Ausreise war, hat nur dort zu erfolgen, „wo eindeutige Anhaltspunkte" dafür bestehen, daß „vertreibungsfremde Ausreisegründe" vorliegen. Sie darf daher nur vorgenommen werden, wenn ein ganz besonders herausgehobener Sachverhalt die Annahme rechtfertigt, die allgemein unterstellte Bedrückung der deutschen Bevölkerung habe mit der Ausreise des Antragstellers nichts zu tun.

7.2 Der Sachverhalt ist von Amts wegen zu ermitteln. Auch die Beweislast für das Vorliegen vertreibungsfremder Gründe als wesentliche Ursache der Ausreise liegt bei der Behörde. Das Bundesverwaltungsgericht hat nämlich in seiner Entscheidung vom 26. August 1981 – 8 C 9.80 – (Buchholz 412.3 § 1 BVFG Nr. 27) unter Bezugnahme auf BVerwG 60, 62, 67 mit weiterer Bezugnahme auf BVerwG 52, 167, 177 auf die Tendenz des Bundesvertriebenengesetzes hingewiesen, zugunsten der Vertriebenen an äußerliche Merkmale anzuknüpfen und dadurch die Behörde mit dem Beweis der wirklichen Sacherfordernisse zu belasten. Die Behörde hat demnach zu beweisen, daß der allgemein unterstellte Vertreibungsdruck nicht wesentliche Ursache (vgl. Nummer 5.2) war. Kann sie dies nicht, geht der Mangel der Nichtaufklärbarkeit zu ihren Lasten.

7.3 Die Prüfung von Vertreibungsdruck setzt in der Regel die Feststellung voraus, ob der Betroffene deutscher Staatsangehöriger oder deutscher Volkszugehöriger ist. Deshalb sollte ein auf das Nichtvorliegen von Vertreibungsdruck gestützter ablehnender Bescheid regelmäßig auch nur ergehen, wenn zuvor geklärt worden ist, ob der Bescheidempfänger Deutscher ist.

7.4 Tatsachen im Sinne der Ziffer 5 für sich genommen widerlegen die Vermutung noch nicht, es läge Vertreibungsdruck vor. Es sind vielmehr alle Tatsachen, die für und gegen eine Fortdauer des Vertreibungsdrucks sprechen, zu ermitteln. Jedes wesentliche auf Vertreibungsgründen beruhende Verlassen des Aussiedlungsgebietes ist Vertreibung (Relevanztheorie – BVerwG vom 11. 2. 1983 – 8 C 178.81).

II.

Zu den Grundsätzen des Abschnitts I. gebe ich noch folgende ergänzende Weisungen:

1 Zu Nr. 1 Abs. 2

Zur staatsangehörigkeitsrechtlichen Praxis verweise ich auf den Gem. RdErl. d. Innenministers u. d. Ministers für Arbeit, Gesundheit und Soziales v. 10. 11. 1976 (n. v.) I B 3/13-11.41.2 und IV C 1 – 9300.

2 Zu Nr. 1 Abs. 3

Zur Anwendung des § 6 BVFG verweise ich auf meinen RdErl. v. 20. 2. 1980 (MBl. NW. S. 1782/SMBl. NW 2411)

3 Zu Nr. 4.3

Ebenso sind Häufigkeit und Dauer von Besuchsreisen oder anderen vorübergehenden Aufenthalten im Bundesgebiet oder westlichen Ausland unbeachtlich.

4 Zu Nr. 4.5

Hierunter fallen auch Tätigkeiten, die ein abgeschlossenes Hochschulstudium erfordern (z. B. Arzt, Rechtsanwalt, Richter, Lehrer, Ingenieur, Direktor eines Unternehmens, Professor usw.), von Bedeutung ist allein, daß die berufliche Position aufgrund der Qualifikation erworben wurde.

Die bloße Mitgliedschaft in der Partei oder einer ähnlichen politischen Organisation ist unschädlich.

5 Zu Nr. 5.1

Mit Rücksicht auf die Verhältnisse im Herkunftsland kann eine Abwendung vom deutschen Volkstum nur dann geprüft werden, wenn es sich um ein schwerwiegendes, langdauerndes und nach außen eindeutig erkennbares Verhalten handelt.

6 Zu Nr. 5.2

Ist feststellbar, daß die herausgehobene politische, gesellschaftspolitische oder berufliche Stellung durch zielgerichtetes eigenes Tun erreicht worden ist, so steht dies der Annahme von Vertreibungsdruck entgegen.

7 Zu Nr. 5.4

Die Unterlagen des Asylverfahrens sind beizuziehen. Zusätzlich ist zu prüfen, ob die Antragstellung von dritter Seite (Behörden oder Beratungsdiensten) angeregt oder gar gefordert worden ist, um damit vermeintlich eine Rechtsgrundlage für ein Bleiberecht oder Leistungen zum Lebensunterhalt zu begründen. Solche Anregungen können dem Antragsteller nicht angelastet werden.

Es ist darauf hinzuwirken, daß das Asylverfahren bis zur rechtsbeständigen Entscheidung über die Feststellung der Vertriebeneneigenschaft ausgesetzt wird.

III.

Soweit ablehnende Entscheidungen wegen fehlenden Vertreibungsdrucks, die sich noch im Verwaltungs- oder gerichtlichen Streitverfahren befinden, im Widerspruch zu diesen Richtlinien stehen, sind sie von Amts wegen zu überprüfen und nach Maßgabe dieser Richtlinien ggf. neu zu bescheiden.

IV.

Meinen RdErl. v. 1. 2. 1984 (n. v.) – IV C 1 – 9010.1.20 – Vorläufige Richtlinien zur Anwendung des § 1 Abs. 2 Nr. 3 des Bundesvertriebenengesetzes (BVFG) – Vertreibungsdruck – hebe ich auf.

4.3 Richtlinien zur Anwendung der §§ 3 und 4 des Bundesvertriebenengesetzes (BVFG), Runderlaß des Ministers für Arbeit, Gesundheit und Soziales Nordrhein-Westfalen vom 10. Mai 1982 – IV C 1 – 9010.1.17 (MBl. S. 942)

Inhalt

1 Allgemeines
1.1 Deutsche Staatsangehörigkeit
1.2 Deutsche Volkszugehörigkeit
1.3 Wohnsitz
1.4 Flucht

2 Besondere Zwangslage
2.1 Allgemeines
2.2 Subjektive Zwangslage
2.3 Unmittelbare Gefahr für Leib und Leben oder die persönliche Freiheit
2.4 Schwerer Gewissenskonflikt
2.5 Zerstörung oder entscheidende Beeinträchtigung der Existenzgrundlage
2.6 Familienangehörige

3   Vertretenmüssen
4   Anwendung des § 1 Abs. 3
5   Gleichgestellte (§ 4)
6   Ausschlußgründe
7   Verfahren

Bemerkungen:

Die in diesen Richtlinien verwendete Bezeichnung „DDR" bedeutet zugleich immer: „und/oder Berlin (Ost)",

die Bezeichnung „Bundesrepublik Deutschland" bedeutet zugleich immer: „und/oder Land Berlin".

Die zitierten Paragraphen ohne Angabe des Gesetzes sind die des Bundesvertriebenengesetzes.

1 Allgemeines

Flüchtling im Sinne des § 3 Abs. 1 ist, wer

deutscher Staatsangehöriger oder deutscher Volkszugehöriger ist,

in der DDR seinen Wohnsitz hat oder gehabt hat und

die DDR verlassen hat, um sich einer besonderen Zwangslage zu entziehen, die politisch bedingt war und von ihm nicht zu vertreten ist,

wenn er

nicht dem in der DDR herrschenden System erheblich Vorschub geleistet hat und

nicht gegen die Grundsätze der Menschlichkeit oder Rechtsstaatlichkeit verstoßen hat, und zwar während der Herrschaft des Nationalsozialismus oder in der DDR, und

nicht die freiheitliche demokratische Grundordnung der Bundesrepublik Deutschland bekämpft hat.

1.1 Deutsche Staatszugehörigkeit

Die deutsche Staatszugehörigkeit bestimmt sich unbeschadet der Regelungen des Staatsangehörigkeitsrechts in der DDR nach dem Reichs- und Staatsangehörigkeitsgesetz vom 22. Juli 1913 – RuStaG – (RGBl. S. 583), zuletzt geändert durch Gesetz vom 29. Juni 1977 (BGBl. S. 1101).

1.2 Deutsche Volkszugehörigkeit

Die deutsche Volkszugehörigkeit bestimmt sich nach § 6 (vgl. Richtlinien zur Anwendung des § 6 BVFG, mein RdErl. vom 20. 2. 1980 – SMBl. NW. 2411 –)[1].

1.3 Wohnsitz

Für die Feststellung des Wohnsitzes gelten die Vorschriften der §§ 7 ff. BGB. § 1 Abs. 1 Satz 2 und 3, Abs. 2 Nr. 4 bis 6, Abs. 3 und 4 BVFG ist sinngemäß anzuwenden.

– BVerwG vom 22. Oktober 1958 – 5C 571.56 – Buchholz 412.3 § 3 Nr. 8 –

---

[1] abgedruckt unter 5.2

Anders als in § 1 ist eine Wohnsitzbegründung in der DDR vor dem 9. Mai 1945 nicht erforderlich; maßgebend ist vielmehr der Zeitpunkt des Verlassens der DDR.

— BVerwG vom 22. Oktober 1958 — 5C 321.56 — Buchholz 412.3 § 3 Nr. 7 —

1.4 Flucht

1.4.1 Flucht bedeutet im allgemeinen Sprachgebrauch die Vornahme eines Ortswechsels in der Absicht und zu dem Zweck, sich aus dem räumlichen Bereich einer Gefährdung zu entfernen. Die Nichtbilligung eines solchen Ortswechsels durch Personen oder Institutionen gehört nicht zur Begriffsbestimmung der Flucht (das erhellt aus dem Beispiel einer Flucht aus einem brennenden Haus oder vor Naturkatastrophen u. ä. m.). Dementsprechend besagen die Worte „geflüchtet ist" nicht, daß die DDR gegen den Willen der dortigen Behörden oder jedenfalls heimlich verlassen worden sein muß. Es genügt, daß der DDR-Bewohner in der Absicht und zu dem Zweck gehandelt hat, sich durch den Aufenthaltswechsel aus dem räumlichen Bereich einer ihm drohenden Gefahr oder sonstiger Bedrängnisse zu entfernen.

— BVerwG vom 16. Dezember 1959 — 8C 178.59 — Buchholz 412.3 § 3 Nr. 14 —
— BVerwG vom 17. September 1964 — 8C 286.63 n.v. —

1.4.2 Auf die Art und Weise des Verlassens der DDR kommt es nicht an. Maßgebend sind vielmehr die Gründe für das Verlassen der DDR. In diesem Sinne kann auch

— eine von den Behörden der DDR genehmigte Ausreise

— eine Abschiebung durch Behörden der DDR

den Tatbestand der Flucht im Sinne des § 3 Abs. 1 erfüllen.

— BVerwG vom 16. Dezember 1959 — 8C 178.59 — Buchholz 412.3 § 3 Nr. 14 —
— BVerwG vom 9. Juli 1964 — 8C 36.62 — Buchholz 412.3 § 3 Nr. 36 —

1.4.3 Zwischen Flucht und besonderer Zwangslage muß ein ursächlicher Zusammenhang bestehen. Dies ist der Fall, wenn die besondere Zwangslage zum Verlassen der DDR geführt hat. Der ursächliche Zusammenhang besteht aber auch dann, wenn die Entscheidung, die DDR zu verlassen (Recht auf Freizügigkeit), zu einer besonderen Zwangslage geführt hat. Nicht zu berücksichtigen ist eine Zwangslage, die erst beim Verlassen der DDR entsteht.

— BVerwG vom 16. Dezember 1959 — 8C 178.59 — Buchholz 412.3 § 3 Nr. 14 —

1.4.4 Der Tatbestand einer Flucht ist auch dann erfüllt, wenn der Betroffene (z. B. während eines Besuchs außerhalb der DDR) von einer ihm in der DDR drohenden Zwangslage erfährt und sich deswegen entschließt nicht zurückzukehren (indirekte Flucht). Mithin besteht der erforderliche Ursachenzusammenhang dann, wenn der Betroffene ohne die inzwischen eingetretenen Umstände zur Rückkehr entschlossen gewesen wäre.

— BVerwG vom 22. Oktober 1958 — 5C 571.56 — Buchholz 412.3 § 3 Nr. 8 —
— BVerwG vom 12. Oktober 1967 — 8C 117.65 — Buchholz 412.3 § 3 Nr. 48 —

2 Besondere Zwangslage

2.1 Allgemeines

2.1.1 Der Begriff „besondere Zwangslage" ist im Gesetz nicht näher bestimmt. Der Gesetzgeber hat aber durch die in § 3 Abs. 1 Satz 2 bis 4 genannten Beispiele diesen Begriff erklärt und wichtige Hinweise für seine Auslegung und Anwendung gegeben. Danach liegt eine besondere Zwangslage nur dann vor, wenn die im Einzelfall zu ertragenden Beschwernisse und Gefahren über das Maß dessen hinausgehen, was die Bevölkerung der DDR auf Grund der dort herrschenden politischen Verhältnisse allgemein erdulden muß.

– BVerwG vom 24. September 1954 – 4C 031.54 – BVerwGE 1, 195 –

– BVerwG vom 14. Mai 1959 – 8C 20.59 – Buchholz 412.3 § 3 Nr. 12 –

2.1.2 Eine besondere Zwangslage ist dann politisch bedingt, wenn sie auf kommunistische Herrschaftsformen zurückzuführen ist, die mit den im Geltungsbereich des Grundgesetzes bestehenden rechtsstaatlichen Grundsätzen unvereinbar sind. Dabei ist zu beachten, daß von den Machthabern in der DDR nicht selten andere, unpolitische Gründe für eine Verfolgung vorgeschoben werden, um den eigentlichen Grund zu verschleiern.

– BVerwG vom 10. Mai 1961 – 8C 190.60 – BVerwGE 12, 236 –

– BVerwG vom 25. Juli 1958 – 5C 462.56 – Buchholz 412.3 § 4 Nr. 1 –

2.1.3 Ehemalige politische Häftlinge, die ihren Gewahrsam nicht zu vertreten haben, befinden sich grundsätzlich in einer besonderen Zwangslage, wenn zwischen dem Gewahrsam und dem Verlassen der DDR ein zeitlicher und sachlicher Zusammenhang besteht. Es ist zu berücksichtigen, daß sie vom Staatssicherheitsdienst, von der Volkspolizei und in ihren Betrieben und Wohnbezirken besonders überwacht werden. Zumeist stehen sie noch stark unter den Nachwirkungen des Gewahrsams und warten zunächst den Ablauf der Bewährungsfrist ab, bevor sie flüchten.

2.2 Subjektive Zwangslage

2.2.1 Für die Annahme einer besonderen Zwangslage ist es in der Regel erforderlich, daß die Gefährdung eines der in § 3 Abs. 1 genannten Rechtsgüter tatsächlich eingetreten war (sogenannte objektive Zwangslage). Ausnahmsweise kann es genügen, wenn der Betroffene – möglicherweise irrtümlich – angenommen hat, daß eines seiner durch § 3 Abs. 1 geschützten Rechtsgüter gefährdet war (sogenannte subjektive Zwangslage).

– BVerwG vom 24. September 1954 – 4C 031.54 – BVerwGE 1, 195 –

2.2.2 Bei einer subjektiven Gefährdung ist eine Anerkennung als Flüchtling im Sinne des § 3 Abs. 1 jedoch nur dann möglich, wenn sich die Lage für den Betroffenen objektiv bereits in bestimmter Weise verschärft und auf ihn in irgendwie bedrohlicher Weise zugespitzt hatte, so daß die Befürchtung, eines der durch § 3 Abs. 1 geschützten Rechtsgüter sei gefährdet, berechtigt war. Die Gefahr darf also nicht nur in der Vorstellung des Betroffenen bestanden haben; es müssen dafür auch konkrete Anhaltspunkte erkennbar sein.

— BVerwG vom 24. September 1954 — 4C 031.54 — BVerwGE 1, 195 —

— BVerwG vom 12. Oktober 1960 — 8C 175.59 — Buchholz 412.3 § 3 Nr. 19 —

2.2.3 Die Frage, ob Besorgnisse des Betroffenen berechtigt waren, ist danach zu beantworten, ob auch ein anderer besonnener Bewohner der DDR in der gleichen Lage wie der Betroffene bei verständiger Würdigung aller Umstände sich ebenfalls zur Flucht entschlossen hätte. Hierbei sind die besonderen Verhältnisse des Betroffenen zu berücksichtigen (z. B. hohes Alter, frühere schwerwiegende Erlebnisse mit den DDR-Machthabern, angegriffene Gesundheit und dadurch bedingte subjektive Überschätzung einer Gefahrenlage).

— BVerwG vom 10. Dezember 1958 — 5C 508.57 — Buchholz 412.3 § 3 Nr. 9 —

— BVerwG vom 16. Juni 1960 — 8C 167.59 — Buchholz 412.3 § 3 Nr. 16 —

2.2.4 Für die Anerkennung einer besonderen Zwangslage genügt auch die begründete Befürchtung des Betroffenen, seine Existenzgrundlage werde in naher Zukunft vernichtet oder entscheidend beeinträchtigt werden, sofern die Befürchtung auf Tatsachen (konkrete Anhaltspunkte) fußt, die bei normalem Ablauf der Ursachenkette regelmäßig eine solche Folge nach sich ziehen. Die entscheidende Beeinträchtigung der Existenzgrundlage braucht zwar noch nicht eingesetzt zu haben; es wird jedoch zu fordern sein, daß sie sich immerhin aus objektiv feststellbaren Tatsachen abzuzeichnen begonnen hat.

2.3 Unmittelbare Gefahr für Leib und Leben oder die persönliche Freiheit

Der Begriff „unmittelbar" ist nicht nur im Sinne von „gegenwärtig" aufzufassen. Unmittelbar ist eine Gefahr bereits dann, wenn sie sich jederzeit ohne weiteres Zutun des Betroffenen verwirklichen kann und wenn den Umständen nach auch damit zu rechnen ist, daß sie sich alsbald verwirklichen wird.

— BVerwG vom 16. Dezember 1959 — 8C 178.59 — Buchholz 412.3 § 3 Nr. 14 —

— BVerwG vom 26. September 1967 — 8C 47.64 — Buchholz 412.3 § 3 Nr. 46 —

2.4 Schwerer Gewissenskonflikt

2.4.1 Unter Gewissen ist eine grundsätzliche, in der gesamten sittlichen Haltung des Menschen verwurzelte Gesinnung hinsichtlich der Gebotenheit, Erlaubtheit oder Nichterlaubtheit eines bestimmten Tuns oder Unterlassens zu verstehen. Es beruht auf der sittlichen, ethischen oder religiösen Überzeugung von Recht und Unrecht und verpflichtet zu einem entsprechenden Tun oder Unterlassen.

Schwer ist ein Gewissenskonflikt im Sinne des § 3 Abs. 1 dann, wenn er erheblich über die Gewissensbelastungen hinausgeht, denen fast alle Bewohner der DDR ausgesetzt sind, die sich dem dort herrschenden System nicht verschrieben haben.

2.4.2 Der schwere Gewissenskonflikt als Beispiel einer besonderen Zwangslage bedeutet: der Betroffene muß nach gewissenhafter Überprüfung seiner Lage zu dem Ergebnis gekommen sein, daß ihm nur die Wahl zwischen dem Verlassen der DDR und der Notwendigkeit, gegen sein Gewissen zu handeln, verblieb, wenn er sich beim Handeln nach seinem Gewissen nicht unzumutbaren Nachteilen aussetzen wollte (Ausweglosigkeit).

– BVerwG vom 9. Juli 1969 – 8C 94.66 – Buchholz 412.3 § 3 Nr. 52 –

2.4.3 Als Nachweis für die behauptete gewissensmäßige Einstellung kann das frühere Verhalten des Betroffenen aufschlußreich sein; denn auf einen schwerwiegenden Gewissenskonflikt kann sich nur derjenige berufen, dessen bisherige Haltung dies nach seinem religiösen oder weltanschaulichen Bekenntnis als glaubhaft erscheinen läßt. So wird beispielsweise bei einem Mitglied der SED, das einen schweren Gewissenskonflikt wegen von ihm geforderter parteipolitischer Aktivität behauptet, stets der Widerspruch zu klären sein, der zwischen seiner Behauptung und seinem gewissensgemäßen Verhalten bei Bewerbung um die Mitgliedschaft besteht. Entscheidend ist, ob die Gewissensbelastung für den Betroffenen voraussehbar war.

– BVerwG vom 9. Juli 1969 – 8C 53.66 – Buchholz 412.3 § 3 Nr. 53 –

2.4.4 Das Verlangen zur Teilnahme an der Jugendweihe kann bei den Erziehungsberechtigten einen schweren Gewissenkonflikt auslösen, wenn diese nach ihrem religiösen oder weltanschaulichen Bekenntnis die Teilnahme als mit ihrem Gewissen für nicht vereinbar erkennen und eine Weigerung zu unzumutbaren Nachteilen geführt hat oder – durch konkrete Anhaltspunkte belegt – geführt haben würde (z. B. Behinderung der schulischen Zukunft des Kindes).

2.4.5 Der Dienst bei der Volkspolizei oder bei der Nationalen Volksarmee kann bei dem Betroffenen einen schweren Gewissenskonflikt auslösen, wenn er den Dienst nach seinem religiösen oder weltanschaulichen Bekenntnis als mit seinem Gewissen für nicht vereinbar erkennt und eine Weigerung zu unzumutbaren Nachteilen führen würde. Für eine Fahnenflucht aus den vorstehend genannten Motiven gilt Entsprechendes.

2.4.6 Die bevorstehende oder vollzogene Verpflichtung zu Spitzeldiensten kann bei dem Betroffenen einen schweren Gewissenskonflikt auslösen, wenn er sie nach seinem religiösen oder weltanschaulichen Bekenntnis als mit seinem Gewissen für nicht vereinbar erkennt und eine Weigerung zu unzumutbaren Nachteilen führen würde. Dies ist zweifelhaft bei Personen, die dem in der DDR herrschenden Regime aktiv gedient haben.

2.5 Zerstörung oder entscheidende Beeinträchtigung der Existenzgrundlage

2.5.1 Eine Zerstörung der Existenzgrundlage kann u. a. vorliegen

bei selbständig Tätigen,

wenn die bisherige Tätigkeit (z. B. als Arzt, Rechtsanwalt, Künstler, Landwirt, Handel- oder Gewerbetreibender u. ä. m.),

bei nichtselbständig Tätigen,

wenn die bisherige Tätigkeit (z. B. als Ingenieur, Lehrer, Tischler, Schlosser u. ä. m.) untersagt oder durch sonstige Maßnahmen unmöglich gemacht worden ist.

2.5.2 Eine entscheidende Beeinträchtigung der Existenzgrundlage liegt vor, wenn sich der wesentliche Inhalt oder die Merkmale der Tätigkeit erheblich zuungunsten des

Betroffenen ändern. Von einer entscheidenden Beeinträchtigung der Existenzgrundlage kann u. a. ausgegangen werden,

bei selbständig Tätigen,

wenn die selbständige Tätigkeit zu einer nichtselbständigen Tätigkeit wird (z. B.: selbständiger Landwirt wird gezwungen, seinen Hof in eine LPG einzubringen, und leitet ihn dann als angestellter Verwalter; selbständiger Handel- und Gewerbetreibender wird gezwungen, eine staatliche Beteiligung anzunehmen, und verliert seine kaufmännische Dispositionsfreiheit), oder die selbständige Tätigkeit unzumutbar erschwert wird (z. B. durch Abziehen von Arbeitskräften, einschneidende Verringerung der Materialzuteilung oder der Aufträge, durch Kürzung der Handelsspanne u. ä. m.),

bei nichtselbständig Tätigen,

wenn die nichtselbständige Tätigkeit qualitativ oder im Hinblick auf die soziale Stellung oder die Vergütung zum erheblichen Nachteil des Betroffenen verändert wird (z. B. Prokurist eines Unternehmens wird nur noch in untergeordneter Bürotätigkeit eingesetzt; technischer Leiter eines Betriebes wird nur noch in seinem erlernten Beruf als Schlosser verwendet).

— BVerwG vom 29. April 1970 — 8C 154.67 — Buchholz 412.3 § 3 Nr. 56 —

2.5.3 Wird jemandem die von ihm gewünschte Ausbildung verwehrt, so kann dadurch eine besondere Zwangslage entstehen, falls es sich um eine gegen den Betroffenen gerichtete Einzelmaßnahme handelt. Sie kann eine unzumutbare Einschränkung des Rechts auf freie Entfaltung der Persönlichkeit bedeuten, die sich einschneidend auf den gesamten Lebensweg des Betroffenen auswirkt und über jene Beschränkungen hinausgeht, die die Bewohner der DDR allgemein erdulden müssen.

— BVerwG vom 25. April 1962 — 8C 93.60 — NJW 1962, S. 1785 —

— BVerwG vom 25. April 1962 — 8C 41.60 — JR 1963, S. 154 —

— BVerwG vom 28. März 1963 — 8C 146.60 — ZLA 1963, S. 334 —

— BVerwG vom 12. September 1963 — 8C 26.62 — Buchholz 412.3 § 3 Nr. 29 —

2.5.4 Hingegen sind bloße Zukunftsvorstellungen keine Anspruchsgrundlage. Führen die politischen Verhältnisse in der DDR zu keiner anderen Beeinträchtigung als der Vereitelung beruflicher oder wirtschaftlicher Zukunftsvorstellungen, so haben sie auch keine so schwerwiegende Beeinträchtigung der Persönlichkeitswürde zur Folge, daß die Betroffenen unter unzumutbaren Bedingungen in ihrer Heimat leben müßten.

— BVerwG vom 29. Juni 1967 — 8C 74.65 — Buchholz 412.3 § 3 Nr. 47 —

2.5.5 § 3 Abs. 1 Satz 4 erfaßt auch nicht solche Fälle, in denen der Betroffene die DDR verlassen hat, weil in dem angestrebten oder ausgeübten Beruf bestimmte Entwicklungs- oder Aufstiegsmöglichkeiten fehlen. Hier handelt es sich um eine Folge der in der DDR herrschenden politischen, gesellschaftlichen und wirtschaftlichen Verhältnisse, die sich auf alle Bewohner der DDR mehr oder weniger stark auswirken, also um eine allgemeine Zwangslage.

2.5.6 Zwischen der Zerstörung oder Beeinträchtigung der Existenzgrundlage und der Flucht muß ein Ursachenzusammenhang bestehen. Dieser ist in der Regel nur dann gegeben, wenn ein zeitlicher Zusammenhang besteht. Ausnahmsweise kann eine Zerstörung oder erhebliche Beeinträchtigung der Existenzgrundlage auch dann eine besondere Zwangslage darstellen, wenn der Betroffene nicht sofort im Anschluß daran, sondern erst zu einem späteren Zeitpunkt geflüchtet ist und seine Verhältnisse in bezug auf Qualifizierung der Tätigkeit, soziale Stellung oder Vergütung sich seither nicht wesentlich gebessert haben.

Das kann z. B. für einen selbständigen Unternehmer zutreffen, dessen Altersversorgung aus der Rendite des Betriebsvermögens mit der Enteignung des Betriebes zerstört worden ist, wenn eine im fortgeschrittenen Alter begonnene Angestelltentätigkeit nicht mehr zu einer gleichwertigen Altersversorgung führen konnte.

2.5.7 Eine entscheidende Beeinträchtigung der Existenzgrundlage ist auch dann gegeben, wenn der Betroffene sich in seiner beruflichen Stellung nur unter der Voraussetzung zu halten vermag, daß er sich unzumutbaren Bedingungen unterwirft.

– BVerwG vom 1. Dezember 1966 – 8C 27.65 – Buchholz 412.3 § 3 Nr. 45 –

2.6 Familienangehörige

2.6.1 Bei Ehegatten und minderjährigen Kindern von Flüchtlingen im Sinne des § 3 Abs. 1 ist in Berachtung des Artikels 6 GG (Schutz der Ehe und der Familie), ohne daß es weiterer eigener Fluchtgründe bedarf, das Vorliegen einer besonderen Zwangslage zu unterstellen, es sei denn, daß sie die DDR aus zu vertretenden Gründen verlassen haben oder Ausschlußgründen im Sinne des § 3 Abs. 2 vorliegen.

– BVerwG vom 2. April 1958 – 5C 455.56/5C 136.57 – Buchholz 412.3 § 3 Nr. 4 –
– BVerwG vom 25. Februar 1959 – 5C 125.57 – Buchholz 412.3 § 3 Nr. 11 –
– BVerwG vom 31. Oktober 1963 – 8C 43.62 – Buchholz 412.3 § 3 Nr. 30 –

2.6.2 Auch bei anderen nahen Angehörigen (volljährige Abkömmlinge, Eltern, Großeltern und Geschwister) eines Flüchtlings im Sinne des § 3 Abs. 1 kann das Vorliegen einer besonderen Zwangslage unterstellt werden, wenn sie in Haushaltsgemeinschaft mit diesem gelebt haben oder von diesem abhängig waren (Pflegebedürftigkeit, Hilfsbedürftigkeit) und im Geltungsbereich des Gesetzes wiederum in Haushaltsgemeinschaft mit diesem leben.

3 Vertretenmüssen

3.1 Der Begriff des „Vertretenmüssens" im Sinne des § 3 Abs. 1 bedeutet Einstehenmüssen für die Folgen eines Verhaltens. Er ist nicht identisch mit dem zivilrechtlichen Verschulden oder der strafrechtlichen Schuld.

– BVerwG vom 9. Dezember 1955 – 4C 067.55 – BVerwGE 3, 40 –
– BVerwG vom 10. Mai 1961 – 8C 190.60 – BVerwGE 12, 236 –

3.2 Eine besondere Zwangslage ist in der Regel zu vertreten, wenn der Betroffene diese selbst herbeigeführt hat durch ein Verhalten, dessen Unterlassen ihm nach den Umständen des Falles und unter Berücksichtigung der Lage der gesamten Bevölkerung der DDR hätte zugemutet werden können.

Der Begriff des Vertretenmüssens dient als Maßstab dafür, ob die politisch bedingte besondere Zwangslage dem DDR-System oder dem Betroffenen zuzurechnen ist. Er ist daran ausgerichtet, bis zu welchem Grade dem Betroffenen zugemutet werden kann, sich dem System der DDR anzupassen. Bei dieser Prüfung sind nicht die im Geltungsbereich des Grundgesetzes geltenden Rechtsanschauungen auf die DDR zu übertragen. Auszugehen ist vielmehr von den dort herrschenden Verhältnissen. Mit diesen Verhältnissen müssen die Betroffenen leben. Es ist dem einzelnen zuzumuten, wirtschaftslenkende Vorschriften und Vorschriften, die die Ordnung des Alltags betreffen, einzuhalten.

Anders liegt es im Bereich der Meinungsbildung und Meinungsäußerung. Er ist aus der Sicht freiheitlich-demokratischer Ordnung das Feld, auf dem bessere Lebensbedingungen erstritten werden. Den Prozeß der freien Meinungsbildung und Meinungsäußerung in Gang zu setzen oder zu halten, um dadurch eine Humanisierung des Systems zu erreichen, ist das erklärte Anliegen des Gesetzgebers. Grundvoraussetzung ist dafür die Freiheit der Information und der Meinungsäußerung. Deshalb ist es in diesem Bereich dem Betroffenen grundsätzlich nicht zuzumuten, die Beschränkungen einzuhalten, die das System der Information und dem freien Wort setzt.

Letzteres gilt allerdings nicht ohne Einschränkung, denn es ist auch in diesem Bereich zu beachten, daß der Betroffene in der DDR lebt und deren Ordnung unterliegt. Der Betroffene hat es daher zu vertreten, wenn er sich etwa herausfordernd, aufreizend, leichtsinnig oder besonders unüberlegt verhalten hat.

Im Unterschied zum Grundrecht der freien Meinungsäußerung ist bei Wahrnehmung des Rechts auf Freizügigkeit eine Differenzierung nach mehr oder weniger provokativem Verhalten nicht gerechtfertigt; in solchen Fällen wird eine durch die politischen Verhältnisse bedingte besondere Zwangslage grundsätzlich nicht zu vertreten sein.

- BVerwG vom 24. September 1954 — 4C 031.54 — BVerwGE 1, 195 —
- BVerwG vom 12. März 1958 — 5C 154.57 — BVerwGE 6, 271 —
- BVerwG vom 28. Januar 1965 — 8 C 293.63 — BVerwGE 20, 211 —
- BVerwG vom 20. August 1975 — 8C 89.75 — BVerwGE 49, 107 —
- BVerwG vom 12. April 1978 — 8C 55.77 — BVerwGE 55, 314 —

3.3 Die Frage, ob ein Fluchthelfer die wegen Fluchthilfe für ihn entstandene besondere Zwanglage zu vertreten hat, ist danach zu beurteilen, ob er überwiegend im Interesse des Flüchtlings oder im eigenen persönlichen Interesse gehandelt hat.

3.3.1 Zu vertreten ist das eigene persönliche Interesse. Es liegt regelmäßig vor, wenn die Fluchthilfe gewerbsmäßig betrieben wird. Dabei macht es keinen Unterschied, ob es sich um einen Unternehmer auf dem Gebiet der Fluchthilfe oder um dessen Erfüllungsgehilfen handelt. Die Gewerbsmäßigkeit besteht in dem Handeln mit der Absicht, sich durch wiederholte Begehung eine nicht bloß vorübergehende, wenn auch nicht dauernde Einnahmequelle zu verschaffen.

3.3.2 Die gelegentliche Fluchthilfe ist in gleicher Weise zu vertreten wie die gewerbsmäßige Fluchthilfe, wenn sie überwiegend zum eigenen Vorteil betrieben wird. Dabei ist auf die Umstände des Einzelfalles (Dauer, Häufigkeit und Intensität der geleisteten Fluchthilfe sowie das Verhältnis von vereinbarter Vergütung und erbrachter Leistung bei Berücksichtigung des mit der Fluchthilfe übernommenen eigenen Risikos) abzustellen.

– BVerwG vom 12. April 1978 – 8C 55.77 – BVerwGE 55, 314 –

3.4 Im übrigen ist es nicht zumutbar, eine Handlung zu unterlassen, die eine besondere Zwangslage auslöst

– beim Überwinden einer unverschuldeten notstandsähnlichen Lage (z. B. Beschaffung lebensnotwendiger Medikamente),

– bei der Abwehr eines aus politischen Gründen drohenden oder bereits zugefügten Unrechts (z. B. Beiseiteschaffen von Vermögenswerten und Geschäftsunterlagen, um sie dem Zugriff der DDR-Behörden bei einer drohenden rechtsstaatswidrigen Enteignung zu entziehen).

3.5 Bei Ausübung von Berufen, die in der DDR im allgemeinen von politischen Bindungen abhängig sind, hat der Betroffene die besondere Zwangslage zu vertreten, wenn er sich besonders aktiv für das in der DDR herrschende System eingesetzt und vorwiegend deswegen eine exponierte Stellung erreicht hat.

– BVerwG vom 6. Juni 1958 – 5C 424.56 – BVerwGE 6, 357 –

– BVerwG vom 24. Mai 1960 – 8C 21.59 – Buchholz 412.3 § 3 Nr. 15 –

3.6 Bei Mitgliedschaft in der SED oder einer der Massenorganisationen der DDR hat der Betroffene die besondere Zwangslage zu vertreten, wenn diese auf die Mitgliedschaft zurückzuführen ist und nach den Umständen des Einzelfalles für ihn voraussehbar sein mußte.

– BVerwG vom 28. Juni 1962 – 8C 139.60 – Buchholz 412.3 § 3 Nr. 24 –

– BVerwG vom 28. Januar 1965 – 8C 293.63 – BVerwGE 20.211 –

– BVerwG vom 28. Januar 1965 – 8C 259.63 – Buchholz 412.3 § 3 Nr. 39 –

3.7 Ehemalige insbesondere berufsmäßige Angehörige der Volkspolizei oder der Nationalen Volksarmee, die einen schweren Gewissenskonflikt geltend machen, haben die besondere Zwangslage in der Regel zu vertreten, wenn sie nach den Umständen des Einzelfalles bei ihrer Verpflichtung voraussehen mußten, daß die an sie gestellten Anforderungen zu Gewissensbelastungen führen würden. Das gleiche gilt für Personen, die sich während ihrer Zugehörigkeit zu diesen Verbänden aktiv für das in der DDR herrschende System eingesetzt haben.

3.8 Wer sich zu Spitzeldiensten für Behörden oder andere Stellen der DDR verpflichtet hat, hat eine daraus entstandene Zwangslage zu vertreten, es sei denn, der Betroffene hätte bei einer Weigerung mit unzumutbaren Folgen rechnen müssen. Angesichts der bei Spitzeltätigkeit erfahrungsgemäß schwerwiegenden Folgen für Dritte kann eine derartige Nötigungslage nur bei Gefahr für Leib und Leben oder die persönliche Freiheit angenommen werden. Auch in diesem Falle darf die Spitzeltätigkeit nicht über das hinausgegangen sein, was durch die Nötigungslage bedingt war.

– BVerwG vom 12. Oktober 1967 – 8C 117.65 – Buchholz 412.3 § 3 Nr. 48 –

3.9 Die aus nachrichtendienstlicher Tätigkeit für westliche Stellen entstandene besondere Zwangslage ist zu vertreten, wenn diese Tätigkeit gewerbsmäßig betrieben (vgl. Nr. 3.3.1 Satz 4) oder überwiegend zum eigenen Vorteil (vgl. Nr. 3.3.2 Satz 2) betrieben worden ist.

Nicht zu vertreten ist die besondere Zwangslage, wenn die nachrichtendienstliche Tätigkeit überwiegend aus ideellen Motiven betrieben worden ist.

3.10 Eine auf einem Verstoß gegen wirtschaftslenkende Vorschriften beruhende besondere Zwangslage hat der Betroffene zu vertreten. Das gilt nicht, wenn ihm die Befolgung der Vorschriften nach den Umständen des Einzelfalles nicht zugemutet werden konnte (z. B. drohende Enteignung des Betriebsvermögens).

– BVerwG vom 15. Mai 1959 – 8C 20.59 – Buchholz 412.3 § 3 Nr. 12 –

– BVerwG vom 22. Februar 1961 – 8C 287.59 – Buchholz 412.3 § 3 Nr. 22 –

3.11 Ist der Betroffene in eine besondere Zwangslage geraten, deren Gründe er nur zum Teil zu vertreten hat, so ist seine Anerkennung ausgeschlossen, wenn die nicht zu vertretenden Gründe hinweggedacht werden können, ohne daß sich am Entstehen der besonderen Zwangslage etwas ändern würde.

4 Anwendung des § 1 Abs. 3

Bei sinngemäßer Anwendung des § 1 Abs. 3 auf den nichtdeutschen Ehegatten eines Flüchtlings im Sinne des § 3 Abs. 1 muß im Zeitpunkt des Verlassens der DDR durch den nichtdeutschen Ehegatten die Ehe bestanden haben und die besondere Zwangslage eingetreten sein. Die Voraussetzungen der Anerkennung des nichtdeutschen Ehegatten sind jedoch erst erfüllt, wenn der deutsche Ehegatte die DDR verlassen hat.

5 Gleichgestellte (§ 4)

5.1 Bezüglich der deutschen Staatsangehörigkeit, der deutschen Volkszugehörigkeit und der Auslegung des Wohnsitzbegriffs sind die Nrn. 1.1 bis 1.3 anzuwenden.

5.2 Der Wohnsitz muß durch Flucht (Verlassen des Wohnsitzortes oder Nichtrückkehr) zu einer Zeit aufgegeben worden sein, als der Wohnsitz bereits zur SBZ/DDR gehörte. Bei einer Nichtrückkehr ist somit Voraussetzung, daß die Nichtrückkehrlage erst nach der Besetzung des Wohnsitzortes eingetreten ist.

5.3 Unter Zeitpunkt der Besetzung ist der Zeitpunkt zu verstehen, in dem der Wohnsitzort des Betroffenen von sowjetischen Truppen (ggf. nach Übergabe von Gebietsteilen Mitteldeutschlands durch die amerikanischen oder englischen Streitkräfte) besetzt worden war.

– BVerwG vom 14. Januar 1959 – 5C 69.57 – Buchholz 412.3 § 4 Nr. 3 –

5.4 Aus welchen Gründen (z. B. Evakuierung, Kriegsgefangenschaft, Flucht vor den herannahenden sowjetischen Truppen) sich der Betroffene im Zeitpunkt der Besetzung nicht an seinem Wohnsitzort aufhielt, ist unerheblich.

5.5 Für die Frage, ob der Betroffene bei seiner Rückkehr in die SBZ/DDR dort einer besonderen Zwangslage im Sinne des § 4 Abs. 1 ausgesetzt gewesen wäre, ist der Zeitpunkt maßgeblich, zu dem ihm die Rückkehr in die SBZ/DDR tatsächlich erstmals möglich war (z. B. bei Kriegsgefangenen der Tag der Entlassung).

5.6 Der Grund für eine Nichtrückkehr muß in einer offensichtlichen (d. h objektiv auch für Dritte erkennbaren) Gefahr für Leib und Leben oder die persönliche Freiheit bestan-

4.3 Richtlinie zu §§ 3, 4 BVFG

den haben. Es ist im Wege der Auslegung nicht möglich, auch andere Tatbestände einer besonderen Zwangslage im Sinne des § 3 Abs. 1 zu berücksichtigen.

Subjektive Vorstellungen des Betroffenen über das Vorliegen einer besonderen Zwangslage können bei Anwendung des § 4 nicht berücksichtigt werden.

— BVerwG vom 9. Dezember 1955 — 4C 067.55 — BVerwGE 3, 40 —

5.7 Eine Gefährdung kann schon dann objektiv erkennbar sein, wenn der Nichtrückkehrer einer Personengruppe angehört, die nach allgemeiner Erfahrung in der SBZ/DDR als kollektiv gefährdet anzusehen ist. Offensichtlich kollektiv gefährdete Personengruppen sind in dem als Anlage[1] angefügten sogenannten Gefährdungskatalog aufgeführt.

— BVerwG vom 9. Dezember 1955 — 4C 067.55 — BVerwGE 3, 40 —

5.7.1 Offensichtlich kollektiv gefährdet sind auch Träger höherer Ämter oder Funktionen im NS-System. Diese haben die aus ihren Ämtern und Funktionen erwachsene Gefährdung jedoch grundsätzlich zu vertreten, es sei denn, ein Betroffener hätte der NS-Gewaltherrschaft ernstlich Widerstand geleistet.

— BVerwG vom 23. März 1960 — 8C 19.59 — Buchholz 412.3 § 3 Nr. 5 —

— BVerwG vom 30. September 1968 — 8C 31.66 — ZLA 1969, S. 59 —

— BVerwG vom 10. Januar 1979 — 8C 29.78 — BVerwGE 57, 222 —

5.8 Zwischen der Aufgabe des Willens, in die SBZ/DDR zurückzukehren, und der besonderen Zwangslage im Sinne des § 4 Abs. 1 muß ein ursächlicher Zusammenhang bestanden haben. Dieser ist nicht gegeben, wenn der Betroffene — unabhängig von der für ihn bestehenden Zwangslage — sich bereits aus anderen Gründen entschlossen hatte, nicht in die SBZ/DDR zurückzukehren.

5.9 Eine automatische Anerkennung von Familienangehörigen nach § 4 Abs. 1, analog zu § 3 Abs. 1, ist nicht möglich. Nichtrückkehrer können nur dann als Flüchtlinge anerkannt werden, wenn sie die gesetzlichen Voraussetzungen — offensichtliche Gefahr für Leib und Leben oder die persönliche Freiheit — in eigener Person erfüllen. Die Gefährdung eines anderen Rechtsgutes genügt nicht.

Die Ehe ist ein insoweit vergleichbares Rechtsgut. War sie für den Ehegatten eines nach § 4 Abs. 1 Gefährdeten das allein maßgebende Motiv für den Entschluß, nicht mehr in die SBZ/DDR zurückzukehren, d. h. wäre er bei Nichtgefährdung der ehelichen Lebensgemeinschaft in die SBZ/DDR zurückgekehrt, so ist er ebenfalls als Nichtrückkehrer anzuerkennen. Wäre er jedoch aus anderen Gründen ohnehin nicht in die SBZ/DDR zurückgekehrt, so kann er nicht nach § 4 Abs. 1 in Verbindung mit § 1 Abs. 3 anerkannt werden. Das wird in der Regel der Fall sein, weil bei Kriegsende die Furcht vor den Verhältnissen in der SBZ einer Rückkehr ohnehin im allgemeinen entgegenstand.

— BVerwG vom 10. Januar 1979 — 8C 29.78 — BVerwGE 57, 222 —

6 Ausschlußgründe

6.1 Bei in § 3 Abs. 2 aufgeführten Tatbeständen, die eine Anerkennung als Flüchtling im Sinne des § 3 Abs. 1 ausschließen, gibt es in der Regel keine Gründe der Entschuldi-

---
[1] nicht abgedruckt

gung (z. B. tätige Reue, späterer Gesinnungswandel). Ausnahmen sind denkbar, wenn der Betroffene die Handlungen im jugendlichen Alter (bis zum 18. Lebensjahr) begangen hat. Die Ausschließungsgründe wirken nur gegenüber dem Betroffenen, nicht aber gegenüber seinen Familienangehörigen, die die Voraussetzung des § 3 Abs. 1 in eigener Person erfüllen.

– BVerwG vom 1. Dezember 1966 – 8C 27.65 – Buchholz 412.3 § 3 Nr. 45 –

6.2 Ein erhebliches Vorschubleisten setzt die Entfaltung von persönlicher Initiative und von Tätigkeiten voraus, die dazu bestimmt und geeignet waren, den Herrschaftsanspruch der SED und des von ihr getragenen Regierungssystems zu festigen oder den Widerstand gegen dieses System zu unterdrücken.

– BVerwG vom 11. März 1965 – 8C 396.63 – Buchholz 412.3 § 3 Nr. 40 –

6.2.1 Das setzt nicht in jedem Falle voraus, daß der Betroffene an führender Stelle im Machtapparat des in der DDR herrschenden Systems gestanden hat. Entscheidend ist vielmehr der Wirkungsgrad seines Einsatzes für das System.

6.2.2 Den Tatbestand eines erheblichen Vorschubleistens erfüllt noch nicht, wer lediglich in Ausübung eines herkömmlichen Berufs, der seine Lebens- oder Existenzgrundlage darstellt, das in der DDR herrschende System auf irgendeine Weise mit unterstützt hat.

– BVerwG vom 1. Dezember 1966 – 8C 27.65 – Buchholz 412.3 § 3 Nr. 45 –

6.2.3 Ausgeführte Spitzeltätigkeiten für Behörden oder andere Stellen der DDR stellen ein erhebliches Vorschubleisten dar. Eine kurzzeitige Spitzeltätigkeit ist dann nicht als erhebliches Vorschubleisten anzusehen, wenn der Betroffene nur allgemeine, nichtssagende Stimmungsberichte oder unschädliche Verhaltensberichte geliefert hat, um die eingegangene Spitzelverpflichtung zum Schein zu erfüllen.

6.3 Ein Verstoß gegen die Grundsätze der Menschlichkeit oder Rechtsstaatlichkeit setzt die Kenntnis und Billigung der Tatumstände voraus, durch welche der Betroffene gegen anerkannte Grundsätze der Menschlichkeit oder der Rechtsstaatlichkeit verstößt.

6.3.1 Ein Verstoß gegen die Grundsätze der Menschlichkeit oder Rechtsstaatlichkeit ist nicht in jedem etwa sittlich oder moralisch nicht zu billigenden oder anstößigen Verhalten zu sehen. Es muß sich vielmehr um erhebliche Zuwiderhandlungen gegen die Gemeinschaftsordnung oder rechtsstaatliche Grundsätze handeln.

–BVerwG vom 16. Januar 1964 – 8C 60.62 – Buchholz 412.3 § 3 Nr. 32 –

6.3.2 Danach verstößt gegen die Grundsätze der Menschlichkeit oder Rechtsstaatlichkeit, wer sich als Denunziant oder Spitzel betätigt, einen Menschen seiner Gesinnung wegen in strafrechtlich zu ahndender Weise verfolgt oder an seiner Verfolgung mitwirkt oder einen anderen an der Ausübung seiner politischen Rechte gewaltsam oder aus moralisch verwerflicher Gesinnung hindert.

– BVerwG vom 23. September 1957 – 5C 488.56 – Buchholz 412.3 § 3 Nr. 1 –

6.3.3 Ein Verstoß gegen die Grundsätze der Menschlichkeit oder Rechtsstaatlichkeit ist nicht schon darin zu erblicken, daß ein Bewohner der DDR sich unter dem Druck einer Haft schriftlich zum Spitzeldienst verpflichtet. Ein gegen die Grundsätze der

Menschlichkeit oder Rechtsstaatlichkeit verstoßenes Verhalten ist jedoch dann gegeben, wenn der Betroffene zur Erfüllung des Spitzelauftrages Arbeitskollegen oder andere Personen denunziert und dadurch ihre Verfolgung veranlaßt hat.

6.3.4 Verstöße gegen die Grundsätze der Menschlichkeit oder Rechtsstaatlichkeit schließen den Betroffenen auch dann von der Anerkennung als Flüchtling im Sinne des § 3 Abs. 1 aus, wenn er sie nicht im Gebiete der heutigen DDR, sondern in anderen Teilen der Welt begangen hat.

6.4 Der Tatbestand des § 3 Abs. 2 Nr. 3 setzt eine Tätigkeit voraus, die dazu geeignet und auch dazu bestimmt war, die im Grundgesetz normierte freiheitlich-demokratische Grundordnung zu gefährden (z. B. Verletzung der Vorschriften der §§ 81 bis 92 StGB).

7 Verfahren

7.1 Der Sachverhalt ist von Amts wegen zu ermitteln.

7.1.1 Die im Bundesnotaufnahmeverfahren nach § 1 Abs. 2 des Notaufnahmegesetzes zur besonderen Zwangslage getroffenen Feststellungen sollen in der Regel für die Feststellung der Flüchtlingseigenschaft im Sinne des § 3 Abs. 1 übernommen werden, wenn sich nicht im Einzelfalle aus den vorliegenden Unterlagen und den Angaben des Antragstellers konkrete Zweifel an der Richtigkeit dieser Feststellungen ergeben.

7.1.2 Können die Feststellungen nicht übernommen werden, ist eine weitere Sachaufklärung durchzuführen, die ein Aufklärungsdefizit vermeidet, das entweder zu Lasten des Antragstellers geht oder durch Subsumtionsirrtum zu einer dem Antragsteller günstigen Fehlentscheidung führt, die später ein Verfahren gemäß § 15 Abs. 5 und § 18 auslösen kann.

7.1.3 Bei den Ermittlungen sind alle erreichbaren Beweismittel heranzuziehen und für den Einzelfall bedeutsamen Umstände zu berücksichtigen. Die Ausstellungsbehörde hat darüber hinaus verständnisvoll der Tatsache Rechnung zu tragen, daß es sich bei den Flüchtlingen häufig um Personen handelt, die erst kurze Zeit im Bundesgebiet leben, mit den hiesigen Lebensumständen nur wenig vertraut sind und notwendigen Verwaltungsvorgängen hilflos gegenüberstehen.

7.2 Dem Beweisnotstand der Antragsteller ist unter Berücksichtigung des § 16 Abs. 3 BVFG und des § 26 des Verwaltungsverfahrensgesetzes für das Land Nordrhein-Westfalen (VwVfG. NW.) vom 21. Dezember 1976 (GV. NW. S. 438) Rechnung zu tragen.

Für die Beweisführung genügt die Glaubhaftmachung im Sinne einer überwiegenden Wahrscheinlichkeit für die Richtigkeit der behaupteten Tatsachen. Es müssen gewisse Tatbestandteile wenigstens auf dem Wege zu einem Beweis hin liegen und durch die allgemeinen Erfahrungen ergänzt und bestätigt werden, so daß mehr für als gegen das Vorliegen der behaupteten Tatsachen spricht. Die bloße Möglichkeit des Vorliegens der zu beweisenden Tatsachen reicht als Glaubhaftmachung nicht aus; jedoch können noch gewisse Zweifel bestehen bleiben.

7.2.1 Der unverschuldete Beweisnotstand, in dem sich viele Flüchtlinge befinden, zwingt dazu, in großem Umfang auch Tatsachen festzustellen, die nur von dem Antragsteller vorgetragen sind. Der Antragsteller muß glaubwürdig sein. Hierbei ist der persönliche Eindruck, den er hinterläßt, nicht außer acht zu lassen. Die vorgetragenen einzelnen Tatsachen müssen glaubhaft sein; sie dürfen nicht im Widerspruch zu Denkgesetzen oder Erfahrungsgrundsätzen stehen. Bei der Prüfung dieser Angaben ist ein Maßstab anzulegen, der weder Kritik noch Wohlwollen vermissen läßt. Bei lückenhaftem oder unsachgerechtem Vortrag ist – ggf. unter Verdeutlichung der Anspruchsvoraussetzungen – auf sachgerechte Ergänzung hinzuwirken. Das gilt auch für Zeugenaussagen. Hierbei sind auch die Umstände der Flucht (z. B. Flucht unter Lebensgefahr) angemessen zu würdigen.

7.2.2 Die Entscheidung des Generalstaatsanwalts über die Unzulässigkeit der Strafvollstreckung aus einem DDR-Urteil stellt nur fest, ob das Urteil als solches den rechtsstaatlichen Erfordernissen entspricht; sie besagt jedoch nichts darüber, ob ein Antragsteller nach seiner Entlassung aus der Strafhaft die SBZ/DDR aus Gründen des § 3 Abs. 1 verlassen hat. Hierüber haben die Verwaltungsbehörden in eigener Zuständigkeit zu befinden.

7.2.3 Bei Anträgen von Personen, die wegen der Gefahr der Aufdeckung gegen das DDR-System geleisteter Widerstandsarbeit die DDR verlassen mußten, sind Bestätigungen für behauptete nachrichtendienstliche oder sonstige Widerstandtätigkeiten erforderlichenfalls auf dem Dienstwege bei der Zentralen Dienststelle gemäß § 21 einzuholen.

7.3 Kann der Sachverhalt trotzdem nach § 16 Abs. 3 nicht hinreichend aufgeklärt werden, geht der Mangel der Nichtaufklärbarkeit zu Lasten des Antragstellers.

– BVerwG vom 28. Januar 1965 – 8C 293.63 – BVerwGE 20.211 –

4.4 Richtlinien zur Anwendung des § 6 des Bundesvertriebenengesetzes (BVFG), Runderlaß des Ministers für Arbeit, Gesundheit und Soziales Nordrhein-Westfalen vom 20. Februar 1980 – IV C 1 – 9010.1.1 (MBl. S. 1782)

1. Allgemeines

Nach § 6 BVFG ist deutscher Volkszugehöriger, wer sich in seiner Heimat zum deutschen Volkstum bekannt hat, sofern dieses Bekenntnis durch bestimmte Merkmale wie Abstammung, Sprache, Erziehung, Kultur bestätigt wird.

1.1 Das deutsche Volkstum ist in diesem Sinne als nationalgeprägte Kulturgemeinschaft zu verstehen, d. h. als Gemeinschaft, bei der zu sprachlicher und kultureller Übereinstimmung auch das Bewußtsein nationaler Verbundenheit hinzutreten muß. Dieses Bewußtsein von der Zugehörigkeit zu einer politischen, insbesondere nationalsozialistischen Organisation abhängig zu machen, stellt selbstverständlich wie bisher eine unzulässige Eingrenzung dar.

1.2 Die deutsche Volkszugehörigkeit im Sinne des § 6 BVFG ist kein ethnologischer, sondern ein Rechtsbegriff. Sie ist nicht identisch mit dem ethnologischen Begriff des Deutschstämmigen. Sie ist keine Tatsache, sondern eine Rechtsfolge, die sich ausschließlich aus den in § 6 BVFG aufgeführten beiden Begriffen, nämlich des Bekenntnisses (subjektives Erfordernis) und der sogenannten Bestätigungsmerkmale (objekti-

4.4 Richtlinie zu § 6 BVFG   Seite 159

ve Merkmale) herleitet. Zwischen diesen beiden Begriffen ist zu unterscheiden. Denn das Bekenntnis und die sogenannten Bestätigungsmerkmale stellen zwei selbständige, nebeneinanderstehende und voneinander unabhängige Rechtsvoraussetzungen für die Rechtsfolge der deutschen Volkszugehörigkeit dar.

1.3 Demnach erfüllt die Voraussetzungen des § 6 BVFG, wer

a) sich in seiner Heimat – subjektiv – zum deutschen Volkstum bekannt hat und wenn

b) objektive Merkmale dieses Bekenntnis bestätigen.

1.4 Der Gesetzgeber hat im Entschädigungs- und Vertriebenenrecht unterschieden zwischen

a) Personen, die dem deutschen Sprach- und Kulturkreis zuzuordnen sind und im Rahmen wiedergutmachungsrechtlicher Vorschriften (z. B. § 150 Abs. 1 BEG*) Entschädigungen für Schäden erhalten, die durch **nationalsozialistische** Verfolgungsmaßnahmen eingetreten sind, auch wenn sie ein Bekenntnis zum deutschen Volkstum nicht abgelegt haben, und

b) Personen, die im Rahmen vertriebenenrechtlicher Vorschriften Rechte und Vergünstigungen wegen der durch **fremde Staaten** durchgeführten Vertreibungs- und Verfolgungsmaßnahmen nur erhalten, wenn sie sich über den Gebrauch der deutschen Sprache und die Verbindung zum deutschen Kulturkreis hinaus auch zum deutschen Volkstum bekannt haben.

2. Bekenntnis

2.1 Das Bekenntnis zum deutschen Volkstum ist nach § 6 BVFG als Rechtsbegriff Voraussetzung für die Annahme der deutschen Volkszugehörigkeit. Es liegt vor, wenn die festgestellten Tatsachen ergeben, daß der Antragsteller durch sein Verhalten das Bewußtsein und den Willen, dem deutschen Volkstum und keinem anderen anzugehören, für D r i t t e als Teil der Allgemeinheit wahrnehmbar verbindlich kundgetan hat.

Das Bekenntnis muß aus Tatsachen subsumiert werden, die durch die entscheidende Stelle festzustellen sind. Die Aussage, jemand habe sich zum deutschen Volkstum bekannt, ist zwar noch keine Bekundung einer solchen Tatsache, verpflichtet aber die entscheidende Behörde, nach tatsächlichen Anhaltspunkten zu forschen.

Der Begriff des Bekenntnisses zum deutschen Volkstum ist in wertungsfreiem Sinne zu verstehen. Er soll nicht dazu dienen, Verdienste um das Deutschtum oder Treue zu diesem zu belohnen, sondern hat allein den Zweck, eine tatbestandsmäßige Abgrenzung des Personenkreises zu ermöglichen.

2.2 Das Bekenntnis kann abgegeben worden sein
a) durch ausdrückliche Erklärung
b) durch schlüssiges Verhalten.

2.2.1 Als ausdrückliche Erklärung kommen in erster Linie die Erklärungen in Betracht, die der Betreffende in seiner Heimat bei der amtlichen Aufforderung, seine Volkszugehörigkeit zu bezeichnen, abgegeben hat.

---

*) § 150 Abs. 1 BEG: Der Verfolgte aus den Vetreibungsgebieten, der dem deutschen Sprach- und Kulturkreis angehört hat, hat Anspruch auf Entschädigung für Schaden an Körper und Gesundheit, für Schaden an Freiheit, für Schaden durch Zahlung von Sonderabgaben und für Schaden im beruflichen Fortkommen.

Hierzu zählen beispielsweise:

Erklärungen bei
- amtlichen Volkszählungen,
- der Ausstellung von Pässen und Personalausweisen,
- der Einschulung von Kindern (rumänische Abiturzeugnisse z. B. enthalten die Eintragungen der Volkszugehörigkeit),
- der Anmeldung von Personenstandsveränderungen,
- der Erfassung zum Wehrdienst (rumänische und sowjetische Militärpässe z. B. enthalten die Eintragung der Volkszugehörigkeit),
- der Bewerbung zur Anstellung im öffentlichen Dienst.

2.2.2 Ein Bekenntnis durch schlüssiges Verhalten kann sowohl durch bestimmte Einzelhandlungen als auch durch das Gesamtverhalten zum Ausdruck gebracht werden. Ein durch Gesamtverhalten bekundetes Bekenntnis liegt vor, wenn sich der Betreffende selbst als zum deutschen Volkstum gehörend angesehen, sich so in dieser Einstellung nach außen erkennbar verhalten hat und dementsprechend von seiner Umwelt als deutscher Volkszugehöriger betrachtet worden ist. Ist jedoch ein Bekenntnissachverhalt gegebenenfalls von der Umgebung nicht richtig gewürdigt worden, darf dies nicht zu Lasten des Antragstellers gehen.

Soll demnach ein Bekenntnis zum deutschen Volkstum aus dem Gesamtverhalten abgeleitet werden, muß dieses im einzelnen ermittelt und gewürdigt werden. Das Ergebnis muß unter Berücksichtigung der politischen, ethnologischen und geographischen Verhältnisse den Schluß auf ein Bekenntnis zulassen.

Ein im vorstehend dargelegten Sinne abgelegtes Bekenntnis zu einem anderen Volkstum schließt ein Bekenntnis zum deutschen Volkstum aus.

Die Eheschließung ist grundsätzlich bekenntnisneutral. Weder kann die Ehe mit einem deutschen Volkszugehörigen als Bekenntnis zum deutschen Volkstum, noch kann die Ehe mit einem nichtdeutschen Volkszugehörigen als Bekenntnis zu einem anderen Volkstum gewertet werden. Im Einzelfalle kann aus besonderen Gegebenheiten eine andere Beurteilung notwendig werden.

2.3 Da - wie unter Nr. 1 ausgeführt - Bekenntnis und Bestätigungsmerkmale zwei selbständige, nebeneinanderstehende und voneinander unabhängige Rechtsvoraussetzungen sind, können die Bestätigungsmerkmale das Bekenntnis nicht ersetzen. Demnach stellen der Gebrauch der deutschen Sprache und die Verbindung zum deutschen Kulturkreis sowie eine deutschfreundliche Einstellung für sich allein kein Bekenntnis zum deutschen Volkstum dar.

2.3.1 Bei Personen aus dem Deutschen Reich in den Grenzen vom 31. 12. 1937, Danzig und dem Sudetenland, die die deutsche Staatsangehörigkeit nicht besaßen, aber die Bestätigungsmerkmale des § 6 BVFG erfüllen, spricht die Vermutung für ein Bekenntnis zum deutschen Volkstum, wenn sie sich entsprechend der vom deutschen Volkstum geprägten Umgebung verhalten haben. Das erforderliche Bekenntnis liegt dann in ihrem Gesamtverhalten, das sich aus ihrem Aufgehen im deutschen Volkstum ergibt. Von diesen Personen ist ein Bekenntnis durch ausdrückliche Erklärung nicht zu verlangen. Es genügt, daß ihr Gesamtverhalten keine demonstrative Hinwendung zu einem anderen Volkstum erkennen läßt.

2.3.2 Der Gebrauch der deutschen Sprache als Umgangssprache in aller Öffentlichkeit und die Verbindung zur deutschen Kultur deuten auf ein Bekenntnis zum deutschen Volkstum hin.

2.3.3 Bei Personen, die aus Gebieten kommen, in denen es neben einer deutschen Volksgruppe noch andere Volksgruppen gab, die auch die deutsche Sprache gebrauchten und sich auch der deutschen Kultur verbunden fühlten, ist ein Bekenntnis zum Deutschtum anzunehmen

a) bei ausdrücklicher Erklärung (vgl. 2.2.1) oder
b) durch schlüssiges Verhalten (vgl. 2.2.2), wenn der Gebrauch der deutschen Sprache und die Verbindung zur deutschen Kultur über den insoweit bekenntnis- und volkstumsneutralen Lebensgewohnheiten der anderen Volksgruppen lagen.

Dem Besuch deutscher kultureller Veranstaltungen, der Einschulung der Kinder in deutsche Schulen, der Teilnahme an einem Kreis, der sich der Pflege der deutschen Sprache und Literatur widmete, der Mitwirkung in einer deutschen Theatergruppe, schriftstellerische Tätigkeit in deutscher Sprache und ähnlichen Aktivitäten ist Bekenntnischaraker beizumessen, wenn die Voraussetzungen des Buchstaben b) vorliegen.

2.4 Zeitpunkt des Bekenntnisses

Ein Bekenntnis setzt die Fähigkeit voraus, eine volkstumsmäßige Entscheidung zu treffen (Bekenntnisfähigkeit). Die hierzu erforderliche Einsichtsfähigkeit kann bei einem Alter von 16 Jahren an, spätestens mit Eintritt der Volljährigkeit, angenommen werden.

2.4.1 Der maßgebende Zeitpunkt für ein Bekenntnis liegt unmittelbar vor Beginn der gegen die deutsche Bevölkerung gerichteten Verfolgungs- und Vertreibungsmaßnahmen. Das ergibt sich aus dem Zweck des Bundesvertriebenengesetzes, der nur auf die Begünstigung von Personen gerichtet ist, deren Vertreibung im Zusammenhang mit den Ereignissen des zweiten Weltkrieges steht (§ 1 Abs. 1 BVFG). Dieser Zusammenhang ergibt sich bei Aussiedlern (§ 1 Abs. 2 Nr. 3 BVFG), die als Nachzügler der allgemeinen Vertreibung anzusehen sind, aus dem durch die allgemeinen Vertreibungsmaßnahmen entstandenen und in der Vereinsamung der Betreffenden fortwirkenden Vertreibungsdruck.

Die Festlegung des maßgebenden Zeitpunkts für ein Bekenntnis auf die Zeit unmittelbar vor Beginn der allgemeinen Verfolgungs- und Vertreibungsmaßnahmen bedeutet jedoch nicht, daß der Bekenntnissachverhalt immer für diesen Zeitpunkt nachzuweisen ist. Es genügt, daß ein früher abgegebenes Bekenntnis bis zum maßgebenden Zeitpunkt aufrechterhalten worden ist. Davon ist im allgemeinen auszugehen, wenn sich aus dem Verhalten des Betreffenden keine Anhaltspunkte für eine Abwendung vom deutschen Volkstum ableiten lassen. Eine solche Abwendung liegt nicht vor, wenn sich der Betreffende von der nationalsozialistischen Umgebung distanziert hat.

Unerheblich ist ein Bekenntnis zum deutschen Volkstum oder die Verleugnung des deutschen Volkstums n a c h dem maßgebenden Zeitpunkt. Das Verhalten des Betreffenden nach dem maßgebenden Zeitpunkt kann aber Indizwirkung für das bekenntnisrelevante Verhalten bis zum maßgebenden Zeitpunkt haben. So rechtfertigt z. B. ein nach dem maßgebenden Zeitpunkt abgelegtes Bekenntnis den Schluß, daß ein für die Zeit bis zum maßgebenden Zeitpunkt behaupteter, schlüssig vorgetragener Bekenntnissachverhalt (ggf. in bezug auf die Eltern) tatsächlich vorgelegen hat.

Umgekehrt rechtfertigt aber ein für die Zeit nach dem maßgebenden Zeitpunkt festgestelltes bekenntnisneutrales Verhalten oder eine für diese Zeit festgestellte Verleugnung des deutschen Volkstums nicht den Schluß, daß für die Zeit bis zum maßgebenden Zeitpunkt ein behaupteter, schlüssig vorgetragener Bekenntnissachverhalt tatsächlich nicht vorgelegen hat. Infolge des nach dem maßgebenden Zeitpunkt fortwirkenden Vertreibungsdrucks war es den deutschen Volkszugehörigen nicht mehr zuzumuten, ein Bekenntnis zum deutschen Volkstum abzulegen.

2.4.2 Bei Personen, die im maßgebenden Zeitpunkt noch nicht bekenntnisfähig waren (Frühgeborene) oder später geboren sind (Spätgeborene), kommt es auf das Bekenntnis der Eltern oder des das Volkstum des Kindes prägenden Elternteils zum maßgebenden Zeitpunkt an. Waren auch diese damals noch nicht bekenntnisfähig, ist auf das Bekenntnis von deren Eltern oder prägendem Elternteil zum maßgebenden Zeitpunkt abzustellen.

2.4.2.1 **Frühgeborene:**

Bei der Prüfung der Frage, welcher Elternteil das Volkstum des Kindes geprägt hat, ist der Einfluß der Eltern von der Geburt des Kindes bis zum maßgebenden Zeitpunkt zu würdigen. Läßt sich ein dominierender Einfluß eines Elternteils nicht feststellen, wird die Prägung durch den deutschen Elternteil vermutet.

Dies gilt auch für Kinder, die von nichtdeutschen Eltern abstammen, aber z. B. als Stief- oder Pflegekinder in einer deutschen oder teilweise deutschen Familie aufgewachsen sind.

Kinder, die von deutschen Eltern bzw. einem deutschen Elternteil abstammen, aber in einer nichtdeutschen Familie aufgewachsen sind, können das Bekenntnis zum deutschen Volkstum von den leiblichen Eltern bzw. dem leiblichen Elternteil ableiten, wenn zu diesen bzw. diesem Kontakt aufrechterhalten wurde. Gleiches gilt, wenn Kinder gegen den Willen der deutschen Eltern bzw. des deutschen Elternteils durch besondere Umstände der Erziehung der leiblichen Eltern bzw. des leiblichen Elternteils entzogen worden und in einer nichtdeutschen Umgebung aufgewachsen sind. Als besondere Umstände in diesem Sinne sind sowohl staatliche und mit freiheitlich-demokratischer Auffassung nicht zu vereinbarende Zwangsmaßnahmen (z. B. die Unterbringung eines Kindes wegen der deutschen Volkszugehörigkeit der Eltern bzw. des Elternteils in einem Kinderheim) als auch Trennungen anzusehen, die durch die Kriegs- und Nachriegswirren verursacht worden sind.

Für Waisen gilt Entsprechendes.

2.4.2.2 **Spätgeborene:**

Bei der Prüfung der Frage, welcher Elternteil das Volkstum des Kindes geprägt hat, ist der Einfluß der Eltern von der Geburt des Kindes bis zu dessen eigener Bekenntnisfähigkeit bzw. bis zur Aussiedlung zu würdigen.

Läßt sich ein dominierender Einfluß eines Elternteils nicht feststellen, wird die Prägung durch den deutschen Elternteil vermutet.

Dies gilt auch für Kinder, die von nichtdeutschen Eltern abstammen, aber z. B. als Stief- oder Pflegekinder in einer deutschen oder teilweise deutschen Familie aufgewachsen sind.

Kinder, die von deutschen Eltern bzw. einem deutschen Elternteil abstammen, aber in einer nichtdeutschen Familie aufgewachsen sind, können das Bekenntnis zum deutschen Volkstum von den leiblichen Eltern bzw. dem leiblichen Elternteil ableiten, wenn zu diesen bzw. diesem Kontakt bis zur eigenen Bekenntnisfähigkeit bzw. bis zur Aussiedlung aufrechterhalten wurde. Gleiches gilt, wenn Kinder gegen den Willen der deutschen Eltern bzw. des deutschen Elternteils durch besondere Umstände der Erziehung der leiblichen Eltern bzw. des leiblichen Elternteils entzogen worden und in einer nichtdeutschen Umgebung aufgewachsen sind. Als besondere Umstände in diesem Sinne sind sowohl staatliche und mit freiheitlich-demokratischer Auffassung nicht zu vereinbarende Zwangsmaßnahmen (z. B. die Unterbringung eines Kindes wegen der deutschen Volkszugehörigkeit der Eltern bzw. des Elternteils in einem Kinderheim) als auch Trennungen anzusehen, die durch die Nachkriegswirren verursacht worden sind. Für Waisen gilt Entsprechendes.

2.5 Bekenntnis bei jüdischen Antragstellern

Der Begriff der deutschen Volkszugehörigkeit im Sinne des § 6 BVFG unterscheidet sich grundlegend von nationalsozialistischen Volkstumsgedanken. Die Begriffe Volkstum und Bekenntnis folgen vielmehr Abgrenzungsdefinitionen, die sich lange vor der Herrschaft des Nationalsozialismus herausgebildet hatten.

Bei jüdischen Antragstellern ist den besonderen Verhältnissen vor und während des zweiten Weltkrieges Rechnung zu tragen. Die vielfältigen bis in die ost- und südosteuropäischen Staaten reichenden Bestrebungen nationalsozialistischer Politik, Juden aus dem deutschen Volkstum auszuschließen, dürfen sich heute nicht in einer Benachteiligung einzelner Antragsteller auswirken. Um dem gerecht zu werden, ist folgendes zu beachten:

2.5.1 Die Zugehörigkeit zu einer Glaubensgemeinschaft ist volkstumsneutral. Deshalb können allein aus der Zugehörigkeit zum mosaischen Glauben keine Schlüsse gegen ein Bekenntnis zum deutschen Volkstum gezogen werden.

2.5.2 Jüdischen Antragstellern war nach dem 30. Januar 1933 ein Bekenntnis zum deutschen Volkstum nicht mehr zuzumuten. Bei ihnen genügt es daher, wenn sie ein Bekenntnis vor diesem Zeitpunkt abgegeben haben.

2.5.2.1. Ist das Bekenntnis zu einem früheren Zeitpunkt abgegeben worden, so ist regelmäßig von dessen Aufrechterhaltung bis 1933 auszugehen, sofern sich nicht aus den Umständen ergibt, daß sich der Betreffende vom deutschen Volkstum abgewandt hat.

2.5.2.2 Das Bekenntnis eines jüdischen Antragstellers zum deutschen Volkstum nach dem 30. Januar 1933 bis zum allgemein maßgebenden Zeitpunkt (vgl. 2.4.1) ist ihm zuzurechnen.

2.5.3 Wer sich bei einer Volkszählung vor dem 30. Januar 1933 zum jüdischen Volkstum erklärt hat, ist im allgemeinen nicht deutscher Volkszugehöriger. Liegen später die Voraussetzungen der Nr. 2.3.3 vor, so kann ein Bekenntnis zum deutschen Volkstum angenommen werden.

2.5.4 Hat ein jüdischer Antragsteller an Umsiedlungsaktionen unmittelbar vor und während des zweiten Weltkrieges nicht teilgenommen, bleibt dies ohne Einfluß auf die Beurteilung der deutschen Volkszugehörigkeit.

2.5.5 Aus dem Umstand, daß ein jüdischer Antragsteller nach Kriegsende von den gegen deutsche Volkszugehörige gerichteten Verfolgungsmaßnahmen nicht betroffen war, kann nicht gefolgert werden, er habe sich bis 1933 nicht zum deutschen Volkstum bekannt.

2.5.6 Die bloße Zugehörigkeit zur zionistischen Bewegung schließt die deutsche Volkszugehörigkeit im Sinne des § 6 BVFG nicht aus.

2.5.7 Allein in der Ausreise aus den Aussiedlungsgebieten nach Israel kann kein Indiz gegen die deutsche Volkszugehörigkeit gesehen werden.

3. Bestätigungsmerkmale

Als objektive Merkmale, die das Bekenntnis zum deutschen Volkstum bestätigen müssen, nennt § 6 BVFG (deutsche) Abstammung, Sprache, Erziehung, Kultur. Hierbei handelt es sich um eine beispielhafte Aufzählung. Diese Merkmale brauchen nicht insgesamt vorzuliegen. Es können außerdem auch andere objektive Merkmale zur Bestätigung eines Bekenntnisses dienen; sie müssen jedoch von ähnlichem Gewicht sein wie die in § 6 BVFG aufgeführten Merkmale.

Das Merkmal der Sprache bestimmt sich durch die Beherrschung der deutschen Sprache und ihren Gebrauch in der Heimat.

Das Merkmal der Erziehung liegt vor, wenn durch das Elternhaus, durch deutsche Schulen (auch Kindergärten) oder andere Erzieher deutsches Brauchtum, deutsche Literatur u. a. m. vermittelt worden ist.

Das Merkmal der Kultur bedeutet eine von den vorgenannten geistigen Gütern geprägte Lebensgestaltung.

Das Merkmal der Abstammung ist nicht gleichzusetzen mit Abstammung von deutschen Volkszugehörigen im Rechtssinne des § 6 BVFG. Sie hängt nicht von dem subjektiven Merkmal des Bekenntnisses durch die vorhergehende Generation ab, sondern von deren ethnischen Merkmalen wie Sprache, Name, Vorfahre, Herkunft, Geschichte, Kultur. Die Abstammung von nur einem deutschen Elternteil in ethnischem Sinne genügt.

4. Verfahren

4.1 Der Sachverhalt ist von Amts wegen zu ermitteln.

4.1.1 Die im Verteilungsverfahren vom Beauftragten der Bundesregierung für die Verteilung im Grenzdurchgangslager Friedland und in der Durchgangsstelle für Aussiedler in Nürnberg auf Grund deren Ermittlungen getroffene Beurteilung der Volkszugehörigkeit eines Antragstellers soll in der Regel für die Beurteilung der deutschen Volkszugehörigkeit im Ausstellungsverfahren übernommen werden, wenn sich nicht im Einzelfalle aus den vorliegenden Unterlagen und den Angaben des Antragstellers konkrete Zweifel an der Richtigkeit der Beurteilung durch den Beauftragten der Bundesregie-

4.4 Richtlinie zu § 6 BVFG

rung ergeben. Eine rechtliche Bindung an die Beurteilung der deutschen Volkszugehörigkeit durch den Beauftragten der Bundesregierung besteht nicht.

4.1.2 Kann die Beurteilung des Beauftragten der Bundesregierung nach Nr. 4.1.1 nicht übernommen werden, ist eine sorgfältige Sachaufklärung durchzuführen, die ein Aufklärungsdefizit vermeidet, das entweder zu Lasten des Antragstellers geht oder durch Subsumtionsirrtum zu einer dem Antragsteller günstigen Fehlentscheidung führt, die später ein Verfahren gemäß § 15 Abs. 5 und § 18 BVFG auslösen kann.

4.1.3 Bei den Ermittlungen sind alle erreichbaren Beweismittel heranzuziehen und für den Einzelfall bedeutsamen Umstände zu berücksichtigen. Die Ausstellungsbehörde hat darüber hinaus verständnisvoll der Tatsache Rechnung zu tragen, daß es sich bei den Aussiedlern regelmäßig um Personen handelt, die erst kurze Zeit im Bundesgebiet leben, mit den hiesigen Lebensumständen nur wenig vertraut sind, zum Teil die deutsche Sprache nicht ausreichend beherrschen und notwendigen Verwaltungsvorgängen häufig hilflos gegenüberstehen.

4.1.4 Lassen sich die für die Entscheidung nach § 6 BVFG maßgeblichen Tatsachen auf andere Weise nicht feststellen, sind Auskünfte der Heimatortskartei und/oder Heimatauskunftsstelle einzuholen. Dabei sind die Auskunftsersuchen zu beschränken auf:

1. Angaben über die Volkszählungsergebnisse in dem betreffenden Wohnort des Aussiedlungsgebietes,

2. Anschriften von ehemaligen Bewohnern des betreffenden Wohnorts des Aussiedlungsgebietes, die möglicherweise als Zeugen in Frage kommen,

3. Erkenntnisse über im Einzelfalle interessierende Fakten, über Schulen, Vereine oder sonstige Institutionen.

Die in Frage kommenden Zeugen sind durch die Ausweisbehörde zu befragen oder im Wege der Amtshilfe befragen zu lassen; dabei ist die regelmäßig wichtigste Frage nach dem Bekenntnis zum Deutschtum dahin zu erläutern, daß bestimmte Tatsachen anzugeben sind. Diese sind durch die Behörde gegebenenfalls konkret zu erfragen.

Enthält eine Auskunft der Heimatortskartei oder Heimatauskunftsstelle eine Beurteilung der Volkszugehörigkeit eines Antragstellers, so bindet diese die Ausweisbehörde nicht. Die rechtliche Würdigung obliegt allein der über die Ausweisausstellung entscheidenden Behörde.

4.1.5 Allgemeine statistische Unterlagen über die Volkszählungsergebnisse in bestimmten Gebieten sind gegebenenfalls (vgl. Nr. 4.1.4) bei der Beweiserhebung und -würdigung heranzuziehen. Dadurch vermittelte Erkenntnisse über das mehrheitliche Bekenntnisverhalten bestimmter Gruppen stellen jedoch für den Einzelfall keinen Beweis gegen die Annahme eines Bekenntnisses zum Deutschtum dar.

4.2 Dem Beweisnotstand der Antragsteller ist unter Berücksichtigung des § 16 Abs. 3 BVFG und des § 26 VwVfG NW Rechnung zu tragen.

Für die Beweisführung genügt die Glaubhaftmachung im Sinne einer überwiegenden Wahrscheinlichkeit für die Richtigkeit der behaupteten Tatsachen. Es müssen gewisse Tatbestandsteile wenigstens auf dem Wege zu einem Beweis hin liegen und durch die allgemeinen Erfahrungen ergänzt und bestätigt werden, so daß mehr für als gegen das

Vorliegen der behaupteten Tatsache spricht. Die bloße Möglichkeit des Vorliegens der zu beweisenden Tatsachen reicht als Glaubhaftmachung nicht aus; jedoch können noch gewisse Zweifel bestehen bleiben.

4.2.1 Der unverschuldete Beweisnotstand, in dem sich viele Vertriebene und Flüchtlinge befinden, zwingt dazu, in großem Umfang auch Tatsachen festzustellen, die nur von dem Antragsteller vorgetragen sind. Der Antragsteller muß glaubwürdig sein. Hierbei ist der persönliche Eindruck, den er hinterläßt, nicht außer acht zu lassen. Die vorgetragenen einzelnen Tatsachen müssen glaubhaft sein; sie dürfen nicht in Widerspruch zu Denkgesetzen oder Erfahrungsgrundsätzen stehen. Bei der Prüfung dieser Angaben ist ein Maßstab anzulegen, der weder Kritik noch Wohlwollen vermissen läßt. Bei lückenhaftem oder unsachgerechtem Vortrag ist – gegebenenfalls unter Verdeutlichung der Anspruchsvoraussetzungen – auf sachgerechte Ergänzung hinzuwirken. Das gilt auch für Zeugenaussagen.

4.3 Kann der Sachverhalt trotzdem nach § 16 Abs. 3 BVFG nicht hinreichend aufgeklärt werden, geht der Mangel der Nichtaufklärbarkeit zu Lasten des Antragstellers.

4.5 Richtlinien betreffend Durchführung des § 13 des Gesetzes über die Angelegenheiten der Vertriebenen und Flüchtlinge (Bundesvertriebenengesetz – BVFG –) vom 19. Mai 1953 – BGBl I S. 201 – vom 20. Juli 1954 (GMBl. S. 418)

I.

Zweck der Richtlinien

Das BVFG geht von dem Grundsatz aus, daß der einmal erworbene Status als Vertriebener oder Flüchtling nicht verlorengeht, solange der Betroffene in das Vertreibungsgebiet bzw. in die SBZ nicht zurückgekehrt ist. Gemäß § 7 BVFG wird der Status sogar an Kinder und Kindeskinder weitergegeben. Bei Vorliegen bestimmter weiterer Voraussetzungen (vgl. §§ 9 und 10 BVFG) gewährt das Gesetz eine Reihe von Rechten und Vergünstigungen, die den Vertriebenen und Flüchtlingen den Neuaufbau einer neuen Existenz erleichtern sollen. Bei dieser weitgehenden Statusregelung war es erforderlich, eine Möglichkeit im Gesetz vorzusehen, das Recht zur Inanspruchnahme von Rechten und Vergünstigungen (Betreuungsberechtigung) zur Beendigung zu bringen. Da es sich um für einen bestimmten Personenkreis vorgesehene *besondere* Rechte und Vergünstigungen handelt, ist deren Gewährung nur so lange gerechtfertigt, wie sich die Vertreibung bzw. Flucht auf die wirtschaftliche und soziale Lage dieses Personenkreises auswirkt. § 13 bestimmt daher im Abs. 1, daß Rechte und Vergünstigungen als Vertriebener oder Sowjetzonenflüchtling nach diesem Gesetz nicht mehr in Anspruch nehmen kann, *wer in das wirtschaftliche und soziale Leben in einem nach seinen früheren wirtschaftlichen Verhältnissen zumutbaren Maße eingegliedert ist.* Gemäß Abs. 2 gilt das gleiche, wenn ein Vertriebener oder Sowjetzonenflüchtling in das Vertreibungsgebiet bzw. in die sowjetische Besatzungszone nicht zurückkehrt, obwohl ihm die Rückkehr dorthin möglich und zumutbar ist.

In der nächsten Zeit dürfte vorerst nur die Möglichkeit der Beendigung der Betreuungsberechtigung gemäß Abs. 1 für die Verwaltung praktisch von Bedeutung werden. Obwohl noch bei weitem nicht der gesamte in Frage kommende Personenkreis mit den nach dem BVFG vorgesehenen Ausweisen ausgestattet ist, drängen in einzelnen Fällen Behörden und Stellen, die für die Gewährung von Rechten und Vergünstigungen an Vertriebene und Flüchtlinge zuständig sind, auf Entscheidung über die Beendigung der Betreuungsberechtigung. § 13 enthält im Abs. 1 eine Grundsatzbestimmung, die der Konkretisierung bedarf, um für die zuständigen Verwaltungsbehörden praktikabel zu sein. In den nachstehenden Ausführungen werden daher Hinweise für die Anwendung des § 13 BVFG gegeben, nach denen bis zum evtl. Erlaß von Verwaltungsvorschriften verfahren werden kann. Sie verfolgen insbesondere auch den Zweck, eine möglichst gleichmäßige Anwendung beim Vollzug des § 13 in allen Ländern sicherzustellen.

Es darf noch vorausgeschickt werden, daß der Wegfall der Betreuungsberechtigung nicht unmittelbar kraft Gesetzes eintritt. Gemäß Abs. 3 des § 13 bedarf es vielmehr über die Beendigung der Betreuungsberechtigung einer besonderen Entscheidung der zuständigen Behörde. Hieraus ergibt sich, daß diese Entscheidung konstitutive Bedeutung hat. Solange eine solche Entscheidung nicht ergangen ist, können andere Behörden – insbesondere die für die Inanspruchnahme von Rechten und Vergünstigungen zuständigen Stellen – nicht etwa inzidenter die Beendigung der Betreuungsberechtigung feststellen und zur Grundlage ihrer Entscheidung machen.

II.

Wirkungen der Betreuungsbeendigung

Die Beendigung der Betreuung gemäß § 13 BVFG hat zunächst zur Folge, daß Rechte und Vergünstigungen nach dem BVFG nicht mehr in Anspruch genommen werden können. Wie sich aus dem Wortlaut des Gesetzes ergibt („kann nicht mehr in Anspruch nehmen"), wirkt diese Entscheidung nicht auf einen früheren Zeitpunkt zurück, sondern nur für die Zukunft.

Die Formulierung des Gesetzes, daß Rechte und Vergünstigungen „nach diesem Gesetz" nicht mehr in Anspruch genommen werden können, schließt jedoch nicht aus, daß sich die verfügte Betreuungsbeendigung auch auf die künftige Gewährung von Vergünstigungen nach anderen Gesetzen auswirkt. Hierfür ist Voraussetzung, daß in diesen Vorschriften die Gewährung von Vergünstigungen nicht lediglich an die Vertriebenen- oder Flüchtlingseigenschaft (Status), sondern auch an die Betreuungsvoraussetzungen nach dem BVFG geknüpft ist. So wird in den §§ 7a, 7e und 10a des Einkommensteuergesetzes in der Fassung des Einkommensteueränderungs- und Ergänzungsgesetzes vom 19. 5. 1953 (Bundesgesetzbl. I, S. 222) als tatbestandsmäßige Voraussetzung für die Inanspruchnahme der dort genannten Steuervergünstigungen jeweils formuliert, daß die betreffenden Steuerpflichtigen auf Grund des BVFG zur Inanspruchnahme von Rechten und Vergünstigungen berechtigt sein müssen. Dies hat zur Folge, daß die genannten Steuervergünstigungen nicht mehr in Anspruch genommen werden können, wenn die Beendigung der Betreuungsberechtigung gemäß § 13 BVFG verfügt ist. Dagegen hat die Betreuungsbeendigung auf die Gewährung des Freibetrages gemäß § 33a des Einkommensteuergesetzes keinen Einfluß, da dieser Freibetrag Vertriebenen pp. ohne Rücksicht auf das Vorliegen der Betreuungsvoraussetzungen nach dem BVFG gewährt wird.

Wirkt die Betreuungsbeendigung gemäß § 13 BVFG einerseits über das BVFG hinaus, so kann sie sich andererseits trotz der allgemeinen Fassung nicht auf alle im BVFG selbst vorgesehenen Vergünstigungen erstrecken. Als Beispiel seien hier die Bestimmungen der §§ 70 Abs. 1–4, 92, 93 und 94 angeführt. Die Vorschriften des § 70 Abs. 1 und Abs. 3 fingieren zu Gunsten bestimmter Vertriebener und Flüchtlinge bei Vorliegen der Betreuungsberechtigung zu einem bestimmten Zeitpunkt (Inkrafttreten des BVFG bzw. Aufenthaltnahme des Umgesiedelten im neuen Zulassungsbezirk) eine Rechtslage (subjektiv öffentliches Recht), die durch § 13 BVFG nicht mehr berührt werden kann. Der Altkassenarzt, der gemäß § 70 Abs. 1 weiterhin als zur Kassenpraxis zugelassen gilt, kann dieses Recht nur auf Grund der geltenden Zulassungsordnungen verlieren. § 92 BVFG statuiert die Anerkennung gewisser Prüfungen im Geltungsbereich des Gesetzes. Diese Bestimmung enthält eine fortdauernde Anweisung an die zuständigen Behörden. Ob Prüfungen anzuerkennen sind oder nicht, kann nicht von dem wirtschaftlichen und sozialen Status dessen abhängig gemacht werden, der die Prüfung bestanden hat. § 13 kann daher gegenüber der Bestimmung des § 92 nicht zum Zuge kommen. § 93 ist Ausfluß eines allgemeinen rechtsstaatlichen Grundsatzes über den Ersatz von verlorenen Urkunden. Dessen Geltung kann ebenfalls nicht vom Stand der wirtschaftlichen und sozialen Eingliederung des Betroffenen abhängig sein.

Schließlich dürfte die Betreuungsbeendigung gem. § 13 auch auf die Anwendung des § 94 BVFG (Familienzusammenführung) keinen Einfluß haben, da einmal die Vorschrift über die Begünstigung der Familienzusammenführung nicht der wirtschaftlichen und sozialen Eingliederung dessen dient, zu dem die Familienzusammenführung stattfindet, und andererseits diese Bestimmung sich in erster Linie zu Gunsten des zuziehenden Teils auswirkt. Dem steht nicht im Wege, daß nach der Formulierung des § 94 Abs. 1 von einem Antrag des im Geltungsbereich des Grundgesetzes oder in Berlin (West) aufhältlichen Vertriebenen oder Sowjetzonenflüchtlings gesprochen wird.

Aus dem konstitutiven Charakter der Entscheidung und ihrer auf die Zukunft beschränkten Wirksamkeit ergibt sich, daß die Beendigung der Betreuung auf Rechte und Vergünstigungen, die bereits in Anspruch genommen wurden, ohne Einfluß ist. Die vor der Vertreibung begründeten Verbindlichkeiten eines Vertriebenen, z. B. die dadurch zu Naturalobligationen geworden sind, daß eine Anrufung des Vertragshilferichters durch den Gläubiger gem. §§ 83, 84 BVFG nicht stattgefunden hat, ändern ihre rechtliche Natur auch dann nicht, wenn der Schuldner aus der Betreuung ausscheidet.

Es wird davon auszugehen sein, daß eine Verschlechterung der wirtschaftlichen und sozialen Lage nach unanfechtbar gewordener Betreuungsbeendigung als nicht mehr mit der Vertreibung in Kausalzusammenhang stehend anzusehen ist. Ein Wiederaufleben der Betreuungsberechtigung dürfte daher in diesem Falle nicht in Betracht kommen. Auch besonders aus diesem Grunde wird im Einzelfall sorgfältig zu prüfen sein, ob die Voraussetzungen für die Betreuungsbeendigung gegeben sind.

III.
Voraussetzungen der Betreuungsbeendigung gemäß § 13 Abs. 1
Gemäß § 13 Abs. 1 ist Voraussetzung für die Beendigung der Betreuungsberechtigung, daß der Vertriebene oder Flüchtling in das wirtschaftliche und soziale Leben *eingegliedert* ist und daß diese Eingliederung im Hinblick auf die *früheren wirtschaftlichen und sozialen Verhältnisse als zumutbar* anzusehen ist.

4.5 Richtlinie zu § 13 BVFG

Hiernach ist von der *gegenwärtigen* wirtschaftlichen und sozialen Lage des Vertriebenen oder Flüchtlings auszugehen und diese in *zweifacher* Hinsicht zu werten: einmal dahingehend, ob der Vertriebene oder Flüchtling über eine nach den heutigen allgemeinen wirtschaftlichen und sozialen Verhältnissen *gesicherte Existenz* verfügt (Eingliederung in das wirtschaftliche und soziale Leben), zum anderen dahingehend, ob diese Existenz im Vergleich zu seinen *früheren wirtschaftlichen und sozialen Verhältnissen zumutbar* ist.

1. *Gegenwärtige Existenz* (Eingliederung in das wirtschaftliche und soziale Leben)

Die gegenwärtige wirtschaftliche und soziale Lage ergibt sich im wesentlichen aus der Stellung des Vertriebenen oder Flüchtlings im Berufs- bzw. Erwerbsleben und seinem Einkommen hieraus sowie aus seiner Vermögenslage. Die Nutzungen, die der Vertriebene oder Flüchtling aus vorhandenem bzw. erworbenem Vermögen, und die Einkünfte, die er aus seiner beruflichen Tätigkeit bezieht, sind die materielle Grundlage seines sozialen Status. Sie ermöglichen ihm eine mehr oder minder angemessene Lebens- und Haushaltsführung. Die wirtschaftlichen Verhältnisse des Vertriebenen oder Flüchtlings stehen daher zu seinem sozialen Status in einer Funktionsbeziehung. Sie sind seine Existenzgrundlage.

Für die Feststellung seiner gegenwärtigen wirtschaftlichen und sozialen Lage kommt es nicht darauf an, ob der Vertriebene oder Flüchtling wieder seinen früheren Beruf ausübt oder diesen gewechselt hat. Insbesondere kann auch ein früherer Angestellter, Beamter oder Arbeiter jetzt eine selbständige Tätigkeit ausüben. Im allgemeinen wird aber davon ausgegangen werden können, daß die frühere Art der Erwerbstätigkeit wieder angestrebt wird. Ob aus objektiven Gründen eine Eingliederung im früheren Beruf nur beschränkt oder überhaupt nicht möglich ist (z. B. Unvermehrbarkeit des Bodens bei der Eingliederung der Landwirte), ist für die Anwendung des § 13 Abs. 1 ohne Bedeutung. Solange z. B. ein vertriebener Landwirt nicht wieder als Landwirt angesetzt werden kann, obwohl er dies anstrebt und in einem anderen Beruf eine zumutbare Eingliederung nicht erreicht wurde, kann er nicht von der Betreuung ausgeschlossen werden. Falls er endgültig einen anderen Beruf ergriffen hat, kommt es darauf an, ob der in dem neuen Beruf erreichte Eingliederungsstand zumutbar ist.

Mit welchen Mitteln der Vertriebene oder Flüchtling seine jetzige Existenz aufgebaut hat, ist ebenfalls unerheblich. Durch die Aussteuerung nach § 13 soll zwar die private Initiative der Vertriebenen und Flüchtlinge nicht bestraft werden. Andererseits erscheint es aber nicht angängig, etwa nur gewährte staatliche Hilfen zum Existenzaufbau zu berücksichtigen. Der Vertriebene muß private Mittel, woher sie ihm auch zuwachsen (z. B. Erbschaft, Lotteriegewinn) grundsätzlich für die Schaffung einer Existenz einsetzen.

Wer es in unverantwortbarer Weise unterlassen hat, ausreichend vorhandene eigene Mittel zu Schaffung einer ausreichenden Existenz einzusetzen, wird sich als „in zumutbarem Maße eingegliedert" behandeln lassen müssen. Das gleiche dürfte für einen Vertriebenen oder Flüchtling gelten, der, aus welchem Grunde auch immer, über finanzielle Mittel in einem Maße verfügt, die über seinen Eingliederungsbedarf im Sinne des § 13 Abs. 1 hinausgehen. Wer bereits einmal eine gesicherte und „zumutbare" Existenz erreicht hatte, deren Verlust er durch sein Verhalten zu vertreten hat (etwa offensichtliche Mißwirtschaft oder strafbare Handlungen), wird sich gegenüber einer Anwendung des § 13 Abs. 1 nicht auf seine derzeitige unzulängliche wirtschaftliche und soziale Lage berufen können. In einem solchen Falle wäre der Kausalzusammenhang zwischen Vertreibung und Existenzverlust unterbrochen.

Es dürfte auch nicht etwa Voraussetzung für die Anwendung des § 13 Abs. 1 sein, daß im Einzelfalle die nach dem LAG zustehenden Entschädigungen ausgezahlt worden sind, wie auch umgekehrt die Zahlung der Lastenausgleichsentschädigung allein die Anwendung des § 13 Abs. 1 nicht rechtfertigen kann, wenn diese Mittel trotz wirtschaftlich sinnvoller Verwendung zu einer angemessenen Existenz (zumutbares Maß der Eingliederung) nicht geführt haben.

Um von einer Eingliederung in das wirtschaftliche und soziale Leben sprechen zu können, muß die von dem Vertriebenen oder Flüchtling errichtete Existenz gewissen Anforderungen genügen. Es wird daher vor Anwendung des § 13 Abs. 1 im Einzelfalle sorgfältig zu prüfen sein, ob der derzeitige Stand der Eingliederung nicht mehr oder weniger nur ein Provisorium darstellt.

In beruflicher Hinsicht muß der Vertriebene oder Flüchtling seinen Betrieb, seine Stellung oder seinen Arbeitsplatz längere Zeit innegehabt haben.

Bei selbständig Erwerbstätigen wird darauf zu achten sein, daß das Verhältnis zwischen Eigen- und Fremdkapital normalisiert ist. Es kann auch von Bedeutung sein, ob er wieder über eigenen Grundbesitz oder eigenen Betriebsraum verfügt. Auch die Empfindlichkeit gegenüber künftigen Konjunkturrückschlägen ist zu berücksichtigen, wenn sie darauf beruht, daß das Unternehmen die erforderliche Krisenfestigkeit noch nicht erreichen konnte.

Bei Arbeitnehmern (Angestellten und Arbeitern) wird von einer Eingliederung nur dann gesprochen werden können, wenn die Fortdauer des Arbeitsverhältnisses – auch nach der Lage des Betriebes – gesichert erscheint. Sogenanntes Aushilfspersonal kann nicht als eingegliedert angesehen werden, jedenfalls nicht, soweit es sich um Arbeitnehmer handelt, die vor der Vertreibung in einem Dauerarbeitsverhältnis gestanden haben.

Die vorstehenden Gesichtspunkte müssen insbesondere bei älteren Angestellten beachtet werden, da diese beim Verlust des Arbeitsplatzes nur schwer wieder unterzubringen sind. Die Folge einer verfrühten Aussteuerung wäre in solchen Fällen der Verlust der Möglichkeit einer bevorzugten Vermittlung (§ 77 BVFG).

Zu geordneten sozialen Verhältnissen gehört grundsätzlich auch das Vorhandensein einer angemessenen mit Mobiliar und sonstigem Hausrat ausgestatteten Familienwohnung, die sich in zumutbarer Entfernung vom Arbeitsplatz befinden muß.

Solange durch den mit der Aussteuerung verbundenen Fortfall von Vergünstigungen (z. B. Kredite, Steuervergünstigungen, bevorzugte Berücksichtigung bei öffentlichen Aufträgen, Freistellung von der Erstattung von Fürsorgekosten u. a.) die bereits erreichte Eingliederung wieder gefährdet werden würde, ist von der Aussteuerung abzusehen.

Als in das wirtschaftliche und soziale Leben eingegliedert wird – vorbehaltlich der Frage der Zumutbarkeit des Eingliederungsstandes – ein Vertriebener oder Flüchtling daher nur anzusehen sein, wenn folgende Fragen bejaht werden können:

a) Verfügt der Vertriebene oder Flüchtling bereits über eine auskömmliche Existenz, d. h. erzielt er durch Verwendung seiner Arbeitskraft oder seines Vermögens Einkünfte in einer Höhe, daß ein ausreichender Unterhalt für sich und seine Familienangehörigen gewährleistet ist?

b) Verfügt er gegebenenfalls über ausreichende Mittel zur Führung seiner beruflichen Existenz (z. B. erforderliche Werkzeuge, Instrumentarium, Betriebsmittel, insbesondere auch Mittel für die notwendigen laufenden Ergänzungsbeschaffungen)?

c) Halten sich die gegebenenfalls vorhandene Verschuldung und die damit verbundenen Absicherungs- und Tilgungsverpflichtungen, soweit sie mit der wirtschaftlichen Existenz zusammenhängen, in dem für eine derartige Existenz üblichen Rahmen?

d) Kann die erreichte Existenz nach allgemeiner wirtschaftlicher Betrachtungsweise als gesichert angesehen werden? (Zur Sicherheit der Existenz gehört auch eine ausreichende Wettbewerbsfähigkeit.)

e) Verfügt der Vertriebene oder Flüchtling über eine angemessene Wohnung mit Mobiliar und sonstigem Hausrat in zumutbarer Entfernung vom Arbeitsplatz, die auch die Unterbringung der Familie ermöglicht?

Liegt eine der vorstehend aufgeführten Voraussetzungen nicht vor, so kann nicht gesagt werden, daß der Vertriebene oder Flüchtling bereits über eine nach den heutigen allgemeinen wirtschaftlichen und sozialen Verhältnissen gesicherte Existenz verfügt. Er ist noch nicht eingegliedert. Die weitere Frage, ob er im Hinblick auf seine früheren wirtschaftlichen und sozialen Verhältnisse in *zumutbarem Maße* eingegliedert ist, kann und braucht dann nicht geprüft zu werden.

2. *Zumutbarkeit des Eingliederungsstandes im Hinblick auf die früheren wirtschaftlichen und sozialen Verhältnisse*

Die Anwendung des § 13 Abs. 1 verlangt einen Vergleich der jetzigen mit den früheren wirtschaftlichen und sozialen Verhältnissen des Vertriebenen oder Flüchtlings, da hiervon die Beantwortung der Frage der Zumutbarkeit des derzeitigen Eingliederungsstandes abhängt.

Unter „früheren" wirtschaftlichen und sozialen Verhältnissen sind *grundsätzlich* die Verhältnisse *vor der Vertreibung* zu verstehen. Bei *Vertriebenen* kommt die Situation vor Beginn der allgemeinen Vertreibungsvorgänge in Frage, in deren Verlauf die Einzelne seinen Wohnsitz im Vertreibungsgebiet verloren hat. *Umsiedler* (§ 1 Abs. 2 Nr. 2) werden nach ihren Verhältnissen vor der Umsiedlung zu beurteilen sein. Bei *Aussiedlern* (§ 1 Abs. 2 Nr. 3) wird nicht die wirtschaftliche und soziale Lage im Zeitpunkt der Aussiedlung, sondern in dem Zeitpunkt zugrunde zu legen sein, in dem die Masse ihrer Landsleute vertrieben wurden.

Bei *Saarverdrängten* werden die Verhältnisse unmittelbar vor der Ausweisung aus dem Saargebiet zum Vergleich heranzuziehen sein. Für Personen, die in das Saargebiet nicht zurückkehren konnten, kann von den Verhältnissen vor dem 8. Mai 1945 ausgegangen werden.

Mit Rücksicht darauf, daß bei den *Sowjetzonenflüchtlingen* und den ihnen *gleichgestellten Personen* (§ 4 BVFG) die Fluchtgründe vielfach mit ihrer wirtschaftlichen und sozialen Stellung vor der Besetzung zusammenhängen (z. B. Großgrundbesitzer), wird man auch bei diesem Personenkreis in der Regel von der wirtschaftlichen und sozialen Lage am 8. Mai 1945 ausgehen können. Wenn jedoch zwischen den Fluchtgründen und der wirtschaftlichen und sozialen Stellung vor dem Zusammenbruch keinerlei Zusammenhang erkennbar ist (z. B. Flucht wegen Gewissenszwang), dürfte die Lage unmittelbar vor der Flucht maßgebend sein. Verbesserungen der wirtschaftlichen und sozialen Verhältnisse gegenüber der Lage am 8. 5. 1945 werden bei Sowjetzonenflüchtlingen dann zu berücksichtigen sein, wenn sie nicht auf einer Nutznießung der politischen Verhältnisse in der sowjetischen Besatzungszone beruhen.

Bei der Prüfung der Frage, ob der bisher erreichte Eingliederungsstand im Hinblick auf die früheren wirtschaftlichen und sozialen Verhältnisse zumutbar ist, dürfte davon auszugehen sein, daß die jetzige wirtschaftliche und soziale Lage nicht in vollem Umfange den früheren Verhältnissen entsprechen muß. Insbesondere dürften die früheren wirtschaftlichen Verhältnisse nur in Betracht gezogen werden können, soweit sie die materielle Grundlage für den Lebenszuschnitt abgaben. Von besonderer Bedeutung ist die Feststellung des früheren Existenztyps (Arzt, Landwirt, Facharbeiter, Einzelhändler pp.) und die ungefähre Höhe des nachhaltig erzielten Einkommens. Im einzelnen dürfte folgendes zu beachten sein:

a) Das *frühere Einkommen* muß nicht wieder in voller Höhe erreicht sein. Es muß aber der Teil des früheren Einkommens erreicht werden, der nachhaltig zur Bestreitung des Lebensunterhalts verbraucht wurde, d. h. es muß der frühere Lebensstandard in etwa wieder erreicht sein. Es wird hierbei aber nur der Lebenszuschnitt zu berücksichtigen sein, der im allgemeinen dem betreffenden Existenz-Typus entspricht. Ungewöhnliche Verhältnisse, insbesondere dem allgemeinen Durchschnitt gegenüber wesentlich überhöhte Lebenshaltungsaufwendungen werden nicht zu berücksichtigen sein.

Das *frühere Vermögen* ist zu berücksichtigen, wenn und soweit es die wirtschaftliche und soziale Stellung des Vertriebenen oder Flüchtlings bestimmt hat.

c) Von Bedeutung ist ferner, ob der Vertriebene oder Flüchtling eine seiner früheren entsprechende bzw. annähernd entsprechende *soziale Stellung* wieder erreicht hat. Früher selbständig tätig gewesene Vertriebene oder Flüchtlinge werden im allgemeinen ihre frühere soziale Stellung nicht erreicht haben, wenn sie sich in abhängiger Stellung befinden. Dieser Gesichtspunkt kann jedoch keine Rolle in den Fällen spielen, in denen die Wiederherstellung einer selbständigen Existenz im Hinblick auf die erreichte abhängige Stellung offensichtlich nicht mehr angestrebt wird.

d) Der *frühere Beruf* – insbesondere wenn für seine Ausübung eine besondere Ausbildung erforderlich war – wird insofern für die Frage der Zumutbarkeit von Bedeutung sein können, als im allgemeinen Vertriebene und Flüchtlinge eine Verwendung im gleichen Beruf anstreben werden. Für die Beendigung der Betreuung ist jedoch nicht erforderlich, daß die Eingliederung in den gleichen Beruf erfolgt ist. Dies insbesondere dann nicht, wenn ein freiwilliger Berufswechsel vorliegt, der auch aus einer ursprünglich provisorischen Betätigung in einem anderen Beruf seinen früheren Lebensstandard voll erreicht hat, wird im allgemeinen aus der Betreuung ausgeschlossen werden können. Wer sich darauf beruft, daß er gegen seinen Willen und nach seiner Ansicht nur vorübergehend einen anderen Beruf ergriffen hat, wird nur dann nicht aus der Betreuung auszuschließen sein, wenn das Bundesvertriebenengesetz zweckentsprechende Hilfen (Rechte und

4.5 Richtlinie zu § 13 BVFG

Vergünstigungen) für die Rückkehr in den alten Beruf vorsieht (vgl. §§ 35, 72 BVFG; Gegensatz: frühere Beamte).

e) Voraussetzung für die Annahme eines zumutbaren Eingliederungsstandes dürfte weiterhin sein, daß der Vertriebene oder Flüchtling auf Grund seiner jetzigen wirtschaftlichen und sozialen Verhältnisse in der Lage ist, in angemessenem Umfange *Vorsorge für das Alter* zu treffen.

f) Ebenso wird zu prüfen sein, ob eine den früheren Verhältnissen entsprechende *Ausbildung der Kinder* nach der gegenwärtigen wirtschaftlichen Lage gewährleistet ist. Falls diese Frage zu bejahen ist, wird zugleich mit der Beendigung der Betreuung des Unterhalt gewährenden Elternteils auch die der Kinder zu verfügen sein, obwohl sie noch keine eigene wirtschaftliche Existenz aufzuweisen haben.

g) Schließlich wird zu berücksichtigen sein, daß viele Vertriebene und Flüchtlinge zur Zeit der Vertreibung oder Flucht sich hinsichtlich ihrer wirtschaftlichen und insbesondere sozialen Stellung erst in der *Entwicklung* befunden haben. Eine entsprechende *Entwicklungschance* muß den betreffenden Personen auch im Hinblick auf die Betreuungsbeendigung gemäß § 13 Abs. 1 BVFG gewahrt bleiben.

So haben insbesondere im Zeitpunkt der Vertreibung oder Flucht *jugendliche Personen* noch über keine selbständige Stellung im wirtschaftlichen und sozialen Leben verfügt. Sie werden von der Betreuung erst ausgeschlossen werden können, wenn sie eine bestimmte Berufsausbildung, zu der sie sich entschlossen haben, durchlaufen und eine entsprechende *wirtschaftliche Existenz* erworben haben. Hier wird allerdings zu beachten sein, daß die beruflichen Wünsche dieser Personen sich mit der persönlichen Begabung und den früheren wirtschaftlichen und sozialen Verhältnissen ihrer Familie in Übereinstimmung befinden.

Auch in anderen Fällen wird zu beachten sein, daß sich die Beurteilung der früheren wirtschaftlichen und sozialen Verhältnisse nicht mit dem Status, der vor der Flucht erreicht war, erschöpfen darf. So wird beispielsweise bei Handwerkern von Bedeutung sein, daß diese sich nach angemessener Zeit als Arbeitnehmer vielfach selbständig zu machen pflegten. Auch hatten Landarbeiter und zweite Bauernsöhne weitgehend die Chance, in der Heimat als landwirtschaftliche Siedler angesetzt zu werden. Bei der Beurteilung des derzeit erreichten Eingliederungsstandes hinsichtlich der Anwendbarkeit des § 13 Abs. 1 wird derartigen Möglichkeiten Rechnung zu tragen sein.

Zur Beurteilung des Einzelfalles sind sämtliche unter a) bis g) aufgeführten Gesichtspunkte heranzuziehen.

IV.
Voraussetzungen der Betreuungsbeendigung gemäß Abs. 2

Gemäß der Vorschrift des Abs. 2 ist die Beendigung der Betreuung auch auszusprechen, wenn ein Vertriebener oder Sowjetzonenflüchtling in das Gebiet, aus dem er vertrieben wurde, bzw. in die SBZ, aus der er geflüchtet ist, nicht zurückkehrt, obwohl die Rückkehr *möglich* und *zumutbar* ist.

Dieser Regelung liegt der Gedanke zugrunde, daß von Eingliederungsmaßnahmen (Gewährung von Rechten und Vergünstigungen) später abgesehen werden soll, wenn die Gründe, die zur Vertreibung oder Flucht geführt haben, wegfallen. Dies dürfte eine wesentliche Änderung der politischen Beziehungen der Bundesrepublik zu den übrigen Staaten bzw. der politischen Verhältnisse in der SBZ voraussetzen.

Vertriebene oder Flüchtlinge, die im Falle der Eröffnung der Rückkehrmöglichkeit in ihre Heimat bzw. in ihr früheres Wohnsitzgebiet zurückkehren, scheiden ohnehin infolge Verlust des Vertriebenenstatus aus der Betreuung nach dem Bundesvertriebenengesetz aus. Entscheidungen nach § 13 Abs. 2 kommen insoweit nicht in Frage. Auch soweit die Betreuungsbeendigung gemäß Abs. 1 ausgesprochen wurde, ist für eine Entscheidung gemäß Abs. 2 kein Raum mehr.

In die Ausweisungsländer des Potsdamer Abkommens ist eine Rückkehr für die Vertriebenen z. Z. nicht möglich. Das gleiche dürfte für die Deutschen aus Südosteuropa dann zu gelten haben, wenn ihnen die Staatsangehörigkeit ihres früheren Heimatstaates aberkannt ist. Dagegen besteht für West- und Überseevertriebene, sofern es sich um deutsche Staatsangehörige handelt, in zunehmendem Maß die Möglichkeit, wieder in ihre früheren Gastländer zurückzukehren. Auch Sowjetzonenflüchtlinge können zum Zwecke der Rückkehr unbehindert in die sowjetische Besatzungszone einreisen.

§ 13 Abs. 2 setzt aber nicht nur die *Möglichkeit,* sondern auch die *Zumutbarkeit* der Rückkehr voraus. Bis auf weiteres wird man grundsätzlich eine Rückkehr in die Länder des Ostblocks nicht für zumutbar ansehen können, selbst wenn dort die Diskriminierung deutscher Volkszugehöriger in politischer und kultureller Beziehung ein Ende gefunden haben sollte. Auch eine Rückkehr in die sowjetische Besatzungszone wird einem Sowjetzonenflüchtling so lange nicht zugemutet werden können, bis rechtliche und politische Garantien für einen ungehinderten Wiederaufbau der dort verlorenen Existenz vorhanden sind und ihm hierfür entsprechende Hilfen gewährt werden. Eine Rückkehr an den früheren Wohnsitz im westlichen Ausland bzw. in Übersee wird man nur dann für zumutbar erklären können, wenn – z. B. durch Rückgabe des enteigneten Vermögens – für den zurückkehrenden Auslandsdeutschen auch eine Existenzmöglichkeit gegeben ist.

Es wird jedoch nicht nur auf die Verhältnisse im Vertreibungsgebiet, sondern auch auf die persönlichen Umstände im Einzelfall ankommen, um zu entscheiden, ob eine Rückkehr als zumutbar angesehen werden kann. Fortgeschrittenes Alter, Krankheit oder Gebrechlichkeit müssen bei der Beurteilung der Zumutbarkeit gleichfalls in Rechnung gestellt werden. Auch wird eine Rückkehr nicht zumutbar sein, wenn der Vertriebene oder Flüchtling im Bundesgebiet nachhaltig mit dem Aufbau einer Existenz – unter Umständen mit Unterstützung der öffentlichen Hand – begonnen hat.

4.6 Flüchtlingshilfegesetz (FlüHG) in der Fassung vom 15. Mai 1971 (BGBl. I S. 681) zuletzt geändert durch Gesetz vom 24. Juni 1985 (BGBl. I S. 1144)

Abschnitt I. Allgemeine Bestimmungen

§ 1 Personenkreis

(1) Leistungen nach Maßgabe der folgenden Vorschriften erhalten auf Antrag deutsche Staatsangehörige und deutsche Volkszugehörige, die ihren Wohnsitz

oder ständigen Aufenthalt in der sowjetischen Besatzungszone Deutschlands oder im sowjetisch besetzten Sektor von Berlin (Schadensgebiet) gehabt haben, wenn sie im Zuge der Besetzung oder nach der Besetzung des Schadensgebiets in den Geltungsbereich des Gesetzes zugezogen sind und sich ständig im Geltungsbereich des Gesetzes aufhalten. Weitere Voraussetzung ist, daß sie entsprechende Leistungen nicht nach anderen Vorschriften erhalten können. Bei Antragstellern, die nach dem 26. August 1950 zugezogen sind, ist ferner erforderlich, daß sie im Wege der Notaufnahme oder eines vergleichbaren Verfahrens aufgenommen wurden.

(2) § 1 Abs. 1 Satz 2 und 3 und Abs. 3 sowie § 6 des Bundesvertriebenengesetzes und § 230 a des Lastenausgleichsgesetzes sind entsprechend anzuwenden.

§ 2 Ausschließungsgründe

Liegen Voraussetzungen im Sinne des § 301 Abs. 2 Satz 2 oder des § 359 Abs. 1 oder 3 des Lastenausgleichsgesetzes vor, werden Leistungen nach diesem Gesetz nicht gewährt; auf Schäden und Verluste an Wirtschaftsgütern, die nach der Besetzung des Schadensgebiets unter Ausnutzung der dort bestehenden Verhältnisse erworben worden sind, ist § 359 Abs. 3 Nr. 3 des Lastenausgleichsgesetzes entsprechend anzuwenden.

Abschnitt II. Einrichtungshilfe

§ 3 Voraussetzungen

Berechtigte nach Abschnitt I erhalten Beihilfe zur Beschaffung von Möbeln und sonstigem Hausrat (Einrichtungshilfe), wenn

1. sie im Schadensgebiet einen eigenen Haushalt mit eigenem Hausrat geführt haben und den Hausrat zurücklassen mußten oder ihn durch Schäden im Sinne des § 3 des Beweissicherungs- und Feststellungsgesetzes verloren haben und

2. ihre Einkünfte die in § 7 genannte Höhe nicht übersteigen.

§ 8 Abs. 2 und § 16 Abs. 4 des Feststellungsgesetzes gelten entsprechend. Die Auszahlung der Beihilfe erfolgt nach Maßgabe der jährlich verfügbaren Mittel.

§ 4 Antragsberechtigung

Für Personen, die zu einer Haushaltsgemeinschaft gehören, kann nur ein Antrag gestellt werden; antragsberechtigt ist der Haushaltsvorstand oder sein Ehegatte.

§ 5 Leistung an Kinder

Einrichtungshilfe kann nach dem Tod eines Antragsberechtigten (§ 4), sofern ein antragsberechtigter Ehegatte nicht vorhanden ist, auch Kindern (§ 6 Abs. 2 Nr. 1) gewährt werden, die mit dem Verstorbenen im Schadensgebiet in gemeinsamem Haushalt gelebt und den zurückgelassenen Hausrat mitbenutzt haben; die Aufteilung der Einrichtungshilfe bestimmt sich hierbei nach den Erbanteilen.

§ 6 Familienangehörige

(1) Zur Haushaltsgemeinschaft im Sinne dieses Abschnitts gehören der nicht dauernd getrennt lebende Ehegatte und diejenigen Familienangehörigen des Antragstellers und seines Ehegatten, die in Wohn- und Wirtschaftsgemeinschaft mit dem Antragsteller leben.

(2) Familienangehörige im Sinne dieses Abschnitts sind

1. Kinder, Stiefkinder und Pflegekinder,
2. Abkömmlinge der unter Nummer 1 genannten Personen,
3. Eltern, Großeltern, weitere Voreltern und Stiefeltern und
4. voll- und halbbürtige Geschwister sowie deren Kinder.

Pflegekinder im Sinne der Nummer 1 sind Kinder, die in den Haushalt von Personen aufgenommen sind, mit denen sie ein familienähnliches, auf längere Dauer berechnetes Band verknüpft, wenn diese zu dem Unterhalt der Kinder nicht unerheblich beitragen.

(3) Die Ehegatten von Familienangehörigen sind wie Familienangehörige zu berücksichtigen, wenn sie zur Haushaltsgemeinschaft gehören.

§ 7 Einkommensgrenze

Einrichtungshilfe wird nur gewährt, wenn die Einkünfte des Berechtigten und seiner Familienangehörigen (§ 6) im Durchschnitt der letzten 24 Monate vor der Antragstellung, jedoch längstens im Monatsdurchschnitt seit Eintreffen des Antragstellers im Geltungsbereich des Gesetzes, 750 Deutsche Mark zuzüglich 180 Deutsche Mark für den Ehegatten und je 90 Deutsche Mark für seine sonstigen Familienangehörigen nicht übersteigen. Der 1. Januar 1971 gilt als Tag der Antragstellung, wenn über Anträge, die vor diesem Zeitpunkt gestellt worden sind, noch nicht entschieden ist. Von der Einkommensgrenze kann zur Vermeidung besonderer Härten, insbesondere bei außergewöhnlichen Belastungen oder nachhaltigem Rückgang der Einkünfte, in angemessenen Grenzen abgewichen werden. Einkünfte im Sinne des Satzes 1 sind diejenigen Einkünfte, die entsprechend bei der Gewährung von Beihilfen zur Beschaffung von Hausrat nach § 301 des Lastenausgleichsgesetzes und der hierzu erlassenen Rechtsverordnung angesetzt werden.

§ 8 Höhe der Einrichtungshilfe

(1) Die Einrichtungshilfe beträgt 1200 Deutsche Mark. Hierzu werden nach dem Familienstand des Berechtigten am 1. April 1952, bei späterer Aufenthaltnahme im Geltungsbereich des Gesetzes nach dem Familienstand in diesem Zeitpunkt, die folgenden Zuschläge gewährt:
1. für den von dem Berechtigten nicht dauernd getrennt lebenden Ehegatten, vorausgesetzt, daß dieser sich ständig im Geltungsbereich des Gesetzes aufhält, 200 DM;
2. für jeden weiteren zum Haushalt gehörenden und vom Berechtigten wirtschaftlich abhängigen Familienangehörigen, sofern dieser nicht selbst antragsberechtigt ist, 150 DM;
3. für das dritte und jedes weitere nach Nummer 2 berechtigte Kind bis zur Vollendung des 18. Lebensjahres weiter je 150 DM.

Die Zuschläge werden auch für Familienangehörige gewährt, die nach dem nach Satz 1 angegebenen Stichtag unter den Voraussetzungen des § 1 im Geltungsbereich des Gesetzes Aufenthalt nehmen und in den Haushalt des Berechtigten aufgenommen werden.

(2) Zuschläge nach Absatz 1 werden nicht für Familienangehörige gewährt, bei denen Ausschließungsgründe nach § 2 vorliegen.

(3) Haben sich Ehegatten in dem Zeitraum zwischen ihrer Aufenthaltnahme im Geltungsbereich des Gesetzes und der Entscheidung dauernd getrennt oder wurden sie in diesem Zeitraum geschieden, so kann jeder Ehegatte die Hälfte der Einrichtungshilfe (Absatz 1 Satz 1) beanspruchen, es sei denn, daß einer der Ehegatten nachweist, daß er allein Eigentümer des zurückgelassenen Hausrats war.

(4) Hat zunächst nur einer der Ehegatten seinen ständigen Aufenthalt im Geltungsbereich des Gesetzes genommen, so erhält er die Hälfte der Einrichtungshilfe.

§ 9 Erstattung und Anrechnung früherer Zahlungen

(1) Auf die Einrichtungshilfe nach diesem Gesetz werden entsprechende Leistungen nach diesen oder anderen Vorschriften angerechnet, sofern es sich nicht um Darlehen handelt.

(2) Wer Einrichtungshilfe erhält, ist verpflichtet, diese der zuständigen Behörde zu erstatten, wenn und soweit ihm zu einem späteren Zeitpunkt entsprechende Leistungen nach anderen Vorschriften gewährt werden und es sich nicht um Darlehen handelt.

(3) Für die Gewährung und die Anrechnung von Zuschlägen gelten die Absätze 1 und 2 entsprechend.

Abschnitt III. Laufende Beihilfe (Beihilfe zum Lebensunterhalt, besondere laufende Beihilfe)

§ 10 Allgemeine Bestimmungen

(1) Berechtigte nach Abschnitt I, die in vorgeschrittenem Lebensalter stehen oder infolge von Krankheit oder Gebrechen dauernd erwerbsunfähig sind, erhalten unter folgenden Voraussetzungen laufende Beihilfe:
1. Der Berechtigte und sein entsprechend § 266 Abs. 2 des Lastenausgleichsgesetzes zu berücksichtigender Ehegatte müssen im Schadensgebiet ihre Existenzgrundlage durch Schäden im Sinne des § 3 des Beweissicherungs- und Feststellungsgesetzes oder durch Verlassen des Schadensgebiets verloren haben;
2. die Existenzgrundlage muß im Zeitpunkt des Schadenseintritts überwiegend beruht haben

a) auf der Ausübung einer selbständigen Erwerbstätigkeit oder

b) auf Ansprüchen und anderen Gegenwerten aus der Übertragung, sonstigen Verwertung oder Verpachtung des einer solchen Tätigkeit dienenden Vermögens oder

c) auf einer Altersversorgung, die aus den Erträgen einer solchen Tätigkeit begründet worden war;

3. dem Berechtigten und seinem entsprechend § 266 Abs. 2 des Lastenausgleichsgesetzes zu berücksichtigenden Ehegatten muß im Schadensgebiet ein Vermögensschaden entstanden sein; Hausratschaden gilt nicht als Vermögensschaden im Sinne dieser Vorschrift. Einem solchen Vermögensschaden steht es gleich, wenn ein Schaden durch Verlust der beruflichen oder sonstigen Existenzgrundlage mit Durchschnittsjahreseinkünften aus selbständiger Erwerbstätigkeit von mindestens 2000 Reichsmark entstanden ist; diese Voraussetzung gilt auch dann als erfüllt, wenn neben der selbständigen Erwerbstätigkeit eine andere bezahlte

Tätigkeit nicht oder nur in geringem Umfang ausgeübt und der Lebensunterhalt nicht oder nur unwesentlich aus anderen Einkünften mitbestritten wurde;

4. dem Berechtigten muß nach seinen Einkommens- und Vermögensverhältnissen die Bestreitung des Lebensunterhalts nicht möglich oder nicht zumutbar sein; dabei sind auch fällige Ansprüche auf Leistungen in Geld oder Geldeswert zu berücksichtigen, wenn und soweit ihre Verwirklichung möglich ist.

(2) Berechtigte, die ihre berufliche oder sonstige Existenzgrundlage und in Verbindung damit aufschiebend bedingte privatrechtliche Versorgungsansprüche verloren haben, erhalten laufende Beihilfe unter den Voraussetzungen des Absatzes 1, auch wenn die in den Nummern 2 und 3 genannten Erfordernisse nicht erfüllt sind, sofern

1. die Bedingung für den Versorgungsanspruch im Erreichen einer Altersgrenze oder im Eintritt der Erwerbsunfähigkeit bestand und

2. ein Anspruch auf Versorgung nach dem Gesetz zur Regelung der Rechtsverhältnisse der unter Artikel 131 des Grundgesetzes fallenden Personen nicht besteht.

(3) Berechtigte, die im Schadensgebiet mit einem Familienangehörigen in Haushaltsgemeinschaft gelebt haben und von ihm wirtschaftlich abhängig waren, erhalten Beihilfe zum Lebensunterhalt unter den Voraussetzungen des Absatzes 1, auch wenn die in den Nummern 2 und 3 genannten Erfordernisse nicht erfüllt sind, sofern der Angehörige einen Existenz- und Vermögensverlust im Sinne des Absatzes 1 erlitten hat und außerstande ist, für den Berechtigten zu sorgen.

(4) Inwieweit Vermögensschäden ihrer Art und Höhe nach zu berücksichtigen und wie die Schäden zu berechnen sind, von welchen Einkünften auszugehen ist, wie die Einkünfte zu berechnen und welche Einkommensrichtsätze für die einzelnen Berufsgruppen anzunehmen sind, bestimmen die Rechtsverordnungen zu § 301 Abs. 4 des Lastenausgleichsgesetzes.

(5) Für den Fall des Zusammentreffens von Leistungsvoraussetzungen nach diesem Gesetz, dem Lastenausgleichsgesetz und dem Reparationsschädengesetz findet § 261 Abs. 4 des Lastenausgleichsgesetzes Anwendung.

§ 11 Lebensalter und Erwerbsunfähigkeit; Antragsfrist

(1) Wegen vorgeschrittenen Lebensalters wird laufende Beihilfe nur gewährt, wenn der Berechtigte bei Antragstellung das 65. (eine Frau das 60.) Lebensjahr vollendet hat. Weitere Voraussetzung ist, daß der Berechtigte vor dem 1. Januar 1907 (eine Frau vor dem 1. Januar 1912) geboren ist.

(2) Wegen dauernder Erwerbsunfähigkeit wird laufende Beihilfe nur gewährt, wenn die in § 265 Abs. 1, 2, 3 und 5 des Lastenausgleichsgesetzes genannten Voraussetzungen erfüllt sind. Die Erwerbsunfähigkeit muß spätestens am 31. Dezember 1971 vorgelegen haben.

(3) Ist der Geschädigte nach dem 31. Dezember 1906 (eine Frau nach dem 31. Dezember 1911) geboren oder nach dem 31. Dezember 1971 erwerbsunfähig im Sinne des § 265 Abs. 1 des Lastenausgleichsgesetzes geworden, wird Beihilfe zum Lebensunterhalt nach § 10 Abs. 1 und 3 gewährt, wenn eine Existenzgrundlage im Sinne dieser Vorschriften nach Vollendung des 16. Lebensjahres bis zum Verlust dieser Existenzgrundlage insgesamt mindestens 10 Jahre bestand. Beim Verlust einer Existenzgrundlage im Sinne des § 10 Abs. 1 Nr. 1 und 2 werden auch Zeiten des Bestehens einer Existenzgrundlage im Sinne des § 10 Abs. 3 und

beim Verlust einer Existenzgrundlage im Sinne des § 10 Abs. 3 auch Zeiten des Bestehens einer Existenzgrundlage im Sinne des § 10 Abs. 1 Nr. 1 und 2 berücksichtigt. Besondere laufende Beihilfe wird unter den Voraussetzungen des Satzes 1 nur neben laufender oder ruhender Beihilfe zum Lebensunterhalt gewährt.

(4) Für die Frist, in der der Antrag auf laufende Beihilfe gestellt werden kann, gelten § 264 Abs. 2 und § 265 Abs. 4 des Lastenausgleichsgesetzes entsprechend mit der Maßgabe, daß die Antragsfrist nicht vor dem 31. Dezember 1972 endet.

§ 12 Einkommenshöchstbetrag und Höhe der laufenden Beihilfe

Für den Einkommenshöchstbetrag und die Höhe der Beihilfe zum Lebensunterhalt sind die §§ 267 bis 270a, 275 und 277a des Lastenausgleichsgesetzes, für die besondere laufende Beihilfe ist § 301a Abs. 3 des Lastenausgleichsgesetzes entsprechend anzuwenden. Bei der Anwendung des § 269a Abs. 2 des Lastenausgleichsgesetzes ist an Stelle des Endgrundbetrags der Hauptentschädigung von dem Grundbetrag auszugehen, der aus dem Vermögensschaden im Sinne des § 10 Abs. 1 Nr. 3 Satz 1 in entsprechender Anwendung der Rechtsverordnung nach § 301a Abs. 3 des Lastenausgleichsgesetzes errechnet wird.

§ 13 Gewährung von laufender Beihilfe

(1) Berechtigten, die auf Grund dieses Gesetzes laufende Beihilfe beantragen können, wird bei Antragstellung innerhalb eines Jahres nach dem Inkrafttreten des Gesetzes laufende Beihilfe mit Wirkung vom Ersten des Monats ab gewährt, der auf das Inkrafttreten folgt, frühestens jedoch von dem Ersten des Monats ab, in dem die Voraussetzungen für die Gewährung der Beihilfe eingetreten sind. In den übrigen Fällen gilt § 287 Abs. 1 Satz 2, 3 und 4 des Lastenausgleichsgesetzes entsprechend.

(2) Die laufende Beihilfe ruht, solange die Voraussetzungen für ihre Gewährung in der Person des Berechtigten nicht vorliegen. Sie ruht auch, solange sich der Berechtigte nicht ständig im Geltungsbereich des Gesetzes aufhält. § 287 Abs. 3 des Lastenausgleichsgesetzes gilt entsprechend.

§ 14 Laufende Beihilfe nach Tod des Berechtigten

Nach dem Tode des nach § 10 Berechtigten wird laufende Beihilfe entsprechend den Grundsätzen des § 261 Abs. 2 des Lastenausgleichsgesetzes gewährt. Beihilfe zum Lebensunterhalt wird entsprechend § 272 Abs. 2 und 3, besondere laufende Beihilfe entsprechend § 285 Abs. 2 und 3 des Lastenausgleichsgesetzes weitergewährt.

§ 15 Zusätzliche Leistungen zur Beihilfe zum Lebensunterhalt

Zur Beihilfe zum Lebensunterhalt werden Leistungen in entsprechender Anwendung der §§ 276, 276a und 277 des Lastenausgleichsgesetzes gewährt.

§ 16 Wirkung von Veränderungen, Meldepflicht, Erstattungspflicht, Verhältnis zu Aufbaudarlehen und zur Sozialhilfe

Die §§ 288 bis 292 des Lastenausgleichsgesetzes gelten entsprechend.

Abschnitt IV. Eingliederungsdarlehen

§ 17 Allgemeine Vorschriften

(1) Nach Maßgabe der verfügbaren Mittel können Berechtigten nach Abschnitt I Darlehen zur Eingliederung gewährt werden.

(2) Die Gewährung der Darlehen ist an Bedingungen und Auflagen zu knüpfen, welche die Verwendung für Zwecke der Eingliederung sicherstellen.

(3) Die Höhe der Darlehen bestimmt sich nach dem Umfang der zur Durchführung des beantragten Vorhabens erforderlichen Mittel. Das Vorhaben soll dem Umfang der erlittenen Schädigung angemessen sein.

(4) Für den Höchstbetrag gilt § 255 Abs. 2 des Lastenausgleichsgesetzes entsprechend.

§ 18 Aufbaudarlehen für die gewerbliche Wirtschaft, die freien Berufe und die Landwirtschaft

(1) Aufbaudarlehen zur Begründung oder Festigung einer selbständigen Existenz in der gewerblichen Wirtschaft, in freien Berufen und in der Landwirtschaft können Berechtigte erhalten, wenn sie ein Vorhaben nachweisen, durch das sie in den Stand gesetzt werden, an Stelle der im Schadensgebiet unter den Voraussetzungen des § 10 Abs. 1 Nr. 1 verlorenen Lebensgrundlage eine neue gesicherte Lebensgrundlage zu schaffen oder eine bereits wieder geschaffene, aber noch gefährdete Lebensgrundlage zu sichern, sofern sie die erforderlichen persönlichen und fachlichen Voraussetzungen erfüllen.

(2) Das Aufbaudarlehen ist mit 3 vom Hundert jährlich zu verzinsen. Es ist nach drei Freijahren in zehn gleichen Jahresraten zu tilgen; das erste Freijahr beginnt mit dem auf die Auszahlung folgenden Halbjahresersten. Für einzelne Arten von Vorhaben kann bestimmt werden, daß die Zins- und Tilgungsbedingungen abweichend festgesetzt werden.

§ 19 Aufbaudarlehen für den Wohnungsbau

(1) Für den Bau eines Familienheimes oder einer sonstigen Wohnung, insbesondere am Ort eines gesicherten Arbeitsplatzes, kann ein Aufbaudarlehen gewährt werden, wenn der Berechtigte nachweist, daß

1. er sich ausreichende Wohnmöglichkeit überhaupt noch nicht oder noch nicht an seinem gegenwärtigen oder zukünftigen Arbeitsort beschaffen konnte oder

2. die bisherige Wohnung im Falle des Freiwerdens mit Einwilligung des Verfügungsberechtigten einem noch nicht ausreichend untergebrachten Berechtigten im Sinne der Nummer 1 zur Verfügung stehen wird.

Voraussetzung ist ferner, daß die Wohnung nach Größe und Ausstattung den Voraussetzungen des sozialen Wohnungsbaues nach dem jeweils anzuwendenden Wohnungsbaugesetz entspricht. Ein Darlehen kann Personen nicht gewährt werden, für deren Unterbringung Sonderwohnungsbaumittel des Bundes zugunsten von Flüchtlingen, Aussiedlern und gleichgestellten Personen den Ländern zur Verfügung gestellt worden sind oder werden. Dies gilt nicht in den Fällen des Satzes 1 Nr. 2.

(2) Die Darlehen gelten nicht als öffentliche Mittel im Sinne des § 6 Abs. 1 des Zweiten Wohnungsbaugesetzes in der Fassung der Bekanntmachung vom 1. August 1961 (Bundesgesetzbl. I, S. 1121) und des § 4 Abs. 1 des Wohnungsbaugesetzes für das Saarland in der Fassung der Bekanntmachung vom 26. September 1961 (Amtsblatt des Saarlandes, S. 591).

(3) Hinsichtlich Höhe, Tilgung und Verzinsung der Darlehen gelten die Bedingungen der Aufbaudarlehen für den Wohnungsbau nach § 254 Abs. 3 des Lastenausgleichsgesetzes entsprechend.

Abschnitt V. Anwendung anderer Gesetze
§ 20 Anwendung des Bundesvertriebenengesetzes

(1) Unbeschadet des § 18 sind bei Berechtigten nach Abschnitt I, die aus der Landwirtschaft stammen und die für eine Landbewirtschaftung erforderlichen persönlichen und fachlichen Voraussetzungen erfüllen, die Bestimmungen des Titels Landwirtschaft des Bundesvertriebenengesetzes entsprechend anzuwenden.

(2) Die §§ 71, 81, 92, 93 und 97 des Bundesvertriebenengesetzes sind auf Berechtigte nach Abschnitt I sinngemäß anzuwenden.

(3) Für Personen nach § 1 Abs. 1 Satz 1, Abs. 2, bei denen nicht ein Ausschließungsgrund nach § 2 vorliegt, gilt, soweit auf sie die §§ 82 bis 89 des Bundesvertriebenengesetzes nicht anwendbar sind, § 88 des Bundesvertriebenengesetzes sinngemäß. Erledigt sich hierdurch ein anhängiger Rechtsstreit oder ein anhängiges Vertragshilfeverfahren, so gilt auch § 89 des Bundesvertriebenengesetzes sinngemäß. Ist der Schuldner vor dem Inkrafttreten dieses Gesetzes zugezogen, so laufen die in § 84 des Bundesvertriebenengesetzes bestimmten Fristen erst vom Inkrafttreten dieses Gesetzes ab.

§ 20a Anwendung des Lastenausgleichsgesetzes

Die §§ 350a, 350b und 360 des Lastenausgleichsgesetzes sind entsprechend anzuwenden.

Abschnitt VI. Sonstige Bestimmungen
§ 21 Aufbringung der Mittel

(1) Der Bund trägt die Aufwendungen für die Leistungen nach den Abschnitten II bis IV; die Länder erstatten dem Bund 20 vom Hundert der Aufwendungen für die Leistungen nach den Abschnitten II und IV. Die Aufwendungen für die Leistungen nach § 20 Abs. 1 tragen die Länder; der Bund erstattet den Ländern 80 vom Hundert dieser Aufwendungen.

(2) Über den 31. Dezember 1965 hinaus werden Mittel zur Durchführung der Abschnitte II bis IV dieses Gesetzes nur bereitgestellt, soweit über den 31. Dezember 1965 hinaus Mittel für die Gewährung entsprechender Leistungen für einen vergleichbaren Personenkreis aus dem Härtefonds des Lastenausgleichs (§§ 301, 301a des Lastenausgleichsgesetzes) bereitgestellt werden.

§ 22 Durchführung des Gesetzes

Für die Durchführung des Gesetzes mit Ausnahme des § 20 gelten die Vorschriften des Vierten bis Sechsten Abschnitts des Beweissicherungs- und Feststellungsgesetzes. Für die Durchführung des § 20 bestimmen die Landesregierungen die Organisation und das Verfahren.

§ 23 Ermächtigung

Zur Milderung von Härten kann die Bundesregierung mit Zustimmung des Bundesrates durch Rechtsverordnung bestimmen, daß in diesem Gesetz vorgesehene Leistungen und Vergünstigungen ganz oder teilweise auch zugunsten von Personen gewährt werden, die im Schadensgebiet in einer infolge der sowjetischen Besetzung durchschnittenen Gemeinde oder in einer an eine solche oder an den Geltungsbereich des Gesetzes unmittelbar angrenzenden Gemeinde Schäden im

Sinne der §§ 3, 10 oder 18 erlitten haben und im Zeitpunkt des Schadenseintritts ihren Wohnsitz oder ständigen Aufenthalt im Geltungsbereich des Gesetzes in der durchschnittenen Gemeinde oder einer Gemeinde hatten, die an die ganz oder teilweise im Schadensgebiet liegende Gemeinde unmittelbar angrenzt, in der der Schaden eingetreten ist. Hierbei können weitere Aufenthaltsvoraussetzungen entsprechend der vergleichbaren Regelung in der zu § 301 des Lastenausgleichsgesetzes ergangenen Rechtsverordnung festgelegt werden. Die sonstigen Voraussetzungen des Gesetzes müssen erfüllt sein.

§ 24 Berlin-Klausel

Dieses Gesetz gilt nach Maßgabe des § 13 Abs. 1 des Dritten Überleitungsgesetzes vom 4. Januar 1952 (Bundesgesetzbl. I, S. 1) auch im Land Berlin. Rechtsverordnungen, die auf Grund dieses Gesetzes erlassen werden, gelten im Land Berlin nach § 14 des Dritten Überleitungsgesetzes.

§ 25 Inkrafttreten

Dieses Gesetz tritt am Tage nach der Verkündung in Kraft.

4.7 Gesetz über den ehelichen Güterstand von Vertriebenen und Flüchtlingen vom 4. August 1969 (BGBl. I S. 1067)

Der Bundestag hat das folgende Gesetz beschlossen:

§ 1

(1) Für Ehegatten, die Vertriebene oder Sowjetzonenflüchtlinge sind (§§ 1, 3 und 4 des Bundesvertriebenengesetzes), beide ihren gewöhnlichen Aufenthalt im Geltungsbereich dieses Gesetzes haben und im gesetzlichen Güterstand eines außerhalb des Geltungsbereichs dieses Gesetzes maßgebenden Rechts leben, gilt vom Inkrafttreten dieses Gesetzes an das eheliche Güterrecht des Bürgerlichen Gesetzbuchs. Das gleiche gilt für Ehegatten, die aus der sowjetischen Besatzungszone Deutschlands oder dem sowjetisch besetzten Sektor von Berlin zugezogen sind, sofern sie im Zeitpunkt des Zuzugs deutsche Staatsangehörige waren oder, ohne die deutsche Staatsangehörigkeit zu besitzen, als Deutsche im Sinne des Artikels 116 Abs. 1 des Grundgesetzes Aufnahme gefunden haben.

(2) Die Vorschriften des Absatzes 1 gelten nicht, wenn im Zeitpunkt des Inkrafttretens der bisherige Güterstand im Güterrechtsregister eines Amtsgerichts im Geltungsbereich dieses Gesetzes eingetragen ist.

(3) Für die Berechnung des Zugewinns gilt, wenn die in Absatz 1 genannten Voraussetzungen für die Überleitung des gesetzlichen Güterstandes in das Güterrecht des Bürgerlichen Gesetzbuchs bereits damals vorlagen, als Anfangsvermögen das Vermögen, das einem Ehegatten am 1. Juli 1958 gehörte. Liegen die Voraussetzungen erst seit einem späteren Zeitpunkt vor, so gilt als Anfangsvermögen das Vermögen, das einem Ehegatten in diesem Zeitpunkt gehörte. Soweit es in den §§ 1374, 1376 des Bürgerlichen Gesetzbuchs auf den Zeitpunkt des Eintritts des Güterstandes ankommt, sind diese Vorschriften sinngemäß anzuwenden.

§ 2

(1) Jeder Ehegatte kann, sofern nicht vorher ein Ehevertrag geschlossen worden oder die Ehe aufgelöst ist, bis zum 31. Dezember 1970 dem Amtsgericht gegenüber erklären, daß für die Ehe der bisherige gesetzliche Güterstand fortgelten solle. § 1411 des Bürgerlichen Gesetzbuchs gilt entsprechend.

(2) Wird die Erklärung vor dem für die Überleitung in das Güterrecht des Bürgerlichen Gesetzbuchs vorgesehenen Zeitpunkt abgegeben, so findet die Überleitung nicht statt.

(3) Wird die Erklärung nach dem Zeitpunkt der Überleitung des Güterstandes abgegeben, so gilt die Überleitung als nicht erfolgt. Aus der Wiederherstellung des ursprünglichen Güterstandes können die Ehegatten untereinander und gegenüber einem Dritten Einwendungen gegen ein Rechtsgeschäft, das nach der Überleitung zwischen den Ehegatten oder zwischen einem von ihnen und dem Dritten vorgenommen worden ist, nicht herleiten.

§ 3

Tritt von den in § 1 Abs. 1 genannten Voraussetzungen für die Überleitung des Güterstandes die Voraussetzung, daß beide Ehegatten ihren gewöhnlichen Aufenthalt im Geltungsbereich dieses Gesetzes haben, erst nach dem Inkrafttreten des Gesetzes ein, so gilt für sie das Güterrecht des Bürgerlichen Gesetzbuchs vom Anfang des nach Eintritt dieser Voraussetzung folgenden vierten Monats an. § 1 Abs. 2, 3 Satz 2, 3 ist entsprechend anzuwenden. Die Vorschriften des § 2 gelten mit der Maßgabe, daß die Erklärung binnen Jahresfrist nach dem Zeitpunkt der Überleitung abgegeben werden kann.

§ 4

(1) Für die Entgegennahme der in den §§ 2, 3 vorgesehenen Erklärung ist jedes Amtsgericht zuständig. Die Erklärung muß notariell beurkundet werden.

(2) Haben die Ehegatten die Erklärung nicht gemeinsam abgegeben, so hat das Amtsgericht sie dem anderen Ehegatten nach den für Zustellungen von Amts wegen geltenden Vorschriften der Zivilprozeßordnung bekanntzumachen. Für die Zustellung werden Auslagen nach § 137 Nr. 2 der Kostenordnung nicht erhoben.

(3) Wird mit der Erklärung ein Antrag auf Eintragung in das Güterrechtsregister verbunden, so hat das Amtsgericht den Antrag mit der Erklärung an das Registergericht weiterzuleiten.

(4) Der auf Grund der Erklärung fortgeltende gesetzliche Güterstand ist, wenn einer der Ehegatten dies beantragt, in das Güterrechtsregister einzutragen. Wird der Antrag nur von einem der Ehegatten gestellt, so soll das Registergericht vor der Eintragung den anderen Ehegatten hören. Besteht nach Lage des Falles begründeter Anlaß zu Zweifeln an der Richtigkeit der Angaben über den bestehenden Güterstand, so hat das Registergericht die erforderlichen Ermittlungen vorzunehmen.

§ 5

Für die Beurkundung der Erklärung nach § 2 Abs. 1, für die Aufnahme der Anmeldung zum Güterrechtsregister und für die Eintragung in das Güterrechtsregister beträgt der Geschäftswert 3000 Deutsche Mark.

§ 6
Dieses Gesetz gilt nach Maßgabe des § 13 des Dritten Überleitungsgesetzes vom 4. Januar 1952 (Bundesgesetzbl. I, S. 1) auch im Land Berlin.

§ 7
Dieses Gesetz tritt am 1. Oktober 1969 in Kraft; die §§ 2, 4 und 5 treten jedoch am Tage nach der Verkündung in Kraft.

5. STAATSANGEHÖRIGKEIT, NAMENSRECHT

5.1 Artikel 116 des Grundgesetzes für die Bundesrepublik Deutschland vom 23. Mai 1949 (BGBl. S. 1)

Art. 116 Deutsche Staatsangehörigkeit

(1) Deutscher im Sinne dieses Grundgesetzes ist vorbehaltlich anderweitiger gesetzlicher Regelung, wer die deutsche Staatsangehörigkeit besitzt oder als Flüchtling oder Vertriebener deutscher Volkszugehörigkeit oder als dessen Ehegatte oder Abkömmling in dem Gebiete des Deutschen Reiches nach dem Stande vom 31. Dezember 1937 Aufnahme gefunden hat.

(2) Frühere deutsche Staatsangehörige, denen zwischen dem 30. Januar 1933 und dem 8. Mai 1945 die Staatsangehörigkeit aus politischen, rassischen oder religiösen Gründen entzogen worden ist, und ihre Abkömmlinge sind auf Antrag wieder einzubürgern. Sie gelten als nicht ausgebürgert, sofern sie nach dem 8. Mai 1945 ihren Wohnsitz in Deutschland genommen haben und nicht einen entgegengesetzten Willen zum Ausdruck gebracht haben.

5.2 Reichs- und Staatsangehörigkeitsgesetz vom 22. Juli 1913 (RGBl. S. 583), zuletzt geändert durch Gesetz vom 25. Juli 1986 (BGBl. I S. 1142) –Auszug –

...

§ 3

Die Staatsangehörigkeit ... wird erworben
1. durch Geburt (§ 4),
2. durch Legitimation (§ 5),
3. durch Annahme als Kind (§ 6),
4. (aufgehoben)
5. für einen Ausländer durch Einbürgerung (§§ 8 bis 16).

§ 4

(1) Durch die Geburt erwirbt die Staatsangehörigkeit
1. das eheliche Kind, wenn ein Elternteil Deutscher ist,
2. das nichteheliche Kind, wenn seine Mutter Deutsche ist.

(2) Ein Kind, das in dem Gebiet eines *Bundesstaates* aufgefunden wird (Findelkind), gilt bis zum Beweise des Gegenteils als Kind eines Angehörigen *dieses Bundesstaates*.

5.2 Reichs- und Staatsangehörigkeitsgesetz

§ 5
Eine nach den deutschen Gesetzen wirksame Legitimation durch einen Deutschen begründet für das Kind die Staatsangehörigkeit des Vaters.

§ 6
Mit der nach den deutschen Gesetzen wirksamen Annahme als Kind durch einen Deutschen erwirbt das Kind, das im Zeitpunkt des Annahmeantrags das achtzehnte Lebensjahr noch nicht vollendet hat, die Staatsangehörigkeit. Der Erwerb der Staatsangehörigkeit erstreckt sich auf die Abkömmlinge des Kindes.
...

§ 17
Die Staatsangehörigkeit geht verloren
1. durch Entlassung (§§ 18 bis 24),
2. durch den Erwerb einer ausländischen Staatsangehörigkeit (§ 25),
3. durch Verzicht (§ 26),
4. durch Annahme als Kind durch einen Ausländer (§ 27).

§ 18
Ein Deutscher wird auf seinen Antrag aus der Staatsangehörigkeit entlassen, wenn er den Erwerb einer ausländischen Staatsangehörigkeit beantragt und ihm die zuständige Stelle die Verleihung zugesichert hat.

§ 19
(1) Die Entlassung einer Person, die unter elterlicher Sorge oder unter Vormundschaft steht, kann nur von dem gesetzlichen Vertreter und nur mit Genehmigung des deutschen Vormundschaftsgerichts beantragt werden. Gegen die Entscheidung des Vormundschaftsgerichts steht auch der Staatsanwaltschaft die Beschwerde zu; gegen den Beschluß des Beschwerdegerichts ist die weitere Beschwerde unbeschränkt zulässig.

(2) Die Genehmigung des Vormundschaftsgerichts ist nicht erforderlich, wenn der Vater oder die Mutter die Entlassung für sich und zugleich kraft elterlicher Sorge für ein Kind beantragt und dem Antragsteller die Sorge für die Person dieses Kindes zusteht. Erstreckt sich der Wirkungskreis eines der Mutter bestellten Beistandes auf die Sorge für die Person des Kindes, so bedarf die Mutter zu dem Antrag auf Entlassung des Kindes der Genehmigung des Beistandes.
...

§ 25
(1) Ein Deutscher, der im Inland weder seinen Wohnsitz noch seinen dauernden Aufenthalt hat, verliert seine Staatsangehörigkeit mit dem Erwerb einer ausländischen Staatsangehörigkeit, wenn dieser Erwerb auf seinen Antrag oder auf den Antrag... des gesetzlichen Vertreters erfolgt,... der Vertretene jedoch nur, wenn die Voraussetzungen vorliegen, unter denen nach § 19 die Entlassung beantragt werden könnte.

(2) Die Staatsangehörigkeit verliert nicht, wer vor dem Erwerb der ausländischen Staatsangehörigkeit auf seinen Antrag die schriftliche Genehmigung der zuständigen Behörde *seines Heimatstaats* zur Beibehaltung seiner Staatsangehörigkeit erhalten hat. Vor der Erteilung der Genehmigung ist der deutsche Konsul zu hören.

(3) *Unter Zustimmung des Bundesrats* kann von dem *Reichskanzler* angeordnet werden, daß Personen, welche die Staatsangehörigkeit in einem bestimmten ausländischen Staate erwerben wollen, die in Absatz 2 vorgesehene Genehmigung nicht erteilt werden darf.

§ 26

(1) Ein Deutscher kann auf seine Staatsangehörigkeit verzichten, wenn er mehrere Staatsangehörigkeiten besitzt. Der Verzicht ist schriftlich zu erklären.

(2) Die Verzichtserklärung bedarf der Genehmigung der nach § 23 für die Ausfertigung der Entlassungsurkunde zuständigen Behörde. Die Genehmigung ist zu versagen, wenn eine Entlassung nach § 22 Abs. 1 nicht erteilt werden dürfte; dies gilt jedoch nicht, wenn der Verzichtende

1. seit mindestens zehn Jahren seinen dauernden Aufenthalt im Ausland hat oder
2. als Wehrpflichtiger im Sinne des § 22 Abs. 1 Nr. 2 in einem der Staaten, deren Staatsangehörigkeit er besitzt, Wehrdienst geleistet hat.

(3) Der Verlust der Staatsangehörigkeit tritt ein mit der Aushändigung der von der Genehmigungsbehörde ausgefertigten Verzichtsurkunde.

(4) Für Minderjährige gilt § 19 entsprechend.

...

5.3 Gesetz zur Regelung von Fragen der Staatsangehörigkeit vom 22. Februar 1955 (BGBl. I S. 65), geändert durch Gesetz vom 29. Juni 1977 (BGBl. I S. 1101)

Erster Abschnitt

Staatsangehörigkeitsverhältnisse deutscher Volkszugehöriger, denen die deutsche Staatsangehörigkeit in den Jahren 1938 bis 1945 durch Sammeleinbürgerung verliehen worden ist

§ 1

(1) Die deutschen Volkszugehörigen, denen die deutsche Staatsangehörigkeit auf Grund folgender Bestimmungen verliehen worden ist:

a) Vertrag zwischen dem Deutschen Reich und der Tschechoslowakischen Republik über Staatsangehörigkeits- und Optionsfragen vom 20. November 1938 (RGBl. II S. 895),

b) Vertrag zwischen dem Deutschen Reich und der Republik Litauen über die Staatsangehörigkeit der Memelländer vom 8. Juli 1939 (RGBl. II S. 999),

c) Verordnung über den Erwerb der deutschen Staatsangehörigkeit durch frühere tschechoslowakische Staatsangehörige deutscher Volkszugehörigkeit vom 20. April 1939 (RGBl. I S. 815) in Verbindung mit der Verordnung zur Regelung von Staatsangehörigkeitsfragen gegenüber dem Protektorat Böhmen und Mähren vom 6. Juni 1941 (RGBl. I S. 308),

d) Verordnung über die Deutsche Volksliste und die deutsche Staatsangehörigkeit in den eingegliederten Ostgebieten vom 4. März 1941 (RGBl. I S. 118) in der Fassung der Zweiten Verordnung über die Deutsche Volksliste und die deutsche Staatsangehörigkeit in den eingegliederten Ostgebieten vom 31. Januar 1942 (RGBl. I S. 51),

e) Verordnung über den Erwerb der Staatsangehörigkeit in den Gebieten der Untersteiermark, Kärntens und Krains vom 14. Oktober 1941 (RGBl. I S. 648),

f) Verordnung über die Verleihung der deutschen Staatsangehörigkeit an die in die Deutsche Volksliste der Ukraine eingetragenen Personen vom 19. Mai 1943 (RGBl. I S. 321), sind nach Maßgabe der genannten Bestimmungen deutsche Staatsangehörige geworden, es sei denn, daß sie die deutsche Staatsangehörigkeit durch ausdrückliche Erklärung ausgeschlagen haben oder noch ausschlagen.

(2) Dasselbe gilt für die Ehefrau und die Kinder eines Ausschlagungsberechtigten, soweit sie nach deutschem Recht ihre Staatsangehörigkeit vom ihm ableiten, unabhängig davon, ob er von seinem Ausschlagungsrecht Gebrauch macht. Ehefrauen, die im Zeitpunkt der Eheschließung die deutsche Staatsangehörigkeit besaßen, haben diese behalten.

§ 2

Hat ein Ausschlagungsberechtigter einen Tatbestand erfüllt, an den sich der Verlust der deutschen Staatsangehörigkeit knüpfte, und macht er von seinem Ausschlagungsrecht keinen Gebrauch, so hat er die deutsche Staatsangehörigkeit nur bis zum Eintritt des Verlusttatbestandes besessen.

§ 3

Die Ausschlagung hat die Wirkung, daß der Ausschlagende die deutsche Staatsangehörigkeit nach Maßgabe des § 1 nicht erworben hat.

§ 4

Hat ein Ausschlagungsberechtigter vor der Ausschlagung einen Tatbestand erfüllt, der den Erwerb der deutschen Staatsangehörigkeit zur Folge hatte, so bewirkt die Ausschlagung, daß er im Zeitpunkt der Erfüllung des Erwerbstatbestandes deutscher Staatsangehöriger geworden ist.

§ 5

(1) Nach dem Inkrafttreten dieses Gesetzes kann die Ausschlagung nur noch bis zum Ablauf eines Jahres erklärt werden.

(2) Jeder Ausschlagungsberechtigte ist befugt, vor Ablauf der Ausschlagungsfrist auf das Ausschlagungsrecht zu verzichten.

Zweiter Abschnitt
Staatsangehörigkeitsverhältnisse der Personen, die auf Grund des Artikels 116 Abs. 1 des Grundgesetzes Deutsche sind, ohne die deutsche Staatsangehörigkeit zu besitzen

§ 6

(1) Wer auf Grund des Artikels 116 Abs. 1 des Grundgesetzes Deutscher ist, ohne die deutsche Staatsangehörigkeit zu besitzen, muß auf seinen Antrag eingebürgert werden, es sei denn, daß Tatsachen die Annahme rechtfertigen, daß er die innere oder äußere Sicherheit der Bundesrepublik oder eines deutschen Landes gefährdet.

(2) Mit der Unanfechtbarkeit des die Einbürgerung ablehnenden Bescheides verliert der Antragsteller die Rechtsstellung eines Deutschen.

§ 7

(1) Hat ein Deutscher, der die deutsche Staatsangehörigkeit nicht besitzt, das Gebiet des Deutschen Reiches nach dem Stande vom 31. Dezember 1937 (Deutschland) freiwillig wieder verlassen und seinen dauernden Aufenthalt in dem fremden Staat genommen, aus dessen Gebiet er vertrieben worden ist, oder in einem anderen der in § 1 Abs. 2 Nr. 3 des Bundesvertriebenengesetzes vom 19. Mai 1953 (BGBl. I S. 201) genannten Staaten,

so verliert er die Rechtsstellung eines Deutschen im Sinne des Grundgesetzes im Zeitpunkt des Inkrafttretens dieses Gesetzes.

(2) Wird der dauernde Aufenthalt erst nach Inkrafttreten dieses Gesetzes nach Maßgabe des Absatzes 1 verlegt, so tritt der Verlust der Rechtsstellung eines Deutschen im Sinne des Grundgesetzes im Zeitpunkt der Aufenthaltsverlegung ein.

§ 7 a
Der Verlust der Rechtsstellung eines Deutschen tritt nach § 6 Abs. 2 oder § 7 Abs. 2 nicht ein, wenn der Betroffene dadurch staatenlos wird.

Dritter Abschnitt
Staatsangehörigkeitsverhältnisse weiterer Personengruppen

§ 8
(1) Ein deutscher Volkszugehöriger, der nicht Deutscher im Sinne des Grundgesetzes ist, aber in Deutschland seinen dauernden Aufenthalt hat, und dem die Rückkehr in seine Heimat nicht zugemutet werden kann, hat einen Anspruch auf Einbürgerung nach Maßgabe des § 6. Wird er eingebürgert, so hat auch sein Ehegatte einen Einbürgerungsanspruch.

(2) Wird der dauernde Aufenthalt in Deutschland nach dem Inkrafttreten dieses Gesetzes aufgegeben, so erlischt der Anspruch auf Einbürgerung im Zeitpunkt der Aufgabe des Aufenthalts.

§ 9
(1) Ein deutscher Volkszugehöriger, der nicht Deutscher im Sinne des Grundgesetzes ist, kann die Einbürgerung vom Ausland her beantragen, wenn er die Rechtsstellung eines Vertriebenen nach § 1 des Bundesvertriebenengesetzes hat oder als Aussiedler im Sinne des § 1 Abs. 2 Nr. 3 desselben Gesetzes im Geltungsbereich dieses Gesetzes Aufnahme finden soll. § 13 des Reichs- und Staatsangehörigkeitsgesetzes vom 22. Juli 1913 (RGBl. S. 583) gilt entsprechend. Wird die Einbürgerung beantragt, so kann in bestehender Ehe der Ehegatte, der nicht deutscher Volkszugehöriger ist, ebenfalls vom Ausland her einen Einbürgerungsantrag stellen.

(2) Einem Einbürgerungsantrag muß stattgegeben werden, wenn der Antragsteller die Voraussetzungen des Absatzes 1 erfüllt, im zweiten Weltkrieg Angehöriger der deutschen Wehrmacht oder eines ihr angeschlossenen oder gleichgestellten Verbandes war, nach seiner Vertreibung keine neue Staatsangehörigkeit erworben hat und nicht aus einem Staate stammt, der die durch Sammeleinbürgerung in den Jahren 1938 bis 1945 Eingebürgerten als seine Staatsangehörigen in Anspruch nimmt. Gleiches gilt für Einbürgerungsanträge der Ehefrauen, Witwen und der im Zeitpunkt der Antragstellung noch minderjährigen Kinder solcher Personen.

§ 10
Der Dienst in der deutschen Wehrmacht, der Waffen-SS, der deutschen Polizei, der Organisation Todt und dem Reichsarbeitsdienst hat für sich allein den Erwerb der deutschen Staatsangehörigkeit nicht zur Folge gehabt; deutsche Staatsangehörige sind nur diejenigen geworden, für die ein Feststellungsbescheid der zuständigen Stellen vor Inkrafttreten dieses Gesetzes ergangen und zugestellt worden ist.

§ 11

Wer aus rassischen Gründen von einer der in § 1 Abs. 1 genannten Sammeleinbürgerungen ausgeschlossen worden ist, hat einen Anspruch auf Einbürgerung, wenn er in Deutschland seinen dauernden Aufenthalt hat, es sei denn, daß er in der Zwischenzeit eine andere Staatsangehörigkeit erworben hat.

§ 12

(1) Der Anspruch auf Einbürgerung steht auch dem früheren deutschen Staatsangehörigen zu, der im Zusammenhang mit Verfolgungsmaßnahmen aus politischen, rassischen oder religiösen Gründen in der Zeit vom 30. Januar 1933 bis zum 8. Mai 1945 vor Inkrafttreten dieses Gesetzes eine fremde Staatsangehörigkeit erworben hat, auch wenn er seinen dauernden Aufenthalt im Ausland beibehält.

(2) Der Anspruch auf Einbürgerung steht den Abkömmlingen der in Absatz 1 genannten Personen bis zum 31. Dezember 1970 zu.

§ 13

Ein Einbürgerungsanspruch nach § 9 Abs. 2, § 11 und § 12 besteht nicht, wenn Tatsachen vorliegen, welche die Annahme rechtfertigen, daß der Antragsteller die innere oder äußere Sicherheit der Bundesrepublik oder eines deutschen Landes gefährden wird.

Vierter Abschnitt
Verfahrenvorschriften

a) Gemeinsame Vorschriften

§ 14

Wer das 18. Lebensjahr vollendet hat, steht bei Ausübung des Ausschlagungsrechts (§ 5 Abs. 1), bei Abgabe der Verzichtserklärung (§ 5 Abs. 2) und bei Geltendmachung des Einbürgerungsanspruchs (§§ 6, 8, 9 Abs. 2, §§ 11 und 12) einem Volljährigen gleich.

§ 15

(1) Wer das 18. Lebensjahr noch nicht vollendet hat oder wer zwar über 18 Jahre alt, jedoch geschäftsunfähig oder aus anderen Gründen als wegen Minderjährigkeit in der Geschäftsfähigkeit beschränkt ist, wird durch seinen gesetzlichen Vertreter in persönlichen Angelegenheiten vertreten.

(2) Der Vormund eines nichtehelichen Kindes bedarf der Zustimmung der Mutter des Kindes, wenn dieser die Sorge für die Person des Kindes zusteht. Das gilt auch, wenn der Vormund von dem Recht auf Ausschlagung und dem Anspruch auf Einbürgerung nicht Gebrauch machen will. Kommt eine Einigung zwischen Vormund und Mutter nicht zustande, so ist der Vormund verpflichtet, eine Entscheidung des Vormundschaftsgerichtes herbeizuführen.

§ 16

Die Erklärung eines Ehegatten bedarf nicht der Zustimmung des anderen Ehegatten.

§ 17

(1) Zuständig zur Entgegennahme der Ausschlagungserklärungen, die nach dem Inkrafttreten dieses Gesetzes abgegeben werden (§ 5 Abs. 1), und der Verzichtserklärungen (§ 5

Abs. 2) sowie zur Einbürgerung (§§ 6, 8, 9, 11 und 12) ist die Einbürgerungsbehörde, in deren Bereich der Erklärende oder der Antragsteller seinen dauernden Aufenthalt hat.

(2) Hat der Erklärende oder Antragsteller seinen dauernden Aufenthalt außerhalb Deutschlands, so ist die Einbürgerungsbehörde zuständig, in deren Bereich er zuletzt seinen dauernden Aufenthalt gehabt hat. Hatte er niemals dauernden Aufenthalt in Deutschland, so ist die Einbürgerungsbehörde zuständig, in deren Bereich sein Vater oder seine Mutter dauernden Aufenthalt haben oder zuletzt gehabt haben.

(3) Ergibt sich aus Absatz 1 oder Absatz 2 die Zuständigkeit einer Behörde außerhalb des Geltungsbereichs dieses Gesetzes oder fehlt es an einer zuständigen Behörde, so ist das Bundesverwaltungsamt zuständig.

(4) Für einen unter elterlicher Sorge stehenden Minderjährigen (§ 15 Abs. 1) ist die Einbürgerungsbehörde des vertretungsberechtigten Elternteils zuständig.

(5) Eine Verbindung von Verfahren, die bei verschiedenen Behörden anhängig sind, ist im gegenseitigen Einvernehmen der beteiligten Behörden zulässig.

b) Ausschlagung

§ 18

(1) Die Ausschlagungserklärung muß, wenn sie nach dem Inkrafttreten dieses Gesetzes abgegeben wird, zu Protokoll einer Behörde oder in öffentlich beglaubigter Form abgegeben werden.

(2) Hat der Ausschlagungsberechtigte seinen dauernden Aufenthalt außerhalb des Geltungsbereichs dieses Gesetzes, so kann die Ausschlagungserklärung zu Protokoll einer diplomatischen oder konsularischen Vertretung oder einer sonstigen Verbindungsstelle der Bundesrepublik Deutschland abgegeben oder von einer dieser Dienststellen beglaubigt werden.

(3) Steht dem Ausschlagungsberechtigten keine der in Absatz 1 oder Absatz 2 genannten Möglichkeiten zur Verfügung, so genügt einfache Schriftform unter der Voraussetzung, daß in anderer Weise nachgewiesen wird, daß die Unterschrift von dem Träger des unterzeichneten Namens herrührt.

§ 19

(1) Wer ohne sein Verschulden außerstande war, die Ausschlagungsfrist einzuhalten, kann die Ausschlagungserklärung noch bis zum Ablauf von sechs Monaten nach Fortfall des Hindernisses abgeben.

(2) Als unverschuldetes Hindernis gilt auch der Umstand, daß der Ausschlagungsberechtigte seinen dauernden Aufenthalt in der sowjetisch besetzten Zone Deutschlands, dem sowjetisch besetzten Sektor von Berlin oder in einem der fremd verwalteten deutschen Gebiete hat.

§ 20

Die Ausschlagungsfrist ist auch gewahrt, wenn die Ausschlagungserklärung innerhalb der Frist bei einer örtlich oder sachlich unzuständigen Behörde im Geltungsbereich dieses Gesetzes oder bei einer diplomatischen oder konsularischen Vertretung oder einer sonstigen Verbindungsstelle der Bundesrepublik Deutschland eingegangen ist.

§ 21

Ist ein Ausschlagungsberechtigter vor Ablauf der Ausschlagungsfrist verstorben, ohne daß er von dem Ausschlagungsrecht Gebrauch gemacht oder darauf verzichtet hat, so ist jeder Verwandte auf- und absteigender Linie sowie der überlebende Ehegatte bei Glaubhaftmachung eines rechtlichen Interesses bis zum Ablauf der Ausschlagungsfrist befugt, eine Ermächtigung des zuständigen Nachlaßgerichtes zu beantragen, für den Verstorbenen das Ausschlagungsrecht auszuüben oder darauf zu verzichten. Das Gericht muß vor Entscheidung über den Antrag allen Antragsberechtigten Gelegenheit zur Äußerung geben, soweit nicht zwingende Gründe entgegenstehen. Auf das Verfahren finden die Vorschriften des Gesetzes über die Angelegenheit der freiwilligen Gerichtsbarkeit vom 17. Mai 1898 (RGBl. S. 189) Anwendung.

§ 22
Wer von seinem Ausschlagungsrecht Gebrauch gemacht hat, erhält eine Urkunde des Inhalts, daß er die deutsche Staatsangehörigkeit durch die in § 1 Abs. 1 bezeichnete Verleihung oder durch Ableitung von einer so verliehenen deutschen Staatsangehörigkeit nicht erworben hat. Nur durch diese Ausschlagungsurkunde kann der Nachweis des Nichterwerbs der deutschen Staatsangehörigkeit erbracht werden.

§ 23
(1) Die Ausschlagungserklärung und die Verzichtserklärung können wegen Irrtums über den Inhalt der Erklärung sowie wegen Zwangs oder Drohung angefochten werden.

(2) Die Anfechtung erfolgt durch Erklärung gegenüber der nach § 17 zuständigen Behörde. Die Anfechtungserklärung ist zu Protokoll der Behörde oder in öffentlich beglaubigter Form abzugeben.

(3) Die Anfechtungsfrist beträgt einen Monat und beginnt mit der Kenntnis des Irrtums oder mit der Beendigung der Zwangslage, frühestens jedoch mit dem Inkrafttreten dieses Gesetzes. Sie endet spätestens sechs Monate nach Zustellung der Ausschlagungsurkunde.

c) Einbürgerung

§ 24
(1) Waren bei einer Einbürgerung (§§ 6, 8, 9, 11 und 12) durch das Verschulden des Antragstellers Tatsachen nicht bekannt, die der Einbürgerung entgegengestanden hätten, so ist die Einbürgerung unwirksam, sofern nicht die Einbürgerungsbehörde die Voraussetzungen für eine Einbürgerung gemäß §§ 8 oder 13 des Reichs- und Staatsangehörigkeitsgesetzes für gegeben erachtet.

(2) Die Unwirksamkeit ist durch förmliche Entscheidung auszusprechen. Die Entscheidung kann nur bis zum Ablauf von 5 Jahren nach erfolgter Einbürgerung ergehen; sie bedarf der Zustellung an den Betroffenen. Ist dessen Aufenthalt nicht bekannt oder kann eine Zustellung, die außerhalb des Geltungsbereichs dieses Gesetzes erfolgen müßte, nicht vorgenommen werden, so tritt an die Stelle der Zustellung die Veröffentlichung im Bundesanzeiger.

Fünfter Abschnitt
Übergangs- und Schlußbestimmungen

§ 25
Das Heimatrecht der Vertriebenen und die sich aus ihm künftig ergebenden Regelungen ihrer Staatsangehörigkeit werden durch die auf Grund dieses Gesetzes abgegebenen Erklärungen nicht berührt.

§ 26
Die auf diesem Gesetz beruhenden Verfahren sind gebührenfrei.

§ 27
§ 17 gilt, soweit er die örtliche Zuständigkeit regelt, auch für die Staatsangehörigkeitsangelegenheiten des Reichs- und Staatsangehörigkeitsgesetzes.

§ 28
Die deutsche Staatsangehörigkeit »auf Widerruf« steht der deutschen Staatsangehörigkeit gleich, soweit nicht bis zum 8. Mai 1945 von dem Widerrufsrecht Gebrauch gemacht worden ist.

§ 29
Dieses Gesetz gilt nach Maßgabe des § 13 des Dritten Überleitungsgesetzes vom 4. Januar 1952 (BGBl. I S. 1) auch im Land Berlin.

§ 30
Dieses Gesetz tritt am Tage nach seiner Verkündung in Kraft.

5.4 Richtlinien des Bundesministers des Innern für die Prüfung der Staatsangehörigkeit und Namensführung der Aussiedler im Grenzdurchgangslager Friedland vom 29. Juli 1976

Erster Abschnitt
Staatsangehörigkeit

1. Voraussetzung für die Betreuung der Aussiedler ist nach den einschlägigen Regelungen über Leistungsgewährungen vielfach die Feststellung, daß der (die) Begünstigte Deutsche(r) im Sinne des Art. 116 Abs. 1 des Grundgesetzes ist.

Zur Vereinfachung und zur Beschleunigung dieser Verfahren sollen im Interesse der Aussiedler die staatsangehörigkeitsrechtlichen Verhältnisse schon im Rahmen der Registrierung im Grenzdurchgangslager und der Verteilung auf die Länder vorgeprüft werden.

Deutscher im Sinne des Grundgesetzes ist, wer

1.1 deutscher Staatsangehöriger ist oder

1.2.1 als Vertriebener deutscher Volkszugehörigkeit oder

1.2.2 als Ehegatte oder Abkömmling eines Vertriebenen deutscher Staatsangehörigkeit oder deutscher Volkszugehörigkeit

Aufnahme in Deutschland gefunden hat.

2. Die zur Feststellung der Staatsangehörigkeit (Rechtsstellung als Deutscher im Sinne des Grundgesetzes *oder* als Ausländer) erforderlichen Angaben sollen durch Befragung der Aussiedler ermittelt und festgehalten werden.

5.4 Richtlinien Staatsangehörigkeit

3. Als Ergebnis der Prüfung ist auf dem Registrierschein (zu Nr. 7) einzutragen bei
3.1 deutschen Staatsangehörigen — deutsch,
3.2 Deutschen ohne deutsche Staatsangehörigkeit i. S. des Art. 116 I GG — Deutscher.

Die Eintragung ist zu erläutern.

Eintragung als deutscher Staatsangehöriger

4. Die Feststellung, daß der Aussiedler als deutscher Staatsangehöriger angesehen werden kann, soll im Rahmen der Vorprüfung getroffen werden, wenn

4.1 der Erwerb der deutschen Staatsangehörigkeit anzunehmen und

4.2 kein Grund erkennbar ist, der sie nach dem Erwerb wieder zum Erlöschen gebracht hätte.

Dabei ist zu beachten, daß nach der Schutzvorschrift des § 25 Abs. 1 des Reichs- und Staatsangehörigkeitsgesetzes der Erwerb einer ausländischen Staatsangehörigkeit als Verlustgrund für die deutsche Staatsangehörigkeit ausgeschaltet ist, wenn im Zeitpunkt des Staatsangehörigkeitswechsels Wohnsitz oder dauernder Aufenthalt im Inland bestanden hat. Zum Inland im Sinne dieser Bestimmung haben bis zum Inkrafttreten des Warschauer Vertrages vom 7. 12. 1970 (BGBl. 1972 II, S. 361) am 3. 6. 1972 (BGBl. 1972 II, S. 651) die polnisch verwalteten Gebietsteile des Deutschen Reiches gehört, so daß auch der freiwillige (Antrags-)-Erwerb einer ausländischen Staatsangehörigkeit innerhalb dieser Gebiete bis zu diesem Zeitpunkt die deutsche Staatsangehörigkeit nicht hat untergehen lassen.

5. Der Besitz der deutschen Staatsangehörigkeit ist

5.1 *nachgewiesen,* wenn eine deutsche Staatsangehörigkeitsurkunde (Staatsangehörigkeitsausweis/Heimatschein) vorliegt, deren Gültigkeitsdauer noch nicht abgelaufen ist;

5.2 *glaubhaft gemacht,* wenn andere Staatsangehörigkeitsurkunden oder deutsche Personalpapiere (Kennkarten, Personalausweise, Reisepässe, Wehrpässe, Arbeitsbücher oder ähnliche Unterlagen) vorgelegt werden, in denen die deutsche Staatsangehörigkeit eingetragen ist oder die nur deutschen Staatsangehörigen erteilt wurden.

Bei Aussiedlern, die aus Gebietsteilen des Deutschen Reiches stammen oder von einer Sammeleinbürgerung erfaßt gewesen sind, die ihnen die unbeschränkte Staatsangehörigkeit vermittelte – z. B. bei Aufnahme in die Abteilungen 1 oder 2 der Deutschen Volksliste –, genügt zur Glaubhaftmachung der deutschen Staatsangehörigkeit im allgemeinen die Vorlage des ihnen erteilten polnischen Reiseausweises (Dokument Podrózy) mit der Eintragung, daß der Inhaber nicht polnischer Staatsangehöriger ist.

6. Bei der Prüfung des für den Besitz der deutschen Staatsangehörigkeit maßgebenden Erwerbsgrundes ist von folgenden Anhaltspunkten auszugehen:

6.1 *Erwerb durch Geburt oder Legitimation* bei allen Personen,

6.1.1 die zur deutschen Bevölkerung im Gebiete des Deutschen Reiches (Stand: 31. 12. 1937) gehört haben und

6.1.1.1 vor dem 9. Mai 1945 im Gebiet des Deutschen Reiches geboren wurden oder

6.1.1.2 zwar nach dem 8. Mai 1945 geboren sind, aber von einem Elternteil abstammen, der vor dem 9. Mai 1945 im Gebiet des Deutschen Reiches geboren wurde;

6.1.2 bei denen aus anderen Gründen (z. B. Sammeleinbürgerung) anzunehmen ist, daß der für die Abteilung der deutschen Staatsangehörigkeit maßgebende Elternteil im Zeitpunkt der Geburt des Kindes deutscher Staatsangehöriger war.

Ausgenommen hiervon sind jedoch Kinder aus gemischtnationalen Ehen, wenn nur die Mutter im Zeitpunkt der Geburt deutsche Staatsangehörige war und das Kind vor dem 1. 1. 1975 geboren ist. Die zwischen dem 31. 3. 1953 und 1. 1. 1975 geborenen Kinder können wählen, ob sie ihr Erklärungsrecht nach Art. 3 RuStAÄndG 1974 ausüben oder ihren Einbürgerungsanspruch nach § 6 des 1. StARegG geltend machen wollen.

Ausgenommen von der Behandlung als deutsche Staatsangehörige sind stets Personen, von denen bekannt ist, daß sie nicht deutsche Staatsangehörige gewesen sein können.

6.2 *Erwerb durch Eheschließung* bei Ehefrauen, wenn die Ehe vor dem 1. 4. 1953 geschlossen wurde und der Ehemann im Zeitpunkt der Eheschließung deutscher Staatsangehöriger war.

6.3 *Erwerb durch Einzeleinbürgerung,* insbesondere bei Umsiedlern, die auf Grund einer Vereinbarung des Deutschen Reiches mit dem früheren Heimatstaat oder im Zuge einer deutschen Maßnahme zur Rückführung Deutscher während des Zweiten Weltkrieges nach Deutschland (Altreichsgebiet einschließlich der damals eingegliederten Gebiete) gelangt sind und eine Einbürgerungsurkunde erhalten haben.

6.4 *Erwerb durch Sammeleinbürgerung* bei

6.4.1 Memelländern, die als Reichsangehörige oder Optionsberechtigte nach der Memelkonvention 1924 und dem deutsch-litauischen Optionsvertrag 1925 oder auf Grund Ableitung ihrer Staatsangehörigkeit von einer solchen Person am 22. 3. 1939 litauische Staatsangehörige gewesen sind und vor dem 8. 7. 1939 ihren Wohnsitz nicht nach Litauen (ohne Memelgebiet) verlegt hatten.

6.4.2 Sudetendeutschen, wenn sie oder der für die Ableitung der Staatsangehörigkeit maßgebende (Vor-)Elternteil am 10. 10. 1938 tschechoslowakische(r) Staatsangehörige(r) und in einer Gemeinde des Sudetenlandes wohnhaft – heimatberechtigt – gewesen sind – ist.

6.4.3 Volksdeutschen aus dem sog. „Protektorat Böhmen und Mähren", wenn sie oder der für die Ableitung der Staatsangehörigkeit maßgebende (Vor-)Elternteil am 10. 10. 1938 in einer Gemeinde des „Protektorats" (ehemalige Länder Böhmen und Mähren/Schlesien) heimatberechtigt gewesen sind – ist – und am 16. 3. 1939 den Wohnsitz nicht in einem ehemaligen Länder Slowakei oder Karpatho-Ukraine hatte(n).

6.4.4 Danzigern, wenn sie am 1. 9. 1939 Danziger Staatsangehörige gewesen sind und eine den Erwerb der deutschen Staatsangehörigkeit ausschließende Feststellung nicht erfolgt ist.

5.4 Richtlinien Staatsangehörigkeit

6.4.5 Volksdeutschen aus den eingegliederten (polnischen) Ostgebieten, wenn sie am 26. 10. 1939 polnische Staatsangehörige oder Staatenlose mit zuletzt polnischer Staatsangehörigkeit bzw. Wohnsitz in den eingegliederten Ostgebieten gewesen sind

- die Voraussetzungen für die Aufnahme in die Abteilungen 1 oder 2 der Deutschen Volksliste erfüllt haben (unbeschränkte Staatsangehörigkeit),
- in die Abteilung 3 der Deutschen Volksliste eingetragen worden sind (Staatsangehörigkeit auf Widerruf),
- in die Abteilung 4 der Deutschen Volksliste eingetragen und einzeln eingebürgert worden sind (Staatsangehörigkeit auf Widerruf).

6.4.6 Volksdeutschen aus der Untersteiermark, Kärnten und Krain, wenn sie am 14. 4. 1941 jugoslawische Staatsangehörige oder Staatenlose mit Wohnsitz - Heimatrecht - in einer Gemeinde in der Untersteiermark, Kärntens oder Krains gewesen sind und deutsche Volkszugehörige waren.

6.4.7 Volksdeutschen aus der Ukraine, wenn sie am 21. 6. 1941 als Staatsangehörige der UdSSR oder Staatenlose im Gebiet des „Reichskommissariats Ukraine" ansässig gewesen sind und

- die Voraussetzungen für die Aufnahme in die Abteilungen 1 oder 2 der Deutschen Volksliste erfüllt haben (unbeschränkte Staatsangehörigkeit),
- in die Abteilung 3 der Deutschen Volksliste eingetragen worden sind (Staatsangehörigkeit auf Widerruf).

Die Voraussetzungen der Ansässigkeit haben auch zwangsweise Verschleppte erfüllt.

Die durch Sammeleinbürgerung erworbene Staatsangehörigkeit auf Widerruf steht der deutschen Staatsangehörigkeit gleich (§ 28 des 1. StARegG).

Eintragung als Deutscher (ohne deutsche Staatsangehörigkeit i. S. des Art. 116 I GG)

7. Als Deutscher (ohne deutsche Staatsangehörigkeit im Sinne des Art. 116 Abs. 1 des Grundgesetzes) einzutragen ist eine Person, die - ohne deutscher Staatsangehöriger zu sein -

7.1 im Zusammenhang mit den Ereignissen des Zweiten Weltkrieges in der Zeit der Kriegshandlungen bis zum Abschluß der allgemeinen Vertreibungsmaßnahmen

- als Vertriebener deutscher Volkszugehörigkeit (§ 1 Abs. 1 und 2 BVFG) oder
- Ehegatte (§ 1 Abs. 3 BVFG) oder Abkömmling eines Vertriebenen deutscher Volkszugehörigkeit

Aufnahme im Gebiet des Deutschen Reiches (Stand: 31. 12. 1937) gefunden hat oder

7.2 nach Abschluß der allgemeinen Vertreibungsmaßnahmen

- als Aussiedler (§ 1 Abs. 2 Nr. 3, Abs. 3 BVFG)

Aufnahme in der Bundesrepublik Deutschland einschließlich des Landes Berlin oder im Gebiet der heutigen DDR und von Berlin (Ost) gefunden hat oder (noch) findet.

8. Mit der Aufnahme als Aussiedler gemäß Nr. 7.2 werden mithin zu Deutschen ohne deutsche Staatsangehörigkeit im Sinne des Art. 116 Abs. 1 des Grundgesetzes nur noch diejenigen Vertriebenen,

8.1 die selbst deutsche Volkszugehörige im Sinne des § 6 BVFG und Vertriebene im Sinne des § 1 Abs. 2 Nr. 3 BVFG sind;

8.2 oder die

8.2.1 mit einem Aussiedler deutscher Volkszugehörigkeit oder deutscher Staatsangehörigkeit verheiratet sind und als Vertriebene gelten (§ 1 Abs. 3 BVFG) oder

8.2.2 von einem Aussiedler deutscher Volkszugehörigkeit oder deutscher Staatsangehörigkeit abstammen.

Auf das Geschlecht des deutschen Ehegatten oder Elternteils kommt es nicht an.

9. Wenn die Registrierung im Grenzdurchgangslager und die Verteilung auf die Länder unmittelbar im Anschluß an die Aussiedlung erfolgt, gilt die Entscheidung über die Verteilung auf die Länder als Aufnahme im Sinne des Art. 116 Abs. 1 des Grundgesetzes.

Die Erklärung eines Aussiedlers, nicht als Deutscher behandelt werden zu wollen, ist im Registrierschein zu vermerken.

10. Alle Personen, die mit der Aufnahme Deutsche ohne deutsche Staatsangehörigkeit werden, sind darauf hinzuweisen, daß ihnen ein Recht auf Erwerb der deutschen Staatsangehörigkeit (Einbürgerungsanspruch) zusteht (§ 6 des 1. StARegG).

Behandlung von Aussiedlern, die Mehrstaater sind.
Ausscheiden aus der bisherigen Staatsangehörigkeit.

11. Über den Verlust der bisherigen Staatsangehörigkeit durch Aussiedler entscheidet allein das Staatsangehörigkeitsrecht des bisherigen Heimatstaates. Soweit danach die Aussiedlung selbst keinen Verlustgrund dargestellt hat, ist das Ausscheiden aus der bisherigen Staatsangehörigkeit nur dann erfolgt oder zu erwarten, wenn ein Antrag auf Entlassung aus der bisherigen oder auf Verzicht auf die bisherige Staatsangehörigkeit genehmigt worden ist oder genehmigt wird.

12. Allen Aussiedlern, die trotz ihrer deutschen Staatsangehörigkeit oder des Erwerbs der Rechtsstellung als Deutscher ohne deutsche Staatsangehörigkeit annehmen müssen, daß ihre bisherige Staatsangehörigkeit bestehen geblieben ist, soll zur Vermeidung von Interessenkonflikten – insbesondere wegen der möglichen Inanspruchnahme zu Pflichtleistungen wie der Ableistung des Wehrdienstes – empfohlen werden, sich aus den Bindungen zu lösen, die sich für sie aus der fremden Staatsangehörigkeit ergeben. Dies können die Betroffenen mit dem Hinweis auf ihre Eigenschaft als Deutsche im Sinne des Grundgesetzes und der Einholung der Genehmigung zum Ausscheiden aus der anderen Staatsangehörigkeit (Entlassungsantrag oder Verzichtserklärung) tun.

13. Der Fortbestand einer ausländischen Staatsangehörigkeit neben der deutschen Staatsangehörigkeit oder der Rechtsstellung als Deutscher ohne deutsche Staatsangehörigkeit ist nach § 27 des Ausländergesetzes anzeigepflichtig.

5.4 Richtlinien Staatsangehörigkeit Seite 197

Verlust der Rechtsstellung als Deutscher ohne deutsche Staatsangehörigkeit bei Rückkehr in das Vertreibungsgebiet.

14. Die endgültige Rückkehr in den bisherigen Heimatstaat bringt die Rechtsstellung als Deutscher ohne deutsche Staatsangehörigkeit in jedem Fall im Zeitpunkt der Aufenthaltsverlegung zum Erlöschen, und zwar auch dann, wenn die bisherige Staatsangehörigkeit tatsächlich untergegangen ist (§ 7 des 1. StARegG). Der Verlust der Rechtsstellung als Deutscher ohne deutsche Staatsangehörigkeit tritt darüber hinaus auch für diejenigen Deutschen ein, die nach ihrer Aufnahme den deutschen Herrschaftsbereich freiwillig wieder verlassen haben oder verlassen und ihren dauernden Aufenthalt in einem anderen Staat des Vertreibungsgebietes genommen haben oder nehmen. Als Vertreibungsgebiet für Aussiedler kommen in Betracht die Herrschaftsbereiche der UdSSR (einschließlich der baltischen Staaten Estland, Lettland und Litauen sowie des nördlichen Gebietsteils von Ostpreußen), Polens (einschließlich des Gebietes von Danzig und der Ostgebiete des Deutschen Reiches), der Tschechoslowakei, Ungarns, Rumäniens, Bulgariens, Jugoslawiens, Albaniens und Chinas (§ 1 Abs. 2 Nr. 3 BVFG). Bei erneutem Eintreffen solcher Personen in der Bundesrepublik Deutschland soll deshalb in der Regel eine Registrierung als Deutscher nicht erfolgen.

Fremdvölkische Familienangehörige

15. Als Deutsche i. S. des Artikels 116 Abs. 1 des Grundgesetzes können fremdvölkische Familienangehörige deutscher Aussiedler nur eingetragen werden, wenn sie Ehegatten oder Abkömmlinge deutscher Aussiedler sind.

Andere fremdvölkische Familienangehörige der Aussiedler – z. B. Personen, mit denen der deutsche Aussiedler lediglich verschwägert ist und die selbst nicht deutsche Staatsangehörige sind und auch nicht durch Aufnahme Deutsche ohne deutsche Staatsangehörigkeit werden können – bleiben Ausländer. Sie werden nicht registriert.

Zweiter Abschnitt
Namensführung

16. Die Namen ergeben sich aus den vorgelegten Personenstandsurkunden; hierbei haben Urkunden, die auf Grund von Einträgen in nach deutschem Recht geführten Personenstandsbüchern (-registern) ausgestellt worden sind, den Vorrang vor ausländischen Urkunden. Besitzen die Aussiedler keine Personenstandsurkunden, so können die Namen kirchlichen oder anderen beweiskräftigen Unterlagen entnommen werden.

17. Sind Namen deutscher Aussiedler von einem fremden Staat verändert (z. B. slawisiert, romanisiert) worden, so sind sie in der ursprünglichen deutschen Form einzutragen, soweit sich aus den Nummern 18 und 19 nichts anderes ergibt.

18. *Vornamen*

18.1 Ist die Geburt des Aussiedlers in einem nach deutschem Recht geführten Personenstandsbuch (-register) beurkundet worden und weisen die vorgelegten Personalpapiere entgegen dem Eintrag im Geburtenbuch (-register) eine fremdländische Vornamensform aus, so sind die Vornamen in der ursprünglichen deutschen Form einzutragen.

18.2 Ist die Geburt des Aussiedlers nicht in einem nach deutschem Recht geführten Personenstandsbuch (-register) beurkundet worden und weisen die vorgelegten Personalunterlagen eine fremdländische Vornamensform aus, so ist die Namensform einzutragen, die dem Willen der Sorgeberechtigten entsprach.

18.3 Läßt sich nicht mit hinreichender Sicherheit feststellen, daß der Aussiedler die Vornamen in deutscher Form führen kann, so sind die Vornamen in der Form einzutragen, wie sie sich aus den vorgelegten Ausweisen ergeben. Eine Änderung ist nur in einem Verfahren nach § 11 des Gesetzes über die Änderung von Familiennamen und Vornamen vom 5. Januar 1938 (NamÄndG), zuletzt geändert durch Artikel 13 des Zuständigkeitslockerungsgesetzes vom 10. März 1975 (Bundesgesetzbl. I, S. 685), möglich.

18.4 Auf die in ausländischen Papieren angegebene ausländische Namensform ist im Registrierschein nachrichtlich hinzuweisen.

19. *Familienname (Geburtsname)*

19.1 Der Familienname eines deutschen Staatsangehörigen kann — unabhängig davon, wo der Betreffende seinen Wohnsitz oder gewöhnlichen Aufenthalt hat — wirksam nur von der zuständigen deutschen Behörde geändert werden. Die Änderung des Familiennamens eines deutschen Staatsangehörigen auf Grund ausländischen Rechts oder ausländischer Verwaltungsmaßnahmen sowie die Veränderung der Schreibweise des Familiennamens wird im deutschen Rechtsbereich grundsätzlich nicht anerkannt. In diesen Fällen ist der deutsche Familienname einzutragen.

19.2 Ist der Familienname eines Aussiedlers, der mit der Aufnahme die Rechtsstellung als Deutscher erlangt, in den vorgelegten Personalunterlagen in fremdländischer Form wiedergegeben, so kann in der Regel die deutsche Namensform nur durch eine Änderung in einem Verfahren nach § 3 NamÄndG erlangt werden. Ist lediglich die Schreibweise des Familiennamens verändert worden, so kann die ursprüngliche Namensform in den Registrierschein übernommen werden.

19.3 Nummer 18.4 gilt entsprechend.

Bonn, den 29. Juli 1976
Der Bundesminister des Innern
V II 5 – 124 230 – 1/5
In Vertretung
Dr. Fröhlich

5.5 Merkblatt des Bundesministers des Innern über Fragen der Staatsangehörigkeit und der Namensführung

Staatsangehörigkeit

Für Ihre Eingliederung in das Leben in der Bundesrepublik Deutschland ist es besonders wichtig, daß Sie möglichst bald Gewißheit über Ihre Staatsangehörigkeit erhalten und erfahren, ob Sie

— *Deutscher* im Sinne des Grundgesetzes für die Bundesrepublik Deutschland sind,

d.h. die *deutsche Staatsangehörigkeit besitzen* oder mit der Aufnahme im Bundesgebiet einschließlich des Landes Berlin *Deutscher ohne deutsche Staatsangehörigkeit geworden sind;*

5.5 Merkblatt Staatsangehörigkeit   Seite 199

- Mehrstaater sind,
d.h. neben der deutschen noch eine ausländische Staatsangehörigkeit besitzen;
- Ausländer sind,
d.h. (ausschließlich) eine ausländische Staatsangehörigkeit besitzen oder staatenlos sind.

Bestimmte Rechte und Vergünstigungen stehen nur Deutschen zu, beispielsweise
- der Anspruch auf Ausstellung deutscher Personalpapiere mit der Eintragung der Eigenschaft als Deutscher („Staatsangehörigkeit: Deutsch" oder „Deutscher"),
- die Gewährung bestimmter sozialer Leistungen,
- die Ausübung bestimmter Berufe und des Wahlrechts,
- der Anspruch auf konsularischen Schutz durch Vertretungen der Bundesrepublik Deutschland im Ausland.

Deshalb werden Ihre staatsangehörigkeitsrechtlichen Verhältnisse schon bei Ihrer Ankunft im Grenzdurchgangslager vorgeprüft. Das Ergebnis dieser Prüfung wird in Ihrem Registrierschein vermerkt.

Wer ist Deutscher

Wer Deutscher ist, bestimmt Artikel 116 Abs. 1 des Grundgesetzes für die Bundesrepublik Deutschland. Danach sind Deutsche:
- 1. die deutschen Staatsangehörigen
und
- 2. die deutschen Volkszugehörigen (mit oder ohne fremde(r) Staatsangehörigkeit) sowie die Ehegatten und Abkömmlinge von deutschen Staatsangehörigen oder deutschen Volkszugehörigen, die in der Bundesrepublik Deutschland einschließlich des Landes Berlin als Aussiedler aufgenommen werden.

Danach werden also auch die Familienangehörigen (Ehegatten und Abkömmlinge), die vor der Einreise noch nicht Deutsche waren, aber mit ihrem deutschen Ehegatten oder Elternteil in das Bundesgebiet einschließlich des Landes Berlin als Aussiedler kommen, *durch die Aufnahme* kraft Gesetzes *Deutsche,* und zwar *Deutsche ohne deutsche Staatsangehörigkeit.*

Für die vorläufige Feststellung Ihrer Eigenschaft als Deutscher aus Anlaß der Registrierung genügt es, wenn die für den Besitz der deutschen Staatsangehörigkeit oder der deutschen Volkszugehörigkeit maßgebenden persönlichen Merkmale glaubhaft gemacht werden. Sie können dabei mitwirken, indem Sie die erforderlichen Unterlagen vorlegen oder die notwendigen Auskünfte geben.

Hinweis für Kinder deutscher Mütter:

Die in der Zeit vom 1. April 1953 bis zum 31. Dezember 1974 (einschließlich) als Kinder deutscher Mütter und ausländischer Väter geborenen Aussiedler, die entweder als eheliche Kinder vom Erwerb der deutschen Staatsangehörigkeit durch Geburt ausgeschlossen waren oder als nichteheliche Kinder ihre durch Geburt erworbene deutsche Staatsangehörigkeit durch Legitimation (z. B. infolge nachträglicher Eheschließung ihrer Eltern) verloren haben, können auch durch einfache Erklärung, deutsche Staatsangehörige werden zu wollen, unmittelbar die deutsche Staatsangehörigkeit erwerben. Die Erklärung ist jedoch an eine Ausschlußfrist gebunden und muß innerhalb von sechs Monaten nach der Aussiedlung (Verlassen des Vertreibungsgebietes) abgegeben werden.

Wer sein Erklärungsrecht nicht rechtzeitig ausübt, dem bleibt dennoch, wenn er durch Aufnahme in Deutschland Deutscher im Sinne des Art. 116 Abs. 1 des Grundgesetzes geworden ist, sein Anspruch auf Einbürgerung erhalten.

Über Einzelheiten geben Ihnen die Bearbeiter weitere Aufklärung.

5.5 Merkblatt Staatsangehörigkeit

Wie läßt sich der Erwerb der Eigenschaft als Deutscher ausschließen?

Personen die *nicht* Deutsche sind und es auch durch Aufnahme nicht werden wollen, können den Erwerb der Eigenschaft als Deutsche ohne deutsche Staatsangehörigkeit *durch eine Erklärung* verhindern, die sie bei der Registrierung abgeben. Den Erklärungsvordruck hält das Grenzdurchgangslager bereit. Wer diese Erklärung abgibt, bleibt Ausländer. Er unterliegt den für Ausländer allgemein geltenden Vorschriften für den Aufenthalt, die Berufsausübung und für alle sonstigen Bereiche, in denen für Ausländer rechtliche Beschränkungen oder besondere Pflichten vorgesehen sind; er benötigt in jedem Falle eine Aufenthaltserlaubnis.

Zusätzliche Hinweise für Deutsche, die neben der deutschen noch eine ausländische Staatsangehörigkeit besitzen (Mehrstaater)

Die Übersiedlung in die Bundesrepublik Deutschland muß für Sie nicht zwangsläufig den Verlust der ausländischen Staatsangehörigkeit herbeigeführt haben, die Sie vor der Ausreise innehatten. Darüber, ob Sie diese Staatsangehörigkeit behalten oder verloren haben, entscheidet vielmehr allein das Recht des betroffenen ausländischen Staates. Es ist deshalb möglich, daß Sie nach Ihrer Aufnahme in der Bundesrepublik Deutschland neben der deutschen Staatsangehörigkeit oder der Eigenschaft als Deutscher ohne deutsche Staatsangehörigkeit auch noch eine ausländische Staatsangehörigkeit besitzen. Trifft dies zu, haben Sie die zuständige Behörde – in der Regel das Meldeamt – Ihres künftigen Aufenhaltsortes darauf hinzuweisen.

Aus dem Besitz mehrerer Staatsangehörigkeiten können sich Schwierigkeiten ergeben. Bei Aufenthalt im Ausland kann Ihnen die Bundesrepublik Deutschland unter Umständen nicht wirksam Schutz gewähren; außerdem können die Möglichkeiten zu sonstigen Hilfeleistungen eingeschränkt sein. Darüber hinaus sind Unsicherheiten bei der Beurteilung Ihrer Rechtsverhältnisse nicht auszuschließen. Deshalb kann es angebracht sein, für die Zukunft nur eine Staatsangehörigkeit fortbestehen zu lassen.

Sachdienliche Hinweise, welche Möglichkeiten Sie haben, Ihre deutsche Staatsangehörigkeit aufzugeben oder sich aus Ihrer ausländischen Staatsangehörigkeit zu lösen, gibt Ihnen die *Staatsangehörigkeitsbehörde Ihres künftigen Aufenthaltsortes.*

Wichtig ist: Deutsche Mehrstaater werden nach deutschem Recht ausschließlich als Deutsche behandelt. Deutschen Stellen gegenüber müssen Sie sich deshalb mit deutschen Personalpapieren (Personalausweis, Reisepaß) ausweisen. Daneben dürfen Sie Ihre ausländischen Personalpapiere zwar behalten, diese aber nur im Verkehr mit ausländischen Stellen verwenden. Deutsche Stellen werden mithin Ihre ausländischen Papiere nicht einziehen.

Namensführung

Über Ihre Namensführung erhalten Sie Aufklärung bei der Registrierung im Grenzdurchgangslager.

Für deutsche Staatsangehörige richtet sich die Namensführung nach deutschem Recht. Namensänderungen auf Grund ausländischen Rechts oder ausländischer Verwaltungsmaßnahmen sind für den deutschen Rechtsbereich grundsätzlich nicht rechtsverbindlich.

Sie können jedoch beantragen, Ihren veränderten Namen beizubehalten; über Ihren Antrag entscheidet die für Namensänderungen zuständige deutsche Behörde.

Ist Ihnen die Führung eines deutschen Vornamens nicht gestattet worden – weisen also Ihre mitgebrachten Personalpapiere eine fremdländische Vornamensform aus –, so können Sie sich für die Vornamen entscheiden, die dem Willen des Sorgeberechtigten entsprachen.

5.5 Merkblatt Staatsangehörigkeit Seite 201

Für jede Person ist ein eigener Erklärungsvordruck zu verwenden. Die Erklärung ist der Staatsangehörigkeitsbehörde des künftigen Aufenthaltsortes zuzuleiten.

Erklärung

(Die Erklärung kann **nur** anläßlich der Registrierung im Grenzdurchgangslager abgegeben werden; sie ist unwiderruflich)

Name(n)　　　　Vorname(n)　　　　geb. am　　　　in

a) _____
b) _____

Volkszuge-　　　Staatsange-　　　ausgewiesen
hörigkeit　　　　hörigkeit　　　　durch

a) _____
b) _____

erklär(t)-(en)- für
- **sich selbst:**
- das Kind:

Name　　Vorname(n)　geb. am　　in　　Volkszuge-　　Staatsange-
　　　　　　　　　　　　　　　　　　　hörigkeit　　　hörigkeit

Ich
Das Kind*) will **nicht** Aufnahme nach Artikel 116 Abs. 1 des Grundgesetzes für die Bundesrepublik Deutschland finden.

Mir – Uns – ist bekannt, daß die Erklärung – mich – das Kind – vom Erwerb der Rechtsstellung als Deutscher ohne deutsche Staatsangehörigkeit im Sinne des Grundgesetzes ausschließt.

_____, den _____

_____

(Unterschrift(en))

---

*) Die Erklärung für ein Kind sollen beide Eltern gemeinsam unterschreiben. Steht das Recht der Sorge für die Person des Kindes jedoch einem Elternteil allein oder einer anderen Person als den Eltern (einem Elternteil) zu, genügt es, wenn der Sorgeberechtigte die Erklärung unterschreibt.

6. WOHNUNGSBAU, WOHNGELD, EINRICHTUNGSDARLEHEN

6.1 §§ 25, 26 des Zweiten Wohnungsbaugesetzes (Wohnungsbau- und Familienheimgesetz – II. WoBauG –) i. d. F. vom 11. Juli 1985 (BGBl. I S. 1284, 1661), zuletzt geändert durch Gesetz vom 25. Juli 1988 (BGBl. I S. 1093)

Teil III
Öffentlich geförderter sozialer Wohnungsbau
Erster Abschnitt
Allgemeine Förderungsvorschriften
Erster Titel
Grundsätze für den öffentlich geförderten Wohnungsbau

§ 25
Begünstigter Personenkreis und Einkommensermittlung

(1) Mit öffentlichen Mitteln ist der soziale Wohnungsbau zugunsten der Wohnungssuchenden zu fördern, bei denen das Jahreseinkommen die sich aus den Sätzen 2 bis 5 ergebende Einkommensgrenze nicht übersteigt; maßgebend ist das Jahreseinkommen des Wohnungssuchenden und der nach § 8 zur Familie rechnenden Angehörigen (Gesamteinkommen). Die Einkommensgrenze beträgt 21 600 Deutsche Mark zuzüglich 10 200 Deutsche Mark für den zweiten und weitere 8 000 Deutsche Mark für jeden weiteren zur Familie des Wohnungssuchenden rechnenden Angehörigen. Bei jungen Ehepaaren im Sinne des § 26 Abs. 2 Satz 2 erhöht sich die Einkommensgrenze bis zum Ablauf des fünften Kalenderjahres nach dem Jahr der Eheschließung um 8 400 Deutsche Mark. Für Personen, die nicht nur vorübergehend um mindestens 50 vom Hundert in ihrer Erwerbsfähigkeit gemindert sind (Schwerbehinderte), und ihnen Gleichgestellte erhöht sich die Einkommensgrenze um je 4 200 Deutsche Mark; für Personen, die nicht nur vorübergehend um mindestens 80 vom Hundert in ihrer Erwerbsfähigkeit gemindert sind, erhöht sich die Einkommensgrenze um je 9 000 Deutsche Mark. **Für Aussiedler, Zuwanderer und Gleichgestellte erhöht sich die Einkommensgrenze bis zum Ablauf des fünften Kalenderjahres nach dem Jahr der Einreise in den Geltungsbereich dieses Gesetzes um 6 300 Deutsche Mark.** Eine Förderung ist auch zulässig, wenn das Gesamteinkommen die Einkommensgrenze nur unwesentlich übersteigt.

(2) Jahreseinkommen im Sinne des Gesetzes ist die Summe der im vergangenen Kalenderjahr bezogenen positiven Einkünfte im Sinne des § 2 Abs. 1 und 2 des Einkommensteuergesetzes; ein Ausgleich mit Verlusten aus anderen Einkunftsarten und mit Verlusten des zusammenveranlagten Ehegatten ist nicht zulässig. Abweichend von Satz 1 sind die Einkünfte des laufenden Jahres oder das Zwölffache der Einkünfte des letzten Monats zugrunde zu legen, wenn sie voraussichtlich auf Dauer höher oder niedriger sind als die Einkünfte des vergangenen Kalenderjahres; wird das Zwölffache der Einkünfte des letzten Monats zugrunde gelegt, so sind auch Einkünfte anzurechnen, die zwar nicht in dem letzten Monat bezogen wurden, aber im laufenden Jahr anfallen. Für die Feststellung des Jahreseinkommens gelten die Vorschriften des Einkommensteuerrechts über die Einkunftsermittlung; insbesondere sind steuerfreie Einnahmen, namentlich das Kindergeld nach der Kindergeldgesetzgebung, nicht anzurechnen. Abweichend von Satz 3 gilt folgendes:

1. Gesetzliche und tarifliche Kinderzulagen zu Löhnen, Gehältern und Renten sowie vergleichbare Bezüge sind nicht anzurechnen.
2. Einkünfte, für die ein Anspruch auf Befreiung von der Einkommensteuer nach den Doppelbesteuerungsabkommen besteht, sowie die Einkünfte aus Gehältern und Bezügen der bei internationalen oder übernationalen Organisationen beschäftigten Personen, die von der Einkommensteuer befreit sind, sind anzurechnen.
3. Beträge für Sonderabschreibungen, die bei der Einkommensteuer unter anderen Gesichtspunkten als denen der Wertminderung abgesetzt werden, insbesondere solche nach § 7b des Einkommensteuergesetzes, sind hinzuzurechnen, soweit sie die nach § 7 des Einkommensteuergesetzes zulässigen Absetzungen für Abnutzung übersteigen.
4. Der nach § 19 Abs. 2 des Einkommensteuergesetzes steuerfrei gebliebene Betrag von Versorgungsbezügen ist anzurechnen.
5. Steuerpflichtige Renten im Sinne des § 22 Ziff. 1 Buchstabe a des Einkommensteuergesetzes sind mit dem vollen Betrag abzüglich Werbungskosten anzusetzen.
6. Aufwendungen zur Erfüllung gesetzlicher Unterhaltsverpflichtungen
a) für nicht zum Haushalt rechnende Verwandte des Wohnungsuchenden oder seines Ehegatten,
b) für den geschiedenen oder dauernd getrennt lebenden Ehegatten und
c) in Fällen der Nichtigkeit oder Aufhebung der Ehe
sind vom Jahreseinkommen abzusetzen.

Von dem nach den Sätzen 1 bis 4 ermittelten Jahreseinkommen ist ein Betrag von 10 vom Hundert abzuziehen, wenn der Wohnungsuchende oder der nach § 8 zur Familie rechnende Angehörige Steuern vom Einkommen entrichtet.

(3) Deckt der Wohnungssuchende die Unterhaltskosten für sich und die zur Familie rechnenden Angehörigen nur aus Renten, so kann die sich aus Absatz 1 ergebende Einkommensgrenze in der Regel ohne besonderen Nachweis der Einkommenshöhe als eingehalten angesehen werden.

§ 26
Schwerpunkte der öffentlichen Förderung

(1) Zur Verwirklichung der in § 1 bestimmten Ziele und unter Beachtung der Ziele der Raumordnung und Landesplanung sind die öffentlichen Mittel so einzusetzen, daß die Wohnbedürfnisse der nach § 25 begünstigten Wohnungsuchenden durch den Bau von Wohnungen der in § 2 Abs. 2 genannten Arten befriedigt werden. Dabei ist bevorzugt die Bildung von Einzeleigentum durch den Bau von Familienheimen und eigengenutzten Eigentumswohnungen zu fördern; hierbei sind zunächst die Anträge auf Bewilligung öffentlicher Mittel für solche Bauvorhaben zu berücksichtigen, bei denen sichergestellt ist, daß durch Selbsthilfe eine Eigenleistung in Höhe von mindestens 10 vom Hundert der Baukosten erbracht wird. Die Schaffung von Genossenschaftswohnungen soll unter Berücksichtigung des Bedarfs an Mietwohnungen und sonstigen Wohnungen gefördert werden.

(2) Beim Einsatz der öffentlichen Mittel nach Absatz 1 ist zugleich zu gewährleisten, daß
1. der Wohnungsbau in Gebieten mit erhöhtem Wohnungsbedarf sowie im Zusammenhang mit städtebaulichen Sanierungs- und Entwicklungsmaßnahmen
2. der Wohnungsbau für kinderreiche Familien, junge Ehepaare, alleinstehende Elternteile mit Kindern, ältere Menschen und Schwerbehinderte, Vertriebene und Flüchtlinge im Sinne des Bundesvertriebenengesetzes und Zuwanderer

vordringlich gefördert wird. Als junge Ehepaare sind diejenigen zu berücksichtigen, bei denen keiner der Ehegatten das 40. Lebensjahr vollendet hat; als ältere Menschen sind diejenigen zu berücksichtigen, die das 60. Lebensjahr vollendet haben.

(3) Bei der Bewilligung der öffentlichen Mittel sind förderungsfähige Bauvorhaben von privaten Bauherren, Wohnungsunternehmen, Gemeinden, Gemeindeverbänden, anderen Körperschaften des öffentlichen Rechts und sonstigen Bauherren in gleicher Weise ohne Bevorzugung bestimmter Gruppen von Bauherren zu berücksichtigen.

6.2 §§ 16, 17 des Wohngeldgesetzes i.d.F. vom 11. Juli 1985 (BGBl. I S. 1421, 1661)

§ 16
Freibeträge für besondere Personengruppen

(1) Bei der Ermittlung des Jahreseinkommens von

1. (weggefallen)

2. Opfern der nationalsozialistischen Verfolgung und ihnen Gleichgestellten im Sinne des Bundesentschädigungsgesetzes

bleiben Einnahmen bis zu einem Betrage von 1 500 Deutsche Mark außer Betracht.

(2) Bei der Ermittlung des Jahreseinkommens von

1. Vertriebenen und Flüchtlingen im Sinne der §§ 1 bis 4 des Bundesvertriebenengesetzes,

2. Zuwanderern im Sinne des § 1 des Flüchtlingshilfegesetzes und

3. Heimkehrern im Sinne des Heimkehrergesetzes, die nach dem 31. Dezember 1948 zurückgekehrt sind,

bleiben deren Einnahmen bis zu einem Betrage von 2 400 Deutsche Mark vier Jahre seit Stellung des ersten Antrages auf Wohngeld außer Betracht, längstens jedoch bis zum Ablauf von zehn Jahren nach Verlegung des Wohnsitzes oder des gewöhnlichen Aufenthaltes in den Geltungsbereichen dieses Gesetzes.

(3) Bei der Ermittlung des Jahreseinkommens wird zugunsten von zum Haushalt rechnenden Schwerbehinderten mit einem Grad der Behinderung um wenigstens 80 vom Hundert sowie zugunsten sonstiger zum Haushalt rechnender Schwerbehinderter, wenn sie pflegebedürftig im Sinne des § 69 Abs. 3 Satz 1 des Bundessozialhilfegesetzes sind, ein Freibetrag von jeweils 2 400 Deutsche Mark abgesetzt. Erreichen die nach Anwendung der §§ 10 bis 15 zu berücksichtigenden Einnahmen des Schwerbehinderten nicht den Freibetrag nach Satz 1, so ist dieser insoweit bei der Ermittlung des Jahreseinkommens des Familienmitgliedes abzusetzen, das nach Anwendung der §§ 10 bis 15 sowie der Absätze 1 bis 3 Satz 1 die höchsten zu berücksichtigenden Einnahmen hat.

(4) Der Freibetrag nach Absatz 1, 2 oder 3 wird zugunsten eines zum Haushalt rechnenden Familienmitgliedes nur einmal abgesetzt, auch wenn es mehreren der genannten Personengruppen angehört.

§ 17
Pauschaler Abzug

(1) Zur Feststellung des Jahreseinkommens wird von der Summe der nach den §§ 10 bis 16 ermittelten Einnahmen ein Betrag in Höhe von 6 vom Hundert abgezogen.

(2) Der Abzug erhöht sich auf 12,5 vom Hundert, wenn das Familienmitglied

1. a) Pflichtbeiträge zur gesetzlichen Krankenversicherung oder zur gesetzlichen Rentenversicherung oder

    b) solche nicht nur geringfügige laufende Beiträge zu öffentlichen oder privaten Versicherungen oder ähnlichen Einrichtungen, die hinsichtlich ihrer Zweckbestimmung einem dieser Pflichtbeiträge entsprechen,

    oder

2. Steuern vom Einkommen

entrichtet.

(3) Der Abzug erhöht sich auf 20 vom Hundert, wenn das Familienmitglied

1. a) Pflichtbeiträge zur gesetzlichen Krankenversicherung und zur gesetzlichen Rentenversicherung oder

    b) diesen beiden Pflichtbeiträgen entsprechende laufende Beiträge zu Einrichtungen nach Absatz 2 Nr. 1 Buchstabe b

    oder

2. Steuern vom Einkommen und

    a) Pflichtbeiträge zur gesetzlichen Krankenversicherung oder zur gesetzlichen Rentenversicherung oder

    b) einem dieser Pflichtbeiträge entsprechende laufende Beiträge zu den Einrichtungen nach Absatz 2 Nr. 1 Buchstabe b

entrichtet.

(4) Der Abzug erhöht sich auf 30 vom Hundert, wenn für das Familienmitglied die Voraussetzungen des Absatzes 3 Nr. 1 vorliegen und es Steuern vom Einkommen entrichtet.

6.3 Richtlinien des Bundesministers des Innern für die Gewährung von zinsverbilligten Einrichtungsdarlehen an Aussiedler und Zuwanderer vom 20. September 1976[1])

Der Bundesminister des Innern erläßt im Einvernehmen mit dem Bundesminister der Finanzen die folgenden Richtlinien:

1. Zweckbestimmung

1.1 Durch die Gewährung von zinsverbilligten Einrichtungsdarlehen sollen die unter Nr. 2 genannten Personen in die Lage versetzt werden, bei erstmaligem

---

[1]) bekanntgemacht im Bundesanzeiger Nr. 185 vom 30. September 1976.

Bezug einer ausreichenden Wohnung diese mit Möbeln und anderen Hausratsgegenständen auszustatten.

1.2 Ein Rechtsanspruch auf die Gewährung eines Darlehens besteht nicht.

Darlehen werden nach Maßgabe der jeweils für die Zinsverbilligung zur Verfügung stehenden Mittel gewährt. Maßgeblich ist der Zeitpunkt des Abrufs des Darlehens bei der Lastenausgleichsbank.[2]

2. Begünstigter Personenkreis

2.1 Darlehen können gewährt werden an:

2.1.1 Aussiedler im Sinne des § 1 Abs. 2 Nr. 3 des Bundesvertriebenengesetzes (BVFG) bzw. des § 11 Abs. 2 Nr. 3 des Gesetzes über den Lastenausgleich (LAG), die gemäß § 10 Abs. 2 Nr. 2 BVFG bzw. § 230 Abs. 2 Nr. 1 LAG zur Inanspruchnahme von Rechten und Vergünstigungen nach diesen Gesetzen berechtigt sind.

2.1.2 Zuwanderer aus der DDR und aus Berlin (Ost).

2.2 Darlehen können nur an solche unter Nr. 2.1 fallenden Personen gewährt werden, die seit dem 1. Januar 1974 im Bundesgebiet (einschließlich Land Berlin) eingetroffen sind oder noch eintreffen, sich in Lagern, Übergangswohnheimen oder sonstigen notdürftigen vorläufigen Unterkünften befinden und das Darlehen aus Anlaß des erstmaligen Bezugs einer ausreichenden Wohnung zur Beschaffung von Möbeln und anderen Hausratsgegenständen benötigen.

2.3 Für jede Haushaltsgemeinschaft kann nur ein Darlehen gewährt werden.

2.4 Antragsberechtigt sind Personen, die spätestens mit dem Bezug der Wohnung einen eigenen Haushalt führen. Bei Verheirateten ist der Antrag von einem der Ehegatten zu stellen.

Die weiteren zur Haushaltsgemeinschaft gehörenden Personen sind nicht antragsberechtigt, werden aber bei der Bemessung des Darlehens berücksichtigt. Wer bei Bemessung des Darlehens berücksichtigt wird, ist später selbst nicht mehr antragsberechtigt.

Das Darlehen kann bis zu sechs Monaten nach Bezug einer ausreichenden Wohnung beantragt werden.[3]

3. Höhe des Darlehens

3.1 Antragsberechtigte nach Nr. 2 können Darlehen bis zu folgender Höhe erhalten:

Alleinstehende	3 000,– DM
Sockelbetrag für Mehrpersonenhaushalte	4 000,– DM
Für die zweite und jede weitere zur Haushaltsgemeinschaft gehörende Person zusätzlich	1 000,– DM
3.2 der Höchstbetrag des Darlehens ist	10 000,– DM

3.3 Bei der Ermittlung des Höchstbetrags des Darlehens können alle Personen berücksichtigt werden, die im Zeitpunkt des Erstbezugs der Wohnung (Nr. 2.2) zur Haushaltsgemeinschaft gehören.

---

[2] jetzt: Deutsche Ausgleichsbank
[3] Die Fristregelung bezieht sich nicht auf die Stellung des Darlehensantrags, sondern auf die Stellung des Antrags auf Ausstellung des Berechtigungsscheins (Rundschreiben des BMI vom 18. April 1978 – VtK I 4 – 933 907/6 –)

4. Mittelbereitstellung

4.1 Die für die Darlehensgewährung erforderlichen Mittel werden durch die Lastenausgleichsbank[1] bereitgestellt. Das Nähere hierüber wird durch Vereinbarung mit der Lastenausgleichsbank[1] geregelt.

4.2 Der Bund verbilligt das Darlehen
- durch eine Zinssubvention in Höhe von 6. v. H.[2]
- durch pauschale Abgeltung der Gebühren der Lastenausgleichsbank[1].

Für den Fall einer erheblichen Änderung der Zinssätze auf dem Kapitalmarkt bleibt eine Anpassung der Zinssubvention vorbehalten.

4.3 Die Lastenausgleichsbank[1] stellt die Mittel den Kreditinstituten zur Verfügung, die die Darlehen ausreichen.

4.4 Der Bund übernimmt gegenüber der Lastenausgleichsbank[1] zur Deckung etwaiger Ausfälle, die bei den ausgereichten Darlehen entstehen, Garantien auf Grund besonderer Vereinbarungen.

5. Inanspruchnahme des Darlehens

5.1 Zur Inanspruchnahme des Darlehens bedarf der Antragsteller einer Bescheinigung über die Antragsberechtigung (Berechtigungsschein) auf amtlichen Vordruck ...

5.2 Der Antrag auf Ausstellung des Berechtigungsscheins ist bei der vom Land bestimmten Dienststelle auf amtlichem Vordruck ... einzureichen. Zusammen mit dem Antragsvordruck wird dem Antragsteller eine Ausfertigung der Richtlinien ausgehändigt.

Der Antrag muß die zur Feststellung der Berechtigungsvoraussetzungen gemäß Nr. 2 sowie die zur Berechnung der Höhe des Darlehens gemäß Nr. 3 erforderlichen Angaben enthalten.

Der Antragsteller hat die Richtigkeit der Angaben und die zweckentsprechende Verwendung des Darlehens zu versichern. Er hat ferner zu versichern, daß weder er noch eine zu seiner Haushaltsgemeinschaft gehörende und bei der Darlehensbemessung zu berücksichtigende Person bereits einen Antrag auf Gewährung eines Darlehens gestellt oder ein solches erhalten hat bzw. in einer Haushaltsgemeinschaft bei der Darlehensbemessung berücksichtigt worden ist.

5.3 Ergibt die Prüfung, daß die Voraussetzungen für die Beantragung eines Darlehens vorliegen, händigt die Dienststelle dem Antragsteller den Berechtigungsschein zusammen mit zwei Vordrucken des Darlehensantrags/Darlehensvertrags (Nr. 5.7) sowie dem Vordrucksatz für den Mittelabruf bei der Lastenausgleichsbank[1] aus.

Die Rücknahme des Berechtigungsscheins richtet sich nach § 48 des Verwaltungsverfahrensgesetzes vom 25. Mai 1976 (Bundesgesetzblatt I, S. 1253). Im Falle der Rücknahme eines Berechtigungsscheins unterrichtet die Dienststelle die Lastenausgleichsbank[1].

5.4 Der Berechtigungsschein wird nach Ablauf eines Jahres nach Ausstellung ungültig.

5.5 Der Antragsteller übergibt dem Kreditinstitut, bei dem er das Darlehen beantragen will, den Berechtigungsschein sowie die Vordrucke des Darlehensantrags/Darlehensvertrags und des Mittelabrufs bei der Lastenausgleichsbank[1].

---

[1] jetzt: Deutsche Ausgleichsbank
[2] Die Zinssubvention beträgt derzeit 3,5 v. H. (Stand: 1. 9. 1988)

5.6 Das Kreditinstitut gewährt das Darlehen in eigenem Namen treuhänderisch für Rechnung der Lastenausgleichsbank[1]) an den Antragsteller.
Darlehensanträgen wird nicht entsprochen, wenn sich aus den Angaben des Antragstellers oder aus sonstigen Tatsachen Anhaltspunkte dafür ergeben, daß die Bedienung des Darlehens offensichtlich nicht möglich ist.

5.7 Das Kreditinstitut fordert die zur Auszahlung des Darlehens erforderlichen Mittel bei der Lastenausgleichsbank[1]) an und schließt nach deren Eingang den Darlehensvertrag.....ab.
Weitere Einzelheiten regelt die Lastenausgleichsbank[1]).

6. Darlehensbedingungen

6.1 Das Darlehen ist nach zwei tilgungsfreien Jahren im Verlauf von längstens weiteren 8 Jahren zu tilgen. Während der tilgungsfreien Zeit werden die Zinsen vom Darlehensnehmer halbjährlich zum 30. Juni und 31. Dezember erhoben, nach Ablauf der tilgungsfreien Zeit sind Zins- und Tilgungsleistungen in gleichen Monatsraten zu erbringen.

6.2 Der Darlehensnehmer ist berechtigt, das Darlehen ganz oder teilweise vorzeitig zurückzuzahlen.

6.3 Das Darlehen ist für die gesamte Laufzeit mit dem Prozentsatz zu verzinsen, der sich im Zeitpunkt der Darlehensgewährung als Unterschiedsbetrag zwischen der Zinssubvention des Bundes und dem Marktzins ergibt.
Die Lastenausgleichsbank[1]) gibt den Kreditinstituten über die Spitzenverbände des Kreditgewerbes zeitabschnittsweise die Zinssätze für neu abzuschließende Darlehensverträge bekannt.

6.4 Zusätzlich zu den Zinsen trägt der Darlehensnehmer die einmalige Verwaltungsgebühr des Kreditinstituts in Höhe von 2 v.H. des Darlehensbetrages, die bei Auszahlung des Darlehens fällig ist. Ferner trägt der Darlehensnehmer etwaige Kosten, die aus dem Schuldverhältnis, insbesondere aus einer notwendig werdenden Rechtsverfolgung erwachsen, soweit sie nicht die banküblichen Vorarbeiten, Auszahlung, Verbuchung, statistische Angaben sowie die Überwachung des Leistungseingangs betreffen.

6.5 Das Darlehen ist durch stille Abtretung von – auch zukünftigen – Lohn- und Gehaltsforderungen oder anderer hierfür geeigneter Einkünfte an das Kreditinstitut abzusichern. Außerdem hat der in häuslicher Gemeinschaft lebende Ehegatte die Mithaftung zu übernehmen.

6.6 Das Kreditinstitut kündigt das Darlehen ohne Einhaltung einer Frist zur sofortigen Rückzahlung, wenn
der Darlehensnehmer den Berechtigungsschein zu Unrecht erlangt hat,
das Darlehen nicht zwecksentsprechend verwendet worden ist.
Das Kreditinstitut kann das Darlehen kündigen, wenn
der Darlehensnehmer mit einem Betrag in Höhe von zwei Raten (Zins oder Tilgung) in Verzug ist oder durch Zwangsmaßnahmen zur Zahlung der rückständigen Beträge angehalten werden muß,
andere, die Sicherheit des Darlehens gefährdende Umstände eintreten,
sonstige im Berechtigungsschein oder im Darlehensvertrag niedergelegte Verpflichtungen nicht eingehalten worden sind.

6.7 Im Falle der Kündigung erhöht sich der Zinssatz vom Tage nach Ausspruch der Kündigung um 1 v.H. vom noch offenen Darlehensbetrag jährlich.

---
[1]) jetzt: Deutsche Ausgleichsbank

6.4 Rundschreiben Einrichtungsdarlehen

6.8 Der Darlehensnehmer hat zusätzlich zu den Zinsen nach Nr. 6.3 und 6.7 einen weiteren Zins in Höhe der vom Bund gewährten Zinssubvention (Nr. 4.2) ab Auszahlung des Darlehens zu entrichten,

wenn der Berechtigungsschein zu Unrecht, insbesondere durch unzutreffende Angaben, erlangt wurde, es sei denn, daß der Antragsteller den Grund nicht zu vertreten hat, wenn das Darlehen nicht zweckentsprechend verwendet worden ist.

7. Darlehensverwaltung

7.1 Die Zins- und Tilgungsleistungen sind von den Kreditinstituten halbjährlich zum 30. Juni und zum 31. Dezember an die Lastenausgleichsbank[1] abzuführen. Soweit der Darlehensnehmer mit einzelnen Zahlungen in Verzug gerät, hat das Kreditinstitut bis zu einer Halbjahresleistung in Vorlage zu treten.

7.2 Die Darlehen sind mit banküblicher Sorgfalt zu verwalten.

7.3 Im Falle der Kündigung ist die Lastenausgleichsbank[1] über den Zeitpunkt des Wirksamwerdens der Kündigung und die Höhe der Zinsen (Nr. 6.7 und 6.8) zu unterrichten.

7.4 Uneinbringliche Forderungen sind auf Verlangen der Lastenausgleichsbank[1] an diese abzutreten; der Darlehensvertrag und der Berechtigungsschein sowie die für den Übergang und die weitere Verwaltung der Forderung erforderlichen Unterlagen sind der Lastenausgleichsbank[1] zu übersenden.

8. Prüfungsrecht

Der Bundesminister des Innern und der Bundesrechnungshof sowie die den Berechtigungsschein ausstellende Behörde haben das Recht, die Einhaltung der Richtlinien, insbesondere die zweckentsprechende Verwendung der für die Zinsverbilligung gewährten Bundesmittel bei den Beteiligten zu überprüfen oder durch Beauftragte überprüfen zu lassen.

Der Darlehensnehmer ist verpflichtet, die Belege über den Erwerb der Einrichtungsgegenstände bis zur vollständigen Rückzahlung des Darlehens aufzubewahren.

Der Bundesminister des Innern und der Bundesrechnungshof haben ferner das Recht, von allen Beteiligten jederzeit Auskünfte zu verlangen und zu prüfen, ob eine Inanspruchnahme aus der Garantie des Bundes in Betracht kommen kann oder die Voraussetzungen für eine solche vorliegen oder vorgelegen haben.

9. Inkrafttreten

Diese Richtlinien treten am 15. Oktober 1976 in Kraft.

Bonn, den 20. September 1976

Der Bundesminister des Innern
Professor Dr. Maihofer

6.4 Rundschreiben des Bundesministers des Innern vom 24. September 1976 zur Durchführung der Richtlinien für die Gewährung von zinsverbilligten Einrichtungsdarlehen an Aussiedler und Zuwanderer — Auszug —

...

Zur Durchführung des Verwaltungsverfahrens darf ich im einzelnen bemerken:

Zu Nr. 2.1.1

---

[1] jetzt: Deutsche Ausgleichsbank

Die materiellrechtlichen Voraussetzungen der zitierten Gesetzesvorschriften sind von der den Berechtigungsschein ausstellenden Behörde selbständig zu prüfen. Diese Regelung wurde deshalb getroffen, um etwaige Verzögerungen bei der Ausstellung des Vertriebenenausweises abzufangen. Die Prüfung der Vertriebeneneigenschaft erübrigt sich, wenn ein Vertriebenenausweis vorgelegt wird.

Zu Nr. 2.1.2

Zuwanderer im Sinne der Regelung sind die aus der DDR oder aus Berlin (Ost) mit Genehmigung (Übersiedler) oder ohne Genehmigung (Flüchtlinge) ausgereisten Deutschen.

Zu Nr. 2.4

Die Frist von sechs Monaten nach Bezug der Wohnung dient dazu, den Aussiedlern und Zuwanderern eine sorgfältige Prüfung des Bedarfs zu ermöglichen.

Darüber hinaus wird hiermit die Antragsberechtigung für alle Personen gewahrt, die seit Bekanntgabe des Beschlusses der Bundesregierung vom 12. Mai 1976 eine ausreichende Wohnung bezogen haben.

Zu Nr. 3

Bei Großfamilien sind bei der Darlehensbemessung höchsten 7 Personen zu berücksichtigen, weil hiermit der Höchstbetrag des Darlehens erreicht ist. Die Antragsteller sollten aus Gründen der Fürsorge ferner darauf hingewiesen werden, daß Mitglieder der Haushaltsgemeinschaft, die einen eigenen Hausstand gründen wollen, nicht bei der Bemessung des Darlehens berücksichtigt werden sollten, weil anderenfalls deren Antragsberechtigung verlorengeht.

Zu Nr. 5.3

Die Vorhaltung auch der Bankformulare bei den zuständigen Behörden wurde vorgesehen, um eine kostenintensive Versendung der Unterlagen an das weitverzweigte Bankennetz zu vermeiden und durch Aushändigung aller Unterlagen bei den Behörden das Verfahren für die Antragsteller übersichtlicher zu gestalten.

Die Mitteilung der Rücknahme eines Berechtigungsscheins an die Lastenausgleichsbank ist notwendig, damit diese die Einleitung der Rechtsfolgen nach Nr. 6.6 der Richtlinien veranlassen kann.

Zu Nr. 8

Die Bundesregierung geht davon aus, daß eine Prüfung von Verwendungsnachweisen aus besonderem Anlaß und im übrigen lediglich stichprobenartig erfolgen soll.

Zusatz für Niedersachsen:

Im Hinblick auf die Praxis des Landes Niedersachsen, die Aussiedler unmittelbar vom Grenzdurchgangslager Friedland in eine endgültige Wohnung einzuweisen, ist das Grenzdurchgangslager Friedland als Lager i.S.d. Nr. 2.2 des Entwurfs der Richtlinien für die Gewährung von zinsverbilligten Einrichtungsdarlehen an Aussiedler und Zuwanderer zu betrachten. Der Bezug der zugewiesenen Wohnung ist demgemäß der „erstmalige Bezug einer ausreichenden Wohnung" i.S.d. vorgenannten Regelung. Die Antragsberechtigten können damit bereits im Grenzdurchgangslager Friedland oder gem. Nr. 2.4 letzter Satz des Entwurfs der vorgenannten Richtlinien bis zu sechs Monaten nach Bezug der zugewiesenen Wohnung das Einrichtungsdarlehen beantragen.

6.5 Rundschreiben des Bundesministers des Innern vom 1. Juni 1977 zur Durchführung der Richtlinien für die Gewährung von zinsverbilligten Einrichtungsdarlehen an Aussiedler und Zuwanderer – Auszug –

...

1. Die bisherigen Erfahrungen der Praxis zeigen, daß eine Änderung der Richtlinien nicht notwendig ist. Im Interesse einer bundeseinheitlichen Handhabung gebe ich jedoch für die weitere Durchführung im Anschluß an meine Bezugsschreiben folgende Hinweise:

Zu Nr. 1.1

– „Erstmaliger" Bezug einer Wohnung bedeutet nicht in jedem Fall, daß es sich um den ersten Bezug einer Wohnung nach dem Verlassen der Not- oder Durchgangsunterkunft handeln muß. Entscheidend ist, daß es sich um den Bezug einer „ausreichenden" Wohnung handelt, d. h. einer Wohnung, die im Zeitpunkt der Antragstellung dem Bedarf des Antragstellers und seiner etwaigen Haushaltsangehörigen nach dessen eigener Auffassung entspricht. Die entsprechende Versicherung des Antragstellers braucht von der Verwaltung nicht auf ihre Richtigkeit geprüft zu werden. Die Erteilung des Berechtigungsscheines hat lediglich dann zu unterbleiben, wenn sich aus den Angaben ergibt, daß eine Notunterkunft (z. B. eine Wohnung in einem Übergangswohnheim) bezogen werden soll.

Aus Teil I, Abschnitt A Ziffer 3 der Durchführungsbestimmungen zur Hausratsentschädigung (HR-DB) vom 24. Januar 1955 (Mtbl. BAA S. 29) in der Fassung vom 5. Oktober 1967 (Mtbl. BAA S. 330) ergibt sich, was als Hausratsgegenstand anzusehen ist.[1]

– Antragsberechtigt ist gemäß Nr. 1.1 und 2.2 der Richtlinien, wer das Einrichtungsdarlehen zur Beschaffung von Möbeln und anderen Hausratsgegenständen benötigt; eine entsprechende Versicherung ist bereits im Antrag auf Ausstellung des Berechtigungsscheins (Buchst. b und d nach Nr. 7) abzugeben.

Diese Voraussetzung kann auch bei Einzug in eine von Angehörigen bereits gemietete Wohnung gegeben sein, wenn diese nicht ausreichend möbliert ist. In diesem Fall sind auch die Angehörigen gemäß Nr. 2.4 und 3.3 der Richtlinien bei der Bemessung des Darlehens berücksichtigungsfähig.

Zu Nr. 2.2

– Zu den Lagern zählen auch das Grenzdurchgangslager Friedland, die Durchgangsstelle für Aussiedler in Nürnberg sowie die Notaufnahmelager in Gießen und Berlin.

– Die vorläufige Unterbringung bei Bekannten oder Verwandten gilt als notdürftige Unterkunft. Eine Wohnung gilt auch dann als notdürftig und unzureichend, wenn sie durch den Zuzug von später ausgesiedelten oder zugewanderten Fami-

---

[1] vgl. hierzu Einleitung 6.

lienangehörigen im Raumangebot nicht mehr ausreicht. Die sich aus dem Antrag auf Ausstellung eines Berechtigungsscheines ergebende Erklärung über die bisher unzureichende Wohnung bedarf keiner Nachprüfung.

– Der Bezug einer ausreichenden Wohnung ist in der Regel durch Vorlage des Mietvertrages nachzuweisen.

– Die Voraussetzung „Eintreffen im Bundesgebiet seit dem 1. Januar 1974" ist bei Zuwanderern unabhängig davon gegeben, ob sie bereits früher in die Bundesrepublik eingereist waren, sich dann aber wieder in die DDR bzw. nach Berlin (Ost) begeben haben.

– Falls ein möbliertes Zimmer bezogen und kein eigener Haushalt geführt wird (Nr. 2.4 Abs. 1), liegen die Berechtigungsvoraussetzungen nicht vor.

Zu Nr. 2.4

Der Begriff „Haushaltsgemeinschaft" erfordert eine auf gewisse Dauer angelegte Gemeinschaft, in der ein eigener, gemeinschaftlicher Haushalt geführt wird. Eine bloße Wohngemeinschaft – ggf. von nur vorübergehender Dauer – genügt nicht.

Zu Nr. 3.1

Bei nach und nach getrennt eintreffenden Mitgliedern einer Haushaltsgemeinschaft bitte ich wie folgt zu verfahren:

Das zuerst gekommene Mitglied der Haushaltsgemeinschaft erhält den Ledigenbetrag von 3000,– DM. Die nachträglich eintreffenden Mitglieder der Haushaltsgemeinschaft erhalten den Sockelbetrag für den Zweitantragsteller + 1 000,– DM für jede weitere zur Haushaltsgemeinschaft gehörende Person mit Ausnahme des Erstantragstellers.

Die Besserstellung gegenüber gemeinsam eintreffenden Haushaltsgemeinschaften rechtfertigt sich aus der Tatsache, daß in der Regel ein Umzug erforderlich sein dürfte oder aber der Erstantragsteller in Erwartung der Späterkommenden bereits eine für alle ausreichende Wohnung gemietet hat und ihm dadurch erhöhte Kosten erwachsen sind. Die Zweitantragsteller sollten jedoch darauf hingewiesen werden, daß es im Hinblick auf die Gesamtbelastung der Haushaltsgemeinschaft zweckmäßig sein kann, die ihnen hiernach zustehenden Höchstbeträge nicht voll auszuschöpfen.

Es verbleibt in jedem Fall bei der Höchstbetragsgrenze von 10 000,– DM.

Zu Nr. 3.3

Bei der Bemessung des Darlehens können alle Angehörigen der Haushaltsgemeinschaft des Antragstellers berücksichtigt werden, auch soweit sie nicht Aussiedler oder Zuwanderer sind.

Zu Nr. 5.3

Bei Nichterteilung oder Einziehung eines Berechtigungsscheins ist dem Antragsteller eine Rechtsbehelfsbelehrung zu erteilen.

Zu Nr. 5.6

Die Richtlinien sehen keine Einkommens- oder Altersgrenzen vor. Die Kreditinstitute sind aber gehalten, das Darlehen nicht zu gewähren, wenn offensichtlich dessen Bedienung nicht möglich ist.

Dieser Fall dürfte insbesondere dann vorliegen, wenn der Antragsteller sich im hohen Alter befindet und keine Sicherheiten gegeben werden können oder der Antragsteller dauernd erwerbsunfähig ist.

Es wäre zweckmäßig, wenn in diesen Fällen – soweit erkennbar – die Antragsteller bereits vor Erteilung des Berechtigungsscheins von der Behörde auf die Möglichkeiten der Inanspruchnahme von Sozialhilfe verwiesen würden. In jedem Falle sollten die Antragsteller jedoch davon unterrichtet werden, daß sie sich im Falle der Nichtauszahlung des Darlehens durch das Kreditinstitut an die zuständige Sozialbehörde wenden können.

2. Ich weise darauf hin, daß Ausnahmen von den Fristerfordernissen nach Nr. 2.2 und 2.4 der Richtlinien grundsätzlich nicht zugelassen werden können. Zur Fristwahrung nach Nr. 2.4 genügt es jedoch, wenn der Antragsteller seine Absicht, das Darlehen zu beantragen, manifestiert hat. Dies kann auch bei einer unzuständigen Behörde, bei einer Beratungs- und Betreuungsstelle oder bei einem Kreditinstitut und auch in Form der Einholung von Informationen geschehen sein.

6.6 Rundschreiben des Bundesministers des Innern vom 3. Oktober 1978 zur Durchführung der Richtlinien für die Gewährung von zinsverbilligten Einrichtungsdarlehen an Aussiedler und Zuwanderer

Die Aufzählung notdürftiger, vorläufiger Unterkünfte in Nr. 2.2 der vorbezeichneten Richtlinien dient der Abgrenzung von der in Nr. 1.1 genannten ausreichenden Wohnung; die rasche Freimachung der Notunterkünfte und die Verringerung der mit der dortigen Unterbringung für die öffentliche Hand verbundenen Kosten war lediglich ein gesetzgeberisches Motiv.

Die primäre Zweckbestimmung der zinsverbilligten Einrichtungsdarlehen besteht hingegen gemäß Nr. 1.1 der Richtlinien darin, die Aussiedler und Zuwanderer in die Lage zu versetzen, bei erstmaligem Bezug einer ausreichenden Wohnung diese mit Möbeln und anderen Hausratsgegenständen auszustatten. Diese Vergünstigung soll nach dem Sinnzusammenhang der Regelung gerade auch den Aussiedlern und Zuwanderern zugute kommen, die ohne Inanspruchnahme öffentlich subventionierter Notunterkünfte sofort eine ausreichende Wohnung beziehen.

6.7 Rundschreiben des Bundesministers des Innern vom 25. Oktober 1978 zur Durchführung der Richtlinien für die Gewährung von zinsverbilligten Einrichtungsdarlehen an Aussiedler und Zuwanderer

Die Gültigkeit des Berechtigungsscheins wurde gem. Nr. 5.4 der vorbezeichneten Richtlinien auf ein Jahr begrenzt, weil davon auszugehen ist, daß das Darlehen unmittelbar nach Bezug einer ausreichenden Wohnung benötigt wird, um diese mit Möbeln und anderen Hausratsgegenständen auszustatten.

Ich bin damit einverstanden, daß der Berechtigungsschein einmal bis zu einem Jahr – gerechnet vom ersten Verfalldatum – verlängert wird, wenn der Antragsteller die Nichtauszahlung des Darlehens innerhalb der Geltungsdauer des Berechtigungsscheins nicht zu vertreten hat.

Ich bitte jedoch, eine Verlängerung nur dann vorzunehmen, wenn glaubhaft gemacht wird, daß der in Nr. 1.1 der Richtlinien genannte Bedarf noch besteht. Ferner bitte ich, bei Verlängerung die in dem Berechtigungsschein enthaltenen Angaben zu überprüfen und ggf. zu aktualisieren.

Eine zweite oder weitere Verlängerung kommt wegen des Soforthilfecharakters der Maßnahme nicht in Betracht.

6.8 Rundschreiben des Bundesministers des Innern vom 25. November 1978 zur Durchführung der Richtlinien für die Gewährung von zinsverbilligten Einrichtungsdarlehen an Aussiedler und Zuwanderer

Es wird gegenwärtig geprüft, ob das Bundesevakuiertengesetz (BEvG) in der Fassung vom 3. Oktober 1961 (BGBl. I S. 1866), geändert durch Gestz vom 14. August 1969 (BGBl. I S. 1153), abgeschlossen werden kann und Evakuierte, die aus Aussiedlungsgebieten in die Bundesrepublik Deutschland kommen, den Aussiedlern im Sinne des Bundesvertriebenengesetzes gleichgestellt werden können.

Im Hinblick darauf bitte ich, ab sofort auch Evakuierten im Sinne des BEvG, die aus Aussiedlungsgebieten kommen, den Berechtigungsschein zu erteilen.

6.9 Rundschreiben des Bundesministers des Innern vom 6. Dezember 1978 zur Durchführung der Richtlinien für die Gewährung von zinsverbilligten Einrichtungsdarlehen an Aussiedler und Zuwanderer

Ich bin damit einverstanden, daß innerhalb der Sechsmonatsfrist gemäß Nr. 2.4 (letzter Absatz) der vorbezeichneten Richtlinien nachgeborene Kinder bei der Bemessung des Darlehens berücksichtigt werden.

6.10 Rundschreiben des Bundesministers des Innern vom 19. Juli 1979 zur Durchführung der Richtlinen für die Gewährung von zinsverbilligten Einrichtungsdarlehen an Aussiedler und Zuwanderer

Zu Nr. 2.1.1

Antragsberechtigt sind aufgrund der gesetzlichen Gleichstellung gemäß §§ 1 Abs. 3 BVFG bzw. 11 Abs. 2 Nr. 3 LAG auch nichtdeutsche Ehegatten von Aussiedlern...

Die Frage dürfte nur in den Fällen von Bedeutung sein, in denen Haushaltsgemeinschaften nach und nach getrennt einreisen.

Zu Nr. 3.1 und Nr. 2.4

Der Fall, daß bereits ein Berechtigungsschein für ein Ehepaar ausgestellt wurde und später ein Kleinkind nachgeholt wird, unterscheidet sich von dem in meinem Rundschreiben vom 1. Juni 1977 – VtK I 4 – 933 900 – 5/1 – behandelten Fall dadurch, daß das Kleinkind mangels Geschäftsfähigkeit den Antrag nicht selbst stellen kann. Ich bitte, in derartigen Fällen – ebenso wie im Falle innerhalb der Sechsmonatsfrist gem. Nr. 2.4 der Richtlinien nachgeborener Kinder – einen Zusatzberechtigungsschein über 1 000 DM pro Person auszustellen.

6.11 Rundschreiben des Bundesministers des Innern vom 12. März 1984 zur Durchführung der Richtlinien für die Gewährung von zinsverbilligten Einrichtungsdarlehen an Aussiedler und Zuwanderer

...
Zu Nr. 1.1

Als zweckentsprechende Verwendung des Darlehens kommt für Zuwanderer aus der DDR und Berlin (Ost) auch die Verwendung für Kosten der Mitnahme von Möbeln und anderen Hausratsgegenständen in Betracht. Ihre Mitnahme ermöglicht bei erstmaligem Bezug einer ausreichenden Wohnung deren Ausstattung.

Eine Änderung des Verfahrens ist damit nicht verbunden.

Zur Feststellung, daß der Antragsteller zum Personenkreis nach Nr. 2.1.2 gehört, dient auch die derzeit vom Leiter des Bundesnotaufnahmeverfahrens ausgestellte Bescheinigung, daß ein Verfahren nach § 1 NAG[1]) schriftlich durchgeführt wird und mit der Erteilung des Aufnahmescheins zu rechnen ist.

6.12 Rundschreiben des Bundesministers des Innern vom 26. März 1984 zur Durchführung der Richtlinien für die Gewährung von zinsverbilligten Einrichtungsdarlehen an Aussiedler und Zuwanderer

Mit Bezugsschreiben[2]) habe ich Sie unterrichtet, daß bis auf weiteres für Zuwanderer aus der DDR und Berlin (Ost) der Darlehenszweck auch durch die Verwendung des Darlehens für die Kosten der Mitnahme von Möbeln und anderen Hausratsgegenständen erfüllt wird.

In diesem Zusammenhang ist von einigen Landesflüchtlingsverwaltungen die Frage aufgeworfen worden, ob der Berechtigungsschein für das Einrichtungsdarlehen schon vor dem Nachweis des erstmaligen Bezugs einer ausreichenden Wohnung ausgestellt werden kann.

Bis auf weiteres bin ich damit einverstanden, daß bei Zuwanderern aus der DDR und Berlin (Ost) der Berechtigungsschein bei Bedarf so rechtzeitig ausgestellt wird, daß er die Auszahlung des Darlehens zur vorgenannten Zweckbestimmung ermöglicht. Die Verwendung des Darlehens für die entstandenen Transportkosten von Umzugsgut ist in geeigneter Weise sicherzustellen. Im übrigen hat der Darlehensnehmer die Verwendung eines verbleibenden Restbetrags für den Darlehenszweck zu versichern. Eine weitere Änderung des Verfahrens ist damit nicht verbunden.

Ich bitte, dafür Sorge zu tragen, daß die Verwaltungsbehörden den Banken bei der Feststellung der künftigen Wohnanschrift des Darlehensnehmers im Rahmen ihrer Möglichkeiten behilflich sind.

...

---

[1]) Notaufnahmegesetz: jetzt Aufnahmegesetz, abgedruckt unter 3.5
[2]) vgl. Rundschreiben vom 12. März 1984, abgedruckt unter 6.11

6.13 Rundschreiben des Bundesministers des Innern vom 25. August 1987 zur Durchführung der Richtlinien für die Gewährung von zinsverbilligten Einrichtungsdarlehen an Aussiedler und Zuwanderer – Auszug –

1. Im Hinblick auf eine nicht immer einheitliche Handhabung der Richtlinien weise ich auf folgendes hin:

a) Nach dem Bezugsschreiben zu 1.[1], Hinweis zu Nr. 3.1, erhält bei nach und nach getrennt eintreffenden Mitglieder einer Haushaltsgemeinschaft das zuerst gekommene Mitglied der Haushaltsgemeinschaft den Ledigenbetrag von 3.000,– DM. Die nachträglich eintreffenden Mitgliedern der Haushaltsgemeinschaft erhalten den Sockelbetrag für den Zweitantragsteller und 1.000,– DM für jede weitere zur Haushaltsgemeinschaft gehörende Person mit Ausnahme des Erstantragstellers.

Für einen 2-Personenhaushalt wird damit in diesen Fällen insgesamt ein Einrichtungsdarlehen in Höhe von 7.000,– DM gewährt.

Die Besserstellung gegenüber gemeinsam eintreffenden Haushaltsgemeinschaften rechtfertigt sich aus der Tatsache, daß in der Regel ein Umzug erforderlich sein dürfte oder aber der Erstantragsteller in Erwartung der Späterkommenden bereits eine für alle ausreichende Wohnung gemietet hat und ihm dadurch erhöhte Kosten erwachsen sind.

Nach Feststellung der Deutschen Ausgleichsbank wird diese Regelung von den Berechtigungsscheine ausstellenden Behörden nicht einheitlich angewandt. In vielen Fällen werde später eintreffenden Haushaltsangehörigen vielmehr lediglich der Aufstockungsbetrag in Höhe von 1.000,– DM zuerkannt, so daß ein 2-Personenhaushalt insgesamt ein Einrichtungsdarlehen von nur 4.000,– DM erhalte.

Ich bitte, eine einheitliche Handhabung im Sinne des Bezugsrundschreibens zu 1.[1] sicherzustellen.

b) Nach dem Bezugsrundschreiben zu 1.[1], Hinweis zu Nr. 2.4, erfordert der Begriff „Haushaltsgemeinschaft" eine auf gewisse Dauer angelegte Gemeinschaft, in der ein eigener, gemeinschaftlicher Haushalt geführt wird. Wesentliche Voraussetzung für die Annahme einer Haushaltsgemeinschaft ist damit die gemeinschaftliche Haushaltsführung. Eine bloße Wohngemeinschaft – ggf. von nur vorübergehender Dauer – genügt diesen Anforderungen nicht. Wer also innerhalb einer Wohngemeinschaft einen eigenen Haushalt führt, erhält den Betrag für Alleinstehende. Ob er einen eigenen Haushalt in diesem Sinne führt, ist nach den Umständen des Einzelfalls zu beurteilen.

...

7. LEISTUNGEN NACH DEM ARBEITSFÖRDERUNGSGESETZ

7.1 Arbeitsförderungsgesetz vom 25. Juni 1969 (BGBl. I S. 582), zuletzt geändert durch Gesetz vom 14. Dezember 1987 (BGBl. I S. 2602)

Erster Abschnitt
Vierter Unterabschnitt
Förderung der beruflichen Bildung

---

[1] Rundschreiben vom 1. Juni 1977, abgedruckt unter 6.5

I. Allgemeine Vorschriften

§ 33

(1) Die Bundesanstalt fördert berufliche Ausbildung, berufliche Fortbildung und berufliche Umschulung nach den Vorschriften dieses Unterabschnitts. Die Bundesanstalt legt im Einzelfall Art, Umfang, Beginn und Durchführung der Maßnahmen nach pflichtgemäßem Ermessen fest, wobei insbesondere das von dem Antragsteller mit der beruflichen Bildung angestrebte Ziel, der Zweck der Förderung, die Lage und Entwicklung des Arbeitsmarktes, Inhalt und Ausgestaltung der Bildungsmaßnahme sowie die Grundsätze der Wirtschaftlichkeit und Sparsamkeit zu berücksichtigen sind. Sie soll dabei mit den Trägern der beruflichen Bildung zusammenarbeiten; deren Rechte bleiben durch die Vorschriften dieses Unterabschnitts unberührt.

(2) Die Bundesanstalt kann berufliche Fortbildungs- und Umschulungsmaßnahmen von anderen Trägern durchführen lassen oder gemeinsam mit anderen Trägern oder allein durchführen; sie hat dies zu tun, wenn damit zu rechnen ist, daß geeignete Maßnahmen, die den Anforderungen des § 34 Abs. 1 entsprechen, in angemessener Zeit nicht angeboten werden.

§ 34

(1) Die Förderung der Teilnahme an beruflichen Bildungsmaßnahmen nach diesem Unterabschnitt erstreckt sich auf Maßnahmen mit ganztägigem Unterricht (Vollzeitunterricht), Teilzeitunterricht, berufsbegleitendem Unterricht und Fernunterricht, die im Geltungsbereich dieses Gesetzes durchgeführt werden. Die Förderung der Teilnahme setzt voraus, daß die Maßnahme

1. nach Dauer, Gestaltung des Lehrplans, Unterrichtsmethode, Ausbildung und Berufserfahrung des Leiters und der Lehrkräfte eine erfolgreiche berufliche Bildung erwarten läßt,
2. angemessene Teilnahmebedingungen bietet,
3. nach den Grundsätzen der Wirtschaftlichkeit und Sparsamkeit geplant ist und durchgeführt wird, insbesondere die Kostensätze angemessen sind.

(2) Zeiten eines Vor- oder Zwischenpraktikums, deren Dauer und Inhalt in Ausbildungs- oder Prüfungsbestimmungen festgelegt sind, sind Bestandteil der beruflichen Bildungsmaßnahme. Zeiten einer der beruflichen Bildungsmaßnahme folgenden Beschäftigung, die der Erlangung der staatlichen Anerkennung oder der staatlichen Erlaubnis zur Ausübung des Berufes dienen, sind nicht Bestandteil der Maßnahme.

(3) Die Zeit zwischen dem Ende des Unterrichts und dem Ende der Prüfung ist Bestandteil der beruflichen Bildungsmaßnahme, wenn die Prüfung innerhalb von drei Wochen nach dem Ende des Unterrichts abgeschlossen wird.

(4) Maßnahmen an einer Fachhochschule, Hochschule oder ähnlichen Bildungsstätte sind keine beruflichen Bildungsmaßnahmen im Sinne dieses Unterabschnittes.

...

Zweiter Abschnitt
Vierter Unterabschnitt

II. Individuelle Förderung der beruflichen Bildung

A. Berufliche Ausbildung

§ 40

(1) Die Bundesanstalt gewährt Auszubildenden Berufsausbildungbeihilfen für eine berufliche Ausbildung in Betrieben oder überbetrieblichen Ausbildungsstätten sowie für die Teilnahme an nicht den Schulgesetzen der Länder unterliegenden beruflichen Bildungsmaßnahmen, die auf die Aufnahme einer Berufsausbildung vorbereiten oder der beruflichen Eingliederung dienen (berufsvorbereitende Bildungsmaßnahmen), soweit ihnen nach Maßgabe dieses Gesetzes und der Anordnung der Bundesanstalt die hierfür erforderlichen Mittel anderweitig nicht zur Verfügung stehen. Bei einer Ausbildung im elterlichen Betrieb ist als Ausbildungsvergütung mindestens von einem Betrag in Höhe von fünfundsiebzig vom Hundert der tariflichen oder, soweit eine tarifliche Regelung nicht besteht, der ortsüblichen Bruttoausbildungsvergütung auszugehen, die in dem Ausbildungsberuf bei einer Ausbildung in einem fremden Betrieb gewährt wird. Für die Teilnehmer an berufsvorbereitenden Bildungsmaßnahmen kann die Bundesanstalt die Lehrgangsgebühren, die Fahrkosten sowie die Kosten für Lernmittel und Arbeitskleidung ohne Anrechnung vom Einkommen übernehmen. Die Berufsausbildungsbeihilfen werden als Zuschüsse oder Darlehen gewährt.

(1 a) Berufsausbildungsbeihilfe wird für den Lebensunterhalt und für die Ausbildung oder die Teilnahme an einer berufsvorbereitenden Bildungsmaßnahme gewährt (Bedarf). Der Bedarf wird, soweit er nicht in Absatz 1 b festgelegt ist, von der Bundesanstalt durch Anordnung bestimmt. Bei einer beruflichen Ausbildung in Betrieben oder überbetrieblichen Ausbildungstätten sind Kosten für Lernmittel nicht zu berücksichtigen.

(1 b) Als monatlicher Bedarf der Teilnehmer an berufsvorbereitenden Bildungsmaßnahmen gilt, wenn der Teilnehmer unverheiratet ist und das 21. Lebensjahr noch nicht vollendet hat,

1. bei einer Unterbringung im Haushalt der Eltern der jeweils geltende Bedarf für Schüler nach § 12 Abs. 2 Nr. 1 des Bundesausbildungsförderungsgesetzes vermindert um 215 Deutsche Mark,
2. bei einer Unterbringung außerhalb des Haushalts der Eltern, ausgenommen eine Unterbringung im Wohnheim oder Internat oder beim Ausbildenden, der jeweils geltende Bedarf für Schüler nach § 12 Abs. 2 Nr. 1 des Bundesausbildungsförderungsgesetzes zuzüglich des Betrages zu den Kosten der Unterkunft auf Grund von § 14a Satz 1 Nr. 2 des Bundesausbildungsförderungsgesetzes.

Dem Bedarf nach den Nummern 1 und 2 sind notwendige Fahrkosten, die Kosten für Lernmittel sowie Lehrgangsgebühren hinzuzurechnen; die Bundesanstalt kann hierfür Pauschalbeträge bestimmen. Für Teilnehmer, deren Schutz im Krankheitsfalle nicht anderweitig sichergestellt ist, kann die Bundesanstalt durch Anordnung bestimmen, daß die hierfür angemessenen Kosten dem Bedarf hinzuzurechnen sind. Der Bedarf nach Nummer 1 gilt auch, wenn ein Teilnehmer im Sinne der Nummer 2, der das 18. Lebensjahr noch nicht vollendet hat, zwar nicht im Haushalt der Eltern untergebracht ist, er die Ausbildungsstätte jedoch von der Wohnung der Eltern aus in angemessener Zeit erreichen könnte.

(2) Leistungen nach den Absätzen 1 bis 1 b werden gewährt
1. Deutschen im Sinne des Artikels 116 des Grundgesetzes,
2. Ausländern im Sinne des Gesetzes über die Rechtsstellung heimatloser Ausländer im Bundesgebiet in der im Bundesgesetzblatt Teil III, Gliederungsnummer 243-1, veröffentlichten bereinigten Fassung, zuletzt geändert durch Artikel 4 Nr. 1 des Gesetzes vom 13 Juni 1980 (BGBl. I S. 677), sowie Ausländern, die ihren gewöhnlichen Aufenthalt im Geltungsbereich dieses Gesetzes haben und als Asylberechtigte nach dem Asylverfahrensgesetz vom 16. Juli 1982 (BGBl. I S. 946) anerkannt oder Flüchtlinge

nach § 1 des Gesetzes über Maßnahmen für im Rahmen humanitärer Hilfsaktionen aufgenommene Flüchtlinge vom 22. Juli 1980 (BGBl. I S. 1057) sind,

3. Ausländern, die ihren ständigen Wohnsitz im Geltungsbereich dieses Gesetzes haben, wenn ein Elternteil Deutscher im Sinne des Artikels 116 des Grundgesetzes ist,

4. Ausländern, für die Verordnungen der Europäischen Gemeinschaften das vorsehen,

5. anderen Ausländern, wenn

a) sie selbst vor Beginn der förderungsfähigen Ausbildung insgesamt fünf Jahre sich im Geltungsbereich dieses Gesetzes aufgehalten haben und rechtmäßig erwerbstätig sind oder

b) zumindest ein Elternteil während der letzten sechs Jahre vor Beginn der förderungsfähigen Ausbildung sich insgesamt drei Jahre im Geltungsbereich dieses Gesetzes aufgehalten hat und rechtmäßig erwerbstätig gewesen ist, im übrigen von dem Zeitpunkt an, in dem im weiteren Verlauf der Ausbildung diese Voraussetzungen vorgelegen haben; von dem Erfordernis der rechtmäßigen Erwerbstätigkeit eines Elternteils kann insoweit abgesehen werden, als die Erwerbstätigkeit aus einem von dem erwerbstätigen Elternteil nicht zu vertretenden Grunde nicht ausgeübt worden ist.

(3) Solange und soweit der Antragsteller Unterhaltsleistungen, auf die er einen Anspruch hat, nicht erhält, kann die Bundesanstalt ihn nach den Absätzen 1 bis 1 b fördern, ohne die Unterhaltsleistungen zu berücksichtigen. § 140 Abs. 1 Satz 2 bis 4 gilt entsprechend.

§ 40a

(1) Die Bundesanstalt gewährt einem Antragsteller, der

1. mindestens ein Jahr lang eine die Beitragspflicht begründende Beschäftigung ausgeübt hat und

2. arbeitslos ist,

für die Teilnahme an einer berufsvorbereitenden Bildungsmaßnahme mit einer Dauer bis zu einem Jahr Berufsausbildungsbeihilfe nach § 40 ohne Anrechnung von Einkommen. § 107 gilt entsprechend. In den Fällen des Absatzes 2 gilt § 44 Abs. 4 entsprechend; im übrigen gilt § 44 Abs. 4 mit der Maßgabe, daß anstelle des Betrages von dreißig Deutsche Mark ein monatlicher Betrag in Höhe des in § 23 Abs. 1 Buchstabe a des Bundesausbildungsförderungsgesetzes genannten Betrages tritt.

(1a) In der Zeit vom 1. Januar 1988 bis zum 31. Dezember 1992 genügt zur Erfüllung der Voraussetzung nach Absatz 1 Nr. 1, daß der Antragsteller, wenn er bei Beginn der Maßnahme das 25. Lebensjahr noch nicht vollendet hat und mindestens drei Monate beim Arbeitsamt arbeitslos gemeldet war, mindestens vier Monate lang eine die Beitragspflicht begründende Beschäftigung ausgeübt hat. Von dem Erfordernis der dreimonatigen Arbeitslosigkeit kann abgesehen werden, wenn bis zum Zeitpunkt der Erfüllung dieser Voraussetzungen eine Vermittlung in eine berufliche Ausbildungsstelle oder Arbeit nicht zu erwarten ist. Für Teilnehmer an laufenden Maßnahmen, die vor dem 1. Januar 1993 in die Maßnahme eingetreten sind, gilt Satz 1 bis zum Ende der Maßnahme.

(2) Ist der Leistungssatz des Arbeitslosengeldes oder der Arbeitslosenhilfe, die der Antragsteller im Falle des Absatzes 1 zu Beginn der Maßnahme beziehen könnte, höher als die für den Lebensunterhalt sich errechnende Berufsausbildungsbeihilfe, wird diese in Höhe des Leistungssatzes des Arbeitslosengeldes oder der Arbeitslosenhilfe gewährt.

§ 40 b

In der Zeit vom 1. Januar 1988 bis zum 31. Dezember 1992 kann die Bundesanstalt Arbeitslosen, die bei Beginn der Maßnahme das 25. Lebensjahr noch nicht vollendet haben und mindestens drei Monate beim Arbeitsamt arbeitslos gemeldet waren, Berufsausbil-

dungsbeihilfen nach den §§ 40 und 40 a auch für die Teilnahme an nicht den Schulgesetzen der Länder unterliegenden
1. Vorbereitungslehrgängen zum nachträglichen Erwerb des Hauptschulabschlusses und
2. allgemeinbildenden Kursen zum Abbau von beruflich schwerwiegenden Bildungsdefiziten

gewähren. § 40 a Abs. 1 a Satz 2 gilt entsprechend. Gefördert werden können Maßnahmen mit einer Dauer von mindestens sechs Wochen und höchstens einem Jahr. Maßnahmen nach Nummer 2 dürfen nur gefördert werden, wenn die Teilnahme für eine dauerhafte berufliche Eingliederung des Arbitslosen notwendig ist.

§ 40 c

(1) Die Bundesanstalt kann Ausbildenden Zuschüsse zur Förderung der Berufsausbildung von ausländischen Auszubildenden sowie von lernbeeinträchtigten oder sozial benachteiligten deutschen Auszubildenden gewähren, denen nach der Teilnahme an berufsvorbereitenden Bildungsmaßnahmen ohne weitere Förderung eine Ausbildungsstelle in einem anerkannten Ausbildungsberuf durch die Bundesanstalt nicht vermittelt werden kann. Ausbildungsbegleitende Hilfen nach Absatz 2 Nr. 1 können auch für einen Auszubildenden gewährt werden, wenn ohne diese Förderung ein Abbruch seiner Ausbildung droht. Die Bundesanstalt kann bei ausbildungsbegleitenden Hilfen nach Absatz 2 Nr. 1 von dem Erfordernis der Teilnahme an einer berufsvorbereitenden Bildungsmaßnahme absehen, wenn die Teilnahme für den Erfolg der Ausbildung nicht notwendig ist.

(2) Gefördert werden folgende Maßnahmen im Rahmen eines Berufsausbildungsvertrages nach dem Berufsbildungsgesetz:
1. ausbildungsbegleitende Hilfen des ausbildenden Betriebes oder eines anderen Trägers, soweit sie für einen erfolgreichen Abschluß der betrieblichen Berufsausbildung erforderlich sind,
2. das erste Jahr einer Berufsausbildung in einer überbetrieblichen Einrichtung, wenn eine Ausbildungsstelle in einem Betrieb auch mit ausbildungsbegleitenden Hilfen nach Nummer 1 nicht vermittelt werden kann,
3. die Fortsetzung der nach Nummer 2 geförderten Berufsausbildung in der überbetrieblichen Einrichtung bis zum Abschluß, wenn vorher eine Ausbildungsstelle in einem Betrieb auch mit ausbildungsbegleitenden Hilfen nach Nummer 1 nicht vermittelt werden kann.

(3) Bei Maßnahmen nach Absatz 2 Nr. 2 und 3 darf als Zuschuß zur Ausbildungsvergütung höchstens ein Betrag bis zur Höhe des Bedarfssatzes gewährt werden, der auf Grund von § 40 der Berufsausbildungsbeihilfe für den Lebensunterhalt eines unverheirateten Auszubildenden, der das 21. Lebensjahr noch nicht vollendet hat und im Haushalt der Eltern untergebracht ist, zugrunde zu legen ist, zuzüglich fünf vom Hundert jährlich ab dem zweiten Ausbildungsjahr. Der Betrag erhöht sich um die vom Arbeitgeber zu tragenden Beiträge zur gesetzlichen Rentenversicherung, Krankenversicherung, Unfallversicherung und zur Bundesanstalt. Den Umfang der Förderung im übrigen und bei Maßnahmen nach Abs. 2 Nr. 1 bestimmt die Bundesanstalt durch Anordnung.

B. Berufliche Fortbildung
§ 41

(1) Die Bundesanstalt fördert die Teilnahme an Maßnahmen, die das Ziel haben, berufliche Kenntnisse und Fertigkeiten festzustellen, zu erhalten, zu erweitern oder der technischen Entwicklung anzupassen oder einen beruflichen Aufstieg zu ermöglichen, und eine abgeschlossene Berufsausbildung oder eine angemessene Berufserfahrung voraussetzen (berufliche Fortbildung).

(2) Gibt es keine geeigneten Fortbildungsmaßnahmen oder ist deren Besuch nicht zumutbar, so wird auch die Teilnahme an einer Maßnahme, die nicht eine Fortbildungsmaßnahme im Sinne des Absatzes 1 ist, gefördert, wenn sie für den Antragsteller eine berufliche Fortbildung gewährleistet.

(3) Die Teilnahme an einer Fortbildungsmaßnahme wird nur gefördert, wenn die Maßnahme länger als zwei Wochen und, sofern der Antragsteller Anspruch auf Fortzahlung des Arbeitsentgelts hat, länger als vier Wochen dauert; dies gilt nicht für Maßnahmen zur Verbesserung der Vermittlungsaussichten und für Maßnahmen, die das Ziel haben, berufliche Kenntnisse und Fertigkeiten festzustellen. Die Teilnahme an einer Fortbildungsmaßnahme mit Vollzeitunterricht wird nur gefördert, wenn sie nicht länger als zwei Jahre dauert.

(4) Die notwendige Wiederholung eines Teils einer Maßnahme wird nur gefördert, wenn der Teilnehmer den Grund für die Wiederholung nicht zu vertreten hat und der zu wiederholende Teil insgesamt nicht länger als sechs Monate dauert; dies gilt auch dann, wenn dadurch die in Absatz 3 genannte Höchstförderungsdauer überschritten wird.

§ 41 a

(1) Die Bundesanstalt fördert die Teilnahme von Arbeitslosen an Maßnahmen zur Verbesserung ihrer Vermittlungsaussichten, um insbesondere
1. über Fragen der Wahl von Arbeitsplätzen und die Möglichkeiten der beruflichen Bildung zu unterrichten oder
2. zur Erhaltung oder Verbesserung der Fähigkeit beizutragen, Arbeit aufzunehmen oder an beruflichen Bildungsmaßnahmen teilzunehmen.

(2) Die Maßnahmen nach Absatz 1 stehen den Maßnahmen der beruflichen Fortbildung gleich; § 42 gilt nicht.

§ 42

(1) Gefördert werden
1. Antragsteller mit einer abgeschlossenen Berufsausbildung, wenn sie danach mindestens drei Jahre beruflich tätig waren und
2. Antragsteller ohne abgeschlossene Berufsausbildung, wenn sie mindestens sechs Jahre beruflich tätig waren.

Die Dauer der beruflichen Tätigkeit verkürzt sich um zwei Jahre, wenn der Antragsteller an einer Maßnahme mit Vollzeitunterricht und einer Dauer bis zu sechs Monaten oder an einer Maßnahme mit Teilzeitunterricht oder berufsbegleitendem Unterricht und einer Dauer bis zu vierundzwanzig Monaten teilnimmt. Eine berufliche Tätigkeit ist nicht erforderlich, wenn die Teilnahme an einer Maßnahme notwendig im Sinne des § 44 Abs. 2 Satz 2 Nr. 1 bis 3 oder Absatz 2 b ist; ein Antragsteller ohne abgeschlossene Berufsausbildung wird nur gefördert, wenn er vor Beginn der Maßnahme mindestens drei Jahre beruflich tätig war.

(2) Ist der Antragsteller als Teilnehmer an einer Fortbildungs- oder Umschulungsmaßnahme bereits einmal nach diesem Gesetz gefördert worden, so wird er nur gefördert, wenn er danach mindestens weitere drei Jahre beruflich tätig gewesen ist. Die Dauer der beruflichen Tätigkeit verkürzt sich um ein Jahr, wenn die Voraussetzungen des Absatzes 1 Satz 2 erfüllt sind. Eine berufliche Tätigkeit ist nicht erforderlich,
1. wenn der Antragsteller als Teilnehmer an einer Fortbildungs- oder Umschulungsmaßnahme mit Vollzeitunterricht bis zu drei Monaten oder mit Teilzeitunterricht oder berufsbegleitendem Unterricht bis zu zwölf Monaten gefördert worden ist oder wenn er an einer solchen Maßnahme teilnimmt.

2. wenn die Teilnahme an einer Maßnahme notwendig im Sinne des § 44 Satz 2 Abs. 2 Nr. 1 bis 3 oder Absatz 2 b ist.

(3) Auf die nach den Absätzen 1 und 2 erforderliche Dauer der beruflichen Tätigkeit werden Zeiten, in denen der Antragsteller beim Arbeitsamt arbeitslos gemeldet oder als Gefangener (§ 168 Abs. 3a), aus Gründen, die nicht in seiner Person lagen, beschäftigungslos war, angerechnet. Die Dauer der nach Absatz 1 erforderlichen beruflichen Tätigkeit verkürzt sich jedoch höchstens auf die Hälfte.

(4) Der Bundesminister für Arbeit und Sozialordnung kann bei ungünstiger Beschäftigungslage durch Rechtsverordnung jeweils für ein Jahr bestimmen, daß auch Antragsteller, die die Voraussetzungen nach den Absätzen 1 und 2 nicht erfüllen, gefördert werden können.

§ 43

(1) Gefördert wird die Teilnahme an Fortbildungsmaßnahmen, die gerichtet sind insbesondere auf
1. einen beruflichen Aufstieg,
2. die Anpassung der Kenntnisse und Fähigkeiten an die beruflichen Anforderungen,
3. den Eintritt oder Wiedereintritt weiblicher Arbeitsuchender in das Berufsleben,
4. eine bisher fehlende berufliche Abschlußprüfung,
5. die Heranbildung und Fortbildung von Ausbildungskräften,
6. die Wiedereingliederung älterer Arbeitsuchender in das Berufsleben.

(2) Liegt die Teilnahme eines Antragstellers an einer Maßnahme überwiegend im Interesse des Betriebes, dem er angehört, so wird die Teilnahme nicht gefördert; dies gilt insbesondere, wenn der Antragsteller an einer Maßnahme teilnimmt, die unmittelbar oder mittelbar von dem Betrieb getragen wird oder im überwiegenden Interesse des Betriebes liegt. Die Teilnahme wird jedoch gefördert, wenn dafür ein besonderes arbeitsmarktpolitisches Interesse besteht.

§ 44

(1) Teilnehmern an Maßnahmen zur beruflichen Fortbildung mit ganztägigem Unterricht wird ein Unterhaltsgeld gewährt.

(2) Das Unterhaltsgeld beträgt
1. für einen Teilnehmer, der die Voraussetzungen des § 111 Abs. 1 Nr. 1 erfüllt, oder dessen Ehegatte, mit dem er in häuslicher Gemeinschaft lebt, eine Erwerbstätigkeit nicht ausüben kann, weil er der Pflege bedarf, 73 vom Hundert,
2. für die übrigen Teilnehmer 65 vom Hundert
des um die gesetzlichen Abzüge, die bei Arbeitnehmern gewöhnlich anfallen, verminderten Arbeitsentgelts im Sinne des § 112.
Voraussetzung für das Unterhaltsgeld nach Satz 1 ist, daß die Teilnahme an der Bildungsmaßnahme notwendig ist, damit ein Antragsteller, der
1. arbeitslos ist, beruflich eingegliedert wird,
2. von Arbeitslosigkeit unmittelbar bedroht ist, nicht arbeitslos wird,
3. keinen beruflichen Abschluß hat, eine berufliche Qualifikation erwerben kann,
4. einen Beruf ergreifen will, in dem ein Mangel an Arbeitskräften auf dem für ihn in Betracht kommenden Arbeitsmarkt besteht oder in absehbarer Zeit zu erwarten ist, diesen ausüben kann; dies gilt nicht, wenn der Antragsteller einen Beruf ausübt, in dem ein Mangel an Arbeitskräften auf dem für ihn in Betracht kommenden Arbeitsmarkt besteht.

Von Arbeitslosigkeit unmittelbar bedroht ist ein Arbeitnehmer insbesondere dann, wenn eine Kündigung bereits ausgesprochen oder die Eröffnung des Konkursverfahrens über das Vermögen des Arbeitgebers beantragt ist.

(2 a) Sind die Voraussetzungen des Absatzes 2 nicht erfüllt oder kann von dem Antragsteller die Teilnahme an einer gleichwertigen Bildungsmaßnahme mit berufsbegleitendem Unterricht nicht erwartet werden, wird ein Unterhaltsgeld in Höhe von 58 vom Hundert des um die gesetzlichen Abzüge, die bei Arbeitnehmern gewöhnlich anfallen, verminderten Arbeitsentgelts im Sinne des § 112 als Darlehen gewährt.

(2 b) In der Zeit vom 1. Januar 1986 bis zum 31. Dezember 1989 wird Teilnehmern an Maßnahmen zur beruflichen Fortbildung mit Teilzeitunterricht,
1. die bei Beginn der Maßnahme das 25. Lebensjahr nicht vollendet haben, eine Teilzeitbeschäftigung von mindestens 12 und höchstens 24 Stunden wöchentlich ausüben und deren Teilnahme an der Bildungsmaßnahme zur Aufnahme einer Vollzeitbeschäftigung notwendig ist oder
2. die nach der Betreuung und Erziehung eines Kindes in das Erwerbsleben zurückkehren oder nach ihrer Rückkehr nicht länger als ein Jahr erwerbstätig gewesen sind und die Voraussetzungen nach Absatz 2 Satz 2 Nr. 1 oder 3 erfüllen und von denen die Teilnahme an einer Maßnahme mit ganztägigem Unterricht wegen der Betreuung aufsichtsbedürftiger Kinder oder pflegebedürftiger Personen nicht erwartet werden kann,

ein Unterhaltsgeld gewährt. Der Unterricht muß mindestens 12 Unterrichtsstunden in der Woche umfassen. Absatz 2 Satz 1 und Absatz 3 gelten mit der Maßgabe, daß der Bemessung des Unterhaltsgeldes die Hälfte des Arbeitsentgelts im Sinne des § 112 zugrunde zu legen ist. Teilnehmern, die vor dem 1. Januar 1990 in eine Maßnahme eingetreten sind, werden die Leistungen nach diesem Absatz bis zum Ende der Maßnahme gewährt.

(2 c) Der Bundesminister für Arbeit und Sozialordnung bestimmt die Leistungssätze nach den Absätzen 2 und 2a jeweils für ein Kalenderjahr durch Rechtsverordnung. § 111 Abs. 2 Satz 2 bis 6 gilt entsprechend.

(3) Das Unterhaltsgeld bemißt sich
1. bei Teilnehmern, die unmittelbar vor Eintritt in die Bildungsmaßnahme Arbeitslosengeld oder Arbeitslosenhilfe bezogen haben, mindestens nach dem Arbeitsentgelt, nach dem das Arbeitslosengeld oder die Arbeitslosenhilfe zuletzt bemessen worden ist;
2. bei Teilnehmern, die im Bemessungszeitraum zur Berufsausbildung beschäftigt waren und die Abschlußprüfung bestanden haben, nach einem Arbeitsentgelt in Höhe von 75 vom Hundert des Arbeitsentgelts nach § 112 Abs. 7, mindestens nach dem Arbeitsentgelt der Beschäftigung zur Berufsausbildung. Das gleiche gilt für Teilnehmer, die zu dem in § 46 Abs. 1 Satz 5 genannten Personenkreis gehören und nach Abschluß der Berufsausbildung kein Arbeitsentgelt im Sinne des § 112 erzielt haben;
3. wie in einem Fall des § 112 Abs. 7, wenn es unbillig hart wäre, von dem Arbeitsentgelt nach den Absätzen 2, 2a oder 2b auszugehen.

In den Fällen der Nummern 2 und 3 ist von dem Arbeitsentgelt derjenigen Beschäftigung auszugehen, für die der Teilnehmer zu Beginn der Maßnahme in Betracht kommt.

(4) Einkommen, das der Bezieher von Unterhaltsgeld aus einer neben der Teilnahme an der Maßnahme ausgeübten unselbständigen oder selbständigen Tätigkeit erzielt, wird auf das Unterhaltsgeld angerechnet, soweit es nach Abzug der Steuern, der Sozialversicherungsbeiträge, der Beiträge zur Bundesanstalt und der Werbungskosten dreißig Deutsche Mark wöchentlich übersteigt. Einmalige und wiederkehrende Zuwendungen im Sin-

ne des § 112 Abs. 1 Satz 2 bleiben außer Betracht. Satz 1 gilt nicht, soweit das Einkommen aus einer Teilzeitbeschäftigung im Sinne des Absatzes 2 b Nr. 1 erzielt wird.

(5) Leistungen, die der Bezieher von Unterhaltsgeld
1. von seinem Arbeitgeber wegen der Teilnahme an einer Maßnahme oder
2. aufgrund eines früheren oder bestehenden Arbeitsverhältnisses ohne Ausübung einer Beschäftigung

für die Zeit der Teilnahme erhält oder zu beanspruchen hat, werden auf das Unterhaltsgeld angerechnet, soweit sie nach Abzug der Steuern, der Sozialversicherungsbeiträge und der Beiträge zur Bundesanstalt zusammen mit dem Unterhaltsgeld das für den Leistungssatz maßgebende Arbeitsentgelt nach § 111 übersteigen, Absatz 4 Satz 2 gilt entsprechend. § 117 Abs. 1 a bis 4 gilt entsprechend.

(6) Bricht ein Bezieher von Unterhaltsgeld nach Absatz 2 die Teilnahme an der Maßnahme vor deren Beendigung ohne wichtigen Grund ab, so kann die Bundesanstalt von ihm das gewährte Unterhaltsgeld insoweit zurückfordern, als ihm für die gleiche Zeit weder Arbeitslosengeld noch Arbeitslosenhilfe zugestanden hätte. Dies gilt nicht, wenn er nach Beratung durch die Bundesanstalt eine Tätigkeit aufnimmt, die zu einer dauerhaften beruflichen Eingliederung führt.

(7) Die Vorschriften des Vierten Abschnittes über das Arbeitslosengeld gelten entsprechend, soweit die Besonderheiten des Unterhaltsgeldes nicht entgegenstehen.

§ 45

Die Bundesanstalt trägt ganz oder teilweise die notwendigen Kosten, die durch die Fortbildungsmaßnahme unmittelbar entstehen, insbesondere Lehrgangskosten, Kosten für Lernmittel, Fahrkosten, Kosten der Arbeitskleidung, der Kranken- und Unfallversicherung sowie Kosten der Unterkunft und Mehrkosten der Verpflegung, wenn die Teilnahme an einer Maßnahme notwendig ist, die auswärtige Unterbringung erfordert. Die Bundesanstalt kann die Kosten für die Betreuung der Kinder des Teilnehmers ganz oder teilweise bis zu 60 Deutsche Mark monatlich tragen, wenn sie durch die Teilnahme an einer Maßnahme unvermeidbar entstehen und die Belastung durch diese Kosten für den Teilnehmer eine unbillige Härte darstellen würde. Von der Erstattung geringfügiger Kosten ist abzusehen.

§ 46

(1) Die Leistungen nach § 44 Abs. 2 und 2 a und 2 b sowie nach § 45 werden Antragstellern gewährt, die innerhalb der letzten drei Jahre vor Beginn der Maßnahme mindestens zwei Jahre lang eine die Beitragspflicht begründende Beschäftigung ausgeübt oder Arbeitslosengeld aufgrund eines Anspruchs von einer Dauer von mindestens 156 Tagen oder im Anschluß daran Arbeitslosenhilfe bezogen haben. Die Frist von drei Jahren gilt nicht für Antragsteller, die zur Sicherung des Lebensunterhaltes zur Aufnahme einer Beschäftigung gezwungen sind und die überwiegend wegen der Betreuung und Erziehung eines Kindes keine Erwerbstätigkeit ausgeübt haben. Die Frist von drei Jahren verlängert sich
1. um höchstens fünf Jahre für jedes Kind, soweit wegen der Betreuung und Erziehung keine Erwerbstätigkeit ausgeübt wurde,
2. um die Dauer einer Beschäftigung als Arbeitnehmer (§ 168 Abs. 1 Satz 1) im Ausland, die für die weitere Ausübung des Berufes oder für den beruflichen Aufstieg nützlich und üblich ist, jedoch höchstens um zwei Jahre,

wenn die Zeiten nach Nummer 1 oder 2 in die Frist nach Satz 1 oder in die jeweils verlängerte Frist hineinreichen.

§ 104 Abs. 1 Satz 2 Nr. 1 und Satz 3 sowie § 107 gelten entsprechend. Die Leistungen nach § 44 Abs. 2 und 2 b Nr. 1 sowie nach § 45 erhalten auch Antragsteller, die innerhalb des letzten Jahres vor Beginn der Maßnahme einen Berufsausbildungsabschluß auf Grund einer Zulassung zur Prüfung nach § 40 Abs. 3 Berufsbildungsgesetz oder § 37 Abs. 3 Handwerksordnung erworben haben oder deren Prüfungszeugnis auf Grund einer Rechtsverordnung nach § 43 Abs. 1 Berufsbildungsgesetz oder nach § 40 Abs. 1 Handwerksordnung dem Zeugnis über das Bestehen der Abschlußprüfung in einem nach dem Berufsbildungsgesetz oder der Handwerksordnung anerkannten Ausbildungsberuf gleichgestellt worden ist; der Zeitraum von einem Jahr verlängert sich um Zeiten, in denen der Antragsteller nach dem Erwerb des Prüfungszeugnisses beim Arbeitsamt arbeitslos gemeldet war.

(2) Antragstellern, die nicht die Voraussetzungen nach Absatz 1, jedoch die Voraussetzungen nach § 44 Abs. 2 Satz 2 Nr. 1 erfüllen und bis zum Beginn der Bildungsmaßnahme Arbeitslosengeld oder Arbeitslosenhilfe bezogen haben, wird ein Unterhaltsgeld in Höhe des Betrages gewährt, den sie als Arbeitslosengeld oder Arbeitslosenhilfe zuletzt bezogen haben. Hätte sich das Arbeitslosengeld oder die Arbeitslosenhilfe in der Zeit, in der der Antragsteller an der beruflichen Bildungsmaßnahme teilnimmt, erhöht, so erhöht sich das Unterhaltsgeld vom gleichen Tage an entsprechend. Daneben werden die Leistungen nach § 45 gewährt.

(3) Antragstellern, die nicht die Voraussetzungen nach Absatz 1, jedoch die Voraussetzungen nach § 44 Abs. 2 Satz 2 erfüllen und sich verpflichten, im Anschluß an die Maßnahme mindestens drei Jahre lang eine die Beitragspflicht begründende Beschäftigung auszuüben, werden die Leistungen nach § 45 gewährt.

Die Leistungen sind zurückzuzahlen, wenn der Antragsteller innerhalb von vier Jahren nach Abschluß der Maßnahme ohne wichtigen Grund nicht mindestens drei Jahre lang eine die Beitragspflicht begründende Beschäftigung ausgeübt hat.

C. Berufliche Umschulung

§ 47

(1) Die Bundesanstalt fördert die Teilnahme von Arbeitsuchenden an Maßnahmen, die das Ziel haben, den Übergang in eine andere geeignete berufliche Tätigkeit zu ermöglichen, insbesondere um die berufliche Beweglichkeit zu sichern oder zu verbessern (berufliche Umschulung). § 41 Abs. 4, §§ 42 und 43 Abs. 2 sowie die §§ 44 bis 46 gelten entsprechend.

(2) gestrichen

(3) Kann Arbeitslosigkeit beschäftigter Arbeitsuchender durch Umschulung vermieden werden, so ist diese so früh wie möglich durchzuführen. Die Teilnahme an einer Umschulungsmaßnahme soll in der Regel nur gefördert werden, wenn diese nicht länger als zwei Jahre dauert.

...

Fünfter Unterabschnitt

Förderung der Arbeitsaufnahme und der Aufnahme einer selbständigen Tätigkeit

§ 53

(1) Die Bundesanstalt kann für arbeitslose und von Arbeitslosigkeit unmittelbar bedrohte Arbeitsuchende zur Förderung der Arbeitsaufnahme folgende Leistungen gewähren:

1. Zuschuß zu Bewerbungskosten,
2. Zuschuß zu Reise- und Umzugskosten,
3. Arbeitsausrüstung,
4. Trennungsbeihilfe, wenn die Arbeitsaufnahme die Führung eines getrennten Haushaltes erfordert,
5. Überbrückungsbeihilfe bis zur Dauer von zwei Monaten,
6. Begleitung bei Sammelfahrten zur Arbeitsaufnahme an einem auswärtigen Beschäftigungsort,
6 a. Familienheimfahrten,
7. sonstige Hilfen, die sich zur Erleichterung der Arbeitsaufnahme als notwendig erweisen.

An Stelle einer Leistung nach den Nummern 1, 2, 3, 5 oder 7 kann auch ein Darlehen gewährt werden.

(2) Die Bundesanstalt kann die in Absatz 1 genannten Leistungen auch zur Begründung eines Ausbildungsverhältnisses Berufsanwärtern gewähren, die bei ihr als Bewerber um eine berufliche Ausbildungsstelle gemeldet sind. Dies gilt für Berufsanwärter, die in einem Arbeits- oder Ausbildungsverhältnis stehen, nur dann, wenn sie von Arbeitslosigkeit unmittelbar bedroht sind.

(3) Leistungen nach den Absätzen 1 und 2 dürfen nur gewährt werden, soweit die Arbeitsuchenden die erforderlichen Mittel nicht selbst aufbringen können. Die §§ 37, 38, 44 Abs. 2 Satz 3 und § 49 Abs. 1 Satz 4 Buchstabe b gelten entsprechend.

(4) Die Bundesanstalt kann durch Anordnung Vorschriften zur Durchführung der Absätze 1 und 2 erlassen. Dabei kann sie bestimmen, daß Leistungen nach Absatz 1 erst ab einem bestimmten Mindestbetrag gewährt werden, einen bestimmten Höchstbetrag nicht übersteigen dürfen und auf Familienangehörige ausgedehnt werden können, sowie unter welchen Voraussetzungen und in welchem Umfang Leistungen zur Aufnahme einer Arbeit im Ausland gewährt werden können.

§ 54

(1) Die Bundesanstalt kann Arbeitgebern zur beruflichen Eingliederung von arbeitslosen und von Arbeitslosigkeit unmittelbar bedrohten Arbeitsuchenden, deren Unterbringung unter den üblichen Bedingungen des Arbeitsmarktes erschwert ist, Darlehen oder Zuschüsse gewähren. Diese Leistungen sollen in der Regel fünfzig vom Hundert und dürfen siebzig vom Hundert des tariflichen oder, soweit eine tarifliche Regelung nicht besteht, des Berufe ortsüblichen Arbeitsentgelts nicht übersteigen. Sie werden nicht länger als zwei Jahre gewährt. Werden sie für mehr als sechs Monate gewährt, so sollen sie spätestens nach Ablauf von sechs Monaten um mindestens zehn vom Hundert des Arbeitsentgeltes vermindert werden. § 44 Abs. 2 Satz 3 und § 49 Abs. 3 gelten entsprechend.

(2) Die Bundesanstalt kann zur Durchführung des Absatzes 1 durch Anordnung das Nähere über Voraussetzungen, Art und Umfang der Förderung bestimmen. Dabei kann sie zulassen, daß die Verminderung nach Absatz 1 Satz 4 später beginnt, wenn die Leistungen länger als zwölf Monate gewährt werden.

Vierter Abschnitt
Leistungen bei Arbeitslosigkeit und bei Zahlungsunfähigkeit des Arbeitgebers

Erster Unterabschnitt
Leistungen der Arbeitslosenversicherung (Arbeitslosengeld)

§ 100

(1) Anspruch auf Arbeitslosengeld hat, wer arbeitslos ist, der Arbeitsvermittlung zur Verfügung steht, die Anwartschaftszeit erfüllt, sich beim Arbeitsamt arbeitslos gemeldet und Arbeitslosengeld beantragt hat.

(2) Wer das fünfundsechzigste Lebensjahr vollendet, hat vom Beginn des folgenden Monats an keinen Anspruch auf Arbeitslosengeld.

§ 101

(1) Arbeitslos im Sinne dieses Gesetzes ist ein Arbeitnehmer, der vorübergehend nicht in einem Beschäftigungsverhältnis steht oder nur eine kurzzeitige Beschäftigung ausübt. Der Arbeitnehmer ist jedoch nicht arbeitslos, wenn er

1. eine Tätigkeit als mithelfender Familienangehöriger oder Selbständiger ausübt, die die Grenze des § 102 überschreitet, oder
2. mehrere kurzzeitige Beschäftigungen oder Tätigkeiten entsprechenden Umfanges ausübt, die zusammen die Grenze des § 102 überschreiten.

(2) Arbeitnehmer im Sinne der Vorschriften dieses Abschnittes sind auch die im Rahmen betrieblicher Berufsbildung Beschäftigten und die Heimarbeiter (§ 12 Abs. 2 des Vierten Buches Sozialgesetzbuch).

§ 102

(1) Kurzzeitig im Sinne des § 101 Abs. 1 ist eine Beschäftigung, die auf weniger als 18 Stunden wöchentlich der Natur der Sache nach beschränkt zu sein pflegt oder im voraus durch einen Arbeitsvertrag beschränkt ist. Gelegentliche Abweichungen von geringer Dauer bleiben unberücksichtigt.

(2) Abweichend von Absatz 1 gilt eine Beschäftigung nicht als kurzzeitig, wenn sie zwar auf weniger als 18 Stunden wöchentlich beschränkt ist, aber entweder
1. zusammen mit der für die Ausübung erforderlichen Vor- und Nacharbeit die Arbeitskraft des Beschäftigten in der Regel mindestens 18 Stunden wöchentlich in Anspruch nimmt oder
2. die Beschränkung darauf zurückzuführen ist, daß der Arbeitnehmer infolge Arbeitsmangels oder infolge von Naturereignissen die an seiner Arbeitsstelle übliche Zahl von Arbeitsstunden nicht erreicht.

§ 103

(1) Der Arbeitsvermittlung steht zur Verfügung, wer
1. eine zumutbare, nach § 168 die Beitragspflicht begründende oder allein nach § 169 Nr. 2 beitragsfreie Beschäftigung unter den üblichen Bedingungen des allgemeinen Arbeitsmarktes ausüben kann und darf,
2. bereit ist,
a) jede zumutbare Beschäftigung anzunehmen, die er ausüben kann und darf, sowie
b) an zumutbaren Maßnahmen zur beruflichen Ausbildung, Fortbildung und Umschulung, zur Verbesserung der Vermittlungsaussichten sowie zur beruflichen Rehabilitation teilzunehmen, sowie
3. das Arbeitsamt täglich aufsuchen kann und für das Arbeitsamt erreichbar ist.
Die Dauer der Arbeitszeit braucht nicht den üblichen Bedingungen des allgemeinen Arbeitsmarktes zu entsprechen, wenn der Arbeitslose wegen tatsächlicher oder rechtlicher Bindungen nur eine Teilzeitbeschäftigung ausüben kann. Der Arbeitsvermittlung steht nicht zur Verfügung wer

1. wegen häuslicher Bindungen, die nicht in der Betreuung aufsichtsbedürftiger Kinder oder pflegebedürftiger Personen bestehen, Beschäftigungen nur zu bestimmten Arbeitszeiten ausüben kann,
2. wegen seines Verhaltens nach der im Arbeitsleben herrschenden Auffassung für eine Beschäftigung als Arbeitnehmer nicht in Betracht kommt.

(2) Bei der Beurteilung der Zumutbarkeit sind die Interessen des Arbeitslosen und die der Gesamtheit der Beitragszahler gegeneinander abzuwägen. Näheres bestimmt die Bundesanstalt durch Anordnung.

(3) Kann der Arbeitslose nur Heimarbeit übernehmen, so schließt das nicht aus, daß er der Arbeitsvermittlung zur Verfügung steht, wenn er innerhalb der Rahmenfrist eine die Beitragspflicht begründende Beschäftigung als Heimarbeiter so lange ausgeübt hat, wie zur Erfüllung einer Anwartschaftszeit erforderlich ist (§ 104).

(4) Nimmt der Arbeitslose an einer Maßnahme zur Verbesserung der Vermittlungsaussichten teil, leistet er vorübergehend zur Verhütung oder Beseitigung öffentlicher Notstände Dienste, die nicht auf einem Arbeitsverhältnis beruhen oder übt er eine freie Arbeit im Sinne des Artikels 293 des Einführungsgesetzes zum Strafgesetzbuch oder auf Grund einer Anordnung im Gnadenwege aus, so schließt das nicht aus, daß der Arbeitslose der Arbeitsvermittlung zur Verfügung steht.

(5) Die Bundesanstalt bestimmt durch Anordnung Näheres über die Pflichten nach Absatz 1 Satz 1 Nr. 3. Sie kann auch Ausnahmen zulassen, wenn dadurch die Vermittlung in Arbeit oder in eine berufliche Ausbildungsstelle, die Teilnahme an einer zumutbaren Maßnahme oder in eine berufliche Ausbildungsstelle, die Teilnahme an einer zumutbaren Maßnahme der beruflichen Bildung oder die Teilnahme an einer Maßnahme zur Verbesserung der Vermittlungsaussichten nicht beeinträchtigt wird. Sie kann ferner Regelungen treffen, die die Besonderheiten des § 105 c berücksichtigen.

(6) Wird die Zumutbarkeits-Anordnung vom 3. Oktober 1979 nicht bis zum 31. März 1982 an die ab 1. Januar 1982 geltende Fassung der Absätze 1 und 2 angepaßt oder ist die in der neuen Anordnung vorgenommene Interessensabwägung nach Absatz 2 Satz 1 nicht angemessen, bestimmt die Bundesregierung das Nähere durch Rechtsverordnung.

...

§ 104

(1) die Anwartschaftszeit hat erfüllt, wer in der Rahmenfrist dreihundertsechzig Kalendertage in einer die Beitragspflicht begründenden Beschäftigung (§ 168) gestanden hat. Zeiten einer Beschäftigung,
1. für die kein Arbeitsentgelt gezahlt wird oder
2. die vor dem Tage liegen, an dem der Anspruch auf Arbeitslosengeld oder Arbeitslosenhilfe § 119 Abs. 3 erloschen ist.

dienen nicht zur Erfüllung der Anwartschaftszeit. Satz 2 Nr. 1 gilt nicht für Zeiten, die jeweils vier Wochen nicht überschreiten. Bei Arbeitnehmern, die allein wegen der Besonderheiten ihres Arbeitsplatzes regelmäßig weniger als dreihundertsechzig Kalendertage im Kalenderjahr beschäftigt werden, beträgt die Beschäftigungszeit nach Satz 1 hundertachtzig Kalendertage. Näheres zur Abgrenzung des Personenkreises nach Satz 4 bestimmt der Bundesminister für Arbeit und Sozialordnung durch Rechtsverordnung.

(2) Die Rahmenfrist geht dem ersten Tage der Arbeitslosigkeit unmittelbar voraus, an dem die sonstigen Voraussetzungen für den Anspruch auf Arbeitslosengeld erfüllt sind oder nach § 105 als erfüllt gelten.

(3) Die Rahmenfrist beträgt drei Jahre; sie reicht nicht in eine vorangegangene Rahmenfrist hinein, in der der Arbeitslose eine Anwartschaft erfüllt hatte.

§ 105

Der Arbeitslose hat sich persönlich beim zuständigen Arbeitsamt arbeitslos zu melden. Kann der Arbeitslose sich nicht am ersten Tage der Arbeitslosigkeit arbeitslos melden und Arbeitslosengeld beantragen, weil das zuständige Arbeitsamt an diesem Tage nicht dienstbereit ist, so gelten diese Voraussetzungen als am ersten Tage der Arbeitslosigkeit erfüllt, wenn der Arbeitslose an dem nächsten Tage, an dem das Arbeitsamt dienstbereit ist, sich arbeitslos meldet und Arbeitslosengeld beantragt.
...

§ 106

(1) Die Dauer des Anspruchs auf Arbeitslosengeld beträgt 156 Tage. Die Anspruchsdauer verlängert sich nach Maßgabe der Dauer der die Beitragspflicht begründenden Beschäftigung innerhalb der auf sieben Jahre erweiterten Rahmenfrist und des Lebensjahres, das der Arbeitslose bei Entstehung des Anspruchs vollendet hat. Sie beträgt

nach einer die Beitragspflicht begründenden Beschäftigung von insgesamt mindestens ... Kalendertagen	und nach Vollendung des ... Lebensjahres	... Tage
480	–	208
600	–	260
720	–	312
840	42.	364
960	42.	416
1 080	42.	468
1 200	44.	520
1 320	44.	572
1 440	49.	624
1 560	49.	676
1 680	54.	728
1 800	54.	780
1 920	54.	832

(2) Hat der Arbeitslose die Anwartschaftszeit durch Beschäftigungszeiten von weniger als dreihundertsechzig Kalendertagen erfüllt (§ 104 Abs. 1 Satz 4), so begründen Beschäftigungszeiten innerhalb der Rahmenfrist von insgesamt mindestens
1. hundertachtzig Kalendertagen eine Anspruchsdauer von 78 Tagen und
2. zweihundertvierzig Kalendertagen eine Anspruchsdauer von 104 Tagen.

(3) § 104 Abs. 1 Satz 2 und 3, Abs. 2 und Abs. 3 gilt entsprechend. Die Dauer des Anspruchs verlängert sich um die Dauer des nach § 125 Abs. 1 erloschenen Anspruchs, wenn nach der Entstehung des erloschenen Anspruchs noch nicht sieben Jahre verstrichen sind; sie verlängert sich längstens bis zu der dem Lebensalter des Arbeitslosen zugeordneten Höchstdauer.

§ 107

(1) Den Zeiten einer die Beitragspflicht begründenden Beschäftigung stehen gleich:

1. Zeiten, in denen der Arbeitslose als Wehr- oder Zivildienstleistender beitragspflichtig war (§ 168 Abs. 2),

2. Zeiten, in denen der Arbeitslose nur deshalb beitragsfrei war, weil er das dreiundsechzigste Lebensjahr vollendet hatte (§ 169 Nr. 2),

3. **Zeiten einer Beschäftigung, die ein Deutscher im Sinne des Artikels 116 des Grundgesetzes im Gebiet des Deutschen Reiches nach dem Stande vom 31. Dezember 1937, aber außerhalb des Geltungsbereiches dieses Gesetzes ausgeübt hat,**

4. **Zeiten einer Beschäftigung, die ein Vertriebener, der nach den §§ 9 bis 12 des Bundesvertriebenengesetzes Rechte und Vergünstigungen in Anspruch nehmen kann, außerhalb des Gebietes des Deutschen Reiches nach dem Stande vom 31. Dezember 1937 ausgeübt hat,**

5. Zeiten,

a) für die wegen des Bezuges von Krankengeld, Versorgungskrankengeld, Verletztengeld, Übergangsgeld oder Krankentagegeld eines Unternehmens der privaten Krankenversicherung Beiträge zu zahlen waren (§ 186),

b) des Bezuges von Sonderunterstützung nach dem Mutterschaftsgesetz oder von Mutterschaftsgeld, wenn durch Schwangerschaft oder Mutterschaft eine die Beitragspflicht begründende Beschäftigung oder der Bezug einer laufenden Lohnersatzleistung nach diesem Gesetz unterbrochen worden ist,

c) für die der Arbeitslose Erziehungsgeld bezogen oder nur wegen der Berücksichtigung von Einkommen nicht bezogen hat, wenn durch die Betreuung und Erziehung des Kindes eine die Beitragspflicht begründende Beschäftigung oder der Bezug einer laufenden Lohnersatzleistung nach diesem Gesetz unterbrochen worden ist,

d) des Bezuges von Unterhaltsgeld nach diesem Gesetz oder auf Grund einer Rechtsverordnung nach § 3 Abs. 5 in entsprechender Anwendung dieses Gesetzes oder von Übergangsgeld nach diesem Gesetz. Das gleiche gilt für Zeiten, in denen der Arbeitslose nur wegen des Vorranges anderer Leistungen (§ 37) kein Unterhaltsgeld nach diesem Gesetz bezogen hat.

6. Zeiten, in denen der Arbeitslose als Gefangener beitragspflichtig war (§ 168 Abs. 3 a).

Die Nummern 3 und 4 gelten nur, wenn die Beschäftigung bei einer Ausübung im Geltungsbereich dieses Gesetzes die Beitragspflicht des Arbeitnehmers begründet oder nach Satz 1 Nr. 2 einer die Beitragspflicht begründenden Beschäftigung gleichgestanden hätte.

...

§ 110

(1) Die Dauer des Anspruchs auf Arbeitslosengeld mindert sich um

1. Tage, für die der Anspruch auf Arbeitslosengeld erfüllt worden ist; dabei gilt der Anspruch auf Arbeitslosengeld für so viele Tage als nicht erfüllt, als das wöchentliche Arbeitslosengeld nach der auf Grund des § 111 Abs. 2 erlassenen Rechtsverordnung durch Anrechnung von Nebenverdienst nach § 115 um volle Sechstel gemindert ist,

2. die Tage einer Sperrzeit nach § 119; dies gilt nicht für die Sperrzeiten nach § 119 Abs. 1 Nr. 1 und 4, die früher als drei Monate vor der Erfüllung der Voraussetzungen für den Anspruch auf Arbeitslosengeld eingetreten sind,

3. die Tage einer Säumniszeit nach § 120, höchstens um acht Wochen,
4. Tage, für die dem Arbeitslosen das Arbeitslosengeld nach § 66 des Ersten Buches Sozialgesetzbuch versagt oder entzogen worden ist,
5. Tage der Arbeitslosigkeit nach der Erfüllung der Voraussetzungen für den Anspruch auf Arbeitslosengeld, an denen der Arbeitslose nicht bereit ist, jede zumutbare Beschäftigung aufzunehmen, die er ausüben kann und darf, ohne für sein Verhalten einen wichtigen Grund zu haben.

In den Fällen der Nummern 4 und 5 mindert sich die Dauer des Anspruchs auf Arbeitslosengeld höchstens um vier Wochen.

(2) Die Dauer des Anspruchs auf Arbeitslosengeld mindert sich nicht um die Tage der Fortzahlung des Arbeitslosengeldes nach § 105 b.

...

§ 111

(1) Das Arbeitslosengeld
1. für Arbeitslose, die mindestens ein Kind im Sinne des § 32 Abs. 1, 4 und 5 des Einkommensteuergesetzes haben, sowie für Arbeitslose, deren Ehegatte mindestens ein Kind im Sinne des § 32 Abs. 1, 4 und 5 des Einkommensteuergesetzes hat, wenn beide Ehegatten unbeschränkt einkommensteuerpflichtig sind und nicht dauernd getrennt leben, 68 vom Hundert,
2. für die übrigen Arbeitslosen 63 vom Hundert
des um die gesetzlichen Abzüge, die bei Arbeitnehmern gewöhnlich anfallen, verminderten Arbeitsentgelts (§ 112).

(2) Der Bundesminister für Arbeit und Sozialordnung bestimmt die Leistungssätze jeweils für ein Kalenderjahr durch Rechtsverordnung. Dabei hat er zugrunde zu legen:
1. als Lohnsteuer
a) die Steuer nach der allgemeinen Lohnsteuertabelle für die Lohnsteuerklasse I ohne Kinderfreibetrag (Leistungsgruppe A)
bei Arbeitnehmern, auf deren Lohnsteuerkarte die Lohnsteuerklasse I oder IV eingetragen ist;

b) die Steuer nach der allgemeinen Lohnsteuertabelle für die Lohnsteuerklasse I ohne Kinderfreibetrag unter Berücksichtigung eines Freibetrages in Höhe des Haushaltsfreibetrages nach § 32 Abs. 7 des Einkommensteuergesetzes (Leistungsgruppe B)
bei Arbeitnehmern, auf deren Lohnsteuerkarte die Lohnsteuerklasse II eingetragen ist;

c) die Steuer nach der allgemeinen Lohnsteuertabelle für die Lohnsteuerklasse III ohne Kinderfreibetrag (Leistungsgruppe C)
bei Arbeitnehmern, auf deren Lohnsteuerkarte die Lohnsteuerklasse III eingetragen ist;

d) die Steuer nach der allgemeinen Lohnsteuertabelle für die Lohnsteuerklasse V (Leistungsgruppe D)
bei Arbeitnehmern, auf deren Lohnsteuerkarte die Lohnsteuerklasse V eingetragen ist sowie

e) die Steuer nach der allgemeinen Lohnsteuertabelle für die Lohnsteuerklasse VI (Leistungsgruppe E)
bei Arbeitnehmern, auf deren Lohnsteuerkarte die Lohnsteuerklasse VI eingetragen ist, weil sie noch aus einem weiteren Dienstverhältnis Arbeitslohn beziehen.
2. als Kirchensteuer-Hebesatz den im Vorjahr in den Ländern geltenden niedrigsten Kirchensteuer-Hebesatz;

3. als Beitrag zur gesetzlichen Krankenversicherung die Hälfte des gewogenen Mittels der am 1. Juli des Vorjahres geltenden Beitragssätze für Pflichtversicherte, die bei Arbeitsunfähigkeit Anspruch auf Fortzahlung ihres Arbeitsentgelts für mindestens sechs Wochen haben;

4. als Beitrag zur gesetzlichen Rentenversicherung die Hälfte des geltenden Beitragsatzes der Rentenversicherung der Arbeiter und der Rentenversicherung der Angestellten;

5. als Leistungsbemessungsgrenze die nach § 175 Abs. 1 Nr. 1 für den Beitrag zur Bundesanstalt geltende Beitragsbemessungsgrenze.

Die Leistungssätze sind auf den nächsten durch 60 teilbaren Pfennig-Betrag zu runden. Die Rechtsverordnung kann bestimmen, daß geänderte Leistungssätze vom Beginn des Zahlungszeitraums (§ 122) an gelten, in dem sie in Kraft tritt. Sie kann ferner bestimmen, daß für Arbeitslose, die bei Inkrafttreten der Anwartschaftszeit für den Anspruch auf Arbeitslosengeld erfüllen, bisherige günstigere Leistungssätze weiterhin maßgebend sind, soweit dies zur Vermeidung von Härten erforderlich ist. Änderungsbescheide werden mit dem Tage wirksam, von dem an die geänderten Leistungssätze gelten.

§ 112

(1) Arbeitsentgelt im Sinne des § 111 Abs. 1 ist das Arbeitsentgelt, das der Arbeitslose im Bemessungszeitraum durchschnittlich in der Woche erzielt hat. Mehrarbeitszuschläge, Arbeitsentgelte, die der Arbeitslose wegen der Beendigung des Arbeitsverhältnisses erhält, sowie einmalige und wiederkehrende Zuwendungen bleiben außer Betracht; dies gilt auch für Zuwendungen, die anteilig gezahlt werden, wenn das Arbeitsverhältnis vor dem Fälligkeitstermin endet.

(2) Der Bemessungszeitraum umfaßt die beim Ausscheiden des Arbeitnehmers abgerechneten Lohnabrechnungszeiträume der letzten drei Monate der die Beitragspflicht begründenden Beschäftigungen vor der Entstehung des Anspruchs, in denen der Arbeitslose Arbeitsentgelt erzielt hat. Enthalten die Lohnabrechnungszeiträume weniger als 60 Tage mit Anspruch auf Arbeitsentgelt, so verlängert sich der Bemessungszeitraum um weitere Lohnabrechnungszeiträume, bis 60 Tage mit Anspruch auf Arbeitsentgelt erreicht sind. Ist das Arbeitsentgelt im letzten Jahr vor dem Ende des Bemessungszeitraums außergewöhnlich gestiegen, so treten an die Stelle der in Satz 1 genannten drei Monate zwölf Monate und an die Stelle der in Satz 2 genannten 60 Tage 240 Tage. Eine außergewöhnliche Steigerung des Arbeitsentgelts liegt vor, wenn das Arbeitsentgelt über die betriebsübliche Anpassung der Arbeitsentgelte an die wirtschaftliche Entwicklung hinaus gestiegen und das durchschnittlich in der Woche erzielte Arbeitsentgelt im Bemessungszeitraum nach Satz 1 um mehr als ein Drittel höher ist als das im Zeitraum nach Satz 3. Zeiten einer Beschäftigung zur Berufsausbildung bleiben insoweit außer Betracht.

...

(5) Bei der Festlegung des Arbeitsentgelts ist zugrunde zu legen

...

5. für die Zeit einer Beschäftigung außerhalb des Geltungsbereiches dieses Gesetzes, die nach § 107 Satz 1 Nr. 3 und 4 und Satz 2 einer die Beitragspflicht begründenden Beschäftigung gleichsteht, das Arbeitsentgelt nach Absatz 7.

...

(7) Wäre es mit Rücksicht auf die von dem Arbeitslosen in den letzten drei Jahren vor der Arbeitslosmeldung überwiegend ausgeübte berufliche Tätigkeit unbillig hart, von dem Arbeitsentgelt nach den Absätzen 2 bis 6 auszugehen oder liegt der letzte Tag des Bemessungszeitraums bei Entstehung des Anspruchs länger als drei Jahre zurück, so ist von dem am Wohnsitz oder gewöhnlichen Aufenthaltsort des Arbeitslosen (§ 129) maßgebli-

chen tariflichen oder mangels einer tariflichen Regelung von dem ortsüblichen Arbeitsentgelt derjenigen Beschäftigung auszugehen, für die der Arbeitslose nach seinem Lebensalter und seiner Leistungsfähigkeit unter billiger Berücksichtigung seines Berufes und seiner Ausbildung nach Lage und Entwicklung des Arbeitsmarktes in Betracht kommt.
...

§ 119
(1) Hat der Arbeitslose
1. das Arbeitsverhältnis gelöst oder durch ein vertragswidriges Verhalten Anlaß für die Kündigung des Arbeitgebers gegeben und hat er dadurch vorsätzlich oder grob fahrlässig die Arbeitslosigkeit herbeigeführt, oder
2. trotz Belehrung über die Rechtsfolgen eine vom Arbeitsamt unter Benennung des Arbeitgebers und der Art der Tätigkeit angebotene Arbeit nicht angenommen oder nicht angetreten oder
3. sich trotz Belehrung über die Rechtsfolgen geweigert, an einer Maßnahme im Sinne des § 103 Abs. 1 Satz 1 Nr. 2 Buchstabe b) teilzunehmen,
4. die Teilnahme an einer der in Nummer 3 genannten Maßnahmen abgebrochen,
ohne für sein Verhalten einen wichtigen Grund zu haben, so tritt eine Sperrzeit von acht Wochen ein; die Nummern 1 und 2 gelten nicht, wenn der Betrieb, in dem das Beschäftigungsverhältnis beendet worden ist oder die angebotene Arbeit aufgenommen werden soll, nach § 98 gefördert wird. Die Sperrzeit beginnt mit dem Tage nach dem Ereignis, das die Sperrzeit begründet, oder, wenn dieser Tag in eine Sperrzeit fällt, mit dem Ende dieser Sperrzeit. Während der Sperrzeit ruht der Anspruch auf Arbeitslosengeld.
(2) Würde eine Sperrzeit von acht Wochen für den Arbeitslosen nach den für den Eintritt der Sperrzeit maßgebenden Tatsachen eine besondere Härte bedeuten, so umfaßt die Sperrzeit vier Wochen.
Die Sperrzeit umfaßt zwei Wochen
1. in einem Falle des Absatzes 1 Satz 1 Nr. 1, wenn das Arbeitsverhältnis innerhalb von vier Wochen nach dem Ereignis, das die Sperrzeit begründet, ohne eine Sperrzeit geendet hätte,
2. in einem Falle des Absatzes 1 Satz 1 Nr. 2, wenn der Arbeitslose eine bis zu vier Wochen befristete Arbeit nicht angenommen oder nicht angetreten hat.
(3) Hat der Arbeitslose nach der Entstehung des Anspruchs bereits einmal Anlaß für den Eintritt einer Sperrzeit von acht Wochen gegeben und hat der Arbeitslose hierüber einen schriftlichen Bescheid erhalten, so erlischt, wenn der Arbeitslose erneut Anlaß für den Eintritt einer Sperrzeit von acht Wochen gibt, der ihm noch zustehende Anspruch auf Arbeitslosengeld.

§ 119 a
Bei Sperrzeiten nach § 119 Abs. 1 Satz 1 Nr. 1, die in der Zeit vom 1. Januar 1985 bis zum 31. Dezember 1989 eintreten, gilt § 119 mit folgenden Maßgaben:
1. die Dauer der Sperrzeit nach Absatz 1 Satz 1 beträgt zwölf Wochen, die Dauer nach Absatz 2 Satz 1 sechs Wochen,
2. in Absatz 3 treten an die Stelle der Sperrzeiten von acht Wochen Sperrzeiten von mindestens acht Wochen.
...

Zweiter Unterabschnitt

Arbeitslosenhilfe

§ 134

(1) Anspruch auf Arbeitslosenhilfe hat, wer

1. arbeitslos ist, der Arbeitsvermittlung zur Verfügung steht, sich beim Arbeitsamt arbeitslos gemeldet hat und Arbeitslosenhilfe beantragt hat,
2. keinen Anspruch auf Arbeitslosengeld hat, weil er die Anwartschaftszeit (§ 104) nicht erfüllt,
3. bedürftig ist und
4. innerhalb eines Jahres vor dem Tag, an dem die sonstigen Voraussetzungen für den Anspruch auf Arbeitslosenhilfe erfüllt sind (Vorfrist).

a) Arbeitslosengeld bezogen hat, ohne daß der Anspruch nach § 119 Abs. 3 erloschen ist, oder

b) mindestens hundertfünfzig Kalendertage, sofern der letzte Anspruch auf Arbeitslosengeld oder Arbeitslosenhilfe nach § 119 Abs. 3 erloschen ist, danach mindestens zweihundertvierzig Kalendertage in einer Beschäftigung gestanden oder eine Zeit zurückgelegt hat, die zur Erfüllung der Anwartschaftszeit dienen können.

Für die Vorfrist gilt § 104 Abs. 3 zweiter Halbsatz entsprechend.

(2) Einer Beschäftigung im Sinne des Absatzes 1 Nr. 4 Buchstabe b stehen gleich

1. Zeiten eines öffentlich-rechtlichen Dienstverhältnisses, insbesondere als Beamter, Richter, Berufssoldat und Soldat auf Zeit,
2. Zeiten des Wehrdienstes oder Zivildienstes auf Grund der Wehrpflicht sowie des Polizeivollzugsdienstes im Bundesgrenzschutz auf Grund der Grenzschutzdienstpflicht.

(3) Eine vorherige Beschäftigung ist zur Begründung des Anspruchs auf Arbeitslosenhilfe nicht erforderlich, wenn der Arbeitslose innerhalb der Vorfrist mindestens zweihundertvierzig Kalendertage, sofern der letzte Anspruch auf Arbeitslosengeld oder Arbeitslosenhilfe nach § 119 Abs. 3 erloschen ist, danach für mindestens zweihundertvierzig Kalendertage

1. wegen Krankheit, Minderung der Erwerbsfähigkeit, Berufsunfähigkeit oder Erwerbsunfähigkeit Leistungen der Sozialversicherung,
2. wegen Arbeitsunfähigkeit oder Minderung der Erwerbsfähigkeit Leistungen nach dem Bundesversorgungsgesetz oder einem Gesetz, das das Bundesversorgungsgesetz für anwendbar erklärt,
3. wegen einer Maßnahme zur Rehabilitation Leistungen eines öffentlich-rechtlichen Rehabilitationsträgers

zur Bestreitung seines Lebensunterhalts bezogen hat und solche Leistungen nicht mehr bezieht, weil die für ihre Gewährung maßgebliche Beeinträchtigung der Leistungsfähigkeit nicht mehr vorliegt oder die Maßnahme zur Rehabilitation abgeschlossen ist; dies gilt im Falle der Minderung der Erwerbsfähigkeit nur, wenn der Arbeitslose infolge seines Gesundheitszustandes, seines fortgeschrittenen Alters oder aus einem von ihm nicht zu vertretenden sonstigen Grunde eine zumutbare Beschäftigung im Sinne des Absatzes 1 Nr. 4 Buchstabe b nicht ausüben konnte. Zeiten nach Absatz 1 Nr. 4 Buchstabe b und Absatz 2 werden auf die Mindestzeit nach Satz 1 angerechnet.

(3a) Eine Beschäftigung außerhalb des Geltungsbereiches dieses Gesetzes, die bei Ausübung im Geltungsbereich dieses Gesetzes zur Erfüllung der Anwartschaftszeit dienen könnte, steht einer Beschäftigung im Sinne des Absatzes 1 Nr. 4 Buchstabe b gleich, wenn der Arbeitslose

1. insgesamt mindestens zwanzig Jahre seinen Wohnsitz oder gewöhnlichen Aufenthalt im Geltungsbereich dieses Gesetzes gehabt hat; § 107 Satz 1 Nr. 3 und 4 gilt entsprechend,

2. innerhalb der auf fünf Jahre erweiterten Vorfrist im Geltungsbereich dieses Gesetzes mindestens 540 Kalendertage rechtmäßig in einer Beschäftigung gestanden oder eine Zeit zurückgelegt hat, die zur Erfüllung der Anwartschaftszeit dienen können, oder innerhalb der auf vier Jahre erweiterten Vorfrist Arbeitslosengeld oder Arbeitslosenhilfe bezogen hat und

3. innerhalb von drei Monaten nach dem Ende des Arbeitsverhältnisses, das außerhalb des Geltungsbereiches dieses Gesetzes bestanden hat, im Geltungsbereich dieses Gesetzes eine die Beitragspflicht begründende Beschäftigung ausgeübt oder sich arbeitslos gemeldet hat.

Für die Beschäftigung nach Satz 1 Nr. 2 gelten die Absätze 2 und 3 entsprechend. Für die erweiterte Vorfrist gilt Absatz 1 Satz 2 nicht. Satz 1 gilt nur für Beschäftigungen, die vor dem 1. Juli 1993 ausgeübt worden sind.

...

§ 135

(1) Der Anspruch auf Arbeitslosenhilfe erlischt, wenn

1. der Arbeitslose durch Erfüllung der Anwartschaftszeit (§ 104) einen Anspruch auf Arbeitslosengeld erwirbt,

2. seit dem letzten Tage des Bezuges von Arbeitslosenhilfe ein Jahr vergangen ist.

(2) Ein Anspruch auf Arbeitslosenhilfe, der auf die Erfüllung der Voraussetzungen nach § 134 Abs. 1 Nr. 4 Buchstabe a beruht, erlischt nicht durch Erfüllung der Voraussetzungen nach § 134 Abs. 1 Nr. 4 Buchstabe b, Abs. 2 oder Abs. 3.

§ 136

(1) Die Arbeitslosenhilfe beträgt

1. für Arbeitslose, die mindestens ein Kind im Sinne des § 32 Abs. 1, 4 und 5 des Einkommensteuergesetzes haben, sowie
für Arbeitslose, deren Ehegatte mindestens ein Kind im Sinne des § 32 Abs. 1, 4 und 5 des Einkommensteuergesetzes hat, wenn beide Ehegatten unbeschränkt einkommensteuerpflichtig sind und nicht dauernd getrennt leben,
58 vom Hundert,

2. für die übrigen Arbeitslosen 56 vom Hundert

des um die gesetzlichen Abzüge, die bei Arbeitnehmern gewöhnlich anfallen, verminderten Arbeitsentgelts (Absatz 2).

(2) Arbeitsentgelt ist

1. im Falle des § 134 Abs. 1 Nr. 4 Buchstabe a das Arbeitsentgelt, nach dem sich zuletzt das Arbeitslosengeld gerichtet hat oder ohne die Vorschrift des § 112 Abs. 8 gerichtet hätte,

2. in den übrigen Fällen das Arbeitsentgelt, das sich bei entsprechender Anwendung des § 112 Abs. 1 bis 7 und 9 bis 10 ergibt, für die Zeit einer nach § 134 Abs. 3a gleichgestellten Beschäftigung jedoch das Arbeitsentgelt nach § 112 Abs. 7, für die Zeit einer solchen Beschäftigung zur Berufsausbildung die Hälfte dieses Arbeitsentgelts.

Solange der Arbeitslose aus Gründen, die in seiner Person oder in seinen Verhältnissen liegen, nicht mehr das für die Bemessung der Arbeitslosenhilfe zuletzt maßgebende Arbeitengelt erzielen kann, richtet sich die Arbeitslosenhilfe nach dem Arbeitsentgelt im Sinne des § 112 Abs. 7; bei Anwendung dieser Vorschrift sind alle Umstände des Einzelfalles zu berücksichtigen. Wird Arbeitslosenhilfe in entsprechender Anwendung des § 105 a gewährt, so gilt § 112 Abs. 7 mit der Maßgabe, daß die Minderung der Leistungsfähigkeit außer Betracht bleibt.

(2a) Ist das Arbeitsentgelt nach Abs. 2 Satz 1 Nr. 1 unter Berücksichtigung des § 112 Abs. 5 Nr. 2 oder 7 oder Abs. 9 festgestellt worden und hat der Arbeitslose nach der Entstehung des Anspruchs auf Arbeitslosengeld die Voraussetzungen des § 134 Abs. 1 Nr. 4 Buchstabe b oder Abs. 2 erfüllt, so richtet sich die Arbeitslosenhilfe für die Zeit nach Ablauf eines Jahres nach Beendigung der Beschäftigung zur Berufsausbildung nach dem Arbeitsentgelt im Sinne des § 112 Abs. 7. Ist das Arbeitsentgelt nach Absatz 2 Satz 1 Nr. 2 unter Berücksichtigung einer Beschäftigung zur Berufsausbildung festgestellt worden, so richtet sich die Arbeitslosenhilfe bis zum Ablauf eines Jahres nach Beendigung der Beschäftigung zur Berufsausbildung auch dann nach diesem festgestellten Arbeitsentgelt, wenn der Arbeitslose erneut die Voraussetzungen des § 134 Abs. 1 Nr. 4 Buchstabe b oder Abs. 2 erfüllt hat.

(2b) Das für die Bemessung der Arbeitslosenhilfe maßgebende Arbeitsentgelt ist jeweils nach Ablauf von drei Jahren seit dem Ende des Bemessungszeitraumes nach § 112 Abs. 7 neu festzusetzen; dabei sind alle Umstände des Einzelfalles zu berücksichtigen. § 112a Abs. 1 Satz 3 gilt entsprechend.

(2c) Hat der Arbeitslose das 58. Lebensjahr vollendet, so wird das Arbeitsentgelt nach das Entstehung des Anspruchs auf Arbeitslosenhilfe nicht mehr nach Absatz 2 Satz 2 oder Absatz 2 b gemindert.

(3) Der Bundesminister für Arbeit und Sozialordnung bestimmt die Leistungssätze jeweils für ein Kalenderjahr durch Rechtsverordnung. § 111 Abs. 2 Satz 2 bis 6 gilt entsprechend.

§ 137

(1) Der Arbeitslose ist bedürftig im Sinne des § 134 Abs. 1 Nr. 3, soweit er seinen Lebensunterhalt und den seines Ehegatten sowie seiner Kinder, für die er Anspruch auf Kindergeld nach dem Bundeskindergeldgestz oder auf eine das Kindergeld ausschließende Leistung für Kinder hat, nicht auf andere Weise als durch Arbeitslosenhilfe bestreiten oder bestreiten kann und das Einkommen, das nach § 138 zu berücksichtigen ist, die Arbeitslosenhilfe nach § 136 nicht erreicht.

(2) Der Arbeitslose ist nicht bedürftig im Sinne des § 134 Abs. 1 Nr. 3, solange mit Rücksicht auf sein Vermögen, das Vermögen seines nicht dauernd getrennt lebenden Ehegatten oder das Vermögen der Eltern eines minderjährigen unverheirateten Arbeitslosen die Gewährung von Arbeitslosenhilfe offenbar nicht gerechtfertigt ist.

(2a) Einkommen und Vermögen einer Person, die mit dem Arbeitslosen in eheähnlicher Gemeinschaft lebt, sind wie das Einkommen und Vermögen eines nicht dauernd getrennt lebenden Ehegatten zu berücksichtigen.

(3) ...

...

§ 139

Erfüllen Ehegatten, die nicht dauernd getrennt leben, zugleich die Voraussetzungen des Anspruchs auf Arbeitslosenhilfe, so wird Arbeitslosenhilfe nur dem Ehegatten gewährt, der von beiden Ehegatten als anspruchsberechtigt bestimmt worden ist. Solange die Ehegatten diese Bestimmungen nicht getroffen haben, wird die Arbeitslosenhilfe dem Ehegatten gewährt, dem der höhere Betrag zusteht. Die Arbeitslosenhilfe wird nach der Leistungsgruppe C und mindestens nach dem Arbeitsentgelt im Sinne des § 112 Abs. 7 gewährt.[1)]

§ 139 a

(1) Die Arbeitslosenhilfe soll jeweils für längstens ein Jahr bewilligt werden.

(2) Vor einer erneuten Bewilligung sind die Voraussetzungen des Anspruchs auf Arbeitslosenhilfe zu prüfen.

§ 140

(1) Solange und soweit der Arbeitslose Leistungen, auf die er einen Anspruch hat, nicht erhält, kann das Arbeitsamt dem Arbeitslosen ohne Rücksicht auf diese Leistungen Arbeitslosenhilfe gewähren. Das Arbeitsamt hat die Gewährung der Arbeitslosenhilfe dem Leistungspflichtigen unverzüglich anzuzeigen. Die Anzeige bewirkt, daß die Ansprüche des Arbeitslosen gegen jemanden, der kein Leistungsträger im Sinne von § 12 des Ersten Bundessozialgesetzbuchs ist, in Höhe der Aufwendungen an Arbeitslosenhilfe, die infolge der Nichtberücksichtigung der Leistungen entstanden sind oder entstehen, auf den Bund übergehen. Der Übergang wird nicht dadurch ausgeschlossen, daß der Anspruch nicht übertragen, verpfändet oder gepfändet werden kann. Die Bundesanstalt ist berechtigt und verpflichtet, die Ansprüche für den Bund geltend zu machen.

...

7.2 Anordnung des Verwaltungsrates der Bundesanstalt für Arbeit über die individuelle Förderung der beruflichen Ausbildung (A Ausbildung) vom 31. Oktober 1969 in der Fassung der 26. Änderungsanordnung vom 1. Oktober 1986 (ANBA S. 1458)

Inhaltsübersicht

Erster Abschnitt

Allgemeine Bestimmungen §§

Ziel der Förderung	1
Art der Ausbildung und der berufsvorbereitenden Maßnahmen	2
Erstmalige und weitere Berufsausbildung	3
Geltungsbereich	4
(Staatsangehörigkeit) – gestrichen –	5
Persönliche Voraussetzungen	6
Anforderungen an berufsvorbereitende Maßnahmen	7
Dauer der Förderung	8

[1)] § 139 Satz 1 und Satz 2 AFG sind nichtig (Beschluß des Bundesverfassungsgerichts vom 10. Juli 1984 – 1 BvL 44/80 – (BGBl. I S. 1332). § 139 Satz 3 ist damit gegenstandslos.

Zweiter Abschnitt

Art und Umfang der Förderung

Bemessungsgrundsatz 9
Anrechnung von Einkommen 10
Bedarf für den Lebensunterhalt eines unverheirateten Auszubildenden, der das
21. Lebensjahr noch nicht vollendet hat 11
Bedarf für den Lebensunterhalt eines Auszubildenden, der verheiratet ist oder
das 21. Lebensjahr vollendet hat 12
Bedarf für die Ausbildung oder für die Teilnahme an einer berufsvorbereitenden
Maßnahme 13
Lehrgangsgebühren für die Teilnahme an einer berufsvorbereitenden Maßnahme
im Teilzeitunterricht neben einer Allgemeinen Maßnahme zur Arbeitsbeschaffung . 13 a
Sonstige Kosten 14
Anrechnung von Einkommen des Auszubildenden 15
Anrechnung von Einkommen der Eltern 16
Anrechnung von Einkommen des Ehegatten 17
Einkommen 18
Form der Förderung 19

Dritter Abschnitt

Verfahren

Antragstellung und Entscheidung 20
Angabepflicht 21

Vierter Abschnitt

Schlußbestimmungen

Übergangsregelung 22
Inkrafttreten 23

Der Verwaltungsrat der Bundesanstalt für Arbeit erläßt aufgrund des § 39 in Verbindung mit § 191 Abs. 3 des Arbeitsförderungsgesetzes (AFG) vom 25. Juni 1969 (Bundesgesetzbl. I S. 582) mit Genehmigung des Bundesministers für Arbeit und Sozialordnung folgende Anordnung:

Erster Abschnitt

Allgemeine Bestimmungen

§ 1
Ziel der Förderung

(1) Ziel der individuellen Förderung der beruflichen Ausbildung ist es, wirtschaftliche Schwierigkeiten, die einer angemessenen beruflichen Qualifizierung entgegenstehen, zu überwinden. Damit soll der Gefahr künftiger Arbeitslosigkeit, unterwertiger Beschäftigung oder eines Mangels an Arbeitskräften vorgebeugt und die berufliche Beweglichkeit der Erwerbstätigen gesichert und verbessert werden. Zugleich sind damit die Hilfen der Berufsberatung, insbesondere die überörtliche Ausgleichsvermittlung in Berufsausbildungsstellen und das Angebot von berufsvorbereitenden Maßnahmen, zu unterstützen und zu ergänzen.

7.2 Anordnung Ausbildung

(2) Die Bundesanstalt gewährt zur individuellen Förderung der beruflichen Ausbildung laufende Berufsausbildungsbeihilfen (§ 40 AFG).

§ 2
Art der Ausbildung und der berufsvorbereitenden Maßnahmen

(1) Berufsausbildungsbeihilfe wird gewährt für
1. die betriebliche oder überbetriebliche Ausbildung in
(a) den Berufen, die nach § 25 Abs. 1 des Berufsbildungsgesetzes vom 14. August 1969 (Bundesgesetzbl. I S. 1112) als Ausbildungsberufe staatlich anerkannt sind oder die nach § 108 Abs. 1 des Berufsbildungsgesetzes als Ausbildungsberufe im Sinne von § 25 Abs. 1 des Berufsbildungsgesetzes gelten.

b) den Gewerben der Anlage A der Handwerksordnung in der Fassung vom 28. Dezember 1965 (Bundesgesetzbl. 1966 I, S. 1), zuletzt geändert durch Artikel 1 der Dritten Verordnung zur Änderung der Anlage A der Handwerksordnung vom 2. November 1983 (BGBl. I S. 1354)

c) den Ausbildungsverhältnissen, die nach § 28 Abs. 3 des Berufsbildungsgesetzes oder nach § 27 Abs. 2 der Handwerksordnung als Ausnahmen zugelassen sind.

2. die Berufsausbildung in der Seeschiffahrt aufgrund der Verordnung über die Berufsausbildung zum Schiffsmechaniker/zur Schiffsmechanikerin und über den Erwerb des Schiffsmechanikerbriefes (Schiffsmechaniker-Ausbildungsverordnung-SMAusbV) vom 24. März 1983 (BGBl. I S. 338),

3. die Teilnahme an einem Grundausbildungslehrgang zur Vorbereitung auf bestimmte Berufsbereiche,

4. die Teilnahme an einem Förderungslehrgang für noch nicht berufsreife Personen, von denen zu erwarten ist, daß sie nach Abschluß des Lehrganges eine Ausbildung aufnehmen können.

(1 a) Berufsvorbereitende Maßnahmen nach Absatz 1 Nr. 3 und 4 können zur Erleichterung der beruflichen Eingliederung der Teilnehmer, insbesondere von Jugendlichen ohne Hauptschulabschluß, auch allgemeinbildende Fächer mit dem Ziel enthalten, zugleich auf den nachträglichen Erwerb des Hauptschulabschlusses vorzubereiten oder zum Abbau beruflich wichtiger Allgemeinbildungsdefizite beizutragen, soweit der Anteil dieser Fächer nicht überwiegt.

(2) Bei Teilnahme an berufsvorbereitenden Maßnahmen (Absatz 1 Nr. 3 und 4) ist eine Förderung nur möglich, wenn zuvor zwischen Bundesanstalt und Maßnahmeträger ein schriftlicher Vertrag im Sinne von § 7 Abs. 5 abgeschlossen wurde. Bei Maßnahmen mit integriertem Internat ist weiter Voraussetzung für die Förderung, daß der Teilnehmer der internatsmäßigen Betreuung aus Gründen bedarf, die in seiner Person liegen.

§ 3
Erstmalige und weitere Berufsausbildung

(1) Berufsausbildungsbeihilfe wird grundsätzlich für die erstmalige Berufsausbildung gewährt.

(2) Bei begründeter vorzeitiger Lösung eines Berufsausbildungsverhältnisses ist Berufsausbildungsbeihilfe für eine neue Ausbildung zu gewähren.

§ 4
Geltungsbereich

Berufsausbildungsbeihilfe wird gewährt für die Ausbildung oder für die Teilnahme an berufsvorbereitenden Maßnahmen (§ 2) im Geltungsbereich des Arbeitsförderungsgesetzes.

§ 5
Staatsangehörigkeit
– gestrichen –

§ 6
Persönliche Voraussetzungen
(1) Berufsausbildungsbeihilfe wird gewährt,
1. wenn der Auszubildende für den angestrebten Beruf geeignet ist und
2. wenn die Leistungen des Auszubildenden erwarten lassen, daß er das Ausbildungsziel erreichen wird.

(2) Absatz 1 gilt sinngemäß für Teilnehmer an berufsvorbereitenden Maßnahmen.

§ 7
Anforderungen an berufsvorbereitende Maßnahmen
(1) Die berufsvorbereitende Maßnahme muß zielgruppengerecht und insbesondere nach Dauer, Inhalt und Ausgestaltung, der Unterrichtsmethode und der Ausbildung sowie der Berufserfahrung des Leiters und der Lehrkräfte qualitativ geeignet sein, das Ziel der Maßnahme zu erreichen.

(2) Ein Vertrag im Sinne von Absatz 5 darf mit dem Träger einer berufsvorbereitenden Maßnahme nur abgeschlossen werden, wenn diese die Voraussetzungen nach § 34 Abs. 1 Satz 2 AFG erfüllt. Eine berufsvorbereitende Maßnahme entspricht den Grundsätzen der Wirtschaftlichkeit und Sparsamkeit nur, wenn sie sich auf das zum Erreichen des Maßnahmeziels Notwendige beschränkt. Die berufsvorbereitende Maßnahme darf allgemeinbildende Fächer nur in dem Umfang enthalten, der für das Erreichen des Maßnahmeziels erforderlich ist. Bei Kostensätzen, die die durchschnittlichen Kostensätze von berufsvorbereitenden Maßnahmen mit gleichem oder ähnlichem Bildungsziel nicht überschreiten, kann in der Regel davon ausgegangen werden, daß sie angemessenen im Sinne des § 34 Abs. 1 Satz 2 Nr. 3 AFG sind.

(3) Die Teilnahme an einer Maßnahme kann nur gefördert werden, wenn die Gesamtaufwendungen dafür im Hinblick auf die mit der Maßnahme angestrebten Ziele vertretbar und auf Grund der Umstände des Einzelfalles erforderlich sind.

(4) Es sollen Festpreise vereinbart werden.

(5) Die einzelnen Bedingungen zur Durchführung der berufsvorbereitenden Maßnahme und über die Zusammenarbeit mit der Bundesanstalt sind vor Beginn der Maßnahme schriftlich in einem Vertrag festzulegen. Der Träger hat sich insbesondere zu verpflichten, den Dienststellen der Bundesanstalt Auskünfte über die Durchführung und den Erfolg der Maßnahme zu geben und entsprechende Feststellungen zu unterstützen.

(6) Über die Planung und den Erfolg von berufsvorbereitenden Maßnahmen sind die Verwaltungsausschüsse im Rahmen des § 191 Abs. 1 AFG rechtzeitig zu unterrichten.

(7) Bei Maßnahmen, die in Betrieben durchgeführt werden, kann das Arbeitsamt verlangen, daß der Betrieb vor Auftragserteilung eine Stellungnahme des Betriebsrates dazu vorlegt, ob durch die Maßnahmen betriebliche Ausbildungsplätze oder Weiterbildungsmaßnahmen, für die der Betrieb überwiegend selbst die Kosten zu tragen hat, wegfallen.

7.2 Anordnung Ausbildung

§ 8
Dauer der Förderung

(1) Berufsausbildungsbeihilfe wird für die vorgeschriebene Ausbildungszeit oder für die Dauer der berufsvorbereitenden Maßnahme gewährt, frühestens jedoch vom Beginn des Antragsmonats an.

(2) – gestrichen –

(3) Legt der Auszubildende vorzeitig die Abschlußprüfung ab, so endet die Förderung spätestens mit Ablauf des Tages, an dem die Prüfung bestanden wurde. Entsprechendes gilt für die vorzeitige Beendigung der Teilnahme an einer berufsvorbereitenden Maßnahme.

(4) Die Förderung kann über die vorgeschriebene Zeit hinaus gewährt werden, wenn besondere persönliche Umstände oder Lage und Entwicklung des Arbeitsmarktes das rechtfertigen.

(5) Für Zeiten einer Krankheit ist Berufsausbildungsbeihilfe bis zu sechs Wochen weiterzugewähren. Im Falle einer betrieblichen oder überbetrieblichen Ausbildung (§ 2 Abs. 1 Nr. 1 und 2) jedoch nur, wenn der Ausbildungsvertrag fortdauert und nach den Bestimmungen des Berufsbildungsgesetzes Anspruch auf Fortzahlung der Ausbildungsvergütung besteht.

(6) Für Zeiten einer Schwangerschaft sowie nach der Entbindung ist Berufsausbildungsbeihilfe weiter zu gewähren, wenn

1. der Ausbildungsvertrag fortdauert und nach den Bestimmungen des Mutterschutzgesetzes Anspruch auf Fortzahlung der Ausbildungsvergütung oder Anspruch auf Mutterschaftsgeld nach der Reichsversicherungsordnung, nach dem Gesetz über die Krankenversicherung der Landwirte oder dem Mutterschutzgesetz besteht oder

2. die Teilnahme an einer berufsvorbereitenden Maßnahme nicht länger als 14 Wochen (§§ 3 Abs. 2 und 6 Abs. 1 Satz 1 Mutterschutzgesetz) oder 18 Wochen (§§ 3 Abs. 2 und 6 Abs. 1 Satz 2 Mutterschutzgesetz) unterbrochen wird.

§ 9 Satz 2 und § 13 Nr. 1 bis 6 finden keine Anwendung, jedoch gilt § 20 Abs. 9.

Zweiter Abschnitt

Art und Umfang der Förderung

§ 9
Bemessungsgrundsatz

Die Berufsausbildungsbeihilfe bemißt sich nach dem Bedarf für den Lebensunterhalt (§§ 40 Abs. 1 b Satz 1, 40 a Abs. 2 AFG, §§ 11, 12), nach dem Bedarf für die Ausbildung (§ 13 Nr. 1 bis 5), dem Beitrag zur freiwilligen Krankenversicherung (§ 13 Nr. 8) und nach dem Bedarf für sonstige Kosten (§ 14). In den Fällen des § 2 Abs. 1 Nr. 3 und 4 übernimmt die Bundesanstalt die Lehrgangsgebühren (§§ 40 Abs. 1 Satz 3, 40 Abs. 1 b Satz 2 AFG), die Fahrkosten (§ 13 Nr. 1 bis 3) sowie die Kosten für Lernmittel (§ 13 Nr. 6) und Arbeitskleidung (§ 40 Abs. 1 b AFG, § 13 Nr. 5).

§ 10
Anrechnung von Einkommen

(1) In Fällen des § 40 AFG sind auf den Bedarf nach § 9 Satz 1 in dem nach § 40 Abs. 1 Satz 2 AFG, §§ 15 bis 17 bestimmten Umfang anzurechnen das Einkommen (§ 18)

1. des Auszubildenden selbst,
2. der Eltern,
3. des Ehegatten.
(2) In Fällen des § 40a Abs. 1 AFG ist das Einkommen des Teilnehmers an einer berufsvorbereitenden Maßnahme, das der Anrechnung nach § 44 Abs. 4 AFG unterliegt, auf den Bedarf nach § 9 Satz 1 nach Maßgabe des § 40a Abs. 1 Satz 3 AFG anzurechnen.

§ 11
Bedarf für den Lebensunterhalt eines unverheirateten Auszubildenden, der das 21. Lebensjahr noch nicht vollendet hat

(1) In den Fällen des § 2 Abs. 1 Nr. 1 und 2 werden als Bedarf für den Lebensunterhalt eines unverheirateten Auszubildenden, der das 21. Lebensjahr noch nicht vollendet hat und im Haushalt der Eltern oder eines Elternteils untergebracht ist, 425 DM monatlich zugrunde gelegt. Dieser Betrag ist auch dann zugrunde zu legen, wenn der Auszubildende zwar nicht im Haushalt der Eltern oder eines Elternteils untergebracht ist, er die Ausbildungsstätte jedoch von der Wohnung der Eltern oder eines Elternteils aus in angemessener Zeit erreichen könnte; das gilt nicht, wenn der Auszubildende das 18. Lebensjahr vollendet hat oder beim Ausbildenden mit voller Verpflegung untergebracht ist (Absatz 3).

(2) Bei Unterbringung in einem Wohnheim oder Internat mit voller Verpflegung werden die amtlich festgesetzten Kosten für die Verpflegung und Unterkunft zuzüglich 125 DM monatlich für sonstige Bedürfnisse zugrundegelegt. Absatz 1 Satz 2 gilt entsprechend.

(3) Bei Unterbringung beim Ausbildenden mit voller Verpflegung gilt Abs. 2 Satz 1 entsprechend.

(4) In den Fällen des § 2 Abs. 1 Nr. 1 und 2 werden bei anderweitiger Unterbringung des Auszubildenden außerhalb des Haushalts der Eltern oder eines Elternteils als Bedarf für den Lebensunterhalt 670 DM monatlich zugrunde gelegt. Diesem Bedarf wird ein Zusatzbedarf für Kosten der Unterkunft in entsprechender Anwendung der §§ 8 und § 9 Abs. 1 Nr. 3, Abs. 2 und 3 der Verordnung über Zusatzleistungen in Härtefällen nach dem Bundesausbildungsförderungsgesetz in der jeweils geltenden Fassung hinzugerechnet. Absatz 1 Satz 2 gilt entsprechend.

(5) Bei der Vergleichberechnung nach § 40 Abs. 2 AFG ist in den Fällen des § 40 Abs. 1 b AFG als Bedarf für den Lebensunterhalt von einem Betrag auszugehen, der sich aus dem Gesamtbedarfssatz nach § 40 Abs. 1 b Nr. 1 oder 2 AFG, jeweils gemindert um 20 DM, ergibt.

§ 12
Bedarf für den Lebensunterhalt eines Auszubildenden, der verheiratet ist oder das 21. Lebensjahr vollendet hat

(1) Als Bedarf für den Lebensunterhalt eines Auszubildenden, der im Haushalt seiner Eltern oder eines Elternteils untergebracht ist, werden zugrunde gelegt, wenn

1. der Auszubildende verheiratet ist und das 21. Lebensjahr noch nicht vollendet hat 630 DM monatlich,

2. der Auszubildende das 21. Lebensjahr vollendet hat 680 DM monatlich.

(2) Bei Unterbringung in einem Wohnheim oder Internat mit voller Verpflegung werden die amtlich festgesetzten Kosten für die Verpflegung und die Unterkunft zuzüglich 125 DM monatlich für sonstige Bedürfnisse zugrunde gelegt.

(3) Bei Unterbringung beim Ausbildenden mit voller Verpflegung gilt Absatz 2 entsprechend.

7.2 Anordnung Ausbildung Seite 243

(4) Bei anderweitiger Unterbringung des Auszubildenden außerhalb des Haushalts seiner Eltern oder eines Elternteils werden als Bedarf für den Lebensunterhalt zugrunde gelegt, wenn
1. der Auszubildende verheiratet ist und das 21. Lebensjahr noch nicht vollendet hat 670 DM monatlich,
2. der Auszubildende das 21. Lebensjahr vollendet hat 710 DM monatlich.

Dem Bedarf nach den Nummern 1 und 2 wird ein Zusatzbedarf für Kosten der Unterkunft in entsprechender Anwendung der §§ 8 und § 9 Abs. 1 Nr. 3, Abs. 2 und 3 der Verordnung über Zusatzleistungen in Härtefällen nach dem Bundesausbildungsförderungsgesetz in der jeweils geltenden Fassung hinzugerechnet.

§ 13
Bedarf für die Ausbildung oder für die Teilnahme an einer berufsvorbereitenden Maßnahme

Als Bedarf für die Ausbildung oder für die Teilnahme an einer berufsvorbereitenden Maßnahme werden anerkannt, wenn die Aufwendungen vom Auszubildenden oder von seinen Erziehungsberechtigten zu tragen sind:
1. Kosten der Fahrt zwischen der Unterkunft und der Ausbildungsstätte sowie der Berufsschule für je eine Hin- und Rückfahrt am Arbeitstag
a) in den Fällen des § 2 Abs. 1 Nr. 1 und 2 mit Pauschbeträgen nach Maßgabe der dieser Anordnung beigefügten Anlage[1],
b) in den Fällen des § 2 Abs. 1 Nr. 3 und 4 die notwendigen tatsächlichen Kosten;
2. Kosten für im Regelfalle eine Heimfahrt monatlich zu den Eltern, zu einem Elternteil oder zu der eigenen Familie im Geltungsbereich des Arbeitsförderungsgesetzes, wenn der Auszubildende wegen seiner Ausbildung oder wegen seiner Teilnahme an einer berufsvorbereitenden Maßnahme auswärts untergebracht ist,
a) nach Maßgabe der Nr. 1,
b) in Höhe der Kosten der kürzesten Flugreise bzw. kombinierten Reise für die Heimfahrt von bzw. nach Berlin (West);
3. nach Maßgabe der Nr. 2 Kosten für Heimfahrten zu einer bestimmten, in der Regel für die Dauer der Ausbildung oder der Teilnahme an einer berufsvorbereitenden Maßnahme vom Vormund zu benennenden Person, wenn die Eltern eines unverheirateten, minderjährigen Auszubildenden verstorben sind.
4. In den Fällen des § 2 Abs. 1 Nr. 1 und 2 Fernunterrichtsgebühren in der von der Bundesanstalt als angemessen anerkannten Höhe, jedoch nicht mehr als 30 DM im Kalendermonat, wenn
a) die nach dem Berufsbildungsgesetz für die Ausbildung zuständige Stelle bescheinigt, daß der Fernunterricht zur Erreichung des Ausbildungszieles zweckmäßig ist und
b) der Fernunterricht nach § 12 des Fernunterrichtsschutzgesetzes zugelassen oder, ohne unter die Bestimmungen des Fernunterrichtsschutzgesetzes zu fallen, von einem öffentlich-rechtlichen Träger veranstaltet wird.
5. Arbeitskleidung in Höhe von 20 DM monatlich; für Teilnehmer an berufsvorbereitenden Maßnahmen, deren Gesamtbedarf nach § 40 Abs. 1 b AFG bemessen wird, gilt dieser Betrag als Teilbedarf für Arbeitskleidung.
6. In den Fällen des § 2 Abs. 1 Nr. 3 und 4 Lernmittel in Höhe von 15 DM monatlich.

---
[1] nicht abgedruckt

7. – aufgehoben –
8. In den Fällen des § 2 Abs. 1 Nr. 3 und 4 für Teilnehmer, deren Schutz im Krankheitsfalle nicht anderweitig sichergestellt ist, die Beiträge für ihre freiwillige Krankenversicherung ohne Anspruch auf Krankengeld bei einem Träger der gesetzlichen Krankenversicherung, im begründeten Einzelfall die Beiträge für eine private Krankenversicherung, wenn durch den Träger der gesetzlichen Krankenversicherung kein Versicherungsschutz oder kein umfassender Versicherungsschutz gewährleistet ist.

§ 13a
Leistungen für die Teilnahme an einer berufsvorbereitenden Maßnahme im Teilzeitunterricht neben einer Allgemeinen Maßnahme zur Arbeitsbeschaffung

(1) Die Bundesanstalt übernimmt für Teilnehmer an einer berufsvorbereitenden Maßnahme (§ 2 Abs. 1 Nr. 3 und 4), die im Teilzeitunterricht arbeitsbegleitend neben einer Allgemeinen Maßnahme zur Arbeitsbeschaffung im Sinne des § 91 AFG durchgeführt wird, die Lehrgangsgebühren (§§ 40 Abs. 1 Satz 3, 40 Abs. 1 b Satz 2 AFG), die Fahrkosten (§ 13 Nr. 1 bis 3) sowie die Kosten für Lernmittel (§ 13 Nr. 6) und Arbeitskleidung (§ 40 Abs. 1 b AFG, § 13 Nr. 5); ein weiterer Bedarf nach § 9 Satz 1 ist nicht zu berücksichtigen.

(2) Teilzeitunterricht im Sinne des Absatzes 1 liegt vor, wenn der Unterricht weniger als 20 Zeitstunden in der Woche umfaßt.

§ 14
Sonstige Kosten

In den Fällen des § 2 Abs. 1 Nr. 1 und 2 sowie für Teilnehmer an berufsvorbereitenden Maßnahmen, wenn diese im Wohnheim oder Internat untergebracht sind, werden als Bedarf für die Ausbildung sonstige Kosten anerkannt, soweit sie durch die Ausbildung unvermeidbar entstehen und wenn die Aufwendungen vom Auszubildenden oder von seinen Erziehungsberechtigten zu tragen sind.

§ 15
Anrechnung von Einkommen des Auszubildenden

(1) Einkommen (§ 18) des Auszubildenden ist auf den Bedarf nach § 9 Satz 1 in voller Höhe anzurechnen. Davon kann abgewichen werden, wenn dies zur Vermeidung unbilliger Härten gerechtfertigt ist.

(2) Ist der Auszubildende außerhalb des Haushalts der Eltern oder eines Elternteils untergebracht, bleiben 80 DM monatlich anrechnungsfrei, wenn für eine geeignete Berufsausbildung (§ 2 Abs. 1 Nr. 1 und 2) die Aufnahme einer Ausbildung erforderlich ist, die nur bei Unterbringung des Auszubildenden außerhalb des Haushalts der Eltern oder eines Elternteils möglich ist.

(3) In den Fällen des § 40 Abs. 1 b AFG bleiben 135 DM monatlich anrechnungsfrei; § 40a Abs. 1 Satz 3 AFG bleibt unberührt. In Fällen des § 40a Abs. 1 AFG ist nach § 10 Abs. 2 zu verfahren.

§ 16
Anrechnung von Einkommen der Eltern

(1) Einkommen (§ 18) der Eltern (§ 10 Abs. 1 Nr. 2) ist auf den Bedarf nach § 9 Satz 1 anzurechnen, soweit folgende monatliche Freibeträge überschritten werden:
1. für den Haushaltsvorstand . . . . 1 490 DM,
2. für den Ehegatten, sofern die Ehegatten nicht dauernd getrennt leben . . . 390 DM,

3. für jedes Kind im Sinne der §§ 1 und 2 Abs. 1 Satz 1 des Bundeskindergeldgesetzes, mit Ausnahme des Auszubildenden, wenn es bei Beginn des Bewilligungszeitraumes
a) das 15. Lebensjahr noch nicht vollendet hat . . . . 370 DM,
b) das 15. Lebensjahr vollendet hat . . . . 485 DM.
Diese Beträge vermindern sich um das Einkommen des betreffenden Kindes.

(2) Für Kinder, die eine Berufsausbildungsbeihilfe erhalten, wird ein Freibetrag nach Absatz 1 Nr. 3 nicht angesetzt.

Für Ehegatten und Kinder, die ihren Wohnsitz oder ihren gewöhnlichen Aufenthaltsort außerhalb des Geltungsbereiches des Arbeitsförderungsgestzes haben, werden die Freibeträge nur gewährt, soweit dies nach den Verhältnissen im Wohnland des Ehegatten oder des Kindes notwendig und angemessen ist.

(2 a) Das die Freibeträge nach den Absätzen 1 bis 6 übersteigende Einkommen der Eltern bleibt anrechnungsfrei

1. zu 25 vom Hundert und

2. zu 10 vom Hundert für den Auszubildenden selbst, für jedes Kind, das sich in einer nach § 40 AFG oder nach dem Bundesausbildungsförderungsgesetz förderungsfähigen Ausbildung befindet, sowie für jedes weitere Kind, für das nach Abzug seines Einkommens ein Freibetrag nach Absatz 1 Nr. 3 zusteht, höchstens jedoch bis zu 60 DM für das erste Kind, 140 DM für das zweite und 210 DM für das dritte und jedes weitere Kind.

(3) Sind die Eltern (§ 10 Abs. 1 Nr. 2) geschieden oder leben sie dauernd getrennt, so wird für den Elternteil, bei dem der Auszubildende lebt, der Freibetrag für den Haushaltungsvorstand angesetzt. Das Einkommen des anderen Elternteils bleibt außer Betracht.

(4) Ist der Auszubildende außerhalb des Haushalts der Eltern oder eines Elternteils untergebracht, erhöht sich der Gesamtfreibetrag nach Absatz 1 um 990 DM, wenn

1. für eine geeignete Berufsausbildung (§ 2 Abs. 1 Nr. 1 und 2) die Aufnahme einer Ausbildungsstelle erforderlich ist, die nur bei Unterbringung des Auszubildenden außerhalb des Haushalts der Eltern oder eines Elternteils möglich ist,

2. für die Teilnahme an einer berufsvorbereitenden Maßnahme (§ 2 Abs. 1 Nr. 3 und 4) die Unterbringung des Auszubildenden außerhalb des Haushalts der Eltern oder eines Elternteils erforderlich ist.

(5) Ist es wegen der Lage auf dem Ausbildungsstellenmarkt in einem Bezirk erforderlich, Ausbildungsstellen zu vermitteln, die eine Unterbringung außerhalb des elterlichen Haushalts erfordern, ist in begründeten Ausnahmefällen nach Absatz 6 zu verfahren.

(6) Von der vorgesehenen Anrechnung (Absatz 1) des die Freibeträge nach Absatz 1 in Verbindung mit den Absätzen 3, 4 und 5 übersteigenden Einkommens kann bis zu einem Betrag von 500 DM monatlich abgewichen werden, wenn dies zur Vermeidung unbilliger Härten gerechtfertigt ist.

§ 17
Anrechnung von Einkommen des Ehegatten

(1) Einkommen (§ 18) des Ehegatten (§ 10 Abs. 1 Nr. 3) ist auf den Bedarf nach § 9 Satz 1 anzurechnen, soweit folgende monatliche Freibeträge überschritten werden

1. für den Ehegatten . . . . 1 490 DM,

2. für jedes Kind im Sinne der §§ 1 und 2 Abs. 1 Satz 1 des Bundeskindergeldgesetzes, wenn es bei Beginn des Bewilligungszeitraumes
a) das 15. Lebensjahr noch nicht vollendet hat . . . . 370 DM,
b) das 15. Lebensjahr vollendet hat . . . . 485 DM.

Diese Beträge vermindern sich um das Einkommen des betreffenden Kindes.
(2) Die Vorschriften des § 16 Abs. 2, 2a, 4, 5 und 6 gelten entsprechend.

§ 18
Einkommen

(1) Als Einkommen gelten alle Einkünfte in Geld oder Geldeswert nach Abzug der Steuern, der Beiträge zur Sozialversicherung und zur Bundesanstalt für Arbeit oder entsprechende Aufwendungen zur sozialen Sicherung in angemessenem Umfange.

(2) Als Einkommen des Auszubildenden gelten auch Beträge, die für Kost und Wohnung von der Ausbildungsvergütung einbehalten werden. Sachbezüge, die der Ausbildende gewährt, sind auf Grund der nach § 17 des Sozialgesetzbuches – Gemeinsame Vorschriften für die Sozialversicherung (SGB IV) – erlassenen Sachbezugsverordnung zu bewerten.

(3) Von dem Einkommen können als Werbungskosten abgezogen werden:
1. notwendige Aufwendungen für Fahrten zwischen der Wohnung und der Arbeitsstätte; § 13 Nr. 1 Buchstabe a gilt entsprechend,
2. Beiträge für Berufsverbände, Gewerkschaften u. ä.,
3. Mehraufwendungen infolge notwendiger Führung eines doppelten Haushaltes bis zu 150 DM monatlich, soweit nicht Trennungsentschädigung, Auslösung u. ä. gezahlt wird.

(4) Werbungskosten des Auszubildenden sind nicht zu berücksichtigen.

(5) Nicht als Einkommen gelten Leistungen, die nicht oder nicht hauptsächlich für den Lebensunterhalt, sondern als zweckgebundene Sonderleistungen gewährt werden, insbesondere
1. Leistungen, die nach bundes- oder landesgesetzlichen Vorschriften gewährt werden, um einen Mehrbedarf zu decken, der durch einen Körperschaden verursacht ist,
2. Leistungen der vorbeugenden oder nachgehenden Gesundheitsfürsorge,
3. die Grundrenten und die Schwerstbeschädigtenzulage nach dem Bundesversorgungsgesetz, die Renten, die in entsprechender Anwendung der Vorschriften des Bundesversorgungsgesetzes über die Grundrente und die Schwerstbeschädigtenzulage gewährt werden, und die Renten, die den Opfern nationalsozialistischer Verfolgung wegen einer durch die Verfolgung erlittenen Gesundheitsschädigung gewährt werden, bis zur Höhe des Betrages, der in der Kriegsopferversorgung bei gleicher Minderung der Erwerbsfähigkeit als Grundrente und Schwerstbeschädigtenzulage gewährt würde.
4. Leistungen zum Ausgleich eines Schadens, soweit sie nicht für entgangenes oder entgehendes Einkommen oder für den Verlust gesetzlicher Unterhaltsansprüche gewährt werden,
5. Leistungen nach dem Bundessozialhilfegesetz (BSHG), die als Hilfen in besonderen Lebenslagen gewährt werden,
6. Entlassungsgeld und Übergangsbeihilfen nach dem Heimkehrergesetz,
7. sonstige Leistungen der Mutterschaftshilfe (§ 15 Abs. 2 des Mutterschutzgesetzes, §§ 195 Nrn. 1 bis 4, 205a Abs. 1 RVO) sowie das nach §§ 200b, 205a Abs. 2 RVO als einmalige Leistung gewährte Mutterschaftsgeld,
8. Aufwandsentschädigungen, soweit sie nicht steuerpflichtig sind,
9. Trennungsentschädigungen, Auslösungen u. ä.

(6) Ferner gelten nicht als Einkommen
1. Weihnachts-, Neujahrs- und Urlaubszuwendungen, Jahresabschlußprämien, sog. 13.

und 14. Monatsgehälter, Jubiläumsgaben und ähnliche nicht laufende Einkünfte aus einem Dienst-, Arbeits- oder Ausbildungsverhältnis,

2. Bergmannsprämien nach dem Gesetz über Bergmannsprämien,

3. gesetzliche oder tarifliche Zuschläge für Nachtarbeit und Mehrarbeit, soweit sie ausgewiesen oder erkennbar sind,

4. Sachleistungen, die während der stationären Behandlung in einer Krankenanstalt gewährt werden,

5. Kantinenzuschüsse, die Betriebe für Mittagessen gewähren, wenn und soweit sie einen Tagessatz von 1,50 DM nicht überschreiten.

6. Leistungen, die von Betrieben an Teilnehmer berufsvorbereitender Maßnahmen ohne rechtliche Verpflichtung oder von anderen Stellen zur Aufstockung der Berufsausbildungsbeihilfen gewährt werden,

7. Prämien, die der Auszubildende vom Ausbildenden erhält,

8. Wohngeld nach der Wohngeldgesetzgebung.

(7) Unterhaltsleistungen, die ein Elternteil aufgrund von Unterhaltsurteilen oder sonstigen vollstreckbaren Titeln tatsächlich leistet, sind von seinem Einkommen abzusetzen, sofern dem Unterhaltsverpflichteten Freibeträge nach § 16 Abs. 1 Nrn. 2 und 3 oder § 17 Abs. 1 Nr. 2 nicht gewährt werden können.

§ 19
Form der Förderung

(1) Die Berufsausbildungsbeihilfe wird grundsätzlich als Zuschuß gewährt.

(2) Die Berufsausbildungsbeihilfe kann ausnahmsweise als zinsloses Darlehen gewährt werden, wenn und soweit

1. eine neue Ausbildung aufgrund von § 3 Abs. 2 nicht gefördert werden kann, weil die Voraussetzungen nicht erfüllt sind, eine weitere Ausbildung jedoch aus allgemeinen sozialen Gesichtspunkten ermöglicht werden sollte,

2. die Ausbildung über die vorgeschriebene Zeit hinaus verlängert werden muß und die Gründe dafür nach § 8 Abs. 4 nicht anerkannt werden können, eine Verlängerung der Ausbildung jedoch aus allgemeinen sozialen Gesichtspunkten ermöglicht werden sollte.

(3) Der Darlehensnehmer hat das Darlehen nach Abschluß seiner Ausbildung in einem angemessenen Zeitraum, längstens in sechs Jahren, zu tilgen. Es können bis zu zwei tilgungsfreie Jahre eingeräumt werden. In besonderen Fällen kann der Präsident des Landesarbeitsamtes längere tilgungsfreie Zeiten und Tilgungszeiten einräumen.

Dritter Abschnitt

Verfahren

§ 20
Antragstellung und Entscheidung

(1) Berufsausbildungsbeihilfe wird dem Auszubildenden auf Antrag gewährt.

(2) Der Antrag auf Bewilligung ist bei dem für den Wohnort des Auszubildenden zuständigen Arbeitsamt zu stellen.

(3) Hat der Auszubildende seinen Wohnort nicht im Geltungsbereich des Arbeitsförderungsgesetzes, so ist der Antrag bei dem für den Ausbildungsort zuständigen Arbeitsamt einzureichen.

(4) Anträge auf Weiterbewilligung sind bei dem Arbeitsamt einzureichen, das bisher die Berufsausbildungsbeihilfe gewährt hat.

(5) Über den Antrag entscheidet der Direktor des Arbeitsamtes, in dessen Bezirk sich die Ausbildungsstätte befindet oder die berufsvorbereitende Maßnahme durchgeführt wird.

(6) Der Präsident der Bundesanstalt kann aus Zweckmäßigkeitsgründen eine von Absatz 5 abweichende Zuständigkeitsregelung treffen.

(7) Die Berufsausbildungsbeihilfe ist in der Regel zu bewilligen für einen Zeitraum von
1. neun Monaten, wenn Berufsausbildungsbeihilfe für die Teilnahme an einer berufsvorbereitenden Maßnahme (§ 2 Abs. 1 Nr. 3 und 4) beantragt wurde.
2. zwölf Monaten, wenn Berufsausbildungsbeihilfe für die Teilnahme an einer berufsvorbereitenden Maßnahme (§ 2 Abs. 1 Nr. 3 und 4) beantragt wurde.

Kürzere Bewilligungszeiträume sind festzusetzen, wenn im Zeitpunkt der Bewilligung abzusehen ist, daß wesentliche Änderungen in den wirtschaftlichen Verhältnissen eintreten.

(8) Bei Berechnung der Berufsausbildungsbeihilfe sind die wirtschaftlichen Verhältnisse maßgebend, die im Zeitpunkt der Antragstellung nachweisbar sind. Änderungen, die bis zur Entscheidung bekannt werden, sind jedoch zu berücksichtigen. Ferner sind Änderungen in der Höhe der Ausbildungsvergütung während eines Bewilligungszeitraumes zu berücksichtigen, wenn diese auf dem Eintritt in das nächste Ausbildungsjahr oder in den nächsten Ausbildungsabschnitt beruhen. Erfolgt wegen Einkünften aus Land- und Forstwirtschaft, aus Gewerbebetrieben oder aus selbständiger Arbeit eine Veranlagung zur Einkommensteuer und ist deshalb der Gewinn für die Dauer des Bewilligungszeitraumes vom Steuerpflichtigen zunächst zu schätzen, ist Berufsausbildungsbeihilfe insoweit unter dem Vorbehalt der Rückforderung zu gewähren; die endgültige Feststellung des Anspruchs erfolgt nach Vorlage des Steuerbescheides.

(9) Ändern sich die für die Festsetzung des Bedarfs für den Lebensunterhalt (§§ 40 Abs. 1b Satz 1, 40a Abs. 2 AFG, §§ 11, 12) maßgebenden Verhältnisse, ist der Bedarf nach § 9 vom Tage der Änderung an neu festzusetzen. Der Bedarf nach § 9 ist auch für die Dauer des Blockunterrichts der Berufsschule neu festzusetzen; dabei sind Zuschüsse des Ausbildenden und anderer Stellen zu berücksichtigen.

(10) Die Berufsausbildungsbeihilfe wird mit Ausnahme der Lehrgangsgebühren (§ 9 Satz 2) monatlich am 20. des Anspruchsmonats gezahlt. Die Lehrgangsgebühren (§ 9 Satz 2) werden am Ende der berufsvorbereitenden Maßnahme gezahlt, entsprechende Abschläge können geleistet werden.

(11) Die errechnete monatliche Berufsausbildungsbeihilfe ist auf volle DM-Beträge nach unten zu runden. Eine sich danach ergebende monatliche Berufsausbildungsbeihilfe von weniger als 20 DM wird nicht ausgezahlt.

§ 21
Angabepflicht

Für die Eltern und den Ehegatten des Auszubildenden (§ 10 Abs. 1 Nrn. 2 und 3) gelten die §§ 60 sowie 65 Abs. 1 und 3 des Ersten Buches Sozialgesetzbuch entsprechend.

Vierter Abschnitt

Schlußbestimmungen

§ 22
Übergangsregelung

...

§ 23
Inkrafttreten

...

7.3 Anordnung des Verwaltungsrates der Bundesanstalt für Arbeit über die individuelle Förderung der beruflichen Fortbildung und Umschulung (A Fortbildung und Umschulung) vom 23. März 1976 in der Fassung der 16. Änderungsanordnung vom 17. Dezember 1987 (ANBA 1988, S. 254)

Inhaltsübersicht

Erster Abschnitt
Allgemeine Bestimmungen §§

Ziel der Förderung	1
Berufliche Fortbildungsmaßnahmen	1a
Maßnahmen zur Verbesserung der Vermittlungsaussichten	1b
Berufliche Umschulungsmaßnahmen	2
Unterricht	3
Anforderungen an die Maßnahme	4
Antragsmaßnahmen	4a
Wiederholung der Maßnahme	5
Zweckmäßigkeit der Teilnahme an einer Maßnahme	6
Auswahl der Maßnahme	6a
Leistungsvoraussetzungen und förderungsfähiger Personenkreis	7
Nichtdeutsche	8
Interessengebundene Maßnahmen	9

Zweiter Abschnitt
Art und Umfang der Förderung

Unterhaltsgeld	10
Geringfügige Kosten	11
Begrenzung der Leistung	11a
Lehrgangsgebühren	12
Lernmittel	13
Fahrkosten	14
Arbeitskleidung	15
Unterkunft und Verpflegung	16
Krankenversicherung	17
Kinderbetreuungskosten	17a
Sonstige Kosten	18
Einarbeitungszuschuß	19

Dritter Abschnitt
Verfahren

Antragstellung	20
Zuständigkeit	21
Auszahlung	22

Vierter Abschnitt
Schlußbestimmungen

Inkrafttreten und Übergangsregelung 23

Der Verwaltungsrat der Bundesanstalt für Arbeit erläßt aufgrund von § 39 in Verbindung mit § 191 Abs. 3 des Arbeitsförderungsgesetzes (AFG) mit Genehmigung des Bundesministers für Arbeit und Sozialordnung folgende Anordnung:

Erster Abschnitt
Allgemeine Bestimmungen

§ 1
Ziel der Förderung

Ziel der individuellen Förderung der beruflichen Fortbildung, Umschulung und Einarbeitung ist es, entsprechend § 2 AFG die Teilnahme an beruflichen Bildungsmaßnahmen zu ermöglichen, die insbesondere dazu dienen,
1. Arbeitslosigkeit sowie qualitative und quantitative Unterbeschäftigung zu verhüten oder zu beenden,
2. Mangel an qualifizierten Fachkräften zu vermeiden oder zu beheben,
3. die berufliche Beweglichkeit zu sichern oder zu verbessern und
4. einen beruflichen Aufstieg zu ermöglichen.

§ 1 a
Berufliche Fortbildungsmaßnahmen

(1) Zu den beruflichen Fortbildungsmaßnahmen nach § 41 Abs. 1 AFG zählen nicht Bildungsmaßnahmen, die zum Bereich der Allgemeinbildung, der Berufsausbildung oder der beruflichen Umschulung gehören.

(2) Eine Bildungsmaßnahme gehört zum Bereich der Allgemeinbildung im Sinne des Absatzes 1, wenn überwiegend Wissen vermittelt wird, das dem von allgemeinbildenden Schulen angestrebten Bildungsziel entspricht.

(3 Abschlußprüfungen im Sinne des § 43 Abs. 1 Nr. 4 AFG sind solche in anerkannten Ausbildungsberufen.

§ 1 b
Maßnahmen zur Verbesserung der Vermittlungsaussichten

(1) Für die Teilnahme an Maßnahmen zur Verbesserung der Vermittlungsaussichten für Arbeitslose gelten die für die Förderung der Teilnahme an beruflichen Fortbildungsmaßnahmen ergangenen Bestimmungen unter Berücksichtigung der besonderen Zielsetzung des § 41 a AFG entsprechend.

(2) Die Teilnahme an einer Maßnahme zur Verbesserung der Vermittlungsaussichten für Arbeitslose wird in der Regel nur gefördert, wenn sie nicht länger als 6 Wochen dauert. Voraussetzung ist ferner, daß der Träger der Maßnahme bei deren Planung und Durchführung zur Zusammenarbeit mit der zuständigen Dienststelle der Bundesanstalt für Arbeit bereit und die Mitwirkung der Fachkräfte der Bundesanstalt für Arbeit sichergestellt ist.

(3) Die Förderung der Teilnahme an einer weiteren Maßnahme zur Verbesserung der Vermittlungsaussichten für Arbeitslose ist zulässig, wenn dies entsprechend der Zielsetzung des § 41a AFG notwendig ist.

(4) Inhalte von Maßnahmen nach § 41 a AFG können in sonstige berufliche Bildungsmaßnahmen einbezogen werden.

§ 2
Berufliche Umschulungsmaßnahmen

(1) Zu den beruflichen Umschulungsmaßnahmen zählen nicht Bildungsmaßnahmen, die zum Bereich der Allgemeinbildung gehören; § 1 a Abs. 2 gilt entsprechend.

(2) Eine andere berufliche Tätigkeit im Sinne des § 47 Abs. 1 Satz 1 AFG ist eine Berufstätigkeit mit neuem Inhalt. Eine Bildungsmaßnahme ermöglicht auch dann den Übergang in eine andere berufliche Tätigkeit im Sinne des § 47 Abs. 1 Satz 1 AFG, wenn diese erst nach Ablauf einer der Maßnahme folgenden Beschäftigung im Sinne des § 34 Abs. 2 AFG aufgenommen werden kann.

(3) Die Umschulung soll mit Rücksicht auf das Lebensalter, die beruflichen Erfahrungen und Bewährungen des Umschulenden kürzer als ein entsprechender Ausbildungsgang für Jugendliche sein und mit einem qualifizierenden Abschluß enden.

§ 3
Unterricht

(1) Unterricht im Sinne des § 34 Abs. 1 Satz 1 AFG ist die Vermittlung theoretischer Kenntnisse und die praktische Unterweisung durch Lehrkräfte.

(2) Eine Maßnahme wird im ganztägigen Unterricht durchgeführt, wenn der Unterricht in jeder Woche an mindestens 5 Werktagen stattfindet und mindestens 25 Unterrichtsstunden umfaßt.

(3) Wird eine Maßnahme in Abschnitten (Wechsel von Arbeits- und Unterrichtsblöcken) durchgeführt, so gilt dies für Antragsteller, die die Voraussetzungen nach § 44 Abs. 2 b Nr. 1 AFG erfüllen, immer dann als Teilzeitunterricht, wenn sich für den Gesamtzeitraum der Maßnahme durchschnittlich eine Arbeitszeit von 12 bis 24 Stunden wöchentlich und eine Unterrichtszeit von mindestens 12 Unterrichtsstunden in der Woche ergeben.

(4) Die Teilnahme an Maßnahmen, die im Fernunterricht durchgeführt werden, wird gefördert, wenn der Fernunterricht mit ergänzendem Nahunterricht (ganztägiger oder Teilzeitunterricht) von angemessener Dauer verbunden ist.

§ 4
Anforderungen an die Maßnahme

(1) Die Maßnahme muß erwachsenengerecht und insbesondere nach Dauer, Inhalt und Ausgestaltung, Unterrichtsmethode und der Ausbildung sowie der Berufserfahrung des Leiters und der Lehrkräfte qualitativ geeignet sein, das Ziel der Fortbildung oder Umschulung zu erreichen. Bei Maßnahmen mit ganztägigem Unterricht soll mindestens 25 Zeitstunden Unterricht in der Woche erteilt werden. Die Teilnahme an Maßnahmen der beruflichen Umschulung, die bei Vollzeitunterricht zwei Jahre übersteigen, wird nur gefördert, wenn die berufliche Umschulung auf andere Weise nicht verwirklicht werden kann und die Maßnahme nicht länger als drei Jahre dauert. Die Teilnahme an Maßnahmen im Teilzeitunterricht, die zwei Jahre übersteigen, wird bei Antragstellern, bei denen die Voraussetzungen des § 44 Abs. 2 b AFG erfüllt sind, nur gefördert, wenn das Maßnahmeziel auf andere Weise nicht verwirklicht werden kann und die Maßnahme nicht länger als vier Jahre dauert.

(2) Die Teilnahme an einer Bildungsmaßnahme wird nur gefördert, wenn die Maßnahme länger als zwei Wochen dauert und mehr als 50 Unterrichtsstunden umfaßt. Sofern der Antragsteller Anspruch auf Fortzahlung des Arbeitsentgelts hat, muß die Maßnahme länger als vier Wochen dauern und mehr als 100 Unterrichtsstunden umfassen. Fortzahlung im Sinne dieser Bestimmung ist die Gewährung des Arbeitsentgelts für Arbeitszeit, die

wegen der Teilnahme an der Maßnahme ausfällt. Satz 1 und 2 gelten nicht für Maßnahmen zur Verbesserung der Vermittlungsaussichten und für Maßnahmen, die das Ziel haben, berufliche Kenntnisse und Fertigkeiten festzustellen.

(3) Die Teilnahme an einer beruflichen Bildungsmaßnahme mit einer Dauer von mehr als sechs Monaten muß mit einer Frist von höchstens acht Wochen, erstmals zum Ende der ersten sechs Monate, sodann jeweils zum Ende der nächsten drei Monate ohne Angabe von Gründen kündbar sein. Die maßgeblichen Zeitspannen sind grundsätzlich vom Beginn der Maßnahme an zu berechnen. Angemessen sind auch Kündigungsregelungen, die angemessene Kündigungsfristen zum Ende eines berufsüblichen oder durch Vorschriften vorgegebenen Maßnahmeabschnittes vorsehen.

(4) Eine Maßnahme entspricht den Grundsätzen der Wirtschaftlichkeit und Sparsamkeit nur, wenn sie sich auf das zum Erreichen des Maßnahmezieles Notwendige beschränkt. Die Maßnahme darf allgemeinbildende Fächer nur in dem Umfang enthalten, der für das Erreichen des Maßnahmezieles erforderlich ist. Bei Kostensätzen, die die durchschnittlichen Kostensätze von Maßnahmen mit gleichem oder ähnlichem Bildungsziel nicht überschreiten, kann in der Regel davon ausgegangen werden, daß sie angemessen im Sinne des § 34 Abs.1 Satz 2 Nr. 3 AFG sind.

(5) Die Teilnahme an einer Maßnahme kann nur gefördert werden, wenn
1. die Gesamtaufwendungen für die Teilnahme im Hinblick auf die mit der Maßnahme angestrebten Ziele vertretbar und aufgrund der Umstände des Einzelfalls erforderlich sind,
2. der Maßnahmeträger dem Arbeitsamt rechtzeitig vor Beginn der Maßnahme – bei der erstmaligen Einrichtung einer Bildungsmaßnahme mindestens sechs Wochen vor diesem Zeitpunkt – die Teilnahmebedingungen bekanntgibt und die Unterlagen vorlegt, die zur Prüfung der Voraussetzungen nach § 34 Abs. 1 AFG notwendig sind.

§ 4a
Auftragsmaßnahmen

(1) Soweit Maßnahmen, die den Anforderungen von § 34 Abs. 1 Satz 2 AFG und § 4 dieser Anordnung entsprechen, in angemessener Zeit nicht oder nicht im erforderlichen Umfang angeboten werden, sind grundsätzlich Träger mit der Durchführung beruflicher Bildungsmaßnahmen zu beauftragen. Über die Planung und den Erfolg von Auftragsmaßnahmen sind die Verwaltungsausschüsse im Rahmen des § 191 Abs. 1 AFG rechtzeitig zu unterrichten.

(2) Auftragsmaßnahmen sollen zu Festpreisen vergeben werden.

(3) Die einzelnen Bedingungen zur Durchführung der Auftragsmaßnahme und über die Zusammenarbeit mit der Bundesanstalt sind vor Beginn der Maßnahme schriftlich in einem Vertrag festzulegen. Der Träger hat sich insbesondere zu verpflichten, den Dienststellen der Bundesanstalt Auskünfte über die Durchführung und den Erfolg der Maßnahme zu geben und entsprechende Feststellungen zu unterstützen.

(4) Bei Maßnahmen, die in Betrieben durchgeführt werden, kann das Arbeitsamt verlangen, daß der Betrieb vor Auftragserteilung eine Stellungnahme des Betriebsrates dazu vorlegt, ob durch die Maßnahme betriebliche Ausbildungsplätze oder Weiterbildungsmaßnahmen, für die der Betrieb überwiegend selbst die Kosten zu tagen hat, wegfallen.

§ 5
Wiederholung der Maßnahme

(1) Die Wiederholung einer gesamten Maßnahme wird nicht gefördert.

(2) Im Rahmen einer Maßnahme kann nur einmal ein Teil als Wiederholung gefördert werden.

7.3 Anordnung Fortbildung und Umschulung

§ 6
Zweckmäßigkeit der Teilnahme an einer Maßnahme

Die Teilnahme an einer Bildungsmaßnahme ist zweckmäßig, wenn durch sie die berufliche Situation für den Antragsteller in Übereinstimmung mit den Bedürfnissen des Arbeitsmarktes gesichert oder verbessert wird.

§ 6a
Auswahl der Maßnahme

Es wird grundsätzlich nur die Teilnahme an der Maßnahme gefördert, die vom Arbeitsamt im Rahmen seines pflichtgemäßen Ermessens gemäß § 33 AFG für den Antragsteller festgelegt wird. Für diese Festlegung sind in der Regel alle Maßnahmen mit Vollzeit- oder Teilzeitunterricht am Wohnort des Antragstellers oder in dessen Tagespendelbereich zu berücksichtigen, die für ihn unter Beachtung des Maßnahmezieles in Betracht kommen. Maßnahmen mit Fernunterricht sind einzubeziehen, soweit nach den Gesamtumständen des Einzelfalles, insbesondere den persönlichen Verhältnissen des Antragstellers, ein Erreichen des Maßnahmezieles in angemessener Zeit erwartet werden kann. Dem Teilnehmer ist der Eintritt in eine erst später beginnende Maßnahme nur zuzumuten, wenn die sich daraus ergebende Wartezeit unter Berücksichtigung der Besonderheiten des Einzelfalles nicht unangemessen ist. Stimmt das Arbeitsamt in begründeten Fällen der Teilnahme an einer anderen als der festgelegten Maßnahme zu, sind Leistungen nur im Rahmen des § 11a zu gewähren.

§ 7
Leistungsvoraussetzungen und förderungsfähiger Personenkreis

(1) Personen, die sich beruflich fortbilden oder beruflich umschulen wollen, werden nur gefördert, wenn sie beabsichtigen, innerhalb von vier Jahren nach Abschluß der Maßnahme mindestens drei Jahre lang eine die Beitragspflicht begründende Beschäftigung auszuüben.

(2) Eine abgeschlossene Berufsausbildung im Sinne des § 42 AFG liegt vor, wenn ein Berufsabschluß in einem nach bundes- oder landesrechtlichen Vorschriften anerkannten Beruf erworben wurde, für den die Ausbildungszeit mit mindestens zwei Jahren festgesetzt ist.

(3) Als berufliche Tätigkeit im Sinne des § 42 AFG gelten auch Zeiten einer nicht abgeschlossenen Berufsausbildung, der Teilnahme an einer berufsvorbereitenden Maßnahme (§ 40 AFG) und die Hausfrauentätigkeit.

(4) Fernunterricht gilt als berufsbegleitender Unterricht im Sinne des § 42 Abs. 2 AFG.

§ 8
Nichtdeutsche

(1) Personen, die nicht Deutsche im Sinne des Artikels 116 des Grundgesetzes sind, werden nur gefördert, wenn sie in den letzten drei Jahren vor dem Eintritt in die Maßnahme mindestens zwei Jahre im Geltungsbereich des Arbeitsförderungsgesetzes erlaubt tätig waren.

(2) Die Einschränkung des Absatzes 1 gilt nicht für
1. Aussiedler (§ 1 Abs. 2 Nr. 3 und Abs. 3 des Bundesvertriebenengesetzes),
2. Ausländer im Sinne des Gesetzes über die Rechtsstellung heimatloser Ausländer im Bundesgebiet,

3. Ausländer, die als Asylberechtigte nach dem Asylverfahrensgesetz vom 16. Juli 1982 (BGBl. I S. 946) anerkannt sind.

4. Ausländer, die im Rahmen humanitärer Hilfsaktionen der Bundesrepublik Deutschland durch Erteilung einer Aufenthaltserlaubnis vor der Einreise in der Form des Sichtvermerks oder durch Übernahmeerklärung nach § 22 des Ausländergesetzes im Geltungsbereich des Arbeitsförderungsgesetzes aufgenommen worden sind (Kontingentflüchtlinge),

5. Ausländer, für die Verordnungen der Europäischen Gemeinschaften das vorsehen, sowie für nichtdeutsche Ehegatten von Deutschen im Sinne des Artikels 116 Grundgesetz.

§ 9
Interessengebundene Maßnahmen

(1) Ein besonderes arbeitsmarktpolitisches Interesse im Sinne des § 43 Abs. 2 AFG besteht, wenn Teilnehmer an der Maßnahme für Tätigkeiten auf Arbeitsplätzen fortgebildet oder umgeschult werden, die

1. für die Sicherung oder Bereitstellung von anderen Arbeits- oder Ausbildungsplätzen notwendig sind,

2. benötigt werden, um arbeitsmarkt- und strukturpolitisch erwünschte Betriebsansiedlungen oder -erweiterungen durchführen zu können

und Fachkräfte mit beruflichen Kenntnissen und Fertigkeiten, die durch die Teilnahme an der Maßnahme vermittelt werden, nicht oder nicht in ausreichender Zahl zur Verfügung stehen. Die Teilnahme an interessengebundenen Maßnahmen zur Heran- und Fortbildung von Ausbildungskräften für Jugendliche wird nicht gefördert.

(2) Die Förderung der Teilnahme an einer Maßnahme nach Absatz 1 setzt voraus, daß die Maßnahme mit einer allgemein anerkannten Prüfung abschließt und die Teilnahme an der Maßnahme nicht von betrieblichen Bedingungen abhängig gemacht wird.

(3) Ein besonderes arbeitsmarktpolitisches Interesse besteht auch an der Teilnahme an beruflichen Bildungsmaßnahmen, die ein Betrieb bei einer besonders ungünstigen Beschäftigungslage für seine Arbeitnehmer, die andernfalls von Arbeitslosigkeit bedroht wären, durchführt oder durchführen läßt und die nicht länger als vierundzwanzig Monate dauern. Eine Förderung ist nur dann zulässig, wenn der Betrieb seine Einrichtungen hierfür unentgeltlich zur Verfügung stellt.

Zweiter Abschnitt
Art und Umfang der Förderung

§ 10
Unterhaltsgeld

(1) Unterhaltsgeld nach § 44 Abs. 2 AFG erhält ein Teilnehmer, der vor Eintritt in die Maßnahme

1. beim Arbeitsamt arbeitslos gemeldet ist (§ 44 Abs. 2 Satz 2 Nr. 1 AFG) oder

2. glaubhaft macht, daß er von Arbeitslosigkeit unmittelbar bedroht ist (§ 44 Abs. 2 Satz 2 Nr. 2 und Satz 3 AFG) oder

3. noch keinen beruflichen Abschluß erworben hat, der mindestens der Facharbeiter-, Gesellen- oder Gehilfenprüfung entspricht (§ 44 Abs. 2 Satz 2 Nr. 3 AFG). Diesem steht ein Teilnehmer gleich, der einen solchen Abschluß erworben hat, jedoch länger als die

7.3 Anordnung Fortbildung und Umschulung

doppelte Ausbildungszeit des erlernten Berufes nicht mehr als Facharbeiter, Geselle oder Gehilfe tätig war.

In den Fällen nach Nr. 1, 2 und 3 Satz 2 ist weiter Voraussetzung, daß dem Antragsteller in absehbarer Zeit kein Arbeitsplatz vermittelt werden kann, der mindestens einen Berufsabschluß nach Satz 1 Nr. 3 oder eine vergleichbare Qualifikation verlangt.

(2) Unterhaltsgeld nach § 44 Abs. 2 AFG erhält ferner ein Teilnehmer an einer Maßnahme, die ihn auf eine berufliche Tätigkeit vorbereitet, in welcher auf dem für ihn in Betracht kommenden Arbeitsmarkt dem Angebot an freien Stellen eine so geringe Nachfrage nach solchen Stellen auf Arbeitnehmerseite gegenübersteht, daß der Bedarf in dem entsprechenden Beschäftigungszweig nicht in der für eine ausgeglichene Arbeitsmarktsituation erforderlichen Weise gedeckt werden kann. Hierbei ist auch die vorhersehbare arbeitsmarktliche Entwicklung dieses Beschäftigungszweiges zu berücksichtigen.

(3) Das Unterhaltsgeld nach § 44 Abs. 2a AFG wird als zinsloses Darlehen gewährt. Es ist nach Beendigung der Maßnahme nach einer tilgungsfreien Zeit wie folgt zurückzuzahlen:

Gesamtdarlehen	Tilgungszeit
bis 6000 DM	bis 2½ Jahre
über 6000 DM bis 12000 DM	bis 5 Jahre
über 12000 DM bis 18000 DM	bis 7½ Jahre
mehr als 18000 DM	bis 10 Jahre

Die tilgungsfreie Zeit beträgt das Doppelte des Zeitraumes, für den das Unterhaltsgeld gewährt wurde, mindestens 6, höchstens 24 Monate. Bei der Festlegung der Tilgungsraten sind die persönlichen Verhältnisse des Darlehensnehmers, insbesondere der Familienstand und die Einkommensverhältnisse, angemessen zu berücksichtigen. In Härtefällen können die vorgenannten Höchsttilgungszeiten bis zu zwei Jahre überschritten werden. Während einer Zeit, in der der Darlehensnehmer arbeitslos ist, entfällt auf Antrag die Leistung von Tilgungsbeiträgen; die tilgungsfreie Zeit und der Rückzahlungszeitraum verlängern sich auf Antrag um Zeiten der Arbeitslosigkeit nach Beendigung der Maßnahme.

(4) Fernunterricht gilt nicht als berufsbegleitender Unterricht im Sinne des § 44 Abs. 2a AFG.

(5) Unterhaltsgeld entfällt für Fehlzeiten, es sei denn, der Teilnehmer kann einen wichtigen Grund für sein Fernbleiben nachweisen. Unterhaltsgeld wird auch für Zeiten gewährt, die von der Bundesanstalt als Ferien anerkannt oder nach § 34 Abs. 3 AFG Bestandteil der Maßnahme sind. Ferien in diesem Sinne sind keine Zeiten, die vor dem ersten oder nach dem letzten Unterrichtstag liegen.

(6) Einem Gefangenen, der als Freigänger im Falle der Beschäftigung Arbeitsentgelt beziehen würde, wird Unterhaltsgeld nur gewährt, wenn die Justizverwaltung auf eine Erstattung der Haftkosten für die Zeit der Teilnahme an der Maßnahme verzichtet; das Unterhaltsgeld ist um den Betrag der Haftkosten zu kürzen, den der Freigänger aus seinem Arbeitsentgelt zu tragen hätte.

(7) Bricht ein Bezieher von Unterhaltsgeld nach § 44 Abs. 2 AFG die Teilnahme an der Maßnahme ohne wichtigen Grund ab, hat er für Zeiten, in denen dem Teilnehmer weder Arbeitslosengeld noch Arbeitslosenhilfe zugestanden hätte, das Unterhaltsgeld in voller Höhe zu erstatten. Auf die Rückforderung ist zu verzichten, wenn der Teilnehmer nach der Beratung durch die Bundesanstalt eine Tätigkeit aufnimmt, die zu einer dauerhaften beruflichen Eingliederung führt oder wenn sie mit Rücksicht auf die wirtschaftlichen Verhältnisse des Teilnehmers nicht vertretbar wäre oder die in der Maßnahme nach Satz 1 erworbenen Kenntnisse und Fertigkeiten zu beruflichen Abschlüssen geführt haben, die die be-

rufliche Beweglichkeit des Teilnehmers erheblich verbessert haben oder soweit die Dauer der Teilnahme an der Maßnahme nach Satz 1 auf die Dauer einer sich anschließenden beruflichen Bildungsmaßnahme angerechnet wird.

§ 11
Geringfügige Kosten

Kosten im Sinne von § 45 AFG sind geringfügig, wenn sie insgesamt 40,– DM monatlich nicht übersteigen und für die Gesamtdauer der Maßnahme nicht mehr als 200,– DM betragen.

§ 11a
Begrenzung der Leistung

In den Fällen des § 6a Satz 5 werden Leistungen nach §§ 12 bis 18 insgesamt nur bis zu der Höhe gewährt, wie sie bei der Teilnahme an der vom Arbeitsamt festgelegten Maßnahme anfallen würden.

§ 12
Lehrgangsgebühren

(1) Lehrgangsgebühren werden bis zu einer Höhe von 4,– DM je Teilnehmer und Unterrichtsstunde getragen. Dieser Betrag gilt auch für den ergänzenden Nahunterricht bei Teilnahme an Maßnahmen im Fernunterricht.

(2) Von den Aufwendungen für Lehrbriefe bei Teilnahme an Maßnahmen im Fernunterricht wird der zu erstattende Betrag nach der Stundenzahl (Zeitstunde) bemessen, die auf Grund der Überprüfung nach § 34 Abs. 1 Satz 2 AFG für die Durcharbeitung der Lehrbriefe benötigt wird. Je Stunde wird bis zu 1,60 DM vergütet. Läßt sich die Stundenzahl nicht ermitteln, sind die Aufwendungen für Lehrbriefe mit einem Pauschbetrag von 30,– DM monatlich abzugelten.

(3) Prüfungsgebühren werden bis zur Höhe von 300,– DM übernommen, wenn die Prüfung spätestens sechs Monate nach Abschluß der Maßnahme beginnt oder die Verzögerung vom Teilnehmer nicht zu vertreten ist.

Kosten für Prüfungstücke werden bis zur Höhe von 100,– DM zusätzlich erstattet.

(4) Abweichend von den Absätzen 1 bis 3 werden die notwendigen Kosten in voller Höhe getragen, wenn der Antragsteller die Voraussetzungen des § 44 Abs. 2 Satz 2 oder Abs. 2b AFG erfüllt und zwischen dem Arbeitsamt und dem Träger der Maßnahme Einvernehmen über die Höhe der Kosten hergestellt worden ist oder es sich um eine Auftragsmaßnahme (§ 4a) handelt.

§ 13
Lernmittel

(1) Für die Kosten zur Beschaffung notwendiger Lernmittel werden bis zu –,30 DM je Unterrichtsstunde, höchstens jedoch 30,– DM monatlich getragen.

(2) Die Kosten werden in voller Höhe getragen, wenn der Antragsteller die Voraussetzungen des § 44 Abs. 2 Satz 2 oder Abs. 2b AFG erfüllt.

§ 14
Fahrkosten

(1) Unvermeidbar entstehende Fahrkosten werden nach Maßgabe der Absätze 2 und 3 getragen. Hierzu gehören auch die Fahrkosten für im Regelfall eine Heimfahrt je Monat bei Antragstellern, die Leistungen nach § 16 erhalten.

(2) Die Kosten werden durch Pauschbeträge nach Maßgabe der dieser Anordnung als Anlage[1] beigefügten Tabelle abgegolten.

(3) Abweichend von Absatz 2 werden die notwendigen tatsächlichen Fahrkosten übernommen, wenn der Antragsteller die Voraussetzungen des § 44 Abs. 2 Satz 2 oder Abs. 2 b AFG erfüllt.

(4) Ein behinderter Antragsteller, der keinen Anspruch auf Förderung nach der Anordnung des Verwaltungsrates der Bundesanstalt für Arbeit über die Arbeits- und Berufsförderung Behinderter (A Reha) hat, erhält die tatsächlich entstehenden Fahrkosten, wenn er wegen seiner Behinderung öffentliche Verkehrsmittel nicht benutzen kann.

(5) Ist ein behinderter Antragsteller, der keinen Anspruch auf Förderung nach der A Reha hat, wegen seiner Behinderung auf eine Begleitperson angewiesen, werden die Fahrkosten für diese entsprechend den Absätzen 1 bis 4 erstattet.

(6) Werden die Voraussetzungen für die Gewährung der Prüfungsgebühren nach § 12 Abs. 3 Satz 1 erfüllt, sind auch die im Zusammenhang mit der Prüfung anfallenden Fahrkosten nach Maßgabe der Absätze 2 bis 5 zu gewähren.

(7) Für Pendelfahrten zwischen Wohnung und Schulungsstätte wird höchstens der Betrag gewährt, der bei auswärtiger Unterbringung für Unterkunft und Verpflegung nach § 16 Abs. 2 zu leisten wäre.

§ 15
Arbeitskleidung

(1) Die Kosten für die Beschaffung von Arbeitskleidung, die für die praktische Unterweisung notwendig ist, werden bis zur Höhe von 150,– DM getragen.

(2) Die Kosten werden in voller Höhe getragen, wenn der Antragsteller die Voraussetzungen des § 44 Abs. 2 Satz 2 oder Abs. 2 b AFG erfüllt.

§ 16
Unterkunft und Verpflegung

(1) Ist eine auswärtige Unterbringung notwendig, werden die Kosten für Unterkunft und Verpflegung nach Maßgabe der Absätze 2 und 3 getragen.

(2) Gewährt wird

a) für Unterkunft eine monatliche Pauschale von 240,– DM und

b) für Verpflegung Nichtalleinstehenden eine monatliche Pauschale von 240,– DM, Alleinstehenden eine monatliche Pauschale von 120,– DM.

(3) Stellt der Träger der Maßnahme im Einvernehmen mit dem Arbeitsamt die Unterkunft und Verpflegung bereit, werden die Kosten für Unterkunft in voller Höhe getragen. Die Kosten für Verpflegung werden getragen, soweit sie

a) bei Nichtalleinstehenden 90,– DM,

b) bei Alleinstehenden 210,– DM

monatlich übersteigen. Der vom Teilnehmer zu zahlende Betrag ist vom Unterhaltsgeld einzubehalten und an den Maßnahmeträger zu überweisen.

(4) Das Einvernehmen nach Absatz 3 darf nur hergestellt werden, wenn die Teilnehmer die Voraussetzungen des § 44 Abs. 2 Satz 2 oder 2 b AFG erfüllen und die vom Träger geforderten Kosten angemessen sind.

(5) § 14 Abs. 6 gilt hinsichtlich der Kosten für Unterkunft und Verpflegung entsprechend.

---

[1] nicht abgedruckt

§ 17
Krankenversicherung

Für Teilnehmer an Maßnahmen, deren Krankenhilfe nicht anderweitig sichergestellt ist, werden die notwendigen Kosten einer Versicherung gegen Krankheit übernommen.

§ 17a
Kinderbetreuungskosten

Die Kinderbetreuungskosten werden nach den Bestimmungen des § 45 AFG bis zu 60,– DM monatlich getragen, wenn der Antragsteller die Voraussetzungen des § 44 Abs. 2 Satz 2 oder Abs. 2 b AFG erfüllt.

§ 18
Sonstige Kosten

(1) Sonstige Kosten werden bis zur Höhe von 150,– DM getragen, wenn sie durch die Teilnahme an einer Maßnahme unvermeidbar entstehen.

(2) Die Kosten nach Absatz 1 werden in voller Höhe getragen, wenn der Antragsteller
1. die Voraussetzungen des § 44 Abs. 2 oder Abs. 2 AFG erfüllt oder
2. wegen einer Behinderung nur an einer Maßnahme teilnehmen kann, die in einer Rehabilitationsstätte oder in Zusammenarbeit mit einer Rehabilitationsstätte durchgeführt wird.

(3) § 14 Abs. 6 gilt hinsichtlich der Erstattung sonstiger Kosten entsprechend.

§ 19
Einarbeitungszuschuß

(1) Ein Einarbeitungszuschuß kann gewährt werden, wenn der Arbeitgeber durch eine über die übliche – in der Regel kurzfristige – Einweisung hinausgehende Maßnahme dem Arbeitgeber im Rahmen eines Einarbeitungsplanes qualifizierende berufliche Kenntnisse und Fertigkeiten in einem Arbeitsverhältnis vermittelt, die zu einer Verbesserung der beruflichen Mobilität des einzuarbeitenden Arbeitnehmers führen. Die Dauer der Einarbeitung muß dem Zeitraum entsprechen, der notwendig ist, um dieses Ziel zu erreichen. Die Gewährung eines Einarbeitungszuschusses ist keine Förderung im Sinne des § 42 Abs. 2 AFG. § 8 findet entsprechende Anwendung.

(2) Der Einarbeitungszuschuß kann nur gewährt werden, wenn der Arbeitnehmer mindestens sechs Monate beruflich tätig war und die vorgesehene Einarbeitung länger als vier Wochen dauert. § 7 Abs. 3 gilt entsprechend.

(3) Die Höhe und Dauer des Einarbeitungszuschusses richtet sich grundsätzlich nach dem Unterschied zwischen dem vorhandenen Leistungsvermögen des einzuarbeitenden Arbeitnehmers und den Anforderungen am vorgesehenen Arbeitsplatz.
Der sich danach ergebende Zuschuß kann um 20. v. H. des maßgeblichen Arbeitsentgelts bis zur Höchstgrenze nach § 49 Abs. 2 AFG erhöht werden, wenn durch die Einarbeitung die berufliche Mobilität des Arbeitnehmers erheblich erhöht wird.
Der Bemessung des Einarbeitungszuschusses ist das zu Beginn der Einarbeitung maßgebliche Arbeitsentgelt zugrunde zu legen.

(4) Ein Einarbeitungszuschuß kann auch im Anschluß an eine Maßnahme, die nach den §§ 10 bis 18 gefördert wurde, gewährt werden, wenn eine zusätzliche Einarbeitung notwendig ist.

7.3 Anordnung Fortbildung und Umschulung

(5) Das Arbeitsamt kann verlangen, daß dem Antrag auf Einarbeitungszuschuß eine Stellungnahme des Betriebs- oder Personalrats beizufügen ist. Der Einarbeitungszuschuß kann mit der Auflage bewilligt werden, daß die zweckentsprechende Verwendung der Leistungen nach Ablauf der Förderungsfrist nachgewiesen wird und daß dem Nachweis auch eine Stellungnahme des Betriebs- oder Personalrats beizufügen ist.

Dritter Abschnitt
Verfahren

§ 20
Antragstellung

(1) Die Leistungen nach dieser Anordnung werden auf Antrag gewährt. Der Antrag soll schriftlich und rechtzeitig vor Beginn der Maßnahme gestellt werden. Wird der Antrag erst nach dem Eintritt in eine Maßnahme gestellt, werden Leistungen nach dieser Anordnung frühestens vom Zeitpunkt der Antragstellung an gewährt.

(2) Der Antrag auf Leistungen nach den §§ 10 bis 18 ist bei dem Arbeitsamt zu stellen, in dessen Bezirk der Antragsteller wohnt. Wird der Antrag erst nach dem Eintritt in eine Maßnahme gestellt, kann er auch bei dem Arbeitsamt eingereicht werden, in dessen Bezirk die Maßnahme durchgeführt wird. Der Antrag auf Einarbeitungszuschuß nach § 19 ist vom Arbeitgeber bei dem Arbeitsamt zu stellen, in dessen Bezirk der Betrieb seinen Sitz hat. Der Präsident der Bundesanstalt kann aus Zweckmäßigkeitsgründen eine abweichende Regelung treffen.

§ 21
Zuständigkeit

(1) Der Direktor des Arbeitsamtes, in dessen Bezirk die Maßnahme durchgeführt wird, entscheidet über die Förderung. Bei Maßnahmen, die im Fernunterricht oder wechselnd an verschiedenen Orten durchgeführt werden, trifft der Direktor des Arbeitsamtes, in dessen Bezirk der Antragsteller wohnt, die Entscheidung. Satz 2 gilt entsprechend, wenn bereits bei der Antragstellung feststeht, daß die Förderungsvoraussetzungen nicht erfüllt sind.

(2) Aus Zweckmäßigkeitsgründen kann eine von Absatz 1 abweichende Zuständigkeitsregelung getroffen werden. Zuständig dafür ist der Präsident der Bundesanstalt. Sofern nur die Zuständigkeit von Arbeitsämtern des Bezirkes eines Landesarbeitsamtes berührt wird, ist der Präsident des jeweiligen Landesarbeitsamtes dafür zuständig.

(3) Bei Maßnahmen, die im Fernunterricht durchgeführt werden, entscheidet der Präsident der Bundesanstalt, ob die Voraussetzungen nach § 34 AFG in Verbindung mit § 4 erfüllt sind.

§ 22
Auszahlung

(1) Werden Kosten von der Bundesanstalt nicht unmittelbar getragen, sind die entsprechenden Leistungen an den Berechtigten auszuzahlen. Leistungen nach den §§ 14, 16, 17 und 17a sind monatlich im voraus auszuzahlen. Leistungen nach den

§§ 12, 13, 15 und 18 sind jeweils dann auszuzahlen, wenn dem Berechtigten die Kosten entstehen. Bei Teilnahme an Maßnahmen in Teilzeit- oder Fernunterricht sind die Leistungen grundsätzlich vierteljährlich nachträglich auszuzahlen. Die Leistung nach § 19 ist monatlich nachträglich auszuzahlen.

(2) Bei der Auszahlung des Unterhaltsgeldes sind § 122 AFG und die dazu ergangenen Vorschriften entsprechend anzuwenden.

Vierter Abschnitt

Schlußbestimmungen

§ 23
Inkrafttreten und Übergangsregelungen

. . .

7.4 Arbeitslosenhilfe-Verordnung vom 7. August 1974 (BGBl. I, S. 1929), zuletzt geändert durch Art. 16 des Arbeitsförderungskonsolidierungsgesetzes — AFKG — vom 22. Dezember 1981 (BGBl. I, S. 1497)

Auf Grund des § 134 Abs. 3 des Arbeitsförderungsgesetzes wird im Einvernehmen mit dem Bundesminister der Finanzen, dem Bundesminister für Jugend, Familie und Gesundheit und dem Bundesminister des Innern, auf Grund des § 137 Abs. 3 und des § 138 Abs. 4 des Arbeitsförderungsgesetzes im Einvernehmen mit dem Bundesminister der Finanzen verordnet:

Erster Abschnitt

Begründung des Anspruchs auf Arbeitslosenhilfe

§§ 1 — 5 (aufgehoben)

Zweiter Abschnitt

Berücksichtigung von Vermögen

§ 6
Verwertung von Vermögen

(1) Vermögen des Arbeitslosen, seines mit ihm im gemeinsamen Haushalt lebenden Ehegatten und seiner mit ihm im gemeinsamen Haushalt lebenden leiblichen Kinder ist zu berücksichtigen, soweit es verwertbar und die Verwertung zumutbar ist und der Wert des Vermögens, dessen Verwertung zumutbar ist, jeweils achttausend Deutsche Mark bei leiblichen Eltern und Kindern jeweils zwölftausend Deutsche Mark übersteigt.

(2) Vermögen ist insbesondere verwertbar, soweit seine Gegenstände verbraucht, übertragen oder belastet werden können. Es ist nicht verwertbar, soweit der Inhaber des Vermögens in der Verfügung beschränkt ist und die Aufhebung der Beschränkung nicht erreichen kann.

(3) Die Verwertung ist zumutbar, wenn sie nicht offensichtlich unwirtschaftlich ist und wenn sie unter Berücksichtigung einer angemessenen Lebenshaltung des Inhabers des Vermögens und seiner Angehörigen billigerweise erwartet werden kann. Nicht zumutbar ist insbesondere die Verwertung

1. von angemessenem Hausrat,

2. von Vermögen, das zur alsbaldigen Gründung eines angemessenen eigenen Hausstandes bestimmt ist,

3. von Vermögen, das für eine alsbaldige Berufsausbilung, zum Aufbau oder zur Aufrechterhaltung einer angemessenen Alterssicherung bestimmt ist,

4. von Gegenständen, die zur Aufnahme oder Fortsetzung der Berufsausbildung oder der Erwerbstätigkeit unentbehrlich sind,

5. von Gegenständen, die zur Befriedigung geistiger, besonders wissenschaftlicher oder künstlerischer Bedürfnisse dienen und deren Besitz nicht Luxus ist,

6. von Familien- und Erbstücken, deren Veräußerung für den Eigentümer oder seine Angehörigen eine unbillige Härte bedeuten würde,

7. eines Hausgrundstückes von angemessener Größe, das der Eigentümer bewohnt, oder einer entsprechenden Eigentumswohnung oder eines Vermögens, das nachweislich zum alsbaldigen Erwerb eines solchen Hausgrundstückes oder einer solchen Eigentumswohnung bestimmt ist.

§ 7
Ausnahmen von der Verwertung

(1) Vermögen aus einmaligen Sozialleistungen gilt für die Dauer von fünf Jahren als nicht verwertbar, soweit es zehntausend Deutsche Mark nicht übersteigt.

(2) Vermögen, das aus der prämienbegünstigten Anlage nach dem Spar-Prämiengesetz oder dem Wohnungsbau-Prämiengesetz oder aus der zulagebegünstigten Anlage nach dem Dritten Vermögensbildungsgesetz sowie aus den Erträgnissen hieraus herrührt, gilt als nicht verwertbar, solange der Inhaber des Vermögens

1. in der Verfügung beschränkt ist und die Aufhebung dieser Beschränkung nur unter wirtschaftlichen oder rechtlichen Nachteilen erreichen kann oder

2. eine vorzeitige unschädliche Verfügung über das Vermögen nicht trifft.

§ 8
Verkehrswert

Das Vermögen ist ohne Rücksicht auf steuerrechtliche Vorschriften mit seinem Verkehrswert zu berücksichtigen. Für die Bewertung ist der Zeitpunkt maßgebend, in dem der Antrag auf Arbeitslosenhilfe gestellt wird, bei späterem Erwerb von Vermögen der Zeitpunkt des Erwerbs. Änderungen des Verkehrswertes sind nur zu berücksichtigen, wenn sie erheblich sind.

§ 9
Dauer der Berücksichtigung

Bedürftigkeit besteht nicht für die Zahl voller Wochen, die sich aus der Teilung des zu berücksichtigenden Vermögens durch das Arbeitsentgelt ergibt, nach dem sich der Hauptbetrag der Arbeitslosenhilfe richtet.

Dritter Abschnitt
Bestreitung des Lebensunterhalts auf andere Weise

§ 10
Vermutung für die Bestreitung des Lebensunterhalts

Es ist anzunehmen, daß der Arbeitslose seinen Lebensunterhalt und den seiner Angehörigen, für die ein Anspruch auf Familienzuschlag besteht, im Sinne des § 137 Abs. 1 des Arbeitsförderungsgesetzes auf andere Weise als durch Arbeitslosenhilfe bestreitet oder bestreiten kann,

1. wenn der Arbeitslose eine Tätigkeit als Arbeitnehmer, Selbständiger oder mithelfender Familienangehöriger aufnehmen oder fortsetzen und hierdurch oder durch Wahrnehmung einer sonstigen zumutbaren Möglichkeit Einkommen erzielen könnte, das zur Minderung oder Versagung der Arbeitslosenhilfe führen würde,

2. wenn sich nicht feststellen läßt, ob oder in welcher Höhe der Arbeitslose Einkommen oder Vermögen hat, die Gesamtumstände der Lebensführung des Arbeitslosen jedoch den Schluß zulassen, daß er nicht oder nur teilweise bedürftig ist.

Vierter Abschnitt
Berücksichtigung von Einkommen

§ 11
Einkünfte, die nicht als Einkommen gelten

Außer den in § 138 Abs. 3 des Arbeitsförderungsgesetzes genannten Einkünften gelten nicht als Einkommen

1. einmalige Einkünfte, soweit sie nach Entstehungsgrund, Zweckbestimmung oder Übung nicht dem laufenden Lebensunterhalt dienen,

2. unentgeltliche oder verbilligte Mahlzeiten im Betrieb, Zuschüsse des Arbeitgebers zur Verbilligung der Mahlzeiten sowie ähnliche Zuwendungen, soweit sie steuerfrei sind,

3. die niedrigere Arbeitslosenhilfe, wenn leibliche Eltern und Kinder zugleich die Voraussetzungen des Anspruchs auf Arbeitslosenhilfe erfüllen,

4. die Verletztenrente aus der gesetzlichen Unfallversicherung bis zur Höhe des Betrages, der in der Kriegsopferversorgung bei gleicher Minderung der Erwerbsfähigkeit als Grundrente und Schwerbeschädigtenzulage gewährt würde, im Falle des § 587 der Reichsversicherungsordnung jedoch mindestens der danach nicht zu berücksichtigende Betrag,

5. die Rente wegen Berufsunfähigkeit und die Bergmannsrente des Arbeitslosen bis zur Höhe des Unterschiedes zwischen der Arbeitslosenhilfe nach § 136 des Arbeitsförderungsgesetzes und der Arbeitslosenhilfe, die dem Arbeitslosen hiernach zustehen würde, wenn sein Arbeitsentgelt nicht wegen Berufsunfähigkeit, verminderter bergmännischer Berufsfähigkeit oder Verrichtung einer wirtschaftlich nicht gleichwertigen Arbeit gemindert wäre,

6. Einkünfte, soweit mit ihnen unabwendbare Aufwendungen für Maßnahmen zur Erhaltung, Besserung oder Wiederherstellung der Gesundheit bestritten werden und soweit hierfür keine Leistungen Dritter gewährt werden,

7. Einkünfte eines Angehörigen des Arbeitslosen, soweit der Angehörige damit die fälligen Kosten seiner Schul- oder Berufsausbildung bestreitet,

8. die aus sittlichen oder sozialen Gründen gewährten Zuwendungen aus öffentlichen Mitteln, insbesondere solche, die wegen Bedürftigkeit an besonders verdiente Personen oder Künstler oder deren Hinterbliebene gewährt werden.

§ 12
Regelungen in sonstigen Rechtsvorschriften

Vorschriften, nach denen andere als die in § 138 Abs. 3 des Arbeitsförderungsgesetzes und in § 11 genannten Einkünfte nicht als Einkommen im Sinne des § 138 Abs. 2 des Arbeitsförderungsgesetzes gelten oder nicht zu berücksichtigen sind, bleiben unberührt.

Fünfter Abschnitt
Übergangs- und Schlußvorschriften

§ 13
Übergangsvorschrift

...

§ 14
Berlin-Klausel

Diese Verordnung gilt nach § 14 des Dritten Überleitungsgesetzes vom 4. Januar 1952 (Bundesgesetzblatt I, S. 1) in Verbindung mit § 250 Satz 2 des Arbeitsförderungsgesetzes auch im Land Berlin.

§ 15
Inkrafttreten

Diese Verordnung tritt am 1. September 1974 in Kraft.

7.5 Runderlaß des Präsidenten der Bundesanstalt für Arbeit, betr. Eingliederung der Aussiedler, vom 2. August 1988 (Dienstblatt der Bundesanstalt für Arbeit 105/88)

I. Vorbemerkungen

Der Zuzug von Aussiedlern hält unvermindert an. Es wird davon ausgegangen, daß 1988 weit über 160 000 Aussiedler einreisen werden.

Für den Fall, daß bei Überschreiten der prognostizierten Zahlen oder in Spitzenzuzugszeiten trotz personeller und organisatorischer Maßnahmen nicht alle einreisenden Aussiedler registriert werden können, werden die Vertriebenen-/Ausgleichsämter ermächtigt, eine – dem Registrierschein gleichwertige – Stellungnahme zum vorläufigen Nachweis der Vertriebeneneigenschaft abzugeben.

II. Nachweise der Vertriebenen-(Aussiedler)eigenschaft

1. Gesetzlicher Nachweis

Vertriebene (Aussiedler) erhalten zum Nachweis ihrer Vertriebenen-(Aussiedler)eigenschaft den Vertriebenenausweis A oder B (§ 15 Absätze 1 und 2 Bundesvertriebenengesetz – BVFG). Dieser wird von den Vertriebenenämtern/Ausgleichsämtern ausgestellt (BVFG-Verfahren). Die Entscheidung über die Ausstellung des Ausweises ist für alle Behörden und Stellen verbindlich, die für die Gewährung von Rechten oder Vergünstigungen als Vertriebener (Aussiedler) nach dem BVFG oder einem anderen Gesetz zuständig sind (§ 15 Abs. 5 Satz 1 BVFG).

Es ist nicht zulässig, bei Vorlage eines Vertriebenenausweises Leistungen mit der Begründung zu verweigern, daß zusätzlich noch der Registrierschein vorzulegen ist.

2. Vorläufige Nachweise

2.1 Registrierschein

Die Feststellung der Vertriebenen-(Aussiedler)eigenschaft ist zeitaufwendig. In der Regel verstreichen bis zur Aushändigung des Vertriebenenausweises mehrere Monate. Um dennoch möglichst frühzeitig die erforderlichen Integrationshilfen gewähren zu können, hat die BA mit Zustimmung des beteiligten Stellen den Registrierschein als **vorläufigen Nachweis** der Vertriebeneneigenschaft zugelassen. Er wird vom Beauftragten der Bundesregierung für die Verteilung der Aussiedler im Grenzdurchgangslager (GDL) Friedland (Arbeitsamts-Bezirk Göttingen), in der Landesstelle für Aussiedler und Zuwanderer in Unna-Massen (Arbeitsamts-Bezirk Hamm) und in der Durchgangsstelle für Aussiedler in Nürnberg ausgestellt, wenn die Angaben des Antragstellers und der vorgetragene Sachverhalt schlüssig sind und mit der Anerkennung als Aussiedler gerechnet werden kann.

Einen Registrierschein können erhalten:
a) Einzelpersonen ab vollendetem 18. Lebensjahr
b) minderjährige Einzelreisende nur dann, wenn für sie ein Vormund oder eine Pflegschaft bestellt ist.

Kinder, die mit ihren Eltern einreisen, erhalten **unabhängig vom Alter** keinen eigenen Registrierschein; sie werden auf dem Registrierschein der Eltern aufgeführt.

2.2 Stellungnahme der Vertriebenen-/Ausgleichsämter zum vorläufigen Nachweis der Vertriebenen-(Aussiedler)eigenschaft – **neues Verfahren**

7.5 Runderlaß Eingliederung

Aussiedler, die aus Kapazitätsgründen nicht am Registrierverfahren teilnehmen können und für die aus demselben Grunde der Vertriebenenausweis nicht kurzfristig ausgestellt werden kann, sollen deshalb nicht schlechter gestellt werden. Die örtlich zuständigen Vertriebenen-/Ausgleichsämter können in diesen Fällen eine „**Stellungnahme für die Gewährung von Leistungen" (Anlage 1***)) zum vorläufigen Nachweis der Vertriebeneneigenschaft abgeben, wenn die Angaben des Antragstellers im Verfahren über den Antrag auf Ausstellung eines Vertriebenenausweises schlüssig sind und das Vertriebenenamt nach einer Prüfung, die der im Registrierverfahren vergleichbar ist, damit rechnen, daß der Antragsteller anerkannt wird, aber vor der Entscheidung über den Antrag noch weitere Beweismittel (z.B. Urkunden, Auskunft bei Heimatauskunftsstelle und Heimatortkartei) beiziehen muß. Die BA hat mit Zustimmung des Bundesministers für Arbeit und Sozialordnung (BMA) diese Stellungnahme als weiteren vorläufigen Nachweis der Vertriebenen-(Aussiedler)eigenschaft zugelassen. Bei Vorlage einer „Stellungnehme für die Gewährung von Leistungen" besteht in gleicher Weise Anspruch auf vorläufige Leistungen nach dem AFG wie bei Vorlage eines Registrierscheines.

In diesen beiden Fällen erfolgt die Gewährung von Leistungen unter dem Vorbehalt der tatsächlichen Anerkennung der Aussiedlereigenschaft. Bewilligungsbescheide sind deshalb mit dem nachstehenden Zusatz zu versehen:

Die Bewilligung erfolgt vorläufig unter dem Vorbehalt der rückwirkenden Aufhebung des Bewilligungsbescheides und der Rückforderung für den Fall, daß eine Anerkennung als Vertriebener (Aussiedler) **nicht** erfolgt.

2.3 Gültigkeitsdauer der vorläufigen Nachweise

Mit der endgültigen Entscheidung über die Vertriebeneneigenschaft (Anerkennung oder Ablehnung) verlieren der Registrierschein (2.1) und die „Stellungnahme für die Gewährung von Leistungen" (2.2) ihre Wirkung als vorläufiger Nachweis der Aussiedlereigenschaft. Die „Stellungnahme" (2.2) wird unabhängig davon spätestens nach Ablauf eines Jahres vom Tage der Ausstellung ungültig.

III. Aussetzung/Ablehnung im Registrierverfahren

Anläßlich der organisatorischen Eingliederung des Beauftragten der Bundesregierung für die Verteilung der Aussiedler in das Bundesverwaltungsamt, Köln, wurde das Formular „Bescheid über den Antrag auf Einbeziehung in die Verteilung" (Registrierverfahren) für Aussiedler neu gestaltet. Der neue Vordruck, der seit 1. März 1988 verwendet wird, ist als Anlage 2*) beigefügt. Er ersetzt den Vorgangserlaß vom 14. Oktober 1971 als Anlagen 4 und 5 beigefügten „Bescheinigungen zur Vorlage beim Arbeitsamt". **Der Bescheid** über die Ablehnung des Antrages bzw. die Aussetzung der Entscheidung auf Einbeziehung in das Verteilungsverfahren **wird dann** vom Beauftragten der Bundesregierung **ausgestellt, wenn nicht mit hinreichender Sicherheit festgestellt werden kann, daß die Voraussetzungen zur Anerkennung als Vertriebener (Aussiedler) vorliegen.** Die Vertriebenen-/Ausgleichsämter, die dann für die Durchführung des Feststellungsverfahrens (der Vertriebenen-/[Aussiedler]eigenschaft) nach dem BVFG zuständig sind, übernehmen in aller Regel die Beurteilung durch den Beauftragten der Bundesregierung, sofern sich nicht im Antragsverfahren nach dem BVFG hieran Zweifel ergeben.

Personen, die einen Aussetzungs- oder Ablehnungsbescheid im Arbeitsamt vorlegen, gelten bis zum Abschluß des Prüfungsverfahrens durch das örtlich zuständige Vertriebenenamt **nicht** als Aussiedler.

IV. Bescheinigung über das eingeleitete Feststellungsverfahren nach dem Bundesvertriebenengesetz (RdErl – SB – vom 23.12.87)

1. Bescheinigung
Personen, die im Registrierverfahren abgewiesen wurden (z.b. aus Kapazitätsgründen, wegen nicht ausreichender Nachweise oder bei Einreise als Tourist) oder die nicht über eine Durchgangsstelle eingereist sind, können die Feststellung der Vertriebeneneigenschaft bei dem für ihren Wohnort zuständigen Vertriebenen-/Ausgleichsamt beantragen und darüber eine Bescheinigung erhalten. Diese Bescheinigung dient lediglich als Nachweis darüber, daß das BVFG-Feststellungsverfahren beantragt wurde. Sie enthält keinen Hinweis auf das Vorliegen der Aussiedlereigenschaft, auch keine tendenzielle Aussage. Sie ist deshalb **kein** vorläufiger Nachweis der Aussiedlereigenschaft.

    Aufgrund dieser Bescheinigung können keine Leistungen gewährt werden.

2. Arbeitserlaubnis
Für den Zeitraum des BVFG-Feststellungsverfahrens bedarf es keiner Arbeitserlaubnis.

    Hat die Ausländerbehörde die Aufnahme einer unselbständigen Erwerbstätigkeit untersagt, steht der Antragsteller der Arbeitsvermittlung nicht zur Verfügung.

3. Beratung, Vermittlung
Die sich aus dem o. a. Verfahren ergebenden Nachteile für die unmittelbar in die Gemeinden eingereisten oder weitergeleiteten Antragsteller gegenüber den registrierten Antragstellern sollen so gering wie möglich gehalten werden. Deshalb bitte ich, die notwendigen Beratungsgespräche zur Klärung der in Frage kommenden Integrationshilfen zu führen und – je nach dem Kenntnisstand der deutschen Sprache – Vermittlungsbemühungen für eine Arbeitsstelle einzuleiten oder die Teilnahme an einem Deutsch-Sprachlehrgang vorzubereiten.

4. Förderung der Teilnahme an einem Deutsch-Sprachlehrgang und an berufsbildenden Maßnahmen
Eine finanzielle Förderung ist erst nach Vorlage eines der unter II genannten Nachweise der Vertriebeneneigenschaft möglich.

5. Lohnersatzleistungen
Wird bei der Beantragung von Alg/Alhi durch einen Aussiedler kein Vertriebenenausweis, Registrierschein des Beauftragten der Bundesregierung für die Verteilung der Aussiedler oder keine Stellungnahme nach Anlage 1[*)] dieses RdErl vorgelegt, so ist der Antragsteller mit einem Schreiben nach Anlage 3[*)] dieses RdErl zur Beschaffung eines entsprechenden Nachweises aufzufordern.

    Werden Leistungen aufgrund eines vorläufigen Nachweises der Aussiedlereigenschaft durch einen Registrierschein oder eine Stellungnahme nach Anlage 1[*)] dieses RdErl unter dem Vorbehalt gewährt, daß ein Vertriebenenausweis ausgestellt wird, ist die Vorlage des Vertriebenenausweises (bzw. der Entscheidung über die Ablehnung dieses Ausweises) durch Wiedervorlage zu überwachen. Vorläufige Leistungen aufgrund einer Stellungnahme eines Vertriebenenamtes/Ausgleichsamtes nach Anlage 1[*)] dieses RdErl sind längstens für die Zeit der Gültigkeit dieser Bescheinigung (ein Jahr) zu gewähren.

6. Kindergeld
Soweit die eingereisten Personen Kinder haben, ist ihnen im Hinblick auf die Ausschlußfrist des § 9 Abs. 2 BKGG anzuraten, unverzüglich einen schriftlichen Kinder-

geldantrag zu stellen. Kann ein Wohnsitz oder gewöhnlicher Aufenthalt im Inland nicht durch einen Vertriebenenausweis, Registrierschein oder eine Stellungnahme nach Anlage 1*) dieses RdErl nachgewiesen werden, ist zu prüfen, ob eine Bewilligung nach DA 1.33 und 1.39 in Betracht kommt; andernfalls ist ein Zwischenbescheid zu erteilen. Bei einem Kindergeldantrag für Kinder in einem der in § 2 Abs. 5 BKGG aufgezählten Gebiete sind die Voraussetzungen nach DA 2.532 zu prüfen, wenn die Aussiedlereigenschaft nicht durch die genannten Nachweise belegt ist; andernfalls ist ein Zwischenbescheid zu erteilen.

V. Regelungen für Berlin

Die Regelungen dieses Runderlasses gelten auch für den Bezirk des Landesarbeitsamtes Berlin mit der Einschränkung, daß dort keine Registrierscheine durch den Beauftragten der Bundesregierung und keine „Stellungnahmen für die Gewährung von Leistungen" ausgestellt werden. Personen, die über das Durchgangswohnheim für Aussiedler und Zuwanderer in Berlin-Marienfelde (DAZ) nach Berlin einreisen, erhalten anstelle eines Registrierscheines eine vom Landesamt für Zentrale Soziale Aufgaben – Landesversorgungsamt – ausgestellte vorläufige Bescheinigung (s. Anlage 4*)). Diese vorläufige Bescheinigung ist dem Registrierschein gleichzusetzen und berechtigt ebenso zur Inanspruchnahme der genannten Leistungen.

Im Besitz eines Registrierscheines oder einer „Stellungnahme für die Gewährung von Leistungen" sind lediglich die Aussiedler, die aus dem Bundesgebiet nach Berlin weiterreisen.

...

8. SPRACHFÖRDERUNG

8.1 §§ 62 a ff Arbeitsförderungsgesetz vom 25. Juni 1965, zuletzt geändert durch Gesetz vom 14. Dezember 1987 (BGBl. I S. 2602)

Siebter Unterabschnitt

Förderung der Teilnahme an Deutsch-Sprachlehrgängen für Aussiedler, Asylberechtigte und Kontingentflüchtlinge

§ 62 a

(1) Die Bundesanstalt gewährt

1. Aussiedlern im Sinne des § 1 Abs. 2 Nr. 3 und Abs. 3 des Bundesvertriebenengesetzes in der Fassung der Bekanntmachung vom 3. September 1971 (BGBl I S. 1565, 1807), zuletzt geändert durch Artikel 10 des Gesetzes vom 18. Februar 1986 (BGBl. I S. 265),

2. Personen, die eine einmalige Überbrückungshilfe der Bundesregierung nach den Richtlinien des Bundesministers des Innern vom 29. November 1985 (GMBl. 1986 S. 8), zuletzt geändert durch die Richtlinien vom 17. Dezember 1986 (GMBl. 1987 S. 20), erhalten haben,

3. Ausländern, die als Asylberechtigte nach dem Asylverfahrensgesetz anerkannt sind und ihren gewöhnlichen Aufenthalt im Geltungsbereich dieses Gesetzes haben,

---
*) nicht abgedruckt

4. Ausländern, die im Rahmen humanitärer Hilfsaktionen der Bundesrepublik Deutschland durch Erteilung einer Aufenthaltserlaubnis vor der Einreise in der Form des Sichtvermerks oder durch Übernahmeerklärung nach § 22 des Ausländergesetzes vom 28. April 1965 (BGBl. I S. 353), zuletzt geändert durch Artikel 4 des Gesetzes vom 6. Januar 1987 (BGBl. I S. 89), im Geltungsbereich dieses Gesetzes aufgenommen worden sind (Kontingentflüchtlinge)

Leistungen nach § 62 b, wenn sie

a) an einem Deutsch-Sprachlehrgang mit ganztägigem Unterricht teilnehmen,

b) im Herkunftsland eine Erwerbstätigkeit von mindestens zehn Wochen Dauer in den letzten zwölf Monaten vor der Ausreise ausgeübt haben,

c) beabsichtigen, nach Abschluß des Deutsch-Sprachlehrgangs eine nicht der Berufsausbildung dienende Erwerbstätigkeit im Geltungsbereich dieses Gesetzes aufzunehmen,

d) die für die Aufnahme einer Erwerbstätigkeit erforderlichen Kenntnisse der deutschen Sprache nicht besitzen.

(2) Leistungen nach § 62 b werden auch gewährt, wenn wegen der besonderen Verhältnisse im Herkunftsland die Voraussetzungen nach Absatz 1 nicht erfüllt werden konnten und die Nichtgewährung der Leistungen eine unbillige Härte darstellen würde.

§ 62 b

(1) Die Teilnehmer erhalten für längstens zehn Monate Unterhaltsgeld und zwar

a) Aussiedler (§ 62 a Abs. 1 Nr. 1) und Personen, die eine einmalige Überbrückungshilfe erhalten haben (§ 62 a Abs. 1 Nr. 2) in Höhe von 63 vom Hundert,

b) Asylberechtigte (§ 62 a Abs. 1 Nr. 3) und Kontingentflüchtlinge (§ 62 a Abs. 1 Nr. 4) in Höhe von 58 vom Hundert.

des um die gesetzlichen Abzüge, die bei Arbeitnehmern gewöhnlich anfallen, verminderten durchschnittlichen Arbeitsentgelts aller Bezieher von Arbeitslosengeld am 1. September des vorangegangenen Kalenderjahres; § 44 Abs. 4 bis 7 gilt entsprechend.

(2) Die durch die Teilnahme entstehenden notwendigen Kosten werden erstattet.

§ 62 c

(1) Die Bundesanstalt erstattet den Trägern von Deutsch-Sprachlehrgängen für Aussiedler, Empfänger einer einmaligen Überbrückungshilfe, Asylberechtigte und Kontingentflüchtlinge, die keinen Anspruch auf Leistungen nach den §§ 62 a und 62 b haben und auch keine Leistungen nach den Allgemeinen Verwaltungsvorschriften des Bundesministers für Jugend, Familie und Gesundheit über Beihilfen zur Eingliederung junger Aussiedler, junger Zuwanderer aus der DDR und Berlin (Ost) sowie junger Flüchtlinge – sog. Garantiefonds – (AVV-GF) vom 17. Dezember 1981 (GMBl. 1982 S. 65) in Anspruch nehmen können, die notwendigen Kosten, die durch die Durchführung der Lehrgänge und die Abgabe von Lernmitteln an die Teilnehmer unmittelbar entstehen.

(2) Die Bundesanstalt trägt die notwendigen Fahrkosten, die durch die Teilnahme an Deutsch-Sprachlehrgängen unmittelbar entstehen.

§ 62 d

Für die Leistungen nach den §§ 62 b und 62 c gelten die §§ 33, 34 und 45 entsprechend. Die Bundesanstalt bestimmt durch Anordnung das Nähere über Voraussetzungen, Art, Umfang und Durchführung der Förderung nach diesem Unterabschnitt.

8.2 Anordnung des Verwaltungsrates der Bundesanstalt für Arbeit über die Förderung der Teilnahme an Deutsch-Sprachlehrgängen für Aussiedler, Asylberechtigte und Kontingentflüchtlinge (A Sprachförderung) vom 16. März 1988 (ANBA, S. 700)

Inhaltsübersicht

Erster Abschnitt

Allgemeine Bestimmungen §§
Ziel der Förderung 1
Förderungsfähiger Personenkreis 2
Anforderungen an die Maßnahme 3
Wiederholung der Maßnahme 4

Zweiter Abschnitt

Art und Umfang der Förderung
Unterhaltsgeld 5
Leistungen nach § 45 AFG 6

Dritter Abschnitt

Verfahren
Antragstellung 7
Zuständigkeit 8
Auszahlung 9

Vierter Abschnitt

Schlußbestimmungen
Inkrafttreten 10

Erster Abschnitt

Allgemeine Bestimmungen

§ 1
Ziel der Förderung
Ziel der Förderung der Teilnahme an Deutsch-Sprachlehrgängen für Aussiedler, Asylberechtigte und Kontingentflüchtlinge nach §§ 62a bis 62d AFG ist es, die berufliche und gesellschaftliche Eingliederung dieser Personenkreise zu ermöglichen.

§ 2
Förderungsfähiger Personenkreis
Gefördert werden Personen nach §§ 62a und 62c AFG, deren Einreise in den Geltungsbereich des Arbeitsförderungsgesetzes nicht länger als fünf Jahre vor dem Eintritt in den

Deutsch-Sprachlehrgang zurückliegt. Sofern besondere Gründe für einen späteren Beginn des Sprachlehrgangs vorliegen, sind Leistungen auch zu gewähren, wenn die Einreise weiter zurückliegt.

§ 3
Anforderungen an die Maßnahme

(1) Hinsichtlich der Anforderungen an die Maßnahme gelten die §§ 3 Abs. 1 und 2, 4, 4a und 6a der Anordnung des Verwaltungsrates der Bundesanstalt für Arbeit über die individuelle Förderung der beruflichen Fortbildung und Umschulung (A Fortbildung und Umschulung) entsprechend.

(2) Maßnahmen für den Personenkreis nach § 62a AFG dürfen nicht länger als zehn Monate dauern.

(3) Maßnahmen für den Personenkreis nach § 62c AFG sollen mindestens 300, höchstens 800 Unterrichtsstunden umfassen und innerhalb von 18 Monaten abgeschlossen sein.

§ 4
Wiederholung der Maßnahme

Die ganze oder teilweise Wiederholung einer Maßnahme kann mit Leistungen nach § 62b AFG nur gefördert werden, wenn die bereits geförderte Maßnahmedauer und die Wiederholung zusammen nicht länger als zehn Monate dauern.

Zweiter Abschnitt

Art und Umfang der Förderung

§ 5

Unterhaltsgeld nach § 62b AFG wird für Fehl- und Ferienzeiten entsprechend § 10 Abs. 5 A Fortbildung und Umschulung gewährt.

§ 6
Leistungen nach § 45 AFG

Die Leistungen nach § 45 AFG werden in entsprechender Anwendung der §§ 11 bis 18 A Fortbildung und Umschulung in der Höhe gewährt, wie sie danach der Personenkreis nach § 44 Abs. 2 Satz 2 AFG erhält.

Dritter Abschnitt

Verfahren

§ 7
Antragstellung

(1) Für die Beantragung von Leistungen nach § 62b AFG gilt § 20 A Fortbildung und Umschulung entsprechend.

(2) Die Erstattung der Fahrkosten nach § 62c Abs. 2 AFG ist bei dem Arbeitsamt zu beantragen, in dessen Bezirk der Antragsteller wohnt.

(3) Die Erstattung der Kosten nach § 62c Abs. 1 AFG ist bei dem für den Maßnahmeort zuständigen Arbeitsamt zu beantragen.

§ 8
Zuständigkeit

(1) Über Anträge nach § 7 Abs. 1 und 3 entscheidet der Direktor des Arbeitsamtes, in dessen Bezirk die Maßnahme durchgeführt wird.

(2) Über Anträge nach § 7 Abs. 2 entscheidet der Direktor des Arbeitsamtes, in dessen Bezirk der Antragsteller wohnt.

(3) § 21 Abs. 1 und 2 A Fortbildung und Umschulung gilt entsprechend.

§ 9
Auszahlung

(1) Für die Auszahlung der Leistungen gilt § 22 Abs. 1 und 2 A Fortbildung und Umschulung entsprechend.

(2) Die Kosten nach § 62c Abs. 1 AFG werden grundsätzlich nach Abschluß der Maßnahme erstattet.

Vierter Abschnitt

Schlußbestimmungen

§ 10
Inkrafttreten

Diese Anordnung tritt am 1. Jannuar 1988 in Kraft.

8.3 Runderlaß des Präsidenten der Bundesanstalt für Arbeit vom 10. März 1980 betr. Förderung der Teilnahme von Aussiedlern, Asylberechtigten und Kontingentflüchtlingen an Deutsch-Lehrgängen (Dienstblatt der Bundesanstalt für Arbeit 68/80) – Auszug –

Am 30. Januar 1980 wurde im Bundesgesetzblatt Teil I, S. 87, die 2. Verordnung zur Änderung der Verordnung über die Förderung der Teilnahme von Aussiedlern an Deutsch-Lehrgängen verkündet. Am 16. Januar 1980 wurde die 1. Vereinbarung zur Änderung der Vereinbarung zwischen der Bundesregierung und der Bundesanstalt für Arbeit über die Förderung von Deutsch-Lehrgängen für Aussiedler abgeschlossen.
. . .

Die Änderung der Verordnung und der Vereinbarung sind rückwirkend zum 1. September 1979 in Kraft getreten. Die örtlichen Organe der Selbstverwaltung bitte ich hierüber zu unterrichten.

Im folgenden sind die bisherigen zur Durchführung der Verordnung und der Vereinbarung gegebenen Weisungen zusammengefaßt. Die im Vorgang genannten Runderlasse sind damit überholt.

A

Gemeinsame Regelungen zur Sprachförderungsverordnung und Sprachförderungsvereinbarung

1 Grundsätze

1.1 Die für die individuelle Förderung der beruflichen Fortbildung und Umschulung geltenden Bestimmungen des AFG, die A Fortbildung und Umschulung sowie die dazu ergangenen Weisungen sind, soweit sie den Vorschriften nicht entgegenstehen und wenn sich aus dem folgenden nichts Abweichendes ergibt, entsprechend anzuwenden.

1.2 Die Gewährung von Leistungen nach der Verordnung oder nach der Vereinbarung sind keine Förderung im Sinne von § 42 Abs. 2 AFG.

2 Personenkreis

Die im § 1 der Verordnung sowie die im Art. I der Vereinbarung erfaßten Personenkreise werden nur berücksichtigt, wenn deren Einreise in die Bundesrepublik Deutschland oder Berlin/West nicht länger als 5 Jahre zurückliegt. Maßgeblich ist der Zeitpunkt des Beginns der Maßnahme. Bei Vorliegen berechtigter Gründe kann eine Förderung auch noch erfolgen, wenn die Einreise weiter zurückliegt.

2.1 Asylbewerber, die als Asylberechtigte während der Teilnahme an einem Deutsch-Lehrgang anerkannt werden, können bei Vorliegen der sonstigen Voraussetzungen eine Förderung ab dem Tage der Anerkennung erhalten.

3 Anforderungen an die Maßnahme

3.1 Wegen der Besonderheit dieser Lehrgänge und um im Hinblick auf die allgemeine Arbeitsbelastung bei allen Dienststellen der BA Verzögerungen zu vermeiden, lasse ich zu, daß für die Beurteilung dieser Maßnahme auf die Verwendung des mit RdErl. 436/75 . . . bekanntgegebenen Begutachtungsinstrumentariums verzichtet wird. § 34 Abs. 4 AFG findet keine Anwendung.

3.2 Voraussetzung für einen Deutsch-Lehrgang im Sinne der Verordnung oder Vereinbarung ist nicht, daß alle Teilnehmer nach der Verordnung gefördert werden oder zu dem in der Vereinbarung genannten Personenkreis gehören.

3.3 Bei der Gestaltung des Lehrplanes sind möglichst die sprachlichen Besonderheiten, die sich aus dem Herkunftsland, dem Alter und dem Bildungsstand der Teilnehmer ergeben, zu berücksichtigen.

3.4 Der Lehrstoff soll in Abschnitte gegliedert sein, die es ermöglichen, Teilnehmer mit umfangreichen Vorkenntnissen in einen späteren Abschnitt aufzunehmen. Die Vorkenntnisse sind bei Beginn der Teilnahme durch den Träger festzustellen.

3.5 Die Maßnahme soll grundsätzlich mit einer Prüfung abschließen. Bei Förderung nach der Vereinbarung genügt es, wenn der Teilnehmer auf Wunsch eine Prüfung ablegen kann.

3.6 Ein Lehrgang soll mindestens 12, höchstens 25 Teilnehmer umfassen.

---

[1] Die Vorschrift betrifft das Inkrafttreten der Vereinbarung in der ursprünglichen Fassung vom 22. Juli 1976
[2] abgedruckt unter 7.3

3.7 Zu der Frage, ob der Lehrplan und die Ausbildung und Erfahrung der Lehrkräfte eine erfolgreiche Vermittlung von deutschen Sprachkenntnissen erwarten lassen, ist in Zweifelsfällen die örtlich zuständige Schulbehörde ggf. auch das Kultusministerium (-senat) des Bundeslandes zu hören.

3.8 Soweit die Lehrgangsgebühren einen Betrag bei bis zu 15 Teilnehmern von 5,50 DM und bei über 15 Teilnehmern von 4,50 DM je Teilnehmer und Unterrichtsstunde nicht übersteigen, ist davon auszugehen, daß die entsprechenden Kosten notwendig sind. Übersteigen die Lehrgangsgebühren die Sätze nach Satz 1, so hat der Träger die Notwendigkeit dem Arbeitsamt gegenüber nachzuweisen. Übersteigen die Lehrgangsgebühren die Sätze nach Satz 1 um mehr als 50 v.H., ist die Notwendigkeit grundsätzlich zu verneinen und die Förderung abzulehnen.

4 Erfassung für Europäischen Sozialfonds
Anträge von Asylberechtigten und Kontingentflüchtlingen für eine Förderung der Teilnahme an Sprachlehrgängen nach der Verordnung und der Vereinbarung sind für den Europäischen Sozialfonds (RdErl. 1/80 — 5566/5010/5130/5300/5530/6010/6522/7330/7331/7332/7001) zu erfassen.

5 Sonstiges
Bei der Zusammenarbeit mit Trägern von Deutsch-Lehrgängen ist auf die Beschäftigung geeigneter arbeitsloser Lehrer als Lehrkräfte besonders hinzuwirken, dabei ist auch dem Ansatz solcher Personen verstärkt Aufmerksamkeit zu widmen, die im Herkunftsland der Aussiedler bereits als Lehrer tätig waren.

B
Verordnung

1 Grundsätze

1.1 Ziel aller Eingliederungsmaßnahmen für Aussiedler, Asylberechtigte und Kontingentflüchtlinge ist ihre volle gesellschaftliche Integration. Sie erfordert vor allem gute Kenntnisse der deutschen Sprache in Wort und Schrift. Dies gilt insbesondere für die berufliche Eingliederung (s. auch RdErl. [Schnellbr.] vom 25. März 1976 — I a 5 — 5322.1/...). Aus diesem Grunde sind die begünstigten Personen nachdrücklich auf die Vorteile der Erlernung der deutschen Sprache oder ihrer Verbesserung in Wort und Schrift hinzuweisen. Über die nunmehr bestehenden umfassenden Möglichkeiten der Sprachförderung ist so früh wie möglich zu informieren und zu beraten. Wenn es notwendig erscheint, ist ihnen eine Teilnahme an einer Sprachförderung vor einer Vermittlung in Arbeit oder der Aufnahme einer selbstgesuchten Tätigkeit nahezulegen.

1.2 Die Förderung nach der Verordnung geht den Leistungen nach dem „Garantiefonds" vor.

1.3 Die Zeit der individuell geförderten Teilnahme an einem Deutsch-Lehrgang ist als Arbeitslosigkeit im Sinne des § 42 Abs. 3 AFG zu werten.

2 Personenkreis

2.1 Die Zugehörigkeit zum Personenkreis nach § 1 der Verordnung ist durch Vorlage entsprechender Unterlagen (vgl. RdErl. [Schnellbr.] vom 14. Oktober 1971 — I a 5 — 5322.1/... und RdErl. 93/72 ...) nachzuweisen.

Der Nachweis der Zugehörigkeit zum Personenkreis erfolgt grundsätzlich bei:

a) Aussiedlern durch den Registrierschein,

b) Personen, die eine einmalige Unterstützung der Bundesregierung (Begrüßungsgabe) erhalten haben, durch den Vermerk der Auszahlung auf dem Registrierschein. Die Richtlinien des Bundesministers des Innern für die Zahlung einer einmaligen Unterstützung der Bundesregierung (Begrüßungsgabe) in der Fassung vom 10. März 1976 sind in den „ibv" Nr. 43 vom 27. Oktober 1976, S. 1191, veröffentlicht.[1]

c) Asylberechtigten durch die entsprechenden Eintragungen im Reiseausweis bzw. Fremdenpaß.

d) Kontingentflüchtlingen durch den Aufnahmeschein; − solange eine gesetzliche Regelung für diesen Nachweis über die Zugehörigkeit zum Personenkreis der Kontingentflüchtlinge noch nicht erfolgt ist, kann die Zugehörigkeit zu diesem Personenkreis in Zweifelsfällen durch Rückfragen bei der Ausländerbehörde geklärt werden −.

2.2 Die Förderung nach der Verordnung geht den Leistungen nach dem Heimkehrergesetz (HKG) vor.

3 Maßnahme, Förderungsdauer, Wiederholung

3.1 Die Dauer der Maßnahme soll 9 Monate nicht überschreiten

3.2 § 5 A Fortbildung und Umschulung und die dazu ergangenen Weisungen sind zu beachten. Die Förderungsdauer darf, einschließlich einer notwendigen Wiederholung, 12 Monate nicht überschreiten (§ 2 Verordnung)[2]. Danach kommt die Förderung eines Wiederholungsabschnittes nur dann in Frage, wenn dieser nicht länger ist als die von dem 12monatigen Höchstanspruch verbliebene Restförderungsdauer.

4 Antragstellung und Bearbeitung

4.1 Die Leistungen nach der Verordnung werden auf Antrag gewährt. Für die Antragstellung und Bearbeitung sind die im Rahmen der Förderung nach der A Fortbildung und Umschulung eingeführten Vordrucke zu verwenden. Diese Vordrucke sind durch einen dicken blauen Querstrich am oberen Rand zu kennzeichnen. Das gilt auch für den Zahlbogen.

. . .

4.4 Auf die geforderte mindestens 10wöchige Erwerbstätigkeit im Herkunftsland wird jede auf Erwerb gerichtete, nicht nur kurzzeitige Tätigkeit angerechnet. Anspruch auf Förderung hat deshalb nicht nur, wer im Herkunftsland eine entlohnte Arbeitnehmertätigkeit ausgeübt hat, sondern auch, wer z. B. als Selbständiger oder mithelfender Familienangehöriger tätig war. Bei der Auslegung des Begriffs „Erwerbstätigkeit" sind die Besonderheiten der Gesellschafts- und Wirtschaftsordnung des Herkunftslandes zu berücksichtigen.

---

[1] jetzt: Richtlinie des Bundesministers des Innern für die Zahlung einer einmaligen Überbrückungshilfe der Bundesregierung vom 29. November 1985 (GMBl. 1986, S. 8), abgedruckt unter 3.3

[2] jetzt: zehn Monate

4.5 Die Förderung Jugendlicher, die beabsichtigen, nach Abschluß des Deutsch-Lehrganges eine weiterführende allgemeinbildende Schule zu besuchen oder die den Beginn oder die Fortsetzung einer Berufsausbildung anstreben, hat ausschließlich nach dem „Garantiefonds" zu erfolgen. Antragsteller, die bisher im Herkunftsland nicht erwerbstätig waren und im Geltungsbereich dieser Verordnung eine Erwerbstätigkeit anstreben, sowie Antragsteller, die trotz vorheriger Erwerbstätigkeit im Herkunftsland keine Erwerbstätigkeit anstreben, sind nach der Vereinbarung zwischen der Bundesregierung und der Bundesanstalt für Arbeit zu fördern.

Die Erfahrungen haben gezeigt, daß einzelne Personen u. U. nur wegen der besonderen Verhältnisse im Herkunftsland die Voraussetzungen für eine Förderung nicht erfüllen. Die Nichtgewährung der Leistungen kann in diesen Fällen eine unbillige Härte bedeuten. Ein Härtefall dieser Art kann beispielsweise bei Personen vorliegen, die

– im Herkunftsland aus politischen Gründen oder wegen ihrer Volkszugehörigkeit oder ihrer Aussiedlungsabsichten keine Erwerbstätigkeit ausüben durften,

– im Herkunftsland wegen der bestehenden früheren Altersgrenzen in der Rentenversicherung keine Erwerbstätigkeit mehr ausübten,

– im Herkunftsland keine Erwerbstätigkeit mehr ausübten, weil sie sich auf Grund dort bestehender Regelungen nach der Geburt von Kindern für längere Zeit beurlauben ließen,

– im Herkunftsland die Eheschließung mit einem Aussiedler zurückgestellt hatten – ohne selbst deutsche Staatsangehörige oder Volkszugehörige zu sein –, um die Erteilung der Ausreiseerlaubnis nicht zu gefährden. Da sie das Aussiedlungsgebiet nicht als „Ehegatte" eines Aussiedlers verlassen haben, sind sie selbst nicht Ausiedler im Sinne von § 1 Abs. 3 des Bundesvertriebenengesetzes.

Zu den Härtefällen gehören nicht Asylbewerber während der Laufzeit des Anerkennungsverfahrens.

4.6 Soweit Asylberechtigte und Kontingentflüchtlinge oder ihre nicht dauernd getrennt lebenden Ehegatten über erhebliches Vermögen verfügen, ist es nicht vertretbar, daß ihnen während der Teilnahme an einem Deutsch-Lehrgang Uhg gezahlt wird. Es wird deshalb nicht gewährt, wenn und solange wegen verfügbaren Vermögens die Förderung offenbar nicht gerechtfertigt ist. Der Arbeitsberater/Hauptvermittler hat im Beratungsgespräch zu klären, ob ein erhebliches und auch verfügbares Vermögen des Antragstellers es ungerechtfertigt erscheinen läßt, ein Uhg für die Teilnahme am Deutsch-Lehrgang zu zahlen.

Ist ein erhebliches und verfügbares Vermögen vorhanden, ist der Antragsteller um ergänzende Angaben zu bitten. Kommt der Arbeitsberater/Hauptvermittler zu dem Ergebnis, daß wegen des Vermögens kein Uhg zu gewähren ist, so ist dies in der Entscheidung dem Grunde nach gegenüber der Leistungsabteilung zum Ausdruck zu bringen.

Erfahrungsgemäß ist bei diesem Personenkreis ein verfügbares Vermögen nicht vorhanden. Grundsätzlich ist von den Angaben des Antragstellers im Beratungsgespräch auszugehen.

Zu beachten bleibt, daß auch in diesen Fällen die Leistungen entsprechend § 45 AFG zu gewähren sind.

Wird nachträglich festgestellt, daß der Antragsteller oder sein nicht dauernd getrennt lebender Ehegatte über derartiges Vermögen verfügte, ist die Entscheidung nach § 151 AFG aufzuheben und nach § 152 AFG das Uhg zurückzufordern.

4.7 Die Leistungen sind mit Ausnahme der Regelungen nach DA 21.13 Abs. 1 (RdErl. 39/79) in der Leistungsstelle FuU zu berechnen und zu bewilligen.

4.8 Personen nach § 1 Abs. 1 Nrn. 1 und 2 der Verordnung haben Anspruch auf Uhg nach § 44 Abs. 2 AFG (80 % des vorher erzielten pauschalierten Nettoeinkommens).[1]

Personen nach § 1 Abs. 1Nrn. 3 und 4 der Verordnung (Asylberechtigte und Kontingentflüchtlinge) dagegen haben Anspruch auf Uhg, wenn dieser Anspruch im Jahre 1979 (1. 9. bis 31. 12. 1979) entsteht, nach einem wöchentlichen Bemessungsentgelt (gerundet) von 360,– DM unter Anwendung der Tabelle nach Anlage 4 der LVO 1979 (Alg-Tabelle). Als Dynamisierungsstichtag gilt für diese Fälle der 31. August 1978 (vgl. Arb.-Anl. Alg/Alhi-Uhg Nrn. 11.222, 11.223).

Beispiel: Teilnahme am Deutsch-Lehrgang vom 1. 10. 79 – 31. 7. 80
Bemessungsentgelt gerundet 360,– DM wöchentlich
Dynamisierungsstichtag 31. 8. 78
Dynamisierungs- bzw. Aktualisierungstermin 1. 9. 79
Unterhaltsgeld wöchentlich in Leistungsgruppe C
196,20 DM (aufgrund des aktualisierten Bemessungsentgeltes)

Entsteht in diesen Fällen der Uhg-Anspruch nach dem 31. Dezember 1979 (z. B. Teilnahme am Deutsch-Lehrgang ab 1. 2. 1980), bemißt sich das Uhg nach einem wöchentlichen Bemessungsentgelt (gerundet) von 380,– DM. Das ergibt z. B. in Leistungsgruppe C unter Anwendung der Anlage 4 der LVO 1980 (Alg-Tabelle) ein wöchentliches Uhg von 198,60 DM.

§ 112a AFG ist anzuwenden. Dynamisierungstermin für Fälle nach § 1 Abs. 1 Nrn. 3 und 4 der Verordnung ist jeweils der 1. September. Dynamisierungsstichtag ist somit der 31. August des vorangegangenen Kalenderjahres

Beispiel: Teilnahme am Deutsch-Lehrgang vom 3. 3. 80 – 30. 11. 80
Uhg-Anspruch ab 3. 3. 80
Bemessungsentgelt gerundet 380,– DM wöchentlich
Dynamisierungsstichtag 31. 8. 79
Dynamisierungstermin 1. 9. 80
Wöchentliches Uhg in Leistungsgruppe C = 198,60 DM

Für die Uhg-Gewährung gelten § 44 Abs. 3 bis 7 AFG und die Durchführungsanweisungen zu § 10 A Fortbildung und Umschulung (RdErl. 39/79) entsprechend. Die Bemessungsentgelte für den Personenkreis nach § 1 Abs. 1 Nrn. 3 und 4 werden für die folgenden Jahre (1981, 1982 usw.) gesondert bekanntgegeben.

4.9 Die durch den Deutsch-Lehrgang unmittelbar entstehenden notwendigen Kosten (§ 45 AFG) werden für alle Leistungsberechtigten in der Höhe übernommen, die in der A Fortbildung und Umschulung für den Personenkreis nach § 44 Abs. 2 AFG vorgese-

---

[1] ab 1. Januar 1983: 63 % des vorher erzielten pauschalierten Nettoeinkommens

hen ist. Die zu den §§ 12 bis 18 A Fortbildung und Umschulung ergangenen Durchführungsanweisungen sind entsprechend anzuwenden.

4.10 Die Entscheidung über die Gewährung der Leistungen nach § 45 AFG aufgrund der Verordnung ist dem Antragsteller mit Vordruck FU 20b bekanntzugeben. Hinsichtlich der Anweisung und Bekanntgabe der Bewilligung des Uhg nach § 2 der Verordnung im Rahmen des EDV-Verfahrens wird auf Nr. 7 verwiesen.

...

5 Kranken- und Unfallversicherung

Die Empfänger von Unterhaltsgeld nach der VO sind in die Kranken-, Renten- und Unfallversicherung der Leistungsempfänger einbezogen. Die hierzu bestehenden Bestimmungen und Weisungen sind entsprechend anzuwenden.

6 Haushaltsermächtigung und Verbuchungsstellen

...

7 Anweisung und Abwicklung im Datenverarbeitungsverfahren Alg/Alhi (Uhg) des Unterhaltsgeldes

...

8 Statistik

...

9 Rückwirkende Bewilligung

C

Sprachförderungsvereinbarung

1 Grundsätze

Die Vereinbarung hat das Ziel, auch Aussiedlern, Asylberechtigten und Kontingentflüchtlingen, die keinen Anspruch auf eine individuelle Förderung nach den in Abschnitt I Abs. 1 der Vereinbarung genannten Bestimmungen haben, das Erlernen der deutschen Sprache zu ermöglichen.

2 Personenkreis

2.1 Es ist ohne Bedeutung, aus welchem Grunde der Teilnehmer keinen Anspruch auf Förderung nach der VO hat, z. B.: Lehrgang wird im Teilzeitunterricht durchgeführt oder Teilnehmer hat seinen Anspruch nach der VO bereits ausgeschöpft.

...

3 Maßnahmedauer, Wiederholung

3.1 Eine Maßnahme soll mindestens 300 Unterrichtsstunden und darf höchstens 800 Unterrichtsstunden umfassen; sie ist längstens innerhalb von 18 Monaten abzuschließen.

Die vorgenannte Stundenzahl kann überschritten werden, wenn der Antragsteller an einem für Anspruchsberechtigte nach der Verordnung eingerichteten Deutsch-Lehrgang teilnimmt, weil eine spezielle Maßnahme nach der Vereinbarung nicht besucht werden kann.

3.2 Bei der Prüfung des berücksichtigungsfähigen Teilnehmerkreises können Wiederholungen außer Betracht bleiben.

4 Antragstellung und Bearbeitung

4.1 Der Träger hat dem Arbeitsamt rechtzeitig vor Beginn der Maßnahme anzuzeigen (§ 4 Abs. 5 A Fortbildung und Umschulung), daß er einen Deutsch-Lehrgang für Aussiedler, Asylberechtigte und Kontingentflüchtlinge durchführen will und beabsichtigt, die Förderung nach der Vereinbarung in Anspruch zu nehmen.

4.2 Das Arbeitsamt prüft, ob der Lehrgang den Anforderungen nach der Vereinbarung i. V. mit § 34 AFG, der A Fortbildung und Umschulung und den Weisungen dieses Erlasses entspricht. Das Ergebnis ist dem Träger schriftlich mitzuteilen. Dabei ist der Träger über den Personenkreis nach der Vereinbarung zu unterrichten.

Der Träger ist aufzufordern, die Teilnehmer über die Möglichkeiten der Erstattung der Fahrkosten durch das Arbeitsamt zu unterrichten.

4.3 Der Träger hat die Kosten vor Beginn des Lehrgangs, bezogen auf den einzelnen Teilnehmer (Lehrgangsgebühren), festzulegen und dem Arbeitsamt mitzuteilen. Zur Erstattung fügt der Träger seinem Antrag Unterlagen über die nach der Vereinbarung für die Förderung zu berücksichtigenden Teilnehmer bei . . . Auf der Grundlage dieser Nachweise erfolgt die Erstattung. Entsprechend ist bei der Kostenerstattung für die Lernmittel zu verfahren. Die Kosten werden nach Abschluß des Lehrgangs erstattet. Monatliche Abschlagszahlungen sind zulässig. Eine Prüfung der Angaben des Trägers . . . durch Anforderung der Originalnachweise (z. B. Registrierscheine, Fremdenpässe, Reisepässe, Aufnahmescheine) kann auf Stichproben in Zweifelsfällen beschränkt bleiben. Nur bei festgestellten Unregelmäßigkeiten ist eine eingehende Prüfung durchzuführen.

4.4 Zu den notwendigen Kosten gehören alle laufenden Aufwendungen des Trägers, die bei der Vorbereitung und Durchführung eines förderbaren Deutsch-Lehrgangs unvermeidbar entstehen. Lernmittel sind vom Träger zu stellen; sie gehen in das Eigentum der Teilnehmer über. Investitionskosten gehören nicht zu den Kosten nach Art. I Abs. 2 der Vereinbarung.

4.5 Die notwendigen Fahrkosten werden in entsprechender Anwendung des § 45 AFG i. V. mit § 14 A Fortbildung und Umschulung und den hierzu ergangenen Durchführungsanweisungen erstattet.

Der Direktor des Arbeitsamtes, in dessen Bezirk der Antragsteller wohnt, entscheidet über den Antrag auf Erstattung der Fahrkosten.

Die Erstattung sonstiger individuell dem Teilnehmer entstehender Kosten ist nach der Vereinbarung nicht möglich.

Die Zugehörigkeit zum jeweiligen Personenkreis hat der Antragsteller durch Vorlage entsprechender Unterlagen gegenüber dem Antragsannehmer nachzuweisen.

4.6 Über den Antrag auf Übernahme der Fahrkosten ist dem Antragsteller ein schriftlicher Bescheid mit Rechtsbehelf zu erteilen.

4.7 Für die Ausgabe und Annahme der Anträge auf Übernahme der Fahrkosten, für die Bearbeitung sowie für die Entscheidung und Zahlbarmachung ist die Sachbearbeitung für zusammengefaßte Aufgaben der Abteilung Arbeitsvermittlung und Arbeitsberatung zuständig.

Die Entscheidungsbefugnis kann auf Sachbearbeiter für zusammengefaßte Aufgaben der Abteilung Arbeitsvermittlung und Arbeitsberatung, in Ausnahmefällen auch auf Arbeitsberater oder Hauptvermittler übertragen werden.

5 Haushaltsermächtigung und Verbuchungsstelle

...

6 Statistik

...

7 Rückwirkende Bewilligung

8.4 Runderlaß des Präsidenten der Bundesanstalt für Arbeit zur Förderung der Teilnahme von Aussiedlern, Asylberechtigten und Kontingentflüchtlingen an Deutsch-Lehrgängen; hier: Änderung der Sprachförderungsverordnung — SprachFV — vom 14. Dezember 1981 (ANBA 1982, S. 1) — Auszug —

A.

...

B.

Zu den geänderten Bestimmungen gebe ich folgende Hinweise:

Zu § 1 Abs. 1 Buchstabe d):

Die Regelung konkretisiert die Förderungsvoraussetzungen. Ziel der Sprachförderungsverordnung ist es, Aussiedlern, Asylberechtigten und Kontingentflüchtlingen das Erlernen der für die Aufnahme einer Erwerbstätigkeit erforderlichen Deutsch-Kenntnisse unter Berücksichtigung von Ausbildung und verwertbarer Berufserfahrung zu ermöglichen.

Zu § 2:

Die in § 2 Abs. 2 genannten Paragraphen des Arbeitsförderungsgesetzes sind in der nach dem Arbeitsförderungs-Konsolidierungsgesetz geltenden Fassung anzuwenden. Die für die individuelle Förderung der beruflichen Fortbildung und Umschulung gültigen Weisungen sind bei der Förderung der Teilnahme an Deutsch-Lehrgängen zu beachten.

Die Förderung der Teilnahme ist auf solche Deutsch-Lehrgänge beschränkt, die den Grundsätzen der Sparsamkeit und Wirtschaftlichkeit entsprechen und zu angemessenen Kostensätzen durchgeführt werden können. Es ist weiterhin darauf zu achten, daß die gebotenen Förderungsmöglichkeiten nur zielgerecht und in notwendigem Umfang genutzt werden.

Bei den Trägern von Deutsch-Lehrgängen ist für Teilnehmer mit Vorkenntnissen der deutschen Sprache, soweit für diesen Personenkreis keine speziellen Sprachkurse angeboten werden, auf eine angemessene Verkürzung der Lehrgangsdauer hinzuwirken. In vielen Fällen kann auch die Teilnahme an einem berufsbegleitenden Deutschkurs, der nach der SprachFVbg gefördert werden könnte, ausreichen. In der Beratung sollte daher besonders auch diese Möglichkeit angesprochen werden.

Zu § 2 Abs. 3:

Nach der Übergangsregelung sind in den Fällen, in denen der Antragsteller vor dem 1. Januar 1982 in einen Deutsch-Lehrgang eingetreten ist und ihm Leistungen ohne einen Hinweis (Vorbehalt) auf die beabsichtigten Änderungen der Sprachförderungsverordnung bzw. des Arbeitsförderungegesetzes bewilligt wurden, mit Wirkung vom 1. April 1982 die Förderungsdauer auf acht Monate zu verkürzen. Außerdem ist in den Fällen von § 1 Abs. 1 Nr. 1 und Nr. 2 SprachFV (Aussiedler und Personen mit Begrüßungsgabe) das Bemessungsentgelt nach § 2 Abs. 1 der Sprachförderungsverordnung in der Fassung vom 1. Januar 1982 zugrunde zu legen sowie das Uhg von 80 v.H. auf 68 v.H. umzustellen.

Wurden Bewilligungsbescheide unter Vorbehalt erteilt, so ist das Uhg in den vorgenannten Fällen bereits mit Wirkung zum 1. Januar 1982 umzustellen. Die Umstellung der laufenden Uhg-Zahlungen erfolgt durch das Zentralamt. Dazu ergeht ein besonderer Erlaß.

Unabhängig von der Umstellung der Einzelanträge sind die Träger von Deutsch-Lehrgängen darauf hinzuweisen, daß auch Maßnahmen, die bereits begonnen haben, von der Verkürzung der Förderungs-Maßnahmedauer betroffen sind. Diese Träger sind über den Inhalt der Übergangsregelung zu unterrichten.

Die Frage Nr. 6 des Kurzantrags zur SprachFV ist hinfällig, nachdem § 2 der SprachFV in der Fassung vom 1. Januar 1982 keine Einschränkung der Unterhaltsgewährung für Asylberechtigte und Kontingentflüchtlinge mehr vorsieht.

Zu den Durchführungsanweisungen des RdErl. 68/80 − 5561/... −, die im übrigen weiter gelten, gebe ich noch ergänzend folgende Hinweise:

Wenn sich nicht aus den gesamten Umständen berechtigte Zweifel an den Angaben eines Antragstellers ergeben und der Nachweis einer 10wöchigen Erwerbstätigkeit besondere Schwierigkeiten bereitet, ist eine entsprechende Erklärung (Glaubhaftmachung) ausreichend. Insoweit gilt die mit Nr. 3 des RdErl. 32/79 − 5316/... − bereits für Asylberechtigte entsprechende Regelung für den gesamten Personenkreis des § 1 der SprachFV.

Vertriebene nach § 1 Bundesvertriebenengesetz (BVFG) weisen ihre Zugehörigkeit zu diesem Personenkreis durch einen von den jeweils zuständigen Landesbehörden ausgestellten Ausweis nach § 15 BVFG nach. Bis zur Ausstellung dieses Ausweises reicht der Registrierschein als Nachweis für die Zugehörigkeit zu dem von der SprachFV begünstigten Personenkreis aus. Antragsteller, die nur eine Bescheinigung des „Beauftragten der Bundesregierung für die Verteilung im Grenzdurchgangslager Friedland und in der Durchgangsstelle für Aussiedler in Nürnberg" nach Muster der Anlage 4 und 5 des RdErl. (SB) vom 14. Oktober 1971 − 5322.1/... und RdErl. 93/72 − 7107/... vorlegen (sog. Vertagungsfälle), können entsprechend einer Entscheidung des Bundesministers für Arbeit und Sozialordnung nicht mehr in die Förderung nach der Sprachförderungsverordnung (SprachFV) und Sprachförderungsvereinbarung (SprachFVbg) einbezogen werden. Soweit bisher anders entschieden wurde, hat es damit sein Bewenden.

8.5 Runderlaß des Präsidenten der Bundesanstalt für Arbeit zur Förderung der Teilnahme an Deutsch-Sprachlehrgängen für Aussiedler, Asylberechtigte und Kontingentflüchtlinge; hier: Achtes Gesetz zur Änderung des Arbeitsförderungsgesetzes, vom 11. Dezember 1987 (Dienstblatt der Bundesanstalt für Arbeit 139/87) – Auszug –

Mit dem „Achten Gesetz zur Änderung des Arbeitsförderungsgesetzes", das am 1. Januar 1988 in Kraft tritt, wird die Sprachförderung von Aussiedlern, Asylberechtigten und Kontingentflüchtlingen im Arbeitsförderungsgesetz geregelt. Damit sind vom gleichen Zeitpunkt an die Verordnung über die Förderung der Teilnahme von Aussiedlern, Asylberechtigen und Kontingentflüchtlingen an Deutsch-Lehrgängen vom 27. Juli 1976, die zuletzt durch die Verordnung vom 3. August 1983 geändert wurde, und die Vereinbarung zwischen der Bundesregierung und der Bundesanstalt für Arbeit über die Förderung von Deutsch-Lehrgängen für Aussiedler, Asylberechtigte und Kontingentflüchtlinge vom 22. Juli 1976 in der Fassung der Ersten Änderungsvereinbarung vom 16. Januar 1980 aufgehoben.

...

Zur Anwendung der neuen gesetzlichen Bestimmungen gebe ich folgende Hinweise:

1. Grundsätze

Bis zum Inkrafttreten einer nach § 62d AFG vom Verwaltungsrat der Bundesanstalt für Arbeit zu erlassenden Anordnung gelten die zur Durchführung der Sprachförderungsverordnung und der Sprachförderungsvereinbarung ergangenen Weisungen mit folgender Maßgabe entsprechend weiter:

a) Die Höchstförderungsdauer von 10 Monaten gilt grundsätzlich nur für die Teilnahme an Maßnahmen, die nach dem 31. Dezember 1987 beginnen. Denjenigen die zu ihrer beruflichen Eingliederung einer Förderung über 8 Monate hinaus bedürfen, sind auf Antrag Förderungsleistungen für einen bis zu 2 Monate darüber hinausreichenden Zeitraum zu gewähren, wenn dies im Einzelfall zum Erreichen des angestrebten Zieles erforderlich ist.

b) Empfänger einer einmaligen Überbrückungshilfe konnten nach der Sprachförderungsvereinbarung nicht gefördert werden. Nunmehr sind sie in die entsprechende Förderung nach § 62c AFG einbezogen.

c) Die Umstellung der laufenden Leistungsfälle ist nicht erforderlich, da eine Übergangsregelung nicht vorgesehen ist.

9. EINGLIEDERUNG IN SCHULE UND BERUF

9.1 Zweite Neufassung der Empfehlung zur Eingliederung von deutschen Aussiedlern in Schule und Berufsausbildung (Beschluß der Kultusministerkonferenz vom 17. November 1977; GMBl. 1978, S. 36ff.)

Die Kultusministerkonferenz ist sich der politischen und humanitären Bedeutung einer möglichst raschen und reibungslosen Eingliederung der deutschen Aussiedler aus den osteuropäischen Ländern in die Lebens- und Arbeitswelt der Bundesrepublik Deutschland bewußt. Sie hat bereits durch ihre Beschlüsse vom 3. 12. 1971 und vom 31. 1. 1975 den Unterrichtsverwaltungen der Länder geeignete Maßnahmen zur Eingliederung deutscher Aussiedler in Schule und Berufsausbildung empfohlen. Diese betreffen insbesondere folgende Schwerpunkte:

– Individuelle Beratung über Schul- und Ausbildungsgänge

– Fördermaßnahmen zum Erwerb und zur Vertiefung deutscher Sprachkenntnisse

– Bewertung und Anerkennung der bisher erworbenen Bildungsnachweise

– Eröffnung von Möglichkeiten, begonnene Bildungsgänge zum Abschluß zu bringen.

Die Notwendigkeit, dem Aussiedler zunächst in besonderen Veranstaltungen eine zureichende Kenntnis der deutschen Sprache zu vermitteln, und das Gebot, ihn so schnell wie möglich in seine neue schulische oder berufliche Umwelt zu integrieren, sind vielfach nicht leicht zu vereinbaren. Dennoch muß es das Ziel aller Maßnahmen sein, baldmöglichst nach der Einreise mit der Eingliederung zu beginnen und den Eingliederungszeitraum so kurz wie möglich zu halten.

Unter Berücksichtigung der seither gewonnenen Erfahrungen und zur weiteren Verbesserung der Bemühungen der an der Eingliederung beteiligten Stellen beschließt die Kultusministerkonferenz folgende Neufassung ihrer Empfehlung zur Eingliederung von deutschen Aussiedlern in Schule und Berufsausbildung.

1. Hilfe bei der Aufnahme in Kindergärten und Vorklassen

Die Kultusverwaltungen wirken bei den zuständigen Stellen darauf hin, daß Kinder im Vorschulalter bevorzugt in Kindergärten und Vorklassen aufgenommen werden.

2. Hilfen bei der Eingliederung in die Grundschule, in weiterführende allgemeinbildende und in berufsbildende Schulen

2.1 Sprachkenntnisse

2.1.1 Deutsch

Bei der Eingliederung kommt dem Erlernen der deutschen Sprache eine besondere Bedeutung zu. Durch das Angebot von besonderen Fördermaßnahmen soll die Fortsetzung des Schulbesuchs und der Berufsausbildung mit möglichst geringem Zeitverlust ermöglicht werden. Über noch bestehende Schwächen in der deutschen Sprache soll hinweggesehen werden, wenn der Leistungsstand im allgemeinen den Anforderungen der Schule entspricht und eine erfolgreiche Mitarbeit erwartet werden kann.

9.1 KMK-Empfehlung

2.1.2 Fremdsprachen
Im Sekundarbereich kann anstelle einer der verbindlichen Pflichtfremdsprachen die Sprache des Herkunftslandes oder Russisch gewählt oder anerkannt werden. Für Schüler, die unmittelbar in die Sekundarstufe II eintreten, können sowohl die Sprache des Herkunftslandes als auch Russisch an die Stelle der verbindlichen Pflichtfremdsprachen treten.

2.2 Grundschulen und weiterführende allgemeinbildende Schulen
Schüler der Jahrgangsstufen 1–9 werden entweder durch Förderunterricht in der Schule oder durch Unterricht in besonderen Fördereinrichtungen (Förderklassen/Förderschulen) auf die Eingliederung in die ihrem Alter oder ihrer Leistung entsprechenden Klassen der Grundschule oder der weiterführenden Schule vorbereitet. Der Aufenthalt in den Fördereinrichtungen soll, falls nicht organisatorische Gründe entgegenstehen, ein Jahr nicht überschreiten; in besonders gelagerten Fällen kann die Verweildauer auf höchstens zwei Jahre verlängert werden.

2.3 Berufsbildende Schulen
2.3.1 Jugendliche, die über ausreichende deutsche Sprachkenntnisse verfügen, sollen unter Berücksichtigung des angestrebten Ausbildungszieles und der im Herkunftsland begonnenen Berufsausbildung in bestehende Fachklassen berufsbildender Schulen aufgenommen werden.

2.3.2 Jugendliche, die nicht über ausreichende deutsche Sprachkenntnisse verfügen, sollen in den berufsbildenden Schulen durch Teilnahme an einem Intensivkurs in deutscher Sprache oder durch den Besuch von besonderen Fördereinrichtungen (Förderklassen/Förderschulen) die sprachlichen Grundkenntnisse erwerben, die eine erfolgreiche Teilnahme am Unterricht ermöglichen.

2.3.3 Jugendliche, die eine Förderklasse/Förderschule oder einen entsprechenden Intensivkurs in deutscher Sprache besuchen, sollen für die Dauer dieses Unterrichts nicht zum Besuch der Berufsschule verpflichtet sein.

3. Aufnahme in Sonderschulen

3.1 Für die Aufnahme von Aussiedlerkindern in eine Sonderschule gelten dieselben Bestimmungen wie für deutsche Schüler.

3.2 Die Feststellung der Sonderschulbedürftigkeit bei schulischem Leistungsversagen im Sinne der Schule für lernbehinderte Kinder ist bei eingeschränkter sprachlicher Verständigung mit besonderen Schwierigkeiten verbunden. Mangelnde Kenntnis in der deutschen Sprache ist kein Kriterium für Sonderschulbedürftigkeit.

3.3 Um Fehlentscheidungen zu begegnen, soll der Schüler in der Regel vor der Prüfung auf Sonderschulbedürftigkeit während einer angemessenen Zeit im Unterricht beobachtet werden.

3.4 In der Einzeluntersuchung durch die Sonderschule, zu der die Erziehungsberechtigten eingeladen und im Bedarfsfall sprachkundige Vermittler hinzugezogen werden können, sind zu prüfen:
– der deutsche Wortschatz
– der Wortschatz in der bisher im Herkunftsland gesprochenen Sprache, ggf. die Schulkenntnisse in der Sprache des Herkunftslandes
– die Intelligenz mit Hilfe sprachfreier Tests

- Ausdauer und Konzentration
- der Entwicklungsstand im bildnerischen Gestalten.

3.5 Ist das Untersuchungsergebnis nicht eindeutig, so ist der Besuch der bisherigen Schule oder Fördereinrichtung zu empfehlen und bei Bedarf eine Überprüfung nach Ablauf eines Jahres vorzunehmen.

4. Weitere Hilfen zur Eingliederung

4.1 Möglichkeiten des außerschulischen Bereichs

Zur Förderung der schulischen und gesellschaftlichen Eingliederung sollen auch alle Möglichkeiten des außerschulischen Bereichs in Zusammenarbeit mit freien Trägern, Verbänden und Organisationen wahrgenommen werden. Besonderer Wert ist auf flankierende Maßnahmen, wie z. B. Hausaufgabenhilfen, Silentien, Spielnachmittage, Projektveranstaltungen, vorschulische Betreuungsmaßnahmen u. ä., zu legen.

4.2 Lehr- und Lernmittel

Der Zusammenarbeit zwischen den Kultusverwaltungen der Länder, anderen Behörden und geeigneten Institutionen zur Verbesserung von spezifischen Lehr- und Lernmitteln für Aussiedlerkinder kommt weiterhin besondere Bedeutung zu. Dabei ist der Begutachtung von Schulbüchern und audio-visuellen Hilfsmitteln, die der Vermittlung der deutschen Sprache dienen, besondere Aufmerksamkeit zu widmen.

5. Bildungsabschlüsse und ihre Berechtigungen

5.1 Abschlußzeugnis der Hauptschule

5.1.1 Das im Herkunftsland erworbene Abschlußzeugnis wird bei erfüllter Schulpflicht in der Bundesrepublik dem Abschlußzeugnis der Hauptschule gleichgestellt.

5.1.2 Jugendlichen, die im Herkunftsland der Schulpflicht genügt, aber kein Abschlußzeugnis erhalten haben, soll der Erwerb des Abschlußzeugnisses der Hauptschule ermöglicht werden. Dies kann auch in besonderen schulischen Einrichtungen für Aussiedler geschehen.

5.2 Mittlerer Bildungsabschluß

5.2.1 Der im Herkunftsland begonnene Bildungsweg, der über den mit der Erfüllung der Schulpflicht verbundenen Bildungsabschluß hinausgeht, muß in den Schulen der Bundesrepublik fortgesetzt werden können.

5.2.2 Die im Herkunftsland nicht vorhandenen mittleren Bildungsabschlüsse können von Jugendlichen nach den für die einzelnen Länder geltenden Bestimmungen erworben werden.

5.2.3 Der erfolgreiche Besuch von zehn aufsteigenden Klassen einer allgemeinbildenden Schule im Vollzeitunterricht (oder aber eine Abend-, Fern- oder sonstige Ausbildung, die zu einem dem Abschluß der 10. Klasse entsprechenden Kenntnisstand führt) wird einem mittleren Bildungsabschluß gleichgestellt, sofern Fächerkatalog und Anforderungen im wesentlichen gleichwertig sind.

5.3 Studienqualifikation

5.3.1 Jugendlichen, die im Herkunftsland Schüler einer allgemeinbildenden Mittelschule oder einer Fachmittelschule waren, soll der Erwerb eines Abschlußzeugnisses ermöglicht werden, das zum Studium an einer Fachhochschule oder Hochschule befähigt.

5.3.2 Ein Abschlußzeugnis, das im Herkunftsland zum Studium an einer Hochschule befähigt, eröffnet in der Bundesrepublik den Zugang zu Berufen, die das Abitur- oder Reifezeugnis, aber kein Hochschulstudium voraussetzen. Ziffer 6.3 bleibt unberührt.

5.3.3 Das Hochschulzugangszeugnis des Herkunftslandes wird – sofern nicht die Regelungen der Ziffer 6.3 anzuwenden sind – als Zeugnis anerkannt, das zum Studium an Fachhochschulen in der Bundesrepublik Deutschland befähigt. Die erforderliche Bescheinigung wird von der zuständigen obersten Landesbehörde des Landes ausgestellt, in dem der Aussiedler seinen Wohnsitz hat. Der Nachweis erforderlicher Deutschkenntnisse und Praktika bleibt unberührt.

5.3.4 Der Nachweis eines mindestens anderthalbjährigen Hochschulstudiums oder eines mindestens zweijährigen entsprechenden Abend- oder Fernstudiums vermittelt die Hochschulreife. Ziffer 5.3.3 Satz 3 gilt sinngemäß.

6. Erwerb von Studienqualifikationen

6.1 Sofern nicht die Regelungen gem. Ziffer 5.3.4 und 6.3 anzuwenden sind, erwerben Aussiedler die Hochschulreife unter folgenden Bedingungen:

6.1.1 Besitzen sie ein Hochschulzugangszeugnis, das nach den „Bewertungsvorschlägen" der Zentralstelle für ausländisches Bildungswesen eine fachgebundene Studienbefähigung verleiht, erwerben sie die allgemeine Hochschulreife durch den vollständigen Besuch eines mindestens einjährigen Sonderlehrgangs und Bestehen der Abschlußprüfung.

6.1.2 Besitzen sie ein Hochschulzugangszeugnis, das nach den „Bewertungsvorschlägen" der Zentralstelle für ausländisches Bildungswesen die Befähigung zum Studium aller Fachrichtungen verleiht, erwerben sie die allgemeine Hochschulreife durch Besuch eines mindestens einjährigen Sonderlehrgangs und Bestehen der Abschlußprüfung, in leistungsmäßig begründeten Fällen durch Ablegung einer Bestätigungsprüfung ohne Besuch oder vollständigen Besuch eines Sonderlehrgangs.

6.2 Aussiedler ohne Hochschulzugangszeugnis des Herkunftslandes, die jedoch im Herkunftsland die Berechtigung zum Eintritt in die letzte Jahresklasse einer zur Studienbefähigung führenden Schule erlangt haben, erwerben durch den vollständigen Besuch eines mindestens einjährigen Sonderlehrgangs und Bestehen einer erweiterten Abschlußprüfung die allgemeine Hochschulreife, Ziffer 6.3 bleibt unberührt.

6.3 Für Aussiedler aus der Sowjetunion, die im Herkunftsland den Abschluß der vollen Mittelschule (10./11. Klasse) oder einer zur Studienberechtigung führenden Fachmittelschule erhalten haben und nicht die Voraussetzungen gem. Ziffer 5.3.4 erfüllen, gilt in Abweichung von den Ziffern 5.3.2, 5.3.3, 6.1 und 6.2 folgendes:

6.3.1 Der Erwerb der allgemeinen Hochschulreife setzt den Besuch eines zweijährigen Sonderlehrgangs und das Bestehen einer erweiterten Abschlußprüfung voraus.

6.3.2 In leistungsmäßig begründeten Fällen kann die erweiterte Abschlußprüfung ohne vollständigen Besuch eines zweijährigen Sonderlehrgangs – jedoch frühestens nach einem Jahr (z. B. durch vorzeitiges Aufrücken innerhalb des Sonderlehrgangs) – abgelegt werden.

6.3.3 Mit der Versetzung bzw. dem Vorrücken in das zweite Jahr des Sonderlehrgangs wird die Befähigung zum Studium an einer Fachhochschule festgestellt; darüber hinaus eröffnet sie den Zugang zu Berufen, die das Abitur- oder Reifezeugnis, jedoch kein Hochschulstudium voraussetzen.

6.4 Für den Besuch des Sonderlehrgangs gem. Ziffern 6.1, 6.2 und 6.3 sind Deutschkenntnisse erforderlich, die eine erfolgreiche Teilnahme am Unterricht gewährleisten. Diese Feststellung trifft die zuständige oberste Landesbehörde bzw. eine von ihr bestimmte Stelle.

6.5 Für den Sonderlehrgang gem. Ziffer 6.1 gilt hinsichtlich des Unterrichts und der Prüfung folgendes:

6.5.1 Katalog der Unterrichtsfächer:

a) Deutsch   9 Wochenstunden (+ 3 Wochenstunden Förderunterricht)
b) Gemeinschaftskunde   6 Wochenstunden
(Geschichte/Erdkunde/Sozialkunde)
c) Wahlpflichtfach I   6 Wochenstunden
(Fremdsprache oder Mathematik oder Naturwissenschaft; vgl. Ziff. 6.6.1)
d) Wahlpflichtfach II   3 Wochenstunden
(Ein weiteres wiss. Fach aus dem Fächerkanon der gymn. Oberstufe)
e) Religionslehre
(Es gelten die Bestimmungen der Länder)

Bei der Einrichtung der Sonderlehrgänge trifft das jeweilige Land die Auswahl aus dem möglichen Angebot unter c) und d) nach eigenem Ermessen.

Neben den Unterrichtsfächern können Arbeitsgemeinschaften in der Sprache des Herkunftslandes, in Latein (mit dem Ziel des Latinums), in Sport sowie im musischen Bereich angeboten werden.

6.5.2 Abschlußprüfung:

6.5.2.1 In allen Pflichtfächern/Wahlpflichtfächern werden vom Prüfungsausschuß unter besonderer Berücksichtigung der im zweiten Halbjahr erbrachten Leistungen Vorzensuren festgesetzt.

6.5.2.2 Fächer der schriftlichen Prüfung sind Deutsch und das Wahlpflichtfach I.

6.5.2.3 Jedes Pflichtfach/Wahlpflichtfach und jeder Teilbereich der Gemeinschaftskunde können Gegenstand der mündlichen Prüfung sein. Eine mündliche Prüfung ist durchzuführen,
− wenn in einem schriftlichen Fach die Vorzensur und die Zensur der schriftlichen Prüfung voneinander abweichen,
− wenn der Prüfling es wünscht.

6.5.3 Bestätigungsprüfung:

6.5.3.1 Die Zulassung kann von einem Kolloquium vor dem Prüfungsausschuß abhängig gemacht werden, in dem der Bewerber nachweist, daß von ihm Prüfungsleistungen erwartet werden können, die den Leistungsstand eines Bewerbers nach vollständigem Besuch des Sonderlehrgangs gleichwertig sind.

6.5.3.2 Fächer der schriftlichen Prüfung sind Deutsch und das Wahlpflichtfach I.

6.5.3.3 Gegenstand der mündlichen Prüfung sind die Pflichtfächer/Wahlpflichtfächer gem. Ziffer 6.5.1.

6.5.4 Für das Bestehen der Abschlußprüfung und der Bestätigungsprüfung gelten die Bestimmungen der Reifeprüfungsordnung für Gymnasien, deren Reifezeugnisse durch einen Beschluß der Kultusministerkonferenz von den Ländern gegenseitig anerkannt werden.

6.5.5 Mit Bestehen der Abschlußprüfung gem. Ziffer 6.5.2 bzw. der Bestätigungsprüfung gem. Ziffer 6.5.3 ist der Nachweis der allgemeinen Hochschulreife erbracht.

6.6 Für den Sonderlehrgang gem. Ziffer 6.2 gilt hinsichtlich des Unterrichts und der Prüfung folgendes:

6.6.1 Katalog der Unterrichtsfächer:

a) Deutsch — 9 Wochenstunden (+ 3 Wochenstunden Förderunterricht)
b) Gemeinschaftskunde (Geschichte/Erdkunde/Sozialkunde) — 6 Wochenstunden
c) Fremdsprache (Russisch oder Englisch oder Französisch oder Latein), Mathematik, Naturwissenschaft (Physik oder Chemie oder Biologie) — 13 Wochenstunden
d) Religionslehre (Es gelten die Bestimmungen der Länder)

Außerdem können Arbeitsgemeinschaften angeboten werden in der Sprache des Herkunftslandes und in musisch-technischen Fächern.

6.6.2 Der Lehrgang endet mit einer erweiterten Abschlußprüfung. Durch Erweiterung der Abschlußprüfung wird der Tatsache Rechnung getragen, daß diese Aussiedler im Herkunftsland noch kein Hochschulzugangszeugnis erworben haben.

6.6.2.1 In allen Pflichtfächern werden vom Prüfungsausschuß unter besonderer Berücksichtigung der im zweiten Halbjahr erbrachten Leistungen Vorzensuren festgesetzt.

6.6.2.2 Fächer der schriftlichen Prüfung sind Deutsch, Fremdsprache und Mathematik.

6.6.2.3 Jedes Unterrichtsfach kann Gegenstand der mündlichen Prüfung sein. Eine mündliche Prüfung ist durchzuführen,
— wenn in einem schriftlichen Fach die Vorzensur und die Zensur der schriftlichen Prüfung voneinander abweichen,
— wenn der Prüfling es wünscht.

6.6.2.4 Für das Bestehen der erweiterten Abschlußprüfung gelten die Bestimmungen der Reifeprüfungsordnung bzw. Abiturprüfungsordnung für Gymnasien, deren Zeugnisse durch einen Beschluß der Kultusministerkonferenz von den Ländern gegenseitig anerkannt werden.

6.6.3 Mit Bestehen der erweiterten Abschlußprüfung gem. Ziffer 6.6.2 ist der Nachweis der allgemeinen Hochschulreife erbracht.

6.7 Für den Sonderlehrgang gem. Ziffer 6.3 gilt hinsichtlich des Unterrichts und der Prüfung folgendes:

6.7.1 Katalog der Unterrichtsfächer:

a) Deutsch	9 Wochenstunden (+ 3 Wochenstunden Förderunterricht)
b) Gemeinschaftskunde (Geschichte/Erdkunde/Sozialkunde)	6 Wochenstunden
c) Fremdsprache (Englisch oder Französisch oder Latein), Mathematik, Naturwissenschaft (Physik oder Chemie oder Biologie)	13 Wochenstunden
d) Religionslehre (Es gelten die Bestimmungen der Länder)	

Außerdem können Arbeitsgemeinschaften angeboten werden in der Sprache des Herkunftslandes und in musisch-technischen Fächern.

6.7.2 Der Lehrgang endet mit einer erweiterten Abschlußprüfung. Durch Erweiterung der Abschlußprüfung wird der Tatsache Rechnung getragen, daß diese Aussiedler im Herkunftsland bereits nach der 10. Jahrgangsklasse ein Hochschulzugangszeugnis erworben haben.

6.7.2.1 In allen Pflichtfächern werden vom Prüfungsausschuß Vorzensuren festgesetzt.

6.7.2.2 Fächer der schriftlichen Prüfung sind:
Deutsch, Fremdsprache, Mathematik.

6.7.2.3 Jedes Unterrichtsfach kann Gegenstand der mündlichen Prüfung sein. Eine mündliche Prüfung ist durchzuführen,
– wenn in einem schriftlichen Fach die Vorzensuren und die Zensur der schriftlichen Prüfung voneinander abweichen,
– wenn der Prüfling es wünscht.

6.7.2.4 Für das Bestehen der erweiterten Abschlußprüfung gelten die Bestimmungen der Reifeprüfungsordnung bzw. Abiturprüfungsordnung für Gymnasien, deren Zeugnisse durch einen Beschluß der Kultusministerkonferenz von den Ländern gegenseitig anerkannt werden.

6.7.3 Mit Bestehen der erweiterten Abschlußprüfung gem. Ziffer 6.7.2 ist der Nachweis der allgemeinen Hochschulreife erbracht.

6.8 Bei der Einrichtung von Sonderlehrgängen ist es den Ländern freigestellt, die Aussiedler gem. Ziff. 6.1 und 6.2 in Kursen bzw. Klassen zusammenzufassen oder getrennt zu unterrichten.

6.9 Die gem. Ziff. 6.5.5, 6.6.3 und 6.7.3 erworbenen allgemeinen Hochschulreifen befähigen zum Studium an den Hochschulen in der Bundesrepublik.

7. Information und Beratung

Einer individuellen Beratung der Aussiedler durch die bestehenden Beratungsdienste und Beratungsmöglichkeiten kommt eine besondere Bedeutung zu.

8. Schlußbestimmungen

Diese Empfehlung tritt an die Stelle der „Neufassung der Empfehlung zur Eingliederung von deutschen Aussiedlern in Schule und Berufsausbildung vom 3. 12. 1971 (Beschluß der KMK vom 31. 1. 1975)", Nr. 294 der Beschlußsammlung. Gleichzeitig werden damit folgende Beschlüsse außer Kraft gesetzt:

- „Schulische Versorgung von Kindern deutscher Abstammung aus dem Osten, die die deutsche Sprache nicht beherrschen (Beschluß der KMK vom 27./28. 10. 1950)", Nr. 900 der Beschlußsammlung
- „Förderung von Kindern und Jugendlichen, die als Rücksiedler oder Zwangsevakuierte aus dem Ausland in die Bundesrepublik kommen (Einstimmige Empfehlung des Schulausschusses vom 1./2. 3. 1956)", Nr. 901 der Beschlußsammlung.

9.2 Richtlinien des Bundesministers für Jugend, Familie, Frauen und Gesundheit für die Vergabe von Beihilfen zur schulischen, beruflichen und gesellschaftlichen Eingliederung junger Aussiedler, junger Zuwanderer aus der DDR und Berlin (Ost) sowie junger ausländischer Flüchtlinge – sog. Garantiefonds-Schul- und Berufsbildungsbereich – (RL-GF-SB) vom 1. März 1988 (GMBl. S. 243 ff)

Gliederung:

Abschnitt I
Allgemeine Förderungsvoraussetzungen
1. Zuwendungszweck
2. Personenkreis
3. Nachweis der Antragsberechtigung
4. Antragstellung
5. Voraussetzungen der Beihilfe
6. Verhältnis zu anderen Beihilfen

Abschnitt II
Art und Umfang der Leistungen
7. Arten der Ausbildung
8. Dauer der Förderung und Bewilligungszeitraum
9. Umfang der Förderung
10. Ausbildungskosten
11. Kosten des Lebensunterhalts
12. Kosten des Sonderbedarfs

Abschnitt III
Einkommens- und Vermögensanrechnung
13. Anrechenbares Einkommen und Vermögen des Auszubildenden
14. Anrechenbares Einkommen und Vermögen der Unterhaltspflichtigen

Abschnitt IV
Ausnahmeregelung
15. Ausnahmeregelung

Abschnitt V
Zuwendungsverfahren
16. Sachliche Zuständigkeit
17. Örtliche Zuständigkeit
18. Bewirtschaftungsregelungen
19. Behandlung von Erstattungsbeträgen
20. Veränderung von Ansprüchen
21. Statistik

Abschnitt VI
Übergangs- und Schlußvorschriften
22. Berlinklausel
23. Inkrafttreten

Abschnitt I:
Allgemeine Förderungsvoraussetzungen

1. Zuwendungszweck

1.1 Der Bund gewährt nach Maßgabe dieser Richtlinien und der Vorläufigen Verwaltungsvorschriften zu den §§ 44, 44a BHO jungen Aussiedlern, jungen Zuwanderern aus der DDR und Berlin (Ost) sowie jungen ausländischen Flüchtlingen Zuwendungen (Beihilfen) zur schulischen, beruflichen und gesellschaftlichen Eingliederung.

1.2 Die Beihilfen haben den Zweck, durch eine rechtzeitige und ausreichende Förderung die alsbaldige Eingliederung, insbesondere die Fortsetzung der Ausbildung, in der Bundesrepublik Deutschland einschließlich des Landes Berlin zu ermöglichen.

1.3 Ein Rechtsanspruch auf die Gewährung von Beihilfen besteht nicht. Vielmehr entscheidet die zuständige Bewilligungsbehörde (Nr. 16) aufgrund ihres pflichtgemäßen Ermessens im Rahmen der verfügbaren Haushaltsmittel.

2. Personenkreis

Gefördert werden können
a) Aussiedler im Sinne von § 1 Abs. 2 Nr. 3 und Abs. 3 des Bundesvertriebenengesetzes,
b) deutsche Staatsangehörige oder deutsche Volkszugehörige, die vor dem 1. April 1952 ihren gewöhnlichen Aufenthalt in den in § 1 Abs. 2 Nr. 3 des Bundesvertriebenengestzes genannten Gebieten gehabt haben, einschließlich deren Abkömmlinge,
c) Zuwanderer aus der DDR und Berlin (Ost),
d) ausländische Flüchtlinge, die ihren gewöhnlichen Aufenthalt in der Bundesrepublik Deutschland einschließlich des Landes Berlin haben und als Asylberechtigte nach dem Asylverfahrensgesetz vom 16. Juli 1982 (BGBl. I, S. 946) anerkannt sind,
e) ausländische Flüchtlinge nach § 1 des Gesetzes über Maßnahmen für im Rahmen humanitärer Hilfsaktionen aufgenommene Flüchtlinge vom 22. Juli 1980 (BGBl. I, S. 1057) oder ausländische Flüchtlinge vor Vollendung des 16. Lebensjahres, die ohne Aufenthaltserlaubnis oder Übernahmeerklärung im Rahmen humanitärer Hilfsaktionen in

9.2 Garantiefonds (Schule, Berufsbildung) Seite 291

die Bundesrepublik Deutschland einschließlich des Landes Berlin aufgenommen worden sind,

f) ausländische Flüchtlinge, die außerhalb der Bundesrepublik Deutschland einschließlich des Landes Berlin auf Grund des Abkommens vom 28. Juli 1951 über die Rechtsstellung der Flüchtlinge (BGBl. 1953 II S. 559) bzw. nach dem Protokoll über die Rechtsstellung der Flüchtlinge vom 31. Januar 1967 (BGBl. 1969 II S. 1293) anerkannt und nicht nur vorübergehend im Gebiet der Bundesrepublik Deutschland einschließlich des Landes Berlin zum Aufenthalt berechtigt sind, nach Maßgabe der Nr. 7.2,

die in die Bundesrepublik Deutschland einschließlich des Landes Berlin eingereist sind und bei Förderungsbeginn das 35. Lebensjahr noch nicht vollendet haben.

3. Nachweis der Antragsberechtigung

3.1 Zum Nachweis der Antragsberechtigung sind vorzulegen,

a) von Aussiedlern nach Nr. 2a der Vertriebenenausweis A oder B, ersatzweise – solange über den Antrag auf Ausstellung eines Vertriebenenausweises noch nicht entschieden ist – der Registrierschein eines Grenzdurchgangslagers oder eine Bestätigung der für die Ausstellung des Vertriebenenausweises zuständigen Stelle oder des Beauftragten der Bundesregierung für die Verteilung im Grenzdurchgangslager Friedland oder der Durchgangsstelle für Aussiedler in Nürnberg, aus der zu ersehen ist, daß die Anerkennung als Aussiedler mit hoher Wahrscheinlichkeit erfolgen wird,

b) von Personen nach Nr. 2b der Nachweis, daß sie eine Leistung nach der Richtlinie des Bundesministers des Innern für die Zahlung einer einmaligen Überbrückungshilfe der Bundesregierung vom 29. November 1985 (GMBl. 1986 S. 8) erhalten haben,

c) von Zuwanderern aus der DDR und Berlin (Ost) nach Nr. 2c der Flüchtlingsausweis C oder der Aufnahmeschein nach § 1 Aufnahmegesetz,

d) von Asylberechtigten nach Nr. 2d der von einer deutschen Ausländerbehörde ausgestellte Paß oder ein Paßersatz mit der Eintragung: „Der Inhaber dieses Passes/Reiseausweises ist als Asylberechtigter anerkannt" oder der unanfechtbare Anerkennungsbescheid des Bundesamtes für die Anerkennung ausländischer Flüchtlinge,

e) von ausländischen Flüchtlingen nach Nr. 2e die amtliche Bescheinigung über ihre Rechtsstellung nach § 2 des Gesetzes über Maßnahmen für im Rahmen humanitärer Hilfsaktionen aufgenommene Flüchtlinge,

f) von ausländischen Flüchtlingen nach Nr. 2f der von einer deutschen Behörde ausgestellte internationale Reiseausweis nach dem Abkommen über die Rechtsstellung der Flüchtlinge, ersatzweise eine Bescheinigung der Ausländerbehörde, daß beabsichtigt ist, den Ausländer nach § 26 Abs. 1 Nr. 1 Ausländergesetz in die Obhut der Bundesrepublik Deutschland zu übernehmen.

3.2 Wird für einen Auszubildenden im Falle der ersatzweisen Regelung nach Nr. 3.1a nach der Registrierung die Erteilung des Vertriebenenausweises unanfechtbar abgelehnt, ist eine weitere Förderung nach diesen Richtlinien von diesem Zeitpunkt an nicht mehr möglich. Vor der Ablehnung gewährte Beihilfen werden nicht zurückgefordert.

4. Antragstellung

4.1 Die Beihilfen werden auf schriftlichen Antrag geleistet. Der Antrag kann auch zu Protokoll der annehmenden Behörde erklärt werden. Er ist nicht an eine Form gebunden.

4.2 Der Antrag auf erstmalige Leistung der Beihilfe muß innerhalb von 24 Monaten nach der Einreise des Auszubildenden gestellt werden, es sei denn, der Antragsteller hat das Fristversäumnis nicht zu vertreten. Maßgebend für den Beginn der Antragsfrist ist bei Aussiedlern sowie Zuwanderern aus der DDR und Berlin (Ost) das im Vertriebenenausweis bzw. Registrierschein oder in dem Aufnahmeschein nach § 1 Aufnahmegesetz angegebene Einreisedatum.

4.3 Asylberechtigte nach Nr. 2 d müssen den Antrag spätestens innerhalb eines Jahres nach Bestandskraft der Anerkennung der Asylberechtigung gestellt haben, es sei denn, der Antragsteller hat das Fristversäumnis nicht zu vertreten. Maßgebend für den Beginn der Antragsfrist ist das Ausstellungsdatum des Passes oder des Reiseausweises.

4.4 Als Antrag im Sinne der Nrn. 4.2 und 4.3 gilt auch ein Antrag auf Förderung nach den Richtlinien des Bundesministers für Jugend, Familie, Frauen und Gesundheit für
- die Gewährung von Zuwendungen an die Otto-Benecke-Stiftung e. V., Bonn, und
- die Vergabe von Stipendien durch die Otto-Benecke-Stiftung an junge Aussiedler, junge Zuwanderer aus der DDR und Berlin (Ost) sowie ausländische Flüchtlinge zur Vorbereitung und Durchführung eines Hochschulstudiums – sog. Garantiefonds-Hochschulbereich – (RL-GF-H).

4.5 Minderjährige können Anträge nur mit Einwilligung des gesetzlichen Vertreters stellen. Hat der Auszubildende das 18. Lebensjahr vollendet, so wird, falls er nach für ihn fortgeltendem Recht seines Herkunftslandes noch nicht volljährig ist, die Einwilligung zu dem Antrag widerleglich vermutet.

Auf die Einwilligung kann verzichtet werden, wenn der gesetzliche Vertreter seinen ständigen Aufenthalt außerhalb des Geltungsbereiches des Grundgesetzes hat.

4.6 Bei Unterbringung in einem Heim, Internat oder einer ähnlichen Einrichtung kann der Antrag über den Leiter eingereicht werden. Für Minderjährige wird die Beihilfe an den gesetzlichen Vertreter oder mit dessen Zustimmung über die jeweilige Einrichtung ausgezahlt.

4.7 Der Antragsteller und seine Unterhaltspflichtigen sind verpflichtet, auf Verlangen über ihre persönlichen und wirtschaftlichen Verhältnisse die Auskünfte zu erteilen, die Urkunden vorzulegen und die Beweismittel zu bezeichnen, die zur Entscheidung über den Antrag auf Beihilfe von Bedeutung sind. Maßgebend sind die Verhältnisse zur Zeit der Antragstellung. Werden die geforderten Unterlagen nicht oder nicht binnen zweier Monate nach Aufforderung vorgelegt, so ist in der Regel davon auszugehen, daß der Auszubildende nicht bedürftig ist.

4.8 Der Antragsteller und seine Unterhaltspflichtigen sind verpflichtet, der Behörde, die über den Antrag auf Beihilfe entscheidet, unverzüglich und schriftlich die Änderung der Tatsachen anzuzeigen, über die sie im Zusammenhang mit dem Beihilfeantrag Erklärungen abgegeben haben.

5. Voraussetzungen der Beihilfe

5.1 Die Beihilfe soll eine rechtzeitige und ausreichende Förderung des Auszubildenden sicherstellen, der für die Ausbildung geeignet ist und einer wirtschaftlichen Hilfe bedarf. Sie kann nicht geleistet werden, wenn der mit der Ausbildung angestrebte Beruf voraussichtlich nicht zur Eingliederung führt.

5.2 Geeignet ist der Auszubildende, wenn seine Leistungen erwarten lassen, daß er das angestrebte Ausbildungsziel erreicht. Dies wird angenommen, solange er die Ausbildungsstätte besucht oder an einem Praktikum teilnimmt.

Lassen nach Auffassung der Ausbildungstätte die Leistungen nach angemessener Zeit erkennen, daß das Ausbildungsziel nicht erreicht werden kann, ist die Förderung einzustellen. Auf sprachliche Schwierigkeiten und die Umstellung auf das hiesige Bildungssystem ist Rücksicht zu nehmen.

9.2 Garantiefonds (Schule, Berufsbildung)

5.3 Einer wirtschaftlichen Hilfe bedarf der Auszubildende, soweit er nach Nrn. 13 und 14 weder allein noch mit Hilfe der Unterhaltspflichtigen die Kosten seiner Ausbildung, seines Unterhalts und seines Sonderbedarfs aufzubringen vermag.

6. Verhältnis zu anderen Beihilfen
6.1 Nachrangigkeit

6.1.1 Die Beihilfe nach diesen Richtlinien wird nachrangig gegenüber Ausbildungsbeihilfen oder entsprechenden Leistungen aufgrund anderer Rechts- oder Verwaltungsvorschriften erbracht – auch gegenüber den Erziehungshilfen nach dem Jugendwohlfahrtsgesetz und den Hilfen nach dem Bundessozialhilfegesetz. Die Beihilfe ist – soweit sie die Kosten der Unterkunft betrifft – auch nachrangig gegenüber Leistungen nach dem Wohngeldgesetz.

6.1.2 Der Antragsteller ist von der die Beihilfe bewilligenden Behörde anzuhalten, diese Leistungen nach anderen Rechts- oder Verwaltungsvorschriften unverzüglich zu beantragen. Unterbleibt die Antragstellung, so kann die Beihilfe nach diesen Richtlinien nicht geleistet werden, es sei denn, der Antragsteller hat das Unterlassen nicht zu vertreten.

Wird der Antrag verspätet gestellt und hat der Antragsteller dies zu vertreten, so sind die nach den betreffenden Rechts- oder Verwaltungsvorschriften vorgesehenen Leistungen als fiktives Einkommen anzusehen.

6.2 Vorschußfunktion

6.2.1 Sehen andere Rechts- oder Verwaltungsvorschriften eine Ausbildungsbeihilfe oder eine andere entsprechende Leistung vor, so ist bis zum Einsetzen dieser Leistungen unverzüglich Beihilfe nach diesen Richtlinien als Vorschuß zu gewähren, sofern der Auszubildende nachweist, daß er die Leistungen nach den anderen Rechts- oder Verwaltungsvorschriften beantragt hat.

Der Nachweis der Antragstellung erfolgt durch eine formlose Bestätigung des betreffenden Amtes. Der Bescheid über diesen Antrag ist der die Beihilfe nach diesen Richtlinien gewährenden Behörde vom Antragsteller unverzüglich vorzulegen.

Kann der Antrag auf andere Leistungen wegen fehlender Mitwirkung des Antragstellers nicht bearbeitet werden, so wird die Beihilfe nach diesen Richtlinien nicht geleistet.

6.2.2 Bei der Berechnung des Vorschusses sind Nrn. 9.5 Abs. 1 und 9.6 zu beachten.

6.2.3 Der Antragsteller oder sein gesetzlicher Vertreter hat sein Einverständnis zu erklären, daß Ausbildungsbeihilfen oder entsprechende Leistungen, die aufgrund anderer vorrangiger Rechts- oder Verwaltungsvorschriften für ihn erbracht werden, bis zur Höhe der für den gleichen Zeitraum aufgrund dieser Richtlinien vorschußweise gezahlten Beihilfe der in Nrn. 16 und 17 genannten Behörde unmittelbar erstattet werden.

6.2.4 Werden anderweitig bewilligte Ausbildungshilfen oder entsprechende Leistungen an den Antragsteller oder an seinen gesetzlichen Vertreter ausgezahlt, obwohl von der die Beihilfe nach diesen Richtlinien bewilligenden Stelle ein Erstattungsanspruch geltend gemacht worden ist, so hat der Antragsteller oder sein gesetzlicher Vertreter die nach Nr. 6.2.1 vorschußweise empfangene Beihilfe an die die Beihilfe nach diesen Richtlinien bewilligende Stelle zurückzuzahlen. Der Rückzahlungsanspruch kann mit künftigen Beihilfezahlungen verrechnet werden.

6.3 Aufstockungsfunktion

Erreicht eine aufgrund anderer Rechts- oder Verwaltungsvorschriften gewährte Ausbildungsbeihilfe oder entsprechende Leistung nicht die Höhe der Beihilfe nach diesen Richtlinien, so ist der Differenzbetrag als Aufstockung zu leisten.

6.4 Zuschußfunktion

Die Beihilfen werden als Zuschuß gewährt, soweit es sich nicht um eine vorschußweise Leistung nach Nr. 6.2.1 handelt.

Abschnitt II:
Art und Umfang der Leistungen
7. Arten der Ausbildung

7.1 Die Beihilfe kann für folgende Ausbildungsarten geleistet werden:

a) Teilnahme an einer Berufsausbildung im Rahmen der anerkannten Ausbildungswege, einschließlich einer im Einzelfall erforderlichen Hinführung zu Ausbildung und Beruf,

b) Besuch von allgemeinbildenden Schulen, berufsbildenden Schulen und schulischen Lehrgängen. Hierzu zählen auch Maßnahmen, die zur Verbesserung der Kenntnisse der deutschen Sprache sowie des allgemeinen schulischen Wissens erforderlich sind. Ausgenommen ist die Förderung des Besuchs der örtlich zuständigen Grund- und Hauptschule, sofern der Auszubildende nicht nach Nr. 9.2 gefördert werden kann,

c) Teilnahme an von den zuständigen Stellen zugelassenen Fortbildungsmaßnahmen, die über eine abgeschlossene Schul- und Berufsausbildung hinaus der Weiterbildung einschließlich einer zusätzlichen Spezialausbildung und dem beruflichen Aufstieg dienen, wenn die Teilnahme an derartigen Maßnahmen bisher wegen seiner oder seiner Familienangehörigen Volkszugehörigkeit, Ausreiseabsicht oder wegen eines vergleichbaren nach freiheitlich demokratischer Auffassung nicht zu vertretenden Grundes nicht möglich war oder wenn die erworbene Ausbildung in der Bundesrepublik Deutschland nicht entsprechend anerkannt wird,

d) Teilnahme an Umschulungsmaßnahmen, wenn die gewünschte Ausbildung wegen seiner oder wegen seiner Familienangehörigen Volkszugehörigkeit, Ausreiseabsicht oder wegen eines vergleichbaren nach freiheitlich demokratischer Auffassung nicht zu vertretenden Grundes nicht möglich war oder die Wiederaufnahme des bisherigen Berufes nicht möglich oder zumutbar ist,

e) Teilnahme an Kursen überörtlicher Bedeutung zum Erlernen der deutschen Sprache, die für die Aufnahme einer Ausbildung oder Berufstätigkeit notwendig und geeignet sind.

Bei der Ausbildung soll es sich um Vollzeitunterricht in der Regel von mindestens 5 Stunden täglich handeln.

7.2 Bei ausländischen Flüchtlingen im Sinne von Nr. 2 f, die, ohne als Asylberechtigte anerkannt zu sein, ihren rechtmäßigen Aufenthalt in der Bundesrepublik Deutschland einschließlich des Landes Berlin (West) haben, beschränkt sich die Förderung auf Kurse zum Erlernen der deutschen Sprache, soweit dies für die Aufnahme einer Berufstätigkeit oder einer anders finanzierten Ausbildung erforderlich ist.

8. Dauer der Förderung und Bewilligungszeitraum

8.1 Die Beihilfe wird ab Antragsmonat, frühestens vom Beginn der Ausbildung an für deren Dauer einschließlich der unterrichtsfreien Zeit sowie des zustehenden Urlaubs geleistet. Sie endet mit dem Ablauf des Monats, in dem die Ausbildung abgeschlossen wird, spätestens 36 Monate nach Beginn der ersten Förderung aufgrund dieser Richtlinien. Ausnahmsweise endet sie spätestens 48 Monate nach Beginn der ersten Förderung, wenn die Notwendigkeit einer weiteren Eingliederungsmaßnahme durch die oberste Landesbehörde bzw. durch die von ihr beauftragte Behörde nach gutachtlicher Stellungnahme der Schulbehörde oder der Ausbildungsstätte bestätigt wird und nicht auf fehlende Mitarbeit des Beihilfeempfängers zurückzuführen ist.

9.2 Garantiefonds (Schule, Berufsbildung)

In der Statistik (Nr. 21) sind die vierjährigen Förderungsfälle gesondert auszuweisen

8.2 Wegen ihres Eingliederungscharakters ist die Beihilfe unabhängig von den vorgenannten Fristen spätestens 60 Monate nach der Einreise des Auszubildenden einzustellen; Nr. 11.3 bleibt unberührt.

Die Frist von 60 Monaten wird um die Zeiten verlängert, in denen eine Eingliederung wegen Verwaltungs- und/oder verwaltungsgerichtlicher Verfahren zur Feststellung der Vertriebeneneigenschaft oder zur Anerkennung der Asylberechtigung nicht stattfinden konnte oder eine Ausnahme nach 8.1 Satz 3 zugelassen ist.

8.3 Nach den Richtlinien des Bundesministers für Jugend, Familie, Frauen und Gesundheit für

– die Gewährung von Zuwendungen an die Otto-Benecke-Stiftung e. V., Bonn, und
– die Vergabe von Stipendien durch die Otto-Benecke-Stiftung an junge Aussiedler, junge Zuwanderer aus der DDR und Berlin (Ost) sowie ausländische Flüchtlinge zur Vorbereitung und Durchführung eines Hochschulstudiums – sog. Garantiefonds/Hochschulbereich – (RL-GF-H)

zurückgelegte Förderzeiten sind auf die Förderzeiten nach diesen Richtlinen anzurechnen.

8.4 Einmalige Wiederholungen bei Abschluß- und Zwischenprüfungen sind unter den Voraussetzungen der Nr. 5.2 zulässig. Wird die Ausbildung ohne hinreichenden Grund abgebrochen, endet die Förderung mit dem Tage des Ausbildungsabbruchs; hiervon ausgenommen ist das notwendige Bettengeld der Heime, Internate und Pflegestellen bis zum Ende des jeweiligen Monats.

8.5 Auf die Empfehlung der Kultusministerkonferenz zur Eingliederung von deutschen Aussiedlern in Schule und Berufsausbildung vom 17. November 1977 (GMBl. 1978 S. 76) wird hingewiesen.

8.6 Bei verspäteter Antragstellung wird die Beihilfe auch rückwirkend, frühestens ab Beginn der Ausbildung geleistet, sofern der Antragsteller das Fristversäumnis nicht zu vertreten hat.

8.7 Die für die Bewilligung der Beihilfe zuständige Behörde bestimmt, für welchen Zeitraum die Beihilfe bewilligt wird (Bewilligungszeitraum). Im Regelfall ist die Bewilligung für die Dauer des Schuljahres auszusprechen. Dies gilt nicht, wenn im Einzelfall aus verwaltungstechnischen Gründen ein anderer Zeitraum geboten ist oder die Ausbildung voraussichtlich vor Ablauf des Regel-Bewilligungszeitraumes beendet wird.

8.8 Die Beihilfe ist monatlich im voraus zu zahlen. Zur Sicherstellung des Ausbildungsbeginns kann die Beihilfe in begründeten Fällen für die ersten zwei Monate der Förderung in einem Betrag im voraus gezahlt werden.

8.9 Einem Auszubildenden, der für seinen Lebensunterhalt nicht selbst aufkommen kann, kann die Beihilfe für die Zeit vor der Wiederaufnahme einer unterbrochenen Ausbildung oder für eine Überbrückung zwischen zwei nicht unmittelbar aneinander anschließenden Ausbildungsabschnitten jeweils bis zu einem Monat, in Härtefällen bis zu zwei Monaten, bewilligt werden.

8.10 Wird die Ausbildung wegen Krankheit oder Schwangerschaft vorübergehend unterbrochen, wird die Beihilfe nach diesen Richtlinien weitergezahlt, längstens jedoch bis zu drei Monaten. Nr. 11.8 findet entsprechende Anwendung.

9. Umfang der Förderung

9.1 Die Beihilfe (Bedarf) umfaßt die Ausbildungskosten (Nr. 10), die Kosten des Lebensunterhalts des Auszubildenden (Nr. 11) und einen etwaigen Sonderbedarf (Nr. 12).

9.2 Garantiefonds (Schule, Berufsbildung)

9.2 Ein Auszubildender, der noch zum Besuch der Grund- oder Hauptschule verpflichtet ist (allgemeine Schulpflicht), kann, solange ein Besuch der Schule vom Wohnort der Unterhaltspflichtigen aus möglich und zumutbar ist, nicht gefördert werden.
Besucht er jedoch in Erfüllung der allgemeinen Schulpflicht eine Fördereinrichtung vom Wohnort der Unterhaltspflichtigen aus, so sind anzuerkennen:
- nachgewiesene Ausbildungskosten (Nr. 10),
- ein etwaiger Sonderbedarf (Nr. 12),
- die mit dem Besuch eines Tagesinternates verbundenen angemessenen Verpflegungskosten, wenn hierdurch die Unterbringung in einem Förderschulinternat vermieden wird.

9.3 Die Beihilfe wird in Höhe des Unterschiedsbetrags zwischen dem Bedarf nach Nr. 9.1 und den nach Nrn. 13 und 14 anzurechnenden Beträgen geleistet. Sie ist auf volle Deutsche Mark abzurunden.

9.4 Beim Besuch von Sprachkursen der Goethe-Institute und diesen entsprechenden Sprachkursen können Ausbildungskosten und Kosten des Lebensunterhaltes bis zu den vom Auswärtigen Amt anerkannten Sätzen geleistet werden.

9.5 Können bei der Antragstellung die zur Entscheidung über den Antrag erforderlichen Feststellungen ohne Verschulden des Antragstellers nicht binnen eines Monats getroffen werden, wird für drei Monate die Beihilfe in Höhe des voraussichtlichen Betrages, jedoch in der Regel nicht mehr als 350 DM monatlich, ausgezahlt. In begründeten Fällen, insbesondere bei auswärtiger Unterbringung, kann die Beihilfe bis zur Höhe des Bedarfs bewilligt werden.
Diese Beträge sind auch dann, wenn eine nachträgliche Berechnung eine niedrigere Beihilfe ergibt, nicht zurückzufordern.

9.6 Monatliche Beihilfen unter 20 DM werden nicht ausgezahlt.

10. Ausbildungskosten

10.1 Ausbildungskosten sind
a) Unterrichtsgelder und Prüfungsgebühren (Nr. 10.2),
b) Kosten für notwendige Lernmittel (Nr. 10.3),
c) Kosten für die Arbeitsausrüstung und für Arbeitsmaterial (Nr. 10.4),
d) notwendige Fahrkosten einschließlich der Familienheimfahrten (Nr. 10.6).

10.2 Für Unterrichtsgelder können Beihilfen bis zur Höhe von 300 DM monatlich bewilligt werden. Darüber hinausgehende Unterrichtsgelder kann die zuständige oberste Landesbehörde oder eine von ihr bestimmte Stelle zulassen, wenn die Kosten notwendig und wirtschaftlich angemessen sind. Sofern Unterrichtsgelder nach staatlichen Gebührenordnungen erhoben werden, werden diese zugrunde gelegt. Als Unterrichtsgelder gelten auch die Kosten für Nachhilfeunterricht, der erforderlich ist, um den Anschluß an die üblichen Ausbildungsgänge zu erreichen.
Über die erteilten Genehmigungen ist dem Bundesminister für Jugend, Familie, Frauen und Gesundheit jährlich mit der Statistik (Nr. 21) ein Erfahrungsbericht zu übersenden.

10.3 Für Schüler an allgemein- und berufsbildenden Schulen und für Teilnehmer an Sprachkursen werden für notwendige Lernmittel monatlich bis zu 15 DM angesetzt.

10.4 Beihilfen für notwendige Arbeitsausrüstung (auch typische Arbeitskleidung) können bis zu einem Pauschbetrag in Höhe von 15 DM monatlich bewilligt werden.

10.5 Die Beträge nach Nrn. 10.3 und 10.4 sollen zu Beginn des Bewilligungszeitraums in einer Summe ausgezahlt werden.

9.2 Garantiefonds (Schule, Berufsbildung)

10.6 Notwendig im Sinne von Nr. 10.1 d sind die Kosten für die billigste Fahrkarte des preislich günstigsten, wirtschaftlichsten, regelmäßig verkehrenden Beförderungsmittels. Zu den Fahrkosten rechnen neben den täglichen An- und Rückfahrkosten zur Ausbildungsstätte auch die Kosten der An- und Abreise zum bzw. vom Ausbildungsort sowie bei notwendigem Wechsel des Ausbildungsortes die Kosten der Reise zum nächsten Ausbildungsort. Kosten für Heimfahrten zu den Eltern oder den nächsten Angehörigen werden anerkannt, wenn der Auszubildende aufgrund der Entfernung der Ausbildungsstätte vom Wohnort außerhalb der Familie untergebracht ist. Das gilt nur für je eine Heimfahrt während der nach der Ferienordnung des jeweiligen Landes festgelegten Ferienzeit, darüber hinaus in besonderen Fällen wie Eheschließung, Tod eines nahen Angehörigen. Anstelle dieser Fahrten können in begründeten Einzelfällen Kosten für Heimfahrten zum ersten Wohnsitz des Auszubildenden anerkannt werden, wenn er dort einen eigenen Hausstand hat.

10.6.1 Bei Schülern in der Regel bis zur Vollendung des 10. Lebensjahres werden die notwendigen Fahrkosten für eine erwachsene Begleitperson für die An- und Abreise zum bzw. vom Ausbildungsort zu Beginn und Ende des Schuljahres und der Ferien anerkannt, jedoch nicht mehr als viermal im Jahr.

10.6.2 Bei Schülern werden von den nachgewiesenen Kosten für Wochenendfamilienheimfahrten monatlich höchstens 50 DM berücksichtigt. Bei Internatsschülern können die tatsächlichen Kosten für zwei Wochenendfamilienheimfahrten monatlich berücksichtigt werden, auch wenn diese 50 DM überschreiten.

11. Kosten des Lebensunterhalts

11.1 Als Kosten des Lebensunterhalts gelten die Kosten
a) für die Unterbringung,
b) für die Verpflegung,
c) für notwendige persönliche Bedürfnisse.

11.2 Ist der Auszubildende während der Ausbildung bei seinen Eltern untergebracht, kommt eine Förderung des Lebensunterhalts nicht in Betracht, solange er noch zum Besuch einer Grund- und Hauptschule verpflichtet ist (allgemeine Schulpflicht).

11.3 Unterliegt der Auszubildende nicht mehr der allgemeinen Schulpflicht und ist er während der Ausbildung bei seinen Eltern untergebracht, wird für einen Zeitraum von höchstens zwei Jahren für Verpflegung und zur Bestreitung notwendiger persönlicher Bedürfnisse ein Betrag in Höhe von 125 DM monatlich anerkannt. Die Zahlung dieses Betrages ist unabhängig von der vorgenannten Frist spätestens 36 Monate nach der Einreise des Auszubildenden einzustellen; Nr. 8.2 Abs. 2 gilt entsprechend.

Unterkunftskosten werden nicht übernommen.

11.4 Ist der Auszubildende während der Ausbildung nicht bei seinen Eltern untergebracht, wird für die Verpflegung und zur Bestreitung notwendiger persönlicher Bedürfnisse ein Betrag in zweifacher Höhe des am Ort der Ausbildungsstätte maßgeblichen Regelsatzes nach dem Bundessozialhilfegesetz für einen dem Auszubildenden gleichaltrigen Haushaltsangehörigen anerkannt.

11.4.1 Außerdem werden für die Kosten der Unterkunft einschließlich der Nebenkosten folgende Pauschbeträge je Monat anerkannt:
a) für Wohnorte ohne Universität oder Technische Hochschule 140 DM
b) für Wohnorte mit Universität oder Technischer Hochschule 160 DM

11.4.2 Übersteigen die nachgewiesenen notwendigen Unterkunftskosten die Pauschbeträge, können Kosten bis zu höchstens 350 DM monatlich insgesamt anerkannt werden.

Ist bei Gemeinschaftsunterkunft der auf den Antragsteller entfallende Mietanteil geringer als die Pauschale, so wird nur dieser Mietanteil anerkannt.

11.4.3 Die zuständige oberste Landesbehörde oder die von ihr beauftragte Stelle kann bestimmen, daß für Auszubildende, die Ausbildungsstätten außerhalb des Wohnorts der Unterhaltspflichtigen besuchen, die in Nrn. 11.4, 11.4.1 und 11.4.2 genannten Kosten nur dann anerkannt werden, wenn am Ausbildungsort ein Platz in einem Schülerwohnheim nicht zur Verfügung steht.

11.4.4 Bei ausländischen Flüchtlingen im Sinne von Nr. 2 f werden für die Verpflegung ein Betrag in Höhe des für sie am Ort der Ausbildung maßgeblichen Regelsatzes nach dem Bundessozialhilfegesetz und die tatsächlichen Kosten der Unterkunft bis zur Höhe der in Nr. 11.4.1 genannten Pauschbeträge anerkannt. Bei nachgewiesenen notwendigen Mehrkosten können im Einzelfall bis zu 200 DM insgesamt anerkannt werden.

11.5.1 Bei Auszubildenden, die in einem Heim, Internat oder einer Pflegestelle untergebracht sind, werden im Rahmen von behördlich anerkannten Tagessätzen die Kosten der Unterbringung und Verpflegung anerkannt.

Übersteigt der behördlich anerkannte Tagessatz einen Betrag von täglich 50 DM, so kann dieser bis höchstens 70 DM nur dann anerkannt werden, wenn die zuständige oberste Landesbehörde oder die von ihr beauftragte Stelle der Bewilligungsbehörde bestätigt, daß der höhere Satz im Einzelfall notwendig und wirtschaftlich angemessen ist.

Bei internatsmäßiger Unterbringung für eine Berufsausbildung kann als Tagessatz nur der behördlich anerkannte allgemeine Tagessatz für Jugendwohnheime anerkannt werden.

11.5.2 Dem Bundesministerium für Jugend, Familie, Frauen und Gesundheit ist zusammen mit der Statistik (Nr. 21) jeweils jährlich ein Erfahrungsbericht zu übersenden, in dem die Einrichtungen mit einem 50 DM übersteigenden Tagespflegesatz und die Gründe für die Höhe des Tagessatzes aufgeführt werden.

11.5.3 Außerdem wird zur Bestreitung persönlicher Bedürfnisse ein Betrag in Höhe eines Drittels des für einen gleichaltrigen Haushaltsangehörigen, bei Auszubildenden, die das 21. Lebensjahr vollendet haben, in Höhe eines Drittels des für einen Haushaltsvorstand am Ausbildungsort maßgeblichen Regelsatzes nach dem Bundessozialhilfegesetz anerkannt.

11.6 Bei Auszubildenden, die vom Lehrherrn oder der Ausbildungsstätte freie Unterkunft und Verpflegung erhalten, wird zur Bestreitung notwendiger persönlicher Bedürfnisse ein Betrag in Höhe eines Drittels des für einen gleichaltrigen Familienangehörigen, bei über 21jährigen Auszubildenden in Höhe eines Drittels des für einen Haushaltsvorstand am Ausbildungsort maßgeblichen Regelsatzes nach dem Bundessozialhilfegesetz anerkannt.

11.7 Die Anwendung der Nrn. 11.4 bis 11.6 ist ausgeschlossen, wenn eine Unterbringung in der Wohnung der Eltern möglich und von dort aus eine entsprechende zumutbare Ausbildungsstätte erreichbar ist. In diesen Fällen wird für Unterbringung und Verpflegung die Beihilfe auf die Leistungen nach Nr. 11.3 beschränkt.

11.8 Während der unterrichtsfreien Zeit (Ferienzeit) bzw. während des zustehenden Urlaubs ist die Beihilfe wie während der Ausbildungszeit weiter zu gewähren.

Halten sich die in Nrn. 11.4 und 11.5.1 genannten Auszubildenden in der Ferienzeit bei ihren Eltern auf, kommt eine Förderung des Lebensunterhalts nicht in Betracht, solange sie zum Besuch einer Grund- oder Hauptschule verpflichtet sind. Dasselbe gilt mit Ausnahme des Betrages zur Bestreitung der persönlichen Bedürfnisse (Regelsatzdrittel) für die in Nrn. 11.4 und 11.5.1 genannten Auszubildenden, die nicht mehr zum Besuch einer Grund- oder Hauptschule verpflichtet sind.

9.2 Garantiefonds (Schule, Berufsbildung)

Erstattungsfähig bleiben jedoch notwendige Mietkosten bzw. die Kosten, die den Heimen, Internaten bzw. Pflegestellen durch die Freihaltung der Bettplätze in den Ferien für diese Auszubildenden entstehen (sog. Bettengeld).

12. Kosten des Sonderbedarfs

12.1 Als Sonderbedarf gelten
– Kosten der Übersetzung, der Beglaubigung und Anerkennung von Vorbildungsnachweisen,
– Kosten der Beschaffung von Ersatzurkunden,
– Beiträge zur Krankenversicherung,
– von der Krankenversicherung nicht gedeckte Kosten für unaufschiebbare ärztliche und zahnärztliche Behandlung,
– zusätzlicher Krankenbedarf.

12.2 Nachgewiesene Kosten der Krankenversicherung, ausgenommen Krankentagegeld und Zusatzkrankenversicherung, werden bis zur Höhe der ortsüblichen Mindestsätze der Allgemeinen Ortskrankenkasse bzw. der entsprechenden Erstzkrankenkassen anerkannt, sofern kein Versicherungsschutz durch Anspruch auf Familienkrankenhilfe in einer gesetzlichen oder privaten Versicherung besteht.

12.3 Kosten für eine unerläßliche und unaufschiebbare ärztliche und zahnärztliche Behandlung werden anerkannt, solange ohne schuldhaftes Versäumnis eine Krankenversicherung noch nicht abgeschlossen wurde, vorgesehene Wartezeiten der Krankenkasse nicht erfüllt sind, die Behandlung dieser Krankheiten von der Krankenkasse ausgeschlossen wird oder die Krankenversicherung die notwendigen Ausgaben nicht deckt.

12.4 Als zusätzlicher Krankenbedarf gelten zusätzliche Aufwendungen für Kranken- und Diätkost, Zahnersatz, soweit von der Krankenkasse als notwendig anerkannt, und ähnlicher Bedarf.

12.5 Bei ausländischen Flüchtlingen im Sinne von Nr. 2 f wird nur der Sonderbedarf nach Nr. 12.2 anerkannt.

Abschnitt III:
Einkommens- und Vermögensanrechnung
13. Anrechenbares Einkommen und Vermögen des Auszubildenden

13.1 Das Einkommen ist anzurechnen. Zum Einkommen gehören alle Einnahmen in Geld oder Geldeswert.

Nicht als Einkommen gelten Einnahmen, deren Zweckbestimmung einer Anrechnung auf den Bedarf entgegensteht. Dies gilt insbesondere für Leistungen aufgrund öffentlich-rechtlicher Vorschriften, soweit sie zu einem anderen Zweck bestimmt sind als die Beihilfen, die nach diesen Richtlinien geleistet werden. Bei der Einkommensermittlung bleiben auch Beihilfen, die aufgrund dieser Richtlinien geleistet werden, außer Ansatz.

13.2 Von den Einnahmen sind abzusetzen:

a) die auf das Einkommen entrichteten Steuern, Arbeitnehmer- und Weihnachtsfreibeträge,

b) Pflichtbeiträge und freiwillige Beiträge zur Sozialversicherung einschließlich der Beiträge zur Arbeitslosenversicherung,

c) Beiträge zu öffentlichen und privaten Versicherungen oder ähnlichen Einrichtungen, soweit die Beiträge gesetzlich vorgeschrieben oder nach Grund und Höhe angemessen sind,

d) die mit der Erzielung des Einkommens verbundenen notwendigen Ausgaben (Werbungskosten und Betriebsausgaben),

e) die Grundrente und Schwerstbeschädigtenzulage nach dem Bundesversorgungsgesetz und nach den Gesetzen, die das Bundesversorgungsgesetz für anwendbar erklären,

f) Beträge, die der Grundrente und der Schwerstbeschädigtenzulage nach dem Bundesversorgungsgesetz entsprechen und nach § 65 Bundesversorgungsgesetz ruhen,

g) das Erziehungsgeld nach dem Bundeserziehungsgeldgesetz.

13.3 Von der Waisenrente, dem Waisengeld oder einer gerichtlich anerkannten Unterhaltsleistung bleibt – sofern der Auszubildende während seiner Ausbildung außerhalb seines Elternhauses untergebracht ist – ein Betrag von 120 DM bei Auszubildenden, die im Elternhaus wohnen, ein Betrag von 180 DM monatlich außer Ansatz. Außer Ansatz bleibt ferner in den ersten 36 Förderungsmonaten das Kindergeld, auf das der Beihilfeempfänger für sich selbst einen Anspruch hat. Soweit der Auszubildende zum Unterhalt verpflichtet ist, gelten die Freibeträge der Nrn. 14.4 und 14.5 entsprechend.

13.4 Die Erziehungsbeihilfe, die ein Beschädigter nach § 27 Abs. 3 Bundesversorgungsgesetz für ein Kind erhält, gilt als Einkommen des betreffenden Kindes.

13.5 Ansprüche auf Renten und Versicherungsleistungen, die rückwirkend gezahlt werden, sind insoweit abzutreten, als bei rechtzeitiger Zahlung die Beihilfe nicht gewährt worden wäre und Abtretbarkeit besteht. Die durch die Abtretung erlangten Leistungen sind an die vorrangig für die Gewährung von Ausbildungsbeihilfen zuständigen Stellen bis zur Höhe ihrer Aufwendungen zu zahlen. Der Auszubildende hat an ihn ausgezahlte Renten und Versicherungsleistungen für die Zeit, für die er Beihilfen erhalten hat, in Höhe der an ihn gezahlten Leistungen zu erstatten. Ist die Ausbildungsförderung vorrangig von einem anderen Träger gewährt worden, gilt Satz 2 entsprechend.

13.6 Vermögen ist auf die Beihilfe anzurechnen, soweit der Auszubildende im vorletzten Kalenderjahr vor Beginn des Bewilligungszeitraums Vermögenssteuer zu entrichten hatte. Die Vorschriften der §§ 26 bis 30 Bundesausbildungsförderungsgesetz gelten entsprechend.

Solange das Vorhandensein von Vermögen nicht durch die Vorlage von Steuerbescheiden bei der Antragstellung ausgeschlossen werden kann, hat der Auszubildende schriftlich zu versichern, daß kein steuerpflichtiges Vermögen vorhanden ist.

13.7 Bei der Ermittlung des anrechenbaren Einkommens und Vermögens sind Pfennigbeträge stets auf volle Deutsche Mark abzurunden.

13.8 Für die Anrechnung des Einkommens des Auszubildenden ist das Einkommen maßgebend, das er während des Bewilligungszeitraumes erzielt.

14. Anrechenbares Einkommen und Vermögen der Unterhaltspflichtigen

14.1 Unterhaltspflichtig im Sinne dieser Richtlinien sind der Ehegatte und die Eltern des Auszubildenden in der genannten Reihenfolge.

14.2 In den ersten 36 Förderungsmonaten werden Einkommen und Vermögen des Ehegatten und der Eltern nicht auf den Bedarf des Auszubildenden angerechnet.

14.3 Nach dieser Zeit gilt für die Ermittlung des Einkommens und Vermögens Nr. 13 entsprechend. Auszugehen ist in der Regel von dem Durchschnittseinkommen der letzten 12 Monate.

Kindergeld nach dem Bundeskindergeldgesetz, kinderbezogene Leistungen nach besoldungs- und tarifrechtlichen Vorschriften, Kinderzuschüsse zu Renten und Kinderzuschüsse zu Versorgungsbezügen zählen zu den Einnahmen des jeweils Leistungsberechtigten.

9.2 Garantiefonds (Schule, Berufsbildung)

14.4 Bei der Ermittlung des anrechenbaren Einkommens und Vermögens der Unterhaltspflichtigen ist zu berücksichtigen, daß sie in aller Regel im fortgeschrittenen Alter eine berufliche Existenz erneut aufbauen, einen Hausstand gründen, für ihr Alter vorsorgen müssen und Anspruch auf angemessene Lebenshaltung haben.

Es gelten folgende monatliche Freibeträge:

a) Für die Unterhaltspflichtigen und für die von ihnen versorgten Unterhaltsberechtigten sind Freibeträge in Höhe des zweifachen des jeweils am Ort der Ausbildungsstätte maßgeblichen Regelsatzes nach dem Bundessozialhilfegesetz sowie die Kosten der Unterkunft einschließlich der Nebenkosten zugrundezulegen. Von den Freibeträgen für die von ihnen versorgten Unterhaltsberechtigten ist deren nach Nr. 13 zu ermittelndes Einkommen abzuziehen. Als vom Unterhaltspflichtigen versorgt im Sinne des vorstehenden Absatzes gelten Unterhaltsberechtigte, deren anrechenbares Einkommen den zweifachen für sie maßgeblichen Regelsatz nach dem Bundessozialhilfegesetz nicht erreicht. Für Auszubildende, die aufgrund dieser Richtlinien oder anderer Rechts- oder Verwaltungsvorschriften eine Ausbildungsbeihilfe oder entsprechende Leistung erhalten, wird an Stelle des zweifachen für sie maßgeblichen Regelsatzes nach dem Bundessozialhilfegesetz ein Freibetrag in Höhe von 80 DM angesetzt, auf den ein nach Nr. 13 ermitteltes Einkommen nicht angerechnet wird.

b) Für die Eltern des Auszubildenden wird zusätzlich ein Freibetrag von 180 DM zugrunde gelegt, wenn beide Elternteile Einkommen erzielen. Dies gilt nicht, wenn die Eltern geschieden sind oder dauernd getrennt leben.

c) Bei nachgewiesenen besonderen Belastungen können die Freibeträge angemessen erhöht werden.

14.5 Das die Freibeträge übersteigende Einkommen der Unterhaltspflichtigen bleibt zu 40 v. H. anrechnungsfrei. Der Vomhundertsatz erhöht sich um fünf für jedes Kind, für das nach Nr. 14.4 a ein Freibetrag angesetzt wird.

14.6 Unterhaltsberechtigte Kinder im Sinne der Nr. 14.5 sind

1. eheliche Kinder,
2. für ehelich erklärte Kinder,
3. als Kind angenommene Kinder,
4. nichteheliche Kinder,
5. Stiefkinder, die der Unterhaltspflichtige in seinen Haushalt aufgenommen hat,
6. Pflegekinder (Personen, mit denen der Unterhaltspflichtige durch ein familienähnliches, auf längere Dauer berechnetes Band verbunden ist, sofern er sie in seinen Haushalt aufgenommen hat),
7. Enkel und Geschwister, die der Unterhaltspflichtige in seinen Haushalt aufgenommen hat oder überwiegend unterhält.

14.7 Der die Freibeträge und den anrechnungsfreien Betrag übersteigende Teil des Einkommens ist als zumutbare Eigenleistung der Unterhaltspflichtigen zu gleichen Teilen auf die in der Ausbildung stehenden Unterhaltsberechtigten aufzuteilen, für die nach Nr. 14.4 a ein Freibetrag gewährt wird. Der auf den Auszubildenden entfallene Anteil ist auf dessen Bedarf anzurechnen.

Abschnitt IV:
Ausnahmeregelung
15. Ausnahmeregelung

15.1 In besonderen Einzelfällen kann der Bundesminister für Jugend, Familie, Frauen und Gesundheit auf Antrag der zuständigen obersten Landesbehörde Ausnahmen von den Abschnitten I bis III dieser Richtlinen zulassen.

15.2 Soweit die obersten Landesbehörden oder die von ihr beauftragten Stellen Ermessensentscheidungen von erheblicher grundsätzlicher Bedeutung oder besonderer finanzieller Tragweite treffen wollen, haben sie vorher die Zustimmung des Bundesministers für Jugend, Familie, Frauen und Gesundheit einzuholen.

Abschnitt V:
Zuwendungsverfahren
16. Sachliche Zuständigkeit

16.1.1 Die kreisfreien Städte und die Landkreise sind, sofern die Bundesländer nichts Abweichendes bestimmen, für die Entgegennahme von Anträgen auf Beihilfe, für die Bewilligung, Auszahlung und Abrechnung der Beihilfe nach diesen Richtlinien sachlich zuständig. Sie sollen Neuankommende über die möglichen Fördermaßnahmen, Eingliederungshilfen und ggf. Unterhaltsverpflichtungen beraten sowie bei der Abfassung entsprechender Anträge Hilfe leisten.

16.1.2 Sie bewilligen durch schriftlichen Bescheid nach vorgegebenem Muster. Die Entscheidung über den Antrag ist dem Auszubildenden, bei Minderjährigen dessen gesetzlichem Vertreter schriftlich einschließlich der Berechnung mitzuteilen.

16.1.3 Der Nachweis ordnungsgemäßer Verwendung der Beihilfe gilt als erbracht, wenn sich die Teilnahme an der Fördermaßnahme aus der in der Regel halbjährlichen Bestätigung des Trägers ergibt.

16.2 Jede kreisfreie Stadt und jeder Landkreis kann, soweit die sachliche Zuständigkeit gegeben ist, eine Stelle mit den unter Nrn. 16.1.1 genannten Aufgaben beauftragen.

16.3 Für die Bewilligung, Auszahlung und Abrechnung der Zuwendung sowie für den Nachweis und die Prüfung der Verwendung und die ggf. erforderliche Aufhebung des Zuwendungsbescheides und die Rückforderung der gewährten Zuwendung gelten die Vorl. Verwaltungsvorschriften zu den §§ 44, 44a BHO, soweit nicht in diesen Förderrichtlinien Abweichungen zugelassen sind.

16.4 Die Aufgaben nach Nr. 16.1.1 Satz 1 werden für den Personenkreis der Studenten, Studienbewerber und Vorabiturienten von der Otto-Benecke-Stiftung e.V., Bonner Talweg 57, 5300 Bonn 1, nach den Richtlinien des Bundesministers für Jugend, Familie, Frauen und Gesundheit für

– die Gewährung von Zuwendungen an die Otto-Benecke-Stiftung e. V., Bonn, und
– die Vergabe von Stipendien durch die Otto-Benecke-Stiftung an junge Aussiedler, junge Zuwanderer aus der DDR und Berlin (Ost) sowie ausländische Flüchtlinge zur Vorbereitung und Durchführung eines Hochschulstudiums – sog. Garantiefonds-Hochschulbereich – (RL-GF-H) wahrgenommen.

17. Örtliche Zuständigkeit

17.1 Die Beihilfen werden von der nach Nr. 16 sachlich zuständigen Stelle bewilligt, in deren Bereich der Auszubildende seine Ausbildung erhält, soweit die sachlich zuständigen Bewilligungsbehörden nicht anderweitige Vereinbarungen treffen. Erhält der Auszubildende seine Ausbildung in einem Bundesland, in dem er nicht seinen gewöhnlichen Aufenthalt hat, soll die Beihilfe von der sachlich zuständigen Stelle geleistet werden, in deren Bereich er seine Ausbildung erhält.

17.2 Falls der Aufenthaltsort des Auszubildenden mit dem Aufenthaltsort seiner Unterhaltspflichtigen nicht übereinstimmt, leistet die Verwaltung des Aufenthaltsortes der Unterhaltspflichtigen der zuständigen Behörde Amtshilfe.

17.3 Bei notwendigem Wechsel des Ausbildungsortes sind die Kosten der Weiterreise von der Behörde zu bewilligen, die für die Bewilligung der Beihilfe bis zur Weiterreise zuständig ist. Die zuständige oberste Landesbehörde kann hiervon Ausnahmen zulassen.

18. Bewirtschaftungsregelungen

18.1 Den zuständigen obersten Landesbehörden werden im Rahmen der im Bundeshaushalt verfügbaren Ausgaben auf Anforderung in der Regel halbjährlich Haushaltsmittel zugewiesen. Die zuständigen obersten Landesbehörden teilen bis spätestens 15. November eines jeden Jahres mit, welche Haushaltsmittel nicht mehr oder noch zusätzlich benötigt werden.

18.2 Die zuständigen Stellen beantragen rechtzeitig im voraus die dem tatsächlichen Bedarf entsprechenden Haushaltsmittel bei der obersten Landesbehörde.

18.3 Die zuständigen obersten Landesbehörden legen die Abrechnung für das zurückliegende Haushaltsjahr jeweils bis zum 1. Mai vor.

18.4 Für die Bewirtschaftung der Mittel gelten im übrigen die Haushaltsbestimmungen des Bundes nach Maßgabe der Vorl. VV Nr. 1.11 zu § 34 BHO – unbeschadet der Nr. 16.3 –.

19. Behandlung von Erstattungsbeträgen

19.1 Die von anderen Kostenträgern zu leistenden bzw. geleisteten Zahlungen sind der Stelle, die die Beihilfe nach diesen Richtlinien gezahlt hat, zu erstatten. Die erstatteten Beträge sind allgemeine Haushaltseinnahmen. Sie sind an die Bundeskasse abzuführen. Diese Rückflüsse dürfen nicht zur Verstärkung der zur Gewährung von Beihilfen nach diesen Richtlinien zugewiesenen Haushaltsmittel verwendet werden. Ausnahmen hiervon sind nicht zulässig.

19.2 Nr. 19.1 gilt für von den Zuwendungsempfängern nach § 44a Abs. 2 BHO erstattete Beträge und nach § 44a Abs. 3 BHO gezahlte Zinsen entsprechend.

20. Veränderung von Ansprüchen

20.1 Die zuständigen obersten Landesbehörden oder die von ihr beauftragten Behörden sind berechtigt, Ansprüche
– bis zur Höhe von 5 000 DM bis zu 18 Monate und
– bis zur Höhe von 2 500 DM bis zu 3 Jahre
zu stunden, wenn die sofortige Einziehung mit erheblichen Härten für den Schuldner verbunden wäre und der Anspruch durch die Stundung nicht gefährdet wird. Bei Gewährung der Stundung ist eine Stundungsfrist festzulegen.

20.2 Die zuständigen obersten Landesbehörden sind ferner berechtigt, von der Weiterverfolgung von Ansprüchen bis zur Höhe von 5 000 DM abzusehen, wenn die Einziehung wegen der wirtschaftlichen Verhältnisse des Schuldners oder aus anderen Gründen voraussichtlich dauernd ohne Erfolg bleibt und eine Stundung nach Nr. 20.1 nicht in Betracht kommt.

Sie können nachgeordnete Behörden beauftragen, unter den vorgenannten Voraussetzungen von der Weiterverfolgung von Ansprüchen bis zur Höhe von 1 500 DM abzusehen.

20.3 Die zuständigen obersten Landesbehörden unterrichten den Bundesminister für Jugend, Familie, Frauen und Gesundheit jährlich über Entscheidungen nach Nr. 20.1 und 20.2.

20.4 In Fällen von grundsätzlicher Bedeutung ist vorher die Zustimmung des Bundesministers für Jugend, Familie, Frauen und Gesundheit einzuholen.

21. Statistik

Die zuständigen obersten Landesbehörden fertigen für den Bundesminister für Jugend, Familie, Frauen und Gesundheit Statistiken, deren Gliederung dieser mit den obersten Landesbehörden abstimmt.

Abschnitt VI:
Übergangs- und Schlußvorschriften
22. Berlinklausel
Diese Richtlinien gelten auch im Land Berlin (West).

23. Inkrafttreten
23.1 Diese Richtlinien treten am 1. August 1988 mit der Maßgabe in Kraft, daß die bis dahin ergangenen Bewilligungsbescheide bis zum Ablauf des Bewilligungszeitraumes gelten.
23.2 Die Erlasse vom 17. 12. 1981 und 11. 1. 1984 und die diese ergänzenden Erlasse des Bundesministeriums für Jugend, Familie, Frauen und Gesundheit sind ab dem Zeitpunkt des Inkrafttretens dieser Richtlinen nicht mehr anzuwenden.

9.2 Garantiefonds (Schule, Berufsbildung) Seite 305

Muster zu Nr. 16.1.2 der RL-GF-SB vom 1. 3. 1988

Behörde AZ.:

PLZ, Ort, Datum

Anschrift der Dienststelle

Sprechstunden

Auskunft erteilt: Zimmer-Nr.: Tel.:

(Zeichen bei Zuschriften bitte angeben)

Bescheid über die

☐ Bewilligung ☐ Änderung der Bewilligung

☐ Weiterbewilligung

einer Beihilfe zur schulischen, beruflichen und gesellschaftlichen Eingliederung junger Aussiedler aus der DDR und Berlin (Ost) sowie junger ausländischer Flüchtlinge (sogenannter Garantiefonds — Schul- und Berufsbildungsbereich —)

Sehr geehrte(r)

☐ Auf Ihren Antrag ☐ Auf Ihren Weiterbewilligungsantrag

☐ Aufgrund _____

hebe ich hiermit meinen Bewilligungsbescheid vom _____ auf und

bewillige Ihnen / für _____
(Name, Vorname und Geburtsdatum des Auszubildenden)

für die Ausbildungsart _____

_____

umseitig aufgeführte Beihilfe.

9.2 Garantiefonds (Schule, Berufsbildung)

a) Laufende Beihilfe

vom	bis	eine Beihilfe in Höhe von	monatlich DM	Die genaue Berechnung der Beihilfe ist dem beigefügten Berechnungsbogen, der Bestandteil dieses Bescheides ist, zu entnehmen.

Bei dieser Beihilfe handelt es sich um einen/eine

☐ Vorschuß auf zu erwartende Leistungen nach dem _____-gesetz.
Diese sind mir gemäß Ihrer Einverständniserklärung von der bewilligenden Behörde zu erstatten.

☐ Aufstockung der nach dem _____-gesetz

durch _____ bewilligten Leistungen.

☐ Zuschuß, da für die Ausbildung ein Anspruch auf Gewährung von Leistungen nach anderen Rechts- oder Verwaltungsvorschriften nicht besteht.

Soweit eine zumutbare Eigenleistung (Kostenbeitrag) der Unterhaltspflichtigen des Auszubildenden (Eltern, Ehegatte) festgestellt und auf den Ausbildungsbedarf angerechnet wurde, wird hierzu im einzelnen auf die beigefügten Berechnungen hingewiesen.

b) Einmalige Beihilfe

☐ _____ DM für _____

☐ _____ DM für _____

Die laufende und einmalige Beihilfe wird aus Haushaltsmitteln des Bundesministers für Jugend, Familie, Frauen und Gesundheit gewährt. Die Bewilligung erfolgt unter dem Vorbehalt, daß die Förderung aus zwingenden haushaltswirtschaftlichen Gründen ganz oder teilweise eingestellt werden kann.

Auszahlung der Beihilfe

1. Die laufende Beihilfe wird jeweils monatlich im voraus wie folgt gezahlt:

☐ postbar an Sie ☐ auf Ihr Konto-Nr.: _____ bei _____

☐ an das Heim (bzw. Internat oder Pflegestelle) aufgrund der hier vorliegenden schriftlichen Vereinbarung zwischen der Einrichtung und dem Auszubildenden bzw. seinem gesetzlichen Vertreter

2. Die einmalige . . .

Folgende geltend gemachten besonderen Belastungen konnten nicht berücksichtigt werden, weil

9.2 Garantiefonds (Schule, Berufsbildung)

Raum für weitere Mitteilungen

Sollte die Ausbildung über den festgesetzten Bewilligungszeitraum (s. Seite 1) hinaus fortgesetzt werden, wird gebeten, mir rechtzeitig einen formlosen Weiterbewilligungsantrag unter Beifügung folgender Unterlagen zuzuleiten:

Mitteilungspflichten des Auszubildenden / des gesetzlichen Vertreters des Auszubildenden

Der Auszubildende / der gesetzliche Vertreter des Auszubildenden ist verpflichtet, unverzüglich und unaufgefordert der Bewilligungsbehörde
1. Änderungen von Tatsachen schriftlich mitzuteilen, die für die Bewilligung oder Weiterbewilligung der Beihilfe maßgeblich waren, und zwar insbesondere alle Veränderungen
   - der familiären Verhältnisse (Heirat, Geburt eines Kindes oder Geschwisters, Todesfall)
   - des Ausbildungsverhältnisses (Fachwechsel, Wiederholungssemester, Abbruch, Abschluß, Unterbrechung oder Veränderung der Ausbildung)
   - der Einkommens- und Vermögensverhältnisse (Aufnahme, Beendigung oder Änderung der schulichen oder beruflichen Ausbildung eines Geschwisters, Bewilligung anderer Ausbildungsbeihilfen, Empfang oder Wegfall von Arbeitseinkommen oder Arbeitslosengeld, Eintritt des Versorgungsfalles, Empfang von Waisengeld oder Waisenrente, Einnahmen aus Werkstudententätigkeit, Rentennachzahlungen und sonstigen Zahlungen von dritter Seite u. a.).
   Den Mitteilungen sind die entsprechenden Unterlagen (z. B. Urkunden) beizufügen.
2. Halbjährlich den Fortbestand des Ausbildungsverhältnisses durch eine Bescheinigung des Ausbildungsträgers nachzuweisen,
3. auf Anfrage jederzeit sonstige für die Prüfung der Förderungsvoraussetzungen notwendig erscheinenden Unterlagen vorzulegen.

Angaben in einem Wiederholungsantrag ersetzen nicht die nach vorstehenden Ausführungen erforderlichen Mitteilungen.

Die Beihilfe wird auch für die Zeit nach Eingang einer Änderungsmitteilung bis zur Entscheidung über eine Neufestsetzung, aber höchstens für sechs Monate, unter Vorbehalt weitergezahlt. Änderungen der familiären Verhältnisse, des Ausbildungsverhältnisses und der Einkommens- und Vermögensverhältnisse können zu einer Minderung oder dem Wegfall der Beihilfe führen.

Nachweis der Verwendung der einmaligen Beihilfe

. . . . .

Beschleunigung der Auszahlung der Beihilfe

Die Auszahlung der Beihilfe kann bereits vor Ablauf der Rechtsbehelfsfrist erfolgen, wenn Sie nach Erhalt des Bescheids schriftlich auf einen Rechtsbehelf verzichten.

Erstattung der Beihilfe

Die Beihilfe ist zu erstatten, soweit ein Beihilfebescheid nach Verwaltungsverfahrensrecht (§§ 48, 49 VwVfG), nach Haushaltsrecht (§ 44a BHO) oder anderen Rechtsvorschriften unwirksam oder mit Wirkung für die Vergangenheit zurückgenommen oder widerrufen wird.

Dies gilt insbesondere, wenn
1. der Beihilfeempfänger unrichtige Angaben über erhebliche Tatsachen gemacht oder solche Tatsachen verschwiegen hat, die für die Bewilligung oder Weitergewährung der Beihilfe maßgeblich waren,
2. die Voraussetzungen für die Gewährung der Beihilfe oder von Teilen der Beihilfe nachträglich entfallen sind,
3. der Beihilfeempfänger den vorgenannten Verpflichtungen nicht rechtzeitig nachkommt.

In den Fällen der Nr. 1 ist der Erstattungsanspruch mit 6 v. H. für das Jahr zu verzinsen.

Rechtsbehelfsbelehrung

Gegen diesen Bescheid kann innerhalb eines Monats nach seiner Bekanntgabe Widerspruch erhoben werden. Der Widerspruch ist schriftlich oder zur Niederschrift einzulegen bei (Behörde, die den Bescheid erlassen hat, Anschrift)

Sollte über den Widerspruch ohne zureichenden Grund in angemessener Frist sachlich nicht entschieden werden, so kann Klage bei dem Verwaltungsgericht (Bezeichnung, Anschrift) schriftlich oder zur Niederschrift des Urkundsbeamten der Geschäftsstelle dieses Gerichts erhoben werden. Die Klage kann nicht vor Ablauf von drei Monaten seit der Einlegung des Widerspruchs erhoben werden, außer wenn wegen besonderer Umstände des Falles eine kürzere Frist geboten ist. Die Klage muß den Kläger, den (die) Beklagte(n)

und den Streitgegenstand bezeichnen und soll einen bestimmten Antrag enthalten. Die zur Begründung dienenden Tatsachen und Beweismittel sollen angegeben, der angefochtene Bescheid soll in Urschrift oder in Abschrift beigefügt werden. Der Klage und allen Schriftsätzen sollen Abschriften für die übrigen Beteiligten beigefügt werden.

Anlagen
Berechnungsbogen

Hochachtungsvoll
Im Auftrag

Durchschrift des vorstehenden Bescheides erhalten:

9.3 Richtlinien des Bundesministers für Jugend, Familie, Frauen und Gesundheit für
– die Gewährung von Zuwendungen an die Otto Benecke Stiftung e. V., Bonn, und
– die Vergabe von Stipendien durch die Otto Benecke Stiftung an junge Aussiedler, junge Zuwanderer aus der DDR und Berlin (Ost) sowie junge ausländische Flüchtlinge zur Vorbereitung und Durchführung eines Hochschulstudiums – sog. Garantiefonds-Hochschulbereich – (RL-GF-H) vom 1. März 1988 (GMBl. S. 256)

Gliederung:

Abschnitt I
Allgemeine Förderungsvoraussetzungen
1. Zuwendungszweck
2. Personenkreis
3. Nachweis der Antragsberechtigung
4. Antragstellung
5. Voraussetzungen der Förderung
6. Verhältnis zu anderen Beihilfen

Abschnitt II
Arten der Ausbildung und Umfang der Förderung
7. Arten der Ausbildung
8. Dauer der Förderung und Bewilligungszeitraum

9.3 Garantiefonds (Hochschule)

9. Umfang der Förderung
10. Ausbildungskosten
11. Kosten des Lebensunterhalts
12. Kosten des Sonderbedarfs

Abschnitt III
Einkommens- und Vermögensanrechnung
13. Anrechenbares Einkommen und Vermögen des Stipendiaten
14. Anrechenbares Einkommen und Vermögen der Unterhaltspflichtigen

Abschnitt IV
Ausnahmeregelung
15. Ausnahmeregelung

Abschnitt V
Zuwendungsverfahren
16. Zuwendungsverfahren

Abschnitt VI
Inkrafttreten
17. Inkrafttreten

Abschnitt I
Allgemeine Förderungsvoraussetzungen
1. Zuwendungszweck
Der Bund gewährt nach Maßgabe dieser Richtlinien und der Vorläufigen Verwaltungsvorschriften zu §§ 44, 44a BHO Zuwendungen als Zuschüsse an die Otto Benecke Stiftung e. V., Bonn, mit denen diese durch Vergabe von Stipendien jungen Aussiedlern, jungen Zuwanderern aus der DDR und Berlin (Ost) sowie jungen ausländischen Flüchtlingen, die in der Bundesrepublik Deutschland einschließlich dem Land Berlin die Hochschulreife erwerben wollen oder ein Hochschulstudium anstreben oder fortsetzen wollen, die alsbaldige berufliche und gesellschaftliche Eingliederung, insbesondere die Fortsetzung ihrer Ausbildung, ermöglichen soll.
Ein Rechtsanspruch auf die Gewährung von Zuwendungen und auf die Förderung durch die Otto Benecke Stiftung besteht nicht. Vielmehr entscheidet das Bundesministerium für Jugend, Familie, Frauen und Gesundheit aufgrund seines pflichtgemäßen Ermessens im Rahmen der verfügbaren Haushaltsmittel, die Otto Benecke Stiftung aufgrund dieser Richtlinien und im Rahmen der ihr bewilligten Zuwendungen.
Die Otto Benecke Stiftung nimmt die Förderung als satzungsgemäße Aufgabe wahr. Sie wird dabei die in den Nrn. 2 bis 15.2 dieser Richtlinien getroffenen Regelungen als Nebenbestimmungen zum Zuwendungsbescheid des Bundesministeriums für Jugend, Familie, Frauen und Gesundheit anwenden. Die Stipendien werden auf der Grundlage eines von der Otto Benecke Stiftung mit den Stipendiaten zu schließenden privatrechtlichen Vertrages gewährt.

2. Personenkreis

Gefördert werden können

a) Aussiedler, im Sinne von § 1 Abs. 2 Nr. 3 und Abs. 3 des Bundesvertriebenengesetzes,

b) deutsche Staatsangehörige oder deutsche Volkszugehörige, die vor dem 1. April 1952 ihren gewöhnlichen Aufenthalt in den in § 1 Abs. 2 Nr. 3 des Bundesvertriebenengesetzes genannten Gebieten gehabt haben, einschließlich deren Abkömmlinge,

c) Zuwanderer aus der DDR und Berlin (Ost),

d) ausländische Flüchtlinge, die in der Bundesrepublik Deutschland einschließlich des Landes Berlin ihren gewöhnlichen Aufenthalt haben und als Asylberechtigte nach dem Asylverfahrensgesetz vom 16. Juli 1982 (BGBl. I S. 946) anerkannt sind,

e) ausländische Flüchtlinge nach § 1 des Gesetzes über Maßnahmen für im Rahmen humanitärer Hilfsaktionen aufgenommene Flüchtlinge vom 22. Juli 1980 (BGBl. I S. 1057),

f) ausländische Flüchtlinge, die außerhalb der Bundesrepublik Deutschland einschließlich des Landes Berlin aufgrund des Abkommens vom 28. Juli 1951 über die Rechtsstellung der Flüchtlinge (BGBl 1953 II S. 559) bzw. nach dem Protokoll über die Rechtsstellung der Flüchtlinge vom 31. Januar 1967 (BGBl. 1969 II S. 1293) anerkannt und nicht nur vorübergehend im Gebiet der Bundesrepublik Deutschland einschließlich des Landes Berlin zum Aufenthalt berechtigt sind, nach Maßgabe der Nr. 7.2,

die in die Bundesrepublik Deutschland einschließlich des Landes Berlin eingereist sind und bei Förderungsbeginn das 35. Lebensjahr noch nicht vollendet haben.

3. Nachweis der Antragsberechtigung

3.1 Zum Nachweis der Antragsberechtigung sind vorzulegen

a) von Aussiedlern nach Nr. 2a der Vertriebenenausweis A oder B, ersatzweise – solange über den Antrag auf Ausstellung eines Vertriebenenausweises noch nicht entschieden ist – der Registrierschein eines Grenzdurchgangslagers oder eine Bestätigung der für die Ausstellung des Vertriebenenausweises zuständigen Stelle oder des Beauftragten der Bundesregierung für die Verteilung im Grenzdurchgangslager Friedland oder der Durchgangsstelle für Aussiedler in Nürnberg, aus der zu ersehen ist, daß die Anerkennung als Aussiedler mit hoher Wahrscheinlichkeit erfolgen wird,

b) von Personen nach Nr. 2b der Nachweis, daß sie eine Leistung nach der Richtlinie des Bundesministers des Innern für die Zahlung einer einmaligen Überbrückungshilfe der Bundesregierung vom 29. November 1985 (GMBl. 1986 S. 8) erhalten haben,

c) von Zuwanderern aus der DDR und Berlin (Ost) nach Nr. 2c der Flüchtlingsausweis C oder der Aufnahmeschein nach § 1 Aufnahmegesetz,

d) von Asylberechtigten nach Nr. 2d der von einer deutschen Ausländerbehörde ausgestellte Paß oder ein Paßersatz mit der Eintragung: „Der Inhaber dieses Passes/Reiseausweises ist als Asylberechtigter anerkannt" oder der unanfechtbare Anerkennungsbescheid des Bundesamtes für die Anerkennung ausländischer Flüchtlinge,

e) von ausländischen Flüchtlingen nach Nr. 2e die amtliche Bescheinigung über ihre Rechtsstellung gemäß § 2 des Gesetzes über Maßnahmen für im Rahmen humanitärer Hilfsaktionen aufgenommene Flüchtlinge,

f) von ausländischen Flüchtlingen nach Nr. 2f der von einer deutschen Behörde ausgestellte internationale Reiseausweis nach dem Abkommen über die Rechtsstellung der Flüchtlinge, ersatzweise eine Bescheinigung der Ausländerbehörde, daß beabsichtigt ist, den Ausländer gemäß § 26 Abs. 1 Nr. 1 Ausländergesetz in die Obhut der Bundesrepublik Deutschland zu übernehmen.

9.3 Garantiefonds (Hochschule) Seite 311

3.2 Wird für einen Stipendiaten im Falle der ersatzweisen Regelung nach Nr. 3.1 a nach der Registrierung die Erteilung des Vertriebenenausweises unanfechtbar abgelehnt, ist von diesem Zeitpunkt an die Förderung einzustellen. Vor der Ablehnung gezahlte Stipendienbeträge werden nicht zurückgefordert.

4. Antragstellung

4.1 Die Aufnahme in die Förderung ist schriftlich bei den Beratungsstellen oder der Geschäftsstelle der Otto Benecke Stiftung zu beantragen. Der Antrag kann auch zu Protokoll bei den genannten Stellen erklärt werden.

4.2 Der Antrag auf erstmalige Stipendiengewährung muß innerhalb von 24 Monaten nach der Einreise in die Bundesrepublik Deutschland gestellt werden, es sei denn, der Antragsteller hat das Fristversäumnis nicht zu vertreten. Maßgebend für den Beginn der Antragsfrist ist bei Aussiedlern sowie Zuwanderern aus der DDR und Berlin (Ost) das im Vertriebenenausweis bzw. Registrierschein oder in dem Aufnahmeschein nach § 1 Aufnahmegesetz angegebene Einreisedatum.

4.3 Asylberechtigte nach Nr. 2 d müssen den Antrag auf Stipendiengewährung spätestens innerhalb eines Jahres nach Bestandskraft der Anerkennung der Asylberechtigung gestellt haben, es sei denn, der Antragsteller hat das Fristversäumnis nicht zu vertreten. Maßgebend für den Beginn der Antragsfrist ist das Ausstellungsdatum des Passes oder des Reiseausweises.

4.4 Als Antrag i. S. der Nrn. 4.2 und 4.3 gilt auch ein Antrag auf Förderung nach den Richtlinien des Bundesministers für Jugend, Familie, Frauen und Gesundheit für die Vergabe von Beihilfen zur schulischen, beruflichen und gesellschaftlichen Eingliederung junger Aussiedler, junger Zuwanderer aus der DDR und Berlin (Ost) sowie junger ausländischer Flüchtlinge – sog. Garantiefonds-Schul- und Berufsbildungsbereich – (RL-GF-SB).

4.5 Der Antragsteller und seine Unterhaltspflichtigen haben über ihre persönlichen und wirtschaftlichen Verhältnisse die Auskünfte zu erteilen, die Urkunden vorzulegen und die Beweismittel zu bezeichnen, die für die Entscheidung über den Förderungsantrag von Bedeutung sind. Maßgebend sind die Verhältnisse zur Zeit der Antragstellung. Werden die geforderten Unterlagen nicht binnen zweier Monate nach Aufforderung vorgelegt, so ist in der Regel davon auszugehen, daß der Antragsteller nicht bedürftig ist.

4.6 Der Antragsteller und seine Unterhaltspflichtigen sind verpflichtet, der Otto Benecke Stiftung unverzüglich schriftlich die Änderung der Tatsachen anzuzeigen, über die sie im Zusammenhang mit dem Stipendienantrag Erklärungen abgegeben haben.

5. Voraussetzungen der Förderung

5.1 Das Stipendium soll eine rechtzeitige und ausreichende Förderung des Stipendiaten sicherstellen, wenn er für die Ausbildung geeignet ist und soweit er einer wirtschaftlichen Hilfe bedarf.

5.2 Geeignet ist der Stipendiat, wenn seine Leistungen erwarten lassen, daß er das angestrebte Ausbildungsziel erreicht. Dies wird angenommen, solange er die Ausbildungsstätte besucht oder an einem Praktikum teilnimmt.

5.3 Studierende müssen ab dem 5. Fachsemester ihre Eignung durch eine Bescheinigung der Hochschule nachweisen, wie sie beim Vollzug des Bundesausbildungsförderungsgesetzes gefordert wird.

5.4 Lassen nach Auffassung der Ausbildungsstätte die Leistungen nach angemessener Zeit erkennen, daß das Ausbildungsziel nicht erreicht werden kann, ist zu prüfen, ob die Förderung einzustellen ist. Vor der Entscheidung über die Einstellung der Förderung ist der örtliche Betreuer der Otto Benecke Stiftung zu hören, der über die Person des Stipendiaten eine Beurteilung abgibt. Auf sprachliche Schwierigkeiten und die Umstellung auf das hiesige Ausbildungssystem ist Rücksicht zu nehmen.

5.5 Einer wirtschaftlichen Hilfe bedarf der Stipendiat, soweit er nach Nrn. 13 und 14 weder allein noch mit Hilfe seiner Unterhaltspflichtigen die Kosten seiner Ausbildung, seines Lebensunterhalts und seines Sonderbedarfs aufzubringen vermag.

6. Verhältnis zu anderen Beihilfen

6.1 Nachrangigkeit

6.1.1 Die Stipendien nach diesen Richtlinien sind nachrangig gegenüber Ausbildungshilfen oder entsprechenden Leistungen aufgrund anderer Rechts- oder Verwaltungsvorschriften – auch gegenüber den Erziehungshilfen nach dem Jugendwohlfahrtsgesetz und den Hilfen nach dem Bundessozialhilfegesetz. Die Stipendien sind – soweit es sich um Kosten der Unterkunft handelt – auch nachrangig gegenüber Leistungen nach dem Wohngeldgesetz.

Soweit Leistungen nach den Richtlinien über Zuwendungen an die Otto Benecke Stiftung zur Förderung der Eingliederung von Zuwanderern aus der DDR und Berlin (Ost) und Aussiedlern mit abgeschlossenem Hochschulstudium – Akademikerprogramm – möglich sind, sind Stipendien nach diesen Richtlinien ausgeschlossen.

6.1.2 Die Otto Benecke Stiftung hat den Antragsteller auf anderweitige Förderungsmöglichkeiten aufmerksam zu machen und zur Antragstellung anzuhalten. Unterbleibt diese Antragstellung, so wird ein Stipendium nach diesen Richtlinien nicht gewährt, es sei denn, der Antragsteller hat das Unterlassen nicht zu vertreten.

Wird der Antrag verspätet gestellt und hat der Antragsteller dies zu vertreten, so sind die nach den betreffenden Rechts- oder Verwaltungsvorschriften vorgesehenen Leistungen als fiktives Einkommen anzurechnen.

6.2 Vorschußfunktion

6.2.1 Sehen Rechts- oder Verwaltungsvorschriften eine Ausbildungsbeihilfe oder eine entsprechende Leistung vor, so ist bis zum Einsetzen dieser Leistungen das Stipendium nach diesen Richtlinien unverzüglich als Vorschuß zu gewähren, sofern der Antragsteller nachweist, daß er den Antrag auf anderweitige Förderung gestellt hat.

6.2.2 Der Nachweis der Antragstellung erfolgt durch eine formlose Bestätigung des betreffenden Amtes. Die Entscheidung über diesen Antrag hat der Antragsteller unverzüglich der Otto Benecke Stiftung durch Vorlage des Bescheides bekanntzugeben.

6.2.3 Kann der Antrag auf andere Leistungen wegen fehlender Mitwirkung des Antragstellers nicht bearbeitet werden, wird das Stipendium nach diesen Richtlinien nicht geleistet.

6.2.4 Bei der Berechnung des Vorschusses ist Nr. 9.4 Abs. 1 und 3 zu beachten.

6.2.5 Mit dem Förderungsantrag hat der Antragsteller sein Einverständis zu erklären, daß Ausbildungsbeihilfen oder entsprechende Leistungen, die aufgrund von Rechts- oder Verwaltungsvorschriften für ihn erbracht werden, bis zur Höhe der für denselben Zeitraum nach diesen Richtlinien vorschußweise geleisteten Stipendienzahlungen an die Otto Benecke Stiftung unmittelbar abgeführt werden.

6.2.6 Werden anderweitig bewilligte Ausbildungsbeihilfen oder entsprechende Leistungen an den Stipendiaten ausgezahlt, obwohl von der Otto Benecke Stiftung bei der bewilligenden Behörde ein Erstattungsanspruch geltend gemacht worden ist, so hat der Stipendiat den nach Nr. 6.2.1 vorschußweise empfangenen Stipendienbetrag an die Otto Benecke Stiftung zurückzuzahlen. Die Otto Benecke Stiftung kann den Rückzahlungsanspruch mit künftigen Stipendienzahlungen verrechnen.

6.3 Aufstockungsfunktion

Erreicht eine aufgrund von Rechts- oder Verwaltungsvorschriften gewährte Ausbildungsbeihilfe oder entsprechende Leistung nicht die Höhe des Stipendiums nach diesen Richtlinien, so ist der Differenzbetrag als Aufstockung zu gewähren, es sei denn, daß der Pauschalbetrag nach Nr. 9.5 zu gewähren ist.

6.4 Zuschußfunktion

Die Stipendien werden als Zuschuß gewährt, soweit es sich nicht um eine vorschußweise Leistung nach Nr. 6.2.1 handelt.

Abschnitt II
Arten der Ausbildung und Umfang der Förderung

7. Arten der Ausbildung

7.1 Stipendien nach diesen Richtlinien können den Teilnehmern gewährt werden für

a) Kurse, die für die Eingliederung in das Studium an einer Hochschule notwendig sind, wie Kurse zum Erlernen der deutschen Sprache und Kurse zur Feststellung oder Erlangung der deutschen Hochschulreife, deren schulische Ausstattung von den Ländern getragen wird, ferner Eingliederungslehrgänge zur Ergänzung dieser Kurse,

b) ein Studium an einer Hochschule und die dazugehörenden notwendigen Praktika,

c) Kurse überörtlicher Bedeutung zum Erlernen der deutschen Sprache sowie Maßnahmen, die für die Aufnahme einer Berufstätigkeit nach einer im Herkunftsland abgeschlossenen akademischen Ausbildung notwendig und geeignet sind.

Bei der Ausbildung soll es sich um Vollzeitunterricht in der Regel von mindestens 5 Stunden täglich handeln.

7.2 Bei ausländischen Flüchtlingen im Sinne von Nr. 2 f, die, ohne als Asylberechtigte anerkannt zu sein, ihren rechtmäßigen Aufenthalt in der Bundesrepublik Deutschland einschließlich des Landes Berlin haben, beschränkt sich die Förderung auf Kurse zum Erlernen der deutschen Sprache, soweit dies für die Aufnahme

– einer Berufstätigkeit, die das deutsche Abitur voraussetzt,
– oder einer anders finanzierten Ausbildung an einer Hochschule oder Akademie

erforderlich ist.

8. Dauer der Förderung und Bewilligungszeitraum

8.1 Das Stipendium nach diesen Richtlinien wird ab Antragsmonat, frühestens vom Beginn der Ausbildung an für deren Dauer einschließlich der unterrichts- und vorlesungsfreien Zeit sowie des zustehenden Urlaubs geleistet. Die Förderung endet mit dem Ablauf des Monats, in dem die Ausbildung abgeschlossen oder bei Studierenden die Förderungshöchstdauer nach der Förderungshöchstdauerverordnung zum Bundesausbildungsförderungsgesetz – einschließlich der Verlängerung nach § 15 Abs. 3 BAföG – erreicht wird, spätestens 36 Monate nach Beginn der ersten Förderung aufgrund dieser Richtlinien.

8.1.1 Ausnahmsweise endet sie spätestens 48 Monate nach Beginn der ersten Förderung, wenn die Notwendigkeit einer weiteren Eingliederungsmaßnahme durch gutachterliche Stellungnahme der Ausbildungsstätte bestätigt wird und nicht auf fehlende Mitarbeit des Stipendiaten zurückzuführen ist.

8.1.2 Die nach den RL-GF-SB zurückgelegten Förderungszeiten sind auf die Förderungszeit nach diesen Richtlinien anzurechnen.

8.2 Wegen seines Eingliederungscharakters ist das Stipendium unabhängig von den genannten Fristen spätestens 60 Monate nach der Einreise des Stipendiaten einzustellen; Nr. 11.2 bleibt unberührt.

Die Frist von 60 Monaten wird um die Zeiten verlängert, in denen eine Eingliederungsmaßnahme wegen Verwaltungs- und/oder verwaltungsgerichtlicher Verfahren zur Feststellung der Vertriebeneneigenschaft oder zur Anerkennung des Asylrechts nicht stattfinden konnte oder eine Ausnahme nach Nr. 8.1.1 zugelassen ist.

8.3 Wird bei Studierenden die Förderungshöchstdauer nach der Förderungshöchstdauerverordnung zum Bundesausbildungsförderungsgesetz überschritten, so kann die Otto Benecke Stiftung eine weitere Förderung nur dann bewilligen, wenn das Überschreiten der Förderungshöchstdauer auf besonderen, die Eingliederung unterbrechenden Gründen beruht. In diesem Fall wird der Studierende so gestellt, als würde er Ausbildungsförderung nach dem Bundesausbildungsförderungsgesetz erhalten. Die Förderung kann nur innerhalb der in Nr. 8.1.1 und 8.2 genannten Fristen verlängert werden. Einmalige Wiederholungen bei Abschluß- und Zwischenprüfungen sind unter den Voraussetzungen der Nr. 5.2 Satz 1 zulässig.

8.4 Wird die Ausbildung ohne hinreichende Begründung abgebrochen, endet die Förderung mit dem Tage des Ausbildungsabbruchs; hiervon ausgenommen sind die notwendigen Kosten der Unterkunft (Miete) bis zum Ende des jeweiligen Monats. Die überzahlten Beträge sind der Otto Benecke Stiftung zurückzuerstatten.

8.5 Die Otto Benecke Stiftung bestimmt, für welchen Zeitraum die Förderung bewilligt wird (Bewilligungszeitraum). Im Regelfall ist die Bewilligung für die Dauer der Eingliederungsmaßnahme, bei Studierenden für ein Semester auszusprechen; dies gilt nicht, wenn aus verwaltungstechnischen Gründen ein anderer Zeitraum angeraten ist oder die Ausbildung vor Ablauf des Regel-Bewilligungszeitraumes beendet wird.

8.6 Das Stipendium ist monatlich im voraus zu zahlen. Zur Sicherstellung des Ausbildungsbeginns kann das Stipendium für die ersten zwei Monate der Förderung in einem Betrag im voraus gezahlt werden.

8.7 Einem Stipendiaten, der für seinen Lebensunterhalt selbst nicht aufkommen kann, kann die Beihilfe für die Zeit vor der Wiederaufnahme einer unterbrochenen Ausbildung oder für eine Überbrückung zwischen zwei nicht unmittelbar aneinander anschließenden Ausbildungsabschnitten jeweils bis zu einem Monat, in Härtefällen bis zu zwei Monaten, bewilligt werden.

8.8 Wird die Ausbildung wegen Krankheit oder Schwangerschaft vorübergehend unterbrochen, wird das Stipendium nach diesen Richtlinien weitergezahlt, längstens jedoch bis zu drei Monaten.

8.9 Während der unterrichts- und vorlesungsfreien Zeit und/oder während des zustehenden Urlaubs wird das Stipendium in dem notwendigen Umfang gezahlt.

8.10 Bei verspäteter Antragstellung wird das Stipendium auch rückwirkend, frühestens ab Beginn der Ausbildung geleistet, sofern der Antragsteller das Fristversäumnis nicht zu vertreten hat.

9. Umfang der Förderung

9.1 Die Höhe des Stipendiums (Bedarf) wird bemessen nach den Kosten der Ausbildung (Nr. 10), den Kosten des Lebensunterhalts (Nr. 11) und eines etwaigen Sonderbedarfs (Nr. 12).

9.2 Das Stipendium wird gezahlt in Höhe des Unterschiedsbetrages zwischen dem Bedarf nach Nr. 9.1 und den nach Nrn. 13 und 14 anzurechnenden Beträgen; der zahlbare Stipendienbetrag ist auf volle Deutsche Mark abzurunden.

9.3 Garantiefonds (Hochschule)

9.3 Beim Besuch von Sprachkursen der Goethe-Institute und diesen entsprechenden Sprachkursen können Ausbildungskosten und Kosten des Lebensunterhalts bis zu den vom Auswärtigen Amt anerkannten Sätzen geleistet werden.

9.4 Können bei der Antragstellung die zur Entscheidung über den Antrag erforderlichen Feststellungen ohne Verschulden des Antragstellers nicht binnen eines Monats getroffen werden, wird für drei Monate das Stipendium in Höhe des voraussichtlichen Betrags, jedoch in der Regel nicht mehr als 350 DM monatlich, ausgezahlt. In begründeten Fällen – insbesondere bei auswärtiger Unterbringung – kann das Stipendium bis zur Höhe des Bedarfs geleistet werden.

Diese Beträge sind auch dann, wenn eine nachträgliche Berechnung ein niedrigeres Stipendium ergibt, nicht zurückzufordern.

Monatliche Stipendien unter 20 DM werden nicht ausgezahlt.

9.5 Für den Personenkreis, der an einer Ausbildung nach Nr. 7.1 b teilnimmt, werden die Aufstockungsbeträge zu den Beihilfen des Bundesausbildungsgesetzes von der Otto Benecke Stiftung im Einvernehmen mit dem Bundesministerium für Jugend, Familie, Frauen und Gesundheit pauschaliert.

9.6 Studierende an Fachhochschulen, die Anwärterbezüge nach dem Bundesbesoldungsgesetz oder entsprechende sonstige Bezüge aus öffentlichen Kassen erhalten, sind von der Förderung ausgeschlossen.

10. Ausbildungskosten

10.1 Ausbildungskosten sind:
a) Unterrichtsgelder und Prüfungsgebühren (Nr. 10.2),
b) Kosten für notwendige Lernmittel (Nr. 10.3),
c) notwendige Fahrkosten einschließlich der Familienheimfahrten (Nr. 10.4).

10.2 Für Unterrichtsgelder können Beihilfen bis zur Höhe von 300 DM monatlich bewilligt werden. Als Unterrichtsgelder gelten auch die Kosten für Nachhilfeunterricht, der erforderlich ist, um den Anschluß an die üblichen Ausbildungsgänge zu erreichen. Darüber hinausgehende Unterrichtsgelder kann die Otto Benecke Stiftung im Einvernehmen mit dem Bundesministerium für Jugend, Familie, Frauen und Gesundheit anerkennen, wenn die Kosten notwendig und angemessen sind. Sofern Unterrichtsgelder nach staatlichen Gebührenordnungen erhoben werden, können diese zugrundegelegt werden.

Über die erteilten Genehmigungen ist dem Bundesminister für Jugend, Familie, Frauen und Gesundheit jährlich ein Erfahrungsbericht zu übersenden.

10.3 Für Teilnehmer an Sprachkursen, Sonderlehrgängen und Studienkollegs werden für notwendige Lernmittel monatlich 15 DM angesetzt. Der zu gewährende Betrag kann im Bedarfsfall für den gesamten Bewilligungszeitraum in einer Summe gezahlt werden.

10.4 Notwendig im Sinne von Nr. 10.1 c sind die Kosten für die billigste Fahrkarte des preislich günstigsten regelmäßig verkehrenden Beförderungsmittels.

Zu den Fahrkosten rechnen neben den täglichen An- und Rückfahrten zur Ausbildungsstätte auch die Kosten der An- und Abreise zum bzw. vom Ausbildungsort sowie bei notwendigem Wechsel des Ausbildungsortes die Kosten der Reise zum nächsten Ausbildungsort. Kosten für Heimfahrten zu den Eltern oder nächsten Angehörigen werden anerkannt, wenn der Stipendiat aufgrund der Entfernung der Ausbildungsstätte vom Wohnort außerhalb der Familie untergebracht ist. Dies gilt nur für je eine Heimfahrt während der nach der Ferienordnung des jeweiligen Landes festgelegten Ferienzeit oder vorlesungsfreien Zeit, darüber hinaus in besonderen Fällen wie Eheschließung, Tod eines nahen Angehörigen.

Anstelle dieser Fahrten können in begründeten Einzelfällen Kosten für Heimfahrten zum ersten Wohnsitz des Stipendiaten anerkannt werden, wenn er dort einen eigenen Hausstand hat.

11. Kosten des Lebensunterhalts

11.1 Als Kosten des Lebensunterhalts gelten die Kosten
a) für die Unterbringung
b) für die Verpflegung
c) für notwendige persönliche Bedürfnisse.

11.2 Ist der Stipendiat während der Ausbildung bei seinen Eltern untergebracht, wird für einen Zeitraum von höchstens zwei Jahren für Verpflegung und zur Bestreitung notwendiger persönlicher Bedürfnisse ein Betrag in Höhe von 125 DM monatlich anerkannt. Die Zahlung dieses Betrages ist unabhängig von der vorgenannten Frist spätestens 36 Monate nach der Einreise des Stipendiaten einzustellen. Unterkunftskosten werden nicht übernommen.

11.3 Ist der Stipendiat während der Ausbildung nicht bei seinen Eltern untergebracht, wird für die Verpflegung und zur Bestreitung notwendiger persönlicher Bedürfnisse ein Betrag in zweifacher Höhe des am Ort der Ausbildungsstätte maßgeblichen Regelsatzes nach dem Bundessozialhilfegesetz für einen dem Stipendiaten gleichaltrigen Haushaltsangehörigen anerkannt. Außerdem werden für die Kosten der Unterkunft einschließlich der Nebenkosten folgende Beträge je Monat anerkannt:

a) für Ausbildungsorte ohne Universität oder Technische Hochschule   140 DM,
b) für Ausbildungsorte mit Universität oder Technischer Hochschule   160 DM.

11.3.1 Übersteigen die nachgewiesenen notwendigen Unterkunftskosten die Pauschbeträge, können Kosten bis zu höchstens 350 DM monatlich insgesamt anerkannt werden. Ist bei Gemeinschaftsunterkunft der auf den Antragsteller entfallende Mietanteil geringer als die Pauschale, so wird nur dieser Mietanteil anerkannt.

11.3.2 Für ausländische Flüchtlinge im Sinne von Nr. 2 f werden für die Verpflegung ein Betrag in Höhe des für sie am Ort der Ausbildung maßgeblichen Regelsatzes nach dem Bundessozialhilfegesetz und die tatsächlichen Kosten der Unterkunft anerkannt. Die Beträge nach Nr. 11.3 a und b gelten als Höchstbeträge. Bei nachgewiesenen notwendigen Mehrkosten können im Einzelfall bis zur Höhe von 200 DM ingesamt anerkannt werden.

12. Kosten des Sonderbedarfs

12.1 Als Sonderbedarf gelten
— Kosten der Übersetzung, der Beglaubigung und Anerkennung von Vorbildungsnachweisen,
— Kosten der Beschaffung von Ersatzurkunden,
— Beiträge zur Krankenversicherung
— von der Krankenversicherung nicht gedeckte Kosten für unaufschiebbare ärztliche und zahnärztliche Behandlung,
— zusätzlicher Krankenbedarf.

12.2 Nachgewiesene Beiträge für eine Krankenversicherung, ausgenommen Krankentagegelder und Zusatzkrankenversicherungen, werden bis zur Höhe der ortsüblichen Mindestsätze der Allgemeinen Ortskrankenkasse bzw. der entsprechenden Ersatzkrankenkassen anerkannt, sofern kein Versicherungsschutz durch Anspruch auf Familienkrankenhilfe in einer gesetzlichen oder privaten Versicherung besteht.

12.3 Kosten für eine unerläßliche und unaufschiebbare ärztliche und zahnärztliche Behandlung werden anerkannt, solange ohne schuldhaftes Versäumnis eine Krankenversi-

9.3 Garantiefonds (Hochschule)

cherung noch nicht abgeschlossen wurde, vorgesehene Wartezeiten der Krankenkasse nicht erfüllt sind, die Behandlung dieser Krankheiten von der Krankenkasse ausgeschlossen wird oder die Krankenversicherung die notwendigen Ausgaben nicht deckt.

12.4 Als zusätzlicher Krankenbedarf gelten Aufwendungen für Kranken- und Diätkost, Zahnersatz, soweit von der Krankenkasse als notwendig anerkannt, und ähnlicher Bedarf.

12.5 Bei ausländischen Flüchtlingen im Sinne von Nr. 2 f wird nur der Sonderbedarf nach Nr. 12.2 anerkannt.

Abschnitt III
Einkommens- und Vermögensanrechnung
13. Anrechenbares Einkommen und Vermögen des Stipendiaten

13.1 Das Einkommen ist auf das Stipendium anzurechnen. Zum Einkommen gehören alle Einnahmen in Geld oder Geldeswert.

Nicht als Einkommen gelten Einnahmen, deren Zweckbestimmung einer Anrechnung auf den Bedarf entgegensteht. Dies gilt insbesondere für Leistungen aufgrund öffentlich-rechtlicher Vorschriften, soweit sie zu einem anderen Zweck bestimmt sind als die Stipendien, die nach diesen Richtlinien gewährt werden. Bei der Einkommensermittlung bleiben auch Stipendien, die aufgrund dieser Richtlinien gewährt werden, außer Ansatz.

13.2 Von den Einnahmen sind abzusetzen

a) die auf das Einkommen entrichteten Steuern, die Arbeitnehmer- und Weihnachtsfreibeträge,

b) Pflichtbeiträge und freiwillige Beiträge zur Sozialversicherung einschließlich der Beiträge zur Arbeitslosenversicherung,

c) Beiträge zu öffentlichen und privaten Versicherungen oder ähnlichen Einrichtungen, soweit die Beiträge gesetzlich vorgeschrieben oder nach Grund und Höhe angemessen sind,

d) die mit der Erzielung des Einkommens verbundenen notwendigen Ausgaben (Werbungskosten und Betriebsausgaben),

e) die Grundrente und Schwerstbeschädigtenzulage nach dem Bundesversorgungsgesetz und nach den Gesetzen, die das Bundesversorgungsgesetz für anwendbar erklären,

f) Beträge, die der Grundrente und der Schwerstbeschädigtenzulage nach dem Bundesversorgungsgesetz entsprechen und nach § 65 Bundesversorgungsgesetz ruhen,

g) das Erziehungsgeld nach dem Bundeserziehungsgeldgesetz.

13.3 Von der Waisenrente, dem Waisengeld oder einer gerichtlich anerkannten Unterhaltsleistung bleibt – sofern der Stipendiat während seiner Ausbildung außerhalb seines Elternhauses untergebracht ist – in den ersten 36 Förderungsmonaten ein Betrag von 120 DM, bei Auszubildenden, die im Elternhaus wohnen, ein Betrag von 180 DM monatlich außer Ansatz.

Außer Ansatz bleibt ferner in den ersten 36 Förderungsmonaten das Kindergeld, auf das der Stipendiat für sich selbst einen Anspruch hat.

Soweit der Stipendiat zum Unterhalt verpflichtet ist, gelten die Freibeträge der Nrn. 14.4 und 14.5 entsprechend.

13.4 Die Erziehungsbeihilfe, die ein Beschädigter nach § 27 Abs. 3 Bundesversorgungsgesetz für ein Kind erhält, gilt als Einkommen des betreffenden Kindes.

13.5 Ansprüche auf Renten und Versicherungsleistungen, die rückwirkend gezahlt werden, sind insoweit an die Otto Benecke Stiftung abzutreten, als bei rechtzeitiger Zahlung das Stipendium nicht gewährt worden wäre und Abtretbarkeit besteht. Die durch die Abtretung erlangten Leistungen sind von der Otto Benecke Stiftung an die vorrangig für die Gewährung von Ausbildungsbeihilfen zuständigen Stellen bis zur Höhe ihrer Aufwendungen zu zahlen. Der Stipendiat hat an ihn ausgezahlte Renten und Versicherungsleistungen für die Zeit, für die er Stipendienzahlungen erhalten hat, in Höhe der an ihn gezahlten Leistungen zu erstatten.

13.6 Vermögen ist auf das Stipendium anzurechnen, soweit der Stipendiat im vorletzten Kalenderjahr vor Beginn des Bewilligungszeitraumes Vermögenssteuer zu entrichten hatte. Die Vorschriften der §§ 26 bis 30 Bundesausbildungsförderungsgesetz gelten entsprechend. Solange das Vorhandensein von Vermögen nicht durch die Vorlage von Steuerbescheiden bei der Antragstellung ausgeschlossen werden kann, hat der Stipendiat schriftlich zu versichern, daß kein steuerpflichtiges Vermögen vorhanden ist.

13.7 Bei der Ermittlung des anrechenbaren Einkommens und Vermögens sind Pfennigbeträge stets auf volle Deutsche Mark abzurunden.

13.8 Für die Anrechnung des Einkommens des Stipendiaten ist das Einkommen maßgebend, das er während des Bewilligungszeitraumes erzielt.

14. Anrechenbares Einkommen und Vermögen der Unterhaltspflichtigen

14.1 Unterhaltspflichtig im Sinne dieser Verwaltungsvorschriften sind der Ehegatte und die Eltern des Stipendiaten in der genannten Reihenfolge.

14.2 In den ersten 36 Förderungsmonaten werden Einkommen und Vermögen der Unterhaltspflichtigen nicht auf den Bedarf des Stipendiaten angerechnet.

Der bei einem Hochschulstudium nach dem Bundesausbildungsförderungsgesetz von den Unterhaltspflichtigen zu erbringende Kostenanteil wird jedoch nach diesen Richtlinien nicht übernommen; Nr. 9.5 bleibt unberührt.

14.3 Nach dieser Zeit gilt für die Ermittlung des Einkommens und Vermögens Nr. 13 entsprechend. Auszugehen ist in der Regel von dem Durchschnittseinkommen der letzten 12 Monate.

Kindergeld nach dem Bundeskindergeldgesetz, kinderbezogene Leistungen nach besoldungs- und tarifrechtlichen Vorschriften, Kinderzuschüsse zu Renten und Versorgungsbezügen zählen zu den Einnahmen des jeweils Leistungsberechtigten.

14.4 Bei der Ermittlung des anrechenbaren Einkommens und Vermögens der Unterhaltspflichtigen ist zu berücksichtigen, daß sie in aller Regel im fortgeschrittenen Alter eine berufliche Existenz erneut aufbauen, einen Hausstand gründen, für ihr Alter vorsorgen müssen und Anspruch auf angemessene Lebenshaltung haben.

Es gelten folgende monatliche Freibeträge:

a) Für die Unterhaltspflichtigen und für die von ihnen versorgten Unterhaltsberechtigten sind Freibeträge in Höhe des zweifachen des jeweils am Ort der Ausbildungsstätte maßgeblichen Regelsatzes nach dem Bundessozialhilfegesetz sowie die Kosten der Unterkunft einschließlich der Nebenkosten zugrundezulegen. Von den Freibeträgen für die von ihnen versorgten Unterhaltsberechtigten ist deren nach Nr. 13 ermitteltes Einkommen abzuziehen. Als vom Unterhaltspflichtigen versorgt gelten Unterhaltsberechtigte, deren anrechenbares Einkommen den zweifachen für sie maßgeblichen Regelsatz nach dem Bundessozialhilfegesetz nicht erreicht. Für Stipendiaten, die aufgrund dieser Richtlinien ein Stipendium oder aufgrund anderer Rechts- oder Verwaltungsvorschriften eine Ausbildungsbeihilfe oder entsprechende Leistungen erhalten, wird an Stelle des zweifachen für die maßgeblichen Regelsatzes nach dem Bundessozialhilfegesetzes ein Freibetrag in Höhe von 80 DM angesetzt, auf den ein nach Nr. 13 zu ermittelndes Einkommen nicht angerechnet wird.

9.3 Garantiefonds (Hochschule)   Seite 319

b) Für die Eltern des Stipendiaten wird zusätzlich ein Freibetrag von 180 DM zugrundegelegt, wenn beide Elternteile Einkommen erzielen. Dies gilt nicht, wenn die Eltern geschieden oder sind dauernd getrennt leben.

c) Bei nachgewiesenen besonderen Belastungen können die Freibeträge angemessen erhöht werden.

14.5 Das die Freibeträge übersteigende Einkommen der Unterhaltspflichtigen bleibt zu 40 v. H. anrechnungsfrei. Der Vomhundertsatz erhöht sich um fünf für jedes Kind, für das nach Nr. 14.4 a ein Freibetrag angesetzt wird.

14.6 Unterhaltsberechtigte Kinder im Sinne der Nr. 14.5 sind

a) eheliche Kinder,
b) für ehelich erklärte Kinder,
c) als Kind angenommene Kinder,
d) nichteheliche Kinder,
e) Stiefkinder, die der Unterhaltspflichtige in seinen Haushalt aufgenommen hat,
f) Pflegekinder (Personen, mit denen der Unterhaltspflichtige durch ein familienähnliches, auf längere Dauer berechnetes Band verbunden ist, sofern er sie in seinen Haushalt aufgenommen hat),
g) Enkel und Geschwister, die der Unterhaltspflichtige in seinen Haushalt aufgenommen hat oder überwiegend unterhält.

14.7 Der die Freibeträge und den anrechnungsfreien Betrag übersteigende Teil des Einkommens ist als zumutbare Eigenleistung der Unterhaltspflichtigen zu gleichen Teilen auf die in der Ausbildung stehenden Unterhaltsberechtigten aufzuteilen, für die nach Nr. 14.4 ein Freibetrag gewährt wird. Der auf den Stipendiaten entfallende Anteil ist auf dessen Bedarf anzurechnen.

Abschnitt IV
15. Ausnahmeregelung

15.1 In besonderen Einzelfällen kann der Bundesminister für Jugend, Familie, Frauen und Gesundheit auf Antrag der Otto Benecke Stiftung Ausnahmen von den Abschnitten I bis III dieser Richtlinien zulassen.

15.2 Soweit die Otto Benecke Stiftung Ermessensentscheidungen von erheblicher grundsätzlicher Bedeutung oder besonderer finanzieller Tragweite treffen will, hat sie vorher die Zustimmung des Bundesministers für Jugend, Familie, Frauen und Gesundheit einzuholen.

Abschnitt V
16. Zuwendungsverfahren

Die Abwicklung der Zuwendungen richtet sich in Ergänzung der Nr. 1 Abs. 3 nach den Nebenbestimmungen für Zuwendungen zur Projektförderung aus dem Garantiefonds (NBest-P-GF).

Für die Bewilligung, Auszahlung und Abrechnung der Zuwendung sowie für den Nachweis und die Prüfung der Verwendung und die ggfs. erforderliche Aufhebung des Zuwendungsbescheids und die Rückforderung der gewährten Zuwendung gelten die Vorl. VV zu den §§ 44, 44 a BHO, soweit nicht in diesen Förderrichtlinien Abweichungen zugelassen sind.

Abschnitt VI
17. Inkrafttreten

Diese Richtlinien treten am 1. August 1988 in Kraft mit der Maßgabe, daß die bis dahin aufgrund der Allgemeinen Verwaltungsvorschriften (sog. Garantiefonds – AVV-GF in der ab 1. 3. 1984 gültigen Fassung) erteilten Bewilligungen bis zum Ablauf des Bewilligungszeitraumes gelten.

9.4 Nebenbestimmungen für Zuwendungen zur Projektförderung aus dem Garantiefonds (NBest-P-GF) (zu Nr. 16 der RL-GF-H) (GMBl. 1988, S. 262)

Die NBest-P-GF enthalten Nebenbestimmungen (Bedingungen und Auflagen) i. S. des § 36 des Verwaltungsverfahrensgesetzes sowie notwendige Erläuterungen. Die Nebenbestimmungen sind Bestandteil des Zuwendungsbescheides, soweit dort nicht ausdrücklich etwas anderes bestimmt ist.

Inhalt

Nr. 1 Anforderung und Verwendung der Zuwendung

Nr. 2 Nachträgliche Ermäßigung der Ausgaben

Nr. 3 Mitteilungspflichten des Zuwendungsempfängers

Nr. 4 Nachweis der Verwendung

Nr. 5 Prüfung der Verwendung

Nr. 6 Erstattung der Zuwendung, Verzinsung

Nr. 7 Erstattung von Stipendienmitteln

Nr. 8 Veränderung von Ansprüchen

1. Anforderung und Verwendung der Zuwendung

1.1 Die Zuwendung darf nur zur Erfüllung des im Zuwendungsbescheid bestimmten Zwecks verwendet werden. Die Zuwendung ist wirtschaftlich und sparsam zu verwenden.

1.2 Die Zuwendung darf nur insoweit und nicht eher angefordert werden, als sie innerhalb von zwei Monaten nach der Auszahlung für fällige Zahlungen benötigt wird. Die Anforderung jedes Teilbetrages muß die zur Beurteilung des Mittelbedarfs erforderlichen Angaben enthalten.

1.3 Der Zuwendungsbescheid kann mit Wirkung für die Zukunft widerrufen werden, wenn sich herausstellt, daß der Zuwendungszweck nicht zu erreichen ist.

1.4 Über Anträge auf Gewährung von Stipendien hat die Otto Benecke Stiftung unverzüglich zu entscheiden. Das Ergebnis der jeweiligen Antragsprüfung ist zu vermerken. In den Vermerk sollen insbesondere die einzelnen Leistungen und deren Angemessenheit begründet werden.

1.5 Die Weitergabe von Zuwendungsmitteln an den Stipendiaten erfolgt auf der Grundlage eines mit ihm abzuschließenden privatrechtlichen Vertrages. In dem Vertrag ist insbesondere folgendes zu regeln:

9.4 Garantiefonds-Nebenbestimmungen

- Art, Umfang und Dauer der einzelnen von der Otto Benecke Stiftung dem Antragsteller auf der Grundlage der Antragsunterlage zu gewährenden Stipendien,
- Zahlungsmodalitäten für die einzelnen Stipendien,
- Anerkennung der Gründe für eine Kündigung des Vertrages, der Rückzahlungsverpflichtungen und der sonstigen Rückzahlungsregelungen durch den Antragsteller und
- Verpflichtung des Antragstellers,

○ Änderungen von Tatsachen, die der Bemessung der Stipendien zugrunde lagen, sofort schriftlich anzuzeigen

sowie

○ jederzeit auf Anfrage für die Prüfung der Förderungsvoraussetzungen notwendig erscheinenden Unterlagen und

○ in regelmäßigen Abständen und bei Beendigung der Förderung einen Bericht über den Ablauf der Ausbildung und einen Nachweis darüber, daß die Voraussetzungen für die Förderung fortbestanden haben,

vorzulegen.

Ferner kann in dem Vertrag vereinbart werden, daß Teile des Stipendiums an Sprachkursträger und andere Dritte überwiesen werden.

2. Nachträgliche Ermäßigung der Ausgaben

Ermäßigen sich nach der Bewilligung die nach dem Zuwendungsbescheid vorgesehenen Gesamtausgaben für den Zuwendungszweck, ermäßigt sich die Zuwendung entsprechend.

3. Mitteilungspflichten des Zuwendungsempfängers

Der Zuwendungsempfänger ist verpflichtet, unverzüglich der Bewilligungsbehörde anzuzeigen, wenn

3.1 der Verwendungszweck oder sonstige für die Bewilligung der Zuwendung maßgebliche Umstände sich ändern oder wegfallen,

3.2 sich herausstellt, daß der Zuwendungszweck nicht oder mit der bewilligten Zuwendung nicht zu erreichen ist,

3.3 die abgerufenen oder ausgezahlten Beträge nicht innerhalb von zwei Monaten nach Auszahlung verbraucht werden können,

3.4 ein Konkurs- oder Vergleichsverfahren gegen ihn beantragt oder eröffnet wird.

4. Nachweis der Verwendung

4.1 Die Verwendung der Zuwendung ist bis zum 30. April des auf den Bewilligungszeitraum folgenden Jahres nachzuweisen (Verwendungsnachweis).

4.2 Der Verwendungsnachweis besteht aus einem Sachbericht und einem zahlenmäßigen Nachweis.

4.3 In dem Sachbericht sind die Verwendung der Zuwendung sowie das erzielte Ergebnis im einzelnen darzustellen.

4.4 In dem zahlenmäßigen Nachweis sind die Einnahmen und Ausgaben in zeitlicher Folge und voneinander getrennt entsprechend der Gliederung im Abschnitt „Projektförderung" des Wirtschaftsplans auszuweisen. Der Nachweis muß alle mit dem Zuwendungszweck zusammenhängenden Einnahmen und Ausgaben enthalten.

4.5 Die Belege müssen die im Geschäftsverkehr üblichen Angaben und Anlagen enthalten, die Ausgabebelege, insbesondere den Zahlungsempfänger, Grund und Tag der Zahlung sowie den Zahlungsbeweis. Im Verwendungsnachweis ist zu bestätigen, daß die

Ausgaben notwendig waren, daß wirtschaftlich und sparsam verfahren worden ist und die Angaben mit den Büchern und gegebenenfalls den Belegen übereinstimmen.

4.6 Der Zuwendungsempfänger hat die Belege fünf Jahre nach Vorlage des Verwendungsnachweises aufzubewahren, sofern nicht nach steuerrechtlichen oder anderen Vorschriften eine längere Aufbewahrungsfrist bestimmt ist.

4.7 Über die Darstellung im sachlichen Bericht des Verwendungsnachweises hinaus ist dem Bundesminister alljährlich eine Zwischenmeldung und eine Jahresstatistik nach dem dem Bewilligungsbescheid beigefügten Muster über die Förderung zuzuleiten.

5. Prüfung der Verwendung

5.1 Der Bundesminister für Jugend, Familie, Frauen und Gesundheit (einschließlich der für ihn zuständigen Vorprüfungsstelle) ist berechtigt, Bücher, Belege, Verträge und sonstige Geschäftsunterlagen anzufordern sowie die Verwendung der Zuwendung durch örtliche Erhebungen zu prüfen oder durch Beauftragte prüfen zu lassen. Der Zuwendungsempfänger hat die erforderlichen Unterlagen bereitzuhalten und die notwendigen Auskünfte zu erteilen.

5.2 Unterhält der Zuwendungsempfänger eine eigene Prüfungseinrichtung, ist von dieser der Verwendungsnachweis vorher zu prüfen und die Prüfung unter Angabe ihres Ergebnisses zu bescheinigen.

6. Erstattung der Zuwendung, Verzinsung

6.1 Die Zuwendung ist zu erstatten, soweit der Zuwendungsbescheid nach Verwaltungsverfahrensrecht (§§ 48, 49 VwVfG), nach Haushaltsrecht (§ 44a BHO) oder anderen Rechtsvorschriften unwirksam oder mit Wirkung für die Vergangenheit zurückgenommen oder widerrufen wird.

6.2 Nr. 6.1 gilt insbesondere, wenn

6.2.1 eine auflösende Bedingung eingetreten ist (z. B. nachträgliche Ermäßigung der Ausgaben),

6.2.2 die Zuwendung durch unrichtige oder unvollständige Angaben erwirkt worden ist,

6.2.3 die Zuwendung nicht oder nicht mehr für den vorgesehenen Zweck verwendet wird.

6.3 Ein Widerruf mit Wirkung für die Vergangenheit kann auch in Betracht kommen, soweit der Zuwendungsempfänger

6.3.1 die Zuwendung nicht alsbald nach Auszahlung für fällige Zahlungen verwendet oder

6.3.2 Auflagen nicht oder nicht innerhalb einer gesetzten Frist erfüllt, insbesondere den vorgeschriebenen Verwendungsnachweis nicht rechtzeitig vorlegt sowie Mitteilungspflichten (Nr. 5) nicht rechtzeitig nachkommt.

6.4 Der Erstattungsanspruch ist nach § 44a Abs. 3 BHO mit 6 v. H. für das Jahr zu verzinsen.

6.5 Werden Zuwendungen nicht alsbald nach der Auszahlung zur Erfüllung des Zuwendungszwecks verwendet und wird der Zuwendungsbescheid nicht zurückgenommen oder widerrufen, können für die Zeit von der Auszahlung bis zur zweckentsprechenden Verwendung ebenfalls Zinsen in Höhe von 6 v. H. für das Jahr verlangt werden.

7. Erstattung von Stipendienmitteln

7.1 Erstattungen aufgrund von Vorschußzahlungen durch endgültig verpflichtete Kostenträger (Nr. 6.2 der RL-GF-H) müssen in den dafür vorgesehenen Einnahmetitel (Kap. 1502

Tit. 182 08) des Bundeshaushalts eingezahlt werden; sie dürfen nicht zur Verstärkung der Zuwendungsmittel eingesetzt werden.

7.2 Einnahmen aus der Abrechnung von Stipendien fließen im Jahr der Stipendienvergabe den Zuwendungsmitteln zu; in den folgenden Haushaltsjahren sind sie als vermischte Einnahmen im institutionellen Haushalt der Otto Benecke Stiftung zu verbuchen.

8. Veränderung von Ansprüchen

8.1 Die Otto Benecke Stiftung ist berechtigt, Ansprüche
- bis zur Höhe von 5000 DM bis zu 18 Monate und
- bis zur Höhe von 2500 DM bis zu 3 Jahre

zu stunden, wenn die sofortige Einziehung mit erheblichen Härten für den Schuldner verbunden wäre und der Anspruch durch die Stundung nicht gefährdet wird. Bei Gewährung der Stundung ist eine Stundungsfrist festzulegen.

8.2 Die Otto Benecke Stiftung ist berechtigt, von der Weiterverfolgung von Ansprüchen bis zur Höhe von 1500 DM abzusehen, wenn die Einziehung wegen der wirtschaftlichen Verhältnisse des Schuldners oder aus anderen Gründen voraussichtlich dauernd ohne Erfolg bleibt und eine Stundung nach Nr. 8.1 nicht in Betracht kommt.

8.3 Die Otto Benecke Stiftung unterrichtet den Bundesminister für Jugend, Familie, Frauen und Gesundheit halbjährlich über Entscheidungen nach Nrn. 8.1 und 8.2.

8.4 In Fällen von grundsätzlicher Bedeutung ist vorher die Zustimmung des Bundesministers für Jugend, Familie, Frauen und Gesundheit einzuholen.

9.5 Richtlinien des Bundesministers für Bildung und Wissenschaft über Zuwendungen an die Otto Benecke Stiftung zur Förderung der Eingliederung von Zuwanderern aus der DDR und Berlin (Ost) und Aussiedlern mit abgeschlossenem Hochschulstudium (Akademikerprogramm)

1. Zuwendungszweck

1.1 Der Bund gewährt nach Maßgabe dieser Richtlinie und der vorläufigen Verwaltungsvorschriften zu §§ 44, 44a BHO Zuwendungen als Zuschüsse an die Otto Benecke Stiftung, mit denen diese deutschen ausgesiedelten oder aus der DDR oder Berlin (Ost) zugewanderten Hochschulabsolventen eine der im Herkunftsland durchgeführten Ausbildung entsprechende Eingliederung in das Berufssystem der Bundesrepublik Deutschland fördert. Mit den Zuwendungen an die Otto Benecke Stiftung wird die Förderung voll finanziert.

1.2 Die Otto Benecke Stiftung nimmt die Förderung als satzungsgemäße Aufgabe wahr. Sie wird dabei die in den Nummern 2 bis 10 dieser Richtlinien aufgestellten Grundsätze anwenden.

2. Personenkreis und Nachweis der Antragsberechtigung

2.1 Gefördert werden deutsche Zuwanderer aus der DDR und Berlin (Ost) sowie Aussiedler, die zum Zeitpunkt des Beginns einer Ausbildung nach Nr. 4 das 30. Lebensjahr vollendet haben. Der Nachweis der Zugehörigkeit zum antragsberechtigten Personenkreis erfolgt durch Vorlage

– des Vertriebenenausweises A oder B für Aussiedler

– des Flüchtlingsausweises C oder des Bescheides des Leiters des Bundesnotaufnahmeverfahrens, daß der Zuwanderer im Wege der Notaufnahme in das Bundesgebiet gelangt ist.

2.2 In den Fällen der Nr. 3.3 erfolgt die Förderung auch für Antragsteller, die das 30. Lebensjahr noch nicht vollendet haben, wenn ihr Antrag auf Förderung nach dem Bundesausbildungsförderungsgesetz abgelehnt wurde.

2.3 Die Förderung ist ausgeschlossen, wenn der Antragsteller das 50. Lebensjahr vollendet hat. Der Bundesminister für Bildung und Wissenschaft kann im Einzelfall Ausnahmen zulassen.[1])

3. Voraussetzung der Förderung

Voraussetzung für die Förderung ist, daß der Antragsteller vor der Zuwanderung oder Aussiedlung ein Hochschulstudium oder eine gleichwertige Ausbildung abgeschlossen hat, sein dort berufsqualifizierender Abschluß hier jedoch

3.1 nicht anerkannt wird,

3.2 nur teilweise anerkannt wird, oder

3.3 zwar voll anerkannt wird, aber nur mit Hilfe eines Ergänzungsstudiums bzw. -kurses verwertbar ist,

und die Förderung für eine angemessene berufliche Eingliederung notwendig ist.

4. Förderungsfähige Ausbildung

Die Förderung wird gewährt

4.1 zur Teilnahme an Kursen zum Erlernen der deutschen Sprache

4.2 zum Studium an Hochschulen in der Bundesrepublik Deutschland, und

4.3 zur Teilnahme an besonderen, geeigneten Kursen und Maßnahmen, die zur beruflichen Eingliederung notwendig sind.

5. Anspruch und Antragsfristen

5.1 Auf die Förderung besteht kein Rechtsanspruch.

5.2 Der erstmalige Antrag auf Förderung muß bei Zuwanderern aus der DDR und Berlin (Ost) innerhalb eines Jahres nach der Zuwanderung, bei Aussiedlern innerhalb eines Jahres nach Ausstellung des Vertriebenenausweises gestellt werden.

5.3 Ein verspäteter Antrag kann nur zugelassen werden, wenn der Antragsteller aus von ihm nicht zu vertretenden Gründen die Notwendigkeit einer Eingliederungsmaßnahme aufgrund von Nr. 3 nicht kannte. Auch in diesem Fall ist aber die Förderung ausgeschlossen, wenn der Antrag nicht innerhalb von drei Jahren nach dem Eintreffen im Bundesgebiet gestellt wurde.

6. Dauer der Förderung

6.1 Die Förderung erfolgt vom Beginn der Ausbildung nach Nr. 4 an einschließlich der unterrichts- oder vorlesungsfreien Zeit, frühestens jedoch vom Beginn des Antragsmonats an; sie endet mit Ablauf des Monats, in dem das Abschlußzeugnis ausgestellt wird.

6.2 Die Förderung endet bei Ausbildungen aufgrund von Nr. 3.1 und 3.2 spätestens mit Erreichen der Förderungshöchstdauer nach der Förderungshöchstdauerverordnung zum Bundesausbildungsförderungsgesetz in der jeweils geltenden Fassung, es sei denn, das Studium verzögert sich aus Gründen, die in der Zuwanderung oder Aussiedlung liegen. Eine Verlängerung wird von der Otto Benecke Stiftung im Einvernehmen mit der Hochschule oder dem sonstigen Träger der Maßnahme und in Abstimmung mit dem BMBW festgelegt.

---

[1]) Einfügung von Satz 2 am 27. Juli 1987

9.5 Richtlinien Akademikerprogramm

Bei Ausbildungen aufgrund von Nr. 3.3 wird die Förderungshöchstdauer von der Otto Benecke Stiftung im Einvernehmen mit der Hochschule oder dem sonstigen Träger der Maßnahme festgelegt.

7. Art und Abschnitte der Förderung

7.1 Die Förderung wird auf der Grundlage eines vom Antragsteller mit der Otto Benecke Stiftung zu schließenden Vertrages als Beihilfe gewährt, die monatlich gezahlt wird.

7.2 Die Förderung wird in der Regel bei einer Maßnahme nach Nr. 4.1 und 4.3 für die Dauer der Maßnahme vereinbart. Für eine Maßnahme nach Nr. 4.2 wird die Förderung in der Regel für ein Semester vereinbart.

7.3 Wird die Ausbildung des/der Geförderten aus Gründen einer Krankheit oder Schwangerschaft vorübergehend unterbrochen, wird die Beihilfe bis zu drei Monaten weitergezahlt.

8. Umfang der Förderung

8.1 Die Beihilfe setzt sich zusammen aus:
- Ausbildungskosten
- Kosten des Lebensunterhaltes des Geförderten
- Sonderbedarf

8.2 Ausbildungskosten sind:
- Sprachkurskosten
- Kosten der Eingliederungskurse nach Nr. 4.3
- Kosten für notwendige Lernmittel, die als monatliche Pauschale ausgezahlt werden. Sie wird jährlich vom Bundesministerium für Bildung und Wissenschaft in Abstimmung mit der Otto Benecke Stiftung festgelegt,
- notwendige Fahrtkosten. Das sind die notwendigen Fahrkosten für die An- und Rückfahrt zur Ausbildungsstätte, die An- und Abreise zum Ausbildungsort sowie für Familienheimfahrten in entsprechender Anwendung des § 5 Abs. 1 der Trennungsgeldverordnung des Bundes zum Wohnsitz des Ehegatten und der Kinder. Notwendig im Sinne dieser Bestimmung sind die Kosten für die billigste Fahrkarte des preislich günstigsten regelmäßig verkehrenden Beförderungsmittels.

Bemerkung:

Die entsprechende Anwedung des § 5 Abs. 1 der Trennungsgeldverordnung des Bundes bedeutet im wesentlichen:

1. Eine Reisebeihilfe zum Besuch der Familie wird gewährt, wenn der Geförderte vor Beginn der Förderung mit seinem Ehegatten in häuslicher Gemeinschaft gelebt hat, oder wenn er mit seinen Eltern – oder mit anderen Verwandten bis zum 4. Grade – in häuslicher Gemeinschaft gelebt und ihnen Unterkunft und Unterhalt ganz oder überwiegend gewährt hat.

2. Die Reisebeihilfe wird einmal im Monat gewährt. Eine zweite Reisebeihilfe im Monat wird gewährt, wenn die Entfernung zwischen dem Familienwohnsitz und der Ausbildungsstätte mehr als 300 km beträgt. Zusätzlich kann eine Reisebeihilfe aus Anlaß des Todes oder einer durch ärztliches Attest nachgewiesenen lebensgefährlichen Erkrankung des Ehegatten, eines Kindes oder eines Verwandten, mit dem der Geförderte in häuslicher Gemeinschaft gelebt hat, gewährt werden.

3. Als Reisebeihilfe werden die Kosten für die billigste Fahrkarte, des wirtschaftlichsten regelmäßigen Verkehrsmittels einschließlich der Kosten für den Zu- und Abgang gewährt.

In Zweifelsfällen sollte die Otto Benecke Stiftung um Auskunft gebeten werden.

8.3 Als Kosten des Lebensunterhalts gelten:

— Kosten für Verpflegung und persönliche Bedürfnisse in Höhe des Betrages, der sich als doppelter Mittelwert aus dem in den einzelnen Bundesländern festgestellten Regelsätzen nach dem Bundessozialhilfegesetz (BSHG) für einen Alleinstehenden (Haushaltsvorstand) ergibt

— Kosten der Unterbringung bis zu 250 DM monatlich.

8.4 Zum Sonderbedarf zählen:

— nachgewiesene Kosten der Krankenversicherung sowie Kosten für eine unerläßliche und unaufschiebbare ärztliche Behandlung, soweit diese Kosten durch die bestehende Krankenversicherung nicht gedeckt werden können. Kosten für die Krankenversicherung werden bis zur Höhe der ortsüblichen Mindestsätze der AOK anerkannt bzw. der entsprechenden Ersatzkassen.

— nachgewiesene Kosten der Übersetzung, der Beglaubigung und Anerkennung von Vorbildungsnachweisen

— Kosten, die mit der Aufnahme der Ausbildung im Zusammenhang stehen, wie z. B. die Anschaffung einer Grundausstattung von Lehrbüchern. Hierfür kann, unabhängig von der Pauschale nach Nr. 8.2, für notwendige Lernmittel gegen Nachweis eine einmalige Beihilfe bis zu 500 DM gezahlt werden.

9. Anrechnung von Einkommen

9.1 Werden Leistungen nach dem Bundesausbildungsförderungsgesetz oder entsprechende Leistungen gewährt, so werden diese Leistungen voll auf die Beihilfe angerechnet. Der Anspruch auf Leistungen nach dem Bundesausbildungsförderungsgesetz ist geltend zu machen. Vorausgeleistete Beihilfen nach diesen Richtlinien sind ggf. zurückzuzahlen oder werden mit laufenden Beihilfen verrechnet.

9.2 Neben der Ausbildung darf ein nach Nummern 2 bis 8 Förderungsberechtigter einer Erwerbstätigkeit nur nachgehen, wenn

a) dies der Eingliederung dient oder

b) unterhaltsberechtigte Kinder vorhanden sind und kein weiterer für diese Kinder Unterhaltspflichtiger Einkommen aus Erwerbstätigkeit erzielt.

Von den Einkommen aus dieser Erwerbstätigkeit bleiben 260 DM monatlich anrechnungsfrei. Der Restbetrag wird im Falle a) voll, im Falle b) insoweit angerechnet, als er die für diese Kinder maßgeblichen doppelten BSHG-Sätze übersteigt.

9.3 Das Einkommen der Eltern des nach Nummern 2 bis 9 Förderungsberechtigten bleibt unberücksichtigt.

9.4 Das Einkommen des Ehegatten wird erst drei Jahre nach dem Zeitpunkt angerechnet, zu dem erstmalig der nach Nummern 2 bis 8 Förderungsberechtigte oder sein Ehegatte im Bundesgebiet eingetroffen ist. Als monatliches Einkommen des Ehegatten gilt das durch zwölf geteilte versteuerte Jahreseinkommen des Kalenderjahres vor der Einzelvereinbarung über die Förderung, wie es sich aus dem Lohn- bzw. Einkommensteuerbescheid ergibt, abzüglich der tatsächlich geleisteten Steuern. Von diesem Betrag bleibt für den Ehegatten ein Betrag in Höhe des doppelten Regelsatzes nach dem BSHG für den Haushaltungsvorstand und für jedes Kind ein Betrag in Höhe des doppelten Regelsatzes nach dem BSGH anrechnungsfrei.

10. Kündigung und Rückzahlungspflicht

10.1 Der Geförderte ist verpflichtet, der Otto Benecke Stiftung Änderungen von Sachverhalten, die der Förderung oder der Bemessung der Beihilfe zugrunde liegen, sofort schriftlich anzuzeigen.

10.2 Die Otto Benecke Stiftung ist gehalten, den Vertrag mit dem/der Geförderten aus wichtigem Grund zu kündigen. Ein wichtiger Grund ist gegeben, wenn

a) die Voraussetzungen für die Beihilfen entfallen sind

b) der/die Geförderte vorsätzlich oder fahrlässig unrichtige Angaben über erhebliche Tatsachen gemacht oder solche Tatsachen verschwiegen hat

c) der/die Geförderte der Verpflichtung nach Nr. 10.1 nicht nachgekommen ist.

10.3 Bei Kündigung wird die Zahlung der Beihilfen eingestellt. Im Falle der Nr. 10.26 sind die Beihilfen von Anfang an zurückzuzahlen und mit 6 % für das Jahr zu verzinsen, in sonstigen Fällen der Kündigung vom Zeitpunkt des Eintritts des Grundes an zurückzuzahlen und entsprechend zu verzinsen.

Hat der/die Geförderte den Grund nicht zu vertreten, so können ihm/ihr die Zuschüsse belassen werden.

11. Diese Richtlinien treten am 1. Oktober 1985 in Kraft.

9.6 Vereinbarung über die Berechnung der Gesamt- bzw. Durchschnittsnote der Hochschulzugangsberechtigung deutscher Aussiedler, Beschluß der Kultusministerkonferenz vom 9. September 1985 (GMBl. 1986, S. 351)

(1) Gesamtnote bei Anerkennung der ausländischen Vorbildung als Nachweis der Hochschulreife

In den Fällen nach Ziffer 5.3.4 der Zweiten Neufassung der Empfehlung zur Eingliederung von deutschen Aussiedlern in Schule und Berufsausbildung (Beschluß der Kultusministerkonferenz vom 17. 11. 1977) besteht die Hochschulzugangsberechtigung aus zwei Leistungsnachweisen, die für die Berechnung der Gesamtnote im Verhältnis 1 : 1 berücksichtigt werden. Für Ansatz und Berechnung gelten die Regelungen der Vereinbarung über die Berechnung der Gesamt- bzw. Durchschnittsnoten ausländischer Hochschulzugangsberechtigungen deutscher Staatsbürger zur Aufnahme eines Studiums an einer deutschen Hochschule (Beschluß der Kultusministerkonferenz vom 12. 8. 1977) entsprechend

(2) Gesamtnote bei Erwerb der Hochschulreife durch eine Zusatzprüfung

In den Fällen nach Ziffer 6.1 i.V.m. Ziffer 6.5 (Abschlußprüfung/Bestätigungsprüfung) und Ziffer 6.3 i.V.m. Ziffer 6.7 (Erweiterte Abschlußprüfung der Aussiedler aus der SU) des Beschlusses der Kultusministerkonferenz vom 17. 11. 1977 besteht die Hochschulzugangsberechtigung aus zwei Zeugnissen, die für die Berechnung der Gesamtnote im Verhältnis 1 : 1 berücksichtigt werden. Für das Hochschulzugangszeugnis des Herkunftslandes gelten die Regelungen des Beschlusses der Kultusministerkonferenz vom 12. 8. 1977 entsprechend. Für das Zeugnis aus dem Sonderlehrgang bzw. das Zeugnis über die Bestätigungsprüfung gilt Absatz 4.

(3) Durchschnittsnote bei Erwerb der Hochschulreife mit der Erweiterten Abschlußprüfung nach einjährigem Sonderlehrgang

In den Fällen nach Ziffer 6.2. i.V.m. Ziffer 6.6 (Schüler aus der letzten Jahresklasse) des Beschlusses der Kultusministerkonferenz vom 17. 11. 1977 tritt die Durchschnittsnote der Erweiterten Abschlußprüfung an die Stelle der Gesamtnote.

(4) Feststellung der Durchschnittsnote der Prüfung im Sonderlehrgang

Die Durchschnittsnote der Abschlußprüfung bzw. der Erweiterten Abschlußprüfung wird als arithmetisches Mittel aus den Endnoten aller im Sonderlehrgang unterrichteten Fächer gebildet, bei einer Bestätigungsprüfung aus den Noten der Prüfungsfächer. Hierbei gehen die Endnoten in Fächern des gesellschaftswissenschaftlichen Aufgabenfeldes mit nur einer Note (arithmetisches Mittel) in die Berechnung ein. Noten für zusätzliche Unterrichtsveranstaltungen und ggf. die Note im Fach Religion bleiben unberücksichtigt. Die Durchschnittsnote wird auf eine Stelle hinter dem Komma errechnet; es wird nicht gerundet.

(5) Bescheinigung

Über die Gesamtnote der Hochschulzugangsberechtigung wird bei einer Prüfung nach Absatz 2 von der Stelle, die nach Landesrecht dazu beauftragt ist, eine Bescheinigung nach dem anliegenden Muster ausgestellt. Bei einer Prüfung nach Absatz 3 ist das Prüfungszeugnis die Hochschulzugangsberechtigung.

(6) Durchschnittsnote für ein Zeugnis der Fachhochschulreife

Aussiedlern, deren Vorbildungsnachweis nach Ziffer 5.3.3 des Beschlusses der Kultusministerkonferenz vom 17. 11. 1977 als Fachhochschulreife anerkannt worden ist, wird auf Antrag die gemäß Absatz 2 Satz 2 ermittelte Durchschnittsnote des Hochschulzugangszeugnisses des Herkunftslandes bescheinigt. In den Fällen der Ziffer 6.3.3 (Vorrücken in das zweite Jahr des zweijährigen Sonderlehrgangs) des Beschlusses der Kultusministerkonferenz vom 17. 11. 1977 wird die Gesamtnote für das Zeugnis der Fachhochschulreife in sinngemäßer Anwendung von Absatz 2 ermittelt.

(7) Datum des Erwerbs der Hochschulreife

Als Datum des Erwerbs der allgemeinen Hochschulreife nach Absatz 1 und Absatz 2 gilt das Datum des Hochschulzugangszeugnisses des Herkunftslandes. In den Fällen nach Absatz 3 wird die allgemeine Hochschulreife mit dem Tage, an dem die jeweilige Prüfung bestanden wurde, in den Fällen nach Absatz 6 Satz 2 wird die Fachhochschulreife mit dem erfolgreichen Abschluß des ersten Jahres des zweijährigen Sonderlehrgangs erworben.

(8) Ermittlung der Gesamtnote, wenn Nachweise fehlen

Noten, die in eidesstattlichen Erklärungen gemäß § 93 Absatz 2 des Bundesvertriebenengesetzes (BVFG) angegeben werden, werden zur Feststellung der Durchschnitts- bzw. Gesamtnote nicht berücksichtigt. In diesen Fällen wird nur die Durchschnittsnote des vorhandenen Nachweises berücksichtigt.

Liegt kein Nachweis vor, wird die unterste Bestehensnote angesetzt. Hierauf wird in der Bescheinigung ausdrücklich hingewiesen.

Sind in den vorgelegten Hochschulzeugnissen die für die Durchschnittsnotenberechnung erforderlichen Angaben nicht oder nicht hinreichend nachgewiesen, werden hilfsweise die höherwertigen Studienergebnisse in aufsteigender Folge für die Berechnung herangezogen (so wird bei nachzuweisendem dreisemestrigem Studium das geamte erste und zweite Studienjahr herangezogen, wenn Ergebnisse nur jeweils für ein ganzes Studienjahr ausgewiesen sind; ist eine zeitliche Staffelung der Studienleistungen nicht ausgewiesen, werden alle vorhandenen Noten in die Berechnung einbezogen; liegt ausschließlich ein benotetes Diplom vor, geht die Diplomnote in die Berechnung ein). Ziffer 1.3.2 des Beschlusses der Kultusministerkonferenz vom 12. 8. 1977 gilt sinngemäß.

(9) Die Vereinbarung über die Eingliederung von deutschen Aussiedlern in das Zulassungsverfahren gemäß Staatsvertrag über die Vergabe von Studienplätzen (Beschluß der Kultusministerkonferenz vom 7. 11. 1975 i.d.F. vom 26. 5. 1978) wird aufgehoben.

9.6 Hochschulzugang Aussiedler

Muster

_____
(Name und amtliche Bezeichnung der Schule/Angabe des Ortes)

Bescheinigung
(ausgestellt im Auftrag des Kultusministers des Landes _____)

Für das
_____
(Bezeichnung des Hochschulzugangszeugnisses des Herkunftslandes)

ausgestellt am _____ 19_____ in _____

und das _____
(Zeugnis über die Abschluß- bzw. Bestätigungsprüfung)

ausgestellt am _____ 19_____ in _____

beide ausgestellt für Herrn/Frau/Fräulein _____, geb. _____

geb. am _____   in _____

wird gemäß § 11 (8) der Verordnung über die zentrale Vergabe von Studienplätzen (Vergabeverordnung – VergabeVO) in der jeweils gültigen Fassung für das Land

– Gesamtnote

             (in Worten: _____/_____)
festgesetzt.

Datum des Erwerbs der Hochschulzugangsberechtigung:

Siegel

_____, den _____, 19_____   _____
(Ort)   (Unterschrift des Schulleiters o.
                                                des Leiters des Sonderlehrganges)

9.7 Vereinbarung über die Errechnung der Durchschnittsnote für Zeugnisse über die Hochschulzugangsberechtigung aus der DDR, Beschluß der Kultusministerkonferenz vom 8. Juli 1987 (GMBl. S. 455)

1. Bei der Errechnung der Durchschnittsnote für Zeugnisse über die Hochschulzugangsberechtigung aus der DDR, die aufgrund der Vereinbarung über die „Anerkennung von Reifezeugnissen aus der DDR" (Beschluß der Kultusministerkonferenz vom 15. Januar 1970 i. d. F. vom 23. Februar 1979) anerknnt sind, ist analog der „Vereinbarung über die Berechnung der Gesamt- bzw. Durchschnittsnoten ausländischer Hochschulzugangsberechtigungen deutscher Staatsbürger zur Aufnahme eines Studiums an einer deutschen Hochschule" (Beschluß der Kultusministerkonferenz vom 12. August 1977) zu verfahren.

2. Die Umrechnung der Durchschnittsnote in das hiesige Notensystem erfolgt nach folgender Formel:

$$x = 1 + 3 \frac{N_{max} - N_d}{N_{max} - N_{min}}$$

(x = gesuchte Durchschnittsnote im hiesigen Notensystem,
N_d = Durchschnittsnote, wie sie sich aus dem Notensystem der DDR ergibt,
N_{max} = bestmögliche Note des Notensystems der DDR,
N_{min} = unterste Bestehensnote des Notensystems der DDR)

Bei einem im Bestehensbereich vierstufigen Notensystem ist eine Umrechnung nicht erforderlich.

3. Grundsätze für die Errechnung der Durchschnittsnote:

3.1 Zugrunde zu legen sind die Einzelnoten, nicht die Gesamtnote. Prüfungsnoten in den einzelnen Fächern gehen Schulabschlußnoten vor. Liegt nur eine Gesamtnote vor, ist nach Ziffer 1.1.2 des og. Notenbeschlusses vom 12. August 1977 zu verfahren.

3.2 Weist das Reifezeugnis im Rahmen des „wahlweise obligatorischen Unterrichts" aus, ist die Note, soweit nicht Ziff. 3.3 gilt, in die Berechnung einzubeziehen. Noten für den fakultativen Unterricht bleiben unberücksichtigt.

3.3 Noten in den Fächern Kunst, Musik und Sport werden nur berücksichtigt, wenn sie Kernpflichtfächer waren. Ist in einem Zeugnis über den Fachschulabschluß, für das hinsichtlich der beruflichen Fächer Ziff. 3.6 gilt, unter den allgemeinbildenden Fächern das Fach Kulturtheorie/Ästhetik ausgewiesen, gilt es als Kernpflichtfach.

3.4 Noten in wehrkundlichen Fächern werden nicht berücksichtigt.

3.5 Fächer des gesellschaftswissenschaftlichen Aufgabenfeldes einschließlich Philosophie gehen mit einer Note (auf eine Stelle nach dem Komma gerundetes arithmetisches Mittel) in die Berechnung ein.

3.6 Noten in Fächern, die dem beruflichen Schulwesen zuzurechnen sind, gehen mit einer Note (auf eine Stelle nach dem Komma gerundetes arithmetisches Mittel) in die Berechnung ein, sofern das Zeugnis einen einheitlichen Bildungsgang ausweist. Bei einem Reifezeugnis mit Facharbeiterzeugnis, in dem die Noten getrennt ausgewiesen werden, handelt es sich um getrennte Bildungsgänge; zugrunde zu legen sind in diesem Fall nur die Noten des allgemeinbildenden Unterrichts.

4. Die „Vereinbarung über die Errechnung der Durchschnittsnote für Zeugnisse über die Hochschulzugangsberechtigung aus der DDR" (Beschluß der Kultusministerkonferenz vom 16. Juni 1976 i.d.F. vom 26. Mai 1978) wird aufgehoben.

10. ANERKENNUNG VON PRÜFUNGEN UND BEFÄHIGUNGSNACHWEISEN

10.1 Grundsätze des Bundesministers für Wirtschaft zur rechtlichen Handhabung der §§ 92 und 71 des Bundesvertriebenengesetzes sowie des § 7 Abs. 7 der Handwerksordnung im Bereich der gewerblichen Wirtschaft[1]) vom 26. November 1976

Die mit Polen geschlossenen Vereinbarungen haben zu einem Ansteigen der Aussiedlerzahlen geführt. Die in den meisten Bundesländern zuständigen Behörden der Wirtschaftsverwaltung werden deshalb mehr als bisher mit der Anerkennung von Prüfungszeugnissen und Befähigungsnachweisen nach § 92 BVFG befaßt sein, die Handwerkskammern darüber hinaus auch mit den Sondervorschriften des § 7 Abs. 7 HwO und des § 71 BVFG, die die Eintragung von Vertriebenen in die Handwerksrolle erleichtern.

Ziel der nachfolgenden Grundsätze ist die großzügige und möglichst reibungslose berufliche und gesellschaftliche Eingliederung der neuen Mitbürger. Den zuständigen Behörden soll die Anwendung der genannten Vorschriften erleichtert werden. Gleichzeitig sollen die Grundsätze zu einer einheitlichen Entscheidungspraxis beitragen. Die Grundsätze sind vom Bundesminister für Wirtschaft im Einvernehmen mit dem Bundesminister des Innern, dem Bundesminister für Arbeit und Sozialordnung und dem Bundesminister für Bildung und Wissenschaft sowie den für die Berufsausbildung in der gewerblichen Wirtschaft sowie für Handwerksrecht zuständigen Obersten Landesbehörden erarbeitet worden. Ihre Anwendung wird von diesen Behörden empfohlen.

A. Anerkennung von Prüfungen und Befähigungsnachweisen nach § 92 BVFG

I. § 92 Abs. 1 BVFG

Wortlaut:

»*Prüfungen oder Befähigungsnachweise, die Vertriebene und Sowjetzonenflüchtlinge bis zum 8. Mai 1945 im Gebiet des Deutschen Reiches nach dem Gebietsstande vom 31. Dezember 1937 abgelegt oder erworben haben, sind im Geltungsbereich des Gesetzes anzuerkennen.*«

Es handelt sich nicht um eine echte Anerkennung im Sinne einer konstitutiven Gleichstellung der Prüfungen und Befähigungsnachweise. Die Vorschrift regelt etwas Selbstverständliches. Gegenstand der Anerkennung sind deutsche Prüfungen und Befähigungsnachweise aus der Zeit vor dem 8. Mai 1945, die nach deutschem Recht im Gebiet des Deutschen Reiches (Gebietsstand 31. Dezember 1937), und zwar von jedermann – nicht nur von den Vertriebenen und Sowjetzonenflüchtlingen – abgelegt oder erworben werden konnten.

Unter »Anerkennung« im Sinne des Absatzes 1 wird nicht ein förmlicher, abstrakter Anerkennungsakt verstanden. Gemeint ist vielmehr, daß jeder Hoheitsträger im Rahmen der gerade von ihm zu beurteilenden Frage oder zu treffenden Entscheidung (z. B. bei der Frage der Ausbildereignung nach § 76 Abs. 1 BBiG) die Prüfungen und Befähigungsnachweise so zu berücksichtigen hat, wie jede andere deutsche Prüfung aus der Zeit vor dem 8. Mai 1945.

---

[1]) Wortlaut der amtlichen Bekanntmachung vom 26. November 1976, Bundesanzeiger Nr. 235 vom 14. Dezember 1976, S. 1.

II. § 92 Abs. 2 BVFG
Wortlaut:

»*Prüfungen oder Befähigungsnachweise, die Vertriebene und Sowjetzonenflüchtlinge bis zum 8. Mai 1945 in Gebieten außerhalb des Deutschen Reiches nach dem Gebietsstande vom 31. Dezember 1937 abgelegt oder erworben haben, sind anzuerkennen, wenn sie den entsprechenden Prüfungen oder Befähigungsnachweisen im Geltungsbereich des Gesetzes gleichwertig sind.*«

Die Vorschrift regelt einen Fall echter Anerkennung ausländischer Prüfungszeugnisse. Sie ist für die Praxis von besonderer Bedeutung, weil sie regelmäßig Grundlage der Anerkennung sein wird, nachdem sie nunmehr auch auf Prüfungen und Befähigungsnachweise aus der Zeit nach dem 8. Mai 1945 entsprechend anzuwenden ist (§ 92 Abs. 3 BVFG). Im einzelnen sind folgende Voraussetzungen zu beachten:

1. Personenkreis
a) Vertriebene und Sowjetzonenflüchtlinge

Die Begriffsdefinition ergibt sich aus den §§ 1–4 BVFG. Aussiedler sind Vertriebene (§ 1 Abs. 2 Nr. 3 BVFG); wenn die Voraussetzungen des § 2 BVFG erfüllt sind, auch Heimatvertriebene. Die Unterscheidung in Vertriebene und Heimatvertriebene ist in diesem Zusammenhang jedoch ohne Bedeutung.

Der Nachweis der Eigenschaft als Vertriebener oder Sowjetzonenflüchtling wird durch den Vertriebenen- (Flüchtlings-)Ausweis

– A (Heimatvertriebene, § 15 Abs. 2 Nr. 1 in Verbindung mit den §§ 1 und 2 BVFG)

– B (Vertriebene, § 15 Abs. 2 Nr. 2 in Verbindung mit § 1 BVFG)

– C (Sowjetzonenflüchtlinge, § 15 Abs. 2 Nr. 3 in Verbindung mit den §§ 3 und 4 BVFG)

geführt, wobei aber auch andere Formen des Nachweises denkbar sind (z. B. Registrierschein des Bundesbeauftragten für die Verteilung in Friedland). Außer Betracht bleiben die Vorschriften der §§ 9 bis 13 BVFG über die Inanspruchnahme von Rechten und Vergünstigungen (a. M. Siegert-Musielak, Handwerksordnung, § 7 Anm. 16). § 92 BVFG enthält keine »Rechte und Vergünstigungen« im Sinne dieser Vorschriften (vgl. Richtlinien des Bundesministers für Vertriebene, Flüchtlinge und Kriegsgeschädigte vom 20. Juli 1954, Gemeinsames Ministerialblatt vom 10. September 1954, S. 518, Nr. II), sondern regelt die Feststellung eines durch Prüfung oder Befähigungsnachweis erworbenen Status. Etwaige, die Rechte oder Vergünstigungen einschränkende oder für beendigt erklärende Vermerke im Vertriebenenausweis (vgl. §§ 15 Abs. 4, 19 BVFG) sind deshalb nicht zu beachten.

b) Zuwanderer aus der DDR, die nicht Sowjetzonenflüchtlinge sind

Nach § 20 Abs. 2 des Flüchtlingshilfegesetzes – FlüHG – in der Fassung der Bekanntmachung vom 15. Mai 1971 (BGBl. I, S. 681) ist § 92 BVFG auch auf Berechtigte nach Abschnitt I dieses Gesetzes anzuwenden. Hierdurch werden die Zuwanderer aus der DDR erfaßt, die nicht schon als Sowjetzonenflüchtlinge unter a) fallen. Die Zugehörigkeit zu diesem Personenkreis wird in der Regel durch den Notaufnahmebescheid nachgewiesen.

Die Ausführungen unter a), daß einschränkende Vorschriften (dort §§ 9–13 BVFG) nicht anzuwenden sind, gelten sinngemäß auch für die Berechtigten nach Abschnitt I FlüHG.

c) Klärung von Zweifelsfällen

Bei Zweifeln in Status- und Ausweisfragen empfiehlt es sich, Verbindung mit dem örtlich zuständigen Flüchtlingsamt, ggf. auch mit der zuständigen Landesflüchtlingsverwaltung aufzunehmen.

2. Prüfungen und Befähigungsnachweise

Die Begriffe stehen selbständig nebeneinander; es handelt sich nicht um eine Tautologie. Eine Prüfung kann gleichzeitig Befähigungsnachweis sein (z. B. handwerkliche Meisterprüfung = Befähigung zur selbständigen Ausübung eines Handwerks; 2. juristische Staatsprüfung = Befähigung zum Richteramt). Andererseits setzt ein Befähigungsnachweis nicht unbedingt eine Prüfung voraus.

Prüfungen müssen einen gewissen amtlichen, offiziellen Charakter aufweisen. Befähigungsnachweise bedürfen keiner bestimmten Form (z. B. öffentliche Verleihung, Urkunde), müssen aber eine Berechtigung von öffentlich zumindest anerkannter oder relevanter Bedeutung verleihen (vgl. z. B. § 111 Abs. 2 BBiG oder Fälle des § 7 der Ausbildereignungs-Verordnung vom 20. April 1972, BGBl. I, S. 707).

3. Bis zum 8. Mai 1945

Der Stichtag hat seine Bedeutung verloren, nachdem aufgrund des durch das 1. Flüchtlingshilfeänderungsgesetz vom 10. Mai 1971 (BGBl. I, S. 445) eingefügten § 92 Abs. 3 BVFG auch Prüfungen und Befähigungsnachweise aus der Zeit nach dem 8. Mai 1945 anerkannt werden können.

4. Außerhalb des Deutschen Reiches nach dem Gebietsstande vom 31. Dezember 1937

Gedacht ist zunächst an osteuropäische Gebiete wie z. B. die Sowjetunion, Polen, die Tschechoslowakei, Ungarn, Rumänien, Bulgarien, Jugoslawien, Albanien, auch China (vgl. z. B. § 1 Abs. 2 Nr. 3 BVFG). In Betracht kommen aber auch alle sonstigen Gebiete, wie das westliche Ausland. Gegenstand der Anerkennung kann deshalb z. B. auch eine französische oder schwedische Prüfung sein, ein Fall, der z. B. bei Vertriebenen i.S. des § 1 Abs. 2 Nr. 1 BVFG denkbar ist. Entscheidend ist, daß der Inhaber des ausländischen Prüfungszeugnisses oder Befähigungsnachweises dem durch § 92 BVFG erfaßten Personenkreis angehört.

5. Gleichwertigkeit

Die wichtigste Voraussetzung der Anerkennung ist, daß die Prüfungen oder Befähigungsnachweise den »entsprechenden« Prüfungen oder Befähigungsnachweisen im Geltungsbereich des BVFG »gleichwertig« sind.

a) Auslegungskriterien

Die Bedeutung des Begriffs »Gleichwertigkeit« als eines unbestimmten Rechtsbegriffs ist im Wege der Auslegung zu ermitteln. Hierbei kommt es auf den Gesetzeszweck, den Wortsinn und den zu würdigenden Lebenssachverhalt an.

aa) Zweck des § 92 Abs. 2 BVFG

§ 92 Abs. 2 BVFG bezweckt – wie das BVFG überhaupt – die Eingliederung der Vertriebenen und Flüchtlinge durch

- wirtschaftliche und gesellschaftliche Eingliederung und
- Besitzstandswahrung
- unter besonderer Berücksichtigung des Sozialstaatsgedankens.

aaa) Wirtschaftliche und gesellschaftliche Eingliederung
Die richtige Bewertung und Einordnung der berufsqualifizierenden Prüfungen und Befähigungsnachweise in unser Berufs- und Arbeitsmarktsystem ist zur **wirtschaftlichen** Eingliederung unerläßlich, weil davon Berufstätigkeit und auch die Arbeitsbedingungen, insbesondere Arbeitsentgelt, Urlaubsansprüche, Altersversorgung usw. abhängig sind.

Die Anerkennung dient aber auch der **gesellschaftlichen** Eingliederung, weil der gesellschaftliche Status des einzelnen auch von seiner Bildung und Ausbildung beeinflußt wird. In diesem Zusammenhang spielt insbesondere auch das Recht zur Titelführung (z. B. Meistertitel) eine Rolle.

Beide Zwecke stehen selbständig nebeneinander. Der eine Zweck ist nicht etwa eine mittelbare Folge oder bloße Reflexwirkung des anderen, wenn sich auch Wechselwirkungen ergeben können. Grundsätzlich ist es für die Berufsausübung wie für die gesellschaftliche Stellung von Bedeutung, ob jemand z. B. als Hilfsarbeiter, Facharbeiter oder Meister anerkannt ist und hierüber amtliche Belege vorlegen kann.

bbb) Besitzstandswahrung
Darüber hinaus bezweckt § 92 Abs. 2 BVFG auch die Wahrung eines einmal erworbenen Besitzstandes.

Besitzstandsregelungen sind in zahlreichen Gesetzen u. a. auch in Handwerksordnung und Berufsbildungsgesetz enthalten (vgl. §§ 119ff. HwO, §§ 108, 111 BBiG. Ferner § 1 Abs. 2 GewO; § 19 Satz 1 Gesetz zur Ausübung der Zahnheilkunde vom 31. März 1952, BGBl. I, S. 212). Sie haben ihre Grundlage im allgemeinen im Rechtsstaatsprinzip. Der im Rechtsstaatsprinzip verankerte Gedanke der Rechtssicherheit, der für den Bürger in erster Linie Vertrauensschutz bedeutet (BVerfGE 13, 271), gebietet die »größtmögliche Schonung eines einmal erworbenen Besitzstandes« (BVerfGE 25, 255). Das Bundesverfassungsgericht hat mehrfach ausgesprochen, daß der Bürger darauf vertrauen können muß, »daß sein dem geltenden Recht entsprechendes Handeln von der Rechtsordnung mit allen ursprünglich damit verbundenen Rechtsfolgen anerkannt bleibt« (BVerfGE 13, 271).

Vertriebene und Sowjetzonenflüchtlinge können den rechtsstaatlichen Grundsatz des Vertrauensschutzes zwar nicht unmittelbar und ohne weiteres in Anspruch nehmen. Denn sie haben in der Bundesrepublik noch keine Position erworben, auf deren Bestand sie vertrauen dürften. Ihnen wird dieser Schutz jedoch durch § 92 Abs. 2 BVFG gewährt. Der Gesetzgeber trägt damit der besonderen Situation dieser Menschen Rechnung: Obwohl zumeist deutsche Staatsangehörige oder doch Volkszugehörige, konnten sie ihren bisherigen Lebens- und Berufsweg nicht in der Bundesrepublik gehen, sondern mußten ihn unter oft schwierigsten Bedingungen im Ausland zurücklegen. Sie kommen erstmals mit unseren Gesetzen und den darauf beruhenden Prüfungen und Befähigungsnachweisen in Berührung; man kann von ihnen nicht erwarten, daß sie dem Maßstab dieser Gesetze entsprechen. Für sie treten unsere Gesetze gleichsam erst in Kraft; sie können zwar ihr künftiges Verhalten, konnten aber nicht ihre Vergangenheit danach ausrichten. Dies hat den Gesetzgeber – auch unter dem Gesichtspunkt einer erhöhten Fürsorgepflicht des Staates gegenüber diesen Personen – zu einer Anerkennung ihres im Ausland erworbenen Besitzstandes veranlaßt. Vertriebene und Sowjetzonenflüchtlinge sollen durch § 92 Abs. 2 BVFG so gestellt werden, als ob sie den rechtsstaatlichen Bestandsschutz unmittelbar in Anspruch nehmen könnten. Sie sind deshalb ähnlich zu behandeln wie etwa diejenigen Handwerker, die bei Inkrafttreten der Handwerksordnung 1953 ihr Handwerk ausübten und Lehrlinge ausbildeten und dies ohne Einschränkung auch weiterhin tun konnten, ohne den Anforderungen der Handwerksordnung 1953 entsprechen zu müssen (vgl. §§ 112 ff. HwO 1953).

Der durch § 92 Abs. 2 BVFG normierte Bestandsschutz geht nicht weiter als der des Rechtsstaatsprinzips. Es ist anerkannt, daß der rechtsstaatliche Grundsatz der Besitzstandswahrung dort seine Grenzen findet, wo überwiegende Interessen des Gemeinwohls entgegenstehen. So hat das Bundesverfassungsgericht z. B. betont, daß das Prinzip der Besitzstandswahrung nicht so weit gehe, daß daraus ein verfassungsrechtlicher Anspruch abgeleitet werden könne, »eine einmal begonnene Berufstätigkeit auch dann fortsetzen zu dürfen, wenn hiermit ernstzunehmende Gefahren für ein Gemeinschaftsinteresse wie die Volksgesundheit verbunden sein sollten« (BVerfGE 25, 255).

Derartige »ernstzunehmende Gefahren« (zum Gesichtspunkt des Gefahrenhandwerks vgl. unten S. 20) für ein Gemeinschaftsinteresse, die einer Besitzstandswahrung entgegenstehen können, sind aber im Bereich der gewerblichen Prüfungen und Befähigungsnachweise nicht gegeben, wie sich aus folgendem ergibt:

Der Anerkennung von **Facharbeiter- oder Gesellenprüfungen** stehen irgendwelche Gründe des Gemeinwohls oder übergeordnete Gemeinschaftsinteressen nicht entgegen. Bei diesen Prüfungen handelt es sich nicht um eine das Grundrecht des Art. 12 des Grundgesetzes einschränkende Berufszulassungsregelung, sondern um Qualifikationsnachweise, die am Ende einer geordneten Ausbildung stehen und darüber Zeugnis geben, mit denen aber keinerlei Berechtigungen für eine bestimmte Berufstätigkeit verbunden sind. Die Tätigkeiten, für die ein Facharbeiter oder Geselle ausgebildet ist, dürfen auch von ungelernten oder angelernten Kräften ausgeübt werden. Gegen die Wahrung des im Ausland erworbenen Besitzstandes eines Facharbeiters oder Gesellen bestehen deshalb keine Bedenken.

Entsprechendes gilt für **Fortbildungsprüfungen** (z. B. Industriemeister).

Auch bei der **handwerklichen Meisterprüfung** gilt letztlich nichts anderes. Zwar ist die handwerkliche Meisterprüfung nicht nur Qualifikationsnachweis, sondern eine das Grundrecht der Berufsfreiheit nach Art. 12 des Grundgesetzes einschränkende Berufszulassungsregelung, denn der Zugang zum Beruf des selbständigen Handwerkers eröffnet. Der Gesetzgeber hat diese Regelung im Interesse der Erhaltung des Leistungsstandes und der Sicherung des Nachwuchses für die gesamte gewerbliche Wirtschaft getroffen (BVerfGE 13, 97 [107]). Diese Gemeinschaftsinteressen hindern die Wahrung des Besitzstandes der Vertriebenen und Sowjetzonenflüchtlinge aber nicht. Selbst wenn der eine oder andere – u. U. weniger qualifizierte – Vertriebene den Zugang zum Beruf des selbständigen Handwerkers erhielte, wären damit nicht Leistungsstand und Leistungsfähigkeit des Handwerks insgesamt und die Sicherung des Nachwuchses für die gesamte gewerbliche Wirtschaft gefährdet. Immerhin umfaßt der Wirtschaftszweig Hand-

werk ca. 500000 Handwerksbetriebe mit ca. 4 Mio Beschäftigten. Bei dieser Größenordnung fallen die wenigen Vertriebenen, die eine selbständige Handwerksausübung anstreben, nicht ins Gewicht.
Die Handwerksordnung selbst hat zudem in §§ 119 ff. HwO Besitzstandsregelungen getroffen und darüber hinaus neben der Meisterprüfung noch andere Wege zur selbständigen Ausübung eines Handwerks für diejenigen eröffnet (§ 8 HwO), für die der Nachweis der fachlichen Befähigung durch Ablegung einer Meisterprüfung eine übermäßige, nicht zumutbare Belastung darstellen würde (BVerfGE aaO, 120 ff.). § 71 BVFG ermöglicht sogar jedem Vertriebenen, der vor der Vertreibung ein Handwerk ausgeübt hat oder aber die Befugnis zur Ausbildung von Lehrlingen besessen hat, die Ausübung eines Handwerks ohne Rücksicht, ob und wie er sich hierfür qualifiziert hat. Eine weitere Zugangsmöglichkeit schafft schließlich die auf der Grundlage des § 9 HwO ergangene Verordnung über die für Staatsangehörige der übrigen Mitgliedstaaten der Europäischen Wirtschaftsgemeinschaft geltenden Voraussetzungen der Eintragung in die Handwerksrolle vom 4. August 1966 (BGBl. I, S. 469), die für EG-Ausländer die Ausübung eines Handwerks lediglich von einer Zeit praktischer Erfahrung (in bestimmter Staffelung), nicht aber von einer Meisterprüfung abhängig macht. Dies alles zeigt, daß diese nicht durch Meisterprüfung qualifizierten Berufsausübenden insgesamt nicht als Risiko für den Leistungsstand und die Leistungsfähigkeit des Handwerks und den Nachwuchs der gewerblichen Wirtschaft angesehen werden. Dies muß erst recht für den durch eine ausländische Prüfung qualifizierten Vertriebenen gelten.

In diesem Zusammenhang sei noch darauf hingewiesen, daß – entgegen einer im Handwerk anzutreffenden Auffassung – der Gesichtspunkt der **Gefährlichkeit** eines Handwerks die Anerkennung einer Meisterprüfung nicht hindert. Das Bundesverfassungsgericht (BVerfGE 13, 97 [110]) hat ausdrücklich betont, daß es dem Gesetzgeber bei der Regelung der Meisterprüfung nicht darum ging, »Gefahren für die Gesamtheit oder die einzelnen aus einer unsachgemäßen Berufsausübung abzuwenden, die bei zahlreichen Handwerkszweigen drohen, etwa beim Bauhandwerk oder den Gruppen der Kraftfahrzeugmechaniker oder Elektroinstallateure«. Maßgebend sei allein das Interesse an der Erhaltung und Förderung eines gesunden und leistungsfähigen Handwerks gewesen. Spielt der Sicherheitsaspekt aber bei der deutschen Meisterprüfung keine Rolle (vgl. z. B. auch § 3 in Verbindung mit § 7 Abs. 5 HwO – keine Eintragungspflicht bei Ausübung handwerklicher Tätigkeit im Nebenbetrieb bei geringem Umfang der Tätigkeit im Nebenbetrieb bei geringem Umfang der Tätigkeit oder bei Hilfsbetrieb –; ferner: § 71 BVFG sowie Verordnung über die für Staatsangehörige der übrigen Mitgliedstaaten der Europäischen Wirtschaftsgemeinschaft geltenden Voraussetzungen der Eintragung in die Handwerksrolle vom 4. August 1966, BGBl. I, S. 469), darf er auch bei der Anerkennung einer ausländischen Meisterprüfung nicht herangezogen werden. Eine ausländische Meisterprüfung eines Vertriebenen oder Sowjetzonenflüchtlings darf nicht nach schärferen Maßstäben beurteilt werden als eine inländische.

ccc) Sozialer Ausgleich (Sozialstaatsgedanke)
Die Zielrichtung des § 92 Abs. 2 BVFG – berufliche und gesellschaftliche Eingliederung, Besitzstandwahrung – gewinnt im Lichte des **Sozialstaatsprinzips** besonderes Gewicht. Der im Sozialstaatsprinzip (vgl. Maunz, Staatsrecht, 20. Aufl., 1975 § 10 V, 1; ausführlich Schreiber, Werner, Das Sozialstaatsprinzip des

Grundgesetzes in Praxis und Rechtsprechung, Berlin 1972) verkörperte Gedanke der sozialen Gerechtigkeit (Maunz aaO), des sozialen Ausgleichs knüpft nicht ausschließlich an ein wirtschaftliches Unterlegensein an, sondern bezieht sich ebenso auf solche Gruppen, die – wie etwa die Schwerbehinderten – wegen schicksals- oder anlagebedingter Nachteile besonderer Fürsorge und Rücksichtnahme bedürfen (Schreiber aaO, S. 21). Eine Bevorzugung dieser Personen ist nicht Privilegierung, sondern Ausgleich. Sie wird ausschließlich als Konkretisierung des Sozialstaatsprinzips verstanden (Schreiber aaO, S. 22).

Auch die Vertriebenen und Sowjetzonenflüchtlinge haben wegen ihres schweren persönlichen Schicksals (Verfolgung oder Benachteiligung im Ausland, Verpflanzung in völlig neue Umwelt, Integrationsprobleme) Anrecht auf Ausgleich und besondere Rücksichtnahme. Zahlreiche Vorschriften des BVFG sind von diesem Gedanken geprägt; er gilt auch für die Anerkennung der Prüfungen und Befähigungsnachweise. Eine Versagung der Anerkennung bedeutet letztlich, den Vertriebenen und Sowjetzonenflüchtlingen zuzumuten, noch einmal von vorne zu beginnen, eine erneute Ausbildung zu durchlaufen, neue Prüfungen abzulegen. Dies sollte ihnen – wenn irgend möglich – erspart bleiben. Demgemäß ist es – vor dem Hintergrund des Sozialstaatsgedankens – gerechtfertigt, ihren beruflichen Werdegang, ihre Prüfungen und Befähigungsnachweise zu respektieren und im Wege der Anerkennung in unser Bildungs-, Wirtschafts- und Gesellschaftssystem einzuordnen.

bb) Wortbedeutung
Vom Wortsinn her bedeutet »Gleichwertigkeit«, daß die Prüfungen und Befähigungsnachweise von »gleichem Wert« sein müssen. Auf »Gleichartigkeit« oder gar »Gleichheit« kommt es nicht an. Zu ermitteln sind demnach die »Wertigkeit«, das »Gewicht«, die »Bedeutung« einer Prüfung oder eines Befähigungsnachweises.

cc) Berücksichtigung der Verhältnisse im Ausland
Bei der Ermittlung des »Wertes« der ausländischen Prüfung muß außerdem berücksichtigt werden, daß die Prüfungen oder Befähigungsnachweise im Ausland erworben wurden und ihren wirtschaftlichen und gesellschaftlichen Stellenwert in erster Linie aus dem ausländischen Bildungs- und Wirtschaftssystem beziehen. Unterschiede, die im jeweiligen Staats-, Wirtschafts- und Bildungssystem begründet sind, bilden deshalb kein grundsätzliches Hindernis für die Anerkennung. Der Gesetzgeber hat die Anerkennungsmöglichkeit des § 92 BVFG bewußt, d. h. in Kenntnis darüber, daß sich die Verhältnisse im Ausland in aller Regel von denen in der Bundesrepublik unterscheiden, geschaffen und damit zum Ausdruck gebracht, daß die Verschiedenartigkeit dieser Verhältnisse kein Hindernis der Anerkennung sein soll.

dd) Schlußfolgerung für die Einzelfallbeurteilung
Die oben genannten Kriterien, insbesondere der Eingliederungs- und der Besitzstandsgedanke im Lichte des Sozialstaatsprinzips rechtfertigen nicht nur, sondern erfordern vielmehr **Großzügigkeit** bei der Einzelfallentscheidung unter voller Ausschöpfung aller Beurteilungs- und Ermessensspielräume. Dies bedeutet auch, daß Entscheidungen im Zweifelsfall immer zugunsten des Vertriebenen oder Sowjetzonenflüchtlings zu treffen sind.

Die Bundesregierung und die Landesregierungen haben stets in diesem Sinne an die mit der Anerkennung befaßten Behörden appelliert (vgl. z. B. Antwort der Bundesregierung auf die Kleine Anfrage der Abgeordneten Freiherr von Fircks, Dr. Czaja usw. vom 6. April 1976, BT-Drucksache 7/4979). Die Bundesregierung hat im übrigen auch bei den Verhandlungen im Rahmen der Europäischen Gemeinschaften zur Niederlassungsfreiheit seit jeher den Standpunkt vertreten, daß eine gewisse Großzügigkeit bei der Beurteilung ausländischer Qualifikationen ohne weiteres möglich sei, weil in den hochentwickelten, technisierten Staaten Europas mit im wesentlichen vergleichbarem technologischem und zivilisatorischem Standard grundsätzlich Niveauunterschiede in Bildung und Ausbildung nicht bestehen (vgl. Winkel, Das Niederlassungsrecht der freien Berufe im Gemeinsamen Markt, NJW 76, 446 ff. [448]). Großzügigkeit ist gegenüber Vertriebenen und Sowjetzonenflüchtlingen um so mehr gerechtfertigt, als diese Personen angesichts ihres in der Regel schweren persönlichen Schicksals einer erhöhten Rücksichtnahme und Fürsorge bedürfen. Schließlich darf man nicht übersehen, daß es sich nicht um Ausländer handelt – wie verschiedentlich irrig angenommen wird –, sondern um Deutsche oder deutsche Volkszugehörige, die in der Bundesrepublik ihre neue Heimat suchen. Die neue Heimat darf sie nicht zurückweisen, sondern muß sie mit Verständnis und Entgegenkommen aufnehmen. Es entspricht den Grundsätzen eines sozialen Rechtsstaates, die berufliche Qualifikation dieser Personen – wenn irgend möglich – anzuerkennen und ihnen damit eine erneute Ausbildung und Prüfung zu ersparen.

b) Ermittlung der Gleichwertigkeit im Einzelfall

In der Praxis (z. B. der für die Anerkennung juristischer Prüfungen zuständigen Landesjustizverwaltungen sowie der Verwaltungsgerichte) wird die Gleichwertigkeit zumeist unter den Gesichtspunkten der
– formellen
– materiellen und
– funktionellen Gleichwertigkeit

geprüft. Bei dieser Unterteilung handelt es sich indessen mehr um methodische Arbeitsschritte, um eine Systematisierung der Einzelfallprüfung als um materielle Auslegungskriterien. Was schließlich in formeller, materieller und funktioneller Hinsicht als gleichwertig gelten kann, muß unter Berücksichtigung der oben unter a) entwickelten Auslegungskriterien (wirtschaftliche und gesellschaftliche Eingliederung, Besitzstandswahrung, Sozialstaatsprinzip, Wortbedeutung, Auslandsverhältnisse) ermittelt werden.

aa) Formelle Gleichwertigkeit

Der Gesichtspunkt ist von untergeordneter Bedeutung. Es reicht aus, daß es sich um eine förmliche Prüfung oder einen Befähigungsnachweis mit öffentlich anerkannter oder relevanter Berechtigung handelt (vgl. dazu oben Nr. 2). Eine Identität der Prüfungsverfahren, -methoden, -ausschüsse usw. ist nicht erforderlich. Es kommt auch nicht darauf an, daß die gleiche Anzahl von Prüfungen zur Erlangung der Endqualifikation oder Berechtigung absolviert werden mußte wie in der Bundesrepublik Deutschland (z. B. 1. und 2. juristische Staatsprüfung zur Erlangung der Befähigung zum Richteramt, vgl. OVG Koblenz, Urteil vom 19. Februar 1960 – 2 C 2/58). Derartige, mehr verfahrenstechnische Fragen sind im Ausland meist anders geregelt und können nicht am Maßstab der Verhältnisse in der Bundesrepublik Deutschland gemessen werden (Gesichtspunkt der Berücksichtigung der Auslandsverhältnisse).

bb) Materielle Gleichwertigkeit

Zu vergleichen sind die jeweiligen Prüfungsinhalte sowie die Voraussetzungen und Berechtigungen der Befähigungsnachweise. Auch die vorausgegangenen Ausbildungsgänge können – soweit etwa zum Verständnis der Prüfungsinhalte erforderlich – in den Vergleich mit einbezogen werden.

Die Inhalte brauchen sich nicht zu decken, sondern müssen nur insoweit übereinstimmen, daß man noch von einer Vergleichbarkeit sprechen kann. Über den Grad der im Einzelfall zu fordernden Deckungsintensität läßt sich keine allgemeine Aussage treffen. Er wird letztlich auch davon abhängen, inwieweit die oben unter 5a) dargelegten Auslegungskriterien (z. B. Eingliederungs- oder Bestandsschutzgedanke) durchgreifen. Dabei wird es auch darauf ankommen, welche Folgen sich aus der Anerkennung ergeben können, ob diese etwa bedeutsam ist für die Einordnung in eine tarifliche Lohngruppe oder aber zur Ausübung einer Tätigkeit berechtigt, die der Gesetzgeber von der Ablegung einer Prüfung abhängig gemacht hat (»subjektive Zulassungsvoraussetzung«). Im letzten Fall wird wiederum entscheidend sein, welche Gründe den Gesetzgeber zu der Regelung bewogen haben. Die Ausführungen über die Grenzen des Prinzips der Besitzstandswahrung (vgl. oben 5a, aa, bbb) gelten entsprechend. Insgesamt dürfen die Anforderungen nicht überspannt werden, weil sonst dem – entscheidenden – Gesichtspunkt der funktionellen Gleichwertigkeit der Boden entzogen würde (vgl. dazu unten II, 5b, cc).

Materiell-inhaltliche Unterschiede dürften im übrigen jedenfalls bei gewerblichen Prüfungen und Befähigungsnachweisen wesentlich geringer sein als etwa bei juristischen Prüfungen und Befähigungsnachweisen, die auf unterschiedlichen Rechtsordnungen beruhen. Trotz der im juristischen Bereich weit schwerwiegenderen Unterschiede ist z. B. ungarische (Bescheide Justizministerium Rheinland-Pfalz vom 6. Dezember 1972 und Justizministerium Nordrhein-Westfalen vom 21. März 1972; OVG Münster, Urteil vom 1. Oktober 1970 – V A 1256/69) und rumänische (OVG Koblenz, Urteil vom 19. Oktober 1960 – 2 C 2/58) Prüfungen als mit der 2. juristischen Staatsprüfung gleichwertig anerkannt worden. Im Verhältnis zu dieser Entscheidungspraxis ist im gewerblichen Bereich auch bei Meisterprüfungen eine großzügige Betrachtungsweise erst recht angebracht.

Im Hinblick auf den – oftmals langen – Zeitraum zwischen der Ablegung und der Anerkennung der ausländischen Prüfung, in dem sich die Prüfungs- und Ausbildungsvorschriften häufig gewandelt haben, stellt sich die Frage, welche Vorschriften einem Vergleich zugrunde zu legen sind.

Soweit es auf **ausländische** Vorschriften ankommt, sind die zur Zeit der Ablegung der Prüfung oder des Erwerbs des Befähigungsnachweises gültigen ausländischen Vorschriften zugrunde zu legen. Hier handelt es sich um Tatbestandsermittlung (Welche Inhalte liegen der ausländischen Prüfung zugrunde?), nicht um Rechtsanwendung.

Soweit es auf **deutsche** Prüfungs- oder Ausbildungsvorschriften ankommt, sind hingegen grundsätzlich die zur Zeit der Anerkennung gültigen deutschen Vorschriften zugrunde zu legen. Es handelt sich um Rechtsanwendung (Anerkennung), die grundsätzlich auf der Grundlage geltenden Rechts geschieht.

Eine Ausnahme gilt dann, wenn die bisherigen inländischen Vorschriften zwischenzeitlich **verschärft** worden sind. In diesem Fall sind die alten, günstigeren Vorschriften anzuwenden. Zum einen fordert der Gleichbehandlungsgrundsatz des Art. 3 GG, daß Vertriebene nicht nach strengeren Maßstäben beurteilt werden als die in der Bundesrepublik lebenden Deutschen. Zum anderen läßt der Grundsatz des Vertrauensschutzes (vgl. oben Nr. II, 5a, aa, bbb) es nicht zu, lange zurückliegende, abgeschlossene Tatbestände (hier: Prüfungen und Befähigungsnachweise) mit einem schärferen Maßstab zu messen als dem zur Zeit der Ablegung der Prüfung gültigen. Die Position der Vertriebenen würde verschlechtert, wenn man ihre Prüfungen nach den zwischenzeitlich erhöhten Anforderungen beurteilen würde.

Schon aus diesem Grunde können ausländische **Meisterprüfungen** aus der Zeit **vor** dem 16. September 1965 (Tag des Inkrafttretens der Novelle zur Handwerksordnung vom 9. September 1965, BGBl. I, S. 1254) nicht auf berufserzieherische Prüfungsinhalte überprüft werden, weil die handwerkliche Meisterprüfung erst von diesem Zeitpunkt an um einen Teil »berufserzieherische Kenntnisse« erweitert worden ist (vgl. § 46 Abs. 2 HwO 1965 gegenüber § 41 HwO 1953).

Im übrigen ist mit Rücksicht auf die besondere Situation der Vertriebenen und Sowjetzonenflüchtlinge bei der Anerkennung ihrer ausländischen Meisterprüfungen nicht darauf abzustellen, ob die Prüfungen berufserzieherische Kenntnisse – und das gilt auch für den betriebswirtschaftlichen und rechtlichen Teil der Meisterprüfung – umfaßten. Im Hinblick auf die **besondere** Zielrichtung des § 92 BVFG (Eingliederung, Besitzstandswahrung, Sozialstaatsgedanken) und den Grundsatz der Berücksichtigung der Verhältnisse im Ausland reicht es schon aus, daß die ausländische Meisterprüfung insgesamt von ihrer fachlich-inhaltlichen Qualifikationsstufe her erheblich über dem Niveau des Facharbeiters/Gesellen liegt und zur meisterhaften Berufsausübung befähigt.

Das **Recht** zur Lehrlingsausbildung – wie es die deutsche Meisterprüfung verleiht – muß damit nicht notwendig verbunden sein, zumal das Ausland häufig unsere Form der dualen Berufsausbildung nicht kennt und seinen Berufsnachwuchs rein schulisch ausbildet. Die fachliche Qualifikation kann in diesem besonderen Ausnahmefall als ausreichende Befähigung zur Ausbildung anerkannt werden (Rechtsgedanke des § 120 HwO). Auch auf den Nachweis betriebswirtschaftlicher und rechtlicher Kenntnisse (Teil III der deutschen Meisterprüfung) in der ausländischen Prüfung kommt es rechtlich nicht an, nachdem der Gesetzgeber in § 71 BVFG die **fachliche** Qualifikation der Aussiedler und Sowjetzonenflüchtlinge zum alleinigen Kriterium für die selbständige Ausübung eines Handwerks gemacht hat (vgl. dazu unten II, 5b, cc). Der Gedanke liegt im übrigen auch der Verordnung über die für die Staatsangehörigen der Europäischen Wirtschaftsgemeinschaft geltenden Voraussetzungen der Eintragung in die Handwerksrolle vom 4. August 1966 (BGBl. I, S. 469) zugrunde. Insoweit überlagert der Gesichtspunkt der funktionellen den der materiellen Gleichwertigkeit.

Zwischenzeitlich **gemilderte** Prüfungsvorschriften finden allerdings volle Anwendung, da die Position des Vertriebenen verbessert und nicht verschlechtert wird (kein Fall des Vertrauensschutzes).

Sind die für den Vergleich in Betracht kommenden Prüfungsvorschriften **ersatzlos** außer Kraft gesetzt worden (z. B. bei Streichung von Ausbildungsberufen), sind die außer Kraft gesetzten Vorschriften dem Vergleich zugrunde zu legen (Vertrauensschutz, Besitzstandsgedanke).

cc) Funktionelle Gleichwertigkeit

Dem Gesichtspunkt kommt – gerade unter Berücksichtigung des Eingliederungs-

10.1 Grundsätze zu §§ 92, 71 BVFG

und Besitzstandsgedankens – entscheidendes Gewicht zu. Die Gesichtspunkte der formellen und materiellen Gleichwertigkeit treten hinter ihn zurück. Unter funktioneller Gleichwertigkeit ist zu verstehen die Gleichwertigkeit im Sinne gleicher beruflicher Qualifikation in der Wahrnehmung gleicher sozialer, wirtschaftlicher oder staatlicher Aufgaben (so OVG Koblenz, Urteil vom 29. Juli 1960 – 2 C 2/58). Vergleichsgegenstand ist also die mit der Prüfung oder dem Befähigungsnachweis verbundene Funktion. Das OVG Koblenz (aaO) hat mit Rücksicht auf die Vergleichbarkeit der Funktion eine rumänische Befähigung zum Rechtsanwalt anerkannt, ohne die Unterschiede zwischen der deutschen und der rumänischen Rechtsordnung als grundsätzliches Hindernis zu sehen (so auch OVG Münster, Urteil vom 1. Oktober 1970 – V A 1256/69 im Hinblick auf die gleichgelagerte Anerkennungsproblematik des § 15 des Gesetzes über die Rechtsstellung heimatloser Ausländer im Bundesgebiet – HAG – vom 25. April 1950, BGBl. I, S. 1273).

Infolgedessen ist eine ausländische **Facharbeiter- oder Gesellenprüfung** in der Bundesrepublik Deutschland ohne weiteres als funktionell gleichwertig anzuerkennen. Die Funktion des ausländischen Facharbeiters unterscheidet sich von der des deutschen nicht.

Für handwerkliche **Meisterprüfungen** gilt dies ebenso, zumal das Bundesvertriebenengesetz in § 71 selbst die Tatsache der funktionellen Gleichwertigkeit ausdrücklich anerkannt hat: § 71 BVFG geht davon aus, daß derjenige, der im Ausland ein Handwerk ausgeübt hat, hierzu auch in der Bundesrepublik Deutschland in der Lage ist, ohne eine Prüfung oder einen Befähigungsnachweis zu verlangen. Dies trifft erst recht zu, wenn eine ausländische Meisterprüfung abgelegt worden ist.

Die Dominanz des Kriteriums der funktionellen Gleichwertigkeit führt nicht zu unausgewogenen und dem Ansehen des Handwerks abträglichen Ergebnissen, weil Gewerbe- und Handwerksordnung ausreichende Handhabe bieten, einem Fehlverhalten einzelner Handwerker zu begegnen (Verbot der Gewerbeausübung nach § 35 GewO, Ausbildungsverbot nach § 24 HwO) oder ihm durch verstärkte Überwachungs- und Beratungsmaßnahmen vorzubeugen (z. B. Ausbildungsberater, § 41a HwO, § 45 BBiG).

6. Akt der Anerkennung

a) Feststellender Verwaltungsakt, Wirkung

Unter Anerkennung wird – im Gegensatz zu § 92 Abs. 1 BVFG – ein förmlicher Anerkennungsakt (= feststellender Verwaltungsakt) verstanden, mit dem die ausländische Prüfung des Antragstellers einer inländischen Prüfung gleichgestellt wird (Muster eines Anerkennungsbescheides siehe Anlage). Wegen der Vielfalt der ausländischen Prüfungen und der Schwierigkeit der zu beurteilenden Materie kann die Anerkennung nicht – wie bei § 92 Abs. 1 BVFG – von jeder Behörde im Rahmen der von ihr zu entscheidenden Frage vorgenommen werden, sondern muß bestimmten, mit dem nötigen Sachverstand ausgestatteten Behörden überlassen sein.

Die Gleichstellung hat zur Folge, daß der Inhaber des ausländischen Prüfungszeugnisses oder Befähigungsnachweises die Rechtsstellung erhält, die mit der deutschen Prüfung oder dem deutschen Befähigungsnachweis verbunden ist. Dies umfaßt auch ein etwaiges Recht zur Führung einer Berufsbezeichnung oder eines Titels, wie z. B. des Meistertitels (vgl. § 51 HwO).

b) Prüfung, mit der gleichzustellen ist

Angesichts der in den letzten Jahren in der Bundesrepublik Deutschland erfolgten Neuordnung vieler Prüfungen und Qualifikationen im gewerblichen Bereich stellt sich die Frage, mit welcher Prüfung oder mit welchem Befähigungsnachweis die ausländische Prüfung gleichzustellen ist. Hier gilt folgendes: Grundsätzlich soll eine Gleichstellung erfolgen mit der zur Zeit gültigen Prüfung und Berufbezeichnung (Eingliederungsgedanke, Anwendung geltenden Rechts). Im Zweifel ist die Berufsbezeichnung zu wählen, die inhaltlich der ausländischen Ausbildung und Prüfung schwerpunktmäßig entspricht. Soweit sich im Falle der Neuordnung einer Prüfung deren Bezeichnung nicht geändert hat, ist die Gleichstellung ohne weiteres mit der neuen Prüfung vorzunehmen, auch dann, wenn die Anforderungen mittlerweile verändert sind. Die Beibehaltung der alten Bezeichnung ist in der Regel ein sicheres Indiz der formellen und materiellen Kontinuität. So geht die Bundesregierung in ständiger Verwaltungspraxis davon aus, daß ein in der Anlage zur Berufsgrundbildungsjahr-Anrechnungs-Verordnung vom 4. Juli 1972 (BGBl. I, S. 1151) aufgeführter Beruf, der zwischenzeitlich unter Beibehaltung seiner Bezeichnung neugeordnet wurde, nach wie vor von dieser Verordnung erfaßt wird.

Soweit eine alte Prüfung durch eine neue Prüfung mit neuer Bezeichnung abgelöst worden ist, erfolgt die Gleichstellung mit der neuen Prüfung, wenn diese die alten Prüfungsinhalte im wesentlichen fortführt (materielle Kontinuität).

Ist eine alte Prüfung durch mehrere neue Prüfungen mit neuer Bezeichnung abgelöst worden, erfolgt die Gleichstellung mit der neuen Prüfung, die die alte Prüfung inhaltlich am meisten fortführt (materielle Kontinuität unter Berücksichtigung des Eingliederungszwecks und des Prinzips der Besitzstandswahrung).

Ist eine alte Prüfung inzwischen mit mehreren anderen zu einer neuen Prüfung zusammengefaßt worden (z. B. bei Zusammenfassung mehrerer Handwerke), erfolgt die Gleichstellung mit der neuen Prüfung (Rechtsgedanke des § 119 Abs. 4 HwO).

Ist eine alte Prüfung ersatzlos gestrichen worden oder führt eine neue Prüfung die alte Prüfung nur in ganz geringem Umfange fort, so daß man von materieller Kontinuität nicht mehr sprechen kann, ist die Gleichstellung mit der alten – inzwischen gestrichenen – Prüfung vorzunehmen (Besitzstandswahrung).

7. Tatbestandsaufklärung
a) Antrag, Aufklärung von Amts wegen

Die Anerkennung setzt einen entsprechenden Antrag voraus. Dieser ist unter Darlegung des Sachverhaltes und Beifügung vorhandener Urkunden über die Prüfung oder den Befähigungsnachweis zu begründen. Zweckmäßigerweise sind Übersetzungen der Urkunden beizufügen. Die Anerkennungsbehörde ist in jedem Falle berechtigt, solche Übersetzungen zu verlangen (vgl. § 23 Abs. 2 des Verwaltungsverfahrensgesetzes vom 25. Mai 1976, BGBl. I, S. 1253).

Unterlagen über die Prüfungsinhalte oder Voraussetzungen des Befähigungsnachweises sollen – zur Erleichterung des Verfahrens – vom Antragsteller nach Möglichkeit beigefügt werden. Verfügt dieser aber nicht über solche Unterlagen, sind diese von der zuständigen Anerkennungsbehörde zu beschaffen, falls die Anerkennungsbehörde den Sachverhalt nicht auf andere Weise aufklären kann (vgl. unten 7 c).

10.1 Grundsätze zu §§ 92, 71 BVFG

Die Aufklärung des Sachverhaltes erfolgt von Amts wegen (Untersuchungsmaxime, vgl. § 24 Verwaltungsverfahrensgesetz vom 25. Mai 1976, BGBl. I, S. 1253). Grundsätzlich kann die Anerkennungsbehörde Prüfungsvorschriften usw. auch über das Auswärtige Amt auf diplomatischem Wege beschaffen. Dieser Weg nimmt jedoch erhebliche Zeit in Anspruch und ist nicht immer erfolgreich. Er sollte daher nur in Notfällen gegangen werden.

b) Ersatz verlorengegangener Urkunden

Verlorengegangene Urkunden sind nach dem in § 93 BVFG vorgesehenen Verfahren zu ersetzen.

c) Befragungen

Darüber hinaus kommen zur Aufklärung auch Gespräche mit Dritten oder den Antragstellern über die der Prüfung zugrunde liegenden Ausbildungsgänge, die Prüfungsinhalte oder die Voraussetzungen und Berechtigungen der Befähigungsnachweise in Betracht. Diese Möglichkeit hat sich in der Praxis sehr bewährt. Sie ist der Beschaffung von Unterlagen auf diplomatischem Wege vorzuziehen.

Um den Erfolg eines derartigen Aufklärungsgesprächs zu sichern, sollte dem Antragsteller nötigenfalls Gelegenheit zur Information über die hiesigen Prüfungen und Prüfungsinhalte gegeben werden, an denen sich die Anerkennungsbehörde – mangels Kenntnis der ausländischen Prüfung – bei ihrer Befragung zwangsläufig orientieren wird. Hierzu kann insbesondere der informative Besuch geeigneter Lehrgänge (z. B. Meisterprüfungslehrgänge oder Teile davon) dienen.

d) Keine nochmalige Prüfung

Eine nochmalige Prüfung darf nicht erfolgen. Die früher gelegentlich geübte Praxis, Ergänzungs- oder Zusatzprüfungen zu fordern, entspricht nicht dem geltenden Recht. Ohnehin konnten nach der früheren Vorschrift des § 92 Abs. 2 Satz 3 BVFG, die durch das 1. Flüchtlingshilfeänderungsgesetz vom 10. Mai 1971 (BGBl. I, S. 445) außer Kraft gesetzt worden ist, Ergänzungsprüfungen nur durch die Bundesregierung im Wege der Rechtsverordnung, nicht hingegen durch die für die Anerkennung zuständigen Verwaltungsbehörden angeordnet werden.

III. § 92 Abs. 3 BVFG

Wortlaut:

»*Auf Prüfungen oder Befähigungsnachweise, die Vertriebene und Sowjetzonenflüchtlinge nach dem 8. Mai 1945 in Gebieten außerhalb des Geltungsbereiches des Gesetzes abgelegt oder erworben haben, ist Abs. 2 entsprechend anzuwenden. Die Vorschriften über die Anerkennung von Prüfungen oder Befähigungsnachweisen im öffentlichen Dienst bleiben unberührt.*«

Aufgrund der durch das 1. Flüchtlingshilfeänderungsgesetz vom 10. Mai 1971 (BGBl. I, S. 445) eingeführten Vorschrift können nunmehr auch Prüfungen von Vertriebenen und Sowjetzonenflüchtlingen, die nach dem 8. Mai 1945 abgelegt worden sind, anerkannt werden. Im Unterschied zu § 92 Abs. 2 BVFG handelt es sich nicht um Prüfungen außerhalb »des Deutschen Reiches nach dem Gebietsstande vom 31. Dezember 1937«, sondern um Prüfungen »außerhalb des Geltungsbereichs« des BVFG. Im übrigen gelten gegenüber § 92 Abs. 2 BVFG keine Besonderheiten. Das dort Gesagte gilt entsprechend.

Absatz 3 Satz 2 bringt zum Ausdruck, daß die Sondervorschriften, die für die Anerkennung von Prüfungen und Befähigungsnachweisen im öffentlichen Dienst gelten, nicht berührt werden.

B. Eintragung in die Handwerksrolle

I. § 71 BVFG

Wortlaut:

»*Vertriebene und Sowjetzonenflüchtlinge, die glaubhaft machen, daß sie vor der Vertreibung ein Handwerk als stehendes Gewerbe selbständig betrieben oder die Befugnis zur Anleitung von Lehrlingen besessen haben, sind auf Antrag bei der für den Ort ihres ständigen Aufenthaltes zuständigen Handwerkskammer in die Handwerksrolle einzutragen. Für die Glaubhaftmachung ist § 93 entsprechend anzuwenden.*«

Die Eintragung in die Handwerksrolle nach dieser Vorschrift setzt nicht die Ablegung einer der Meisterprüfung gleichwertigen Prüfung voraus. Es reicht aus, daß vor der Vertreibung ein Handwerk als stehendes Gewerbe ausgeübt worden ist **oder** die Befugnis zur Anleitung von Lehrlingen vorhanden war.

1. Personenkreis

Der anspruchsberechtigte Personenkreis ist derselbe wie bei § 92 BVFG. Auf die dortigen Ausführungen wird verwiesen (A II, 1).

2. Selbständiger Betrieb eines Handwerks als stehendes Gewerbe

Der Begriff »stehendes Gewerbe« ist wie bei § 1 HwO zu beurteilen. Als stehendes Gewerbe gilt jedes, das nicht als Reisegewerbe (§§ 55 ff. GewO) und nicht im Marktverkehr (§§ 64 ff. GewO) ausgeübt wird.

Bei der Auslegung des Begriffs »Handwerk« ist einmal auszugehen von der Positivliste der Anlage A der Handwerksordnung, die die einzelnen Handwerke abschließend aufzählt. Andererseits ist zu berücksichtigen, daß das Handwerk im Ausland ausgeübt worden ist, mithin in aller Regel nicht völlig identisch mit denen der Anlage A der HwO sein wird. Es wird deshalb lediglich darauf abzustellen sein, ob die Handwerke vergleichbar sind. Die Vergleichbarkeit wird dann zu bejahen sein, wenn sich die dem jeweiligen Handwerk zuzurechnenden wesentlichen Tätigkeiten (vgl. § 1 Abs. 2 HwO) bei Anlegung eines großzügigen Maßstabes im großen und ganzen entsprechen. Als Auslegungskriterium kann auch § 1 Abs. 1 Nr. 2 der Verordnung über die für Staatsangehörige der übrigen Mitgliedstaaten der Europäischen Wirtschaftsgemeinschaft geltenden Voraussetzungen der Eintragung in die Handwerksrolle vom 4. August 1966 (BGBl. I, S. 469) herangezogen werden, der darauf abstellt, daß »die ausgeübte Tätigkeit mit den wesentlichen Punkten des Berufsbildes desjenigen Gewerbes übereinstimmt, für das die Ausnahmebewilligung beantragt wird«.

Im Rahmen des § 71 BVFG ist nicht zu prüfen, auf welcher Rechtsgrundlage und nach welchen Vorschriften im einzelnen die Tätigkeit ausgeübt worden ist. Das Handwerk muß aber tatsächlich betrieben worden sein. Eine bloße Berechtigung zur Ausübung reicht nicht aus. Der Gesetzgeber geht davon aus, daß derjenige, der im Ausland ein Handwerk selbständig betrieben hat, hierzu auch in der Bundesrepublik Deutschland in der Lage ist. In § 71 BVFG hat der Gesetzgeber die funktionelle Gleichwertigkeit uneingeschränkt bejaht.

3. Befugnis zur Anleitung von Lehrlingen

Die Befugnis zur Anleitung von Lehrlingen steht der Ausübung des selbständigen Handwerks gleich. Der Gesetzgeber geht davon aus, daß derjenige, der eine Ausbildungsbefugnis besitzt, ein so hohes Maß an fachlicher Qualifikation aufweist, daß er auch zur selbständigen Ausübung des Handwerks in der Lage ist. Voraussetzung ist allein das Vorliegen der Ausbildungsbefugnis. Es kommt nicht darauf an, daß diese vor der Vertreibung auch genutzt worden ist.

4. Vor der Vertreibung

Die Voraussetzungen zu 2. und 3. müssen »vor der Vertreibung« bereits vorgelegen haben. Unter »Vertreibung« sind alle Vorgänge zu verstehen, die bei dem Betroffenen zu einem Status nach Nr. 1 (= A II, 1) geführt haben, also auch die Flucht (bei Sowjetzonenflüchtlingen), das Verlassen der Heimatgebiete (bei den Aussiedlern) und der Zuzug in das Bundesgebiet (bei den Berechtigten nach Abschnitt I des FlüHG).

Im Unterschied zu § 92 Abs. 2 und 3 BVFG stellt die Vorschrift nicht auf den Stichtag des 8. Mai 1945 oder auf das Gebiet inner- oder außerhalb der Grenzen des Deutschen Reiches vom 31. Dezember 1937 oder des Geltungsbereichs des BVFG ab.

5. Formalien

Die Eintragung in die Handwerksrolle erfolgt nur auf Antrag. Eine Eintragung von Amts wegen, wie sie § 10 Abs. 1 HwO vorsieht, ist nicht möglich.

Der Antrag ist zu begründen und die Eintragungsvoraussetzungen wenigstens nach dem in § 93 BVFG (Ersatz von Urkunden) vorgesehenen Verfahren glaubhaft zu machen. Eine Glaubhaftmachung nach § 93 BVFG entfällt allerdings, wenn ein förmlicher Nachweis erbracht werden kann. § 71 Satz 2 BVFG zwingt nicht in jedem Fall und unter allen Umständen zu dem Verfahren nach § 93 BVFG, sondern soll lediglich eine Beweiserleichterung schaffen. Es handelt sich insoweit nur um ein Mindesterfordernis, das im Einzelfall übertroffen werden kann.

6. Führung des Meistertitels, Lehrlingsausbildung

Mit der Eintragung in die Handwerksrolle nach § 71 BVFG ist nur das Recht der Gewerbeausübung, nicht aber das der Lehrlingsausbildung und Führung des Meistertitels verbunden. Diese Rechte stehen nur demjenigen zu, der eine deutsche Meisterprüfung abgelegt hat (vgl. § 51 HwO) oder dessen ausländische Meisterprüfung nach § 92 BVFG anerkannt worden ist (vgl. oben A II, 6a).

Wessen Meisterprüfungszeugnis nicht nach § 92 BVFG anerkannt ist, kann das Recht zur Ausbildung von Lehrlingen im Wege der Ausnahmebewilligung nach § 22 Abs. 3 HwO erhalten. Die Führung des Meistertitels kann nicht im Ausnahmewege bewilligt werden.

II. § 7 Abs. 7 HwO

Wortlaut:

»*Vertriebene und Sowjetzonenflüchtlinge, die vor ihrer Vertreibung oder Flucht eine der Meisterprüfung gleichwertige Prüfung außerhalb des Geltungsbereichs dieses Gesetzes bestanden haben, sind in die Handwerksrolle einzutragen.*«

1. Personenkreis

Der Begriff »Vertriebener« und »Sowjetzonenflüchtling« ist wie in § 92 BVFG zu definieren. Auf die dort gemachten Ausführungen wird verwiesen (siehe oben A II, 1).

Anspruchsberechtigt sind auch Personen nach Abschnitt I des FlüHG, obwohl § 20 Abs. 2 FlüHG nicht auf § 7 Abs. 7 HwO verweist. Hier dürfte es sich um ein redaktionelles Versehen handeln. Auch bei gegenteiliger Ansicht ergeben sich für die genannten Personen keine Nachteile, da diese die Eintragung in die Handwerksrolle auch über § 7 Abs. 1 HwO erreichen können, wenn zuvor ihre Meisterprüfung nach § 92 BVFG anerkannt worden ist (vgl. auch unten B II, 2).

2. Gleichwertigkeit der Meisterprüfung

Voraussetzung für die Eintragung ist danach eine der Meisterprüfung gleichwertige Prüfung außerhalb des Geltungsbereichs der HwO. Das Kriterium der »Gleichwertigkeit« ist wie bei § 92 Abs. 2 und 3 BVFG zu beurteilen (siehe oben unter A II, 5). Wird es im Rahmen des § 7 Abs. 7 HwO bejaht, ist es auch im Rahmen des § 92 Abs. 2 und 3 BVFG als gegeben anzusehen und umgekehrt.

3. Kein Stichtag

Anders als § 92 Abs. 2 und 3 BVFG stellt § 7 Abs. 7 HwO nicht darauf ab, ob die Meisterprüfung vor oder nach dem 8. Mai 1945 abgelegt worden ist. Diese Tatsache dürfte aber ihre Bedeutung verloren haben, nachdem § 92 Abs. 3 BVFG auch die Anerkennung von Meisterprüfungen ermöglicht, die nach dem 8. Mai 1945 abgelegt worden sind. Eine Meisterprüfung, die nach § 92 BVFG als gleichwertig anerkannt ist, berechtigt unmittelbar nach § 7 Abs. 1 HwO zur Eintragung in die Handwerksrolle. Der Erleichterung des § 7 Abs. 7 HwO bedarf es in diesem Falle nicht mehr.

4. Führung des Meistertitels, Ausbildungsbefugnis

Eine Eintragung nach § 7 Abs. 7 HwO berechtigt allerdings nicht ipso iure zur Ausbildung von Lehrlingen und Führung des Meistertitels, obwohl die Eintragung auf der Gleichwertigkeit der Meisterprüfung beruht. Die Ausbildungsbefugnis setzt in der Regel (vgl. §§ 21 ff. HwO), die Führung des Meistertitels immer (§ 51 HwO) die Ablegung einer Meisterprüfung voraus.

Zur Erlangung der Ausbildungsbefugnis und Führung des Meistertitels bedarf es also noch der Anerkennung der Meisterprüfung nach § 92 BVFG, was im Falle einer Eintragung nach § 7 Abs. 7 HwO Formsache ist, da die Voraussetzungen (Gleichwertigkeit) identisch sind.

III. Verhältnis zwischen § 71 BVFG und § 7 Abs. 7 HwO

Beide Vorschriften regeln verschiedene Tatbestände und gelten nebeneinander. Es besteht kein Fall der Gesetzeskonkurrenz. Denkbar ist allerdings, daß im Einzelfall die Voraussetzungen beider Vorschriften erfüllt sind.

1. § 71 BVFG

stellt auf die Tatsache der Ausübung eines Handwerks oder der Befugnis zur Lehrlingsausbildung ab. Diese Tatsachen werden als ausreichender Nachweis der Befähigung zur selbständigen Ausübung eines Handwerks angesehen. Die Vorschrift findet allerdings nicht auf solche Personen Anwendung, die zwar zur Ausübung eines Handwerks berechtigt gewesen waren, dieses jedoch nicht oder

10.1 Grundsätze zu §§ 92, 71 BVFG

nicht selbständig ausgeübt haben. Bei dem Eintragungsgrund der Berechtigung zur Anleitung von Lehrlingen kommt es hingegen nicht darauf an, ob von dieser Befugnis Gebrauch gemacht worden ist.

2. § 7 Abs. 7 HwO

stellt es lediglich auf eine der Meisterprüfung gleichwertige Prüfung ab. Es kommt nicht darauf an, ob ein Handwerk selbständig, unselbständig oder überhaupt nicht ausgeübt worden ist.

Muster eines Anerkennungsbescheides

Anerkennungsbehörde   Ort, Datum

Bescheid

über die Anerkennung einer(s) Prüfung/Befähigungsnachweises*)

Auf Grund des § 92 Abs. 2 und 3 des Bundesvertriebenengesetzes in der Fassung der Bekanntmachung vom 3. September 1971 (BGBl. I, S. 1565, 1807) wird die/der

von _____
(Name des Antragstellers, Adresse)

in _____
(Ort, Land)

abgelegte Prüfung/erworbene Befähigungsnachweis

_____
(ausländische Bezeichnung der Prüfung/des Befähigungsnachweises mit deutscher Übersetzung)

_____

als gleichwertig mit _____
(Bezeichnung der deutschen Prüfung/des deutschen Befähigungsnachweises)

anerkannt.

Etwaige Bemerkung über eine mit der Anerkennung erworbene Berechtigung (z. B. Recht zur Führung des Meistertitels).

Dienstsiegel
                                        _____
                                                    (Unterschrift)

*) Nichtzutreffendes streichen

10.2 Beschluß der Kultusministerkonferenz vom 28. April 1977 zur Erteilung von Genehmigungen zur Führung ausländischer akademischer Grade sowie zur Führung entsprechender ausländischer Bezeichnungen i. d. F. vom 13. Mai 1985 (GMBl. S. 498)

I.

1. Genehmigt werden kann die Führung ausländischer akademischer Grade sowie die Führung ausländischer staatlicher Grade nach Maßgabe folgender Bestimmungen:

2. Ein ausländischer akademischer Grad im Sinne des Gesetzes über die Führung akademischer Grade vom 7. 6. 1939 ist eine Bezeichnung, die Absolventen einer in dem betreffenden Lande anerkannten Hochschule aufgrund eines Examens von der Hochschule oder von der zuständigen staatlichen Stelle durch Verleihungsakt oder durch gesetzliche Regelung zuerkannt worden ist und nach dem Recht des betreffenden Landes einen akademischen Grad darstellt.

3. Ein ausländischer staatlicher Grad im Sinne des Gesetzes über die Führung akademischer Grade vom 7. 6. 1939 ist eine Bezeichnung, die Absolventen einer in dem betreffenden Lande anerkannten Hochschule aufgrund einer staatlichen Abschlußprüfung anstelle eines im Geltungsbereich des Grundgesetzes verliehenen akademischen Grades von der zuständigen staatlichen Stelle durch Verleihungsakt oder durch gesetzliche Regelung zuerkannt worden ist. Dies gilt nicht für die Bezeichnung „Professor", die von ausländischen Hochschulen oder staatlichen Stellen verliehen wird.

4. Die Erteilung der Genehmigung zur Führung ausländischer akademischer Grade setzt voraus, daß der ausländische Grad von einer Hochschule verliehen wurde, die zum Zeitpunkt seiner Verleihung einer deutschen Hochschule vergleichbar sowie berechtigt war, akademische Grade aufgrund allgemein beurteilungsfähiger wissenschaftlicher Leistungen zu verleihen. Die Vergleichbarkeit mit deutschen Hochschulen kann in der Regel angenommen werden, wenn die Hochschule nach maßgeblichen Bestimmungen des betreffenden Landes anerkannt war und der erforderliche Qualitätsstandard der Hochschule aufgrund gesetzlicher Bestimmungen des betreffenden Landes oder, soweit einschlägige gesetzliche Bestimmungen fehlen oder keine ausreichenden Kriterien im Hinblick auf die Vergleichbarkeit enthalten, durch die Vollmitgliedschaft in einer dafür maßgeblichen und allgemein anerkannten Hochschulorganisation gewährleistet war. Wurde der akademische Grad nach dem Recht des betreffenden Landes außerhalb der Hochschule verliehen oder zuerkannt, müssen der Verleihung oder Zuerkennung Studienleistungen in Verbindung mit Prüfungsleistungen oder einer Abschlußprüfung einer Hochschule zugrundeliegen, welche die Voraussetzungen nach den Sätzen 1 und 2 erfüllt.

5. Die Erteilung der Genehmigung zur Führung ausländischer staatlicher Grade setzt voraus, daß dieser Grad von einer nach den gesetzlichen Bestimmungen des betreffenden Landes zuständigen Stelle verliehen wurde.

II.

1. Inhaber eines ausländischen akademischen Grades, dessen zugrunde liegender Abschluß dem an einer Hochschule im Geltungsbereich des Grundgesetzes materiell gleichwertig ist und für den es einen gleichartigen Grad gibt, erhalten auf Antrag die Genehmigung, ihren ausländischen akademischen Grad in der Form des entsprechenden deutschen akademischen Grades zu führen.

2. Inhaber eines ausländischen akademischen Grades, dessen zugrundeliegender Abschluß dem an einer Hochschule im Geltungsbereich des Grundgesetzes materiell nicht

gleichwertig ist oder für den es keinen gleichartigen akademischen Grad gibt, erhalten auf Antrag die Genehmigung, ihren ausländischen akademischen Grad in der in Abschnitt III genannten Form zu führen.

3. Inhaber eines ausländischen staatlichen Grades, dessen zugrunde liegender Abschluß dem an einer Hochschule im Geltungsbereich des Grundgesetzes gleichwertig ist und für den es einen gleichartigen akademischen Grad gibt, erhalten auf Antrag die Genehmigung, ihren staatlichen Grad in der Form des entsprechenden deutschen akademischen Grades zu führen.

4. Inhaber eines ausländischen staatlichen Grades, dessen zugrundeliegender Abschluß dem an einer Hochschule im Geltungsbereich des Grundgesetzes materiell nicht gleichwertig ist oder für den es keinen gleichartigen akademischen Grad gibt, erhalten auf Antrag die Genehmigung, ihren ausländischen staatlichen Grad in der in Abschnitt III genannten Form zu führen.

5. In den Fällen des Abschnitts II Nrn 1. und 3 soll grundsätzlich die Genehmigung mit der Auflage verbunden werden, daß der akademische Grad mit einem auf das Herkunftsland oder die verleihende Institution hinweisenden Zusatz geführt ist. Bei nach § 92 BVFG Berechtigten und deren Abkömmlingen unterbleibt diese Auflage im Hinblick auf den Eingliederungszweck des Bundesvertriebenengesetzes.

6. In den Fällen des Abschnitts II Nrn. 1 und 3 ist bei der Entscheidung zum Ausdruck zu bringen, daß der zugrunde liegende ausländische Grad nicht zusätzlich zum Grad geführt wird, dessen Form er erhält.

III.

In den Fällen des Abschnitts II Nrn. 2 und 4 wird die Genehmigung zur Führung ausländischer akademischer Grade oder ausländischer staatlicher Grade in der Originalform und in der im betreffenden Lande üblichen Form der Abkürzung, jeweils mit Angabe der verleihenden ausländischen Institution, erteilt.

Ist ein ausländischer akademischer Grad oder ein ausländischer staatlicher Grad nicht in lateinischer Sprache verliehen worden, kann ein Klammerzusatz mit einer möglichst wörtlichen Übersetzung in die Genehmigungsurkunde aufgenommen werden.

IV.

Für ehrenhalber verliehene akademische Grade gelten die Abschnitte I bis III entsprechend.

V.

Vor der Entscheidung über Anträge nach den Abschnitten I und IV ist die Zentralstelle für ausländisches Bildungswesen der Kultusministerkonferenz gutachtlich zu hören. Von einer Anhörung kann abgesehen werden, wenn bereits ein generelles Gutachten oder ein Gutachten in einem gleichgelagerten Fall durch die Zentralstelle vorliegt.

VI.

Die Länder erlassen die zum Vollzug dieses Beschlusses erforderlichen Vorschriften.

10.3 Beschluß der Kultusministerkonferenz zur nachträglichen Graduierung/Diplomierung von Berechtigten nach dem Bundesvertriebenengesetz i. d. F. vom 25. Juni 1982 (GMBl. S. 559)

1. Berechtigte im Sinne des § 92 des Gesetzes über Angelegenheiten der Vertriebenen und Flüchtlinge (Bundesvertriebenengesetz – BVFG –) jeweiliger Fassung, die vor ihrer Vertreibung, Aussiedlung oder Zuwanderung einen berufsqualifizierenden Abschluß erworben haben, der dem einer Vorläufereinrichtung der Fachhochschulen (Ingenieurschulen und Höhere Fachschulen) im Geltungsbereich des Grundgesetzes zum Zeitpunkt des Erwerbs materiell gleichwertig war, erhalten auf Antrag das Recht, eine staatliche Graduierungsbezeichnung zu führen, die für einen Abschluß dieser Art im Geltungsbereich des Grundgesetzes vorgesehen ist.

2. Die positive Entscheidung über einen Antrag auf Genehmigung zur Führung eines ausländischen Grades (einschließlich Berufs- oder Standesbezeichnung) schließt eine Graduierung nach Nummer 1 für den gleichen Abschluß aus.

Bei der Entscheidung nach Nummer 1 ist zum Ausdruck zu bringen, daß Grade (einschließlich Berufs- oder Standesbezeichnungen) des Herkunftslandes, die auf dem gleichen Abschluß beruhen, nicht zusätzlich zur deutschen Graduierungsbezeichnung geführt werden dürfen.

3. Die staatliche Graduierungsbezeichnung bestimmt sich nach der mit Beschluß der Kultusministerkonferenz getroffenen „Vereinbarung über Fachrichtungen an Fachhochschulen" jeweiliger Fassung.

4. Den Ländern bleibt es unbenommen, ihre Entscheidung mit der Auflage zu treffen, daß die staatliche Graduierungsbezeichnung mit einem auf das Herkunftsland hinweisenden Zusatz geführt wird, wenn dies zur Kennzeichnung wesentlicher Unterschiede in der Ausbildung notwendig erscheint.*)

5. Vor der Entscheidung über Anträge nach Nummer 1 ist bei ausländischen Bildungsabschlüssen die Zentralstelle für ausländisches Bildungswesen der Kultusministerkonferenz, für Bildungsabschlüsse an Einrichtungen in der DDR das Pädagogische Zentrum in Berlin gutachtlich zu hören, soweit dies zur Bewertung des jeweiligen Bildungsabschlusses erforderlich ist.

6. Anstelle der Graduierungsbezeichnung wird auf Antrag der Diplomgrad in derselben Form und unter denselben Voraussetzungen verliehen, unter denen ihn Absolventen von Vorläufereinrichtungen der Fachhochschulen des Landes führen dürfen, in dem der Berechtigte seinen Wohnsitz hat. Die Nrn. 2 bis 5 gelten bei der Nachdiplomierung entsprechend.

7. Die vorstehenden Bestimmungen gelten entsprechend für Abkömmlinge des Personenkreises im Sinne des § 92 BVFG.

8. Der Beschluß der Kultusministerkonferenz über die rückwirkende Graduierung von Ingenieurschulabsolventen aus der SBZ vom 15. 6. 1967 sowie der Beschluß über die nachträgliche Graduierung von Personen, die vor dem 1. 10. 1938 ein Abschlußzeugnis einer der deutschen Ingenieurschule vergleichbaren Einrichtung der Tschechoslowakischen Republik erworben haben, vom 3./4. 10. 1968 werden aufgehoben.

9. Die Länder erlassen die zum Vollzug dieses Beschlusses erforderlichen Vorschriften.

---

*) Beispiel: „Ing. (grad.)/Pl" (für Herkunftsland Polen),
„Ing. (grad.)/SU" (für Herkunftsland UdSSR).

10. Für die Nachgraduierung bzw. die Nachdiplomierung ist jeweils das Land zuständig, in dem der Berechtigte im Zeitpunkt der Antragstellung seinen Wohnsitz hat. Wer von einem Land graduiert bzw. diplomiert ist, darf den verliehenen Grad auch in den anderen Ländern führen.

10.4 Rundschreiben des Bundesministers für Verkehr zur Erteilung der Fahrerlaubnis an Personen, die einen entsprechenden Anspruch nach § 92 Bundesvertriebenengesetz (BVFG) haben, vom 10. Mai 1977

...

Bei der Besprechung des Bund-Länder-Fachausschusses für Angelegenheiten der Zulassung von Personen zum Straßenverkehr am 23./24. 3. 1977 in Stuttgart (BLFA-FE I/77) wurde der Punkt „Erteilung der Fahrerlaubnis an Vertriebene und Spätaussiedler" mit folgendem Ergebnis erörtert:

1. Wegen der bei mehreren zuständigen obersten Landesbehörden bestehenden Zweifel an der Gleichwertigkeit der Fahrerlaubnisprüfung nach § 92 BVFG insbesondere in Polen, Rumänien, Ungarn und in der UdSSR wurden die in diesen Staaten geltenden Regelungen über Ausbildung und Prüfung der Fahrerlaubnisbewerber vorgetragen... Dadurch wurden die grundlegenden Bedenken gegen die Gleichwertigkeit ausgeräumt.

2. Der Nachweis der Vertriebenen-/Spätaussiedlereigenschaft kann nur mit dem Vertriebenenausweis, nicht aber mit dem Bundespersonalausweis erfolgen...

3. Da von der Gleichwertigkeit der Fahrerlaubnisprüfung ausgegangen werden kann, besteht für den Vertriebenen/Spätaussiedler nach § 92 BVFG sofort ein Rechtsanspruch auf den deutschen Führerschein. Die Eignung wird zunächst unterstellt. Bei offensichtlicher oder gar eindeutig nachgewiesener Ungeeignetheit eines Fahrerlaubnisinhabers darf aber der deutsche Führerschein nicht ausgehändigt werden. Besteht Anlaß zur Annahme, daß der Fahrerlaubnisinhaber zum Führen eines Kraftfahrzeuges ungeeignet ist, so ist nach § 15b Abs. 2 und 3 StVZO zu verfahren.

4. ...

5. ...

Es wird anheimgestellt, die nachgeordneten Behörden über die Anwendung des § 92 BVFG zu unterrichten.

11. HILFEN ZUR GRÜNDUNG SELBSTÄNDIGER EXISTENZEN

11.1 Wegweiser des Bundesminister für Wirtschaft für den Aufbau einer selbständigen Existenz in der gewerblichen Wirtschaft (aus dem vom Bundesminister des Innern herausgegebenen „Wegweiser für Aussiedler", Januar 1988)

1. Chancen und Risiken einer selbständigen wirtschaftlichen Existenz in unserer marktwirtschaftlichen Ordnung

Die deutsche Wirtschaft ist geprägt durch eine große Zahl von selbständigen Unternehmen. Unsere Volkswirtschaft besteht nur zu einem geringen Teil aus Großbetrieben, eine

11.1 Wegweiser selbständige Existenz Seite 353

Vielzahl von Mittel- und Kleinbetrieben gewährleistet ein breites Güter- und Arbeitsplatzangebot und das Funktionieren des Wettbewerbs. Jeder hat die Chance, sich eine selbständige wirtschaftliche Existenz aufzubauen. Allerdings muß sich jeder auch immer bewußt bleiben, daß unternehmerische Tätigkeiten mit Risiken verbunden sind: Er trifft Konkurrenten an, die ihm seinen Marktanteil streitig machen. Er muß dafür Sorge tragen, daß sein Betrieb stets den technischen und wirtschaftlichen Erfordernissen entspricht. Dazu gehört eine ausreichende finanzielle Ausstattung mit Eigen- und Fremdkapital, die auch in kritischen Zeiten die Zahlungsfähigkeit gewährleistet.

Selbständiges Wirtschaften in einem marktwirtschaftlichen System heißt also, Chancen und Risiken mit unternehmerischem Einsatz (Wagemut) gegeneinander abzuwägen.

2. Beratung über die Gründung einer selbständigen wirtschaftlichen Existenz

Sie haben die Möglichkeit, sich über die Gründung eines eigenen Betriebes im Bereich des Handwerks, des Handels, der Industrie, des Verkehrsgewerbes oder sonstiger Dienstleistungsgewerbe beraten zu lassen. Diese Beratungen über die persönlichen, finanziellen und organisatorischen Voraussetzungen für eine Betriebsgründung werden in Höhe von 60 % der Beratungskosten bezuschußt.

Auskünfte über die Voraussetzungen einer Existenzgründung und der Inanspruchnahme einer entsprechenden Beratung erteilen die für Ihren neuen Wohnsitz zuständigen Handwerkskammern und Industrie- und Handelskammern.

Die Beratung umfaßt insbesondere:

die Feststellung der wirtschaftlichen Situation

die Darlegung der für die voraussichtliche Marktentwicklung in der Branche maßgeblichen strukturellen und konjunkturellen Bestimmungsfaktoren.

Fragen der Standortwahl, der technischen und kaufmännischen Organisation des Betriebes, des Personalbedarfs und der Kapitalausstattung (einschließlich staatlicher Finanzierungshilfen).

3. Öffentliche Finanzierungshilfen

Die Gründung einer selbständigen Existenz setzt ein ausreichendes Startkapital voraus, dessen Höhe wesentlich von der Art der geplanten Tätigkeit abhängig ist. Deshalb ist es wichtig, sich vor der Gründung eines eigenen Unternehmens darüber klar zu werden, welcher Kapitalbedarf entsteht und wie er gedeckt werden soll. In der Regel wird der Kapitalbedarf beträchtlich höher sein als die vorhandenen Eigenmittel, so daß Kredite in Anspruch genommen werden müssen.

Um die Gründung einer selbständigen Existenz zu erleichtern, bietet der Staat zinsgünstige Darlehen im Rahmen des ERP-Existenzgründungsprogramms an.

ERP-Existenzgründungsprogramm

Gefördert werden Investitionen zur Errichtung von Betrieben, Übernahme bestehender Betriebe, Beschaffung des ersten Warenlagers, Leistung von Mietvorauszahlungen. Die Laufzeit der Darlehen beträgt bis zu 15 Jahre.

Für Aussiedler gelten folgende erleichterte Vergabebedingungen:

Erhöhung des Finanzierungsanteils auf etwa 2/3 der Investitionskosten,

keine Altersgrenzen für die Darlehensgewährung an Aussiedler.

Daneben bietet die Deutsche Ausgleichsbank Aussiedlern, die eine selbständige Existenz gründen oder in der Anlaufphase festigen wollen, ergänzende Darlehen zum ERP-Existenzgründungsprogramm an. Die Darlehenslaufzeit beträgt bis zu 12 Jahre. Zusammen mit einem ERP-Darlehen kann damit ein Gündungsvorhaben in geeigneten Fällen in vollem Umfang mit öffentlichen Mitteln finanziert werden. Dabei wird berücksichtigt, daß Spätaussiedler nur wenig oder keine eigenen Mittel einsetzen können. Anträge auf Darlehensgewährung aus den genannten Programmen können bei jedem Kreditinstitut gestellt werden. Auskünfte erteilen auch die Kammern und die Fachverbände.

Die aus öffentlichen Finanzierungsprogrammen gewährten Kredite müssen banküblich abgesichert werden. Sofern keine ausreichenden Sicherheiten vorhanden sind, besteht die Möglichkeit der Bürgschaftsübernahme durch eine Kreditgarantiegemeinschaft der einzelnen Bundesländer sowie der Risikoübernahme durch die Deutsche Ausgleichsbank. Auch hierüber können die Kreditinstitute nähere Auskünfte erteilen.

Eigenkapitalhilfeprogramm

Wer eine selbständige Existenz gründen will, benötigt hierfür ausreichend Eigenkapital. Die Bundesregierung erleichtert die Existenzgründung durch Gewährung langfristiger Darlehen, die insofern die Funktion von Eigenkapital erfüllen, als sie im Konkursfall unbeschränkt haften, deutlich zinsverbilligt sind und nicht abgesichert zu werden brauchen.

Die wesentlichen Punkte des Programms sind
- Höchstbetrag 300 000 (350 000 DM im Zonenrandgebiet und im Lande Berlin)
- Zinsverbilligung in den ersten Jahren
- Laufzeit: 20 Jahre, davon 10 Jahre tilgungsfrei
- Antragsberechtigt sind Personen bis zum 50. Lebensjahr

Die jeweils geltenden Konditionen sind bei den Kreditinstituten oder der Deutschen Ausgleichsbank in Bonn-Bad Godesberg zu erfahren. Anträge auf Gewährung von Eigenkapitalhilfe können bei jedem Kreditinstitut gestellt werden.

Überbrückungsgeld für Arbeitslose

Das Arbeitsamt zahlt Arbeitslosen für die ersten drei Monate der Existenzgründung Überbrückungsgeld und Zuschüsse zur Krankenversicherung und Altersversorgung, wenn die Arbeitslosigkeit durch Aufnahme der selbständigen Tätigkeit beendet wird. Das Überbrückungsgeld wird in Höhe des Betrages gezahlt, den der Arbeitslose zuletzt als Arbeitslosengeld oder Arbeitslosenhilfe erhalten hat. Nähere Auskünfte über die Leistungsvoraussetzungen erteilt das Arbeitsamt.

4. Anerkennung von Zeugnissen/Eintragung in die Handwerksrolle

Die Ausübung einer selbständigen gewerblichen Tätigkeit setzt häufig nicht den Nachweis einer bestimmten Berufsausbildung oder bestimmter Prüfungen und Zeugnisse voraus (Grundsatz der Gewerbefreiheit). In diesem Falle ist die Anerkennung der außerhalb des Bundesgebiets erworbenen Prüfungszeugnisse und Befähigungsnachweise für die selbständige Tätigkeit juristisch nicht erforderlich.

Dennoch wird im Hinblick auf einen möglichen späteren Übergang von der selbständigen zu einer unselbständigen Tätigkeit im Arbeitsverhältnis das Bemühen um die Anerkennung der Zeugnisse empfohlen, da tarifliche Einstufung und Arbeitsverdienst des Arbeitnehmers oft von der Anerkennung seiner Prüfungen und Befähigungsnachweise abhängen. Die Anerkennung erfolgt durch Verwaltungsentscheidung auf der Rechtsgrundlage des § 92 Bundesvertriebenengesetz. Zuständig für die Anerkennung der Gleichwertigkeit mit hiesigen gewerblichen Prüfungen sind in den meisten Ländern die Industrie- und Handelskammern bzw. die Handwerkskammern, in Berlin jedoch der Senator für Schulwesen, Berufsausbildung und Sport.

Die selbständige Ausübung eines Handwerks ist allerdings nur nach Eintragung in die Handwerksrolle zulässig. Der Antrag auf Eintragung ist an die örtlich zuständige Handwerkskammer zu richten. Voraussetzung für die Eintragung ist grundsätzlich die erfolgreiche Ablegung der Meisterprüfung. Für Aussiedler gelten folgende Sondervorschriften.

Nach § 7 Abs. 7 Handwerksordnung sind Vertriebene – Aussiedler gelten als Vertriebene im Sinne des Bundesvertriebenengesetzes – in die Handwerksrolle einzutragen, wenn sie eine der deutschen Meisterprüfung gleichwertige Prüfung außerhalb des Bundesgebietes bestanden haben.

Eine weitere Möglichkeit zur Eintragung in die Handwerksrolle sieht § 71 Bundesvertriebenengesetz vor. Danach reicht es aus, daß Aussiedler vor der Aussiedlung entweder ein Handwerk selbständig ausgeübt haben oder zur Anleitung von Lehrlingen befugt waren.

Die Eintragung in die Handwerksrolle berechtigt allerdings noch nicht zur Führung des Meistertitels und zur Ausbildung von Lehrlingen. Hierfür ist die Anerkennung der ausländischen Meisterprüfung nach § 92 Bundesvertriebenengesetz erforderlich.

Weitere Einzelheiten können Sie der Broschüre des Bundesministers für Wirtschaft »Grundsätze zur rechtlichen Handhabung der §§ 92 und 71 des Bundesvertriebenengesetzes sowie des § 7 Abs. 7 der Handwerksordnung im Bereich der gewerblichen Wirtschaft« entnehmen.

Über das System der beruflichen Bildung und der berufsqualifizierenden Abschlüsse in Polen, Rumänien, der Tschechoslowakei, Ungarn, der Sowjetunion, Jugoslawien und der DDR informieren Broschüren, die beim Bundesinstitut für Berufsbildung, Fehrbelliner Platz 3, 1000 Berlin 31, gegen Entrichtung einer Schutzgebühr bezogen werden können.

11.2 Richtlinien für die Berücksichtigung bevorzugter Bewerber bei der Vergabe öffentlicher Aufträge (Vertriebene, Sowjetzonenflüchtlinge, Verfolgte, Evakuierte, Werkstätten für Behinderte und Blindenwerkstätten) i. d. F. vom 11. August 1975 (Bundesanzeiger vom 20. August 1975, S. 2), geändert durch Richtlinie vom 5. August 1981 (Bundesanzeiger vom 25. August 1981, S. 1)

§ 1
Personenkreis

Bevorzugte Bewerber im Sinne dieser Richtlinie sind:

1. Nach § 74 BVFG zur Inanspruchnahme von Rechten und Vergünstigungen nach dem Gesetz über die Angelegenheiten der Vertriebenen und Flüchtlinge gesetzbl. I, S. 1565), zuletzt geändert durch das Gesetz zur Fortsetzung der Eingliederung von Vertriebenen und Flüchtlingen vom 18. September 1980 (BGBl. I, S. 1735) berechtigte Vertriebene, Sowjetzonenflüchtlinge und diesen gleichgestellte Personen (§§ 1 bis 4, 14 BVFG), sowie Unternehmen, an denen diese Personen mit mindestens der Hälfte des Kapitals beteiligt sind, sofern ihre Beteiligung und eine Mitwirkung an der Geschäftsführung für mindestens 6 Jahre sichergestellt ist.

2. ...

3. Nach § 12a des Bundesevakuiertengesetzes in der Fassung der Bekanntmachung vom 13. Oktober 1961 (Bundesgesetzbl. I, S. 1865), zuletzt geändert durch das Einführungsgesetz zum Strafgesetzbuch vom 2. März 1974 (Bundes-

gesetzbl. I, S. 469) Evakuierte, die in den Ausgangsort (Ersatzausgangsort) rückgeführt worden oder zurückgekehrt sind, sowie Unternehmen, an denen solche Evakuierte mit mindestens der Hälfte des Kapitals beteiligt sind, sofern die Beteiligung für mindestens 6 Jahre vereinbart ist (§§ 1 und 2 des Bundesevakuiertengesetzes). Die Bevorzugung gilt für Angebote, die bis zum Ablauf von vier Jahren nach der Rückführung oder der Rückkehr des Evakuierten abgegeben werden (§ 21 Abs. 2 des Bundesevakuiertengesetzes). Diese Frist beginnt frühestens mit dem 9. Oktober 1957.

4. ...

§ 2
Nachweis der Zugehörigkeit zu den nach § 1 Nr. 1 bevorzugten Bewerbern

1. Der Nachweis der Eigenschaft als Vertriebener, Sowjetzonenflüchtling oder diesen gleichgestellter Person ist durch Vorlage eines gemäß § 15 BVFG ausgestellten Ausweises A, B oder C zu führen.

2. Unternehmen nach § 74 Abs. 1 Satz 2 BVFG haben den Nachweis durch Vorlage eines beglaubigten Handelsregisterauszuges, von beglaubigten Abschriften der zum Handelsregister eingereichten Schriftstücke, insbesondere des Gesellschaftsvertrags, oder von sonstigen geeigneten öffentlichen oder privaten Urkunden zu führen. Der Nachweis kann auch durch Vorlage einer Bescheinigung der Landesflüchtlingsverwaltung geführt werden. Die Bescheinigung darf bei der Vorlage nicht älter als ein Jahr sein.

(3) Nicht zum begünstigten Personenkreis gehören die Inhaber von Ausweisen mit einschränkenden Vermerken (§§ 9 bis 13 BVFG).

§ 3
Nachweis der Zugehörigkeit zu den nach § 1 Nr. 2 bevorzugten Bewerbern

...

§ 4
Nachweis der Zugehörigkeit zu den nach § 1 Nr. 3 bevorzugten Bewerbern

1. Der Nachweis der Eigenschaft als Evakuierter im Sinne von § 1 ist gegenüber den Vergabestellen durch Vorlage des Registrierungsbescheides gemäß § 4 Abs. 1 letzter Satz des Bundesevakuiertengesetzes sowie einer amtlichen Bescheinigung über den Tag der Rückführung oder Rückkehr des Evakuierten in den Ausgangsort (nach Möglichkeit durch einen Vermerk auf dem Registrierungsbescheid) zu führen.

2. Der Nachweis der Beteiligung und der Dauer der Beteiligung von Evakuierten an einem Unternehmen ist gegenüber den Vergabestellen durch Vorlage einer amtlichen Bescheinigung zu führen. Die Bescheinigung darf bei der Vorlage nicht älter als ein Jahr sein.

§ 5
Nachweis der Zugehörigkeit zu den nach § 1 Nr. 4 bevorzugten Bewerbern

...

§ 6
Inhalt der Bevorzugung

1. Bei beschränkten Ausschreibungen und freihändigen Vergaben sind regelmäßig neben den nach anderen Bestimmungen bevorzugten Bewerbern auch die in § 1 genannten Personen und Unternehmen in angemessenem Umfang zur Angebotsabgabe mitaufzufordern.

2. Die Landesauftragsstellen (Auftragsberatungsstellen) können den Vergabestellen bevorzugte Bewerber im Sinne des § 1 benennen. Ein Verzeichnis der Landesauftragsstellen liegt an.

Ist bei öffentlicher oder beschränkter Ausschreibung oder bei freihändiger Vergabe das Angebot eines nach § 1 bevorzugten Bewerbers ebenso wirtschaftlich (VOL) oder annehmbar (VOB) wie das eines Bewerbers, der weder nach § 1 noch nach anderen Bestimmungen bevorzugt ist, so soll ihm der Zuschlag erteilt werden.

4. Liegt das Angebot eines nach § 1 Nr. 1–3 bevorzugten Bewerbers nur geringfügig über dem wirtschaftlichsten oder annehmbarsten Angebot, so soll ihm auch in diesem Falle der Zuschlag erteilt werden. Als geringfügige Überschreitung des wirtschaftlichsten bzw. annehmbarsten Angebots gelten folgende Mehrpreise:

Bei Angeboten			
	bis	5 000 DM	5 v.H.
für den Betrag über	5 000 DM bis	10 000 DM	4 v.H.
für den Betrag über	10 000 DM bis	50 000 DM	3 v.H.
für den Betrag über	50 000 DM bis	100 000 DM	2 v.H.
für den Betrag über	100 000 DM bis	500 000 DM	1 v.H.
für den Betrag über	500 000 DM		0,5 v.H.

Der jeweils zulässige Mehrpreis ist, beginnend mit dem Satz von 5 v.H., entsprechend der Angebotssumme stufenweise zu berechnen und zusammenzuzählen.

Für Bewerber nach § 1 Nr. 4 gilt folgende Mehrpreisstaffel:

Bei Angeboten			
	bis	5 000 DM	6 v.H.
für den Betrag über	5 000 DM bis	10 000 DM	5 v.H.
für den Betrag über	10 000 DM bis	50 000 DM	4 v.H.
für den Betrag über	50 000 DM bis	100 000 DM	3 v.H.
für den Betrag über	100 000 DM bis	500 000 DM	2 v.H.
für den Betrag über	500 000 DM bis	1 000 000 DM	1 v.H.
für den Betrag über	1 000 000 DM		0,5 v.H.

Der jeweils zulässige Mehrpreis ist, beginnend mit dem Satz von 6 v.H. entsprechend der Angebotssumme stufenweise zu berechnen und zusammenzuzählen.

5. Ein Bewerber nach § 1 Nr. 4 geht jedem Bewerber mit anderen Bevorzugungsmerkmalen nach diesen oder anderen Bestimmungen vor, auch wenn sein Angebot höher liegen sollte als das Angebot des anderen bevorzugten Bewerbers. Voraussetzung ist, daß sein Angebot nur geringfügig im Sinne der Nummer 4 Abs. 2 über dem wirtschaftlichsten oder annehmbarsten Angebot liegt. Der Vorrang eines Bewerbers nach § 1 Nr. 4 gilt auch für den Fall, daß der andere bevorzugte Bewerber mehrere Bevorzugungsmerkmale nach § 1 Nr. 1–3 oder anderen Bestimmungen auf sich vereint.

Liegen Angebote mehrerer Bewerber vor, die unter § 1 Nr. 4 fallen und darüber hinaus ein anderes Bevorzugungsmerkmal erfüllen, so soll demjenigen Bewerber der Vorzug gegeben werden, bei dem die Mehrzahl der Merkmale vorliegt, auch wenn sein Angebot höher liegen sollte als das eines anderen bevorzugten Bewerbers mit weniger Bevorzugungsmerkmalen. Bei Bietern mit gleicher Anzahl von Merkmalen kann der Zuschlag angemessen verteilt werden. Das gilt auch dann, wenn Angebote mehrerer Bewerber vorliegen, die nur nach § 1 Nr. 4 bevorzugt werden.

6. Reichen bevorzugte Bewerber Angebote ein, die keine Bevorzugungsmerkmale nach § 1 Nr. 4 erfüllen, so gilt folgende Regelung:

Vereinigen die Bewerber mehrere Bevorzugungsmerkmale nach diesen oder anderen Bestimmungen auf sich, so soll demjenigen Bewerber der Vorzug gegeben werden, bei dem die Mehrzahl der Merkmale vorliegt, auch wenn sein Angebot höher liegen sollte als das eines anderen bevorzugten Bewerbers mit weniger Bevorzugungsmerkmalen. Bei Bewerbern mit gleicher Anzahl von Merkmalen kann der Zuschlag angemessen verteilt werden.

7. Die Nummern 5 und 6 gelten nur, soweit sich die Angebote der bevorzugten Bewerber noch im Rahmen der jeweils gültigen Geringfügigkeitsspannen in Frage, so ist die für ihn günstigere Spanne zugrundezulegen.

8. Wird entgegen den Vorschriften der Nummern 1, 3 bis 6 ein bevorzugter Bewerber aus zwingenden Gründen nicht berücksichtigt, so sind die Gründe aktenkundig zu machen.

§ 7
Blindenwerkstätten

Soweit für anerkannte Blindenwerkstätten hinsichtlich der Blindenwaren weitergehende Vergünstigungen bestehen, bleiben diese unberührt.

§ 8
Sonderregelung bei Arbeitsgemeinschaften

Falls das Angebot von einer Arbeitsgemeinschaft abgegeben wird, ist der Ermittlung der als geringfügig anzusehenden Überschreitung (§ 6 Nr. 4) nur derjenige Anteil zugrunde zu legen, den nach § 1 dieser Richtlinien oder nach anderen Bestimmungen bevorzugte Bewerber an dem Gesamtangebot der Arbeitsgemeinschaft haben.

Die Vergabestellen sollen durch geeignete Maßnahmen darauf hinwirken, daß bei der Angebotsabgabe wahrheitsgemäße Aufgaben über den Anteil des bevorzugten Bewerbers gemacht werden.

§ 9
Berichterstattung

Die Vergabestellen berichten an den Bundesminister für Wirtschaft in regelmäßigen Abständen über Art und Ausmaß der an bevorzugte Bewerber vergebenen Aufträge; Form und Termine der Berichterstattung werden von dem Bundesminister für Wirtschaft mit den beteiligten Verwaltungen vereinbart.

§ 10
Schlußbestimmungen

1. Diese Richtlinien sind nach ihrer Bekanntgabe im Bundesanzeiger anzuwenden. Gleichzeitig treten, soweit nicht bereits durch gesetzliche Regelung geschehen, außer Kraft: Die Richtlinien für die Berücksichtigung bevorzugter Bewerber

11.2 Richtlinien Auftragsvergabe   Seite 359

bei der Vergabe öffentlicher Aufträge (Vertriebene, Sowjetzonenflüchtlinge, Verfolgte, Evakuierte, Schwerbeschädigte) vom 24. Februar 1969 (Bundesanzeiger Nr. 42 vom 1. März 1969).

2. Diese Richtlinien ergehen im Einvernehmen mit dem Bundesminister des Innern und dem Bundesminister für Arbeit und Sozialordnung.

Anlage
Verzeichnis der Landesauftragsstellen
(Auftragsberatungsstellen)
Stand: 1. April 1988

Ständige Konferenz der Auftragsberatungsstellen
Adelheidstraße 23
6200 Wiesbaden
Sprecher: Dipl.-Volkswirt Siegfried Stockhorst
Telefon: 06121/372088
Fernschreiber: über 04186613 (lash d)

Büro Bonn
Raifeissenstraße 3
5300 Bonn 1
Telefon: 0228/213614
Fernschreiber: über 0886874 (Landesvertretung Baden-Würtemberg)
Leiter: Dipl.-Ing. Jürgen Tychsen

Baden-Württemberg
Auftragsberatungsstelle Baden-Württemberg
Heustraße 2 B
Postfach 100228
7000 Stuttgart 10
Geschäftsführer: Dipl.-Ing. Karl-Heinz Möbus
Telefon: 0711/296941
Fernschreiber: 723226 (astbw d)

Vertretung Bonn:
Auftragsberatungsstelle Baden-Württemberg
Raiffeisenstraße 3
5300 Bonn 1
Telefon 0228/213614
Fernschreiber: 0886874
(Landesvertretung Baden-Württemberg)
Leiter: Dipl.-Ing. Jürgen Tychsen

Bayern
Landesauftragsstelle Bayern e. V.
– Beratungsstelle für das öffentliche Auftragswesen –
Widenmayerstraße 6/II
8000 München 22
Telefon: 089/29 39 45/6
Fernschreiber: 522 234 (lasby d)
Geschäftsführer: Dr. Hans Bauer
Vertreter des Geschäftsführers: Frau Charlotte Zimmerer
Sachbearbeiter: Frau Zimmerer/Herr Gebhardt/Frau Schaal

Berlin
Berliner Absatzorganisation GmbH
Hardenbergstraße 16 – 18
1000 Berlin 12
Telefon: 030/31 80-1
Fernschreiber: 183 663
Leiter: Dr. Günter Wilitzki
Referent: Ralph Wagner
Sachbearbeiter: Frau Sell (312), Frau Laube (315)

Bremen
Handelskammer Bremen
Auftragsberatungsstelle im Lande Bremen
Haus Schütting
Postfach 10 51 07
2800 Bremen 1
Geschäftsführer: Dr. Dieter Porschen
Referent: Dipl.-Ing. Fritz Ehlers
Sachbearbeiter: Werner Rodenburg
Telefon: 04 21/36 37-2 36
Fernschreiber: 244 743 (haka d)

Außenstelle Bonn
Der Senator für Bundesangelegenheiten der Hansestadt Bremen
Schaumburg-Lippe-Straße 7–9
Postfach 12 01 67
5300 Bonn 1
Telefon: 02 28 / 22 40 91
Fernschreiber: 0 886 883
Leiter: RR Dr. Otger Kratzsch

Hamburg
Beratungsstelle für Auftragswesen (Auftragsstelle) Hamburg e. V.
Börse
2000 Hamburg 11
Telefon: 040/36 13 81
Fernschreiber: 211 250 (hkhmb d)
(über Handelskammer Hamburg)
Geschäftsführendes Vorstandsmitglied: Dr. Gerhard Schröder
Stellvertretener Geschäftsführer: Dr. Harbs
Sachbearbeiter: Frau Maren Preisler

11.2 Richtlinien Auftragsvergabe Seite 361

Vertretung Bonn:
Auftragsstelle Hamburg
– Beratungsstelle für Auftragswesen (Auftragsstelle) Hamburg e. V. –
Adenauerallee 148
5300 Bonn 1
Telefon: 0228/1040 oder 104664/665
Fernschreiber: 886805 (Handelstag Bonn)
Leiter: Dipl.-Volkswirt Michael Pfeiffer

Hessen
Auftragsberatungsstelle Hessen e. V. Beratungsstelle für öffentliches Auftragswesen
Adelheidstraße 23
6200 Wiesbaden
Telefon: 06121/372088/89
Fernschreiber: 4186613
Geschäftsführer: Dipl.-Volkswirt Siegfried Stockhorst
Sachbearbeiter: Frau Hornuß, Frau Schäfer

Niedersachsen
Beratungsstelle für öffentliches Auftragswesen (Auftragsstelle) Niedersachsen e. V.
Schiffgraben 44
Postfach 425
3000 Hannover 1
Telefon: 0511/3107395
Fernschreiber: 922146 (last d)
Geschäftsführer: Dipl.-Kfm. Rudolf Witte
Vertreter und Sachbearbeiter: Klaus Fröhlich, Frau Kranz

Nordrhein-Westfalen
Beratungsstelle für das öffentliche Auftragswesen
im Land Nordrhein-Westfalen
Goltsteinstraße 31
Postfach 240120
4000 Düsseldorf 1
Telefon: 0211/352464
Fernschreiber: 08582363 (kvnw d)
Geschäftsführer: Ass. Hans Georg Crone-Erdmann
Referent: N. W.
Sachbearbeiter: Frau Christiane Grabinski, Frau Schwörbel, Frau Anker

Rheinland-Pfalz
Auftragsberatungsstelle Rheinland-Pfalz
Schloßstraße 2
5400 Koblenz
Telefon: 0261/106-216 oder 33524
Fernschreiber: 0862843 (ihaka d)
Geschäftsführer: Dipl.-Volkswirt Seul, Frau Weber

Saarland

Landesauftragsstelle des Saarlandes
– Beratungsstelle für das öffentliche Auftragswesen –
Franz-Josef-Röder-Str. 9
Postfach 136/137
6600 Saarbrücken 1
Telefon: 0681/508269
Fernschreiber: 4421298 (ihks d)
Geschäftsführer: Dipl.-Volkswirt Volker Giersch
Sachbearbeiter: Frau Bosche

Schleswig-Holstein

Auftragsberatungsstelle Schleswig-Holstein e. V.
Lorentzendamm 22
2300 Kiel 1
Telefon: 0431/551304
Fernschreiber: über 299864 (IHK Kiel)
Leiter/Geschäftsführer: Betriebswirt (grad.) Radischewski

11.3 Gesetz über die Deutsche Ausgleichsbank (Ausgleichsbankgesetz – AusglBankG) i. d. F. vom 23. September 1986 (BGBl. I S. 1544), geändert durch Gesetz vom 18. Dezember 1986 (BGBl. I S. 2478)

§ 1
Rechtsform und Sitz

(1) Die Deutsche Ausgleichsbank ist eine bundesunmittelbare rechtsfähige Anstalt des öffentlichen Rechts.

(2) Sitz der Bank ist Bonn. Er kann durch Beschluß der Anstaltsversammlung mit Zustimmung der Bundesregierung verlegt werden.

§ 2
Grundkapital

(1) Das Grundkapital der Bank wird durch die Satzung festgelegt. Mit Einwilligung der Anstaltsversammlung und Zustimmung der Aufsichtsbehörde (§ 13 Abs. 1) können Anteile übertragen werden.

(2) Der Anteil der Bundesrepublik Deutschland einschließlich ihrer Sondervermögen am Grundkapital darf 51 vom Hundert nicht überschreiten. Die restlichen Anteile können nur von öffentlichen Anteilseignern übernommen werden.

§ 3
Rücklage

(1) Die Anstalt hat eine Rücklage bis zur Höhe des Grundkapitals zu bilden. Die Zuweisungen zu der Rücklage aus dem Jahresüberschuß richten sich nach § 10.

(2) Es können weitere Rücklagen gebildet werden.

(3) Die nach Absatz 1 gebildete Rücklage darf nur verwandt werden

11.3 Ausgleichsbankgesetz

1. zum Ausgleich eines Jahresfehlbetrages, soweit er weder durch einen Gewinnvortrag aus dem Vorjahr gedeckt ist noch durch Auflösung anderer Rücklagen ausgeglichen werden kann,
2. zum Ausgleich eines Verlustvortrages aus dem Vorjahr, soweit er weder durch einen Jahresüberschuß gedeckt ist noch durch Auflösung anderer Rücklagen ausgeglichen werden kann.

§ 4
Aufgaben und Geschäfte

(1) Die Bank finanziert Maßnahmen, soweit der Bund Aufgaben hat
1. im wirtschaftsfördernden Bereich, insbesondere für den gewerblichen Mittelstand und die freien Berufe,
2. im sozialen Bereich,
3. im Bereich des Umweltschutzes,
4. zur wirtschaftlichen Eingliederung und Förderung der durch den Zweiten Weltkrieg und seine Folgen betroffenen Personen sowie heimatloser Ausländer und ausländischer Flüchtlinge; die Bank wird ferner tätig im Rahmen des Lastenausgleichs.

(2) Die Bank kann die Übernahme von Bankgeschäften, Treuhand- und sonstigen Geschäften mit obersten Bundesbehörden vereinbaren und Ergänzungsprogramme auflegen. Mit Zustimmung der Aufsichtsbehörde (§ 13 Abs. 1) können entsprechende Geschäfte auch mit zwischenstaatlichen Organisationen und mit obersten Landesbehörden vereinbart werden, solange dadurch nicht in Aufgabenbereiche der Länder eingegriffen wird.

(3) Bei der Gewährung von Krediten sind Kreditinstitute einzuschalten. In Ausnahmefällen können Kredite nach näherer Bestimmung der Satzung unmittelbar gegeben werden, soweit die Aufgaben der Bank es erfordern.

(4) Die Bank darf alle Bankgeschäfte betreiben, die mit der Erfüllung ihrer Aufgaben in unmittelbarem Zusammenhang stehen. In diesem Rahmen darf sie insbesondere
1. Kredite und Finanzierungshilfen gewähren sowie Bürgschaften und sonstige Gewährleistungen übernehmen,
2. zur Beschaffung von Mitteln im In- und Ausland Darlehen aufnehmen und Schuldverschreibungen ausgeben,
3. Mittel treuhänderisch weiterleiten,
4. mit Einwilligung des Verwaltungsrates und der Aufsichtsbehörde (§ 13 Abs. 1) Beteiligungen erwerben, erhöhen oder veräußern.

(5) Die Bank kann Dienstleistungen erbringen, die zur Erfüllung ihrer Aufgaben und Geschäfte gehören.

§ 5
Organe

(1) Organe der Bank sind der Vorstand, der Verwaltungsrat und die Anstaltsversammlung.

(2) Aufgaben und Befugnisse der Organe regelt, soweit sie nicht im Gesetz bestimmt sind, die Satzung.

§ 6
Vorstand

(1) Der Vorstand besteht aus mindestens zwei Mitgliedern. Die Vorstandsmitglieder werden vom Verwaltungsrat auf Vorschlag der Anstaltsversammlung bestellt und abberufen. Die Vorschriften des § 84 Abs. 1 und 3 des Aktiengesetzes finden entsprechende Anwendung. Die Anstellungsbedingungen des Vorstandes setzt der Verwaltungsrat fest; sie bedürfen der Zustimmung der Aufsichtsbehörde (§ 13 Abs. 1). Das Nähere regelt die Satzung.

(2) Dem Vorstand liegt die Geschäftsführung und die Vermögensverwaltung der Bank ob, soweit sich nicht aus dem Gesetz oder Satzung ein anderes ergibt.

(3) Der Vorstand vertritt die Bank gerichtlich und außergerichtlich. Erklärungen sind für die Bank verbindlich, wenn sie entweder von zwei Mitgliedern des Vorstandes oder von einem Mitglied des Vorstandes gemeinschaftlich mit einem bevollmächtigten Vertreter abgegeben werden. In der Satzung kann bestimmt werden, daß Erklärungen für die Bank auch von zwei bevollmächtigten Vertretern abgegeben werden können.

(4) Der Nachweis der Befugnisse zur Vertretung der Bank wird durch eine mit Dienstsiegel versehene Bestätigung der Aufsichtsbehörde (§ 13 Abs. 1) geführt.

(5) Ist eine Willenserklärung der Bank gegenüber abzugeben, so genügt die Abgabe gegenüber einem Mitglied des Vorstandes.

§ 7[1]
Verwaltungsrat

(1) Der Verwaltungsrat besteht aus höchstens 23 Mitgliedern. Je fünf Mitglieder werden vom Deutschen Bundestag und vom Bundesrat entsandt. Bei der Zusammensetzung soll die Aufgabenstellung der Bank berücksichtigt werden.

(2) Der Verwaltungsrat wählt aus seiner Mitte den Vorsitzenden und zwei Stellvertreter für die Dauer ihrer Mitgliedschaft auf Vorschlag der Anstaltsversammlung.

(3) Der Verwaltungsrat überwacht die Geschäftsführung und die Vermögensverwaltung der Bank. Er ist berechtigt, vom Vorstand Auskünfte zu verlangen und ihm allgemeine Weisungen und Empfehlungen zu erteilen. Er kann sich die Zustimmung zu dem Abschluß bestimmter Geschäfte oder Arten von Geschäften vorbehalten. Zur Ausgabe von Schuldverschreibungen ist seine Genehmigung notwendig. Vorstandsmitgliedern gegenüber vertritt er die Bank gerichtlich und außergerichtlich.

(4) Der Verwaltungsrat kann seine Befugnisse gemäß näherer Bestimmung der Satzung auf Ausschüsse widerruflich übertragen.

(5) Die näheren Bestimmungen über die Zusammensetzung, das Verfahren, die Aufgaben sowie die Tätigkeit des Verwaltungsrats trifft die Satzung.

§ 8
Anstaltsversammlung

(1) Die Anstaltsversammlung ist die Vertretung der Anteilseigner der Bank. Sie tritt innerhalb der ersten sieben Monate eines jeden Geschäftsjahres, im übrigen nach Bedarf zusammen.

(2) In der Anstaltsversammlung entfällt auf je hunderttausend Deutsche Mark eingezahlte Beteiligung eine Stimme.

(3) Die Anstaltsversammlung beschließt in den im Gesetz und in der Satzung ausdrücklich bestimmten Fällen.

---

[1] Übergangsregelung: Artikel 2 des Gesetzes vom 20. Februar 1986 (BGBl. I S. 297)

§ 9
Jahresabschluß

(1) Aufstellung, Prüfung und Bekanntmachung des Jahresabschlusses und des Lageberichts richten sich nach dem Gesetz über die Rechnungslegung von bestimmten Unternehmen und Konzernen. Der Abschlußprüfer wird auf Vorschlag des Verwaltungsrats von der Anstaltsversammlung im Einvernehmen mit dem Bundesrechnungshof bestellt. Der geprüfte Jahresabschluß und Lagebericht sowie der Prüfungsbericht sind vom Vorstand innerhalb der ersten sechs Monate nach Ablauf eines Geschäftsjahres dem Verwaltungsrat vorzulegen.

(2) Der Verwaltungsrat legt den Jahresabschluß, den Lagebericht und den Prüfungsbericht mit seiner Stellungnahme der Anstaltsversammlung vor. Die Anstaltsversammlung stellt den Jahresabschluß fest.

(3) Die Anstaltsversammlung beschließt über die Entlastung des Vorstandes und des Verwaltungsrates.

(4) Den zuständigen Stellen der Bundesrepublik Deutschland stehen die in § 55 Abs. 2 des Haushaltsgrundsätzegesetzes und in § 112 Abs. 2 der Bundeshaushaltsordnung aufgeführten Rechte zu.

(5) Das Geschäftsjahr ist das Kalenderjahr.

§ 10
Verwendung des Jahresüberschusses

(1) Der Jahresüberschuß wird nach Kürzung um einen Verlustvortrag aus dem Vorjahr zur Hälfte der Rücklage nach § 3 Abs. 1 zugeführt, bis diese die vorgeschriebene Höhe erreicht hat.

(2) Über die Verwendung des Jahresüberschusses im übrigen beschließt die Anstaltsversammlung auf Vorschlag des Verwaltungsrats.

§ 11
Besondere Pflichten der Organe

Sorgfaltspflicht und Verantwortlichkeit der Mitglieder des Vorstandes und des Verwaltungsrates richten sich nach den entsprechenden Vorschriften für Vorstands- und Aufsichtsratsmitglieder der Aktiengesellschaften.

§ 12
Satzung

(1) Die Satzung der Bank und ihre Änderungen werden nach Anhörung des Verwaltungsrates von der Anstaltsversammlung beschlossen. Sie bedürfen der Genehmigung durch die Aufsichtsbehörde (§ 13 Abs. 1).

(2) Die Satzung und ihre Änderungen sind von der Bank im Bundesanzeiger zu veröffentlichen.

§ 13
Staatsaufsicht

(1) Die Bank untersteht der Aufsicht der Bundesregierung. Die Ausübung der Aufsicht kann von der Bundesregierung einem oder mehreren Bundesministern übertragen werden.

(2) Bei der Ausübung der Aufsicht ist darüber zu wachen, daß der Geschäftsbetrieb der Bank mit den Gesetzen und der Satzung in Einklang gehalten wird.

(3) Die Aufsichtsbehörde (Absatz 1) ist befugt, von den Organen der Bank Auskunft über alle Geschäftsangelegenheiten zu verlangen, die Bücher und Schriften der Bank einzusehen sowie an den Sitzungen des Verwaltungsrats und seiner Ausschüsse sowie an der Anstaltsversammlung teilzunehmen und Anträge zu stellen; ihrem Vertreter ist jederzeit das Wort zu erteilen.

(4) Die Aufsichtsbehörde (Absatz 1) ist ferner befugt, die Anberaumung von Sitzungen der Organe und die Ankündigung von Gegenständen zur Beschlußfassung zu verlangen sowie die Ausführung von Anordnungen und Beschlüssen zu untersagen, die gegen die Gesetze oder die Satzung verstoßen.

§ 14
Rechtsstellung

(1) Die Bank ist von der Vermögenssteuer, Körperschaftssteuer und Gewerbesteuer befreit. Die von der Bank ausgegebenen, auf inländische Währung lautenden Schuldverschreibungen sind zur Anlegung von Mündelgeld geeignet.

(2) Die Bank wird ermächtigt, für ihre Anleihen ein Schuldbuch von der Bundesschuldenverwaltung führen zu lassen; auf die in dem Schuldbuch der Bank eingetragenen Anleiheforderungen sind die für Bundesschuldbuchforderungen jeweils geltenden Bestimmungen anzuwenden.

(3) § 248 Abs. 2 Satz 2 des Bürgerlichen Gesetzbuchs findet auch auf Kreditinstitute Anwendung, die Darlehen aus Mitteln der Deutschen Ausgleichsbank gewähren.

(4) Die Vorschriften des Handelsgesetzbuchs über die Eintragung in das Handelsregister sind auf die Bank nicht anzuwenden.

(5) Die Bank ist berechtigt, ein Dienstsiegel zu führen. Ordnungsgemäß unterschriebene und mit dem Abdruck des Dienstsiegels versehene Erklärungen und Ersuchen der Bank bedürfen zum Gebrauch gegenüber Behörden keiner Beglaubigung.

§ 15
Auflösung

Die Bank kann nur durch Gesetz aufgelöst werden. Das Gesetz bestimmt über die Verwendung des Vermögens.

§ 16
(Vollzogene Vorschrift)

§ 17
(Gegenstandslose Übergangsregelung)

§ 18
Geltungsbereich

Dieses Gesetz gilt nach Maßgabe des § 13 Abs. 1 des Dritten Überleitungsgesetzes auch im Land Berlin.

§ 19
(Inkrafttreten)

11.4 Übersicht über die wichtigsten Darlehens- und Bürgschaftsprogramme der Deutschen Ausgleichsbank

(Maßgebend sind die „Allgemeine Bedingungen für die Vergabe von ERP-Mitteln" bzw. Richtlinien/Grundsätze für die einzelnen Programme in der jeweils gültigen Fassung)

1. Allgemeines

1.1 Darlehen und Bürgschaften werden ausschließlich zur Förderung gewerblicher bzw. (bei 8) freiberuflicher Existenz gewährt. Für den Wohnungsbau oder persönliche Zwecke stehen keine Mittel zur Verfügung.

1.2 Anträge auf Gewährung einer Finanzierungshilfe sind nicht bei der Deutschen Ausgleichsbank, sondern bei einem dem Antragsteller genehmen Kreditinstitut (der sog. Hausbank) einzureichen.

1.3 Finanziert werden grundsätzlich nur Vorhaben, mit denen bei Antragstellung noch nicht begonnen worden ist. (Ausnahme s. 11.7.3 Abs. 2/11.3.5 Abs. 6)

Ein Vorhaben kann nur aus einem ERP-Programm finanziert werden, auch wenn die Voraussetzungen mehrerer Programme für die Darlehnsgewährung gegeben sind.

1.5 Der Antragsteller hat zur Finanzierung seines Vorhabens entsprechend seiner Vermögenslage und Ertragskraft in angemessenem Umfang Eigenmittel und anderweitig beschaffte Fremdmittel einzusetzen.

1.6 Die Entscheidung darüber, ob und ggf. in welcher Höhe ein Darlehen bzw. eine Bürgschaft gewährt werden kann, ist erst nach Vorliegen und Prüfung vollständiger Antragsunterlagen möglich.

1.7 **Konditionen für ERP-Darlehen:**
(gemäß Ziffer 2, 4 und 7)
Zinssatz: 5,5 % p. a. bzw. 4,5 % p. a. für Vorhaben im Zonenrandgebiet[1]
Laufzeit: bis 10 Jahre, für Bauvorhaben bis 15 Jahre, davon tilgungsfrei höchstens 2 Jahre.

Auszahlung: 100 %

1.8 **Besicherung:**
Die ERP-Mittel werden grundsätzlich von Kreditinstituten vergeben, die für die Darlehen die volle Haftung übernehmen. Die Darlehen sind bankmäßig abzusichern. Bei den Programmen zu Tz. 2, Tz. 5 sowie Tz. 6 kann die Hausbank teilweise von der Haftung freigestellt werden.

2. ERP-Darlehen zur Förderung der Existenzgründung

2.1 **Darlehenszweck:**

Investitionen zur Errichtung und Einrichtung von Betrieben sowie hiermit in Zusammenhang stehende Investitionen innerhalb von 3 Jahren nach Betriebseröffnung; ferner Übernahme von Betrieben oder tätigen Beteiligungen, Beschaffung eines ersten Warenlagers oder einer ersten Büroausstattung. Die Antragsteller sollen mindestens 21 Jahre alt und nicht älter als 50 Jahre sein. Für Spätaussiedler gelten erleichterte Bedingungen.

2.2 **Höchstbetrag:** 300 000 DM

---
[1] Stand: 31. Juli 1988

3. **Eigenkapitalprogramm**

...

4. **ERP-Darlehen
zur Förderung standortbedingter Investitionen**

...

5. **Ergänzungsprogramm I**
der Deutschen Ausgleichsbank für kleine und mittlere gewerbliche Unternehmen sowie Angehörige wirtschaftsnaher freier Berufe.

5.1 **Darlehenszweck:**
Mit diesen Darlehen können bestimmte Investitionen kleiner und mittlerer Unternehmen der gewerblichen Wirtschaft mitfinanziert werden, und zwar vor allem Investitionen zur Existenzgründung und -sicherung. Als Maßnahme zur Existenzgründung im Sinne dieser Richtlinien gelten auch Investitionen, die in der Anlaufphase des Betriebes durchgeführt werden und mit der Gründung in Zusammenhang stehen.

Ferner können Unternehmen, die sich nicht mehr im Gründungsstadium befinden, Investitionsdarlehen zur Standortsicherung (Erwerb der bisher genutzten Betriebsräume, Erwerb eines Nachbargrundstücks und dergleichen) und Standortverlegung gewährt werden. Sanierungsfälle werden nicht gefördert.

Investitionen in Verbindung mit der Gründung von Filialen, sofern das bisher betriebene Geschäft wegen seines ungünstigen Standorts allein keine ausreichende Existenzgrundlage darstellt.

Investitionen, die der Sortimenterweiterung bzw. der Erweiterung oder Umstellung der Produkt- und Dienstleistungspalette dienen.

Ferner können Ergänzungsfinanzierungen zu den unter Ziffer 2, 3, 6 und 7 dieser Übersicht genannten Programmen gewährt werden. Investitionen von Vertriebenen und Flüchtlingen, Zuwanderern aus der DDR und aus Berlin-Ost sowie nichtdeutschen Flüchtlingen, die nach dem 31. 12. 1970 erstmals ihren Wohnsitz im Bundesgebiet einschließlich Berlin-West genommen und hier nicht länger als 12 Jahre eine selbständige gewerbliche Tätigkeit ausgeübt haben. Von diesen zeitlichen Begrenzungen kann abgewichen werden, wenn eine Finanzierungshilfe nach Lage der Dinge noch geboten erscheint.

In Ausnahmefällen ist eine Nachfinanzierung möglich, wenn und soweit die finanziellen Verhältnisse des Unternehmens den Einsatz langfristiger Mittel geboten erscheinen lassen und mit dem Vorhaben nicht früher als ein Jahr vor Antragstellung begonnen worden ist.

5.2 **Darlehenshöhe:**
Im Rahmen einer angemessenen Anteilsfinanzierung bis zu 50 % der förderbaren Kosten.

5.3 **Zinssatz:** 6,25 % [1]

5.4 **Auszahlung:** 97 %

5.5 **Laufzeit:** In der Regel bis zu 10 Jahre, davon bis zu 2 Freijahre.

6. **Ergänzungsprogramm II**
der Deutschen Ausgleichsbank für die Existenzgründung von Spätaussiedlern und anderen Spätberechtigten.

---

[1] Stand: 30. Januar 1987

11.4 Programme der Deutschen Ausgleichsbank

6.1 Darlehenszweck:
Investitionen zur Gründung und in der Anlaufphase auch zur Festigung einer selbständigen Existenz im Bereich der gewerblichen Wirtschaft sowie der wirtschaftsnahen freien Berufe. Die Darlehen werden als Ergänzungsfinanzierung zu ERP-Existenzgründungsdarlehen gewährt; sie können zusammen mit dem ERP-Darlehen bis zu 100 % der Investitionskosten betragen.

6.2 Antragsberechtigt sind:
Spätaussiedler und andere Spätberechtigte, die nach dem 31. 12. 1970 in das Gebiet der Bundesrepublik Deutschland oder von Berlin (West) gekommen sind.

6.3 Darlehenshöhe: bis zu 200 000 DM

6.4 Zinssatz: 5,25 % [1])

6.5 Auszahlung: 100 %

6.6 Laufzeit: in der Regel bis zu 12 Jahre, davon bis zu 2 Freijahre.

7. ERP-Darlehen
zur Förderung von betrieblichen Ausbildungsplätzen
...

8. Bürgschaften
für Kredite von Kreditinstituten an Angehörige freier Berufe.[2])

8.1 Bürgschaftszweck:
Gefördert werden können Angehörige freier Berufe mit überwiegenden Einkünften aus selbständiger freiberuflicher Tätigkeit, z. B. Ärzte, Apotheker, Architekten, Ingenieure, Rechtsanwälte, Steuerberater, Steuerbevollmächtigte, Wirtschaftsprüfer. Die zu verbürgenden Kredite müssen der Finanzierung der zur Begründung oder Festigung einer selbständigen Erwerbstätigkeit notwendigen Investitionen dienen, wie z. B. Anschaffung von Geräten und Apparaten, Beschaffung und Einrichtung von Praxisräumen sowie hiermit in Zusammenhang stehenden Investitionen innerhalb von 3 Jahren nach Begründung der selbständigen Existenz. Sofern erforderlich, kann ein angemessener Teil des Kredites für Betriebsmittel versehen werden. Es können nur solche Kredite verbürgt werden, bei denen keine für einen langfristigen Kredit ausreichenden Sicherheiten zur Verfügung stehen. Die nachträgliche Verbürgung bereits gewährter Bankkredite ist ausgeschlossen.

8.2 Kredithöhe:
Es können Bürgschaften für Kredite zur Finanzierung angemessener Vorhaben übernommen werden.

8.3 Laufzeit:
Laufzeit und Tilgungsplan des Kredits müssen dem Verwendungszweck entsprechen. Die Laufzeit kann bis zu 12 – bei Bauinvestitionen bis zu 15 – Jahren betragen, wovon bis zu 2 – ausnahmsweise bis zu 3 – Jahre tilgungsfrei sein können.

8.4 Sicherheiten:
Vorhandene Sicherheiten, insbesondere die mit dem Kredit zu finanzierenden Gegenstände, sind zur Absicherung des Kredits heranzuziehen.

---

[1]) Stand 31. Juli 1988
[2]) vgl. hierzu Richtlinien des Bundesministers für Wirtschaft im Bundesanzeiger Nr. 62 vom 3. 4. 1970, Nr. 225 vom 4. 12. 1974, Nr. 99 vom 1. 6. 1978 sowie Nr. 104 vom 8. 6. 83

11.5 Richtlinien des Bundesministers für Wirtschaft für ERP-Darlehen zur Förderung der Existenzgründung[1]

(ERP-Existenzgründungsprogramm)

1. Verwendungszweck
Aus Mitteln des ERP-Sondervermögens können Darlehen für die Existenzgründung zur Finanzierung folgender Vorhaben gewährt werden:
a) Errichtung und Erwerb von Betrieben sowie hiermit in Zusammenhang stehende Investitionen innerhalb von 3 Jahren nach Betriebseröffnung.
b) Übernahme von tätigen Beteiligungen,
c) Beschaffung eines ersten Warenlagers oder einer ersten Büroausstattung.

2. Antragsberechtigte
Nachwuchskräfte der gewerblichen Wirtschaft, insbesondere des produzierenden Gewerbes, des Handels, des Handwerks, des Kleingewerbes sowie des Gaststätten- und Beherbergungsgewerbes.
Die Antragsteller sollen mindestens 21 Jahre alt und nicht älter als 50 Jahre sein. Antragsteller, die bei einem Kreditinstitut über mehrere Jahre eigene Mittel angespart haben, werden – bei sonst gleichen Voraussetzungen – bevorzugt berücksichtigt.
Für Spätaussiedler gelten erleichterte Bedingungen; u. a. wird von der Altersgrenze abgesehen. Die besonderen Darlehenskonditionen werden von der Deutschen Ausgleichsbank Bonn-Bad Godesberg, in einem Merkblatt bekanntgegeben.

3. Darlehenskonditionen
a) Zinssatz:
5,5 % p. a.[2]
4,5 % p. a. für Vorhaben im Zonenrandgebiet[3]
b) Laufzeit:
Bis 10 Jahre, bis 15 Jahre für Bauvorhaben, davon tilgungsfrei höchstens 2 Jahre.
c) Auszahlung:
100 %
d) Höchstbetrag:
300 000 DM.

4. Antragsverfahren
Anträge können bei jedem Kreditinstitut gestellt werden. Die ERP-Darlehen werden von der Deutschen Ausgleichsbank, Bonn-Bad Godesberg, zur Verfügung gestellt.

5. Weitere Vergabebedingungen
Die Allgemeinen Bedingungen für die Vergabe von ERP-Mitteln sind Bestandteil dieser Richtlinie.

---
[1] Quelle: Bekanntmachungen des BMWi im Bundesanzeiger Nr. 160 vom 31. 8. 1982 und Nr. 200 vom 26. 10. 1982
[2] Stand: 31. 7. 88
[3] Stand: 31. 7. 88

11.6 Allgemeine Bedingungen für die Vergabe von ERP-Mitteln ERP-Vergabebedingungen[1]

1. Förderungswürdigkeit

Die ERP-Mittel dienen der Förderung der deutschen Wirtschaft. Es werden nur Vorhaben berücksichtigt, die volkswirtschaftlich förderungswürdig sind, die Wettbewerbs- und Leistungsfähigkeit der geförderten Unternehmen steigern und einen nachhaltigen wirtschaftlichen Erfolg erwarten lassen. ERP-Mittel sollen nur gewährt werden, wenn die Durchführung des Vorhabens ohne diese Förderung wesentlich erschwert würde. Dabei sind auch die wirtschaftlichen Gesamtverhältnisse der Eigentümer zu berücksichtigen. Sanierungsfälle sind ausgeschlossen.

2. Investitionsfinanzierung

Die ERP-Mittel werden für die Finanzierung von Investitionen mit langfristigem Finanzierungsbedarf zur Verfügung gestellt. Die Laufzeit von ERP-Darlehen soll die betriebsgewöhnliche Nutzungsdauer nicht überschreiten; bei Bauten darf sie höchstens 15 Jahre betragen. Im Interesse einer baldigen Wiederverwendung der ERP-Mittel für neue Vorhaben soll die nach Lage des Falles kürzestmögliche Laufzeit vereinbart werden. Verschiedene Laufzeiten können zu einer Durchschnittslaufzeit zusammengefaßt werden.

3. Anteilsfinanzierung

Die ERP-Mittel dienen nur der anteiligen Finanzierung des Vorhabens. Der Empfänger hat sich entsprechend seiner Vermögenslage und Ertragskraft in angemessenem Umfange mit Eigenmitteln und anderen Fremdmitteln an der Gesamtfinanzierung zu beteiligen. Ermäßigen sich die Kosten des Vorhabens oder erhöhen sich andere öffentliche Finanzierungsmittel, werden die ERP-Mittel anteilig gekürzt.

4. Nachfinanzierung

Die ERP-Mittel dürfen nicht für Vorhaben gewährt werden, mit deren Durchführung im Zeitpunkt der Antragstellung bereits begonnen worden ist.

5. Doppelförderung

Die ERP-Mittel dürfen für ein Vorhaben nicht aus verschiedenen Ansätzen im ERP-Wirtschaftsplan gewährt werden. Sie sollen auch nicht neben Zuwendungen aus dem Bundeshaushalt zur Verfügung gestellt werden.

6. Kooperation

Vorhaben kleiner und mittlerer Unternehmen, die diese unter Wahrung ihrer rechtlichen und wirtschaftlichen Selbständigkeit zum Zwecke der zwischenbetrieblichen Zusammenarbeit (Kooperation) durchführen, sollen bevorzugt berücksichtigt werden.

7. Besicherung

Die ERP-Mittel werden grundsätzlich von Kreditinstituten vergeben, die für die Darlehen die volle Haftung übernehmen. Die ERP-Darlehen sind banküblich abzusichern, u. U. durch Bürgschaften der Kreditgarantiegemeinschaften oder der Länder.

---

[1] Quelle: Bekanntmachung des BMWi im Bundesanzeiger Nr. 160 vom 31. 8. 1982 und Nr. 200 vom 26. 10. 1982

8. Rückzahlung

Die ERP-Darlehen sollen in gleichen Halbjahresraten getilgt werden. Sie können jederzeit ohne vorherige Kündigung ganz oder teilweise zurückgezahlt werden.

9. Zweckbindung

Die ERP-Mittel sind für den nach den Richtlinien festgelegten Zweck zu verwenden. Sie sind zurückzuzahlen, wenn sie bestimmungswidrig verwendet werden oder die Voraussetzungen für ihre Gewährung sich nachträglich ändern oder entfallen.

10. Vergütung für Kreditinstitute

Die Vergütung für Kreditinstitute ist in dem Zinssatz für ERP-Darlehen enthalten. Sofern ERP-Darlehen an öffentliche Stellen oder deren Unternehmen gewährt werden, sind sie unmittelbar von dem Hauptleihinstitut (Kreditanstalt für Wiederaufbau, Frankfurt a. M.; Deutsche Ausgleichsbank, Bad Godesberg; Berliner Industriebank AG, Berlin) auszuzahlen.

11. Antragsunterlagen

Der Antrag auf Gewährung von ERP-Mitteln muß eine Beurteilung des Vorhabens ermöglichen und deshalb u. a. folgende Angaben enthalten:
Beschreibung des Unternehmens,
einschließlich der in den jeweiligen Einzelrichtlinien vorgesehenen Antragsberechtigung, letzte Jahresabschlüsse oder vergleichbare Unterlagen,
Beschreibung des Vorhabens unter Berücksichtigung des in den jeweiligen Einzelrichtlinien vorgesehenen Verwendungszwecks,
Kosten- und Finanzierungsplan,
künftige Erfolgserwartungen,
Besicherungsvorschlag,
ggf. Nachweis der fachlichen Eignung.
Erforderlichenfalls kann ein Fachgutachten verlangt werden. Zur Vereinfachung stehen in verschiedenen Fällen Vordrucke zur Verfügung.
Der Antrag muß die Versicherung enthalten, daß die Angaben der Wahrheit entsprechen. Die Angaben über die Antragsberechtigung und über den Verwendungszweck sind subventionserheblich im Sinne von § 264 StGB in Verbindung mit § 2 Subventionsgesetz.

12. Rechtsanspruch

Ein Rechtsanspruch auf ERP-Mittel besteht nicht. Die Gewährung und Bemessung der einzelnen Darlehen richtet sich nach dem Umfang der vorhandenen Mittel.

13. Auskunftspflicht, Prüfung

Den Beauftragten des ERP-Sondervermögens sind auf Verlangen erforderliche Auskünfte zu erteilen, Einsicht in Bücher und Unterlagen sowie Prüfungen zu gestatten.
ERP-Mittel dürfen nur gewährt werden, wenn der Antragsteller sich damit einverstanden erklärt hat, daß der Bundesminister für Wirtschaft dem Wirtschaftsausschuß des Deutschen Bundestages im Einzelfall den Namen des Antragstellers, Höhe und Zweck des Darlehens in vertraulicher Weise bekannt gibt, sofern der Wirtschaftsausschuß dies beantragt.

11.7 Merkblatt der Deutschen Ausgleichsbank zum ERP-Existenzgründungsprogramm für Spätaussiedler und andere Spätberechtigte

Im ERP-Existenzgründungsprogramm kann normalerweise nur die erste Existenzgründung mitfinanziert werden. Das gilt nicht für Spätaussiedler oder andere Spätberechtigte, z. B. Zuwanderer aus der DDR, die außerhalb der Bundesrepublik Deutschland bereits selbstständig tätig waren.

Finanziert werden können alle zur Gründung einer selbständigen Existenz im gewerblichen Bereich erforderlichen Investitionen. Mit ihrer Durchführung darf jedoch bei Antragstellung noch nicht begonnen sein. Unter Investitionen zur Existenzgründung sind auch solche zu verstehen, für die der Auftrag nach Betriebseröffnung erteilt wird, die aber noch in die Anlaufphase fallen. Als Anlaufphase gilt hier ein Zeitraum von bis zu 3 Jahren nach Betriebseröffnung. Es muß jedoch sichergestellt sein, daß der Antrag auf ERP-Mittel vor Auftragserteilung gestellt wird.

Beteiligungen können nur gefördert werden, wenn durch tätige Beteiligung eine tragfähige selbständige Existenz erreicht wird. Das setzt u. a. voraus, daß der Antragsteller an der Geschäftsführung und der Vertretung der Gesellschaft beteiligt wird. Bei Beteiligung oder Betriebsübernahme ist dem Darlehensantrag der Übernahme- bzw. Gesellschaftsvertrag – ggf. im Entwurf – beizufügen.

Für Spätaussiedler und andere Spätberechtigte gelten im ERP-Existenzgründungsprogramm folgende erleichterte Bedingungen:

1. Die richtlinienmäßige Altersgrenze von 50 Jahren kann überschritten werden,
2. Der ERP-Finanzierungsanteil an den Investitionskosten kann bis zu 2/3 betragen. Als Ersatz für fehlendes Eigenkapital können erforderlichenfalls Darlehen aus dem Ergänzungsprogramm II der Deutschen Ausgleichsbank eingesetzt werden, so daß eine 100%ige Fremdfinanzierung möglich ist.
3. Sollten sich bei der Absicherung des Darlehens Schwierigkeiten ergeben, kann die Bank des Spätaussiedlers bei der Deutschen Ausgleichsbank eine 50%ige Entlastungszusage beantragen (Gebühr 0,5 % p. a. auf den von der Deutschen Ausgleichsbank entlasteten Betrag).

11.8 Ergänzungsprogramm I der Deutschen Ausgleichsbank für kleine und mittlere gewerbliche Unternehmen sowie Angehörige wirtschaftsnaher freier Berufe[1]

1. Förderungsberechtigte

Gefördert werden können kleine und mittlere Unternehmen der gewerblichen Wirtschaft sowie Angehörige der wirtschaftsnahen freien Berufe. Unternehmen, bei denen die mit dem Darlehen verbundene Förderung nicht nennenswert ins Gewicht fallen würde sowie Sanierungsfälle werden nicht berücksichtigt.

2. Verwendungszweck

2.1 Investitionen zur Existenzgründung von Nachwuchskräften im Bereich der gewerblichen Wirtschaft bzw. der wirtschaftsnahen freien Berufe.

2.2 Investitionen, die in der Anlaufphase eines Betriebes durchgeführt werden und mit der Gründung in Zusammenhang stehen.

---
[1] Stand: 31. 7. 1988

2.3 Investitionen zur Standortsicherung (Erwerb der bisher genutzten Betriebsräume. Erwerb eines Nachbargrundstückes und dergleichen) und Standortverlegung.

2.4 Investitionen in Verbindung mit der Gründung von Filialen, sofern das bisher betriebene Geschäft wegen seines ungünstigen Standorts allein keine ausreichende Existenzgrundlage darstellt.

2.5 Investitionen, die der Sortimentserweiterung bzw. der Erweiterung der Produkt- und Dienstleistungspalette dienen.

2.6 Investitionen von Vertriebenen und Flüchtlingen, Zuwanderern aus der DDR und Berlin (Ost) sowie nichtdeutschen Flüchtlingen, die nach dem 31. 12. 1970 erstmals ihren Wohnsitz im Bundesgebiet einschließlich Berlin (West) genommen und hier nicht länger als 12 Jahre eine selbständige gewerbliche Tätigkeit ausgeübt haben. Von diesen zeitlichen Begrenzungen kann abgewichen werden, wenn eine Finanzierungshilfe nach Lage der Dinge noch geboten erscheint.

2.7 Ergänzungsfinanzierungen zu den von der Deutschen Ausgleichsbank für den unter 1 genannten Personenkreis durchgeführten öffentlichen Förderprogrammen.

3. Konditionen

Der Finanzierungsanteil soll in der Regel 50 % nicht überschreiten. Der Antragsteller soll sich mit eigenen und sonstigen Mitteln in angemessenem Umfang an dem Vorhaben beteiligen.

Mit dem zu finanzierenden Vorhaben soll bei Antragstellung noch nicht begonnen worden sein. In Ausnahmefällen kann von dieser Bestimmung abgesehen werden; eine Nachfinanzierung ist möglich, wenn und soweit die finanziellen Verhältnisse des Unternehmens den Einsatz langfristiger Mittel geboten erscheinen lassen und mit dem Vorhaben nicht früher als ein Jahr vor Antragstellung begonnen worden ist.

Darlehenshöhe: im Rahmen einer angemessenen Anteilsfinanzierung bis zu 50 % der förderbaren Kosten

Laufzeit: in der Regel bis zu 10 Jahre, davon bis zu 2 Freijahre

Auszahlung: 96 %[1]

Zinssatz für den Darlehensnehmer: 6,25 %[1]

Risiko: Volles Hausbankrisiko. Bei Darlehen an Unternehmen von Vertriebenen und Flüchtlingen kann die Deutsche Ausgleichsbank der Hausbank auf Antrag eine bis zu 50%ige Entlastungszusage erteilen.

(Provision: 0,5 % auf den von der Hausbankhaftung freigestellten Teilbetrag)

Verfahren: Anträge sind auf den dafür vorgesehenen Vordrucken bei den örtlichen Kreditinstituten (Hausbanken) einzureichen.

Die Deutsche Ausgleichsbank behält sich vor, gutachtliche Äußerungen fachlich zuständiger Institutionen einzuholen.

11.9 Ergänzungsprogramm II der Deutschen Ausgleichsbank für die Existenzgründung von Spätaussiedlern und anderen Spätberechtigten

1. Förderungsberechtigte

Gefördert werden Spätaussiedler und andere Spätberechtigte, die nach dem 31. 12. 1970 in das Gebiet der Bundesrepublik Deutschland oder von Berlin (West) gekommen sind.

---
[1] Stand: 31. 7. 1988

2. Verwendungszweck

Finanziert werden Investitionen zur Gründung einer selbständigen Existenz im Bereich der gewerblichen Wirtschaft sowie der wirtschaftsnahen freien Berufe. Die Darlehen werden als Ergänzungsfinanzierung zu ERP-Existenzgründungsdarlehen gewährt; sie können zusammen mit dem ERP-Darlehen bis zu 100 % der Investitionskosten betragen. Finanziert werden können auch Investitionen, die in der Anlaufphase eines Betriebes durchgeführt werden, sofern sie noch mit der Gründung in Zusammenhang stehen und geeignet sind, die Leistungs- und Wettbewerbsfähigkeit des Unternehmens nachhaltig zu sichern.

In Härtefällen können auch Investitionen zur Existenzsicherung von Vertriebenen und Flüchtlingen, bei denen die Voraussetzungen für die Inanspruchnahme des Ergänzungsprogramms I vorliegen, gefördert werden, wenn dessen Konditionen den besonderen Verhältnissen des Antragstellers nicht ausreichend Rechnung tragen.

In angemessenem Umfang können neben den jeweiligen Investitionen auch Betriebsmittel in die Finanzierung einbezogen werden.

3. Konditionen

Darlehenshöhe: bis zu 200 000 DM

Laufzeit: in der Regel bis zu 12 Jahre, davon bis zu 2 Freijahre

Auszahlung: 100 %

Zinssatz für den Darlehensnehmer: 5,25 %[1)]

Risiko: Volles Hausbankrisiko. Auf den Antrag kann die Deutsche Ausgleichsbank der Hausbank eine 80 %ige Entlastungszusage erteilen.

(Provision: 0,5 % p. a. auf den von der Hausbankhaftung freigestellten Teilbetrag).

Verfahren: Anträge sind auf den dafür vorgesehenen Vordrucken bei den örtlichen Kreditinstituten (Hausbanken) einzureichen.

12. LASTENAUSGLEICH

12.1 Merkblatt des Bundesausgleichsamtes zum Lastenausgleich für Aussiedler (aus dem vom Bundesminister des Innern herausgegebenen „Wegweiser für Aussiedler", Januar 1988)
– Erste Informationen –
(Merkblatt BAA 21-84)

Aussiedler können Leistungen aus dem Lastenausgleich erhalten.

1. Was bedeutet „Lastenausgleich"?

Im Lastenausgleich werden von der Bundesrepublik Deutschland Schäden und Verluste abgegolten, die infolge Vertreibung, Wegnahme und Zerstörung während der Kriegs- und Nachkriegszeit eingetreten sind. Hierzu gehören auch Schäden, die mit ihrer Aussiedlung zusammenhängen. Für Vermögensschäden und Existenzverluste können verschiedenartige Geldleistungen gewährt werden, die der Eingliederung oder der Entschädigung dienen.

[1)] Stand 31. 7. 1988
Mtbl. BAA Nr. 1 (1982) S. 17
[2)] i. d. F. v. 1. 11. 1984 – Mtbl.BAA Nr. 5, S. 102

Mit der Anmeldung der Schäden und der Entgegennahme von Leistungen ist kein Verzicht auf zurückgelassenes Eigentum oder auf die Geltendmachung von Ansprüchen auf Rückgabe verlorenen Vermögens verbunden. Scheuen Sie sich also nicht, ihre Schäden im Lastenausgleich zur Feststellung anzumelden und Leistungen zu beantragen.

2. Das Merkblatt dient einer ersten Information

Mit diesem kurzen Merkblatt wollen wir nur das Allerwichtigste über die Feststellungs- und Leistungsmöglichkeiten im Lastenausgleich mitteilen. Die zahlreichen Einzelheiten aus den verschiedenen Gesetzen zum Lastenausgleich, insbesondere zu den geforderten persönlichen und sachlichen Voraussetzungen und zum Verfahren, können wir hier nicht darstellen. Ausführlichere Hinweise enthält insbesondere ein weiteres Merkblatt des Bundesausgleichsamts für Spätberechtigte (Merkblatt BAA 1), das bei den Ausgleichsämtern erhältlich ist, das Sie aber auch bei den Vertriebenen- oder Flüchtlingsämtern, den Sozialämtern oder bei den Durchgangsunterkünften der Bundesländer (Durchgangslager, Übergangswohnheim u. a.) bekommen können. Über sonstige Einzelheiten, die für Sie bedeutungsvoll sind, lassen Sie sich bitte vom örtlich zuständigen Ausgleichsamt unterrichten. Bei diesem Amt sollten Sie die erforderlichen Anträge so früh wie möglich stellen, zumal für Sie die frühzeitige Sicherung von Nachweisen für Ihre Schäden (vor allem durch Vorlage von Urkunden und durch Zeugenaussagen) sehr wichtig sein kann. Von besonderer Bedeutung für Sie ist die Beachtung der im Lastenausgleich bestehenden Antragsfristen.

3. Welche persönliche Voraussetzungen sind zu erfüllen?

Voraussetzung ist die Anerkennung als Aussiedler. Diese Voraussetzung erfüllen Sie, wenn Sie

deutscher Staatsangehöriger oder deutscher Volkszugehöriger (Deutscher) sind und bei Kriegsende Ihren Wohnsitz in den Ostgebieten des Deutschen Reiches oder im Ausland in den heute zum Ostblock gehörenden Staaten hatten und diese Gebiete jetzt als Deutscher verlassen haben.

Berechtigt sind in den meisten Fällen auch die nach Kriegsende im Aussiedlungsgebiet geborenen Kinder, deren Eltern deutsche Staatsangehörige oder deutsche Volkszugehörige sind. Berechtigt sind auch Ehegatten anderer Volkszugehörigkeit und Staatsangehörigkeit, sofern sie mit ihrem deutschen Ehegatten zusammen ausgesiedelt sind. Die Aussiedlereigenschaft kann vor allem durch den Vertriebenenausweis nachgewiesen werden, der von der Flüchtlingsverwaltung ausgestellt wird. Nähere Einzelheiten über dessen Erteilung enthält Abschnitt 6 dieses „Wegweisers", den es auch in polnischer und russischer Sprache gibt. Für Ihre Lastenausgleichsanträge braucht aber der Vertriebenenausweis nicht abgewartet zu werden. Wenn Sie ihn noch nicht in Händen haben, sollten Sie Ihre Anträge zur Vermeidung von Nachteilen trotzdem möglichst umgehend stellen und den Ausweis später nachreichen. Ein Antrag auf Ausweiserteilung bei der Flüchtlingsverwaltung innerhalb der Lastenausgleichsfristen ersetzt nicht die fristgebundene Antragstellung nach Lastenausgleichsrecht bei der Ausgleichsverwaltung.

4. Welche Schäden können berücksichtigt werden?

Als Schäden, die zu Ausgleichsleistungen führen können, kommen insbesondere in Betracht

Hausratsschäden
Vermögensschäden an
– land- und forstwirtschaftlichem Vermögen,
– Grundvermögen (z. B. Einfamilienhäuser, Miethäuser),

12.1 Merkblatt Lastenausgleich   Seite 377

- Betriebsvermögen (z. B. Handwerksbetrieb, Transportunternehmen, Fabrik),
- Sparguthaben,
- sonstigen privatrechtlichen geldwerten Ansprüchen
  (z. B. Altenteilansprüche, Hypotheken, Wertpapiere),
  Verlust von Wohnraum,
  Verlust der Existenzgrundlage.

Die Schäden müssen im Vertreibungs- bzw. Aussiedlungsgebiet entstanden sein, und zwar
während des Krieges als Kriegssachschäden,
als Frühschäden im Zusammenhang mit den Vertreibungsmaßnahmen und der allgemeinen Wegnahme deutschen Vermögens bei Kriegsende, als spätere Schäden insbesondere durch Sozialisierung (Verstaatlichung) bestimmter Vermögenswerte oder
als Spätschäden anläßlich Ihrer Aussiedlung.

Das Zurücklassen von Hausrat hindert im allgemeinen eine Entschädigung auch dann nicht, wenn er nicht beschlagnahmt oder sonstwie von staatlichen Stellen in Anspruch genommen worden sein sollte. Vermögenswerte (außer Hausrat), die Sie erbberechtigten Personen zurückgelassen haben, werden nicht berücksichtigt; doch kann dieses Zurücklassen zur Feststellung von Schäden an Ansprüchen führen. Sofern im Aussiedlungsgebiet Sperrkonten entstanden sind, können hieran im allgemeinen keine Schäden anerkannt werden. Zu Grenzfällen und über Zweifelsfragen, insbesondere bei einem Verzicht auf Ihr Eigentum sowie bei einer Veräußerung oder Hergabe von Wirtschaftsgütern in zeitlichem und sachlichem Zusammenhang mit der Aussiedlung, unterrichtet Sie Ihr Ausgleichsamt.

Außer eigenen Schäden können unter bestimmten Voraussetzungen auch Schäden von Personen geltend gemacht werden, deren Erbe Sie sind.

5. Welche Leistungen aus dem Lastenausgleich kommen in Betracht?

Hausratentschädigung kann ein Aussiedler erhalten, wenn er und ggf. sein Ehegatte Eigentümer von Möbeln für mindestens einen Wohnraum gewesen sind und mehr als 50 % des gesamten Hausrats verlorenging.

Für die festgestellten Vermögensschäden wird Hauptentschädigung gewährt, deren Höhe sich nach dem Ausmaß der Schäden richtet; Teil der Hauptentschädigung sind Zinszuschläge, die vom Zeitpunkt der jeweiligen Schädigung oder des Verlassens des Aussiedlungsgebiets abhängig sind.

Wird Ihre Altersversorgung nicht anderweitig sichergestellt, kann unter bestimmten Voraussetzungen Kriegsschadenrente (Unterhaltshilfe, Entschädigungsrente) gewährt werden. Dazu muß der Antragsteller ein bestimmtes Alter erreicht haben (Männer 65 Jahre – Frauen 60 Jahre) oder auf Dauer erwerbsunfähig sein.

Zur Eingliederung der Aussiedler kommen Aufbaudarlehen in Betracht, und zwar
zur Begründung oder Festigung eines gewerblichen Betriebes oder einer freiberuflichen Existenz,
zur Begründung oder Festigung eines landwirtschaftlichen Vorhabens, vor allem zum Erwerb einer landwirtschaftlichen Nebenerwerbsstelle,
für Eigentumsvorhaben im Wohnungsbau (in aller Regel Familienheime, Eigentumswohnungen).

6. Welche Anträge sind zu stellen und welche Antragsfristen müssen Sie beachten?

Für die Antragstellung bestehen unterschiedliche Antragsfristen, die Sie unbedingt einhalten müssen. Deshalb ist es wichtig, daß Sie ungeachtet der Beweislage sogleich alle Schäden anmelden, also auch dann schon, wenn Sie noch nicht in der Lage sind, alle Beweismittel vorzulegen. Auch sollten Sie beachten, daß Entschädigungsleistungen in der Regel nur gewährt werden, wenn zuvor die Ihnen oder Ihrem Erblasser entstandenen Vermögensschäden festgestellt worden sind, also mit zweifacher Antragstellung zwei aufeinander aufbauende Verfahren durchgeführt werden. Für eigene Schäden und Schäden als Erbe nach einem anderen unmittelbar Geschädigten (z. B. als Erbe nach Ihren Eltern) müssen jeweils getrennte Anträge eingereicht werden.

Für den Antrag auf Schadensfeststellung wegen Hausratschäden und Vermögensverlusten haben Sie von der Einreise ab gerechnet drei Jahre Zeit.

Daran schließt in der Regel eine zweijährige Frist für die Anträge auf Hausratentschädigung und Hauptentschädigung an. Die Frist für die Zuerkennungsanträge kann sich in bestimmten Fällen weiter herausschieben. Um jedoch sicherzugehen, daß Sie nichts versäumen, wird Ihnen dringend empfohlen, auch diese Zuerkennungsanträge entsprechend den Empfehlungen Ihres Ausgleichsamtes frühzeitig einzureichen.

Auch Anträge auf Entschädigung von Sparguthaben müssen innerhalb von drei Jahren ab Einreise eingereicht werden.

Für den Antrag auf Kriegsschadenrente beträgt die Frist zwei Jahre ab Einreise. Sie sollten jedoch diesen Antrag möglichst früh einreichen, weil der Beginn dieser Rentenzahlung vom Eingang des förmlichen Antrags beim Ausgleichsamt abhängen kann.

Aufbaudarlehen können bis zum Ablauf des zehnten Kalenderjahres nach Eintreffen beantragt werden.

Was Sie zu beachten haben, wenn Sie auch Schäden in der DDR und Berlin (Ost) oder Reparationsschäden (insbesondere im westlichen Ausland) geltend machen können, sagt Ihnen das Ausgleichsamt.

Beachten Sie bei alledem bitte, daß nach jeweiligem Fristablauf eingereichte Anträge aus Rechtsgründen nicht mehr berücksichtigt werden können. Nach Fristablauf ist auch eine Nachmeldung bereits eingetretener Schäden zu rechtzeitig gestellten Anträgen nicht mehr möglich.

Und noch einmal: Stellen Sie Ihre Feststellungs- und Entschädigungsanträge schnell, möglichst im ersten, spätestens aber im zweiten Jahr nach Eintreffen. Und bedenken Sie, daß ein Antrag auf Ausweiserteilung bei der Flüchtlingsverwaltung innerhalb der Lastenausgleichsfristen nicht die fristgebundene Antragstellung nach Lastenausgleichsrecht bei der Ausgleichsverwaltung ersetzt.

7. Wo sind die Anträge einzureichen?

Die Anträge müssen bei dem für Ihren Wohnsitz zuständigen Ausgleichsamt oder bei der Gemeindebehörde eingereicht werden; dort erhalten Sie auch die erforderlichen Antragsvordrucke.

Wenden Sie sich bitte alsbald nach Ihrem Eintreffen in den Durchgangsunterkünften der Bundesländer (Durchgangslager, Übergangswohnheim u. a.) oder nach dem Eintreffen an Ihrem künftigen Wohnort an das nächstgelegene Ausgleichsamt. Wo sich das Ausgleichsamt befindet, erfahren Sie von der Verwaltung der für Sie zuständigen Durchgangsunterkünfte, bei der Gemeindeverwaltung oder der Kreis- bzw. Stadtverwaltung.

Bereitet Ihnen die Ausfüllung der Antragsformulare Schwierigkeiten, setzen Sie sich bitte mit dem Ausgleichsamt oder mit Ihrem örtlichen Vertriebenenverband in Verbindung. Sie erhalten erforderlichenfalls auch Ausfüllhilfe.

8. Ausgleichsämter erteilen auch Rat und Auskunft

Ihr Ausgleichsamt wird Sie auf Wunsch über das Verfahren und die Rechtslage, insbesondere über die näheren Einzelheiten der Antragstellung und die für Sie in Betracht kommenden Leistungen aus dem Lastenausgleich unterrichten. Betrachten Sie bitte das Ausgleichsamt als eine Sie betreuende Dienststelle, die Ihnen im Rahmen ihrer Möglichkeiten helfen will. Haben Sie andere Fragen, werden Sie dort zumindest erfahren, an wen Sie sich wenden können. Außerhalb des Lastenausgleichs bestehen für Aussiedler zahlreiche Möglichkeiten der Hilfe, Förderung oder Leistungsgewährung (z. B. zinsgünstige Darlehen für Existenzgründung oder Einrichtung der Wohnung), über die Sie dieser „Wegweiser für Aussiedler" informiert. Hier kann Ihnen das Ausgleichsamt mitteilen, welche Behörden, Banken oder sonstigen Einrichtungen in Ihrem Falle zuständig sind.

Stellen Sie sich aber bitte darauf ein, daß die Prüfung Ihrer Anträge, insbesondere soweit es die Schadensfeststellung und die Hauptentschädigung angeht, wegen der notwendigen Beweiserhebung und Schadensberechnung einige Zeit in Anspruch nehmen kann. Die Ausgleichsämter werden sich trotz der Vielzahl der zu bearbeitenden Anträge bemühen, vor allem über Hausratentschädigung und Kriegsschadenrente schnell zu entscheiden. Auf jeden Fall können Sie sicher sein, daß der schnellen Gewährung von Lastenausgleichsleistungen keine finanziellen Hindernisse entgegenstehen.

12.2 Rundschreiben des Präsidenten des Bundesausgleichsamtes betr. Hausratentschädigung für Spätaussiedler, vom 29. November 1971 (MtBl. BAA S. 376)

Die Vorschrift des Feststellungsgesetzes, wonach eine Schadensfeststellung – und damit auch eine Entschädigung – bei Hausratschäden nicht möglich ist, wenn nicht mehr als 50 v. H. des Hausrats verlorengegangen sind, gilt auch für Spätaussiedler. Doch sollte von den Spätaussiedlern eine Einzelaufzählung der von der Schädigung betroffenen und der mitgebrachten Hausratsgegenstände nur verlangt werden, soweit dies für die Beurteilung nach § 8 Abs. 2 Nr. 1 FG unerläßlich ist.

In Rücksicht auf die vorliegenden Erfahrungen habe ich keine Bedenken, daß von einer Einzelprüfung, ob mehr als 50 v. H. des Hausrats verlorengegangen sind, dann abgesehen wird, wenn der Spätaussiedler Möbel nicht oder nur in einem nicht ins Gewicht fallenden Umfang mitgebracht hat. In Grenzfällen ist eine großzügige Beurteilung vertretbar. Es ist zu beachten, daß für Mehrfachschäden beim Vergleich mit dem vor der Schädigung vorhandenen Hausrat auch Hausratschäden in zurückliegender Zeit – vor allem im Zeitpunkt der allgemeinen Vertreibungsmaßnahmen – in Betracht zu ziehen sind.

Bad Homburg v. d. H., den 29. November 1971
III A/3 – LA 3301 – 2/71

13. STEUERLICHE VERGÜNSTIGUNGEN

13.1 Auszug aus dem Einkommenssteuergesetz i.d.F. vom 27. Februar 1987 (BGBl S. 657), zuletzt geändert durch Gesetz vom 25. Juli 1988 (BGBl. I S. 1093)

§ 7e
Bewertungsfreiheit für Fabrikgebäude, Lagerhäuser und landwirtschaftliche Betriebsgebäude

(1) Steuerpflichtige, die

1. auf Grund des Bundesvertriebenengesetzes zur Inanspruchnahme von Rechten und Vergünstigungen berechtigt sind oder

2. aus Gründen der Rasse, Religion, Nationalität, Weltanschauung oder politischer Gegnerschaft gegen den Nationalsozialismus verfolgt worden sind,

ihre frühere Erwerbsgrundlage verloren haben und den Gewinn nach § 5 ermitteln, können bei Gebäuden, die im eigenen gewerblichen Betrieb unmittelbar

a) der Fertigung oder

b) der Bearbeitung von zum Absatz bestimmten Wirtschaftsgütern oder

c) der Wiederherstellung von Wirtschaftsgütern oder

d) ausschließlich der Lagerung von Waren, die zum Absatz an Wiederverkäufer bestimmt sind oder für fremde Rechnung gelagert werden,

dienen und nach dem 31. Dezember 1951 hergestellt worden sind, im Wirtschaftsjahr der Herstellung und in dem darauffolgenden Wirtschaftsjahr Sonderabschreibungen bis zu je 10 vom Hundert der Herstellungskosten vornehmen. Den Herstellungskosten eines Gebäudes werden die Aufwendungen gleichgestellt, die nach dem 31. Dezember 1951 zum Wiederaufbau eines durch Kriegseinwirkung ganz oder teilweise zerstörten Gebäudes gemacht werden, wenn dieses Gebäude ohne den Wiederaufbau nicht oder nicht mehr voll zu einem der in Satz 1 bezeichneten Zwecke verwendet werden kann.

(2) Absatz 1 ist entsprechend anwendbar auf die Herstellungskosten von land- und forstwirtschaftlichen Betriebsgebäuden und auf die Aufwendungen zum Wiederaufbau von durch Kriegseinwirkung ganz oder teilweise zerstörten land- und forstwirtschaftlichen Betriebsgebäuden, wenn der Gewinn aus Land- und Forstwirtschaft nach § 4 Abs. 1 ermittelt wird.

(3) Bei nach dem 31. Dezember 1966 hergestellten Gebäuden können die Abschreibungen nach Absatz 1 oder Absatz 2 nur in Anspruch genommen werden, wenn die Gebäude vom Steuerpflichtigen vor Ablauf des zehnten Kalenderjahrs seit der erstmaligen Aufnahme einer gewerblichen oder land- und forstwirtschaftlichen Tätigkeit im Geltungsbereich dieses Gesetzes hergestellt worden sind. Für Gebäude, die vom Steuerpflichtigen nach Ablauf des 20. Kalenderjahrs seit der erstmaligen Begründung eines Wohnsitzes oder gewöhnlichen Aufenthalts im Geltungsbereich dieses Gesetzes, frühestens jedoch seit dem 1. Januar 1950, hergestellt werden, sind Abschreibungen nach Absatz 1 oder Absatz 2 nicht zulässig.

§ 10a
Steuerbegünstigung des nicht entnommenen Gewinns

(1) Steuerpflichtige, die

1. auf Grund des Bundesvertriebenengesetzes zur Inanspruchnahme von Rechten und Vergünstigungen berechtigt sind oder

2. aus Gründen der Rasse, Religion, Nationalität, Weltanschauung oder politischer Gegnerschaft gegen den Nationalsozialismus verfolgt worden sind,

ihre frühere Erwerbsgrundlage verloren haben und ihre Gewinne aus Land- und Forstwirtschaft und aus Gewerbebetrieb nach § 4 Abs. 1 oder nach § 5 ermitteln, können auf Antrag bis zu 50 vom Hundert der Summe der nicht entnommenen Gewinne, höchstens aber 20 000 Deutsche Mark als Sonderausgaben vom Gesamtbetrag der Einkünfte abziehen. Als nicht entnommen gilt auch der Teil der Summe der Gewinne, der zur Zahlung der auf die Betriebsvermögen entfallenden Abgaben nach dem Lastenausgleichsgesetz verwendet wird. Der als steuerbegünstigt in Anspruch genommene Teil der Summe der Gewinne ist bei der Veranlagung besonders festzustellen.

(2) Übersteigen in einem der auf die Inanspruchnahme der Steuerbegünstigung (Absatz 1) folgenden drei Jahre bei dem Steuerpflichtigen oder seinem Gesamtrechtsnachfolger die Entnahmen aus dem Betrieb die Summe der bei der Veranlagung zu berücksichtigenden Gewinne aus Land- und Forstwirtschaft und aus Gewerbebetrieb, so ist der übersteigende Betrag (Mehrentnahme) bis zur Höhe des besonders festgestellten Betrags (Absatz 1 letzter Satz) dem Einkommen im Jahr der Mehrentnahme zum Zweck der Nachversteuerung hinzuzurechnen. Beträge, die zur Zahlung der auf die Betriebsvermögen entfallenden Abgaben nach dem Lastenausgleichsgesetz verwendet werden, rechnen auch in diesem Fall nicht zu den Entnahmen. Soweit Entnahmen zur Zahlung von Erbschaftsteuer auf den Erwerb des Betriebsvermögens von Todes wegen oder auf den Übergang des Betriebsvermögens an Personen der Steuerklasse I des § 15 des Erbschaftsteuergesetzes verwendet werden oder soweit sich Entnahmen durch Veräußerung des Betriebs (§§ 14 und 16) ergeben, gelten sie zum Zwecke der Nachversteuerung als außerordentliche Einkünfte im Sinne des § 34 Abs. 1; das gilt nicht für die Veräußerung eines Teilbetriebs und im Fall der Umwandlung in eine Kapitalgesellschaft. Auf Antrag des Steuerpflichtigen ist eine Nachversteuerung auch dann vorzunehmen, wenn in dem in Betracht kommenden Jahr eine Mehrentnahme nicht vorliegt.

(3) Die Vorschriften der Absätze 1 und 2 gelten entsprechend für den Gewinn aus selbständiger Arbeit mit der Maßgabe, daß dieser Gewinn hinsichtlich der Steuerbegünstigung (Absatz 1) und der Nachversteuerung (Absatz 2) für sich zu behandeln ist.

(4) Die Steuerbegünstigung nach den Absätzen 1 bis 3 kann nur für den Veranlagungszeitraum, in dem der Steuerpflichtige im Geltungsbereich dieses Gesetzes erstmals Einkünfte aus Land- und Forstwirtschaft, Gewerbebetrieb oder selbständiger Arbeit erzielt hat, und für die folgenden sieben Veranlagungszeiträume in Anspruch genommen werden. Nach Ablauf von 20 Veranlagungszeiträumen seit der erstmaligen Begründung eines Wohnsitzes oder gewöhnlichen Aufenthalts im Geltungsbereich dieses Gesetzes, frühestens jedoch seit dem 1. Januar 1950, ist die Inanspruchnahme der Steuerbegünstigung nach den Absätzen 1 bis 3 nicht zulässig.

§ 33
Außergewöhnliche Belastungen

(1) Erwachsen einem Steuerpflichtigen zwangsläufig größere Aufwendungen als der überwiegenden Mehrzahl der Steuerpflichtigen gleicher Einkommensverhältnisse, gleicher Vermögensverhältnisse und gleichen Familienstandes (außergewöhnliche Belastung), so wird auf Antrag die Einkommensteuer dadurch ermäßigt, daß der Teil der Aufwendungen, der die dem Steuerpflichtigen zumutbare Belastung (Absatz 3) übersteigt, vom Gesamtbetrag der Einkünfte abgezogen wird.

(2) Aufwendungen erwachsen dem Steuerpflichtigen zwangsläufig, wenn er sich ihnen aus rechtlichen, tatsächlichen oder sittlichen Gründen nicht entziehen kann und soweit die Aufwendungen den Umständen nach notwendig sind und einen angemessenen Be-

trag nicht übersteigen. Aufwendungen, die zu den Betriebsausgaben, Werbungskosten oder Sonderausgaben gehören, bleiben dabei außer Betracht; das gilt für Aufwendungen im Sinne des § 10 Abs. 1 Nr. 7 nur insoweit, als sie als Sonderaugaben abgezogen werden können. Aufwendungen, die durch Diätverpflegung entstehen, können nicht als außergewöhnliche Belastung berücksichtigt werden.

(3) Die zumutbare Belastung beträgt

bei einem Gesamtbetrag der Einkünfte	bis 30 000 DM	über 30 000 DM bis 100 000 DM	über 100 000 DM
1. bei Steuerpflichtigen, die keine Kinder haben und bei denen die Einkommensteuer			
a) nach § 32a Abs. 1,	5	6	7
b) nach § 32a Abs. 5 oder 6 Splitting-Verfahren) zu berechnen ist;	4	5	6
2. Bei Steuerpflichtigen mit			
a) einem Kind oder 2 Kindern,	2	3	4
b) drei Oder mehr Kindern	1	1	2
	vom Hundert des Gesamtbetrags der Einkünfte.		

Als Kinder des Steuerpflichtigen zählen die, für die er einen Kinderfreibetrag erhält.

§ 52
Schlußvorschriften

(22) § 33a Abs. 1 und § 41 Abs. 1 Nr. 5 sowie Abs. 2 Satz 1 des Einkommensteuergesetzes 1953 in der Fassung der Bekanntmachung vom 15. September 1953 (BGBl. I S. 1355) gelten auch weiterhin mit der Maßgabe, daß

1. die Vorschriften bei einem Steuerpflichtigen jeweils nur für das Kalenderjahr, in dem bei ihm die Voraussetzungen für die Gewährung eines Freibetrags eingetreten sind, und für die beiden folgenden Kalenderjahre anzuwenden sind und

2. der Freibetrag

a) bei Steuerpflichtigen, bei denen § 32a Abs. 5 oder 6 anzuwenden ist,
720 Deutsche Mark,

b) bei Steuerpflichtigen, die Kinder haben,
840 Deutsche Mark zuzüglich je 60 Deutsche Mark für das dritte und jedes weitere Kind und

c) bei anderen Steuerpflichtigen
540 Deutsche Mark

beträgt.

Als Kinder des Steuerpflichtigen zählen solche, für die er einen Kinderfreibetrag erhält. Für ein Kalenderjahr, für das der Steuerpflichtige eine Steuerermäßigung nach § 33 für Aufwendungen zur Wiederbeschaffung von Hausrat und Kleidung beantragt, wird ein Freibetrag nicht gewährt.

13.2 § 33a Abs. 1 des Einkommensteuergesetzes 1953 i. d. F. vom 15. September 1953 (BGBl. I, S. 1355)

§ 33a
Freibeträge für besondere Fälle

(1) Bei Vertriebenen, Heimatvertriebenen, Sowjetzonenflüchtlingen und diesen gleichgestellten Personen (§§ 1 bis 4 des Bundesvertriebenengesetzes vom 19. Mai 1953 – Bundesgesetzblatt I S. 201 –) sowie bei politisch Verfolgten, Personen, die nach dem 30. September 1948 aus Kriegsgefangenschaft heimgekehrt sind (Spätheimkehrer), und bei Personen, die den Hausrat und die Kleidung infolge Kriegseinwirkung verloren haben (Totalschaden) und dafür höchstens eine Entschädigung von 50 vom Hundert dieses Kriegsschadens erhalten haben, wird auf Antrag ein Freibetrag in der folgenden Höhe vom Einkommen abgezogen:

540 Deutsche Mark bei Personen der Steuerklasse I,

720 Deutsche Mark bei Personen der Steuerklasse II,

840 Deutsche Mark bei Personen der Steuerklasse III;

der Betrag von 840 Deutsche Mark erhöht sich für das dritte und jedes weitere Kind, für das dem Steuerpflichtigen Kinderermäßigung zusteht oder gewährt wird, um je 60 Deutsche Mark.

Satz 1 gilt auch, wenn die bezeichneten Voraussetzungen nicht bei dem Steuerpflichtigen selbst, sondern bei der mit ihm zusammen zu veranlagenden Ehefrau vorliegen.

13.3 Abschnitte 179, 184, 189, 193 der Einkommensteuer-Richtlinien (EStR 1987) vom 24. Februar 1988 (BStBl. Sondernummer 1/1988) [1])

179. Kinder mit Wohnsitz in der DDR u. a.

(1) [1)] Kinder, die Deutsche im Sinne des Artikels 116 GG oder deutsche Volkszugehörige sind und ihren Wohnsitz oder gewöhnlichen Aufenthalt in der Deutschen Demokratischen Republik, in Berlin (Ost) oder in einem der in § 1 Abs. 2 Nr. 3 des Bundesvertriebenengesetzes bezeichneten Gebiete (ohne Jugoslawien und China) haben, sind bei den unbeschränkt einkommensteuerpflichtigen Eltern oder Elternteilen aus Billigkeitsgründen zu berücksichtigen, wenn die übrigen Voraussetzungen (§ 32 Abs. 1, 3 bis 5 EStG) vorliegen. [2)] Weitere Voraussetzung ist, daß die unbeschränkt einkommensteuerpflichtigen Eltern oder Elternteile ihrer Unterhaltsverpflichtung gegenüber dem Kind im Kalenderjahr im wesentlichen, d. h. zu mindestens 75 v. H., nachkommen. [3)] Aus Vereinfachungsgründen kann davon ausgegangen werden, daß dies der Fall ist, wenn die Unterhaltszahlungen je Kind im Jahresdurchschnitt mindestens 75 DM monatlich betragen. [4)] Wegen der Höhe des Kinderfreibetrags gilt § 32 Abs. 6 EStG entsprechend. [5)] Außer für den Kinderfreibetrag zählt ein solches Kind auch für die Inanspruchnahme des Haushaltsfreibetrags (§ 32 Abs. 7 EStG) und eines Ausbildungsfreibetrags (§ 33a Abs. 2 EStG), wenn im übrigen die Voraussetzungen dafür vorliegen sowie für die Ermittlung der zumutbaren Belastung (§ 33 Abs. 3 EStG). [6)] Die Übertragung eines Pauschbetrags für Körperbehinderte oder Hinterbliebene (§ 33b Abs. 5 EStG) kommt nicht in Betracht (vgl. Abschnitt 194 Abs. 13 Satz 2 und Abs. 17).

---

[1]) Die Hinweise auf § 52 Abs. 23 EStG sind zu ersetzen durch: § 52 Abs. 22 EStG.

(2) [1] Daß ein Kind Deutscher im Sinne des Artikels 116 GG oder deutscher Volkszugehöriger ist, hat der Steuerpflichtige darzulegen. [2] Sind die hier lebenden Eltern oder Elternteile des Kindes Deutsche, kann ohne weiteres auch für das Kind angenommen werden, daß es Deutscher oder deutscher Volkszugehöriger ist. [3] Dies gilt aber dann nicht, wenn das Kind bei seinem anderen, nichtdeutschen Elternteil lebt, mit dem der Steuerpflichtige nicht verheiratet ist oder war.

184. Ermittlung der Einkommensteuer nach § 32a Abs. 5 EStG bei Ehegatten

(1) [1] Die Vorschrift des § 32a Abs. 5 EStG gilt nur für den Fall der Zusammenveranlagung von Ehegatten nach § 26b EStG. [2] Werden Ehegatten nach § 26a EStG getrennt veranlagt, so ist § 32a Abs. 5 EStG nicht anwendbar.

(2) [1] Liegen bei nicht dauernd getrennt lebenden Ehegatten die Voraussetzungen des § 26 Abs. 1 EStG nur deshalb nicht vor, weil einer der Ehegatten seinen Wohnsitz oder gewöhnlichen Aufenthalt in der Deutschen Demokratischen Republik oder in Berlin (Ost) oder in einem der in § 1 Abs. 2 Nr. 3 des Bundesvertriebenengesetzes bezeichneten Gebiete (ohne Jugoslawien und China) hat, dessen Behörden die Ausreise aus politischen Gründen verweigern, so ist die Einkommensteuer des unbeschränkt steuerpflichtigen Ehegatten, wenn dieser Deutscher im Sinne des Artikels 116 GG ist, aus Billigkeitsgründen nach § 32a Abs. 5 EStG zu berechnen. [2] Voraussetzung ist, daß der andere Ehegatte keine inländischen Einkünfte im Sinne des § 49 EStG hat. [3] Bei der Ermittlung des Einkommens sind die Sonderausgaben-Höchstbeträge (§ 10 Abs. 3 EStG), der Sonderausgaben-Pauschbetrag, der Vorsorge-Pauschbetrag und die Vorsorgepauschale (§ 10c Abs 1 bis 4 EStG) sowie die zumutbare Belastung (§ 33 Abs. 3 EStG) wie im Fall der Zusammenveranlagung von Ehegatten anzusetzen. [4] Der Abzug von Aufwendungen für die Beschäftigung einer Hausgehilfin/Haushaltshilfe oder für hauswirtschaftliche Dienstleistungen bei Heimunterbringung (§ 33a Abs. 3 EStG) oder der Pauschbetrag für Körperbehinderte (§ 33b EStG) können nicht auf Grund von Verhältnissen, die in der Person des Ehegatten gegeben sind, in Anspruch genommen werden. [5] Hat der Steuerpflichtige Anspruch auf den Haushaltsfreibetrag (§ 32 Abs. 7 EStG) und/oder den Abzug von Kinderbetreuungskosten (§ 33c EStG), so setzt die Billigkeitsmaßnahme voraus, daß auf die Anwendung dieser Vorschriften verzichtet wird (Wahlrecht).

189. Anwendung des § 33 EStG auf Aufwendungen für die Wiederbeschaffung von Hausrat oder Kleidung

(1) [1] Aufwendungen für die Anschaffung von Hausrat oder Kleidung sind in der Regel keine außergewöhnliche Belastung (BFH-Urteil vom 21. 8. 1974 – BStBl II S. 745). [2] Sie sind jedoch dem Grunde nach eine außergewöhnliche Belastung, wenn Hausrat oder Kleidung durch ein unabwendbares Ereignis wie Brand, Diebstahl, Hochwasser, Unwetter, Kriegseinwirkung, Übersiedlung aus einem zum Inland gehörenden Gebiet außerhalb des Geltungsbereichs des Einkommensteuergesetzes, Vertreibung, politische Verfolgung, Spätaussiedlung oder Übersiedlung aus den Ostblockstaaten, ausgenommen aus der DDR und Berlin (Ost), usw., verloren wurden und wiederbeschafft werden müssen. [3] Aufwendungen für die Wiederbeschaffung von Kleidungsstücken, die Steuerpflichtigen auf einer Urlaubsreise entwendet wurden, können jedoch regelmäßig nicht als außergewöhnliche Belastung berücksichtigt werden (BFH-Urteil vom 3. 9. 1976 – BStBl II S. 712). [4] Ergänzungsbeschaffungen sind keine Wiederbeschaffungen. [5] Bei Anschaffung von

Kleidung sind Ergänzungsbeschaffungen zu vermuten, wenn das schädigende Ereignis fünf oder mehr Jahre zurückliegt. [6] Anschaffungen für Kinder, die erst nach dem schädigenden Ereignis geboren wurde, sind keine Wiederbeschaffungen. [7] Bei der Anschaffung von Hausrat ist besonders zu prüfen, ob es sich um Wiederbeschaffungen handelt, wenn das schädigende Ereignis längere Zeit zurückliegt. [8] Auf das BFH-Urteil vom 23. 9. 1960 (BStBl III S. 488) wird hingewiesen.

(2) [1] Entschädigungen und Beihilfen, die der Steuerpflichtige für den Verlust von Hausrat oder Kleidung erhält, z. B. von Versicherungsunternehmen oder aus öffentlichen Mitteln, sind von den zwangsläufig erwachsenen Wiederbeschaffungsaufwendungen abzuziehen (BFH-Urteil vom 28. 2. 1964 – BStBl III S. 301). [2] Das gilt auch für in früheren Jahren gezahlte Entschädigungen und Beihilfen, soweit sie noch nicht angerechnet worden sind. [3] Jedoch werden Entschädigungen und Beihilfen nach dem Lastenausgleichsgesetz und Beihilfen nach dem Kriegsgefangenenentschädigungsgesetz, die der Steuerpflichtige in Kalenderjahren erhalten hat, in denen er die Freibeträge nach § 52 Abs. 23 EStG in Anspruch genommen hat, nicht angerechnet.

(3) Aufwendungen für die Wiederinstandsetzung von Gegenständen des Hausrats, die durch ein unabwendbares Ereignis im Sinne des Absatzes 1 beschädigt worden sind, sind ebenso zu behandeln wie Aufwendungen für die Wiederbeschaffung von verlorenem Hausrat.

(4) [1] Erfüllt der Steuerpflichtige nach § 52 Abs. 23 EStG die Voraussetzungen für die Gewährung des Freibetrags nach § 33a Abs. 1 EStG 1953 (Hinweis auf Abschnitt 193), so kann ihm wegen der Aufwendungen zur Wiederbeschaffung von Hausrat und Kleidung für sich, seinen nicht dauernd getrennt lebenden Ehegatten und für seine Kinder eine Steuerermäßigung nach § 33 EStG nur gewährt werden, wenn er für denselben VZ den Freibetrag nach § 33a Abs. 1 EStG 1953 nicht in Anspruch genommen hat (§ 52 Abs. 23 letzter Satz EStG). [2] Der Steuerpflichtige hat insoweit ein Wahlrecht. [3] Als Kinder des Steuerpflichtigen im Sinne des § 52 Abs. 23 Nr. 2 Buchstabe b EStG zählen die Kinder, für die er einen Kinderfreibetrag erhält.

(5) [1] Aufwendungen müssen dem Steuerpflichtigen zwangsläufig erwachsen. [2] Sie müssen den Umständen nach notwendig sein und dürfen außerdem einen angemessenen Betrag nicht übersteigen (Hinweis auf Abschnitt 186 Abs. 2 Nr. 1). [3] Zu den Aufwendungen für die Wiederbeschaffung von Hausrat, die den Umständen nach notwendig sind, gehören Aufwendungen für Gegenstände, die nach allgemeiner Anschauung unter Berücksichtigung der Lebensverhältnisse des Steuerpflichtigen zur Einrichtung einer Wohnung und zur Führung eines Haushalts üblicherweise erforderlich sind (BFH-Urteil vom 8. 8. 1958 – BStBl III S. 378).

193. Freibeträge für besondere Fälle

(1) [1] Bei Vertriebenen, Heimatvertriebenen, Sowjetzonenflüchtlingen und diesen gleichgestellten Personen (§§ 1 bis 4 Bundesvertriebenengestz in der Fassung der Bekanntmachung vom 3. 9. 1971, BGBl. I S. 1565, zuletzt geändert durch Gesetz vom 18. 2. 1986, BGBl. I S. 265) sowie bei politisch Verfolgten, bei Heimkehrern und diesen gleichgestellten Personen (§ 1 oder § 1a Heimkehrergesetz in der im Bundesgesetzblatt Teil III, Gliederungsnummer 84-1, veröffentlichten bereinigten Fassung, zuletzt geändert durch Artikel 2 des Gesetzes vom 2. 12. 1985, BGBl. I S. 2138), die nach dem 30. 9. 1948 aus der Kriegsgefangenschaft zurückgekehrt sind, und bei Steuerpflichtigen, die den Hausrat und die

Kleidung infolge Kriegseinwirkung verloren haben (Totalschaden) und dafür höchstens eine Entschädigung von 50 v. H. dieses Kriegsschadens erhalten haben, wird auf Antrag ein jährlicher Freibetrag gewährt. [2)]Steuerpflichtige, die nach der Vertreibung oder der Flucht ihrer Eltern geboren wurden und demzufolge die Vertriebenen- oder Sowjetzonenflüchtlingseigenschaft nach § 7 des Bundesvertriebenengesetzes erlangt haben, gehören aber nicht zu dem anspruchsberechtigten Personenkreis (BFH-Urteil vom 25. 6. 1976 – BStBl. II S. 619). [3)]Statt des Freibetrags nach § 33a Abs. 1 EStG 1953 kann der Steuerpflichtige die Gewährung einer Steuerermäßigung nach § 33 EStG für Aufwendungen zur Beschaffung von Hausrat und (oder) Kleidung beantragen (§ 52 Abs. 23 letzter Satz EStG; Hinweis auf Abschnitt 189).

(2) [1)]Der vom Gesamtbetrag der Einkünfte abzuziehende Freibetrag beträgt nach § 52 Abs. 23 Nr. 2 EStG bei Steuerpflichtigen,

1. die keine Kinder haben und bei denen die Einkommensssteuer nach dem Splitting-Verfahren (§ 32a Abs. 5 oder 6 EStG) ermittelt wird, ... 720 DM,
2. die ein Kind oder zwei Kinder haben, ... 840 DM,
3. die drei Kinder haben, ... 900 DM,
zuzüglich je 60 DM für jedes weitere Kind,
4. die nicht unter die Nummern 1 bis 3 fallen, ... 540 DM.

[2)]Als Kinder des Steuerpflichtigen zählen die Kinder, für die dem Steuerpflichtigen ein Kinderfreibetrag gewährt wird. [3)]Den Freibetrag nach Nummer 1 erhalten auch Steuerpflichtige, bei denen die Einkommensteuer aus Billigkeitsgründen nach dem Splitting-Verfahren ermittelt wird (vgl. Abschnitt 184 Abs. 2) und die keine Kinder im Sinne des Satzes 2 haben.

(3) [1)]Der Freibetrag wird jeweils nur für das Kalenderjahr, in dem bei dem Steuerpflichtigen oder seinem nicht dauernd getrennt lebenden Ehegatten die Voraussetzungen für die Gewährung eingetreten sind, und für die beiden folgenden Kalenderjahre gewährt. [2)]Die Voraussetzungen für die Gewährung des Freibetrags sind bei einem Steuerpflichtigen in dem Kalenderjahr eingetreten, in dem er als unbeschränkt Steuerpflichtiger erstmalig zu den in Absatz 1 bezeichneten Personengruppen gehört hat. [3)]Wegen der Frage, welches Kalenderjahr als Erstjahr für die Bewilligung der Freibeträge in den Fällen anzusehen ist, in denen sich die Ausstellung des amtlichen Ausweises ohne Verschulden des Steuerpflichtigen verzögert, vgl. BFH-Urteil vom 13. 4. 1962 (BStBl. III S. 257); wegen der Fälle, in denen der Antrag des Steuerpflichtigen auf Ausstellung des amtlichen Ausweises schuldhaft verzögert wurde, vgl. BFH-Urteil vom 3. 5. 1974 (BStBl. II S. 543). [4)]Bei Personen, die im Zeitpunkt der Vertreibung noch Kinder ohne eigene Einkünfte waren, ist als Erstjahr das Jahr anzusehen, in dem sie als unbeschränkt einkommensteuerpflichtige Personen erstmals Einkünfte erzielen, sofern sie zu diesem Zeitpunkt ihre Zugehörigkeit zu der Personengruppe der Vertriebenen nachweisen (BFH-Urteile vom 6. 5. 1969 – BStBl. II S. 621 und vom 23. 7. 1976 – BStBl. 1977 II S. 3). [5)]Gehört ein Steuerpflichtiger mehreren der nach Absatz 1 begünstigten Personengruppen an, z. B. ein Spätheimkehrer ist auch Totalgeschädigter, so steht ihm ein Freibetrag auf Grund dieser Vorschrift nur einmal zu.

(4) [1)]Der Nachweis der Zugehörigkeit zu dem begünstigten Personenkreis ist durch eine amtliche Bescheinigung zu führen. [2)]Die Eigenschaften als Vertriebener oder Heimatvertriebener (§§ 1 und 2 Bundesvertriebenengesetz) ist durch die auf Grund des § 15 des

Bundesvertriebenengesetzes ausgegebenen Ausweise A oder B, die Eigenschaft als Sowjetzonenflüchtling oder diesem gleichgestellte Person (§§ 3 und 4 Bundesvertriebenengesetz) ist durch die auf Grund des § 15 des Bundesvertriebenengesetzes ausgegebenen Ausweise C nachzuweisen. [3] Der Nachweis der Eigenschaft als politisch Verfolgter ist durch Vorlage eines Bescheids oder einer sonstigen Mitteilung der zuständigen Entschädigungsbehörde zu erbringen.

(5) [1] Bei Ehegatten, die nach §§ 26, 26a EStG getrennt oder nach §§ 26, 26b EStG zusammen veranlagt werden, kann der Freibetrag nach § 33a Abs. 1 EStG 1953 nur einmal gewährt werden; es genügt, wenn einer der Ehegatten die Voraussetzungen dafür erfüllt (BFH-Urteil vom 9. 5. 1958 – BStBl. III S. 302). [2] Wegen der Behandlung des Freibetrags im Fall der getrennten Veranlagung gilt Abschnitt 174a Abs. 3 Sätze 1, 5 und 6 entsprechend.

14. EINGLIEDERUNG IN DIE LANDWIRTSCHAFT

14.1 Richtlinien des Bundesministers für Ernährung, Landwirtschaft und Forsten für die Gewährung von Darlehen und Beihilfen aus den Bundeshaushaltsmitteln für die ländliche Siedlung nach dem Bundesvertriebenengesetz vom 31. März 1954 (MinBl. BML S. 4), zuletzt geändert durch Rundschreiben des BML vom 9. September 1969 (MinBl. BML S. 162)

Aus den vom Bund für die Eingliederung von Vertriebenen und Flüchtlingen in die Landwirtschaft nach dem Gesetz über die Angelegenheiten der Vertriebenen und Flüchtlinge vom 19. Mai 1953 (BGBl. I S. 201) bereitgestellten Haushaltsmitteln werden Darlehen und Beihilfen nach folgenden, im Einvernehmen mit dem Bundesminister der Finanzen und dem Bundesminister für Vertriebene, Flüchtlinge und Kriegsgeschädigte erlassenen Richtlinien gewährt.

I. Allgemeine Bestimmungen

1. Zweckbestimmung

Die Mittel sind nur für Vertriebene und Sowjetzonenflüchtlinge zu verwenden, die aus der Landwirtschaft stammen oder nach der Vertreibung überwiegend in der Landwirtschaft tätig waren und nach dem BVFG berechtigt sind.

2. Eingliederungsmaßnahmen

Die Eingliederung der Vertriebenen und Sowjetzonenflüchtlinge erfolgt entweder durch Ansetzung als Siedler in einem Siedlungsverfahren nach dem Reichssiedlungsgesetz bzw. den Siedlungs- und Bodenreformgesetzen der Länder oder durch Kauf und Pacht eines bestehenden land- oder forstwirtschaftlichen Betriebes oder durch Ansetzung in einem anderen zweckdienlichen Nutzungsverhältnis. In allen Fällen ist die Mitwirkung der Siedlungsbehörde erforderlich.

II. Darlehen in Neusiedlungsverfahren

3. Arten der Darlehen

Im Neusiedlungsverfahren nach dem Reichssiedlungsgesetz und den Siedlungs- und Bodenreformgesetzen der Länder können Darlehen für den Ankauf und die Besiedlung gewährt werden sowie für die Einrichtung der Stellen.

Die Bundeshaushaltsmittel werden zusätzlich zu den Siedlungsmitteln der Länder gewährt, für die möglichst die gleichen Bedingungen vorzusehen sind wie für die Bundeshaushaltsmittel.

Für den Ankauf kann Kredit bis zur Höhe von 90 v. H. des von der Siedlungsbehörde festgesetzten oder genehmigten Schätzungswertes, jedoch nicht über den Kaufpreis hinaus, gewährt werden. Bei selbstsiedelnden Eigentümern wird die Grenze, innerhalb der der Ankaufskredit liegen muß, auf 75 v. H., bei Familiensiedlungen auf 50 v. H. des genehmigten Schätzungswertes festgesetzt.

Der Kredit für die Besiedlung muß innerhalb von 90 v. H. der notwendigen Aufwendungen liegen. Sind die erforderlichen Ausgaben höher als die damit erzielte Werterhöhung, so muß der Kredit innerhalb 90 v. H. der Werterhöhung liegen. Wegen des Kredits für die Einrichtung der Stellen vgl. Ziffer 11.

4. Darlehensschuldner

Der Kredit wird in der Regel den von der Siedlungsbehörde zugelassenen Siedlungsunternehmen zunächst als Zwischenkredit gewährt. Die Kredite sind im Siedlungsverfahren auf die einzelnen mit Vertriebenen oder Sowjetzonenflüchtlingen besetzten Siedlerstellen unterzuverteilen. Mit dem Beginn des Kalendervierteljahres, das auf die Genehmigung der Unterverteilung des Krediteś durch die Siedlungsbehörde folgt, ist der Siedlungsunternehmer aus der persönlichen Haftung für den Zwischenkredit zu entlassen.

5. Verzinsung des Zwischenkredits

Der Zwischenkredit ist für den Siedlungsträger bis zur Unterverteilung auf die Siedlerstellen, längstens für die Dauer von drei Jahren, gerechnet von dem auf die erste Auszahlung folgenden Vierteljahresersten ab, zinslos. Nach Ablauf der drei Jahre ist er mit jährlich 4 v. H. zu verzinsen. Die Zinsen sind halbjährlich nachträglich am 1. April und 1. Oktober an die Deutsche Siedlungs- und Landesrentenbank in Bonn zu entrichten. Bleibt der Zwischenkreditnehmer mit der Zahlung der Zinsen länger als zehn Tage im Verzug, so können Verzugszinsen in Höhe von 0,5 v. H. je Monat, und zwar für jeden angefangenen Monat voll, erhoben werden.

Von der Unterteilung ab gelten für die Verzinsung und Tilgung die Bestimmungen zu Ziffer 8.

6. Dingliche Sicherung

Der Zwischenkredit ist nach Möglichkeit an 1. Rangstelle, zumindest im gleichen Rang mit den übrigen öffentlichen Finanzierungsmitteln durch eine brieflose Grundschuld für die Deutsche Siedlungs- und Landesrentenbank in Bonn zu sichern. Wird nach Sicherung dieses Zwischenkredites und eines zur Errichtung der Stelle gewährten Aufbaudarlehens für die Landwirtschaft ein weiteres Darlehen aus Bundeshaushaltsmitteln (Zusatzdarlehen) gewährt und ist die gleichrangige Sicherung des Zusatzdarlehens mit dem Aufbaudarlehen für die Landwirtschaft nicht möglich, so ist es an bereitester Stelle zu sichern. Die gleichrangige Sicherung mit einem gleichzeitig gewährten zusätzlichen Aufbaudarlehen für die Landwirtschaft ist anzustreben. Soweit die Sicherung nach Satz 1 nicht beigebracht ist und eine Ersatzsicherung nicht gestellt wird, kann der Zwischenkredit ausgezahlt werden, wenn die Siedlungsbehörde die ehestmögliche richtliniengemäße Sicherung gewährleistet.

7. Zurückzahlung

Der Zwischenkredit ist unverzüglich zurückzuzahlen, wenn sich ergibt, daß das Verfahren, für das er beantragt worden ist, nicht durchgeführt wird. Für richtlinienwidrig verwendete oder unrechtmäßig zurückgehaltene Kredite sind von ihrem Eingang bis zu ihrer Rückzahlung Zinsen mit 2 v. H. über Bundesbankdiskont, mindestens jedoch 6,5 v. H. jährlich zu zahlen.

Bei eingetretenen Wertminderungen ist der für das Verfahren gewährte Zwischenkredit entsprechend zu ermäßigen.

8. Bedingungen des unterverteilten Zwischenkredits

Für den unterverteilten Zwischenkredit gelten folgende Bedingungen:

a) Siedlerleistung

Er ist an erster Rangstelle, zumindest im gleichen Rang mit den übrigen öffentlichen Finanzierungsmitteln durch eine brieflose Grundschuld für die Deutsche Siedlungs- und Landesrentenbank in Bonn zu sichern; Nr. 6 Sätze 2 und 3 gelten entsprechend. Vom Beginn des Kalendervierteljahres ab, das auf die von der Siedlungsbehörde genehmigte Unterverteilung folgt, soll tunlichst eine Tilgung in Höhe von 4 v. H. angestrebt werden. Soweit der Siedler zu einer Tilgung in dieser Höhe nicht imstande ist, kann der Tilgungssatz bis auf 2 v. H. ermäßigt werden. Die Siedlungsbehörde kann dem Siedler bis zu zwei Freijahren, bei Moor-, Ödland- und Rodelandsiedlungen bis zu fünf Freijahren, bewilligen. Bei Eigensiedlern gelten die vorstehenden Tilgungs-Bedingungen für den unterverteilten Zwischenkredit von dem Beginn des Kalendervierteljahres ab, das auf die Bezugsfertigkeit der Siedlerstelle folgt.

Die Tilgungsbeträge sind nachträglich zum 1. April und 1. Oktober an die Deutsche Siedlungs- und Landesrentenbank in Bonn zu entrichten. Für Verzugszinsen gilt das zu Ziffer 5 Gesagte.

b) Beleihungshöchstsatz

Der unterverteilte Zwischenkredit muß bei einer 2prozentigen Leistung innerhalb des 50fachen Betrages der von der Siedlungsbehörde festgesetzten tragbaren Rente liegen. Bei Heraufsetzung der Tilgungsleistung ermäßigt sich der Kapitalisierungsfaktor entsprechend.

c) Ablösung
(gestrichen)

9. Begriff der tragbaren Rente bzw. der tragbaren Belastung

Die tragbare Rente ist derjenige von der Siedlungsbehörde festgestellte Jahresbetrag, der aus der Siedlerstelle bei ordnungsmäßiger Bewirtschaftung nachhaltig zur Verzinsung und Tilgung der für das Siedlungsverfahren gewährten oder übernommenen Kredite aufgebracht werden kann.

Bei Nebenerwerbsstellen ist der Nutzwert der Gebäude entsprechend seiner Bedeutung für die Stelle zu berücksichtigen.

10. Weitere Sicherungsbestimmungen

Der Zwischenkredit kann unbeschadet der sonstigen in diesen Richtlinien festgelegten Rückzahlungsgründe zurückgefordert werden.

a) wenn das Siedlungsverfahren nicht binnen angemessener Frist durchgeführt wird oder die Durchführung gefährdet ist, insbesondere wenn die von der zuständigen Siedlungsbehörde für die Durchführung festzusetzende angemessene Frist nicht eingehalten wird;

b) wenn das Siedlungsgrundstück ohne Genehmigung der Siedlungsbehörde ganz oder zu einem nach Wert oder Größe nicht unerheblichen Teil veräußert, aufgegeben, mit einem Nießbrauch belastet oder verpachtet wird. Dies gilt jedoch nicht für die Übertragung vom Siedlungsunternehmer auf den Siedler;

c) wenn bei einem Wechsel in der Person des Darlehensnehmers der Rechtsnachfolger des Darlehensnehmers oder der Übernehmer dieser Schuld sich nicht auf Verlangen des Darlehensgebers unverzüglich in einer Zusatzurkunde der sofortigen Zwangsvollstreckung in sein persönliches Vermögen unterwirft;

d) wenn die vereinbarte Sicherstellung des Darlehens aus irgendeinem Grunde unwirksam oder anfechtbar ist oder sie gegenüber Rechten Dritter nicht den vereinbarten Rang erhält oder behält;

e) wenn das Siedlungsgrundstück oder sonstige für den Kredit mithaftende Grundstücke nicht ordnungsgemäß bewirtschaftet, insbesondere nicht dauernd mit dem erforderlichen Inventar ausgestattet werden, oder die Grundstücke oder ihr Zubehör durch sonstige Umstände wesentlich verschlechtert werden.

f) wenn die Gebäude auf den Grundstücken zu e) nicht dauernd zum vollen Wert gegen Brandschäden versichert werden, oder der Darlehensnehmer die von der zuständigen Siedlungsbehörde oder dem Darlehensgeber sonst als erforderlich bezeichneten Versicherungen nicht abschließt und aufrechterhält,

g) wenn der Darlehensnehmer sich weigert, die Überprüfung seiner wirtschaftlichen Verhältnisse und seiner Wirtschaftsführung gemäß den Richtlinien zu gestatten;

h) wenn der Darlehensnehmer mit einer ihm obliegenden Leistung länger als einen Monat ganz oder teilweise im Rückstand bleibt;

i) wenn der Darlehensnehmer in Konkurs gerät oder seine Zahlungen einstellt oder mit Zwangsvollstreckungsmaßnahmen verfolgt oder das Vergleichsverfahren zur Abwendung des Konkurses über sein Vermögen eingeleitet wird;

k) wenn eine Sicherstellung des Darlehens im Range vorgehende oder gleichstehende Kapitalbelastung wegen eines vom Darlehensnehmer zu vertretenden Umstandes von dem Gläubiger vorzeitig fällig gemacht wird, oder der Darlehensnehmer eine solche Kapitalbelastung aufkündigt, ohne ihre Ablösung durch eigene Mittel oder Kredite von gleicher Laufzeit herbeizuführen;

l) wenn der Darlehensnehmer über Kapitalbelastungen der zu k) bezeichneten Art, soweit sie sich mit dem Eigentum in einer Person vereinigen, anders als durch Löschung verfügt;

m) wenn der Darlehensnehmer nicht neue Bedingungen anerkennt, die infolge von Änderungen der für Siedlerkredite der öffentlichen Hand aufgestellten allgemeinen Richtlinien notwendig werden;

14.1 Finanzierungsrichtlinien

n) soweit der Zwischenkredit durch einen unter Mitwirkung des Darlehensgebers beschafften Dauerkredit abgelöst werden kann, auf den eine Jahresleistung zu zahlen ist, die die regelmäßige Jahresleistung für den Zwischenkredit nicht übersteigt;

o) soweit der Zwischenkredit weder durch Dauerkredit abgelöst noch unterverteilt wird, insbesondere auf den einzelnen Siedlerstellen die nach den Richtlinien festgesetzte Beleihungsgrenze übersteigt;

p) wenn das Darlehen entgegen den Bedingungen dieser Richtlinien verwendet wird.

11. Einrichtungsdarlehen

a) Zweckbestimmung

Das Einrichtungsdarlehen dient dazu, dem Siedler die Einrichtung seiner Siedlerstelle zu erleichtern, insbesondere das fehlende Inventar zu beschaffen und die Auszahlung zu ergänzen. Es darf nur in der Höhe gewährt werden, wie die Eigenmittel des Siedlers nach Ausschöpfung der sonst bestehenden Finanzierungshilfen nicht ausreichen.

b) Verzinsung und Tilgung

Das Einrichtungsdarlehen ist zinsfrei. Es ist mit jährlich 2 v. H. außerhalb der tragbaren Rente zu tilgen. Die Tilgung beginnt drei Jahre, in besonderen Fällen nach Bestimmung der Siedlungsbehörde spätestens fünf Jahre, nach dem auf die erste Auszahlung folgenden Vierteljahresersten.

Die Tilgungsbeträge sind nachträglich zum 1. April und 1. Oktober an die Deutsche Siedlungs- und Landesrentenbank in Bonn zu entrichten. Für Verzugszinsen gilt das zu Ziffer 5 Gesagte.

c) Dingliche Sicherung

Für das Einrichtungsdarlehen ist eine briefiose Darlehenshypothek für die Deutsche Siedlungs- und Landesrentenbank in Bonn an bereitester Stelle zu mindest gleichrangig mit den Einrichtungsdarlehen aus anderen Mitteln einzutragen.

d) Zurückzahlung

Die Bestimmungen unter Ziffer 7 und 10 gelten entsprechend für das Einrichtungsdarlehen.

III. Darlehen für die Anliegersiedlung

12. Bemessung des Darlehens

Vertriebene und Sowjetzonenflüchtlinge, die Land zur Hebung ihrer Kleinbetriebe bis zur Größe einer selbständigen Ackernahrung erwerben, können Darlehen zur Bezahlung des Landankaufpreises erhalten. Das Darlehen darf 90 v. H. des von der Siedlungsbehörde festgesetzten oder genehmigten Schätzungswertes des Zukauflandes nicht übersteigen.

Zu einer durch den Zukauf notwendig gewordenen Vergrößerung der Wirtschaftsgebäude kann dem Vertriebenen oder Sowjetzonenflüchtling als Anliegersiedler ein Baukredit gewährt werden.

Der Gesamtkredit für Land und Gebäude soll in der Regel nicht mehr als 90 v. H. des von der Siedlungsbehörde festgesetzten oder genehmigten Schätzungswertes der Stammstelle und der Zukaufsfläche betragen.

13. Verzinsung und Tilgung des Anliegersiedlungskredites

Die im Anliegersiedlungsverfahren gewährten Darlehen sind zinsfrei.

Die Darlehen sind von dem auf die erste Auszahlung folgenden Vierteljahresersten ab mit jährlich 4 v. H. zu tilgen.

Frei- oder Schonjahre werden in der Regel nicht gewährt. Bei Zukauf von Moor-, Ödland oder Rodungsflächen im Anliegersiedlungsverfahren kann die Siedlungsbehörde bis zu drei Freijahren bewilligen.

Werden Kleinbetrieben größere Flächen zugeteilt, so können der Tilgungssatz äußerstenfalls bis auf 2 v. H. herabgesetzt und Freijahre wie bei Neusiedlungen (vgl. Ziffer 8) bewilligt werden.

Die Tilgungsbeträge sind nachträglich zum 1. April und 1. Oktober an die Deutsche Siedlungs- und Landesrentenbank in Bonn zu entrichten. Für Verzugszinsen gilt das zu Ziffer 5 Gesagte.

14. Dingliche Sicherung

Für den im Anliegersiedlungsverfahren gewährten Kredit ist eine brieflose Grundschuld für die Deutsche Siedlungs- und Landesrentenbank in Bonn gleichrangig mit den übrigen im Anliegersiedlungsverfahren gewährten öffentlichen Finanzierungsmitteln einzutragen.

Die Sicherung soll in der Weise erfolgen, daß die Zukaufsfläche an erster Stelle und die Stammstelle an bereitester Stelle belastet wird.

15. Zurückzahlung

Die Bestimmungen unter Ziffer 7 und 10 gelten entsprechend für den im Anliegersiedlungsverfahren gewährten Kredit.

16. Ablösung

(gestrichen)

IV. Beihilfen in Neusiedlungsverfahren

17. Zweckbestimmung

Beihilfen können gewährt werden in Ergänzung der Kredite aus Bundeshaushaltsmitteln zu den Aufwendungen für die Besiedlung, insbesondere auch zu den Kosten

a) für die Regelung der öffentlich-rechtlichen Verhältnisse,

b) für die Durchführung von Bodenverbesserungen,

c) für die Anlegung und den Ausbau von Wegen, Gräben und sonstigen Folgeeinrichtungen,

d) für genossenschaftliche und gemeinschaftliche Anlagen,

e) für die Elektrifizierung, die Wasserversorgung und Abwässerbeseitigung.

Die Beihilfen aus Bundeshaushaltsmitteln werden zusätzlich zu den entsprechenden Ländermitteln gewährt.

18. Bemessung der Beihilfen

Die Beihilfen dürfen 50 v. H. der durch Kredite nicht gedeckten Kosten und sollen ein Viertel des für das Verfahren aus Bundeshaushaltsmitteln gewährten Kredites nicht überschreiten.

19. Zurückzahlung

Bei richtlinienwidriger Verwendung sind die Beihilfen zuzüglich Zinsen zurückzuzahlen. Für die Bemessung der Zinsen gilt Ziffer 7 Abs. 1.

V. Kauf eines bestehenden Betriebes

20. Allgemeine Bestimmungen über den Kauf eines bestehenden Betriebes

(1) Vertriebenen und Sowjetzonenflüchtlingen, die einen Betrieb, Betriebsteil oder ein Grundstück gemäß §§ 42 oder 44 BVFG erwerben, kann zusätzlich zu einem Darlehen aus Landesmitteln ein Darlehen aus Bundesmitteln

a) zur Zahlung des Erwerbspreises,
b) zur Beschaffung des Inventars,
c) für bauliche Aufwendungen,
d) zur Beschaffung der erforderlichen Betriebsmittel,
e) für die Beschaffung von Ersatzwohnraum bei der Übernahme einer Vollerwerbsstelle

gewährt werden.

(2) Das Darlehen wird dem Vertriebenen oder Sowjetzonenflüchtling gewährt. Das Darlehen für die Beschaffung von Ersatzwohnraum kann demjenigen gewährt werden, für den der Ersatzwohnraum beschafft wird.

(3) Das Darlehen für die Beschaffung von Ersatzwohnraum kann bis zu einem Betrage von 10 000,- DM und nur dann gewährt werden, wenn die Beschaffung von Ersatzwohnraum Voraussetzung für die ordnungsgemäße Bewirtschaftung der Stelle ist.

(4) Das Darlehen nach Absatz 1 Buchstabe a) bis c) und Buchstabe e) ist unverzinslich und mit mindestens 2 v. H. jährlich zu tilgen. Die Siedlungsbehörde kann bis zu 2 Freijahren, bei Kaufstellen aus Moor- und Ödland oder diesen nach § 40 Absatz 2 BVFG gleichgestellten Flächen bis zu 5 Freijahren festsetzen. Das Darlehen nach Absatz 1 Buchstabe d) ist nach 2 Freijahren in 10 gleichen Jahresraten zurückzuzahlen.

(5) Das Darlehen nach Absatz 1 ist, soweit keine Freijahre festgesetzt worden sind, von dem auf die Auszahlung von mindestens 75 v. H. des Darlehens folgenden Vierteljahresersten an zu tilgen. Im übrigen sind die Nr. 8 Buchstabe a) Absatz 2, Nr. 8 Buchstabe b), Nr. 9 und Nr. 10 entsprechend anzuwenden.

(6) Zur Sicherung des Darlehens nach Absatz 1 Buchstabe a) bis d) ist auf dem erworbenen Grundbesitz eine brieflose Grundschuld zu den Bedingungen dieser Richtlinien für die Deutsche Siedlungs- und Landesrentenbank in Bonn im Range nach den Vorlasten aber mindestens im gleichen Range mit den übrigen öffentlichen Finanzierungsmitteln und innerhalb des nach Nr. 8 Buchstabe b) zulässigen Beleihungshöchstsatzes einzutragen. Nr. 6 Satz 2 und 3 gilt entsprechend. Das Darlehen nach Absatz 1 Buchstabe e) ist auf dem Grundstück, auf dem der Ersatzwohnraum geschaffen wird, durch Eintragung einer brieflosen Grundschuld für die Deutsche Siedlungs- und Landesrentenbank in Bonn an bereitester Stelle innerhalb von 90 v. H. des Schätzwertes zu den Bedingungen dieser Richtlinien zu sichern.

21. Beihilfen

Wenn mit Darlehen allein eine neue gesicherte Lebensgrundlage nicht geschaffen werden kann, so kann für die in Nr. 20 Buchstabe a) bis d) genannten Zwecke zusätzlich zu einer vom Land in gleicher Höhe gewährten Beihilfe eine Beihilfe aus Bundesmitteln bis zur Höhe eines Fünftels der für die Übernahme des Betriebes insgesamt gegebenen Darlehen gewährt werden.

VI. Übernahme landwirtschaftlicher Betriebe auf Grund eines langfristigen Pachtvertrages

22. Darlehen für den Pächter

(1) Vertriebenen oder Sowjetzonenflüchtlingen, die einen Betrieb, Betriebsteil oder ein Grundstück gemäß § 42 BVFG pachten, kann zusätzlich zu einem Darlehen aus Landesmitteln ein Darlehen aus Bundesmitteln zur Beschaffung des für die Bewirtschaftung des Pachtbetriebes erforderlichen
a) lebenden und toten Inventars,
b) des Feldinventars,
c) der Vorräte und Betriebsmittel
gewährt werden.

(2) Die Höhe des Darlehens ist so zu bemessen, daß die Aufbringung der Darlehensleistungen unter Berücksichtigung der Verpflichtungen aus dem Pachtvertrag gewährleistet ist.

(3) Einem Pachtvertrag im Sinne von Absatz 1 stehen die in § 45 BVFG genannten Maßnahmen und ein nach §§ 62 und 63 BVFG abgeschlossener oder rechtskräftig festgesetzter Pachtvertrag gleich.

23. Darlehen für den Verpächter

(1) Neben dem Darlehen nach Nr. 22 kann für bauliche Maßnahmen auf dem Pachtbetrieb ein Betrag von höchstens 20 000,- DM und bei Vollerwerbstellen für die Beschaffung von Ersatzwohnraum ein Betrag von höchstens 10 000,- DM gewährt werden. Diese Darlehen sollen dem Verpächter oder demjenigen, für den der Ersatzwohnraum beschafft wird, gewährt werden.

(2) Wird der Pachtvertrag auf mindestens 18 Jahre abgeschlossen, und räumt der Verpächter dem Pächter und seinem mittelbaren oder unmittelbaren Rechtsnachfolger ein Vorpachtrecht, ein Vorkaufsrecht für alle Fälle (§ 1097 BGB) oder eine Kaufanwartschaft ein, kann das dem Verpächter zur Beschaffung von Ersatzwohnraum zu gewährende Darlehen aus Bundesmitteln bis auf 20 000,- DM erhöht werden.

24. Bedingungen der Darlehen

(1) Die Darlehen nach Nr. 22 Absatz 1 und Nr. 23 sind unverzinslich und mit mindestens 5 v. H. jährlich zu tilgen. Die Gewährung von Freijahren ist ausgeschlossen. Nr. 8 Buchstabe a) Absatz 2 und Nr. 20 Absatz 5 Satz 1 gelten entsprechend.

(2) Der nach Ablauf der Pachtzeit verbleibende Darlehensrest ist sofort zurückzuzahlen, wenn nicht das Pachtverhältnis verlängert wird, der Pächter den Pachtbetrieb käuflich erwirbt oder der Darlehensrest auf einem anderen landwirtschaftlichen Betrieb abgesichert werden kann.

(3) Der Rest des dem Pächter gewährten Darlehens wird erlassen, wenn das Darlehen durch außerplanmäßige Tilgung beim Ablauf einer vertraglichen Pachtzeit

von 18 Jahren mindestens zu 95 v. H. oder beim Ablauf einer vertraglichen Pachtzeit von weniger als 18 Jahren mindestens zu 90 v. H. getilgt ist.

25. Rückzahlung der Darlehen

(1) Die Darlehen nach Nr. 23 Absatz 1 und 2 sind, wenn sie dem Verpächter oder dem Pächter gewährt worden sind, sofort zurückzuzahlen, wenn vor Ablauf der vertraglich vereinbarten Zeit

a) der Pachtvertrag von den Vertragsparteien aufgehoben wird,

b) der Verpächter ohne wichtigen Grund oder entgegen den Vorschriften der §§ 569, 596 BGB kündigt oder

c) der Pächter aus einem wichtigen, in der Person des Verpächters liegenden Grund kündigt.

(2) Die in Nr. 23 Abs. 1 und 2 genannten Darlehen sind nicht sofort zurückzuzahlen, wenn der Betrieb unverzüglich wieder an einen Vertriebenen oder Sowjetzonenflüchtling nach § 42 BVFG verpachtet wird. Ist dem Verpächter ein Darlehen nach Nr. 23 Absatz 2 gewährt worden, entfällt die Rückzahlungsverpflichtung nur dann, wenn auch der mit dem neuen Pächter abgeschlossene Pachtvertrag von 18 Jahren und die Einräumung eines Vorpachtrechts, eines Vorkaufsrechts für alle Fälle oder eine Kaufanwartschaft für den Pächter sowie seinen unmittelbaren und mittelbaren Rechtsnachfolger vorsieht.

(3) Das dem Verpächter gewährte Darlehen kann ihm abweichend von Absatz 1 in Härtefällen belassen werden, wenn es mit 5 v. H. verzinst und zuzüglich ersparter Zinsen mit 5 v. H. getilgt wird.

26. Absicherung der Darlehen

(1) Das Darlehen nach Nr. 22 Absatz 1 ist durch Verpfändung des Inventars nach dem Pachtkreditgesetz vom 5. August 1951 (BGBl. I S. 494) zu sichern. Ist die Bestellung eines Inventarpfandrechts nicht möglich, so ist das Darlehen durch Sicherungsübereignung der Inventargegenstände oder in anderer geeigneter Weise zu sichern.

(2) Das Darlehen für bauliche Maßnahmen auf dem Pachtbetrieb und das Darlehen für die Beschaffung von Ersatzwohnraum sind – mit Ausnahme im Falle des Absatzes 3 – durch eine Grundschuld an bereitester Stelle innerhalb von 90 v.H. des Schätzwertes zu sichern.

(3) Ist das in Absatz 2 genannte Darlehen für bauliche Maßnahmen auf dem Pachtbetrieb nicht dem Verpächter gewährt worden und hat der Verpächter auch keine Sicherheit für das Darlehen bestellt, so ist vorzusehen, daß der Verpächter dem Pächter einen Anspruch auf Ersatz der Aufwendungen zugesteht. Dieser Anspruch ist zur Sicherung des Darlehens an den Darlehensgläubiger abzutreten.

27. Beihilfen

(1) Wenn mit Darlehen allein eine neue gesicherte Lebensgrundlage nicht geschaffen werden kann, so kann für die in Nr. 22 genannten Zwecke zusätzlich zu einer vom Land in gleicher Höhe gewährten Beihilfe eine Beihilfe aus Bundesmitteln bis zur Höhe eines Fünftel der für die Übernahme des Pachtbetriebes nach Nr. 22 gegebenen Darlehen gewährt werden (Verfahrensbeihilfe).

(2) Dem Pächter kann neben der Verfahrensbeihilfe eine weitere Beihilfe aus Bundesmitteln bis zur Höhe des zweifachen Jahrespachtzinses (Pachtzinsbeihilfe) gewährt werden, wenn dies zur Sicherung einer selbständigen Existenz, ins-

besondere zur Überwindung von Anlaufschwierigkeiten erforderlich und der Pachtzins angemessen ist. Die Pachtzinsbeihilfe ist von der Siedlungsbehörde festzusetzen und zur Zahlung des Pachtzinses der ersten beiden Pachtjahre zu verwenden. Sie kann dem Verpächter nach Übergabe des Betriebes an den Pächter in einer Summe gezahlt werden.

(3) Wird der Pachtvertrag auf mindestens 18 Jahre abgeschlossen, so kann die Pachtzinsbeihilfe bis zur Höhe des dreifachen Jahrespachtzinses (bei einer Pachtzeit von mindestens 24 Jahren bis zur Höhe des vierfachen Jahrespachtzinses) gewährt und dem Verpächter nach Übergabe des Betriebes an den Pächter in einer Summe gezahlt werden. Satz 1 gilt sinngemäß, wenn ein auf weniger als 18 bzw. 24 Jahre abgeschlossener Pachtvertrag um mindestens 4 Jahre auf insgesamt mindestens 18 bzw. 24 Jahre verlängert wird; früher gezahlte Pachtzinsbeihilfen sind anzurechnen.

(4) Die Pachtzinsbeihilfe nach Absatz 2 und Absatz 3 darf nur vorauszuzahlen werden, wenn im Pachtvertrag oder in einem Zusatzvertrag vereinbart ist, daß der Pachtzins für 2 bzw. 3 bzw. 4 Jahre im voraus in einer Summe zu entrichten ist.

28. Rückzahlung der Beihilfen

(1) Bei Auflösung des Pachtvertrages vor Ablauf der vereinbarten Pachtdauer ist die Pachtzinsbeihilfe zurückzuzahlen, es sei denn, daß der Pächter den Betrieb erwirbt. Sie kann, wenn die Rückzahlung eine unbillige Härte darstellen würde, höchstens insoweit belassen werden, wie sich die tatsächliche zur vereinbarten Pachtdauer verhält. Die Rückzahlungspflicht nach Satz 1 ist in der Schuldurkunde ausdrücklich zu vereinbaren. Pachtzinsbeihilfen dürfen vor Vollzug der Schuldurkunde nicht ausgezahlt werden.

(2) Absatz 1 Satz 1 und 3 gilt für die Verfahrensbeihilfe entsprechend, wenn der Pächter die Auflösung des Pachtvertrages zu vertreten hat.

VII. Nachfinanzierung bei Neusiedlungen und Kauf- und Pachtstellen

29. Sonderrichtlinien für die Nachfinanzierung

Für die Bewilligung von zusätzlichen Darlehen und Beihilfen aus Bundesmitteln zur Erhaltung und Sicherung einer vollbäuerlichen Existenz und zur Anpassung an die Erfordernisse der Europäischen Wirtschaftsgemeinschaft ergehen besondere Richtlinien.

VIII. Beihilfen bei Ansetzung auf Moor-, Ödland- oder Rodungsflächen

30. Zweckbestimmung

Ist nach dem 1. Oktober 1952 die Kultivierung von Moor-, Ödland- oder Rodungsflächen in Angriff genommen worden, so können für die Kultivierung Beihilfen nach § 43 BVFG gewährt werden, sofern die Ansetzung von Vertriebenen oder Sowjetzonenflüchtlingen gewährleistet ist. In Anlehnung an § 40 BVFG werden dem Moor- und Ödland gleichgestellt landwirtschaftlich nutzbare Ländereien, die nicht planmäßig bewirtschaftet werden sowie nicht sachgemäß bewirtschaftete Holzbodenflächen (Rodungsflächen), soweit sie zur Besiedlung geeignet sind.

31. Bemessung der Beihilfen

Die Beihilfen können bis zur Höhe von 2500 DM je ha der zu kultivierenden oder zu rodenden Fläche bewilligt werden. Für Kultivierungskosten, die über den Betrag von 2500 DM je ha hinausgehen, sind Landesmittel oder andere Mittel zu verwenden.

32. Beihilfenempfänger

Die Beihilfen können einem Siedlungsunternehmer oder einem Siedler, der Vertriebener oder Sowjetzonenflüchtling ist, gewährt werden. Die Siedlungsbehörde hat in allen Fällen mitzuwirken.

33. Zurückzahlung

Für die Zurückzahlung der Beihilfen gelten Nr. 28 und die Richtlinien für die Rückforderung gewährter Beihilfen in der ländlichen Siedlung und der Eingliederung von Vertriebenen und Sowjetzonenflüchtlingen vom 20. März 1963 (Min. Bl. BML S. 173).

IX. Beihilfen für die Vorbereitung, Durchführung und Sicherung der Eingliederung

34. Die Bewilligung von Beihilfen zu den Aufwendungen für die Vorbereitung, Sicherung und Durchführung der Eingliederung erfolgt nach besonderen Richtlinien.

X. Verfahren

35. Allgemeines

a) Die Darlehen und Beihilfen nach I – IV werden durch die obersten Siedlungsbehörden der Länder unter Vorbehalt der Zustimmung der Deutschen Siedlungs- und Landesrentenbank in Bonn festgesetzt. Für die Deutsche Siedlungs- und Landesrentenbank sind die von der Siedlungsbehörde festgesetzten oder genehmigten Beleihungswerte maßgebend.

Der Deutschen Siedlungs- und Landesrentenbank sind für ihre Zustimmung die Unterlagen vorzulegen, die der Entscheidung der obersten Siedlungsbehörde des Landes zugrunde gelegen haben (Finanzierungsplan, Nachweisung der Siedlerstellen u. ä.).

b) Die Beihilfen nach VIII werden von der Deutschen Siedlungs- und Landesrentenbank bewilligt.

Dem Antrage der obersten Siedlungsbehörde sind beizufügen:

a) ein Meßtischblatt, in das die dem Antrage zugrunde liegenden Flächen eingezeichnet sind,

b) eine kurze Erläuterung des Vorhabens,

c) eine Finanzierungsübersicht nach Baujahren gegliedert, mit Deckungsvorschlägen,

d) eine Verwertungsübersicht mit der Bestätigung der Siedlungsbehörde, daß die Ansetzung von Vertriebenen oder Sowjetzonenflüchtlingen auf diesen Flächen gewährleistet ist.

36. Abruf der Mittel

Die Träger der Maßnahmen dürfen Bundesmittel nur soweit und nicht eher anfordern, als diese zur Bewirkung fälliger Zahlungen im Rahmen des Zuwendungszwecks benötigt werden. Stellt sich ein Mittelabruf nachträglich als überholt heraus, so sind die Mittel insoweit unverzüglich an die auszahlende Stelle zurückzuzahlen. Geschieht dies nicht bis zum Schluß des auf den Eingang der Mittel folgenden zweiten Kalendermonats, so sind die verfrüht abgerufenen Mittel vom Beginn dieses Monats an bis zu ihrer endgültigen Verwendung bzw. bis zur Rückzahlung mit 2 v. H. über Bundesbankdiskont, mindestens jedoch mit 6,5 v. H., zu verzinsen. Bis zum Beginn dieser Verzinsung aufgelaufene Habenzinsen sind ebenfalls abzuführen.

37. Überwachung der Verwendung

Die bestimmungsmäßige und zeitgerechte Verwendung der Bundeshaushaltsmittel ist von den Landwirtschaftsministerien der Länder (Oberste Siedlungsbehörden) zu überwachen.

38. Prüfungsrecht

Der Bundesminister für Ernährung, Landwirtschaft und Forsten und der Bundesrechnungshof behalten sich vor:

a) die Verwendung der Mittel durch Besichtigung an Ort und Stelle und durch Einsichtnahme in die Bücher, Belege und sonstigen Unterlagen entweder selbst zu prüfen oder durch Beauftragte prüfen zu lassen,

b) Auskünfte einzuholen.

Das Prüfungs-, Auskunfts- und Rückforderungsrecht gegenüber allen weiteren Empfängern bis zu den Letztempfängern hin vorzubehalten. Das gilt insbesondere gegenüber den Siedlungsunternehmern. Die Buch- und Kassenführung der Mittelempfänger ist so zu gestalten, daß die Verwendung der Mittel jederzeit an Hand der Bücher und Belege nachgeprüft werden kann.

Die für die Vorprüfung der Siedlungsmittel des Landes zuständigen Vorprüfungsstellen sind anzuweisen, auch die Vorprüfung bezüglich der nach diesen Richtlinien bereitgestellten Bundeshaushaltsmittel vorzunehmen.

39. Verwendungsnachweis

Für die nach diesen Richtlinien gewährten Darlehen und Beihilfen sind Verwendungsnachweise für jedes Rechnungsjahr aufzustellen, für die noch weitere Anordnungen mit Muster übersandt werden. Es bleibt vorbehalten, weitere Unterlagen insbesondere über die Abrechnung einzelner Siedlungsverfahren anzufordern.

14.2 Prioritätenregelung gemäß § 46 Abs. 4 und § 67 des Bundesvertriebenengesetzes (BVFG) in der Fassung vom 9. September 1968 (MinBl. BML S. 479), zuletzt geändert durch Rundschreiben des BML vom 20. Dezember 1983 – 523-6160, (Richtlinien für die Rangfolge bei der Bewilligung von Finanzierungshilfen des Bundes)

Antragsberechtigte nach §§ 35 und 36 BVFG können Darlehen und Beihilfen des Bundes für die Eingliederung auf Nebenerwerbsstellen nur in nachstehender Rangfolge und unter der Voraussetzung erhalten, daß ihr Jahreseinkommen die nach § 25 des Zweiten Wohnungsbaugesetzes zu berechnende Einkommensgrenze höchstens um 40 vom Hundert überschreitet.

Kategorie I:
Aussiedler und Zuwanderer sowie deren Ehegatten, die eine durch Eigentum, Pacht oder ein ähnliches Nutzungsverhältnis in der Landwirtschaft begründete Existenz verloren haben.

Kategorie II:
In den Aussiedlungsgebieten sowie in der DDR oder Berlin-Ost geborene Hof- und Betriebserben von unter Kategorie I genannten und bisher noch nicht geförderten Personen.

Kategorie III:
Aussiedler und Zuwanderer, gegebenenfalls deren Ehegatten, die früher unselbständig in der Landwirtschaft tätig waren (z. B. Gutsverwalter, Heuerlinge, Landarbeiter).

14.3 Rundschreiben des Bundesministers für Ernährung, Landwirtschaft und Forsten zur Auslegung des Begriffs „aus der Landwirtschaft stammen" in § 35 BVFG vom 6. November 1978 – 523 – 6160 – 52/73 – in der Fassung des Rundschreibens des BML vom 20. Dezember 1983 – 523 – 6160

Anläßlich der Siedlungsreferentenbesprechung am 21. September 1978 in Wiesmoor sind einige Fragen behandelt worden, die bei der Auslegung des Begriffs „aus der Landwirtschaft stammen" in § 35 BVFG aufgetreten sind.

Auf der Grundlage des Ergebnisses der Siedlungsreferentenbesprechung am 21. September 1978 bemerke ich im Einvernehmen mit dem Bundesminister des Innern und dem Bundesminister der Finanzen in diesem Zusammenhang:

Hinsichtlich der Spätaussiedler bitte ich bei der Prüfung der Frage, ob sie im Sinne des § 35 BVFG aus der Landwirtschaft stammen, nach folgenden Grundsätzen zu verfahren:

1. Der Begriff „aus der Landwirtschaft stammen" im Sinne des § 35 BVFG ist keinesfalls gleichzusetzen mit dem Begriff „bäuerlicher Abstammung sein" im Sinne des allgemeinen Sprachgebrauchs. Bäuerlicher Abstammung ist jeder, dessen Eltern zur Zeit seiner Geburt Bauern waren. Hierbei spielt es keine Rolle, ob der Betroffene selbst in seinem späteren Leben noch Beziehungen zur Landwirtschaft hatte oder ob seine Eltern später ihren bäuerlichen Beruf aufgegeben haben. Im allgemeinen Sprachgebrauch wird der Begriff sogar dann verwendet, wenn nur die Großeltern oder sonstigen Vorfahren Bauern waren.

Diese Begriffsdefinition ist für die Abgrenzung der Antragsvoraussetzung nach § 35 BVFG nicht verwertbar. Der Begriff „aus der Landwirtschaft stammend" muß daher nach dem gesetzespolitischen Sinn und Zweck des § 35 BVFG ausgelegt werden, wobei der Entstehungsgeschichte dieser Vorschrift und deren Zusammenhang mit anderen Eingliederungsvorschriften des Gesetzes besondere Bedeutung zukommt.

Unter Berücksichtigung dieser Umstände können dem Kreise der aus der Landwirtschaft stammenden Spätaussiedler nur diejenigen zugerechnet werden, die bis zur Aussiedlung ihre Existenzgrundlage in einem landwirtschaftlichen Betrieb hatten. Diese Lebensgrundlage in der heimatlichen Landwirtschaft muß bis zur Aussiedlung bestanden haben und erst durch sie verloren gegangen sein. Das bedeutet, daß nur solche Personen als aus der Landwirtschaft stammend angesehen werden können, die ihren Lebensunterhalt bis zur Aussiedlung ganz oder zumindest überwiegend aus einem landwirtschaftlichen Betrieb bezogen haben. Hierzu gehören naturgemäß nicht nur alle selbständigen Landwirte und alle Arbeitnehmer in landwirtschaftlichen Betrieben, sondern auch diejenigen Personen, die sich wegen ihres Alters, ihres Gesundheitszustandes oder infolge anderer Umstände zwar nicht mehr oder noch nicht selbst landwirtschaftlich betätigt haben, die jedoch ihre materielle Lebensgrundlage in einem landwirtschaftlichen Betrieb hatten, wie das vor allem bei Altenteilern und bei Kindern bis zum Ende ihrer Berufsausbildung der Fall ist.

Das Abstellen darauf, daß der Spätaussiedler seine Lebensgrundlage in der Landwirtschaft gehabt haben muß, ergibt sich auch zwingend aus dem im Zusammenhang mit den sonstigen Eingliederungsvorschriften des BVFG deutlich erkennbaren Gesetzeszweck.Durch besondere Förderungsmaßnahmen soll erreicht werden, daß Spätaussiedler als Ersatz für ihre in der Heimat verlorene Lebensgrundlage hier eine gleichwertige oder zumindest annähernd gleichwertige Lebensgrundlage finden. Es muß also ein Kausalzusammenhang zwischen der Aussiedlung und dem Verlust der Lebensgrundlage in der Landwirtschaft bestehen, weil die nach den §§ 35 ff. BVFG zu gewährenden Hilfen nur den Ausgleich von vertreibungsbedingten Nachteilen bezwecken. Wer seine in der Landwirtschaft beruhende Lebensgrundlage schon vor der Aussiedlung aufgegeben und seither einen anderen Beruf ausgeübt hatte, gehört daher nach § 35 BVFG nicht mehr zu den aus der Landwirtschft stammenden Personen; er kann folglich auch nicht beanspruchen, daß ihm nach der Aussiedlung aufgrund der Eingliederungsbestimmungen der §§ 35 ff. BVFG erneut zu einer Lebensgrundlage in der Landwirtschaft verholfen wird.

Diese Auslegung, die den Vorzug hat, klar und praktikabel zu sein, wird durch die Entstehungsgeschichte des § 35 BVFG gestützt. Ursprünglich war die Eingliederung nach § 35 BVFG nur für Vertriebene und Sowjetzonenflüchtlinge vorgesehen „die in der Landwirtschaft tätig waren". Man bezog sich damit auf die berufsmäßige Verbundenheit mit der heimatlichen Landwirtschaft. Der Personenkreis wurde dann durch die heute geltende Fassung ausgedehnt, um damit insbesondere die zur Zeit der Vertreibung noch arbeitsfähigen Personen, die gleichwohl ihre Lebensgrundlage in der Landwirtschaft hatten, einzubeziehen.

Antragsberechtigt sind Aussiedler und Zuwanderer, die

1.1 in den Aussiedlungsgebieten in einer Sowchose, Kolchose oder einem ähnlichen landwirtschaftlichen Betrieb beschäftigt und in der Landwirtschaft tätig waren,

1.2. vor der Aussiedlung Einnahmen aus der Erzeugung landwirtschaftlicher Produkte aus einer sogenannten persönlichen Nebenwirtschaft hatten und damit tatsächlich ihren Haupterwerb aus der Landwirtschaft gezogen haben,

1.3 durch administrativen Akt oder andere ihrer freien Willensbildung entzogene Umstände gehindert waren, eine Tätigkeit in der Landwirtschaft auszuüben und die vor dem 31. Dezember 1956 im Aussiedlungsgebiet oder in der DDR oder in Berlin-Ost geboren wurden. Umstände dieser Art sind von dem Antragsteller glaubhaft zu machen. Hierbei können jedoch nur Umstände berücksichtigt werden, die sich im Zusammenhang mit den Ereignissen des Zweiten Weltkrieges ergeben haben.

14.4 Fragebogen zur Erfassung der aus der Landwirtschaft stammenden Aussiedler

Anläßlich der Ermittlung der Berufsgruppenzugehörigkeit der in dem Grenzdurchgangslager Friedland und in der Durchgangsstelle für Aussiedler in Nürnberg ankommenden Spätaussiedler sollten für eine zutreffende Erfassung der Spätaussiedler, die im Sinne §§ 35ff. BVFG aus der Landwirtschaft stammen, zusätzlich folgende Fragen gestellt werden:

Name: _____ Vorname: _____

Anzahl der Familienangehörigen: _____

Herkunftsland: _____

Nummer des Reg.Scheins: _____

Von dem Spätaussiedler unmittelbar vor der Aussiedlung ausgeübte Tätigkeit:

1. Selbständiger Landwirt (auch Pächter) oder Familienangehöriger eines solchen

(1) Ja ☐*   Nein ☐*

2. Unselbständiger Arbeitnehmer in einem landwirtschaftlichen Betrieb (auch Arbeitnehmer in Sowchosen, Kolchosen oder ähnlichen landwirtschaftlichen Betrieben) – Z. B. Landarbeiter, Landhandwerker, Melker, Verwalter –

(2) Ja ☐*   Nein ☐*

3. Falls zu Ziffern 1 – 2 die Antwort Nein lautet:

Ausgeübte Tätigkeit: _____

Wurde eine persönliche Nebenwirtschaft betrieben (Eigennutzung einer bestimmten Fläche)?

Ja ☐*   Nein ☐*

Größe der intensiv genutzten Nebenwirtschaft _____ m²
Mindestens 5000 m²?

(3) Ja ☐*   Nein ☐*

---

* Zutreffendes ankreuzen

4. Sofern unmittelbar vor der Aussiedlung eine Tätigkeit außerhalb der Landwirtschaft ausgeübt wurde:
Waren Spätaussiedler oder seine Eltern vorher selbständige Landwirte, Arbeitnehmer in einem landwirtschaftlichen Betrieb oder in einer Sowchose, Kolchose oder in einem ähnlichen landwirtschaftlichen Betrieb?

Ja ☐*   Nein ☐*

Falls Ja:
Wurden Spätaussiedler oder seine Eltern innerhalb des Aussiedlungsgebietes im Zusammenhang mit dem 2. Weltkrieg durch die dortigen Behörden zwangsweise umgesiedelt, verschleppt, interniert, oder mußten sie die überwiegend landwirtschaftliche Tätigkeit gegen ihren Willen sonst aufgeben?

Ja ☐*   Nein ☐*

Falls Ja:
Sind Spätaussiedler oder seine Eltern **dadurch faktisch** gezwungen worden, im Zeitpunkt vor der Aussiedlung eine Tätigkeit außerhalb der Landwirtschaft auszuüben?

(4) Ja ☐*   Nein ☐*

Falls eine der Antworten „Ja", die durch eine davon in Klammern gesetzte Zahl (1 – 4) besonders gekennzeichnet ist, angekreuzt wird, kommt der Spätaussiedler **möglicherweise** für eine Förderung, z. B. mit einer landwirtschaftlichen Nebenerwerbsstelle oder landwirtschaftlichen Vollerwerbsstelle in Betracht.

Der jeweilige Sachbearbeiter teilt dieses **vorläufige Ergebnis** dem Spätaussiedler unmittelbar mit. Zugleich überreicht er dem Spätaussiedler das einschlägige Merkblatt.

15. RENTEN- UND UNFALLVERSICHERUNG
Fremdrentengesetz (FRG) vom 25. Februar 1960 (BGBl. I S. 93), zuletzt geändert durch Gesetz vom 12. Juli 1987 (BGBl. I S. 1585)

I. Gemeinsame Vorschriften
§ 1
Dieses Gesetz findet unbeschadet des § 5 Abs. 4 und des § 17 Anwendung auf
a) Vertriebene im Sinne des § 1 des Bundesvertriebenengesetzes, die als solche im Geltungsbereich dieses Gesetzes anerkannt sind,

---

* Zutreffendes ankreuzen

b) Deutsche im Sinne des Artikels 116 Abs. 1 des Grundgesetzes und frühere deutsche Staatsangehörige im Sinne des Artikels 116 Abs. 2 Satz 1 des Grundgesetzes, wenn sie unabhängig von den Kriegsauswirkungen ihren gewöhnlichen Aufenthalt im Geltungsbereich dieses Gesetzes genommen haben, jedoch infolge der Kriegsauswirkungen den früher für sie zuständigen Versicherungsträger eines auswärtigen Staates nicht mehr in Anspruch nehmen können.

c) Deutsche im Sinne des Artikels 116 Abs. 1 des Grundgesetzes und frühere deutsche Staatsangehörige im Sinne des Artikels 116 Abs. 2 Satz 1 des Grundgesetzes, die nach dem 8. Mai 1945 in ein ausländisches Staatsgebiet zur Arbeitsleistung verbracht wurden,

d) heimatlose Ausländer im Sinne des Gesetzes über die Rechtsstellung heimatloser Ausländer im Bundesgebiet vom 25. April 1951 (Bundesgesetzblatt I S. 269), auch wenn sie die deutsche Staatsangehörigkeit erworben haben oder erwerben,

e) Hinterbliebene der in Buchstaben a bis d genannten Personen bezüglich der Gewährung von Leistungen an Hinterbliebene.

§ 2

Dieses Gesetz gilt nicht für

a) Arbeitsunfälle und Berufskrankheiten, wenn

nach einer von einer europäischen Gemeinschaft erlassenen Rechtsvorschrift, die in der Bundesrepublik Deutschland verbindlich ist und unmittelbar gilt,

nach einem für die Bundesrepublik Deutschland wirksamen zwischenstaatlichen Abkommen über Sozialversicherung oder

nach innerstaatlichen Rechtsvorschriften eines Staates, für den ein auch für die Bundesrepublik Deutschland verbindliches allgemeines Abkommen über Sozialversicherung wirksam ist,

für die Entscheidung über die Entschädigung eine Stelle außerhalb des Geltungsbereichs dieses Gesetzes zuständig ist,

b) Versicherungszeiten und Beschäftigungszeiten, die

nach einer von einer europäischen Gemeinschaft erlassenen Rechtsvorschrift, die in der Bundesrepublik Deutschland verbindlich ist und unmittelbar gilt,

nach einem für die Bundesrepublik Deutschland wirksamen zwischenstaatlichen Abkommen über Sozialversicherung oder

nach innerstaatlichen Rechtsvorschriften eines Staates, für den auch ein für die Bundesrepublik Deutschland verbindliches allgemeines Abkommen über Sozialversicherung wirksam ist,

in einer Rentenversicherung des anderen Staates, ohne Rücksicht darauf, ob sie im Einzelfall der Berechnung der Leistungen zugrunde gelegt werden, anrechnungsfähig sind oder nur deshalb nicht anrechnungsfähig sind, weil es Beschäftigungszeiten sind.

§ 3

Als deutsche Versicherungsträger im Sinne dieses Gesetzes sind alle Versicherungsträger anzusehen, die ihren Sitz innerhalb des Deutschen Reichs nach dem Stand vom 31. Dezember 1937 haben oder hatten oder außerhalb dieses Gebiets die Sozialversicherung nach den Vorschriften der Reichsversicherungsgesetze durchgeführt haben, jedoch mit Ausnahme der Versicherungsträger, die in den unter fremder Verwaltung stehenden deutschen Ostgebieten nach Beginn dieser Verwaltung errichtet worden sind.

§ 4

(1) Für die Feststellung der nach diesem Gesetz erheblichen Tatsachen genügt es, wenn sie glaubhaft gemacht sind. Eine Tatsache ist glaubhaft gemacht, wenn ihr Vorliegen nach dem Ergebnis der Ermittlungen, die sich auf sämtliche erreichbaren Beweismittel erstrecken sollen, überwiegend wahrscheinlich ist.

(2) Absatz 1 gilt auch für außerhalb des Geltungsbereichs dieses Gesetzes eingetretene Tatsachen, die nach den allgemeinen Vorschriften erheblich sind.

(3) Als Mittel der Glaubhaftmachung können auch eidesstattliche Versicherungen zugelassen werden. Der mit der Durchführung des Verfahrens befaßte Versicherungsträger ist für die Abnahme eidesstattlicher Versicherungen zuständig; er gilt als Behörde im Sinne des § 156 des Strafgesetzbuchs.

II. Gesetzliche Unfallversicherung

§ 5

(1) Nach den für die gesetzliche Unfallversicherung maßgebenden bundesrechtlichen Vorschriften wird auch entschädigt
1. ein außerhalb des Geltungsbereichs dieses Gesetzes eingetretener Arbeitsunfall, wenn der Verletzte im Zeitpunkt des Unfalls bei einem deutschen Träger der gesetzlichen Unfallversicherung versichert war;
2. ein Arbeitsunfall, wenn
a) der Verletzte im Zeitpunkt des Unfalls bei einem nichtdeutschen Träger der gesetzlichen Unfallversicherung versichert war oder
b) sich der Unfall nach dem 30. Juni 1944 in einem Gebiet ereignet hat, aus dem der Berechtigte vertrieben ist, und der Verletzte, weil eine ordnungsmäßig geregelte Unfallversicherung nicht durchgeführt worden ist, nicht versichert war.

(2) Unfälle, gegen die der Verletzte an dem für das anzuwendende Recht maßgeblichen Ort (§ 7) nicht versichert gewesen wäre, gelten nicht als Arbeitsunfälle im Sinne des Absatzes 1, es sei denn, der Verletzte hätte sich an diesem Ort gegen Unfälle dieser Art freiwillig versichern können.

(3) Auf Berufskrankheiten sind Absätze 1 und 2 entsprechend anzuwenden. Als Zeitpunkt des Unfalls gilt der letzte Tag, an dem der Versicherte in einem Unternehmen Arbeiten verrichtet hat, die ihrer Art nach geeignet sind, die Berufskrankheit zu verursachen.

(4) Die Leistungen für Arbeitsunfälle und Berufskrankheiten, auf die Absatz 1 Nr. 1 anzuwenden ist, sind auch Personen zu gewähren, die nicht zu dem Personenkreis des § 1 Buchstaben a bis d gehören. Dies gilt auch für Arbeitsunfälle und Berufskrankheiten, auf die Absatz 1 Nr. 2 Buchstabe a anzuwenden ist, wenn die durch den Arbeitsunfall oder die Berufskrankheit entstandenen Verpflichtungen nach den Vorschriften der Reichsversicherungsgesetze auf einen deutschen Träger der gesetzlichen Unfallversicherung übergegangen sind.

§ 6

Als gesetzliche Unfallversicherung gelten auf Gesetz beruhende Versicherungen gegen Arbeitsunfälle und Berufskrankheiten oder eines dieser Wagnisse.

§ 7

Für Voraussetzungen, Art, Höhe und Dauer der Leistungen gelten im übrigen die Vorschriften der gesetzlichen Unfallversicherung, die anzuwenden wären, wenn sich der Unfall dort, wo sich der Berechtigte im Geltungsbereich dieses Gesetzes zur Zeit der Anmeldung des Anspruchs gewöhnlich aufhält, ereignet hätte. Sind mehrere Hinterbliebene vorhanden, so bestimmt sich das anzuwendende Recht nach dem gewöhnlichen Aufenthaltsort des hinterbliebenen Ehegatten. Ist ein solcher nicht vorhanden, so ist der gewöhnliche Aufenthaltsort der jüngsten Waise maßgebend. Im übrigen bestimmt sich das anzuwendende Recht nach dem gewöhnlichen Aufenthaltsort des Hinterbliebenen, der zuerst einen Anspruch anmeldet.

§ 8

Ist der Jahresarbeitsverdienst in einer fremden Währung ausgedrückt oder nicht nachgewiesen, so gilt als Jahresarbeitsverdienst der Betrag, der für einen vergleichbaren Beschäftigten im Zeitpunkt des Unfalls an dem für das anzuwendende Recht maßgeblichen Ort (§ 7) festzusetzen gewesen wäre.

§ 9

(1) Zuständig für die Feststellung und Gewährung der Leistungen ist der Träger der Unfallversicherung, der nach der Art des Unternehmens, in dem sich der Arbeitsunfall ereignet hat, zuständig wäre, wenn sich der Arbeitsunfall an dem für das anzuwendende Recht maßgeblichen Ort (§ 7) ereignet hätte.

(2) Ergibt sich nach Absatz 1 die Zuständigkeit einer landwirtschaftlichen Berufsgenossenschaft, der Gartenbau-Berufsgenossenschaft, einer Gemeinde, eines Gemeindeunfallversicherungsverbandes, der Feuerwehr-Unfallversicherung, eines Landes oder des Bundes, so ist die Bundesausführungsbehörde für Unfallversicherung zuständig.

(3) Die Bundesausführungsbehörde für Unfallversicherung ist zuständig für die Feststellung und Gewährung von Leistungen an Umsiedler im Sinne des § 1 Abs. 2 Nr. 2 des Bundesvertriebenengesetzes, die einen Anspruch auf Zahlung einer Rente aus der gesetzlichen Unfallversicherung ihres Herkunftslandes haben.

§ 10

Die Fristen der §§ 1546 und 1548 der Reichsversicherungsordnung beginnen mit dem Ersten des Monats, der dem Monat folgt, in dem der Berechtigte im Geltungsbereich dieses Gesetzes Aufenthalt genommen hat.

§ 11

(1) Wird dem Berechtigten von einem Träger der Sozialversicherung oder einer anderen Stelle außerhalb des Geltungsbereichs dieses Gesetzes für denselben Versicherungsfall eine Rente aus der gesetzlichen Unfallversicherung oder an Stelle einer solchen eine andere Leistung gewährt, so ruht die Rente in Höhe des in Deutsche Mark umgerechneten Betrages, der als Leistung des Trägers der Sozialversicherung oder der anderen Stelle außerhalb des Geltungsbereichs dieses Gesetzes ausgezahlt wird.

(2) Der Berechtigte hat dem zuständigen Träger der gesetzlichen Unfallversicherung unverzüglich anzuzeigen, wenn ihm eine der in Absatz 1 genannten Stellen eine Rente oder eine andere Leistung gewährt.

§ 12

(1) Die Rente, die für einen Arbeitsunfall oder eine Berufskrankheit nach § 5 zu gewähren ist, ruht, solange sich der Berechtigte außerhalb des Geltungsbereichs dieses Gesetzes gewöhnlich aufhält. Die Gewährung von Sachleistungen in Gebiete außerhalb des Geltungsbereichs dieses Gesetzes ist ausgeschlossen.

(2) Wird der Antrag auf Rente während des gewöhnlichen Aufenthalts des Berechtigten außerhalb des Geltungsbereichs dieses Gesetzes gestellt, so ist für die Feststellung der Rente und die Entscheidung über das Ruhen der ursprünglich verpflichtete Versicherungsträger zuständig. Ist dieser nicht mehr vorhanden, so richtet sich die Zuständigkeit nach der Art des Unternehmens, in dem sich der Arbeitsunfall ereignet hat; § 9 Abs. 2 und 3 gilt entsprechend. Mehrere sachlich zuständige Versicherungsträger bestimmen durch Vereinbarung, welcher von ihnen örtlich zuständig ist.

§ 13

(1) Ist der Arbeitsunfall oder die Berufskrankheit vor dem 9. Mai 1945 außerhalb des Geltungsbereichs dieses Gesetzes eingetreten und war der Berechtigte hierfür von einem deutschen Träger der gesetzlichen Unfallversicherung zu entschädigen, so kann die Rente einem Deutschen im Sinne des Artikels 116 Abs. 1 des Grundgesetzes oder einem früheren deutschen Staatsangehörigen im Sinne des Artikels 116 Abs. 2 Satz 1 des Grundgesetzes, der sich im Gebiet eines auswärtigen Staates aufhält, in dem die Bundesrepublik Deutschland eine amtliche Vertretung hat, gezahlt werden. Eine solche Rente gilt nicht als Leistung der sozialen Sicherheit.

(2) Geht der Rentenzahlung nach Absatz 1 keine Leistung für Zeiten des Aufenthalts im Geltungsbereich dieses Gesetzes voraus, so ist für die Feststellung und Zahlung der Rente der ursprünglich verpflichtete Versicherungsträger zuständig. § 12 Abs. 2 Satz 2 und 3 gilt entsprechend.

(3) Früheren deutschen Staatsangehörigen im Sinne des Artikels 116 Abs. 2 Satz 1 des Grundgesetzes stehen Personen gleich, die zwischen dem 30. Januar 1933 und dem 8. Mai 1945 das Gebiet des Deutschen Reiches oder das Gebiet der Freien Stadt Danzig verlassen haben, um sich einer von ihnen nicht zu vertretenden und durch die politischen Verhältnisse bedingten besonderen Zwangslage zu entziehen, oder aus den gleichen Gründen nicht in das Gebiet des Deutschen Reiches oder in das Gebiet der Freien Stadt Danzig zurückkehren konnten.

(4) Die Bundesregierung kann durch die Rechtsverordnung mit Zustimmung des Bundesrates bestimmen, daß der gewöhnliche Aufenthalt in einem sonstigen Gebiet außerhalb des Geltungsbereichs dieses Gesetzes dem gewöhnlichen Aufenthalt im Gebiet eines auswärtigen Staates gleichsteht, in dem die Bundesrepublik Deutschland eine amtliche Vertretung hat.

III. Gesetzliche Rentenversicherungen

§ 14

Soweit sich aus den nachfolgenden Vorschriften nichts anderes ergibt, richten sich die Rechte und Pflichten der nach diesem Abschnitt Berechtigten nach den im Geltungsbereich dieses Gesetzes geltenden allgemeinen Vorschriften.

§ 15

(1) Beitragszeiten, die bei einem nichtdeutschen oder nach dem 30. Juni 1945 bei einem außerhalb des Geltungsbereichs dieses Gesetzes befindlichen deutschen Träger der gesetzlichen Rentenversicherung zurückgelegt sind, stehen den nach Bundesrecht zurückgelegten Beitragszeiten gleich. Sind die Beiträge auf Grund einer abhängigen Beschäftigung oder einer selbständigen Tätigkeit entrichtet, so steht die ihnen zugrunde liegende Beschäftigung oder Tätigkeit einer rentenversicherungspflichtigen Beschäftigung oder Tätigkeit im Geltungsbereich dieses Gesetzes gleich.

(2) Als gesetzliche Rentenversicherung im Sinne des Absatzes 1 ist jedes System der sozialen Sicherheit anzusehen, in das in abhängiger Beschäftigung stehende Personen durch öffentlich-rechtlichen Zwang einbezogen sind, um sie und ihre Hinterbliebenen für den Fall der Minderung der Erwerbsfähigkeit, des Alters und des Todes oder für einen oder mehrere dieser Fälle durch die Gewährung regelmäßig wiederkehrender Geldleistungen (Renten) zu sichern. Wird durch die Zugehörigkeit zu einer Einrichtung dem Erfordernis, einem der in Satz 1 genannten Systeme anzugehören, Genüge geleistet, so ist auch die betreffende Einrichtung als gesetzliche Rentenversicherung anzusehen, und zwar auch für Zeiten bis zum 31. Dezember 1890 zurück, in denen es ein System der in Satz 1 genannten Art noch nicht gegeben hat. Als gesetzliche Rentenversicherung gelten nicht Systeme, die vorwiegend zur Sicherung der Beschäftigten im öffentlichen Dienst geschaffen sind.

(3) Die Bundesregierung kann durch Rechtsverordnung mit Zustimmung des Bundesrates auch Systeme oder Einrichtungen, die für andere Personenkreise als den in Absatz 2 genannten geschaffen sind, insoweit als gesetzliche Rentenversicherung anerkennen, als die Zugehörigkeit zu diesen Systemen oder Einrichtungen auf öffentlich-rechtlichem Zwang oder auf einer den Grundsätzen des Bundesrechts ganz oder zum Teil entsprechenden freiwilligen Versicherung beruht und der Gegenstand der Sicherung dem in Absatz 2 genannten entspricht.

§ 16

Eine nach vollendetem 16. Lebensjahr vor der Vertreibung in den in § 1 Abs. 2 Nr. 3 des Bundesvertriebenengesetzes genannten ausländischen Gebieten oder nach dem 8. Mai 1945 in den unter fremder Verwaltung stehenden deutschen Ostgebieten verrichtete Beschäftigung steht einer rentenversicherungspflichtigen Beschäftigung im Geltungsbereich dieses Gesetzes, für die Beiträge entrichtet sind, soweit sie nicht mit einer Beitragszeit zusammenfällt. Dies gilt nur, wenn die Beschäftigung nach dem am 1. März 1957 geltenden Bundesrecht Versicherungspflicht in den gesetzlichen Rentenversicherungen begründet hätte, wenn sie im Bundesgebiet verrichtet worden wäre; dabei sind Vorschriften über die Beschränkung der Versicherungspflicht nach der Stellung des Beschäftigten im knappschaftlichen Betrieb, nach der Höhe des Arbeitsverdienstes, wegen der Gewährleistung von Versorgungsanwartschaften oder wegen der Eigenschaft als Beamter oder Soldat nicht anzuwenden.

§ 17

(1) § 15 findet auch auf Personen Anwendung, die nicht zu dem Personenkreis des § 1 Buchstaben a bis d gehören, wenn die Beiträge entrichtet sind

a) an einen außerhalb des Geltungsbereichs dieses Gesetzes befindlichen deutschen Träger der gesetzlichen Rentenversicherung oder

b) an einen nichtdeutschen Träger der gesetzlichen Rentenversicherung und ein deutscher Träger der gesetzlichen Rentenversicherungen sie bei Eintritt des Versicherungsfalles wie nach den Vorschriften der Reichsversicherungsgesetze entrichtete Beiträge zu behandeln hatte.

(2) § 16 gilt auch für die vor dem 9. Mai 1945 im Gebiet der sowjetischen Besatzungszone oder im sowjetischen Sektor von Berlin oder in den unter fremder Verwaltung stehenden deutschen Ostgebieten verrichtete Beschäftigung eines Deutschen im Sinne des Artikels 116 Abs. 1 des Grundgesetzes oder eines früheren deutschen Staatsangehörigen im Sinne des Artikels 116 Abs. 1 des Grundgesetzes, jedoch nur für eine Beschäftigung außerhalb des öffentlichen Dienstes, die nach den reichsgesetzlichen Vorschriften wegen der Gewährleistung von Versorgungsanwartschaften versicherungsfrei gewesen ist. Auf die in § 1 Buchstaben b und d genannten Personen und deren Hinterbliebene findet § 16 keine Anwendung.

§ 18

(1) § 15 findet keine Anwendung, wenn die Beiträge als einmalige Einlage oder als laufende Beiträge zur Versicherung anderer als der Pflichtleistungen (Zusatzversicherung) entrichtet sind.

(2) § 16 findet keine Anwendung auf Beschäftigungen vor dem 1. Januar 1891. Das gleiche gilt für Beschäftigungen während der in den Anlagen 2 und 3 angeführten Jahre, wenn der Beschäftigte nach Maßgabe der Anlage 1 in eine der in den Anlagen 2 und 3 genannten Leistungsgruppen fällt.

(3) § 16 findet keine Anwendung auf eine Zeit, die im Geltungsbereich dieses Gesetzes bei der Gewährung einer Versorgung nach beamtenrechtlichen Vorschriften oder Grundsätzen als ruhegehaltfähig berücksichtigt ist oder bei Eintritt des Versorgungsfalles als ruhegehaltfähig berücksichtigt wird oder für die die Nachversicherung als durchgeführt gilt. Wird bei einer Versorgung nach beamtenrechtlichen Vorschriften oder Grundsätzen von einem Zeitraum nur ein Teil als ruhegehaltfähig berücksichtigt, so ist der nicht berücksichtigte Teil bei der Anwendung des § 16 so zu behandeln, als ob er vom Beginn dieses Zeitraumes an zurückgelegt wäre. Sonstige Beschäftigungs- oder Beitragszeiten gelten für die Anwendung des § 32 Abs. 3 des Gesetzes zu Artikel 131 des Grundgesetzes als solche, für die die Prämienreserven an den Dienstherrn im Herkunftsland abgeführt sind.

(4) Der Bundesminister für Arbeit und Sozialordnung, der Bundesminister des Innern und der Bundesminister der Finanzen regeln mit Zustimmung des Bundesrates durch allgemeine Verwaltungsvorschriften, wie in den Fällen des Absatzes 3 zu verfahren ist.

§ 19

(1) Die Beitragszeit wird in ihrem ursprünglichen Umfang angerechnet, wenn sie sich bei einem Wechsel des Versicherungsträgers verringert hat.

(2) Für das einzelne Jahr nicht nachgewiesener Zeiten werden fünf Sechstel als Beitrags- oder Beschäftigungszeit angerechnet; die Zeit eines ununterbrochenen Beschäftigungsverhältnisses von mindestens zehnjähriger Dauer bei demselben Arbeitgeber wird in vollem Umfang angerechnet. Für Zeiten bis zum 28. Juni 1942, die der Rentenversicherung der Arbeiter zuzuordnen sind, sind

die gekürzten Zeiten auf volle Wochen aufzurunden; im übrigen wird auf volle Monate aufgerundet.

(3) Beitragszeiten, die während des Bezuges einer dem Altersruhegeld entsprechenden Leistung zurückgelegt sind, werden für die Hinterbliebenenrenten zusätzlich angerechnet.

(4) Sind Tagesbeiträge entrichtet, so wird für je sieben Tagesbeiträge eine Woche als Beitragszeit angerechnet; ein verbleibender Rest gilt als volle Beitragswoche.

§ 20

(1) Die in § 15 genannten Beitragszeiten werden, sofern sie auf Grund einer Pflichtversicherung in einer der knappschaftlichen Rentenversicherung entsprechenden Berufsversicherung zurückgelegt sind, der knappschaftlichen Rentenversicherung zugeordnet. Im übrigen werden Beitrags- und Beschäftigungszeiten nach der Art der Beschäftigung der Rentenversicherung der Arbeiter oder der Rentenversicherung der Angestellten zugeordnet.

(2) Die auf Grund einer freiwilligen Versicherung zurückgelegten Beitragszeiten werden dem Versicherungszweig zugeordnet, in dem sie zurückgelegt sind. Zeiten, für die Beiträge zur freiwilligen Fortsetzung einer Pflichtversicherung entrichtet sind, werden dem Versicherungszweig zugeordnet, dem die Zeiten der Pflichtversicherung, deren Fortsetzung sie dienen, zuzuordnen sind. Im übrigen werden Zeiten einer freiwilligen Versicherung, die von nicht pflichtversicherten Personen während einer Beschäftigung oder Tätigkeit überwiegend körperlicher Art begonnen ist, der Rentenversicherung der Arbeiter, Zeiten einer freiwilligen Versicherung, die von nicht pflichtversicherten Personen während einer Beschäftigung oder Tätigkeit überwiegend geistiger Art begonnen ist, der Rentenversicherung der Angestellten zugeordnet.

(3) Für Beitragszeiten, die pflichtversicherte Selbständige zurückgelegt haben, gilt Absatz 2 Satz 3. Beitragszeiten pflichtversicherter Handwerker werden der Handwerkerversorgung zugeordnet.

(4) Sind Beitrags- oder Beschäftigungszeiten in einem knappschaftlichen Betrieb im Sinne des § 2 Abs. 1 und 2 des Reichsknappschaftsgesetzes zurückgelegt, ohne daß Beiträge zu einer der knappschaftlichen Rentenversicherung entsprechenden Berufsversicherung entrichtet sind, so werden sie der knappschaftlichen Rentenversicherung vom 1. Januar 1924 an zugeordnet, wenn die Beschäftigung, wäre sie im Bundesgebiet verrichtet worden, nach den jeweils geltenden reichs- oder bundesrechtlichen Vorschriften der Versicherungspflicht in der knappschaftlichen Rentenversicherung unterlegen hätte. § 16 Satz 2 zweiter Halbsatz findet Anwendung.

(5) Ist nach dem Ergebnis der Ermittlungen zweifelhaft, welchem Versicherungszweig Beitrags- oder Beschäftigungszeiten zuzuordnen sind, so werden sie der Rentenversicherung der Arbeiter zugeordnet.

§ 21

(1) Ersatzzeiten werden dem Versicherungszweig zugeordnet, dem nach § 20 die Beitrags- oder Beschäftigungszeit zuzuordnen ist, die der Ersatzzeit vorangeht.

(2) Geht der Ersatzzeit keine Beitrags- oder Beschäftigungszeit voran, so ist sie dem Versicherungszweig zuzuordnen, dem nach § 20 die Beitrags- oder Beschäftigungszeit zuzuordnen ist, die der Ersatzzeit nachfolgt.

§ 22

(1) Werden Zeiten der in §§ 15 und 16 genannten Art angerechnet, so sind zur Ermittlung der für den Versicherten maßgebenden Rentenbemessungsgrundlage nach Maßgabe der Anlage 1[1]).

a) für Zeiten bis zum 28. Juni 1942 für jede Woche die Lohn- oder Beitragsklassen der Tabellen der Anlage 4 oder 6[1]) und für Zeiten vom 29. Juni 1942 an die Bruttojahresarbeitsentgelte der Tabellen der Anlage 5 oder 7[1]), wenn die Zeiten der Rentenversicherung der Arbeiter zuzuordnen sind,

b) für Zeiten bis zum 30. Juni 1942 für jeden Monat die Gehalts- oder Beitragsklassen der Tabellen der Anlage 8 oder 10 und für Zeiten vom 1. Juli 1942 an die Bruttojahresarbeitsentgelte der Tabellen der Anlage 9 oder 11[1]), wenn die Zeiten der Rentenversicherung der Angestellten zuzuordnen sind,

c) für Zeiten bis zum 31. Dezember 1942 für jeden Monat die Beitrags- oder Gehaltsklassen der Tabellen der Anlage 12 oder 14[1]) und für Zeiten vom 1. Januar 1943 an die Bruttojahresarbeitsentgelte der Tabellen der Anlage 9 oder 14[1]), wenn die Zeiten der knappschaftlichen Rentenversicherung zuzuordnen sind,

zugrunde zu legen. Für Zeiten der Ausbildung als Lehrling oder Anlernling werden weder Beitragsklassen noch Bruttojahresarbeitsentgelte zugeordnet. Das gilt für die knappschaftliche Rentenversicherung nur, wenn der Versicherte vor Vollendung des 55. Lebensjahres berufsunfähig oder erwerbsunfähig geworden ist. Für Zeiten vor dem 1. Januar 1913, die der Rentenversicherung der Angestellten zuzuordnen sind, wird die Zahl der Beitrags- und Beschäftigungsmonate mit den Werten vervielfältigt, die für die einzelnen Klassen und die einzelnen Zeiträume in der Tabelle der Anlage 16[1]) angegeben sind. Artikel 2 § 55 Abs. 2 des Arbeiterrentenversicherungs-Neuregelungsgesetzes und Artikel 2 § 54 Abs. 2 des Angestelltenversicherungs-Neuregelungsgesetzes gelten entsprechend.

(2) Sind Beitrags- oder Beschäftigungszeiten der Rentenversicherung der Arbeiter nach § 20 Abs. 5 zuzuordnen, so sind bei Anwendung des Absatzes 1 die für die Leistungsgruppe 3 der Tabellen der Anlagen 4 bis 7[1]) maßgebenden Werte oder Bruttojahresarbeitsentgelte zugrunde zu legen.

(3) Bei Seeleuten sind die für die verschiedenen Dienststellungen jeweils amtlich festgesetzten Beitragsklassen und Durchschnittsheuern zugrunde zu legen. Dies gilt auch für Arbeitnehmer in Kleinbetrieben der Seefischerei für Zeiten nach dem 31. Dezember 1939.

(4) Für das Kalenderjahr, in dem der Versicherungsfall eintritt, und für das voraufgegangene Kalenderjahr sind die für den letzten Zeitraum in den Tabellen der Anlagen 5, 7, 9, 11, 13 und 15[1]) und den Rechtsverordnungen der Bundesregierung nach § 27 Abs. 1 festgesetzten Werte zugrunde zu legen.

§ 23

(1) Bei pflichtversicherten Selbständigen und bei Versicherten, für die freiwillige Beiträge entrichtet sind, ist bei der Zuordnung der Tabellenwerte § 22 unter Berücksichtigung der Beitragsleistung entsprechend anzuwenden.

---

[1]) nicht abgedruckt

15 Fremdrentengesetz

(2) Ist die Höhe der Beitragsleistung nicht nachgewiesen, so sind bei pflichtversicherten Selbständigen an Stelle der Beitragsleistung die Berufstätigkeit und die Einkommensverhältnisse zu berücksichtigen. Bei freiwillig Versicherten richtet sich in diesen Fällen die Ermittlung der für den Versicherten maßgebenden Rentenbemessungsgrundlage für eine der Rentenversicherung der Arbeiter zuzuordnende Beitragszeit nach der Beitragsklasse II, für eine der Rentenversicherung der Angestellten zuzuordnende Beitragszeit nach der Beitragsklasse B (II) und für eine der knappschaftlichen Rentenversicherung zuzuordnende Beitragszeit eines Angestellten nach der Gehaltsklasse B; sind die Beiträge für Zeiten nach dem 31. Dezember 1956 entrichtet, so tritt an die Stelle der Beitragsklassen II und B (II) die Beitragsklasse A und an die Stelle der Gehaltsklasse B ein Entgelt von 100 Deutsche Mark.

§ 24

(1) Für Beitragszeiten, die nach tschechoslowakischem Recht oder dem Recht des ehemaligen Protektorats Böhmen und Mähren bei einem Ersatzinstitut (§ 15 Abs. 2 Satz 2) oder nach entsprechenden Grundsätzen bei einer anderen Einrichtung zurückgelegt sind, richtet sich die Zuordnung der Tabellenwerte nach der höchsten Leistungsgruppe, in der der Versicherte nach der Anlage 1[1]) einzuordnen ist. Dies gilt für Zeiten einer freiwilligen Versicherung nur, wenn die freiwilligen Beiträge in der zuletzt für die Pflichtbeiträge maßgebenden Höhe entrichtet sind.

(2) Absatz 1 findet keine Anwendung.

a) wenn der nach Maßgabe der Satzung zur Anrechnung der Vorversicherungszeit zu entrichtende Ergänzungsbetrag zum Überweisungsbetrag nicht entrichtet ist,

b) in den Fällen, für welche die Satzung der in Absatz 1 genannten Einrichtungen die Berechnung der Leistungen nach den für die gesetzlichen Rentenversicherung maßgebenden Grundsätzen vorsah,

c) auf Zeiten, die beim Pensionsverein der deutschen Sparkassen in Prag zurückgelegt sind,

d) für die der knappschaftlichen Rentenversicherung zuzuordnenden Zeiten.

§ 25

Für eingekaufte Beitragszeiten nach tschechoslowakischem Recht ist zur Ermittlung der für den Versicherten maßgebenden Rentenbemessungsgrundlage einheitlich der Tabellenwert zugrunde zu legen, der nach Maßgabe der Anlage 1[1]) für das Jahr der Durchführung des Einkaufs zuzuordnen ist.

§ 26

Werden Beitrags- oder Beschäftigungszeiten nur für einen Teil eines Kalenderjahres angerechnet, so werden bei Anwendung der Tabellen der Anlagen 5, 7, 9, 11, 13 und 15[1]) die Bruttojahresarbeitsentgelte nur anteilmäßig berücksichtigt.

§ 27

(1) Die Bundesregierung ergänzt nach Anhören des Statistischen Bundesamtes durch Rechtsverordnung mit Zustimmung des Bundesrates die Tabellen der Anlagen 2, 3, 5, 7, 9, 11, 13 und 15[1]). Dabei sind als Bruttojahresarbeitsentgelte die den einzelnen Leistungsgruppen entsprechenden durchschnittlichen Brutto-

---
[1]) nicht abgedruckt

jahresarbeitsentgelte der Versicherten im Geltungsbereich dieses Gesetzes für den entsprechenden Zeitraum einzusetzen.

(2) Der Bundesminister für Arbeit und Sozialordnung kann nach Anhören des Statistischen Bundesamtes durch Rechtsverordnung mit Zustimmung des Bundesrates den Katalog der Berufsbezeichnungen der Anlage 1[1]) nach Maßgabe der Lohn- und Gehaltserhebungen des Statistischen Bundesamtes ändern und ergänzen.

§ 28a

Zeiten, in denen der Berechtigte von einem der in § 15 genannten Träger der gesetzlichen Rentenversicherung eine Rente bezogen hat, gelten als Rentenbezugszeiten im Sinne von § 1246 Abs. 2a Satz 2 Nr. 3 der Reichsversicherungsordnung, § 23 Abs. 2a Satz 2 Nr. 3 des Angestelltenversicherungsgesetzes und § 46 Abs. 3 Satz 2 Nr. 3 des Reichsknappschaftsgesetzes.

§ 28b

(1) Bei den in § 1 genannten Personen und bei Personen, die ihren gewöhnlichen Aufenthalt im Gebiet der Deutschen Demokratischen Republik oder Berlin (Ost) hatten, stehen für die Versicherung und Anrechnung von Versicherungszeiten wegen Kindererziehung die Erziehung und der gewöhnliche Aufenthalt im jeweiligen Herkunftsgebiet der Erziehung und dem gewöhnlichen Aufenthalt im Geltungsbereich dieses Gesetzes gleich. Zeiten der Versicherung wegen Kindererziehung gelten als Beitragszeiten nach § 15. § 22 ist nicht anzuwenden.

(2) Für den Anspruch auf eine Leistung für Kindererziehung nach Artikel 2 § 62 des Arbeiterrentenversicherungs-Neuregelungsgesetzes, Artikel 2 § 61 des Angestelltenversicherungs-Neuregelungsgesetzes, Artikel 2 § 35 des Knappschaftsrentenversicherungs-Neuregelungsgesetzes steht dem in Absatz 1 genannten Personenkreis die Geburt eines Kindes in den dort genannten Gebieten der Geburt im Geltungsbereich dieses Gesetzes gleich. § 4 findet keine Anwendung.

§ 29

(1) Zeiten nach dem 30. September 1927, in denen eine der in § 15 Abs. 1 Satz 2 oder § 16 Satz 1 genannten Beschäftigungen oder Tätigkeiten durch eine mindestens einen Kalendermonat andauernde Arbeitslosigkeit unterbrochen worden ist, sind Ausfallzeiten. *§ 75 des Gesetzes über Arbeitsvermittlung und Arbeitslosenversicherung*[2]) gilt entsprechend.

(2) Für die Zuordnung von Ausfallzeiten und einer Zurechnungszeit gilt § 21 entsprechend.

§ 30

§ 1290 Abs. 2 der Reichsversicherungsordnung, § 67 Abs. 2 des Angestelltenversicherungsgesetzes und § 82 Abs. 2 des Reichsknappschaftsgesetzes finden keine Anwendung, wenn der Berechtigte bis zur Aufenthaltsnahme im Geltungsbereich dieses Gesetzes von einem Träger der Sozialversicherung oder einer anderen Stelle außerhalb des Geltungsbereichs dieses Gesetzes für die nach §§ 15 und 16 anzurechnenden Zeiten auf Grund desselben Sachverhalts eine Rente aus der gesetzlichen Rentenversicherung oder an Stelle einer solchen eine andere Leistung erhalten hat.

---
[1]) nicht abgedruckt
[2]) jetzt § 101 Arbeitsförderungsgesetz vom 25. 6. 1969 (BGBl. I S. 582)

§ 31

(1) Wird dem Berechtigten von einem Träger der Sozialversicherung oder einer anderen Stelle außerhalb des Geltungsbereichs dieses Gesetzes für die nach Bundesrecht anzurechnenden Zeiten eine Rente aus der gestezlichen Rentenversicherung oder an Stelle einer solchen eine andere Leistung gewährt, so ruht die Rente in Höhe des in Deutsche Mark umgerechneten Betrages, der als Leistung des Trägers der Sozialversicherung oder der anderen Stelle außerhalb des Geltungsbereichs dieses Gesetzes ausgezahlt wird. Auf Steigerungsbeträge aus Beiträgen der Höherversicherung findet Satz 1 keine Anwendung.

(2) Der Berechtigte hat dem zuständigen Träger der gesetzlichen Rentenversicherungen unverzüglich anzuzeigen, wenn ihm eine der in Absatz 1 genannten Stellen eine Rente oder eine andere Leistung gewährt.

16. RECHT DER HEIMKEHRER, HÄFTLINGE UND KRIEGSGEFANGENEN

16.1 Gesetz über die Entschädigung ehemaliger deutscher Kriegsgefangener (Kriegsgefangenenentschädigungsgesetz – KgfEG) i. d. F. vom 4. Februar 1987 (BGBl. I S. 506)

§ 1

(1) Berechtigte nach diesem Gesetz sind ehemalige Kriegsgefangene, die nach dem 31. Dezember 1946 aus ausländischem Gewahrsam (§ 2) entlassen worden sind und ihren Wohnsitz oder ständigen Aufenthalt am 31. Dezember 1961 im Geltungsbereich dieses Gesetzes gehabt haben oder ihn nach diesem Zeitpunkt unter einer der folgenden Voraussetzungen genommen haben oder nehmen:

1. im Anschluß an ihre Entlassung aus ausländischen Gewahrsam oder

2. als Aussiedler (§ 1 Abs. 2 Nr. 3 des Bundesvertriebenengesetzes) spätestens sechs Monate nach dem Verlassen der zur Zeit unter fremder Verwaltung stehenden deutschen Ostgebiete oder des Gebietes desjenigen Staates, aus dem sie vertrieben oder ausgesiedelt worden sind, oder

3. als Heimkehrer nach den Vorschriften des Heimkehrergesetzes oder

4. als Sowjetzonenflüchtling im Sinne des § 3 des Bundesvertriebenengesetzes oder

5. im Wege der Familienzusammenführung zu ihren Ehegatten oder als Minderjährige zu ihren Eltern oder als Hilfsbedürftige zu ihren Kindern, vorausgesetzt, daß die nachträglich Zugezogenen mit einer Person zusammengeführt werden, die schon am 31. Dezember 1961 im Geltungsbereich dieses Gesetzes ständigen Aufenthalt hatte oder ihn nach diesem Zeitpunkt unter einer der in den Nummern 1 bis 4 dieses Absatzes genannten Voraussetzungen genommen hat; dabei sind im Verhältnis zwischen Eltern und Kindern auch Schwiegerkinder zu berücksichtigen, wenn das einzige oder letzte Kind verstorben oder verschollen ist. Wer das siebzigste Lebensjahr vollendet hat, gilt als hilfsbedürftig, sofern er im bisherigen Aufenthaltsgebiet ausreichende Pflege nicht erhalten hat oder nicht erhalten konnte.

Bei der Frist nach Nummer 2 werden solche Zeiten nicht mitgerechnet, in denen ein Vertriebener nach Verlassen eines der in § 1 Abs. 2 Nr. 3 des Bundesvertriebenengesetzes bezeichneten Staaten, aus dem er vertrieben oder ausgesiedelt worden ist, sich in einem anderen der dort bezeichneten Staaten aufgehalten hat, ferner nicht solche Zeiten, in denen er oder ein mit ihm ausgesiedelter Familienangehöriger im Anschluß an die Aussiedlung erkrankt und infolgedessen zur Fortsetzung der Reise außerstande war sowie solche Zeiten, in denen er oder ein mit ihm ausgesiedelter Familienangehöriger in der sowjetischen Besatzungszone oder im sowjetisch besetzten Sektor von Berlin aus Gründen, die er nicht zu vertreten hat, gewaltsam festgehalten worden ist.

(2) Berechtigte sind ferner ehemalige Kriegsgefangene, die nach dem 31. Dezember 1946 aus ausländischem Gewahrsam (§ 2) entlassen worden sind und vor dem 31. Dezember 1961 vorübergehend ihren Wohnsitz oder Aufenthalt aus dem Geltungsbereich des Gesetzes in das Ausland verlegt haben.

(3) Soweit Personen nach dem 3. Februar 1954 und vor dem 1. Januar 1962 ihren Wohnsitz oder dauernden Aufenthalt aus dem Geltungsbereich dieses Gesetzes verlegt haben und auf Grund der bisherigen Fassung des Absatzes 1 oder 2 berechtigt waren, verbleibt es dabei; § 9 bleibt unberührt.

(4) Nicht berechtigt nach diesem Gesetz sind die im ausländischen Gewahrsam geborenen Abkömmlinge von Berechtigten, die selbst erst im ausländischen Gewahrsam geboren wurden; jedoch bleibt ihre Rechtsstellung nach § 5 unberührt.

§ 2

(1) Kriegsgefangene sind Deutsche, die wegen militärischen oder militärähnlichen Dienstes gefangengenommen und von einer ausländischen Macht festgehalten wurden oder werden. Was als militärischer oder militärähnlicher Dienst anzusehen ist, richtet sich nach den Bestimmungen des Bundesversorgungsgesetzes in der Fassung der Bekanntmachung vom 22. Januar 1982 (BGBl. I S. 21), zuletzt geändert durch Artikel 28 des Zweiten Rechtsbereinigungsgesetzes vom 16. Dezember 1986 (BGBl. I S. 2441). Sind Kriegsgefangene in ein im Geltungsbereich des Gesetzes gelegenes Internierungslager überführt worden, so endet die Kriegsgefangenschaft mit dem Zeitpunkt, von welchem ab deutsche Stellen zur Entscheidung über die Entlassung befugt waren.

(2) Als Kriegsgefange im Sinne dieses Gesetzes gelten

1. Deutsche, die im ursächlichen Zusammenhang mit Ereignissen, die unmittelbar mit der Kriegsführung des zweiten Weltkrieges zuzammenhingen, von einer ausländischen Macht

a) auf engbegrenztem Raum unter dauernder Bewachung festgehalten oder

b) in ein ausländisches Staatsgebiet verschleppt wurden, und

2. Deutsche, die im ursächlichen Zusammenhang mit dem Zweiten Weltkrieg im Ausland wegen ihrer Volkszugehörigkeit oder ihrer Staatszugehörigkeit

a) auf engbegrenztem Raum unter dauernder Bewachung festgehalten oder

b) aus dem Ausland in ein anderes ausländisches Staatsgebiet verschleppt wurden.

(3) Absatz 2 gilt nicht für Deutsche, die

entweder

vor dem anrückenden Feind evakuiert wurden

oder geflohen sind

oder

als Vertriebene

in Lagern im Ausland zum Zwecke ihres Abtransportes untergebracht waren. Absatz 2 gilt ferner nicht für Deutsche, die außerhalb des Geltungsbereiches des Gesetzes arbeitsverpflichtet wurden, auch wenn sie lagermäßig untergebracht waren.

(4) Die Rechtsstellung eines Deutschen muß zum Zeitpunkt der Antragstellung gegeben sein.

Abschnitt I
Entschädigung
§ 3

(1) Für jeden Kalendermonat des Festhaltens in ausländischem Gewahrsam – frühestens vom 1. Januar 1947 an – wird als Entschädigung ein Betrag von 30 Deutsche Mark gewährt, der sich nach weiteren zwei Jahren ausländischen Gewahrsams auf 60 Deutsche Mark erhöht. Vom fünften Gewahrsamsjahr – frühestens vom 1. Januar 1951 an – wird für jeden Gewahrsamsmonat eine zusätzliche Entschädigung von 20 Deutsche Mark gewährt, die sich nach zwei, vier und sechs weiteren Gewahrsamsjahren jeweils um 20 Deutsche Mark erhöht; jedoch erhalten diejenigen Berechtigten, die selbst erst im ausländischen Gewahrsam geboren wurden, diese zusätzliche Entschädigung nicht. Die Gesamtentschädigung wird auf einen Höchstbetrag von 12 000 Deutsche Mark begrenzt. Mit der Entschädigung sind etwa bestehende Ansprüche des Berechtigten wegen Freiheitsentziehung und Arbeitsleistung im ausländischen Gewahrsam gegen die Bundesrepublik abgegolten.

(2) Bei der Berechnung der Zeit der Kriegsgefangenschaft sind alle Zeiten eines ausländischen Gewahrsams aus den in § 2 genannten Gründen zu berücksichtigen.

(3) Der Monat, in den der Beginn des ausländischen Gewahrsams fällt sowie der Entlassungsmonat werden voll entschädigt, jedoch nur im Rahmen der Vorschrift über die Höchstgrenze nach Absatz 1.

§ 4

Die Nachzahlung der zusätzlichen Entschädigung nach § 3 Abs. 1 Satz 2 erfolgt nach Maßgabe der Haushaltsansätze in den Jahren 1964, 1965, 1966 und 1967; dabei sind Berechtigte mit längerer Gewahrsamszeit bevorzugt zu berücksichtigen.

§ 5

(1) Der Anspruch auf Entschädigung ist nicht übertragbar.

(2) Ist der Berechtigte (§ 1) nach dem 31. Dezember 1961 gestorben, so ist der Anspruch auf die Entschädigung (§ 3) vererblich, wenn der Berechtigte von seinem Ehegatten, seinen Kindern oder seinen Eltern beerbt wird und diese hinsichtlich des Wohnsitzes oder ständigen Aufenthalts eine der Voraussetzungen des § 1 Abs. 1, 2 oder 3 erfüllen. Sind Erben dieser Art nicht vorhanden, so geht der Anspruch auf Entschädigung in entsprechender Anwendung der Vorschriften über die gesetzliche Erbfolge von Eltern und Kindern auf die Stiefkinder oder den Stiefelternteil über, wenn diese hinsichtlich des Wohnsitzes oder ständigen Aufenthalts die Voraussetzungen des Satzes 1 erfüllen. Wird der Berechtigte von mehreren Erben beerbt und liegen nur bei einem Teil von ihnen die Voraussetzungen des Satzes 1 vor, so steht den Erben, die die Voraussetzungen erfüllen, der Anspruch auf die ganze Entschädigung, und zwar, soweit er ihr Erbrecht übersteigt, als Voraus zu. Der Anspruch ist auch dann vererblich, wenn sich die Erben eines nach § 1 Abs. 2 oder 3 Berechtigten in einem ausländischen Staatsgebiet aufhalten, in dem die Bundesrepublik vertreten ist.

(3) Ist der Kriegsgefangene im ausländischen Gewahrsam oder der ehemalige Kriegsgefangene im Anschluß an seine Entlassung aus dem Gewahrsam auf dem Wege in den Geltungsbereich dieses Gesetzes oder in der Zeit vom 1. Januar 1947 bis zum 31. Dezember 1961 im Geltungsbereich dieses Gesetzes gestorben, so haben nach der Maßgabe des Absatzes 2 die dort genannten Personen Anspruch auf Entschädigung in entsprechender Anwendung des § 3. Das gleiche gilt, wenn der ehemalige Kriegsgefange nach dem 31.

Dezember 1961 als Sowjetzonenflüchtling im Sinne des § 3 des Bundesvertriebenengesetzes im Geltungsbereich dieses Gesetzes seinen Wohnsitz oder ständigen Aufenthalt genommen hatte und vor Inkrafttreten der Vorschrift des § 1 Abs. 1 Nr. 4 gestorben ist.

§ 6
(weggefallen)

§ 7
(Änderung des Einkommensteuergesetzes)

§ 8
(1) Von dem Anspruch auf Zahlung einer Entschädigung (§ 3), auf Gewährung von Darlehen und Beihilfen ist ausgeschlossen:
1. wer der nationalsozialistischen oder einer anderen Gewaltherrschaft in verwerflicher Weise Vorschub geleistet hat;
2. wer nach dem 8. Mai 1945 wegen eines Verbrechens rechtskräftig zu einer Freiheitsstrafe von mindestens einem Jahr verurteilt worden ist, das er vor dem 8. Mai 1945 in Ausübung seiner tatsächlichen oder angemaßten Befehlsbefugnis begangen hat;
3. wer die freiheitlich-demokratische Grundordnung bekämpft;
4. wer nach dem 8. Mai 1945 wegen an Mitgefangenen in ausländischem Gewahrsam begangener Verbrechen oder Vergehen verurteilt worden ist.

(2) Die Verurteilung nach Absatz 1 Nr. 2 und 4 muß durch ein deutsches Gericht im Geltungsbereich dieses Gesetzes erfolgt sein.

(3) Solange wegen der in Absatz 1 Nr. 2 und 4 genannten Straftaten ein Ermittlungsverfahren schwebt, sind die Entscheidungen über Anträge auf Leistungen nach diesem Gesetz zurückzustellen. Wird ein solches Verfahren eingeleitet, nachdem der Anspruch auf Leistungen durch Bescheid zuerkannt, eine Auszahlung aber noch nicht erfolgt ist, so ist die Auszahlung auszusetzen.

§ 9
(1) Über Ansprüche nach den §§ 3 und 5 wird auf Antrag durch schriftlichen Feststellungsbescheid entschieden. Der Antrag ist spätestens bis zum 31. Dezember 1967 zu stellen.

(2) Für Berechtigte, die ihren Wohnsitz oder ständigen Aufenthalt nach dem 31. Dezember 1964 im Geltungsbereich dieses Gesetzes nehmen, endet die Frist drei Jahre nach ihrem Eintreffen im Geltungsbereich des Gesetzes.

(3) Stirbt ein Berechtigter innerhalb der für ihn geltenden Antragsfrist, ohne einen Antrag gestellt zu haben, so endet für den Personenkreis des § 5 Abs. 2 die Frist drei Jahre nach dem Todestage.

(4) Für Berechtigte nach § 5 Abs. 3 endet die Antragsfrist drei Jahre nach Erhalt der Todesmeldung oder der Todeserklärung.

§ 10
(weggefallen)

§ 11
Hat der Antragsteller seinen gewöhnlichen Aufenthalt außerhalb des Geltungsbereichs des Gesetzes, bestimmt die Regierung des Landes, in welchem die Bundesregierung ihren Sitz hat, die zuständige Behörde.

16.1 Kriegsgefangenenentschädigungsgesetz

§§ 12 bis 14
(weggefallen)

§ 15
(1) Hält die Behörde mit Rücksicht auf die Bedeutung einer Aussage oder zur Herbeiführung einer wahrheitsgemäßen Aussage die eidliche Vernehmung eines Zeugen oder eines Sachverständigen für geboten, so ist das Amtsgericht, in dessen Bezirk der Zeuge oder Sachverständige seinen Wohnsitz oder Aufenthaltsort hat, um die eidliche Vernehmung zu ersuchen.

(2) Auf das Vernehmungsersuchen sind die Vorschriften des Gerichtsverfassungsgesetzes und der Zivilprozeßordnung sinngemäß anzuwenden.

§ 16
(weggefallen)

§ 17
Der Feststellungsbescheid hat die festgestellte Zeit der Kriegsgefangenschaft (§ 2) und die Höhe der sich daraus ergebenden Entschädigung zu enthalten.

§§ 18 bis 22
(weggefallen)

§ 23
In Rechtsstreitigkeiten bei der Ausführung dieses Gesetzes sind die Berufung gegen ein Urteil und die Beschwerde gegen eine andere Entscheidung des Verwaltungsgerichts ausgeschlossen. Dies gilt nicht für die Beschwerde gegen die Nichtzulassung der Revision nach den Vorschriften der Verwaltungsgerichtsordnung.

§§ 24 bis 26
(weggefallen)

§ 27
Das Verfahren vor den durchführenden Behörden ist kostenfrei.

Abschnitt II
Darlehen und Beihilfen
§§ 28 bis 43
(weggefallen)

Abschnitt III
Heimkehrerstiftung –
Stiftung für ehemalige Kriegsgefangene
§ 44
(1) Zur wirtschaftlichen und sozialen Förderung ehemaliger Kriegsgefangener wird eine rechtsfähige Stiftung des öffentlichen Rechts unter dem Namen „Heimkehrerstiftung – Stiftung für ehemalige Kriegsgefangene" errichtet.

(2) Der Sitz der Stiftung wird durch die Satzung bestimmt.

(3) Die Stiftung verfolgt ausschließlich und unmittelbar steuerbegünstigte Zwecke im Sinne der §§ 51 bis 68 der Abgabenordnung.

§ 45

(1) Die Stiftung wird mit sechzig Millionen Deutsche Mark ausgestattet. Dieser Betrag wird der Stiftung vom Bund nach Maßgabe der im Bundeshaushalt ausgebrachten Mittel zur Verfügung gestellt.

(2) Der Stiftung werden die Rückflüsse (Zins- und Tilgungsbeträge) abzüglich Verwaltungskosten aus Darlehen, die nach Abschnitt II in der bis zum 31. Dezember 1978 geltenden Fassung des Gesetzes gewährt worden sind, für Aufgaben nach § 46 b zur Verfügung gestellt.

(3) Darüber hinaus werden der Stiftung jährlich ab 1988 vom Bund die erforderlichen Mittel zur Erfüllung der Aufgaben nach § 46 b zur Verfügung gestellt.

(4) Die Stiftung ist berechtigt, Zuwendungen von dritter Seite anzunehmen.

§ 46

(1) Von der Stiftung werden gefördert:

1. Personen, die wegen miliärischen oder militärähnlichen Dienstes im ursächlichen Zusammenhang mit dem Zweiten Weltkrieg gefangengenommen und von einer ausländischen Macht festgehalten wurden,
2. Personen, die nach § 2 Abs. 2 und 3 als Kriegsgefangene gelten,
3. Witwen verstorbener ehemaliger Kriegsgefangener, sofern sie keine neue Ehe eingegangen sind.

Voraussetzung ist, daß der Antragsteller zum Zeitpunkt der Antragstellung seinen Wohnsitz oder ständigen Aufenthalt im Geltungsbereich dieses Gesetzes hat. Auf die Förderung besteht kein Rechtsanspruch.

Nicht gefördert werden in ausländischen Gewahrsam geborene Abkömmlinge von Berechtigten.

(2) Zur Förderung der in Absatz 1 genannten Personen können gewährt werden:

1. Darlehen
 a) zum Aufbau oder zur Sicherung der wirtschaftlichen Existenz,
 b) zur Beschaffung von Wohnraum,
 c) für sonstige förderungswürdige Vorhaben;
2. einmalige Unterstützungen zur Linderung einer Notlage.

Die nach Nummer 1 Buchstaben a bis c gewährten Darlehen sind mit Auflagen zu verbinden, welche die Verwendung für das beabsichtigte Vorhaben sicherstellen. Darlehen sind in der Regel mit drei vom Hundert zu verzinsen. Sie sind nach drei Freijahren in zehn gleichen Jahresraten zu tilgen. Das erste Freijahr beginnt mit dem auf die Auszahlung folgenden Halbjahresersten. Für einzelne Arten von Vorhaben können die Zins- und Tilgungsbedingungen abweichend festgestellt werden. Die Darlehen sind nach Möglichkeit zu sichern. Die Gewährung von Darlehen bestimmt sich nach der sozialen Dringlichkeit und der volkswirtschaftlichen Förderungswürdigkeit der Vorhaben. Zinsen und Tilgungsbeträge aus Darlehen fließen der Stiftung zu.

(3) Die Stiftung kann wissenschaftliche Aufträge zur Erforschung gesundheitlicher Spätschäden nach Kriegsgefangenschaft und Internierung vergeben.

(4) Neben den jährlichen Erträgnissen können aus dem Stammvermögen (§ 45 Abs. 1) der Stiftung für die in Absätzen 2 und 3 genannten Zwecke

für die Jahre 1970
bis 1974   *   je drei Millionen Deutsche Mark,

für die Jahre 1975 und 1976	je acht Millionen Deutsche Mark,
für das Jahr 1977	sieben Millionen Deutsche Mark,
für das Jahr 1978	sechs Millionen Deutsche Mark,
für das Jahr 1979	vier Millionen Deutsche Mark,
und für die Jahre 1980 bis 1983	je drei Millionen Deutsche Mark
verwendet werden.	

§ 46a

Ist die in § 46 Abs. 1 genannte Person nach der Antragstellung gestorben, kann die beantragte Leistung nach § 46 Abs. 2 in Härtefällen dem Ehegatten oder einem unterhaltsberechtigten Angehörigen, der nach geltendem Recht als Kriegshinterbliebener Anspruch auf Versorgung hätte, oder einer Person, die zur Sicherung seines Lebensbedarfs wesentlich beigetragen hat, gewährt werden, wenn und soweit hierfür noch ein Bedarf vorhanden ist, die Voraussetzungen für die Gewährung beim Antragsteller erfüllt waren und die häusliche Gemeinschaft mit dem Antragsteller bis zu dessen Tode bestanden hat.

§ 46b

(1) Über die in § 46 Abs. 2 vorgesehenen Leistungen hinaus kann die Stiftung den in § 46 Abs. 1 Nr. 1 genannten ehemaligen Kriegsgefangenen Leistungen zur Minderung von Nachteilen gewähren, die durch die Bewertung der Zeiten des Kriegsdienstes und der Kriegsgefangenschaft als Ersatzzeiten in der gesetzlichen Rentenversicherung entstanden sind und eine Härte bedeuten. Eine Härte wird vermutet, wenn bei langer Kriegsgefangenschaft oder später Heimkehr unter Berücksichtigung der Einkommens- und Vermögensverhältnisse eine ausreichende Altersversorgung nicht vorhanden ist.

(2) Ist der Leistungsempfänger gestorben, so kann die Stiftung der Witwe/dem Witwer Leistungen zur Minderung von Nachteilen in der Hinterbliebenenversorgung gewähren, wenn eine Härte vorliegt. Eine Härte wird vermutet, wenn die Hinterbliebenenrente aus der gesetzlichen Rentenversicherung unter Berücksichtigung des übrigen Einkommens und des Vermögens für die Altersversorgung nicht ausreicht. Die Leistungen betragen 60 vom Hundert der Leistungen, die nach Absatz 1 bei gleichen Einkommens- und Vermögensverhältnissen gewährt werden. Die Witwe/der Witwer erhält keine Leistungen, wenn die Ehe erst nach Bewilligung der Leistungen nach Absatz 1 geschlossen worden ist und nicht mindestens ein Jahr gedauert hat, es sei denn, daß nach den besonderen Umständen des Falles die Annahme nicht gerechtfertigt ist, daß es der alleinige oder überwiegende Zweck der Eheschließung war, der Witwe/dem Witwer eine Versorgung zu verschaffen.

§ 47

(1) Organe der Stiftung sind:
1. der Stiftungsrat,
2. der Stiftungsvorstand.

(2) Die Mitglieder der Organe werden ehrenamtlich tätig; sie haben Anspruch auf Ersatz ihrer notwendigen Auslagen.

§ 48

(1) Der Stitfungsrat besteht aus vierzehn Mitgliedern. Der für dieses Gesetz federführende Bundesminister benennt sieben Mitglieder; er beruft sieben weitere Mitglieder auf Vor-

schlag der auf Bundesebene tätigen Verbände der ehemaligen Kriegsgefangenen. Für jedes Mitglied wird ein Stellvertreter benannt oder berufen.

(2) Den Vorsitzenden und seinen Stellvertreter wählt der Stiftungsrat. Der Vorsitzende wird aus den nach Absatz 1 Satz 2 benannten Mitgliedern gewählt.

(3) Die Amtszeit der Mitglieder des Stiftungsrates und ihrer Stellvertreter beträgt vier Jahre. Scheidet ein Mitglied oder ein Stellvertreter vorzeitig aus, wird für den Rest seiner Amtszeit ein Nachfolger benannt oder berufen. Wiederholte Bestellungen sind zulässig.

(4) Der Stiftungsrat erläßt die Satzung und stellt Richtlinien für die Verwendung der Mittel auf, in denen er bestimmt, unter welchen Voraussetzungen und bis zu welcher Höhe die in den §§ 46 und 46b genannten Förderungsmaßnahmen gewährt werden können; Satzung und Richtlinien bedürfen der Genehmigung des für dieses Gesetz federführenden Bundesministers im Einvernehmen mit dem Bundesminister der Finanzen. Der Stiftungsrat beschließt über alle grundsätzlichen Fragen, die zum Aufgabenbereich der Stiftung gehören, und überwacht die Tätigkeit des Stiftungsvorstandes. Der Stiftungsrat gibt sich eine Geschäftsordnung.

(5) Der Stiftungsrat ist beschlußfähig, wenn die Hälfte der Mitglieder anwesend ist. Er beschließt mit einfacher Mehrheit.

§ 49

(1) Der Stiftungsvorstand besteht aus dem Vorsitzenden und drei weiteren Mitgliedern. Der Stiftungsrat wählt den Vorsitzenden und die weiteren Mitglieder des Stifungsvorstandes auf die Dauer von zwei Jahren. Wiederwahl ist zulässig. Scheidet der Vorsitzende oder ein weiteres Mitglied des Stiftungsvorstandes vorzeitig aus, wird für den Rest seiner Amtszeit vom Stiftungsrat ein Nachfolger gewählt.

(2) Der Vorsitzende und die weiteren Mitglieder des Stiftungsvorstandes können nicht Mitglieder des Stiftungsrates oder deren Stellvertreter sein.

(3) Der Stiftungsvorstand führt die Geschäfte und vertritt die Stiftung gerichtlich und außergerichtlich; das Nähere regelt die Satzung. Nach Ablauf seiner Amtszeit führt der Stiftungsvorstand die Geschäfte bis zum Zusammentritt des neu gewählten Stiftungsvorstandes weiter.

(4) Für die Beschlüsse des Stiftungsvorstandes gilt § 48 Abs. 5 entsprechend.

§ 50

(1) Zur Entscheidung über Anträge nach § 46 Abs. 2 und nach § 46b werden bei dem Vorstand Ausschüsse gebildet.

(2) Jeder Ausschuß besteht aus
1. einem Mitglied des Vorstandes als Vorsitzendem,
2. zwei ehrenamtlichen Beisitzern.

(3) Einer der Beisitzer muß ehemaliger Kriegsgefangener sein.

(4) Die Beisitzer werden vom Stiftungsrat auf die Dauer von zwei Jahren gewählt und von dem Vorsitzenden des Ausschusses auf die gewissenhafte und unparteiische Wahrnehmung ihrer Amtsobliegenheiten verpflichtet.

(5) Über die Anträge entscheiden die Ausschüsse durch schriftlichen Bescheid.

§ 51

(1) Zur Entscheidung über den Widerspruch gegen Bescheide der Ausschüsse nach § 50 wird ein Widerspruchsausschuß gebildet.

(2) Der Widerspruchsausschuß besteht aus
1. einem vom Stiftungsrat aus seiner Mitte gewählten Mitglied als Vorsitzendem,
2. zwei ehrenamtlichen Beisitzern.

(3) Der Vorsitzende des Widerspruchsausschusses muß die Befähigung für den höheren Verwaltungsdienst besitzen. Für die Beisitzer gilt § 50 Abs. 3 und 4 entsprechend.

(4) Für das Verfahren bei der Anfechtung von Entscheidungen über Anträge nach § 46 Abs. 2 und nach § 46b gelten die §§ 23 und 27 entsprechend.

§ 52
Die Stiftung untersteht der Aufsicht des für dieses Gesetz federführenden Bundesministers.

§ 53
Bei der Aufhebung der Stiftung vorhandenes Vermögen fließt dem Bund zu.

Abschnitt IV
Schlußbestimmungen
§ 54
(weggefallen)

§ 54a
Sofern sich in einzelnen Fällen aus den Vorschriften dieses Gesetzes besondere Härten ergeben, kann die zuständige Landesbehörde im Einvernehmen mit dem für dieses Gesetz federführenden Bundesminister an ehemalige Kriegsgefangene, die nach dem 31. Dezember 1946 aus ausländischem Gewahrsam (§ 2) entlassen worden sind, die Gewährung von Leistungen nach Abschnitt I dieses Gesetzes ganz oder teilweise zulassen, auch wenn die sonstigen gesetzlichen Voraussetzungen nicht erfüllt sind.

§ 54b
Die Leistungen nach diesem Gesetz unterliegen in der Person des unmittelbar Berechtigten nicht der Zwangsvollstreckung.

§ 54c
Beschädigtengrundrenten nach dem Bundesversorgungsgesetz und den Gesetzen, die das Bundesversorgungsgesetz für anwendbar erklären, sowie Renten für Verletzte aus der gesetzlichen Unfallversicherung bis zur Höhe der vergleichbaren Grundrenten nach dem Bundesversorgungsgesetz gehören nicht zum Einkommen im Sinne dieses Gesetzes.

§ 55
Der Bund trägt die Aufwendungen für die nach Abschnitt I dieses Gesetzes gewährten Leistungen wie die Aufwendungen für die Kriegsfolgenhilfe nach Maßgabe des Ersten Überleitungsgesetzes in der im Bundesgesetzblatt Teil III, Gliederungsnummer 603-3, veröffentlichten bereinigten Fassung, zuletzt geändert durch Artikel 1 des Gesetzes vom 8. Juni 1977 (BGBl. I S. 801), in voller Höhe. § 21a Abs. 1 Satz 1 des Ersten Überleitungsgesetzes in der Fassung des Vierten Überleitungsgesetzes findet keine Anwendung.

§ 56

Dieses Gesetz gilt nach Maßgabe des § 13 Abs. 1 des Dritten Überleitungsgesetzes auch im Land Berlin. Rechtsverordnungen, die auf Grund der in diesem Gesetz enthaltenen Ermächtigung erlassen werden, gelten im Land Berlin nach § 14 des Dritten Überleitungsgesetzes.

§ 57
(Inkrafttreten)

16.2 Gesetz über Hilfsmaßnahmen für Personen, die aus politischen Gründen außerhalb der Bundesrepublik Deutschland in Gewahrsam genommen wurden (Häftlingshilfegesetz) i. d. F. vom 4. Februar 1987 (BGBl. I S. 512)

§ 1
Personenkreis

(1) Leistungen nach Maßgabe der folgenden Vorschriften erhalten deutsche Staatsangehörige und deutsche Volkszugehörige, wenn sie
1. nach der Besetzung ihres Aufenthaltsortes oder nach dem 8. Mai 1945 in der sowjetischen Besatzungszone oder im sowjetisch besetzten Sektor von Berlin oder in den in § 1 Abs. 2 Nr. 3 des Bundesvertriebenengesetzes genannten Gebieten aus politischen und nach freiheitlich-demokratischer Auffassung von ihnen nicht zu vertretenden Gründen in Gewahrsam genommen wurden oder
2. Angehörige der in Nummer 1 genannten Personen sind oder
3. Hinterbliebene der in Nummer 1 genannten Personen sind

und den gewöhnlichen Aufenthalt im Geltungsbereich des Gesetzes genommen haben.

(2) (weggefallen)

(3) (weggefallen)

(4) (weggefallen)

(5) Gewahrsam im Sinne des Absatzes 1 ist ein Festgehaltenwerden auf engbegrenztem Raum unter dauernder Bewachung. Wurde oder wird eine in Absatz 1 Nr. 1 genannte Person gegen ihren Willen in ein ausländisches Staatsgebiet verbracht, so gilt die gesamte Zeit, während der sie an ihrer Rückkehr gehindert war oder ist, als Gewahrsam.

(6) Eine lagermäßige Unterbringung als Folge von Arbeitsverpflichtungen oder zum Zwecke des Abtransportes von Vertriebenen oder Aussiedlern gilt nicht als Gewahrsam im Sinne dieses Gesetzes.

(7) Keine Leistungen nach diesem Gesetz erhalten die im Gewahrsam geborenen Abkömmlinge von im Gewahrsam geborenen Berechtigten; die ihnen als Erben auf Grund des § 9a Abs. 2 in Verbindung mit § 5 Abs. 2 oder 3 des Kriegsgefangenenentschädigungsgesetzes zustehenden Ansprüche bleiben unberührt.

§ 2
Ausschließungsgründe

(1) Leistungen nach diesem Gesetz werden nicht gewährt an Personen,

1. die in den Gewahrsamsgebieten (§ 1 Abs. 1 Nr. 1) dem dort herrschenden politischen System erheblich Vorschub geleistet haben,
2. die während der Herrschaft des Nationalsozialismus oder in den Gewahrsamsgebieten (§ 1 Abs. 1 Nr. 1) durch ihr Verhalten gegen die Grundsätze der Rechtsstaatlichkeit oder Menschlichkeit verstoßen haben; dies gilt insbesondere für Personen, die durch ein deutsches Gericht im Geltungsbereich dieses Gesetzes wegen eines an Mithäftlingen begangenen Verbrechens oder Vergehens rechtskräftig verurteilt worden sind,
3. die nach dem 8. Mai 1945 durch deutsche Gerichte im Geltungsbereich dieses Gesetzes wegen vorsätzlicher Straftaten zu Freiheitsstrafen von insgesamt mehr als drei Jahren rechtskräftig verurteilt worden sind.

(2) Die Gewährung von Leistungen kann versagt oder eingestellt werden, wenn der Berechtigte die im Geltungsbereich dieses Gesetzes bestehende freiheitliche demokratische Grundordnung bekämpft hat oder bekämpft.

(3) Die Gewährung von Leistungen kann versagt oder eingestellt werden, wenn der Berechtigte in die Gewahrsamsgebiete (§ 1 Abs. 1 Nr. 1) zurückkehrt, und zwar auch dann, wenn er seinen Wohnsitz oder ständigen Aufenthalt im Geltungsbereich dieses Gesetzes nicht aufgibt oder ihn später wiederum begründet.

(4) Liegen Ausschließungsgründe bei der in Gewahrsam genommenen Person (§ 1 Abs. 1 Nr. 1) vor, so sind diese auch gegenüber Angehörigen und Hinterbliebenen wirksam.

(5) Solange wegen einer Straftat, die zu einem Ausschluß nach Absatz 1 Nr. 2 und 3 oder Absatz 2 führen kann, ein Ermittlungsverfahren oder Strafverfahren schwebt, sind Entscheidungen über Anträge nach diesem Gesetz zurückzustellen. Wird ein solches Verfahren eingeleitet, nachdem der Anspruch auf Leistungen zuerkannt ist, so ist die Auszahlung einmaliger Leistungen auszusetzen; wiederkehrende Leistungen können ausgesetzt werden.

§ 3
Erweiterung des Personenkreises

Die Bundesregierung wird ermächtigt, durch Rechtsverordnung mit Zustimmung des Bundesrates weitere Gruppen von Personen, die aus den in § 1 Abs. 1 Nr. 1 genannten Gründen

a) in anderen als den dort bezeichneten Gebieten außerhalb des Geltungsbereiches dieses Gesetzes in Gewahrsam genommen wurden oder

b) ohne in Gewahrsam genommen worden zu sein, durch andere Maßnahmen eine gesundheitliche Schädigung erlitten haben

sowie deren Angehörige und Hinterbliebene den nach diesem Gesetz zum Empfang von Leistungen Berechtigten gleichzustellen.

§ 4
Beschädigtenversorgung

(1) Ein nach § 1 Abs. 1 Nr. 1 Berechtigter, der infolge des Gewahrsams eine gesundheitliche Schädigung erlitten hat, erhält wegen der gesundheitlichen und wirtschaftlichen Folgen dieser Schädigung auf Antrag Versorgung in entsprechender Anwendung der Vorschriften des Gesetzes über die Versorgung der Opfer des Krieges (Bundesversorgungsgesetz), soweit ihm nicht wegen desselben schädigenden Ereignisses ein Anspruch auf Versorgung unmittelbar auf Grund des Bundesversorgungsgesetzes zusteht.

(2) Eine Schädigung infolge des Gewahrsams ist auch eine gesundheitliche Schädigung, die herbeigeführt worden ist durch einen Unfall, den der Beschädigte

a) auf einem Hin- oder Rückweg erleidet, der notwendig ist, um eine Maßnahme der Heilbehandlung, eine Badekur, Versehrtenleibesübungen als Gruppenbehandlung oder berufsfördernde Maßnahmen zur Rehabilitation nach § 26 des Bundesversorgungsgesetzes durchzuführen oder um zur Aufklärung des Sachverhalts persönlich zu erscheinen, sofern das Erscheinen angeordnet ist,

b) bei der Durchführung einer der unter Buchstabe a aufgeführten Maßnahmen erleidet.

(3) Zur Anerkennung einer Gesundheitsstörung als Folge einer Schädigung genügt die Wahrscheinlichkeit des ursächlichen Zusammenhanges. Wenn die Wahrscheinlichkeit nur deshalb nicht gegeben ist, weil über die Ursache des festgestellten Leidens in der medizinischen Wissenschaft Ungewißheit besteht, kann mit Zustimmung des Bundesministers für Arbeit und Sozialordnung die Gesundheitsstörung als Folge einer Schädigung anerkannt werden; die Zustimmung kann allgemein erteilt werden. Eine Anerkennung nach den Sätzen 1 und 2 und hierauf beruhende Verwaltungsakte können mit Wirkung für die Vergangenheit zurückgenommen werden, wenn unzweifelhaft feststeht, daß die Gesundheitsstörung nicht Folge einer Schädigung ist; erbrachte Leistungen sind nicht zu erstatten.

§ 5
Hinterbliebenenversorgung

Ist der Beschädigte an den Folgen der Schädigung gestorben, so erhalten die Hinterbliebenen Versorgung in entsprechender Anwendung der Vorschriften des Bundesversorgungsgesetzes, soweit ihnen nicht ein Anspruch auf Versorgung unmittelbar auf Grund des Bundesversorgungsgesetzes zusteht. § 4 Abs. 3 dieses Gesetzes und die §§ 48 und 52 des Bundesversorgungsgesetzes sind entsprechend anzuwenden.

§ 6
Zusammentreffen von Ansprüchen

(1) Treffen Ansprüche aus § 4 dieses Gesetzes mit Ansprüchen aus § 1 des Bundesversorgungsgesetzes zusammen, so wird die Versorgung unter Berücksichtigung der durch die gesamten Schädigungsfolgen bedingten Minderung der Erwerbsfähigkeit unmittelbar nach den Vorschriften des Bundesversorgungsgesetzes gewährt.

(2) § 55 des Bundesversorgungsgesetzes findet Anwendung, wenn Leistungen nach § 4 oder § 5 mit Leistungen zusammentreffen, die unmittelbar nach dem Bundesversorgungsgesetz gewährt werden.

(3) Bei der Feststellung der Elternrente sind auch die Kinder zu berücksichtigen, die an den Folgen einer nach dem Bundesversorgungsgesetz anzuerkennenden Schädigung gestorben oder verschollen sind. Besteht ein Anspruch auf Elternrente unmittelbar nach den Vorschriften des Bundesversorgungsgesetzes, so wird sie nach diesem Gesetz nicht gewährt.

§ 7
(weggefallen)

§ 8
Unterhaltsbeihilfe

(1) Angehörige der in § 1 Abs. 1 Nr. 1 genannten Personen erhalten auf Antrag eine Unterhaltsbeihilfe in entsprechender Anwendung des Gesetzes über die Unterhaltsbeihilfe für Angehörige von Kriegsgefangenen, soweit ihnen nicht bereits ein Anspruch hierauf unmit-

telbar auf Grund des Unterhaltsbeihilfegesetzes zusteht. § 4 Satz 2 des Unterhaltsbeihilfegesetzes findet keine Anwendung.

(2) § 2 Abs. 3 des Gesetzes über die Unterhaltsbeihilfe für Angehörige von Kriegsgefangenen tritt außer Kraft. Soweit hiernach Unterhaltsbeihilfe bewilligt worden ist, verbleibt es dabei.

(3) Unterhaltsbeihilfe nach Absatz 1 wird neben Dienstbezügen oder Ruhegehalt gemäß § 11 a Abs. 1 oder 3 des Gesetzes zur Regelung der Wiedergutmachung nationalsozialistischen Unrechts für Angehörige des öffentlichen Dienstes oder neben Dienstbezügen gemäß § 37 b Abs. 1, 3 oder 4 oder Ruhegehalt gemäß den §§ 37 c, 48 Satz 2 des Gesetzes zur Regelung der Rechtsverhältnisse der unter Artikel 131 des Grundgesetzes fallenden Personen nur insoweit gezahlt, als sie die Dienstbezüge oder das Ruhegehalt übersteigt.

§ 9
Anwendung der für Heimkehrer geltenden Vorschriften

(1) Berechtigte nach § 1 Abs. 1 Nr. 1, die insgesamt länger als drei Monate in Gewahrsam gehalten wurden und innerhalb von sechs Monaten nach der Entlassung ihren Wohnsitz oder ständigen Aufenthalt im Geltungsbereich dieses Gesetzes genommen haben oder nehmen oder in den Geltungsbereich dieses Gesetzes zurückkehren, erhalten die für Heimkehrer vorgesehenen Hilfen und Vergünstigungen in entsprechender Anwendung der dafür geltenden Vorschriften, sofern ihnen nicht nach anderen Vorschriften Gleichartiges gewährt werden kann.

(2) Die §§ 2, 3, 24 und 28 a des Heimkehrergesetzes finden keine Anwendung.

(3) In die Frist von sechs Monaten werden Zeiten unverschuldeter Verzögerung nicht eingerechnet.

§ 9 a
Eingliederungshilfen

(1) Ein Berechtigter nach § 1 Abs. 1 Nr. 1, der nach dem 31. Dezember 1946 insgesamt länger als drei Monate in Gewahrsam gehalten wurde, erhält auf Antrag Eingliederungshilfe, wenn er den gewöhnlichen Aufenthalt im Geltungsbereich dieses Gesetzes am 10. August 1955 hatte oder diesen danach genommen hat
1. als Person im Sinne des § 1 Abs. 2 Nr. 3 oder des § 3 des Bundesvertriebenengesetzes,
2. im Wege der Familienzusammenführung gemäß § 94 Abs. 2 des Bundesvertriebenengesetzes, vorausgesetzt, daß er mit einem Angehörigen zusammengeführt wird, der schon am 10. August 1955 im Geltungsbereich dieses Gesetzes seinen gewöhnlichen Aufenthalt hatte oder unter § 10 Abs. 2 Nr. 2, 3 oder 5 des Bundesvertriebenengesetzes fällt,
3. bis zum 31. Dezember 1964 und im Wege der Notaufnahme aus den in § 3 des Bundesvertriebenengesetzes genannten Gebieten zugezogen ist,
4. spätestens sechs Monate nach Entlassung aus dem Gewahrsam oder, wenn er bereits vor dem Gewahrsam den gewöhnlichen Aufenthalt im Geltungsbereich dieses Gesetzes hatte, bei Rückkehr innerhalb dieses Zeitraums; in die Frist werden Zeiten unverschuldeter Verzögerung nicht eingerechnet.

Die Eingliederungshilfe beträgt für jeden Gewahrsamsmonat, frühestens vom 1. Januar 1947 an, 30 Deutsche Mark, vom dritten Gewahrsamsjahr, frühestens vom 1. Januar 1949 an, 60 Deutsche Mark. Diese Eingliederungshilfe ist auf einen Höchstbetrag von 15 420 Deutsche Mark begrenzt.

(2) § 3 Abs. 1 Satz 4 und Abs. 3, die §§ 5, 7 und 27 des Kriegsgefangenenentschädigungsgesetzes gelten sinngemäß: die Ausschließungsgründe des § 2 gelten auch für die Erben.

(3) (weggefallen)

(4) Leistungen, die nach den Richtlinien für die Gewährung von Beihilfen an ehemalige politische Häftlinge aus der sowjetischen Besatzungszone und ihr gleichgestellten Gebieten vom 9. November 1955 (BAnz. Nr. 229 vom 26. November 1955) oder nach § 9a Abs. 1 dieses Gesetzes in der Fassung vom 13. März 1957 (BGBl. I S. 168) bewilligt worden sind oder werden, sind auf die nach Absatz 1 und 3 zu gewährenden entsprechenden Leistungen anzurechnen.

(5) Die Bundesregierung wird ermächtigt, durch Rechtsverordnung mit Zustimmung des Bundesrates den Zeitpunkt und die Reihenfolge der Auszahlung der Leistung, auf die nach Absatz 1 ein Anspruch besteht, nach den Gesichtspunkten der sozialen Dringlichkeit zu bestimmen.

§ 9b
Zusätzliche Eingliederungshilfen

Ein Berechtigter nach § 9a Abs. 1, der nur wegen seines persönlichen Verhaltens nach der Besetzung seines Aufenthaltsortes oder nach dem 8. Mai 1945 in Gewahrsam genommen wurde und die in § 1 Abs. 1 Nr. 1 genannten Gebiete nach dem 31. Dezember 1985 verlassen hat, erhält zusätzlich zu den Leistungen nach § 9a für jeden Gewahrsamsmonat, frühestens vom 1. Januar 1947 an, 50 Deutsche Mark, vom dritten Gewahrsamsjahr, frühestens vom 1. Januar 1949 an, 150 Deutsche Mark, vom fünften Gewahrsamsjahr, frühestens vom 1. Januar 1951 an, 210 Deutsche Mark; die zusätzliche Eingliederungshilfe wird auf einen Höchstbetrag von 20 250 Deutsche Mark begrenzt. § 9a Abs. 2 gilt auch für diese Leistung.

§ 9c
Weitere Eingliederungshilfen

Ein Berechtigter nach § 9a Abs. 1, der keinen Anspruch auf die zusätzliche Eingliederungshilfe nach § 9b hat, erhält auf Antrag im Rahmen der Höchstgrenze des § 9a Abs. 1 Satz 3 vom fünften Gewahrsamsjahr, frühestens vom 1. Januar 1951 an, für jeden Gewahrsamsmonat eine weitere Eingliederungshilfe von 20 Deutsche Mark, die sich nach zwei, vier und sechs weiteren Gewahrsamsjahren jeweils um 20 Deutsche Mark erhöht; jedoch erhalten Personen, die im Gewahrsam geboren wurden, diese Leistungen nicht. § 9a Abs. 2 gilt auch für diese Leistungen.

§ 10
Zuständigkeit und Verfahren

(1) Für die Gewährung von Leistungen nach den §§ 4, 5 und 8 sind die Behörden zuständig, denen die Durchführung des Bundesversorgungsgesetzes und des Unterhaltsbeihilfegesetzes obliegt. Soweit die Versorgungsbehörden zuständig sind, richtet sich das Verfahren nach den für die Kriegsopferversorgung geltenden Vorschriften.

(2) Für die Gewährung der in § 9 bezeichneten Hilfen und Vergünstigungen sind diejenigen Behörden und Stellen zuständig, welche die Gesetze ausführen, in denen die einzelnen Hilfen und Vergünstigungen geregelt sind. Die für diese Behörden und Stellen maßgebenden Bestimmungen für das Verwaltungsverfahren gelten entsprechend. Für die Gewährung der Leistungen nach den §§ 9a bis 9c sind die von den Landesregierungen bestimmten Stellen zuständig; hat der Antragsteller seinen gewöhnlichen Aufenthalt im Aus-

land, so bestimmt die Regierung des Landes, in welchem die Bundesregierung ihren Sitz hat, die zuständige Behörde.

(3) Über öffentlich-rechtliche Streitigkeiten entscheiden die Gerichte der Sozialgerichtsbarkeit, soweit dieses Gesetz von den für die Kriegsopferversorgung zuständigen Verwaltungsbehörden, von den Dienststellen der Bundesanstalt für Arbeit oder den Trägern der Sozialversicherung durchgeführt wird. Für das Verfahren vor den Gerichten der Sozialgerichtsbarkeit sind je nach der Art des Anspruchs die Vorschriften des Sozialgerichtsgesetzes für Angelegenheiten der Kriegsopferversorgung oder für Angelegenheiten der Bundesanstalt für Arbeit oder für Angelegenheiten der Sozialversicherung maßgebend. § 51 Abs. 2 Satz 2 des Sozialgerichtsgesetzes bleibt unberührt. Über öffentlich-rechtliche Streitigkeiten bei der Anwendung der §§ 9a bis 9c entscheiden die allgemeinen Verwaltungsgerichte.

(4) Der Nachweis darüber, daß die Voraussetzungen entweder des § 1 Abs. 1 oder des § 1 Abs. 1 und des § 9 Abs. 1 vorliegen und daß Ausschließungsgründe nach § 2 Abs. 1 Nr. 1 und 2 weder gegeben noch gemäß § 2 Abs. 4 wirksam sind, ist durch eine Bescheinigung zu erbringen. Bescheinigungen, die für die in § 1 Abs. 1 Nr. 2 und 3 genannten Personen ausgestellt werden, sind kein Nachweis dafür, daß Ansprüche nach den §§ 4, 5 und 8 dieses Gesetzes bestehen.

(5) Über die Anträge mehrerer Antragsteller, die Erben oder weitere Erben einer in § 1 Abs. 1 Nr. 1 bezeichneten Person sind, entscheidet die Behörde, bei welcher der erste Antrag gestellt worden ist.

(6) Hält die Behörde zur Feststellung des Gewahrsams oder von Ausschließungsgründen nach § 2 Abs. 1 Nr. 1 und 2 und nach § 2 Abs. 4 die eidliche Vernehmung eines Zeugen oder eines Sachverständigen für geboten, so ist das Amtsgericht, in dessen Bezirk der Zeuge oder Sachverständige seinen Wohnsitz oder Aufenthaltsort hat, um die eidliche Vernehmung zu ersuchen.

(7) Die Vorschriften des § 15 Abs. 5 und der §§ 16 bis 18 des Bundesvertriebenengesetzes sind entsprechend anzuwenden.

(8) Wird die Bescheinigung eingezogen oder für ungültig erklärt, so sind die Leistungen nach diesem Gesetz einzustellen.

§ 11
Berechtigte in Gast- oder Durchgangslagern

Für Berechtigte, die sich in einem Gast- oder Durchgangslager aufhalten, sind für die Gewährung von Leistungen nach diesem Gesetz und für die Ausstellung der Bescheinigung gemäß § 10 Abs. 4 die Behörden und Stellen zuständig, in deren Bereich sich das Lager befindet.

§ 12
Härteausgleich

Die zuständige oberste Landesbehörde kann im Einvernehmen mit dem für dieses Gesetz federführenden Bundesminister zur Vermeidung unbilliger Härten in Einzelfällen Maßnahmen nach diesem Gesetz ganz oder teilweise zulassen.

§ 13
Kostenregelung

(1) Der den Trägern der Sozialversicherung und der Arbeitslosenversicherung auf Grund des § 9 entstehende Aufwand wird ihnen mit Ausnahme der Verwaltungskosten aus Mitteln des Bundes erstattet, soweit dieser Aufwand die Leistungen übersteigt, auf die die

nach § 1 Abs. 1 Nr. 1 Berechtigten nach anderen gesetzlichen Bestimmungen Anspruch haben. Den Trägern der gesetzlichen Krankenversicherung wird als Ersatz für Verwaltungskosten und für sonstige mit der Durchführung des Gesetzes zusammenhängende Kosten ein Betrag von 8 vom Hundert ihres Aufwandes für die nach § 23 des Heimkehrergesetzes zu gewährenden Leistungen ersetzt.

(2) Im übrigen trägt der Bund die Aufwendungen für Leistungen nach diesem Gesetz jeweils in dem gleichen Umfange wie die Aufwendungen für Leistungen, die unmittelbar auf Grund der Gesetze gewährt werden, die in diesem Gesetz für entsprechend anwendbar erklärt sind.

§ 14
Überleitungsvorschrift für Bestimmungen, in denen auf die Eigenschaft als Heimkehrer abgestellt ist

Soweit in anderen Vorschriften, die die Gewährung von Leistungen von der Einhaltung eines Stichtages abhängig machen, Heimkehrer hiervon freigestellt sind, gilt diese Freistellung auch für Personen im Sinne des § 9 Abs. 1.

§ 15
Stiftung für ehemalige politische Häftlinge

(1) Zur Förderung ehemaliger politischer Häftlinge wird unter dem Namen „Stiftung für ehemalige politische Häftlinge" eine rechtsfähige Stiftung des öffentlichen Rechts errichtet.

(2) Der Sitz der Stiftung wird durch die Satzung bestimmt.

(3) Die Stiftung verfolgt ausschließlich und unmittelbar steuerbegünstigte Zwecke im Sinne der §§ 51 bis 68 der Abgabenordnung.

§ 16
Stiftungsvermögen

(1) Die Stiftung wird mit 42 500 000 Deutsche Mark ausgestattet. Dieser Betrag wird der Stiftung vom Bund nach Maßgabe der im Bundeshaushalt ausgebrachten Mittel zur Verfügung gestellt.

(2) Die Stiftung ist berechtigt, Zuwendungen von dritter Seite anzunehmen.

(3) Neben den jährlichen Erträgnissen können aus dem Stammvermögen für das Jahr 1985 insgesamt 3 000 000 Deutsche Mark, für die Jahre 1986 bis 1988 jährlich bis zu 3 500 000 Deutsche Mark und vom Jahre 1989 an jährlich bis zu 3 000 000 Deutsche Mark entnommen werden.

§ 17
Personenkreis

Von der Stiftung werden die in § 1 Abs. 1 genannten Personen gefördert. Auf die Förderung besteht kein Rechtsanspruch. § 12 gilt mit der Maßgabe, daß das Einvernehmen mit dem für dieses Gesetz federführenden Bundesminister vom Vorstand der Stiftung hergestellt wird.

§ 18
Unterstützungen

(1) Einem Berechtigten, der durch die Folgen des Gewahrsams in seiner wirtschaftlichen Lage besonders beeinträchtigt ist, können Unterstützungen gewährt werden.

(2) Ein Berechtigter, der unmittelbar nach der Entlassung aus dem Gewahrsam im Sinne des § 1 Abs. 5 Satz 1 im Geltungsbereich dieses Gesetzes eingetroffen ist, kann zur Beschaffung von Gegenständen des persönlichen Bedarfs eine einmalige Unterstützung in Höhe von 1 000 Deutsche Mark erhalten.

§ 19
Stiftungsorgane

(1) Organe der Stiftung sind
1. der Stiftungsrat,
2. der Stiftungsvorstand.

(2) Die Mitglieder der Organe werden ehrenamtlich tätig; sie haben Anspruch auf Ersatz ihrer notwendigen Auslagen.

§ 20
Stiftungsrat

(1) Der Stiftungsrat besteht aus zwölf Mitgliedern. Der für dieses Gesetz federführende Bundesminister benennt sechs Mitglieder; er beruft weitere sechs Mitglieder aus den in § 17 Satz 1 genannten Personen. Für jedes Mitglied wird ein Stellvertreter benannt oder berufen.

(2) Den Vorsitzenden und seinen Stellvertreter wählt der Stiftungsrat. Der Vorsitzende wird aus den nach Absatz 1 Satz 2 benannten Mitgliedern gewählt.

(3) Die Amtszeit der Mitglieder des Stiftungsrates und ihrer Stellvertreter beträgt vier Jahre. Scheidet ein Mitglied oder ein Stellvertreter vorzeitig aus, wird für den Rest seiner Amtszeit ein Nachfolger benannt oder berufen. Wiederholte Bestellungen sind unzulässig.

(4) Der Stiftungsrat erläßt die Satzung und stellt Richtlinien für die Verwendung der Mittel auf, in denen er bestimmt, unter welchen Voraussetzungen und bis zu welcher Höhe Unterstützungen nach § 18 gewährt werden können; Satzung und Richtlinien bedürfen der Genehmigung des für dieses Gesetz federführenden Bundesministers im Einvernehmen mit dem Bundesminister der Finanzen. Der Stiftungsrat beschließt über alle grundsätzlichen Fragen, die zum Aufgabenbereich der Stiftung gehören, und überwacht die Tätigkeit des Stiftungsvorstandes. Der Stiftungsrat gibt sich eine Geschäftsordnung.

(5) Der Stiftungsrat ist beschlußfähig, wenn die Hälfte der Mitglieder anwesend ist. Er beschließt mit einfacher Mehrheit.

§ 21
Stiftungsvorstand

(1) Der Stiftungsvorstand besteht aus dem Vorsitzenden und drei weiteren Mitgliedern. Der Stiftungsrat wählt den Vorsitzenden und die weiteren Mitglieder des Stiftungsvorstandes auf die Dauer von zwei Jahren. Wiederwahl ist zulässig. Scheidet der Vorsitzende oder ein weiteres Mitglied des Stiftungsvorstandes vorzeitig aus, wird für den Rest seiner Amtszeit vom Stiftungsrat ein Nachfolger gewählt.

(2) Der Vorsitzende und die weiteren Mitglieder des Stiftungsvorstandes können nicht Mitglieder des Stiftungsrates oder deren Stellvertreter sein.

(3) Der Stiftungsvorstand führt die Geschäfte und vertritt die Stiftung gerichtlich und außergerichtlich; das Nähere regelt die Satzung. Nach Ablauf seiner Amtszeit führt der Stiftungsvorstand die Geschäfte bis zum Zusammentritt des neu gewählten Stiftungsvorstandes weiter.

(4) Für die Beschlüsse des Stiftungsvorstandes gilt § 20 Abs. 5 entsprechend.

§ 22
Entscheidung über Anträge

(1) Zur Entscheidung über Anträge nach § 18 Abs. 1 wird bei dem Vorstand ein Ausschuß gebildet.
(2) Der Ausschuß besteht aus
1. dem Vorsitzenden des Vorstandes oder dessen Stellvertreter als Vorsitzendem,
2. zwei ehrenamtlichen Beisitzern.
(3) Einer der Beisitzer muß ehemaliger politischer Häftling sein.
(4) Die Beisitzer werden vom Stiftungsrat auf die Dauer von zwei Jahren gewählt und von dem Vorsitzenden des Ausschusses auf die gewissenhafte und unparteiische Wahrnehmung ihrer Amtsobliegenheiten verpflichtet.
(5) Über den Antrag entscheidet der Ausschuß durch Bescheid.

§ 23
Widerspruchsausschuß

(1) Zur Entscheidung über den Widerspruch gegen den Bescheid des Ausschusses nach § 22 wird ein Widerspruchsausschuß gebildet.
(2) Der Widerspruchsausschuß besteht aus
1. einem vom Stiftungsrat aus seiner Mitte gewählten Mitglied als Vorsitzendem,
2. zwei ehrenamtlichen Beisitzern.
(3) Der Vorsitzende des Widerspruchsausschusses muß die Befähigung für den höheren Verwaltungsdienst besitzen. Die Beisitzer des Ausschusses nach § 22 können nicht zugleich Mitglieder des Widerspruchsausschusses sein; im übrigen gilt § 22 Abs. 3 und 4 entsprechend.

§ 24
Aufsicht

Die Stiftung untersteht der Aufsicht des für dieses Gesetz federführenden Bundesministers.

§ 25
Aufhebung der Stiftung

Bei der Aufhebung der Stiftung vorhandenes Vermögen fließt dem Bund zu.

§ 25 a
Übergangsvorschrift

§ 9 b ist in der bis zum 31. Dezember 1985 geltenden Fassung weiterhin anzuwenden, wenn der Berechtigte spätestens an diesem Tage die in § 1 Abs. 1 Nr. 1 genannten Gebiete verlassen hat und die Leistungen nach § 9 b vor dem 1. Januar 1989 beantragt.

§ 25 b
Sonstige Vorschriften

Die Leistungen nach den §§ 9 a bis 9 c und § 18 unterliegen in der Person des unmittelbar Berechtigten nicht der Zwangsvollstreckung.

§ 26
Anwendung im Land Berlin

Dieses Gesetz gilt nach Maßgabe des § 13 Abs. 1 des Dritten Überleitungsgesetzes auch im Land Berlin. Rechtsverordnungen, die auf Grund dieses Gesetzes erlassen werden, gelten im Land Berlin nach § 14 des Dritten Überleitungsgesetzes.

§ 27
(Inkrafttreten)

16.3 Richtlinien der Heimkehrerstiftung
– Stiftung für ehemalige Kriegsgefangene – für die Gewährung von Leistungen aus Stiftungsmitteln i. d. F. vom 1. Januar 1987 (BAnz. S. 12441), geändert durch Bekanntmachung vom 27. April 1988 (BAnz. S. 2017)

Der Stiftungsrat hat gemäß § 48 Abs. 4 des Kriegsgefangenenentschädigungsgesetzes (KgfEG) die nachstehenden Richtlinien für die Gewährung von Leistungen aus Stiftungsmitteln beschlossen:

I. Allgemeine Bestimmungen

1. (1) Von der Stiftung werden gefördert:

a) Personen, die wegen militärischen oder militärähnlichen Dienstes im ursächlichen Zusammenhang mit dem Zweiten Weltkrieg gefangengenommen und von einer ausländischen Macht festgehalten wurden;

b) Personen, die nach § 2 Abs. 2 und 3 KgfEG als Kriegsgefangene gelten;

c) Witwen heimgekehrter Kriegsgefangener, sofern sie keine neue Ehe eingegangen sind und die häusliche Gemeinschaft mit dem Verstorbenen bis zu dessen Tod bestanden hat.

(2) Was als militärischer oder militärähnlicher Dienst anzusehen ist, ergibt sich aus §§ 2 – 4 des Bundesversorgungsgesetzes (BVG) und den hierzu ergangenen Verwaltungsvorschriften; § 6 BVG und die Verwaltungsvorschriften hierzu sind entsprechend anzuwenden.

(3) Nicht gefördert werden in ausländischem Gewahrsam geborene Abkömmlinge von Berechtigten.

2. Leistungen aus Mitteln der Stiftung nach § 46 Abs. 2 KgfEG können auch Personen erhalten, die nicht Berechtigte im Sinne des § 1 KgfEG sind, weil sie vor dem 1. Januar 1947 aus dem Gewahrsam entlassen wurden oder die Stichtagsvoraussetzungen nicht erfüllen.

3. Bei den in Nummer 1 Buchstabe b) genannten Personen muß zum Zeitpunkt der Antragstellung die Rechtsstellung eines Deutschen im Sinne des Artikels 116 GG gegeben sein. Danach ist Deutscher, wer die deutsche Staatsangehörigkeit besitzt oder als Flüchtling oder Vertriebener deutscher Volkszugehörigkeit oder als sein Ehegatte oder Abkömmling in dem Gebiet des Deutschen Reiches nach dem Stand vom 31. Dezember 1937 Aufnahme gefunden hat.

4. Die in Nummer 1 Buchstabe a) – c) genannten Personen müssen zum Zeitpunkt der Antragstellung ihren Wohnsitz oder ständigen Aufenthalt im Geltungsbereich des Kriegsgefangenenentschädigungsgesetzes haben.

5. Aus der Stiftung können nach Maßgabe der verfügbaren Mittel gemäß § 46 Abs. 2 KgfEG Darlehen und Unterstützungen sowie gemäß § 46b KgfEG Leistungen zur Minderung von Nachteilen in der gesetzlichen Rentenversicherung gewährt werden. Auf sie besteht kein Rechtsanspruch. Die Ausschließungsgründe des § 8 KgfEG gelten entsprechend.

6. Stirbt ein Antragsteller nach der Beantragung einer Leistung nach § 46 Abs. 2 KgfEG, so kann die beantragte Leistung in Härtefällen dem Ehegatten oder einem unterhaltsberechtigten Angehörigen, der nach geltendem Recht als Kriegshinterbliebener Anspruch auf Versorgung hätte, oder einer Person, die zur Sicherung seines Lebensbedarfs wesentlich beigetragen hat, gewährt werden, wenn und soweit hierfür noch ein Bedarf vorhanden ist, die Voraussetzungen für die Gewährung beim Antragsteller erfüllt waren und die häusliche Gemeinschaft mit dem Antragsteller bis zu dessen Tod bestanden hat.

7. Die Reihenfolge der Gewährung von Leistungen wird durch die aus den vorliegenden Anträgen erkennbare soziale Dringlichkeit – bei Darlehen auch durch die volkswirtschaftliche Förderungswürdigkeit der Vorhaben – bestimmt. Im Rahmen der sozialen Dringlichkeit ist vorrangig zu berücksichtigen, in welchem Ausmaß der Antragsteller durch die Kriegsgefangenschaft und ihre Folgen gehindert war, eine seinen Fähigkeiten entsprechende Tätigkeit auszuüben.

8. Die Förderungsmaßnahmen können an ehemalige Kriegsgefangene gewährt werden, wenn sie Leistungen in gleicher Art und Höhe nach anderen Vorschriften nicht erhalten können.

9. Unrichtige oder unvollständige Angaben bei der Antragstellung können zum Ausschluß oder zur Rückforderung von Leistungen führen.

II. Besondere Bestimmungen

A. Darlehen

10. (1) Darlehen können gewährt werden

a) zum Aufbau oder zur Sicherung der wirtschaftlichen Existenz;
b) zur Beschaffung von Wohnraum;
c) für sonstige förderungswürdige Vorhaben.

(2) Darlehen können nur gewährt werden, wenn und soweit der Antragsteller nicht in der Lage ist, das Vorhaben aus eigenen Mitteln oder durch zumutbare Inanspruchnahme anderer Finanzierungsmöglichkeiten durchzuführen.

11. Das Darlehen wird dem Darlehensnehmer in der Regel über ein von ihm zu benennendes Kreditinstitut (Hausbank) zur Verfügung gestellt. Das Darlehen darf nur für das genehmigte Vorhaben verwendet werden. Die Verwendung ist entsprechend zu belegen. Auszahlung, Verwaltung und Überwachung des Darlehens werden vom Kreditinstitut vorgenommen, sofern die Stiftung nicht unmittelbar als Kreditgeber auftritt. Dem Bundesrechnungshof und der Stiftung steht insoweit bei den benannten Kreditinstituten ein jederzeitiges Prüfungsrecht zu.

a) Darlehen zum Aufbau oder zur Sicherung der wirtschaftlichen Existenz

12. (1) Darlehen zum Aufbau oder zur Sicherung der wirtschaftlichen Existenz können gewährt werden, wenn die Lebensgrundlage des Antragstellers begründet oder bei einer Gefährdung gefestigt werden soll und der Antragsteller die erforderlichen persönlichen und fachlichen Voraussetzungen erfüllt.

(2) Die Bewilligung eines Darlehens ist auch zulässig zur Ablösung eines Zwischenkredits, sofern mit dem abzulösenden Kredit das Vorhaben vorfinanziert worden ist, und zur

16.3 Richtlinien Heimkehrerstiftung

Umschuldung eines Darlehens, ausgenommen aus öffentlichen Mitteln, dessen Zins- und Tilgungsdienst die Existenz gefährdet.

13. Die Höhe eines Darlehens richtet sich nach dem Umfang der zur Durchführung des beantragten Vorhabens erforderlichen Mittel; der Höchstbetrag ist DM 40000 –.

14. Die Darlehen zum Aufbau oder zur Sicherung der wirtschaftlichen Existenz sind mit 3 vom Hundert jährlich, beginnend am 3. Geschäftstag nach Abgang der Überweisung an das Kreditinstitut, zu verzinsen und nach 3 Freijahren in längstens 20 gleichen Halbjahresraten zu tilgen; das erste Freijahr beginnt mit dem auf die Auszahlung – auch nur eines Teilbetrages – folgenden Halbjahresersten. Bei Darlehen zum Zwecke der Umschulung können die 3 Freijahre entfallen. Die Zins- und Tilgungsleistungen sind am 31. Mai und 30. November jedes Jahres fällig. Bei Stundung und Verzug erhöht sich der Zinssatz auf 4 vom Hundert jährlich.

b) Darlehen zur Beschaffung von Wohnraum

15. (1) Darlehen zur Beschaffung von Wohnraum können für Neubau, Ankauf bestehender Wohngebäude oder Eigentumswohnungen, Instandsetzungen, Instandhaltungen, Modernisierungen oder Erweiterungen sowie zur Beschaffung einer Mietwohnung oder zur Begründung eines Dauerwohnrechts (Mieterdarlehen) gewährt werden. Die geplante Maßnahme muß der Behebung eines gegenwärtigen dringenden Wohnraumbedarfs des Antragstellers und seiner zum Haushalt gehörenden Familienmitglieder dienen.

(2) Die Bewilligung eines Darlehens ist auch zulässig zur Ablösung eines Zwischenkredits, sofern mit dem abzulösenden Kredit das Vorhaben vorfinanziert worden ist, sowie zur Umschuldung von Darlehen, ausgenommen aus öffentlichen Mitteln, wenn die Zins- und Tilgungsbelastung aus dem Familieneinkommen nicht getragen werden kann und die Erhaltung des Familienwohnraumes deshalb gefährdet ist. Nicht gefördert werden Vorhaben, die hinsichtlich Größe, Umfang, Ausstattung oder Kosten über einen angemessenen Bedarf hinausgehen, sowie Wohnraum im Ausland oder der nachträgliche Bau von Garagen und Außenanlagen.

16. Die Darlehen sind keine öffentlichen Mittel im Sinne des § 6 Zweites Wohnungsbaugesetz; sie dienen dem Ersatz oder der Ergänzung von Eigenleistungen. Die Finanzierung des Bauvorhabens muß gesichert sein.

17. Bei Mieterdarlehen soll eine langfristige Wohnberechtigung des Darlehensnehmers, mindestens 5 Jahre, sowie die Berechtigung zur Rückforderung des noch nicht abgewohnten Darlehensanteils im Falle seines Auszuges gesichert sein.

18. (1) Die Höhe des Darlehens wird bestimmt nach Umfang, Art, Rechtsform und Nutzung des Vorhabens sowie nach dem Finanzierungsbedarf; bei Mieterdarlehen nach der Größe der Wohnung und der geforderten Mietvorauszahlung. Der Höchstbetrag ist DM 30000,–, bei Mieterdarlehen DM 10000,–. Die Darlehen sind unverzinslich und mit 5 vom Hundert jährlich in gleichen Halbjahresraten zu tilgen.

Darlehen für Instandsetzungen, Instandhaltungen, Modernisierungen oder Erweiterungen sind mit 10 vom Hundert jährlich in gleichen Halbjahresraten zu tilgen. Bei der Festsetzung der Tilgungsbedingungen des Mieterdarlehens ist die Dauer des Mietvertrages angemessen zu berücksichtigen.

(2) Die erste Rate ist an dem 28. Februar oder an dem 31. August fällig, der auf den Ablauf einer Frist von 11 Monaten nach dem Tage der ersten Auszahlung folgt.

(3) Bei Stundung und Verzug sind Stundungs- und Verzugszinsen in Höhe von 4 vom Hundert jährlich zu berechnen.

c) Darlehen für sonstige förderungswürdige Vorhaben

19. Sonstige förderungswürdige Vorhaben sind solche, die nicht unter Nr. 12 oder Nr. 15 fallen und bei denen die Darlehensgewährung beruflichen, sozialen und ähnlichen Zwecken dient und der Antragsteller die zur Verwirklichung des Vorhabens erforderlichen Voraussetzungen erfüllt. Dazu gehören auch Darlehen zur Sicherung eines Alten- und Pflegeheimplatzes.

20. Der Höchstbetrag der Darlehen beträgt DM 20000,–. Die sonstigen Bedingungen richten sich nach der Art, der Rechtsform und dem Finanzierungsbedarf des Vorhabens sowie der wirtschaftlichen Lage des Antragstellers.

B. Einmalige Unterstützungen

21. Unterstützungen können gewährt werden, wenn sie zur Beseitigung oder Linderung einer gegenwärtigen Notlage geboten sind. Eine Notlage ist gegeben, wenn der Antragsteller nicht in der Lage oder es ihm nicht zuzumuten ist, bestimmte dringende Lebensbedürfnisse für sich oder die von ihm zu unterhaltenden Angehörigen mit eigenen Mitteln oder sonstiger Hilfe zu befriedigen.

22. Unterstützungen können unter den Voraussetzungen der Nr. 21 auch gewährt werden

a) für Maßnahmen der Gesundheitsfürsorge, wenn diese geboten sind;

b) für die Entrichtung von Beiträgen an die gesetzliche Rentenversicherung, wenn sonst keine ausreichende Altersversorgung sichergestellt ist;

c) zur vorübergehenden Abdeckung von Zins- und Tilgungsleistungen für Schuldverpflichtungen, wenn das Eingehen der Verpflichtung bei Abwägung der Lebensumstände des Antragstellers vertretbar war.

23. Die Höhe der Unterstützung richtet sich nach Art und Ausmaß der Notlage. Die Unterstützung soll DM 8000,– nicht übersteigen. Sie kann auch in Teilbeträgen gezahlt werden.

24. Unterstützungen können wiederholt gewährt werden, wenn dies ohne Zurückstellung anderer dringlicher Anträge möglich ist.

25. Unterstützungen dürfen nicht gewährt werden, wenn die Notlage durch Inanspruchnahme anderer Leistungen oder durch besondere Hilfen aus öffentlichen Mitteln behoben oder nachhaltig gemildert werden kann.

C. Leistungen zur Minderung von Nachteilen in der gesetzlichen Rentenversicherung

26. Ehemalige Kriegsgefangene nach Nummer 1 Buchstabe a) dieser Richtlinien, die eine Rente wegen Erwerbsunfähigkeit oder ein Altersruhegeld aus der gesetzlichen Rentenversicherung beziehen, können Leistungen zur Minderung von Nachteilen erhalten, die durch die Bewertung der Zeiten des Kriegsdienstes und der Kriegsgefangenschaft als Ersatzzeiten in der gesetzlichen Rentenversicherung entstanden sind und eine Härte bedeuten.

27. Die Voraussetzungen gemäß Nummer 26 sind anzunehmen, wenn

a) die Kriegsgefangenschaft nach dem 31. Dezember 1946 geendet hat,

b) bei der Rentenberechnung mindestens 25 Versicherungsjahre, davon mindestens 36 Monate einer Ersatzzeit nach § 1251 Abs. 1 Nr. 1 Reichsversicherungsordnung, § 28 Abs. 1 Nr. 1 Angestelltenversicherungsgesetz oder § 51 Abs. 1 Nr. 1 Reichsknappschaftsgesetz angerechnet wurden und

c) eine ausreichende Altersversorgung nicht vorhanden ist.

16.3 Richtlinien Heimkehrerstiftung

28. (1) Eine Altersversorgung gilt im Sinne dieser Richtlinien als nicht ausreichend, wenn das Einkommen im Jahre 1980 den Betrag von DM 1 200,– monatlich nicht übersteigt. Dieser Betrag ändert sich entsprechend der Anpassungsquote des jeweiligen Rentenanpassungsgesetzes.

(2) Zum Einkommen gehören die Renten und alle sonstigen Einkünfte des Antragstellers nach Abzug der auf das Einkommen zu entrichtenden Steuern und Beiträge zur Sozialversicherung einschließlich der Arbeitslosenversicherung. Kinderzuschüsse, Kinderzulagen und Kindergeld werden bei der Feststellung des Einkommens nicht angerechnet.

(3) Bei der Feststellung des Einkommens im Sinne des Absatzes 1 werden die Beschädigtengrundrente nach dem Bundesversorgungsgesetz und den Gesetzen, die dieses Gesetz für anwendbar erklären, sowie die Verletztenrente aus der gesetzlichen Unfallversicherung bis zur Höhe der vergleichbaren Grundrente nach dem Bundesversorgungsgesetz nicht berücksichtigt; „vergleichbare Grundrente" ist die Grundrente, die dem Verletzten bei gleicher Minderung der Erwerbsfähigkeit als Beschädigtem nach dem Bundesversorgungsgesetz zustehen würde.

(4) Der Einsatz des Vermögens ist nicht zuzumuten, wenn dadurch die bisherige Lebensgrundlage beeinträchtigt würde.

29. (1) Die Höhe der Leistung beträgt ab 1. Juli 1987 für Leistungsberechtigte
bei einem Monatseinkommen
bis DM 1 120 = DM 80,– mtl.
bis DM 1 243 = DM 70,– mtl.
bis DM 1 368 = DM 60,– mtl.
bis DM 1 492 = DM 50,– mtl.[1)]
Maßgebend ist das Einkommen im jeweiligen Monat der Leistung.

(2) Diese Einkommensgruppen ändern sich entsprechend der Anpassungsquote des jeweiligen Rentenanpassungsgesetzes, wobei die Beträge auf volle DM abzurunden sind.

30. Nach dem Tode des Empfängers einer Leistung (Nr. 26) kann der Witwe/dem Witwer eine Leistung nach § 46 b KgfEG gewährt werden. Voraussetzung ist:

a) Tod des Ehemannes/der Ehefrau, auch wenn der Tod vor dem 1. Januar 1987 eingetreten ist,

b) daß der verstorbene Ehemann/die verstorbene Ehefrau eine Leistung nach Nummer 26 dieser Richtlinien bis zum Tod bezogen hat; dazu gehört auch die Leistung nach Nummer 35 Abs. 3;

c) daß die Ehe bis zum Tode bestanden hat,

d) daß die Ehe vor Bewilligung der Leistung an den Ehemann bzw. an die Ehefrau geschlossen war,

e) wenn die Ehe nach Bewilligung der Leistung an den Ehemann/Ehefrau geschlossen war: daß sie mindestens 1 Jahr bestanden hat; das gilt jedoch nicht, wenn nach den besonderen Umständen des Falles die Annahme nicht gerechtfertigt ist, daß der alleinige oder überwiegende Zweck der Eheschließung war, der Witwe/dem Witwer eine Versorgung zu verschaffen.

31. (1) Die Höhe der Leistung an die Witwe/den Witwer beträgt 60 % der Leistung nach Nummer 29 Abs. 1 u. 2; dabei gelten die dort genannten Einkommensgruppen und die Einkommensgrenze.

(2) Die Höhe der Leistung beträgt ab 1. Juli 1987

[1)] Neufestsetzung ab 1. Juli 1987 (vgl. BAnz. 1987, S. 12443)
Ab 1. Juli 1988 gilt folgende Staffel: 1 154,– DM/1 280,– DM/1 409,– DM/1 537,– DM

für Witwen/Witwer von Leistungsberechtigten bei einem Monateinkommen
bis DM 1 120,– = DM 48,– mtl.
bis DM 1 243,– = DM 42,– mtl.
bis DM 1 388,– = DM 36,– mtl.
bis DM 1 492,– = DM 30,– mtl.[1]
Maßgebend ist das Einkommen im jeweiligen Monat der Leistung.
(3) Nummer 29 Abs. 2 gilt entsprechend.

32. Für die Ermittlung des Einkommens der Witwe/des Witwers gilt Nummer 28 Abs. 2 bis 4 entsprechend. Dabei sind sowohl abgeleitete Leistungen (z. B. Hinterbliebenenrenten) als auch eigene Einkünfte der Witwe/des Witwers zu berücksichtigen.

33. Die Leistung (Nr. 26 und Nr. 30) kann vorbehaltlich der Bestimmungen unter Nummer 35 bewilligt werden. Der Leistungsempfänger/die Leistungsempfängerin ist verpflichtet, Änderungen hinsichtlich der Voraussetzungen für die Leistung und der Höhe des Einkommens der Heimkehrerstiftung unverzüglich anzuzeigen.

34. Die Leistung (Nr. 26 und Nr. 30) beginnt mit dem Monat, in dem die Voraussetzungen für die Gewährung erfüllt sind. Die Leistung nach Nummer 26 beginnt frühestens mit dem Monat des Eingangs des Antrages bei der Heimkehrerstiftung. Die Leistung nach Nummer 30 beginnt frühestens mit dem auf den Todestag des Leistungsempfängers folgenden Kalendermonat, wenn der Antrag innerhalb von 6 Monaten nach dem Todestag gestellt wird; in anderen Fällen mit dem Monat des Eingangs des Antrages bei der Heimkehrerstiftung, jedoch nicht vor dem 1. Januar 1987. Lag der Todestag vor dem 1. Januar 1987, beginnt die Leistung mit Januar 1987, wenn der Antrag vor dem 1. Juli 1987 gestellt wurde.

35. (1) Die Leistung (Nr. 26 und Nr. 30) soll jeweils zu Beginn des Monats Dezember eines jeden Jahres für das folgende Kalenderjahr, die Leistung für das Jahr der Antragstellung zu Beginn des Monats Dezember dieses Jahres ausgezahlt werden.

(2) Ist der Antragsteller/die Antragstellerin (Nr. 26 und Nr. 30) nach Bescheiderteilung verstorben oder hat er/sie seinen/ihren Wohnsitz nicht mehr im Geltungsbereich des Kriegsgefangenenentschädigungsgesetzes, dürfen Leistungen für Zeiten nach dem Sterbemonat oder nach dem Monat der Verlegung des Wohnsitzes nicht mehr ausgezahlt werden. Bereits ausgezahlte Beträge nach Nummer 26 und Nummer 30 werden nicht zurückgefordert.

(3) Ist der Antragsteller/die Antragstellerin (Nr. 26) vor Bescheiderteilung verstorben, erhält die Witwe/der Witwer aus Billigkeitsgründen die Leistung bis zum Sterbemonat des Ehegatten.

(4) Die Leistung nach Nr. 30 an die Witwe/den Witwer fällt mit Ablauf des Monats der Wiederheirat weg.

(5) Voraussetzung für die Auszahlung ist eine Mitteilung des Leistungsempfängers an die Stiftung bis zum 1. Oktober jedes Jahres, daß der Wohnsitz, das angegebene Konto und die Einkommensverhältnisse unverändert bestehen bzw. ob und wie sie sich verändert haben. Diese Mitteilung ist vom Leistungempfänger eigenhändig zu unterschreiben.

III. Verfahren

36. Leistungen werden auf Antrag gewährt. Der Antrag ist unter Verwendung der vorgeschriebenen Vordrucke und unter Beifügung der zum Nachweis der Antragsberechtigung – bei Darlehensanträgen auch des Vorhabens – erforderlichen Unterlagen bei der Stiftung einzureichen.

---

[1] Neufestsetzung ab 1. Juli 1987 (vgl. BAnz. 1987, S. 12443)
Ab 1. Juli 1988 gilt folgende Staffel: 1 154,– DM/1 280,– DM/1 409,– DM/1 537,– DM

16.4 Merkblatt Heimkehrerstiftung

37. Zur Vorbereitung der Entscheidung, insbesondere zur Klärung des Sachverhalts, zur Feststellung der Antragsvoraussetzungen und zur Ergänzung der Angaben im Antragsvordruck können von der Stiftung Behörden im Wege der Amtshilfe oder andere Stellen (Verband der Heimkehrer, Kriegsgefangenen und Vermißtenangehörigen Deutschlands e. V., Deutsches Rotes Kreuz, WASt und dgl.) in Anspruch genommen werden.

38. Über den Antrag entscheidet ein Bewilligungsausschuß durch schriftlichen Bescheid.

39. Ist ein Darlehen bewilligt worden, wird zwischen der Stiftung oder in ihrem Auftrag einem Kreditinstitut und dem Antragsteller nach Rechtskraft des Bewilligungsbescheides ein Darlehensvertrag/Schuldurkunde nach vorgeschriebenem Muster abgeschlossen.

40. Die Darlehen sind unter Berücksichtigung der wirtschaftlichen Lage des Darlehensnehmers, z. B. unter Heranziehung der aus den Darlehen errichteten oder angeschafften Werte, nach Möglichkeit zu sichern.

41. Bei Einschaltung eines Kreditinstitutes gewährt dieses das Darlehen im eigenen Namen für Rechnung der Stiftung.

IV. Inkrafttreten

42. Die Richtlinien treten in der vorstehenden Fassung am 1. Januar 1987 in Kraft und werden im Bundesanzeiger veröffentlicht.

16.4 Merkblatt der Heimkehrerstiftung zu Leistungen zur Minderung von Nachteilen in der gesetzlichen Rentenversicherung

A. Personenkreis

Leistungen nach § 46b KgfEG kann erhalten, wer

1. in der Bundesrepublik Deutschland oder in West-Berlin wohnt,

2. wegen militärischen oder militärähnlichen Dienstes im ursächlichen Zusammenhang mit dem Zweiten Weltkrieg gefangengenommen und von einer ausländischen Macht festgehalten wurde (nicht jedoch Witwen von ehemaligen Kriegsgefangenen),

3. nach dem 31. 12. 1946 aus der Kriegsgefangenschaft entlassen wurde,

4. eine Rente wegen Erwerbsunfähigkeit oder ein Altersruhegeld **aus der gesetzlichen Rentenversicherung** (Bundesversicherungsanstalt für Angestellte, Landesversicherungsanstalten, Bundesknappschaft, Bundesbahn-Versicherungsanstalt, Seekasse) bezieht,

5. nachweist, daß bei der Rentenberechnung mindestens 25 Versicherungsjahre, davon mindestens 36 Monate einer Ersatzzeit nach § 1251 Abs. 1 Nr. 1 der Reichsversicherungsordnung, § 28 Abs. 1 Nr. 1 des Angestelltenversicherungsgesetzes oder § 51 Abs. 1 Nr. 1 des Reichsknappschaftsgesetzes (Zeiten des militärischen oder militärähnlichen Dienstes) angerechnet sind und

6. über keine ausreichende Altersversorgung verfügt.

B. Höhe der Leistung, Leistungsbeginn, Leistungsdauer, Auszahlungstermin

Die Höhe der Leistung beträgt ab 1. Juli 1988

bei einem Monatseinkommen
bis DM 1 154,– DM 80,– monatlich,
bis DM 1 280,– DM 70,– monatlich,
bis DM 1 409,– DM 60,– monatlich,
bis DM 1 537,– DM 50,– monatlich.
Ein Monatseinkommen über DM 1 492,– gilt als ausreichende Altersversorgung.
Auf die Leistung besteht kein Rechtsanspruch. Sie kann nur auf Antrag gewährt werden.
Sie wird vom Ersten des Monats an bewilligt, in dem die Voraussetzungen für die Bewilligung erfüllt sind, frühestens vom Monat der Antragstellung bei der Stiftung.
Sie endet mit Ablauf des Monats, in dem die Voraussetzungen für eine Leistung entfallen, spätestens mit dem Monat des Todes oder mit dem Monat, in dem der Leistungsberechtigte seinen Wohnsitz außerhalb des Geltungsbereichs des Kriegsgefangenenentschädigungsgesetzes (Bundesrepublik Deutschland und Berlin-West) nimmt.
Die Leistung wird jeweils jährlich im Monat Dezember ausgezahlt.
Voraussetzung für die jährliche Auszahlung ist eine Mitteilung des Antragstellers an die Heimkehrerstiftung bis zum 1. Oktober jeden Jahres, daß sein Wohnsitz, das angegebene Konto und die Einkommensverhältnisse unverändert bestehen bzw. ob und wie sie sich verändert haben. Diese Mitteilung ist vom Antragsteller eigenhändig zu unterschreiben. Ein entsprechender Vordruck wird dem Antragsteller rechtzeitig zugesandt.

C. Verfahren

Der Antragsvordruck ist sorgfältig auszufüllen und zu unterschreiben. Alle Fragen im Antragsvordruck sind gut lesbar und **vollständig**, ggf. mit „nein" oder „entfällt" zu beantworten. **Freilassungen oder Striche** genügen nicht.

Die im Antragsvordruck angeführten „beizufügenden Unterlagen" sind beizulegen, möglichst in beglaubigter Fotokopie.

Kosten für die Beschaffung von Unterlagen können von der Stiftung nicht übernommen werden. Bei Angabe des Verwendungszwecks werden Beglaubigungen oder Bestätigungen von Behörden in der Regel gebührenfrei erteilt.

Hinweise

1. Die landwirtschaftliche Alterskasse und sonstige berufsständische Altersversorgungskassen fallen nicht unter den Begriff „gesetzliche Rentenversicherung" im Sinne des Kriegsgefangenenentschädigungsgesetzes.
Dort erbrachte Versicherungsleistungen können nicht berücksichtigt werden.
2. Zum Einkommen gehören alle Einkünfte in Geld oder Geldeswert.
Hierzu zählen auch:
a) freies Wohnrecht sowie Sachbezüge (freie Kost, freie Heizung, Lieferung von Naturalien),
b) Leistungen aufgrund früherer Erwerbstätigkeit:
– Betriebsrenten, die wegen Ihrer früheren Tätigkeit vom Arbeitgeber, einer Pensionskasse oder dergleichen, gezahlt werden,
Leistungen aus:
– Zusatzversorgungskasse des Baugewerbes,
– Zusatzversorgungskasse des Maler- und Lackierhandwerks,
– Zusatzversorgungskasse der Steine- und Erdenindusrtrie und des Betonsteinhandwerks,

- Zusatzversorgungskasse der Dachdecker und des Gerüstbaugewerbes,
- Zusatzversorgungskasse des Steinmetz- und Steinbildhauerhandwerks,
- Zusatzversorgungskasse für die Beschäftigten des Deutschen Bäckerhandwerks,
- hüttenknappschaftlicher Zusatzversicherung,
- Versorgungsanstalt des Bundes und der Länder,
- Versorgungseinrichtungen von Bundesbahn, Bundespost sowie sonstigen öffentlich-rechtlichen Körperschaften und Einrichtungen,
- kirchlichen Zusatzversorgungskassen,
- Zusatzversorgungskasse und Zusatzversorgungswerk für Arbeitnehmer in der Land- und Forstwirtschaft,
- Zusatzversorgungskasse für Optiker,

c) Leistungen für Kriegsbeschädigte nach dem Bundesversorgungsgesetz – BVG – wie Berufsschadensausgleich, Ausgleichsrente u. ä., ausgenommen jedoch die Grundrente.

16.5 Merkblatt der Heimkehrerstiftung für die Gewährung von Unterstützungen aus Mitteln der Heimkehrerstiftung

A. Personenkreis

Nach den Richtlinien der Heimkehrerstiftung werden gefördert:

a) Personen, die wegen militärischen oder militärähnlichen Dienstes im ursächlichen Zusammenhang mit dem Zweiten Weltkrieg gefangengenommen und von einer ausländischen Macht festgehalten wurden;

b) Personen, die nach § 2 Abs 2 und 3 des Kriegsgefangenenentschädigungsgesetzes (KgfEG) als Kriegsgefangene gelten;

c) Witwen heimgekehrter Kriegsgefangener, sofern sie keine neue Ehe eingegangen sind und die häusliche Gemeinschaft mit dem Verstorbenen bis zu dessen Tod bestanden hat.

Voraussetzung ist, daß der Antragsteller zum Zeitpunkt der Antragstellung seinen Wohnsitz oder ständigen Aufenthalt im Bundesgebiet oder Berlin (West) hat.

Unterstützungen aus Mitteln der Stiftung können auch Personen erhalten, die Nichtberechtigte im Sinne des § 1 KgfEG sind, weil sie vor dem 1. Januar 1947 aus dem Gewahrsam entlassen wurden oder die Stichtagsvoraussetzungen nicht erfüllen.

Auf Gewährung einer Unterstützung besteht kein Rechtsanspruch.

Nicht gefördert werden in ausländischem Gewahrsam geborene Abkömmlinge von Berechtigten (§ 46 Abs. 1 Kriegsgefangenenentschädigungsgesetz).

B. Leistungen

Eine Unterstützung kann nicht als **Entschädigung für die Kriegsgefangenschaft** und auch nicht als Beihilfe zum laufenden Lebensbedarf, sondern nur zur Behebung einer gegenwärtigen Notlage gewährt werden. Diese liegt vor, wenn der Antragsteller ohne Gewährung einer Unterstützung nicht in der Lage oder es ihm nicht zuzumuten ist, bestimmte, im einzelnen anzugebende dringende Lebensbedürfnisse für sich oder die von ihm zu unterhaltenden Angehörigen mit eigenen Mitteln oder sonstiger Hilfe zu befriedigen. Eine Unterstützung kann unter diesen Voraussetzungen auch gewährt werden für Maßnahmen der Gesundheitsfürsorge, wenn diese geboten ist, für die Entrichtung von Beiträgen an die gesetzliche Rentenversicherung, wenn sonst keine ausreichende Altersversorgung sichergestellt ist, und zur vorübergehenden Abdeckung von Zins- und Tilgungsleistungen für Schuldverpflichtungen, wenn das Eingehen der Verpflichtung bei Abwägung der Lebensumstände des Antragstellers vertretbar war.

Die Höhe der Unterstützung richtet sich nach Art und Ausmaß der Notlage und soll DM 8 000,– nicht übersteigen. Sie kann auch in Teilbeträgen gewährt erden, darf aber nicht gewährt werden, wenn der Antragsteller Leistungen gleicher Art und Höhe nach anderen Vorschriften erhalten kann.

C. Verfahren

Die Reihenfolge der Bearbeitung der auf vorgeschriebenem Vordruck zu stellenden Anträge und damit die Gewährung von Leistungen wird durch die aus den vorliegenden Anträgen erkennbare soziale Dringlichkeit bestimmt. Im Rahmen der sozialen Dringlichkeit ist vorrangig zu berücksichtigen, in welchem Ausmaß der Antragsteller durch die Kriegsgefangenschaft und ihre Folgen gehindert war, eine seinen Fähigkeiten entsprechende Tätigkeit auszuüben.

Dem Antrag sind als Unterlagen in Urschrift, beglaubigter Abschrift oder Fotokopie beizufügen:

1. Nachweis der Kriegsgefangenschaft durch Entlassungsschein oder auf andere Weise
2. Darstellung und Nachweise der gegenwärtigen Notlage...
3. Nachweis über die Gesamteinkünfte des Antragstellers (z. B. auch Kindergeld, Ausbildungsbeihilfe, Wohngeld, Mieteinnahmen) sowie die seines Ehegatten und aller im Haushalt lebenden Personen monatlich brutto und netto nach dem neuesten Stand. Hierzu gehören insbesondere Bescheide über die Bewilligung und der Nachweis über die gegenwärtige Höhe der Rente, der Versorgungsbezüge, des Krankengeldes, des Arbeitslosengeldes oder der Sozialhilfe.
4. Nachweis über die derzeitige monatliche Miethöhe, gegebenenfalls durch Wohngeldbescheid.
5. Letzter Einheitswertbescheid über etwaiges Grundeigentum und Angabe, ob es sich um eine Eigentumswohnung, ein Einfamilienhaus oder ein Mehrfamilienhaus handelt.
6. Genaue Aufstellung über beabsichtigte bevorstehende Aufwendungen, welche zur Deckung dringender Lebensbedürfnisse erforderlich sind, jedoch infolge der Notlage zurückgestellt werden mußten (mit Kostenvoranschlägen).
7. Nachweis über sämtliche Schulden oder sonstige Zahlungsverbindlichkeiten – auch Grundstücksbelastungen – (Geldgeber, gegenwärtige Höhe, Zins- und Tilgungsbelastungen monatlich) sowie über die Verwendung des Kredits (bei privaten Geldgebern mit amtlich beglaubigter Unterschrift) und über die Gründe für das Eingehen der Schuldverpflichtung.
8. Bei Maßnahmen der Gesundheitsfürsorge:
    a) Nachweis der Gesamtkosten (aufgegliedert), bei Zahnersatz Heil- und Kostenplan.
    b) Ärztliche Bescheinigung über die Notwendigkeit der Maßnahme bzw. des Bedarfs.
    c) Bescheinigung der Krankenkasse, des Versicherungsträgers oder der Beihilfestelle über die Höhe ihrer Beteiligung an den Kosten der vorgesehenen Maßnahme.
9. Bei Anträgen auf Entrichtung von Beiträgen an die gesetzliche Rentenversicherung: Nachweis über die Höhe der Beiträge sowie über die jetzt und die nach der Zahlung zu erwartende Rente.

Zur Klärung des Sachverhalts wie Prüfung der Antragsvoraussetzungen, Ergänzung und Beratung bei der Antragstellung kann auch der örtliche Heimkehrerverband in Anspruch genommen werden.

Es empfiehlt sich im Interesse einer beschleunigten Bearbeitung, nicht durch Urkunden belegte Tatsachen, insbesondere solche, die eine Notlage begründen, von einer amtlichen Stelle, z. B. Stadtverwaltung, Gemeinde, bestätigen zu lassen.
Kosten für die Beschaffung von Unterlagen können von der Stiftung nicht übernommen werden.

16.6 Richtlinien der Stiftung für ehemalige politische Häftlinge für die Gewährung von Leistungen aus Stiftungsmitteln i. d. F. vom 17. Dezember 1985 (BAnz. 1986, S. 3982), geändert durch Bekanntmachung vom 11. Februar 1988 (BAnz. S. 717)

Der Stiftungsrat (der Stiftung für ehemalige politische Häftlinge) hat gemäß § 20 Abs. 4 des Häftlingshilfegesetzes (HHG) die nachstehenden Richtlinien für die Gewährung von Leistungen aus Stiftungsmitteln in der Fassung vom 17. Dezember 1985 beschlossen:

1. Allgemeine Bestimmungen:

1.1 Von der Stiftung können Berechtigte nach § 1 Abs. 1 HHG nach Maßgabe dieser Richtlinien und der verfügbaren Mittel (§ 16 HHG) gefördert werden. Auf Förderung durch die Stiftung besteht kein Rechtsanspruch.

1.2 Angehörige nach § 1 Abs. 1 Nr. 2 HHG und Hinterbliebene nach § 1 Abs. 1 Nr. 3 HHG im Sinne dieser Richtlinien sind

a) der Ehegatte und/oder

b) Kinder, sofern sie das 18. oder, falls sie sich noch in einer Schul- oder Berufsausbildung befinden, das 27. Lebensjahr noch nicht vollendet haben.

1.3 Voraussetzung für eine Förderung durch die Stiftung ist Wohnsitz oder ständiger Aufenthalt im Geltungsbereich des Häftlingshilfegesetzes zum Zeitpunkt der Antragstellung und das Nichtvorliegen von Ausschlußgründen nach § 2 HHG.

1.4 Die Reihenfolge der Gewährung von Leistungen wird durch die aus den vorliegenden Anträgen erkennbare soziale Dringlichkeit bestimmt. Im Rahmen der sozialen Dringlichkeit ist vorrangig zu berücksichtigen, in welchem Ausmaß der Antragsteller durch den erlittenen politischen Gewahrsam und seine Folgen gehindert war, eine seinen Fähigkeiten entsprechende Tätigkeit auszuüben.

1.5 Unrichtige oder unvollständige Angaben bei der Antragstellung können zum Ausschluß oder zur Rückforderung von Leistungen führen.

2. Förderungsmaßnahmen

2.1 Einem Antragsteller, der durch die Folgen des Gewahrsams in seiner wirtschaftlichen Lage besonders beeinträchtigt ist, kann Unterstützung gewährt werden (§ 18 Abs. 1 HHG), wenn er nicht in der Lage oder ihm nicht zuzumuten ist, diese gegenwärtige haftbedingte besondere Beeinträchtigung seiner wirtschaftlichen Lage mit eigenen Mitteln oder sonstiger Hilfe abzuwenden.

2.1.1 Zu den besonderen Beeinträchtigungen gehören insbesondere Gesundheitsschäden, Einschränkung der Erwerbsmöglichkeit und erhebliche berufliche Nachteile, die eine über die allgemeinen Eingliederungshilfen für Aussiedler und für Übersiedler sowie die besonderen Eingliederungshilfen für ehemalige politische Häftlinge hinausgehende Unterstützung erfordern.

2.1.2. Die wirtschaftliche Beeinträchtigung ist haftbedingt, wenn sie auf den Gewahrsam zurückzuführen ist. Die Wahrscheinlichkeit des ursächlichen Zusammenhangs genügt.

2.1.3 Die Höhe der Unterstützung richtet sich nach Art und Ausmaß der wirtschaftlichen Beeinträchtigung. Die Unterstützung soll im Einzelfall DM 5.000,– nicht übersteigen. Sie kann in Teilbeträgen gezahlt werden.

2.1.4 Dauert die besondere wirtschaftliche Beeinträchtigung an, so kann Unterstützung wiederholt gewährt werden, wenn dies ohne Zurückstellung anderer dringlicher Anträge möglich ist.

2.1.5 Unterstützung soll nicht gewährt werden, wenn

a) die besondere wirtschaftliche Beeinträchtigung durch Inanspruchnahme anderer Leistungen oder durch besondere Hilfen aus öffentlichen Mitteln behoben oder nachhaltig gemindert werden kann;

b) der Antragsteller

– über regelmäßige monatliche Nettodurchschnittseinkünfte verfügt, die unter Berücksichtigung des Familienstandes und -einkommens eine ausreichende Versorgung sicherstellen,

– verwertbares Vermögen hat, dessen Einsatz ihm zuzumuten ist.

2.2 Ein Antragsteller, der unmittelbar nach der Entlassung aus dem Gewahrsam im Sinne des § 1 Abs. 5 Satz 1 HHG im Geltungsbereich des Häftlingshilfegesetzes eingetroffen ist, kann zur Beschaffung von Gegenständen des persönlichen Bedarfs eine einmalige Unterstützung in Höhe von 1.000,– Deutsche Mark erhalten (§ 18 Abs. 2 HHG).

2.3 Zur Vermeidung einer unbilligen Härte kann Unterstützung gewährt werden, wenn hierzu der Vorstand der Stiftung das Einvernehmen mit dem für das Häftlingshilfegesetz federführenden Bundesminister im Einzelfall hergestellt hat (§ 17 HHG).

2.4 Die Stiftung kann ehemalige politische Häftlinge durch Beratung und Information über weitergehende Hilfsmöglichkeiten und Betreuungsmaßnahmen fördern. Zu diesem Zweck wird die Stiftung bei der Ankunft von ehemaligen politischen Häftlingen in der Aufnahmestelle Gießen beratend tätig, führt Eingliederungskurse durch und gibt die Broschüre „Kompaß" heraus.

3. Verfahren

3.1 Unterstützung wird auf Antrag gewährt. Der Antrag soll unter Verwendung eines Vordrucks und Beifügung der zum Nachweis der Antragberechtigung erforderlichen Unterlagen bei der Stiftung gestellt werden.

Unterstützung nach Nummer 2.2 kann nur gewährt werden, wenn der Antrag innerhalb von sechs Monaten nach Eintreffen des Antragstellers im Bundesgebiet einschließlich dem Land Berlin gestellt wird.

3.2 Für die Unterstützung ist der Nachweis über die Zugehörigkeit des Antragstellers zum Personenkreis nach Nummern 1.1 bis 1.3 durch die Bescheinigung nach § 10 Abs. 4 HHG zu erbringen. Solange kein bindender Bescheid über einen Antrag nach § 10 Abs. 4 HHG ergangen ist, stellt die Stiftung das Vorliegen der Voraussetzungen nach Nummern 1.1 bis 1.3 unter Berücksichtigung der von der Bundesaufnahmestelle über den Antragsteller mitgeteilten Erkenntnisse fest. In Zweifelsfällen ist die Vorlage der Bescheinigung nach § 10 Abs. 4 HHG erforderlich.

Zur Vorbereitung der Entscheidung, insbesondere zur Klärung des Sachverhalts und zur Feststellung der Antragsvoraussetzungen, können Behörden des Bundes und der Länder um Amtshilfe gebeten sowie von diesen Behörden oder anderen Stellen Auskünfte eingeholt werden.

3.3 Über Anträge entscheiden durch schriftlichen Bescheid auf Unterstützung nach Nummer 2.1 der Bewilligungsausschuß und auf Unterstützung nach Nummer 2.2 der Geschäftsführer.

3.4 Stellt die Verwaltungsbehörde im Antragsverfahren nach § 10 Abs. 4 HHG fest, daß der Antragsteller nicht zu dem nach § 1 Abs. 1 Nr. 1 HHG berechtigten Personenkreis gehört, wird die hiernach gezahlte Unterstützung nicht zurückgefordert.

4. Inkrafttreten

...

17. ANHANG

17.1 Artikel 119 – 120a des Grundgesetzes vom 23. Mai 1949 (BGBl. S. 1), mehrfach geändert

Art. 119

In Angelegenheiten der Flüchtlinge und Vertriebenen, insbesondere zu ihrer Verteilung auf die Länder, kann bis zu einer bundesgesetzlichen Regelung die Bundesregierung mit Zustimmung des Bundesrates Verordnungen mit Gesetzeskraft erlassen. Für besondere Fälle kann dabei die Bundesregierung ermächtigt werden, Einzelweisungen zu erteilen. Die Weisungen sind außer bei Gefahr im Verzuge an die obersten Landesbehörden zu richten.

Art. 120

(1) Der Bund trägt die Aufwendungen für Besatzungskosten und die sonstigen inneren und äußeren Kriegsfolgelasten nach näherer Bestimmung von Bundesgesetzen. Soweit diese Kriegsfolgelasten bis zum 1. Oktober 1969 durch Bundesgesetze geregelt worden sind, tragen Bund und Länder im Verhältnis zueinander die Aufwendungen nach Maßgabe dieser Bundesgesetze. Soweit Aufwendungen für Kriegsfolgelasten, die in Bundesgesetzen weder geregelt worden sind noch geregelt werden, bis zum 1. Oktober 1965 von den Ländern, Gemeinden (Gemeindeverbänden) oder sonstigen Aufgabenträgern, die Aufgaben von Ländern oder Gemeinden erfüllen, erbracht worden sind, ist der Bund zur Übernahme von Aufwendungen dieser Art auch nach diesem Zeitpunkt nicht verpflichtet. Der Bund trägt die Zuschüsse zu den Lasten der Sozialversicherung mit Einschluß der Arbeitslosenversicherung und der Arbeitslosenhilfe. Die durch diesen Absatz geregelte Verteilung der Kriegsfolgelasten auf Bund und Länder läßt die gesetzliche Regelung von Entschädigungsansprüchen für Kriegsfolgen unberührt.

(2) Die Einnahmen gehen auf den Bund zu demselben Zeitpunkt über, an dem der Bund die Ausgaben übernimmt.

Art. 120a

(1) Die Gesetze, die der Durchführung des Lastenausgleichs dienen, können mit Zustimmung des Bundesrates bestimmen, daß sie auf dem Gebiete der Ausgleichsleistungen, teils durch den Bund, teils im Auftrage des Bundes durch die Länder ausgeführt werden und daß die der Bundesregierung und den zuständigen obersten Bundesbehörden auf Grund des Artikels 85 insoweit zustehenden Befugnisse ganz oder teilweise dem Bun-

desausgleichsamt übertragen werden. Das Bundesausgleichsamt bedarf bei Ausübung dieser Befugnisse nicht der Zustimmung des Bundesrates; seine Weisungen sind, abgesehen von den Fällen der Dringlichkeit, an die obersten Landesbehörden (Landesausgleichsämter) zu richten.

(2) Artikel 87 Abs. 3 Satz 2 bleibt unberührt.

17.2 Erstes Gesetz zur Überleitung von Lasten und Deckungsmitteln auf den Bund (Erstes Überleitungsgesetz) in der Fassung der Bekanntmachung vom 28. April 1955 (BGBl. I, S. 193), zuletzt geändert durch Gesetz vom 8. Juni 1977 (BGBl. I, S. 801)

I. Allgemeiner Teil

§ 1

(1) Der Bund trägt nach Maßgabe der §§ 21, 21a und 21b

1. die Aufwendungen für Besatzungskosten und Auftragsausgaben (§ 5),

2. die in § 6 bezeichneten Aufwendungen,

3. die Aufwendungen für die Kriegsfolgenhilfe (§§ 7 bis 13); für die in § 7 Abs. 2 Ziff. 3 genannten Personen trägt der Bund nur 80 vom Hundert der Fürsorgekosten (§§ 8 bis 10),

4. die Aufwendungen für die Umsiedlung Heimatvertriebener und für die Auswanderung von Kriegsfolgenhilfe-Empfängern (§§ 14 und 14a),

5. die Aufwendungen für die Rückführung von Deutschen (§ 15),

6. die Aufwendungen für Grenzdurchgangslager (§ 16),

6a. die Zuschüsse zur Kriegsgräberfürsorge, zum Suchdienst für Kriegsgefangene, Heimatvertriebene und heimatlose Ausländer und die Aufwendungen für den Rechtsschutz von Deutschen, die von ausländischen Behörden oder Gerichten im Zusammenhang mit den Kriegsereignissen verfolgt werden oder verurteilt worden sind,

7. die Aufwendungen für verdrängte Angehörige des öffentlichen Dienstes und für ehemalige berufsmäßige Wehrmachtsangehörige,

8. die Aufwendungen für Kriegsbeschädigte, Kriegshinterbliebene, ihnen gleichgestellte Personen und für Angehörige von Kriegsgefangenen, jedoch die Aufwendungen für die Kriegsopferfürsorge nach den §§ 25 bis 27e des Bundesversorgungsgesetzes nur zu 80 vom Hundert, soweit nicht die Leistungen der Kriegsopferfürsorge an Empfänger außerhalb des Geltungsbereichs dieses Gesetzes gewährt werden; die Aufwendungen umfassen auch die Kosten der Heilbehandlung in Versorgungskuranstalten, Versorgungsheilstätten für Tuberkulöse und in Versorgungskrankenhäusern innerhalb des Geltungsbereichs des Gesetzes nach näherer Bestimmung einer Rechtsverordnung der Bundesregierung, die der Zustimmung des Bundesrates bedarf,

9. die Aufwendungen der Arbeitslosenfürsorge,

10. die Zuschüsse zur Arbeitslosenversicherung,

11. die Zuschüsse zu den Lasten der Sozialversicherung (§ 17).

(2) Aufwendungen sind die Beträge, um die die nachgewiesenen Ausgaben die mit ihnen zusammenhängenden Einnahmen übersteigen.

Die bei den Behörden der Gebietskörperschaften einschließlich der selbständigen landesunmittelbaren Verwaltungsträger entstehenden Verwaltungsausgaben werden nicht übernommen. Der Bund trägt jedoch

1. bei den in Absatz 1 Ziffer 3 bis 6 genannten Aufwendungen diejenigen persönlichen und sächlichen Verwaltungskosten, die im Zusammenhang mit der Unterbringung, Verpflegung und Heilbehandlung in Einrichtungen der geschlossenen Fürsorge oder in Durchgangs- oder Wohnlagern stehen,

2. bei den in Absatz 1 Ziffer 8 bezeichneten Aufwendungen die Kosten für Bauvorhaben, die vor dem 1. April 1955 für Rechnung des Bundes begonnen, aber noch nicht beendet worden sind.

§ 2
(durch Zeitablauf überholt)

§ 3
(1) Mit Wirkung ab 1. April 1950 gehen auf den Bund über:
1. die Umsatzsteuer,
2. die der konkurrierenden Gesetzgebung unterworfenen Verbrauchsteuern mit Ausnahme der Biersteuer,
3. die Beförderungsteuer,
4. die einmaligen Zwecken dienenden Vermögensabgaben,
5. der Ertrag der Monopole.

(2) Mit Wirkung vom 21. September 1949 gehen von den Ländern Baden, Rheinland-Pfalz und Württemberg-Hohenzollern und vom bayerischen Kreis Lindau auf den Bund über:
1. die Zölle,
2. die Umsatzausgleichsteuer,
3. die Kaffeesteuer,
4. die Teesteuer,

(3) Die besondere Regelung für die Soforthilfeabgabe bleibt hiervon unberührt.

§ 4
(1) Die am 31. März 1950 in Geltung gewesenen bundes- und landesrechtlichen Bestimmungen über die in § 1 Abs. 1 aufgeführten Sachgebiete sind weiter anzuwenden, soweit in diesem Gesetz nichts anderes bestimmt ist oder nicht bundesgesetzliche Regelungen seit dem 1. April 1950 getroffen worden sind oder noch getroffen werden.

(2) Soweit die Länder oder Gemeinden (Gemeindeverbände) Ausgaben für die in § 1 Abs. 1 aufgeführten Sachgebiete nach § 21 für Rechnung des Bundes leisten, gilt folgendes:

1. Auf die für Rechnung des Bundes geleisteten Ausgaben und die mit ihnen zusammenhängenden Einnahmen sind die Vorschriften über das Haushaltsrecht des Bundes anzuwenden. Zur Vereinfachung des Verwaltungsverfahrens kann

die Bundesregierung durch Rechtsverordnung, die der Zustimmung des Bundesrates bedarf, für bestimmte Sachgebiete Ausnahmen zulassen.

Die für die Ausführung des Haushalts verantwortlichen Bundesbehörden können ihre Befugnisse auf die zuständigen obersten Landesbehörden übertragen und zulassen, daß auf die für Rechnung des Bundes zu leistenden Ausgaben und die mit ihnen zusammenhängenden Einnahmen die landesrechtlichen Vorschriften über die Kassen- und Buchführung der zuständigen Landes- und Gemeindebehörden angewendet werden.

2. In Angelegenheiten von grundsätzlicher oder erheblicher finanzieller Bedeutung sind die obersten Landesbehörden hinsichtlich der wirtschaftlichen Verwaltung der Bundesmittel an die Weisungen der obersten Bundesbehörden gebunden. Der Vollzug der Weisungen ist durch die obersten Landesbehörden sicherzustellen.

II. Besonderer Teil

1. Besatzungslasten
...

2. Kriegsfolgenhilfe

§ 7

(1) Aufwendungen der Kriegsfolgenhilfe sind die auf Grund gesetzlicher Anordnung von den Bezirksfürsorgeverbänden, den Landesfürsorgeverbänden oder den Ländern geleisteten Fürsorgekosten für Kriegsfolgenhilfe-Empfänger.

(2) Kriegsfolgenhilfe-Empfänger sind

1. Heimatvertriebene,
2. Evakuierte,
3. Zugewanderte aus der sowjetischen Besatzungszone und der Stadt Berlin,
4. Ausländer und Staatenlose,
5. Angehörige von Kriegsgefangenen und Vermißten sowie Heimkehrer.

§ 8

Fürsorgekosten sind die Pflichtleistungen, die im Rahmen der Verordnung über die Fürsorgepflicht in der Fassung vom 20. August 1953 (Bundesgesetzblatt I S. 967), der Reichsgrundsätze über Voraussetzung, Art und Maß der öffentlichen Fürsorge in der Fassung vom 20. August 1953 (Bundesgesetzblatt I S. 976) und der hierzu ergangenen Ausführungsvorschriften in Verbindung mit den durch die Fürsorgerechtsprechung entwickelten Grundsätzen nach den örtlich maßgebenden über Anordnung des Landes nicht hinausgehenden Richtsätzen und Richtlinien der öffentlichen Fürsorge gewährt werden.

§ 9

Fürsorgekosten sind sowohl Geldleistungen (laufende und einmalige Unterstützungen) als auch Sachleistungen der offenen und geschlossenen Fürsorge.

§ 10

Fürsorgekosten sind auch

1. (durch Artikel 4 des Gesetzes über die Änderung und Ergänzung fürsorgerecht-

licher Bestimmungen vom 20. August 1953 – Bundesgesetzblatt I S. 967 – überholt);

2. die Kosten der Erholungsfürsorge für Mütter, Kinder und Jugendliche aus dem Kreise der Kriegsfolgenhilfe-Empfänger, wenn die Erholungsfürsorge nach Bescheinigung des Gesundheitsamtes zur Wiederherstellung der Gesundheit oder zur Verhütung einer erkennbar drohenden Gesundheitsschädigung notwendig ist;

3. die auf Grund der folgenden Sonderbestimmungen auf dem Gebiet des Fürsorge- und Gesundheitswesens an die Personengruppen der Kriegsfolgenhilfe geleisteten Zahlungen, auch soweit diese über den örtlich maßgebenden Sätzen der allgemeinen öffentlichen Fürsorge liegen:

a) Verordnung über Tuberkulosehilfe vom 8. September 1942 (Reichsgesetzblatt I S. 549),

b) Verordnung über die Fürsorge für Kriegsblinde und hirnverletzte Kriegsbeschädigte vom 28. Juni 1940 (Reichsgesetzblatt I S. 937),

c) Gesetz zur Bekämpfung der Geschlechtskrankheiten vom 23. Juli 1953 (Bundesgesetzblatt I S. 700)

mit ihren Ausführungsbestimmungen.

§ 11

(1) Zur Kriegsfolgenhilfe gehören auch – soweit nicht die Bestimmung des § 15 oder des § 16 in Betracht kommt – die Kosten allgemeiner Fürsorgemaßnahmen für den Transport und für die lagermäßige Unterbringung und Versorgung von Heimatvertriebenen, Evakuierten, Zugewanderten aus der sowjetischen Besatzungszone und der Stadt Berlin, von Ausländern und Staatenlosen und von Heimkehrern bis zur wohnungsgemäßen Unterbringung am Übernahmeort. Diese Kosten gelten als Kriegsfolgenhilfe ohne Rücksicht darauf, ob sie für unterstützte oder nichtunterstützte Personen aufgewendet worden sind.

(2) Zur Kriegsfolgenhilfe gehören auch die gemäß §§ 2 und 3 des Gesetzes über Hilfsmaßnahmen für Heimkehrer (Heimkehrergesetz) vom 19. Juni 1950 (Bundesgesetzblatt S. 221) in der Fassung der Änderungsgesetze vom 20. Oktober 1951 (Bundesgesetzblatt I S. 875, 994) und vom 17. August 1953 (Bundesgesetzblatt I S. 931) gewährten Entlassungsgelder und Übergangsbeihilfen.

§ 12

Werden auf Grund landesrechtlicher Bestimmungen, die nach dem 8. Mai 1945 erlassen sind, an Stelle von Fürsorgeleistungen Leistungen gewährt, die nach anderen Grundsätzen als denen der Verordnung über die Fürsorgepflicht in der Fassung vom 20. August 1953 (Bundesgesetzblatt I S. 967) bemessen, insbesondere nicht von der im Einzelfall nachgewiesenen Hilfsbedürftigkeit abhängig gemacht worden sind, so übernimmt der Bund nur die Kosten, die bei Anwendung der Vorschriften der Fürsorgepflichtverordnung aufzuwenden gewesen wären. Das gleiche gilt für Fürsorgeleistungen, die Kriegsfolgenhilfe-Empfängern nach anderen Richtsätzen oder Richtlinien (§ 8) gewährt werden als den übrigen Empfängern der öffentlichen Fürsorge.

§ 13

Die Bundesregierung wird ermächtigt, mit Zustimmung des Bundesrates

1. die in § 7 genannten Personengruppen,
2. die in den §§ 8 bis 12 aufgeführten Fürsorgekosten näher zu bestimmen.

3. Umsiedlung und Auswanderung

§ 14

(1) Der Bund trägt die Kosten der Umsiedlung Heimatvertriebener im Sinne des § 2 der Verordnung über die Umsiedlung von Heimatvertriebenen aus den Ländern Bayern, Niedersachsen und Schleswig-Holstein vom 29. November 1949 (Bundesgesetzblatt 1950 S. 4) und der Personen, die durch Gesetz oder durch Rechtsverordnung auf Grund des Artikels 119 des Grundgesetzes in die Umsiedlung einbezogen werden.

(2) Als Umsiedlung gilt die Umsiedlung von Land zu Land, die Umsiedlung zum Zwecke der Familienzusammenführung und die Umsiedlung innerhalb des Landes, sowohl im Wege des Sammeltransportes wie des Einzeltransportes. Entsprechendes gilt für etwaige Umsiedlungen aus Gebieten außerhalb des Bundes in das Bundesgebiet.

(3) Kosten der Umsiedlung sind die Kosten des Transportes vom bisherigen Aufenthaltsort zum neuen Aufenthaltsort, der Verpflegung während der Reise, des Begleitpersonals und ein Überbrückungsgeld zur Deckung der ersten Bedürfnisse am Aufnahmeort, soweit diese Kosten nicht von anderer Seite, insbesondere von der Arbeitslosenversicherung zu tragen ist.

§ 14a

(1) Der Bund trägt die Kosten der Auswanderung von Kriegsfolgenhilfe-Empfängern. Als Kriegsfolgenhilfe-Empfänger gelten die in § 7 Abs. 2 genannten Personen auch dann, wenn sie nicht von den Fürsorgeverbänden unterstützt werden, aber andere Sozialleistungen erhalten, oder wenn sie hilfsbedürftig im Sinne der Fürsorgepflichtverordnung (§ 8) sind.

(2) Kosten der Auswanderung sind die Kosten des Transportes vom bisherigen Aufenthaltsort bis zum Grenzübertritt oder bis zur Einschiffung, der Verpflegung während der Reise, des Begleitpersonals, der vorgeschriebenen amtlichen Überprüfung und ärztlichen Untersuchung sowie der lagermäßigen Unterbringung und Versorgung.

4. Rückführung

§ 15

(1) Der Bund trägt die Kosten der Rückführung von Deutschen aus dem Ausland und aus den unter fremder Verwaltung stehenden deutschen Gebietsteilen und die Kosten der Durchführung der Verordnung über die Bereitstellung von Lagern und über die Verteilung der in das Bundesgebiet aufgenommenen Deutschen aus den unter fremder Verwaltung stehenden deutschen Gebietsteilen, aus Polen und der Tschechoslowakei auf die Länder des Bundesgebietes.

(2) Die Bundesregierung wird ermächtigt, mit Zustimmung des Bundesrates die Kosten der Rückführung im Sinne des Absatzes 1 näher zu bestimmen.

5. Grenzdurchgangslager

§ 16

Der Bund trägt die Kosten für die von der Bundesregierung als Grenzdurchgangslager von übergebietlicher Bedeutung anerkannten Einrichtungen.

5a. Aufwendungen der Arbeitslosenfürsorge

§ 16a bis § 16c

(Durch Zeitablauf überholt)

6. Zuschüsse zu den Lasten der Sozialversicherung

§ 17

Zuschüsse zu den Lasten der Sozialversicherung (§ 1 Abs. 1 Ziff. 11) sind die auf Grund der folgenden Bestimmungen und der Verordnung über die Erstreckung von Sozialversicherungsrecht der Verwaltung des Vereinigten Wirtschaftsgebietes auf die Länder Baden, Rheinland-Pfalz, Württemberg-Hohenzollern und den bayerischen Kreis Lindau vom 12. Mai 1950 (Bundesgesetzblatt S. 179) zu leistenden Ausgaben:

a) Grundbeträge der Rentenversicherung der Arbeiter (§ 1 Abs. 2 des Sozialversicherungs-Anpassungsgesetzes vom 17. Juni 1949 – WiGBl. S. 99 –);

b) Beiträge in Höhe der Grundbeträge der Rentenversicherung der Arbeiter von jeder Knappschaftsvollrente, Witwenvollrente und Waisenrente der knappschaftlichen Rentenversicherung (§ 1 Abs. 2 und § 5 Abs. 2 des Knappschaftsversicherungs-Anpassungsgesetzes vom 30. Juni 1949 – WiGBl. S. 202 –);

c) Beträge, die zur dauernden Aufrechterhaltung der Leistungen der knappschaftlichen Rentenversicherung erforderlich sind (§ 18 des Sozialversicherungs-Anpassungsgesetzes und § 5 Abs. 4 des Knappschaftsversicherungs-Anpassungsgesetzes);

d) Gemeinschaftshilfe des früheren Reichsstocks für Arbeitseinsatz an die knappschaftliche Krankenversicherung (§ 15 des Sozialversicherungs-Anpassungsgesetzes und § 5 Abs. 3 des Knappschaftsversicherungs-Anpassungsgesetzes);

e) Mehraufwendungen der Sozialversicherungsträger aus den Vorschriften des Gesetzes über die Behandlung der Verfolgten des Nationalsozialismus in der Sozialversicherung (§ 7 des Gesetzes über die Behandlung der Verfolgten des Nationalsozialismus in der Sozialversicherung vom 22. August 1949 – WiGBl. S. 263 –);

f) (entfällt);

g) Kosten der Unfallversicherung für ehemalige Reichsbetriebe und für Betriebe der britischen Zone (Sozialversicherungsordnung Nr. 9 vom 9. Juni 1947 – Arbeitsblatt für die britische Zone S. 233 –);

h) Aufwendungen der Sozialversicherungsträger für Ausgleichsbeträge an die im Bundesgebiet wohnenden Berechtigten saarländischer Sozialversicherungsträger;

i) Rentenauslagen für im Land Rheinland-Pfalz wohnende Berechtigte der früheren Lothringer Knappschaft.

III. Übergangs- und Schlußbestimmungen

§ 18

(1) Für den Übergang der in § 1 Abs. 1 dieses Gesetzes genannten Ausgaben und der in § 3 dieses Gesetzes genannten Einnahmen ist Stichtag der 1. April 1950. Alle bis zum 31. März 1950 eingegangenen Einnahmen und geleisteten Ausgaben

werden in den Haushaltsrechnungen der Länder nachgewiesen. Alle ab 1. April 1950 eingehenden Einnahmen und alle ab 1. April 1950 geleisteten Ausgaben werden in der Haushaltsrechnung des Bundes nachgewiesen. Ausgleichsverbindlichkeiten zwischen den Ländern sowie solche, die zwischen dem Bund und den Ländern vor dem 1. April 1950 entstanden sind, werden hiervon nicht betroffen.

(2) Wenn ein Land vor dem 1. April 1950 Mittel aufgewendet hat, um die fristgerechte Leistung von Zahlungen für den Monat April 1950 sicherzustellen, hat der Bund diese Mittel dem Land zu erstatten. Das gleiche gilt für Vorschüsse und Abschlagszahlungen der Länder an die auszahlenden Stellen, soweit die Vorschüsse und Abschlagszahlungen nicht für die Zeit bis zum 31. März 1950 verwendet worden sind.

(3) Außer den in den §§ 5 und 6 bezeichneten Aufwendungen für Besatzungskosten und Auftragsausgaben trägt der Bund auch die sonstigen Ausgaben, die von den Besatzungsmächten als Besatzungskosten und als Auftragsausgaben vorgeschrieben und in der Zeit nach dem 31. März 1950 zu leisten sind (Auslaufkosten). § 2 Ziff. 1 und Ziff. 2 finden entsprechende Anwendung.

(4) Soweit die von einem Land im Monat März 1950 gemachten Aufwendungen für Besatzungslasten hinter dem Durchschnittsbetrag der monatlichen Aufwendungen in der Zeit vom 1. Oktober 1949 bis 28. Februar 1950 zurückbleiben, hat das Land den Unterschiedsbetrag an den Bund abzuführen. Die Abführung unterbleibt, wenn und soweit das Land nachweist, daß der Rückgang der Ausgaben überwiegend auf Tatbeständen beruht, die von dem Land nicht beeinflußt werden können.

(5) Wenn in einem Lande bis zum 31. März 1950 fällige Zahlungen für Besatzungsleistungen durch ausdrückliche Erklärung oder durch Stillhalten der Besatzungsmacht über den 31. März 1950 hinaus gestundet sind oder nach Ablauf der Stundung vor dem 1. April 1950 im März 1950 nicht erfüllt sind, so fallen diese Verpflichtungen dem Land zur Last.

(6) Soweit die von einem Land bis zum 31. März 1950 geleisteten Ausgaben für sonstige Kriegsfolge- und Soziallasten
1. den seitherigen Landesanteil an den für die Zeit bis zum 31. März 1950 aufgewendeten Leistungen der Kriegsfolgenhilfe und Umsiedlung,
2. die für die Zeit bis zum 31. März 1950 aufzuwendenden Leistungen (einschließlich Verwaltungskosten) für Kriegsbeschädigte, Kriegshinterbliebene und ihnen gleichgestellte Personen und für die Arbeitslosenfürsorge,
3. die für die Zeit bis zum 31. März 1950 bestimmten Zuschüsse an die Träger der Sozialversicherung und an die Arbeitslosenversicherung

nicht decken, bleibt das Land mit dem Unterschiedsbetrag belastet.

§ 19

Für den Ertrag der Monopole gilt folgendes:
1. Der für das laufende Geschäftsjahr durch Zwischenbilanz nach kaufmännischen Grundsätzen zum 31. März 1950 festzustellende Reingewinn steht den Ländern zu. Er ist nach Abschluß des Geschäftsjahres an die Länder abzuführen.
2. Beträge, die vor dem 1. April 1950 von den Ländern entnommen sind, sind auf den zum 31. März 1950 festzustellenden Reingewinn anzurechnen. Soweit sie

den Reingewinn übersteigen, sind sie unmittelbar nach Abschluß der Zwischenbilanz durch die Länder dem Bund zu erstatten.

§ 20

(1) Auf Ersuchen des Bundesministers der Finanzen hat der Bundesrechnungshof eine Überprüfung vorzunehmen, ob in einem Lande das finanzielle Ergebnis der Überleitung

a) den Grundsätzen der §§ 18 und 19 dieses Gesetzes entspricht,

b) durch Maßnahmen beeinflußt worden ist, die bei billiger Berücksichtigung der Interessen des Bundes und des Landes mit dem Sinn der Überleitungsregelung nicht vereinbar sind.

Solche Prüfungen sind gemeinsam mit der obersten Rechnungsprüfungsbehörde des Landes vorzunehmen. Die hierbei getroffenen Entscheidungen sind für die Beteiligten verbindlich.

(2) Zur Entscheidung von grundsätzlichen Fragen, die bei diesen Prüfungen auftreten, kann bei Meinungsverschiedenheiten jede der beteiligten obersten Rechnungsprüfungsbehörden den Vereinigten Senat (§ 10 des Gesetzes über Errichtung und Aufgaben des Bundesrechnungshofes vom 27. November 1950 – Bundesgesetzblatt S. 765 –) anrufen.

§ 21

(1) Ausgaben für die in § 1 Abs. 1 Ziff. 1, 2, 7 bis 10 aufgeführten Sachgebiete sind für Rechnung des Bundes zu leisten. Die damit zusammenhängenden Einnahmen (§ 1 Abs. 2) sind an den Bund abzuführen.

(2) Die Vorschrift des Absatzes 1 gilt auch für die in § 1 Abs. 1 Ziff. 3 zweiter Halbsatz bezeichneten Aufwendungen.

§ 21 a

(1) Die im Geltungsbereich des Gesetzes entstehenden Aufwendungen für die in § 1 Abs. 1 Ziff. 3 bis 6 aufgeführten Sachgebiete werden vom Bund durch Leistung von Pauschbeträgen an die Länder abgegolten. Die Abgeltung erfolgt in den Fällen des § 1 Abs. 1 Ziff. 3 zweiter Halbsatz gemäß § 21 b, im übrigen gemäß den nachfolgenden Absätzen.

(2) Der einem Land nach Absatz 1 zustehende Pauschbetrag wird nach einem Grundbetrag errechnet. Der Grundbetrag eines Landes ist die Summe der in den Monaten Juli 1953 bis Juni 1954 (Bezugszeitraum) in seinem Gebiet entstandenen Aufwendungen (Absatz 1). Hierbei werden die Aufwendungen für die in § 10 Ziff. 1, 2, 3a und 3c bezeichneten Sachgebiete mit 110 vom Hundert angesetzt; zu den Aufwendungen in diesem Sinne gehören auch die Aufwendungen für die in § 7 Abs. 2 Ziff. 3 genannten Personen.

(3) Maßgebend für die Errechnung der Grundbeträge sind

1. die nach den Vorschriften dieses Gesetzes für den Bezugszeitraum verrechneten und von den Landesabrechnungsstellen als sachlich richtig bestätigten Aufwendungen und

2. die in dem Bezugszeitraum von den Trägern der gesetzlichen Rentenversicherung nach dem Erlaß des Reichsarbeitsministers vom 3. Juni 1944 (Amtliche Nachrichten des Reichsversicherungsamtes 1044 S. 150) geleisteten Aufwendun-

gen der Tuberkulosehilfe für die in § 7 Abs. 2 genannten Personen, soweit diese Aufwendungen auf die Landesfürsorgeverbände übergegangen sind.

Erhebt der Bundesrechnungshof auf Grund seiner Prüfung Erinnerungen, gilt § 20 Abs. 1 Sätze 2 und 3 und Abs. 2 entsprechend.

(4) Der Pauschalbetrag beträgt in vom Hundert des Grundbetrages:

im Rechnungsjahr 1955:	100
im Rechnungsjahr 1956:	95
im Rechnungsjahr 1957:	90
im Rechnungsjahr 1958:	85
im Rechnungsjahr 1959:	80
im Rechnungsjahr 1960:	75
im Rechnungsjahr 1961:	70
im Rechnungsjahr 1962:	65
im Rechnungsjahr 1963:	60
im Rechnungsjahr 1964:	55
im Rechnungsjahr 1965:	45
im Rechnungsjahr 1966:	35
im Rechnungsjahr 1967:	25
im Rechnungsjahr 1968:	15

Ab 1. April 1969 fällt die Leistung von Pauschbeträgen weg.

(5) Die vorstehenden Bestimmungen gelten für die ab 1. April 1955 geleisteten Ausgaben und eingegangenen Einnahmen im Sinne des Absatzes 1. Die Pauschbeträge sind den Ländern in monatlichen Teilbeträgen zu überweisen; die Länder überweisen die Pauschbeträge den Landes- und Bezirksfürsorgeverbänden und den gegebenenfalls sonst beteiligten Aufgabenträgern zur Deckung der von ihnen zu gewährenden Leistungen der Kriegsfolgenhilfe.

(6) Die Bundesregierung setzt die Höhe der den einzelnen Ländern nach den vorstehenden Bestimmungen zustehenden Pauschbeträge durch Rechtsverordnung fest, die der Zustimmung des Bundesrates bedarf. Wird die Rechtsverordnung nicht vor dem 1. April 1955 verkündet, leistet der Bund monatlich Abschlagszahlungen in Höhe eines Zwölftels der in dem Bezugszeitraum zu Lasten des Bundeshaushalts verrechneten Aufwendungen.

(7) Führt die politische oder wirtschaftliche Entwicklung im Geltungsbereich des Gesetzes zu einer erheblichen Steigerung oder Minderung der im Absatz 1 bezeichneten Aufwendungen, sind die Pauschbeträge durch Rechtsverordnung der Bundesregierung, die der Zustimmung des Bundesrates bedarf, dieser Änderung anzupassen.

§ 21 b

(1) Für die in § 1 Abs. 1 Ziff. 3 zweiter Halbsatz bezeichneten Fürsorgekosten stehen den Ländern jährliche Pauschbeträge in Höhe der in ihrem Gebiet im Haushaltsjahr 1975 entstandenen Aufwendungen zu. Als Aufwendungen gelten auch Leistungen nach § 12 dieses Gesetzes und 75 vom Hundert der Leistungen nach den §§ 276 und 276a des Lastenausgleichsgesetzes in der Fassung der Bekanntmachung vom 1. Oktober 1969 (BGBl. I, S. 1909), zuletzt geändert durch Artikel 35 des Einführungsgesetzes zur Abgabenordnung vom 14. Dezember 1976 (BGBl. I, S. 3341), für die in § 7 Abs. 2 Ziff. 3 genannten Personen.

(2) Die Pauschbeträge sind in den Haushaltsjahren 1976 bis einschließlich 1981 in vierteljährlich im voraus fälligen Teilbeträgen an die Länder zu überweisen. Soweit die Länder nicht selbst Aufgabenträger sind, überweisen sie die Zahlungen an die beteiligten Aufgabenträger zur pauschalen Abgeltung der von ihnen zu gewährenden Leistungen. Ab 1. Januar 1982 fällt die Leistung von Pauschbeträgen weg.

(3) Für die Feststellung der Pauschbeträge gilt § 21a Abs. 3, Abs. 6 Satz 1 und Abs. 7 entsprechend; danach entfällt eine nachträgliche Verrechnung von Einnahmen und Ausgaben der pauschalierten Leistungsbereiche aus der Zeit vor dem 1. Januar 1976.

§ 22

Die Ansprüche des Bundes auf den Ausgleich von Vorteilen, die den Ländern aus den Aufwendungen des Bundes auf Grund dieses Gesetzes zuwachsen, werden durch dieses Gesetz nicht berührt.

§ 23

(1) Mit Wirkung vom 1. April 1950 ab übernimmt der Bund die Anteile der Länder Baden, Rheinland-Pfalz, Württemberg-Hohenzollern und des bayerischen Kreises Lindau an den Ausgleichsforderungen der Bank deutscher Länder und der Postsparkassen unter sinngemäßer Anwendung der §§ 18 und 20. Die Vorschriften des § 5 Abs. 3 des Gesetzes über die Aufstellung und Ausführung des Bundeshaushaltsplans für das Rechnungsjahr 1949 sowie über die Haushaltsführung und über die vorläufige Rechnungsprüfung im Bereich der Bundesverwaltung (Haushaltsgesetz 1949 und vorläufige Haushaltsordnung) vom 7. Juni 1950 (Bundesgesetzblatt S. 199) werden hierdurch nicht berührt.

(2) Der Bund stellt statt der Länder Baden, Rheinland-Pfalz, Württemberg-Hohenzollern und des bayerischen Kreises Lindau die Schuldverschreibungen aus, die auf Grund von Artikel II der Gesetze Nr. 67 und der Verordnung Nr. 223 der Militärregierungen der Bank deutscher Länder zu übergeben sind. Der Bund erhält die nach Artikel IV der Gesetze Nr. 67 und der Verordnung Nr. 223 der Militärregierungen von der Gebietskörperschaft Groß-Berlin auszustellenden Schuldverschreibungen in voller Höhe.

17.3 § 41 des Wehrpflichtgesetzes i. d. F. vom 13. Juni 1986 (BGBl. I S. 879)

Wehrpflicht bei Zuzug

Wer seinen ständigen Aufenthalt aus den in § 1 Abs. 2 Nr. 3 oder § 3 Abs. 1 Satz 1 des Bundesvertriebenengesetzes genannten Gebieten in den Geltungsbereich dieses Gesetzes verlegt hat oder verlegt, wird vor Ablauf von zwei Jahren nicht wehrpflichtig.

17.4 Artikel 8 des Gesetzes über die Verwaltung der Mittel der Träger der Krankenversicherung (KVMG) vom 15. Dezember 1979 (BGBl. I S. 2241)

Artikel 8
Änderung sonstiger Vorschriften

1. Das Fremdrenten- und Auslandsrentengesetz in der im Bundesgesetzblatt Teil III, Gliederungsnummer 824-1, veröffentlichten bereinigten Fassung wird wie folgt geändert:
§ 10 Abs. 1 Satz 1 erhält folgende Fassung:
„Die in den §§ 1 bis 4 des Bundesvertriebenengesetzes in der im Bundesgesetzblatt Teil III, Gliederungsnummer 240-1, veröffentlichten bereinigte Fassung, zuletzt geändert durch Artikel 31 des Gesetzes vom 18. Dezember 1975 (BGBl. I S. 3091), bezeichneten Personen, die außerhalb des Bundesgebiets und des Landes Berlin gewohnt haben und danach ihren ständigen Aufenthalt (§ 1 Abs. 1) im Bundesgebiet oder im Land Berlin genommen haben oder nehmen und bis zum Verlassen ihres früheren Versicherungsbereichs bei einem Träger der gesetzlichen Krankenversicherung versichert waren, können ihre frühere Krankenversicherung (Pflicht- oder freiwillige Versicherung) auf Antrag innerhalb von sechs Monaten nach dem in Absatz 2 bezeichneten Zeitpunkt fortsetzen."

2. Die in den §§ 1 bis 4 des Bundesvertriebenengesetzes in der im Bundesgesetzblatt Teil III, Gliederungsnummer 240-1, veröffentlichten bereinigten Fassung, zuletzt geändert durch Artikel 31 des Gesetzes vom 18. Dezember 1975 (BGBl I S. 3091), bezeichneten Personen sowie Deutsche im Sinne des Artikels 116 Abs. 1 des Grundgesetzes, die aus der Deutschen Demokratischen Republik und Berlin (Ost) in den Geltungsbereich des Gesetzes übersiedeln, haben Anspruch auf Leistungen nach § 23 des Heimkehrergesetzes in der im Bundesgesetzblatt Teil III, Gliederungsnummer 84-1, veröffentlichten bereinigten Fassung, zuletzt geändert durch Artikel 2 des Gesetzes vom 23. Juli 1979 (BGBl I S. 1189). Die §§ 23 a und 27 des Heimkehrergesetzes gelten entsprechend.

3. Artikel 2 Abs. 1 des Gesetzes zu dem Abkommen vom 25. April 1973 zwischen der Bundesrepublik Deutschland und der Volksrepublik Polen über die Sozialversicherung von Arbeitnehmern, die in das Gebiet des anderen Staats vorübergehend entsandt werden, vom 28. Juni 1974 (BGBl. II S. 925) erhält folgende Fassung:

„(1) In den Fällen des Artikels 7 Abs. 3 des Abkommens haben die Träger der Unfallversicherung dem Träger der Krankenversicherung, der die Sachleistungen erbracht hat, die Kosten für diese Leistungen in entsprechender Anwendung des § 1504 der Reichsversicherungsordnung zu erstatten."

17.5 § 51 des Bundesseuchengesetzes i. d. F. vom 18. Dezember 1979 (BGBl. I S. 2261), zuletzt geändert durch Gesetz vom 27. Juni 1985 (BGBl. I S. 1254)

§ 51

(1) Wer durch eine Impfung, die

1. gesetzlich vorgeschrieben oder
2. auf Grund dieses Gesetzes angeordnet oder
3. von einer zuständigen Behörde öffentlich empfohlen und in ihrem Bereich vorgenommen oder

4. auf Grund der Verordnungen zur Ausführung der Internationalen Gesundheitsvorschriften durchgeführt worden ist,

einen Impfschaden erlitten hat, erhält wegen der gesundheitlichen und wirtschaftlichen Folgen des Impfschadens auf Antrag Versorgung in entsprechender Anwendung der Vorschriften des Bundesversorgungsgesetzes, soweit dieses Gesetz nichts Abweichendes bestimmt. Satz 1 Nr. 4 gilt nur für Personen, die zum Zwecke der Wiedereinreise in den Geltungsbereich dieses Gesetzes geimpft wurden und die ihren Wohnsitz oder gewöhnlichen Aufenthalt in diesem Gebiet haben oder nur vorübergehend aus beruflichen Gründen oder zum Zwecke der Ausbildung aufgegeben haben, sowie deren Angehörige, die mit ihnen in häuslicher Gemeinschaft leben. Als Angehörige gelten die in § 205 Abs. 1 und 2 der Reichsversicherungsverordnung genannten Personen.

(2) Versorgung im Sinne des Absatzes 1 erhält auch, wer als Deutscher außerhalb des Geltungsbereichs dieses Gesetzes einen Impfschaden durch eine Impfung erlitten hat, zu der er auf Grund des Impfgesetzes vom 8. April 1874 (RGBl S. 31) bei einem Aufenthalt im Geltungsbereich dieses Gesetzes verpflichtet gewesen wäre. Die Versorgung wird nur gewährt, wenn der Geschädigte

1. nicht im Geltungsbereich dieses Gesetzes geimpft werden konnte,

2. von einem Arzt geimpft worden ist,

3. zur Zeit der Impfung in häuslicher Gemeinschaft mit einem Elternteil oder einem Sorgeberechtigten gelebt hat, der sich zur Zeit der Impfung aus beruflichen Gründen oder zur Ausbildung nicht nur vorübergehend außerhalb des Geltungsbereichs dieses Gesetzes aufgehalten hat.

(3) Versorgung im Sinne des Absatzes 1 erhält auch, wer außerhalb des Geltungsbereichs dieses Gesetzes einen Impfschaden erlitten hat infolge einer Pockenimpfung auf Grund des Impfgesetzes vom 8. April 1874 (RGBl. S. 31) oder infolge einer Pockenimpfung, die in den in § 1 Abs. 2 Nr. 3 des Bundesvertriebenengesetzes in der Fassung der Bekanntmachung vom 3. September 1971 (BGBl I S. 1565, 1807), zuletzt geändert durch § 2 des Gesetzes vom 16. Februar 1979 (BGBl I S. 181), bezeichneten Gebieten, in der Deutschen Demokratischen Republik oder in Berlin (Ost) gesetzlich vorgeschrieben oder auf Grund eines Gesetzes angeordnet worden ist, soweit nicht auf Grund anderer gesetzlicher Vorschriften Entschädigung gewährt wird. Ansprüche nach Satz 1 kann nur geltend machen, wer als Deutscher bis zum 8. Mai 1945 oder als Berechtigter nach den §§ 1 bis 4 des Bundesvertriebenengesetzes oder § 1 des Flüchtlingshilfegesetzes in der Fassung der Bekanntmachung vom 15. Mai 1971 (BGBl I S. 681), geändert durch § 4 des Gesetzes vom 24. August 1972 (BGBl. I S. 1521), oder im Wege der Familienzusammenführung (§ 94 Bundesvertriebenengesetz) seinen ständigen Aufenthalt im Geltungsbereich dieses Gesetzes genommen hat oder nimmt.

(4) Die Hinterbliebenen eines Impfgeschädigten erhalten auf Antrag Versorgung in entsprechender Anwendung der Vorschriften des Bundesversorgungsgesetzes.

17.6 §§ 1, 2 des Bundeskindergeldgesetzes i. d. F. vom 21. Januar 1986 (BGBl. I S. 222)

§ 1 Anspruchsberechtigte

(1) Nach den Vorschriften dieses Gesetzes hat Anspruch auf Kindergeld für seine Kinder und die ihnen durch § 2 Abs. 1 Gleichgestellten,

1. wer im Geltungsbereich dieses Gesetzes einen Wohnsitz oder seinen gewöhnlichen Aufenthalt hat,

2. wer, ohne eine der Voraussetzungen der Nummer 1 zu erfüllen,
a) von seinem im Geltungsbereich dieses Gesetzes ansässigen Arbeitgeber oder Dienstherrn zur vorübergehenden Dienstleistung in ein Gebiet außerhalb dieses Geltungsbereiches entsandt, abgeordnet, versetzt oder kommandiert ist,
b) als Bediensteter der Deutschen Bundesbahn, der Deutschen Bundespost oder der Bundesfinanzverwaltung in einem der Bundesrepublik Deutschland benachbarten Staat beschäftigt ist,
c) Versorgungsbezüge nach beamten- oder soldatenrechtlichen Vorschriften oder Grundsätzen oder eine Versorgungsrente von einer Zusatzversorgungsanstalt für Arbeitnehmer des öffentlichen Dienstes erhält,
d) als Entwicklungshelfer Unterhaltsleistungen im Sinne des § 4 Abs. 1 Nr. 1 des Entwicklungshelfer-Gesetzes erhält.

(2) Anspruch auf Kindergeld für sich selbst hat nach Maßgabe des § 14, wer
1. im Geltungsbereich dieses Gesetzes einen Wohnsitz oder seinen gewöhnlichen Aufenthalt hat,
2. Vollwaise ist oder den Aufenthalt seiner Eltern nicht kennt und
3. nicht bei einer in Absatz 1 bezeichneten Person als Kind zu berücksichtigen ist.

§ 2 Kinder
(1) Als Kinder werden auch berücksichtigt
1. Stiefkinder, die der Berechtigte in seinen Haushalt aufgenommen hat,
2. Pflegekinder (Personen, mit denen der Berechtigte durch ein familienähnliches, auf längere Dauer berechnetes Band verbunden ist, sofern er sie in seinen Haushalt aufgenommen hat),
3. Enkel und Geschwister, die der Berechtigte in seinen Haushalt aufgenommen hat oder überwiegend unterhält.
Ein angenommenes Kind wird bei einem leiblichen Elternteil nur berücksichtigt, wenn es von diesem oder von dessen Ehegatten angenommen worden ist. Ein Kind, das mit dem Ziel der Annahme als Kind in die Obhut des Annehmenden aufgenommen ist und für das die zur Annahme erforderliche Einwilligung der Eltern erteilt ist, wird bei den Eltern nicht berücksichtigt.
(2) Kinder, die das 16. Lebensjahr vollendet haben, werden nur berücksichtigt, wenn sie
1. sich in Schul- oder Berufsausbildung befinden oder
2. ein freiwilliges soziales Jahr im Sinne des Gesetzes zur Förderung eines freiwilligen sozialen Jahres oder
3. wegen körperlicher, geistiger oder seelischer Behinderung außerstande sind, sich selbst zu unterhalten oder
4. als einzige Hilfe des Haushaltführenden ausschließlich in dem Haushalt des Berechtigten tätig sind, dem mindestens vier weitere Kinder angehören, die bei dem Berechtigten berücksichtigt werden, oder
5. anstelle des länger als 90 Tage arbeitsunfähig erkrankten Haushaltsführenden den Haushalt des Berechtigten führen, dem mindestens ein weiteres Kind angehört.
In den Fällen des Satzes 1 Nr. werden Kinder nicht berücksichtigt, denen aus dem Ausbildungsverhältnis Bruttoabzüge in Höhe von wenigstens 750 DM monatlich zustehen; Ehegatten- und Kinderzuschläge sowie einmalige Zuwendungen bleiben außer Ansatz. Satz 2 gilt entsprechend, wenn dem Kind mit Rücksicht auf die Ausbildung
1. Unterhalt von wenigstens 580 DM monatlich zusteht oder nur deswegen nicht zusteht, weil das Kind über anrechnungsfähiges Einkommen verfügt, oder
2. Übergangsgeld zusteht, dessen Bemessungsgrundlage wenigstens 750 DM monatlich beträgt.

17.6 Bundeskindergeldgesetz

Für die Übergangszeit zwischen zwei Ausbildungsabschnitten wird ein Ausbildungswilliger nach Satz 1 Nr. 1 berücksichtigt, wenn der nächste Ausbildungsabschnitt spätestens im vierten auf die Beendigung des vorherigen Ausbildungsabschnitts folgenden Monat beginnt; bleibt die Bewerbung um einen Ausbildungsplatz in diesem Ausbildungsabschnitt erfolglos, endet diese Berücksichtigung mit Ablauf des Monats, in dem dem Ausbildungswilligen die Ablehnung bekanntgegeben wird.

(2a) Absatz 2 Satz 1 gilt für verheiratete, geschiedene oder verwitwete Kinder nur, wenn sie vom Berechtigten überwiegend unterhalten werden, weil ihr Ehegatte oder frühere Ehegatte ihnen keinen ausreichenden Unterhalt leisten kann oder dem Grunde nach nicht unterhaltspflichtig ist oder weil sie als Verwitwete keine ausreichenden Hinterbliebenenbezüge erhalten.

(3) In den Fällen des Absatzes 2 Satz 1 Nr. 1, 2, 4 und 5 werden die Kinder nur berücksichtigt, wenn sie noch nicht das 27. Lebensjahr vollendet haben. Im Falle des Absatzes 2 Satz 1 Nr. 1 wird ein Kind,

1. das den gesetzlichen Grundwehrdienst oder Zivildienst geleistet hat, für einen der Dauer dieses Dienstes entsprechenden Zeitraum oder

2. das sich freiwillig für eine Dauer von nicht mehr als 3 Jahren zum Wehrdienst oder zum Polizeivollzugsdienst, der anstelle des Wehr- oder Zivildienstes abgeleistet wird, verpflichtet hat, für einen der Dauer dieses Dienstes entsprechenden Zeitraum, höchstens für die Dauer des gesetzlichen Grundwehrdienstes, bei anerkannten Kriegsdienstverweigerern für die Dauer des gesetzlichen Zivildienstes oder

3. das eine vom Wehr- und Zivildienst befreiende Tätigkeit als Entwicklungshelfer im Sinne des § 1 Abs. 1 des Entwicklungshelfer-Gesetzes ausgeübt hat, für einen der Dauer dieser Tätigkeit entsprechenden Zeitraum, höchstens für die Dauer des gesetzlichen Grundwehrdienstes, bei anerkannten Kriegsdienstverweigerern für die Dauer des gesetzlichen Zivildienstes

über das 27. Lebensjahr hinaus berücksichtigt.

(4) Kinder, die das 16., aber noch nicht das 21. Lebensjahr vollendet haben, werden auch berücksichtigt, wenn sie im Geltungsbereich dieses Gesetzes

1. eine Berufsausbildung mangels Ausbildungsplatz nicht beginnen oder fortsetzen können oder

2. als Arbeitslose der Arbeitsvermittlung zur Verfügung stehen.

Dies gilt nicht für Kinder, die monatlich wenigstens 400 Deutsche Mark

1. an laufenden Geldleistungen wegen Erwerbs-, Berufs- oder Arbeitslosigkeit oder

2. an Übergangsgebührnissen nach beamten- oder soldatenversorgungsrechtlichen Grundsätzen oder

3. aus einer Erwerbstätigkeit nach Verminderung um die Steuern und gesetzlichen Abzüge beziehen. Die Absätze 2a und 3 Satz 2 gelten entsprechend.

(5) Kinder, die weder einen Wohnsitz noch ihren gewöhnlichen Aufenthalt im Geltungsbereich dieses Gesetzes haben, werden nicht berücksichtigt. Dies gilt nicht gegenüber Berechtigten nach § 1 Abs. 1 Nr. 2, wenn sie die Kinder in ihren Haushalt aufgenommen haben. Abweichend von Satz 1 werden Kinder, die Deutsche im Sinne des Artikels 116 des Grundgesetzes oder deutsche Volkszugehörige sind und seit ihrer Geburt ohne Unterbrechung einen Wohnsitz oder ihren gewöhnlichen Aufenthalt in der Deutschen Demokratischen Republik oder Berlin (Ost) oder in Albanien, Bulgarien, Polen, Rumänien, der Sowjetunion, der Tschechoslowakei oder Ungarn haben, bei Berechtigten berücksichtigt, die

1. Deutsche im Sinne des Artikels 116 des Grundgesetzes sind und
2. für den Unterhalt dieser Kinder regelmäßig mindestens einen Betrag in Höhe des Kindergeldes aufwenden, das bei Leistung von Kindergeld für diese Kinder auf sie entfällt (§ 12 Abs. 4).

(6) Die Bundesregierung wird ermächtigt, durch Rechtsverordnung zu bestimmen, daß einem Berechtigten, der im Geltungsbereich dieses Gesetzes erwerbstätig ist oder sonst seine hauptsächlichen Einkünfte erzielt, für seine im Absatz 5 Satz 1 bezeichneten Kinder Kindergeld ganz oder teilweise zu leisten ist, soweit dies mit Rücksicht auf die durchschnittlichen Lebenshaltungskosten für Kinder in deren Wohnland und auf die dort gewährten dem Kindergeld vergleichbaren Leistungen geboten ist.

18. ANSCHRIFTEN DER FÜR DIE EINGLIEDERUNG DER AUSSIEDLER UND ZUWANDERER ZUSTÄNDIGEN OBERSTEN LANDESBEHÖRDEN

Innenministerium Baden-Württemberg	Holzstraße 23 7000 Stuttgart 1
Bayerisches Staatsministerium für Arbeit und Sozialordnung	Winzererstr. 9 8000 München 40
Senator für Gesundheit und Soziales Berlin	An der Urania 12 1000 Berlin 30
Senator für Jugend und Soziales der Freien Hansestadt Bremen	Bahnhofsplatz 29 2800 Bremen 1
Behörde für Arbeit, Jugend und Soziales der Freien und Hansestadt Hamburg	Hamburger Straße 47 Postfach 58 67 2000 Hamburg 76
Hessischer Sozialminister	Dostojewskistraße 4 6200 Wiesbaden
Niedersächsischer Minister für Bundes- und Europaangelegenheiten	Calenberger Straße 2 3000 Hannover 1
Minister für Arbeit, Gesundheit und Soziales des Landes Nordrhein-Westfalen	Horionplatz 1 Postfach 11 34 4000 Düsseldorf 1
Ministerium für Soziales und Familie des Landes Rheinland-Pfalz	Bauhofstraße 4 6500 Mainz
Minister für Arbeit, Gesundheit und Sozialordnung des Saarlandes	Franz-Josef-Röder-Str. 21 6600 Saarbrücken 1
Minister für Soziales, Gesundheit und Energie des Landes Schleswig-Holstein	Brunswiker Straße 16–22 2300 Kiel 1

SACHVERZEICHNIS

Abendstudium 54
Abiturzeugnis 54f, 160
Abkommen über allgemeine Fragen des Handels und der Seeschiffahrt 22
– über Gewährung eines Finanzkredits 24
– über Renten- und Unfallversicherung 24, 67, 79
Abschlußprüfung 54f, 286ff
Abschlußzeugnis 54, 284f
Abstammung 36, 106, 158, 164
Ackermann-Gemeinde 33
AFG-Leistungsverordnung 46f
Akademie 313
Akademikerprogramm 58, 84, 323ff
Albanien 18, 104, 197, 333, 457
Allgemeine Erklärung der Menschenrechte 21, 70
Altershilfe für Landwirte 66
Altersruhegeld 67
Amt für Aussiedler und Zuwanderer 43
Anerkennung von Ausbildungsgängen 24
– von Befähigungsnachweisen 24, 34, 37, 60f, 84, 331ff, 354
– von Bildungsnachweisen 53
– von Prüfungen 34, 60f, 84, 135, 168, 282, 354
– von Prüfungszeugnissen 331ff
– von Vorbildungsnachweisen 57
– von Zeugnissen 37, 62, 354
Anliegersiedlung 391
Annahme an Kindes Statt 38, 106, 184f
Anordnung Ausbildung 45, 237ff
– Förderung der Arbeitsaufnahme 47
– Fortbildung und Umschulung 45, 249ff, 268, 274
– Sprachförderung 50, 52, 269ff
Anwartschaftszeit (AFG) 47f, 227
Arbeiterwohlfahrt 33
Arbeitsamt 28, 219, 227ff, 248, 271, 278, 354
Arbeitsaufnahme, Förderung der 45ff, 225f
Arbeitsausrüstung 57, 226, 296
Arbeitsbuch 193
Arbeitserlaubnis 266
Arbeitsförderungsgesetz 27, 44f, 47, 49, 52, 216ff, 267ff, 279
Arbeitskleidung 224, 241, 243, 244, 257
Arbeitslosengeld 27, 45, 47, 48, 86, 219ff, 226ff, 354, 440
Arbeitslosenhilfe 27, 45, 47, 48, 87, 219ff, 228ff, 260ff, 354, 443
Arbeitslosenhilfeverordnung 48, 260ff
Arbeitslosenversicherung 86, 226, 299, 427, 443, 444
Arbeitsmaterial 57, 296
Arbeitsunfall 68, 87, 404, 406
Arbeitsvermittlung 129, 227, 266
Asylantrag 142
Asylberechtigter 50, 52, 254, 267ff, 271ff, 291f
Asylverfahren 144

Sachverzeichnis

Aufbaudarlehen 37, 41, 63, 65, 92, 179f, 377
- (Landwirtschaft) 388
Aufbauwochen 32
Aufenthalt 190, 193
Aufenthalt, ständiger 106
Aufenthaltserlaubnis 94, 102, 200
Aufnahme 26, 32, 40, 95, 100, 135, 192
Aufnahmebehörde 102
Aufnahmeeinrichtung 27
Aufnahmegesetz 56, 100, 102
Aufnahmelager 43
Aufnahmeschein 28, 30, 56, 96f, 215, 274, 278
Aufnahmestelle 30, 97, 101
Aufnahmeverfahren 29f, 32, 101f
Aufstockung (Garantiefonds) 56, 293, 313
Aufträge, öffentliche 355
Auftragsberatungsstelle 357ff
Ausbildung, berufliche 45, 217ff, 227, 237ff
Ausbildungsbeihilfe 318
Ausbildungskosten 56f, 58, 295ff, 314ff, 325ff
Ausgleichsamt 49, 96, 264f, 376ff
Ausgleichsbankgesetz 62, 362ff
Ausgleichsfonds 116, 133
Ausreisefreiheit 21
Ausreisegenehmigung 31, 98f
Ausreiseprotokoll 23, 77f
Ausschlußgründe 155f
Aussiedler 19, 21, 24ff, 37, 40, 42, 47, 56, 60, 104, 139, 193, 202ff, 253, 264, 267ff, 271ff, 289ff, 308ff, 323, 353ff, 375ff, 399, 413
Aussiedlerwohnungsbau s. Wohnungsbau
Aussiedlungsgebiet 20, 26, 30, 65, 93, 104, 140, 142, 165, 376f, 400
Aussiedlung 18ff, 22ff, 59, 198
Ausweis 33 s. auch Flüchtlingsausweis/Vertriebenenausweis
- (Einziehung) 110
- (Ungültigkeitserklärung) 110

Bauernverband der Vertriebenen 33, 67
Beauftragte der Länder für die Verteilung 27
Beauftragter der Bundesregierung 27, 29, 94, 96f, 103, 164, 200, 264, 291, 310, 331
Bedarfsanalyse 25
Beendigung der Betreuungsberechtigung 36f, 100f, 166ff
Befähigungsnachweis 24, 34, 37, 60f, 135f, 339, s. auch Anerkennung
Beglaubigung 57f, 326
Begrüßungsgabe 30, 50f, 274
Behindertenwerkstätte 355
Beihilfe 45, 55f, 58, 93, 113f, 127, 291ff, 300, 312, 385, 396, 417
- laufende 37, 93, 177
- zum Lebensunterhalt 37, 179
Beirat für Vertriebenenfragen 33, 110
Beitragszeiten 407
Bekenntnis 36, 106, 158ff
Bekenntnisfähigkeit 161

Sachverzeichnis

Belastungen, außergewöhnliche 43, 65, 382, 384
Beratung 32, 53, 62, 82f, 266, 353
Beratungsdienste 33
Berechtigungsschein 42ff, 207f, 211ff, 215
Beruf, freier 37, 63, 180, 369, 373
Berufsausbildung 45, 53, 57, 282ff, 294
Berufsausbildungsbeihilfe 218ff, 239ff, 247f
Berufsbildungsgesetz 225, 239, 243, 334
Berufskrankheit 404, 406
Berufsunfähigkeit 67
Beschädigtenversorgung 423f
Besitzeinweisung 122
Besitzstandswahrung 334ff
Bestandsaufnahme 25
Bestätigungsmerkmale 36, 142, 158ff
Bestätigungsprüfung 54, 286, 327f
Betreuung 32, 83
Betriebsgebäude, landwirtschaftliches 64, 380
Bewerber, bevorzugter 62, 355ff
Bewerbungskosten 226
Bildung, berufliche 216ff
Bildungsabschluß 284
Blindenwerkstätte 358
Bürgschaft 36, 116, 126, 354, 363, 369
Bürgschaftsprogramme 62
Bulgarien 18, 104, 197, 333, 457
   Bund der Vertriebenen 33
   Bund der Mitteldeutschen 33
Bundesanstalt für Arbeit 26ff, 47, 49ff, 128f, 217ff, 264, 268ff, 271ff, 279ff, 281ff
Bundesarbeitsgemeinschaft Jugendaufbauwerk 33
Bundesausbildungsförderungsgesetz 59, 84, 218, 313, 318
Bundesausgleichsamt 41, 64, 116, 379
Bundesevakuiertengesetz 214, 356
Bundesinstitut für Berufsbildung 60, 355
Bundeskabinett 24f
Bundeskindergeldgesetz 69, 455ff
Bundesminister der Finanzen 116, 205, 260, 387, 399, 420
– des Innern 25, 32, 42, 50, 96, 98, 109, 116, 192, 198, 209ff, 260, 285, 331, 359, 375, 399
– für Arbeit und Sozialordnung 69, 129, 223, 231, 238, 280, 412
– für Bildung und Wissenschaft 58f, 323, 331
– für Ernährung, Landwirtschaft und Forsten 65f, 116, 387, 398f
– für Jugend, Familie, Frauen und Gesundheit 33, 55ff, 69, 260, 268, 296, 298, 384
– für Verkehr 62, 352
– für Wirtschaft 60ff, 331, 358
Bundesnotaufnahmeverfahren 97, 157, 215
Bundesrechnungshof 209, 398
Bundesseuchengesetz 69, 92, 454f
Bundessozialhilfegesetz 30, 89, 96, 246, 293, 301
Bundesversorgungsgesetz 68, 300, 414, 421, 435
Bundesvertriebenengesetz 33f, 60, 66, 103ff, 140, 161, 175, 181, 203ff, 331, 350, 381, 383, 455

Sachverzeichnis

Bundesverwaltungsamt 29f, 97, 190

China 18, 65, 69, 104, 130, 197, 333, 383
CSSR 18f, 24, 60, 80ff, s. auch Tschechoslowakei

Danzig 18, 104, 197, 406
Danziger 194
Darlehen 59, 353ff, 363, 388, 417, 432ff
Darlehensprogramme 62
DDR 19f, 34f, 37, 60, 355, 383, 400
Deutsche Ausgleichsbank 52, 286ff, 353f, 362ff, 367ff, 370, 373ff
Deutsche Jugend in Europa 33
Deutsche Siedlungs- und Landesrentenbank 65, 115f, 388ff
„Deutsche Volksliste" 186, 195
Deutscher Caritasverband 33
Deutscher Paritätischer Wohlfahrtsverband 33
Deutsches Rotes Kreuz 22, 32, 77, 80
Deutsch-Lehrgang 274, 279f
Deutsch-Sprachlehrgang 266, 268
Diakonisches Werk 32f
Diplomierung, nachträgliche 351f
Durchgangseinrichtung 102
Durchgangslager 94, 109, 376, 427, 444, s. auch Grenzdurchgangslager
Durchgangsstelle für Aussiedler (Nürnberg) 27ff, 82, 164, 211, 264, 291, 310
Durchgangsunterkunft 376, 378
Durchgangswohnheim (Berlin) 27f, 30, 102, 211
Durchschnittsnote 59, 320

Ehegatte 52, 104, 236f, 384
Eheschließung 52, 74, 104, 141, 160, 194, 297
Eigenkapital 63, 354
Eigenkapitalhilfe 354
Eigenkapitalhilfeprogramm 92, 354
Eigenkapitalprogramm 368
Einarbeitungszuschuß 60, 258
Einbürgerung 191
Eingliederung 21, 24f, 111ff
– in Schule und Berufsausbildung 53f, 282ff, 327
– (Landwirtschaft) 169
Eingliederungsdarlehen 37, 40, 93, 179f
Eingliederungshilfen 425
Eingliederungsmaßnahmen 26, 32
Eingliederungsprogramm der Bundesregierung 24f
Einkleidung 82
Einkommen, anrechenbares 299ff, 309, 317ff
Einkommen, Anrechnung von 57, 241, 244ff, 326
Einkommensteuer 117, 203, 384, 386
Einkommensteuergesetz 47, 64, 90, 167, 202, 213, 300, 380, 384, 416
Einkommensteuergesetz 1953 64, 383
Einkommensteuerrichtlinien 65, 383ff
Einrichtungsdarlehen 24, 32, 42ff, 83, 202, 205ff
– (Landwirtschaft) 391

Sachverzeichnis

Einrichtungshilfe 37, 175f
Eintragung in die Handwerksrolle, s. Handwerksrolle
Empfehlung der KMK 53ff, 282, 295, 327
Entlassung aus der Staatsangehörigkeit 31, 98f, 196
Entlastungszusage 63, 373
Entschädigungsrente 377
Erbschaftssteuer 117
Ergänzungsfinanzierung 375
Ergänzungskurse 58, 324
Ergänzungsprogramme der Deutschen Ausgleichsbank 63, 92, 363ff
Ergänzungsprüfung 343
Ergänzungsstudium 58, 84, 324
ERP-Darlehen 354, 367f
ERP-Existenzgründungsprogramm 63, 353, 370
ERP-Vergabebedingungen 371f
Ersatzurkunden 57, 135
Ersatzzeiten 409
Erstes Überleitungsgesetz 30, 69, 100, 444ff
Erwerbstätiger, selbständiger 34, 128ff
Erwerbstätiger, unselbständiger 34, 126ff
Erwerbsunfähigkeit 67
Erziehung 36, 106, 158, 164
Erziehungsbeihilfe 300, 317
Erziehungsgeld 300
Estland 18, 104, 197
Evakuierter 214, 356, 447
Evakuierung 154
Existenz, selbständige 62f, 92, 352ff
Existenzgrundlage 36, 101, 105, 144, 148, 150f, 169, 178
Existenzgründung 367f, 370, 373, 379
Existenzsicherung 375
Existenzverlust 375

Fabrikgebäude 64, 380
Facharbeiterprüfung 335, 341
Fachhochschule 55, 285, 351
Fachmittelschule 54, 285
Fachschule, Höhere 61
Fahrerlaubnis 62, 352
Fahrkarte 82, 297, 325
Fahrkosten/Fahrtkosten 31, 53, 57f, 98f, 241, 243f, 256, 260, 270, 296, 315, 325
Familien, gemischte 23, 76
Familienangehörige 99, 151, 155, 171, 175, 178
Familienfreizeit 32
Familienheimfahrten 57, 226, 296, 315
Familienname 40, 198
Familienverband 30, 97
Familienzusammenführung 31, 34, 73f, 76, 93f, 99, 107, 136, 168, 413, 425
Fernstudium 54
Fernunterricht 253, 256
Feststellungsgesetz 175
Finanzierungshilfen 53, 127, 398

Finanzierungsrichtlinien 66, 124, 387ff
Flucht 146, 154, 158
Fluchthilfe 153
Flüchtling 19, 151, 203f, 210, 374
Flüchtlingsamt 43, 96, 375
Flüchtlingsausweis 56, 323
Flüchtlingsfreibetrag 65, 383
Flüchtlingshilfegesetz 34, 37, 63, 93, 174ff, 204, 455
Flüchtlingsrat, Katholischer 33
Flugkosten 99
Fördereinrichtung 54
Förderklasse 54
Förderschule 54
Förderunterricht 53f, 283
Fortbildung, berufliche 45, 51, 217ff, 249ff, 272
Fragebogen (Landwirtschaft) 401
Frauenarbeit, Evangelische 33
Freizügigkeit 29, 100
Fremdenpaß 278
Fremdrentengesetz 67, 402ff
Fremdrentenrecht 66f
Friedland 26ff, 82, 97, 164, 192, 210, 264, 280, 291, 310
Friedlandhilfe 27f
Frühgeborene 162
Führerschein 62, 352

Garantiefonds 268, 273
— (Hochschulbereich) 52f, 55ff, 300ff
— (Schul- und Berufsbildungsbereich) 52f, 55ff, 289ff
Garantiefondsrichtlinien 49, 52, 55, 84
Gastlager 427
Gemeinschaft ehem. pol. Häftlinge 33
Generation, spätgeborene 141
Gesamtnote 327f
Gesellenprüfung 335, 341
Gewissenskonflikt 36, 101, 105, 144, 148f, 153
Gleichwertigkeit 60f, 135, 333ff, 352
Grad, akademischer 61, 349
— staatlicher 61, 349f
Graduiertenförderungsgesetz 59
Graduierung, nachträgliche 61, 351
Grenzdurchgangslager (Friedland) 26ff, 30f, 38, 56, 66, 97, 99f, 164, 192, 196, 199ff, 210, 264, 280, 291, 319, 448
Grunderwerbsteuer 41
Grundsätze des Bundesministers für Wirtschaft 60f, 331
Grundschule 54, 282f, 296ff
Grundwehrdienst 457
Güterbeförderung 31, 98ff
Güterrechtsregister 182f
Güterstand, ehelicher 37, 182ff
Güterstand, gesetzlicher 37, 182ff

Sachverzeichnis

Häftling, politischer 68, 92, 147, 413ff
Häftlingshilfegesetz 67f, 92, 422ff
Häftlingshilfestiftung 441ff
Härte, außergewöhnliche 93
– besondere 233
– unbillige 30, 52, 97, 427
Härtefall 97f, 275, 375
Handwerksordnung 60, 225, 239, 331, 334f
Handwerksrolle 62, 90, 126, 331, 344ff, 355
Hauptentschädigung 93, 379
Hauptschule 54, 284, 296ff
Hausaufgabenhilfe 284
Hausbank 367, 374f
Hausfrau 52
Haushaltsgemeinschaft 44, 206f, 210, 212, 214, 216
Hausrat 64f, 99, 171, 377ff, 383ff
Hausratentschädigung 93, 377ff
Hausratsbeihilfe 93
Heimatauskunftstelle 37, 165, 265
Heimatortskartei 37, 165, 265
Heimatschein 193
Heimatvertriebener 65, 104f, 109, 332, 383, 385, 444, 446
Heimkehrer 42, 68, 107, 385, 413ff, 425, 428
Heimkehrergesetz 42, 67, 107, 274, 385, 454
Heimkehrerstiftung 68f, 92, 417, 431ff
Hilfe zum Lebensunterhalt 96
Hinterbliebenenversorgung 88, 424
Hochschule 285, 313, 349
Hochschulreife 55, 285ff, 328
Hochschulstudium 55, 57f, 318
Hochschulzugangsberechtigung 59, 327, 330
Hochschulzugangszeugnis 285
Hypothekengewinnabgabe 34, 120f

Impfschaden 69, 92, 455
Information der Regierung der VR Polen 23f, 76ff
Ingenieur 368
– beratender 63
Ingenieurschule 61, 351
Institut für Ostrecht 60
Internationale Rotkreuzkonferenz 21
Internationaler Pakt zur Beseitigung jeder Form von Rassendiskriminierung 21, 70f
– über bürgerliche und politische Rechte 21, 71f

Jugoslawien 18f, 60, 65, 69, 104, 197, 333, 355, 383

Kassenpraxis 34, 125, 168
Kennkarte 193
Kinderbetreuungskosten 258
Kindergarten 282
Kindergeld 85, 202, 266, 440, 455ff
Kinderzuschüsse 300, 318

Kleidung 65, 383ff
Kolchose 400f
Kommunale Spitzenverbände 111
Kompaß 28
Konferenz über Sicherheit und Zusammenarbeit in Europa 21, 23, 72ff
Konrad-Adenauer-Stiftung 66
Konsulargesetz 32
Kontingente 127
Kontingentflüchtling 50, 52, 254, 267ff, 271ff
Krankenbedarf 57, 299
Krankengeld 85, 230, 440
Krankenhilfe 85
Krankenversicherung 27, 42, 51, 57f, 67, 69, 205, 220, 224, 232, 238, 242, 244, 258, 277, 299, 326, 354, 428, 454
Kredit 126, 178, 353ff, 363, 369, 388
Kriegsschadenrente 66, 93, 377f
Kriegsfolgenhilfe 446
Kriegsgefangene 68, 413ff
Kriegsgefangenenentschädigungsgesetz 385, 413ff, 431, 439
Kriegsgefangener 431, 437, 446
Kriegsgefangenschaft 154, 383, 385, 418, 439
Kriegsopferfürsorge 96
Kriegsopferversorgung 88, 246
Kultur 36, 106, 137, 158, 160, 164
Kulturgut 34
Kultusministerkonferenz 59, 282ff, 327, 349ff

Lager 206, 414
Lagerdienst 27
Lagerhaus 64, 380
Länderbeauftragte für die Verteilung 27
Landesauftragsstelle 359ff
Landesflüchtlingsverwaltung 36f, 110, 139, 333, 355
Landesstelle für Aussiedler und Zuwanderer 27f, 264
Landwirtschaft 33, 37, 65, 111ff, 180, 387, 399ff
Lastenausgleich 41, 64, 206, 363, 375ff, 443
Lastenausgleichsbank 62, 206ff
Lastenausgleichsgesetz 93, 116, 139, 170, 175, 177ff, 381, 385
Lebensunterhalt 241ff, 262, 295ff, 309, 314ff, 325ff
Lehrgang 57
Lehrgangsgebühren 45, 241, 244, 248, 256
Lehrgangskosten 51, 224
Lernmittel 57f, 218, 224, 241, 243f, 256, 268, 284, 296, 315
Lettland 18, 104, 197
Litauen 16, 18, 104, 194, 197

Meisterprüfung 335f, 355
Memelländer 22, 194
Mieterdarlehen 433
Mietwohnungsbau 25
Mitteldeutschland 19
Mittelschule 54, 285

Sachverzeichnis

Nachfinanzierung 396
Nachweis, vorläufiger 49, 264f
Namensänderung 40, 198, 200
Namensführung 27, 39, 197, 200
Namensrecht 38f
Nationale Volksarmee 149, 153
Nebenerwerbsstelle, landwirtschaftliche 41, 65f, 92, 115, 377, 389
Nebenkosten 31, 100, 301
Neusiedlung 113, 115, 388
Nichtdeutsche 253
Nichtvertriebene 56
Notaufnahme 102, 175, 323, 425
Notaufnahmebescheid 332
Notaufnahmegesetz 96

Ostgebiete, deutsche 18, 104, 197
Ostpreußen 197
Otto Benecke Stiftung 28, 55, 57f, 292, 308, 320ff, 323ff
Pädagogisches Zentrum 60, 351
Paß 160
Paßgebühren 31, 98f
Personalausweis 27, 39, 160, 193, 200
Personenstandsbuch 39, 197f
Personenstandsregister 39, 197f
Personenstandsurkunden 197
Polen 18f, 22f, 60, 62, 76ff, 95, 104, 197, 331, 333, 352, 355, 448, 457
Polnisches Rotes Kreuz 22, 76f
Potsdamer Kommuniqué 18
Potsdamer Abkommen 18, 174
Prioritätenregelung 66, 398
Projektförderung (Garantiefonds) 55, 57, 319ff
Prüfungen s. Anerkennung von Prüfungen
Prüfungsgebühren 57, 296, 315

Rahmenfrist (AFG) 47, 228f
Registrierschein 30, 39f, 49, 96f, 196, 198, 264f, 274, 278, 291, 310, 331
Registrierung 19, 30, 38f, 198, 200
Registrierverfahren 27, 29, 96, 265
Reichs- und Staatsangehörigkeitsgesetz 38, 130, 184, 193
Reichssiedlungsgesetz 38f, 123f
Reifezeugnis 54f
Reiseausweis 274, 278
Reisebeihilfe 325
Reisekosten 226
Reisepaß 27, 39, 193, 200
Rentenversicherung 42, 67, 85, 205, 220, 232, 402ff, 434, 437, 440
Reparationsschädengesetz 92, 178, 378
Repatriierung 22
Repatriierungserklärung 22, 74ff
Rotkreuzkonferenz 21
Rückführung 98ff, 448

Rückführungskosten 31f, 83, 98ff
Rumänien 18f, 23f, 60, 62, 104, 197, 333, 352, 355, 457

Saarverdrängte 171
Sammeleinbürgerung 188, 193ff
Schuldenregelung 34, 131
Siedlungsbehörde 112, 116
Siedlungsprogramm 65
Sonderabschreibung 380
Sonderbedarf 56, 293, 295ff, 309, 312, 314ff, 325ff
Sonderlehrgang 285ff, 327f
Sonderschule 54, 283
Sowchose 400f
Sowjetunion 62, 104, 323, 457 s. auch UdSSR
Sowjetzonenflüchtling 35, 37, 41, 60, 62f, 105f, 133, 171, 174, 331, 334, 343, 355ff, 383, 385ff, 413
Sozialhilfe 108, 135, 179, 213, 440
Sozialversicherung 67, 134, 299, 403, 405, 427, 443, 445, 449
Sparguthaben 377f
Spätaussiedler 399ff
Spätgeborene 162f
Spätheimkehrer 386
Sperrbrecher 19
Spitzenverbände der freien Wohlfahrtspflege 111
Sprache 106, 158, 160, 164, 294, 313
Sprachförderung 24f, 27, 45, 49ff, 85, 267ff
Sprachförderungsvereinbarung 49f, 85, 271, 277ff
Sprachförderungsverordnung 49f, 85, 217ff, 279ff
Sprachkenntnisse 48f, 282
Staatsangehöriger, deutscher 103ff, 139ff, 144ff, 184ff, 192ff, 198ff, 275, 376, 403, 406, 422
Staatsangehörigkeit 27, 32, 38, 75, 108, 144ff, 184ff, 192ff, 414, 431
Staatssicherheitsdienst 147
Statistik 34, 137f
Steuer 299
Steuerbegünstigung 90, 301
Steuerberater 63, 369
Steuervergünstigung 167, 170
Stichtag 106
Stiftung für ehem. pol. Häftlinge 28, 33, 68f, 428
Stipendium 56f, 311
Strafbestimmungen 34, 138
Studienberatung 82
Studienqualifikation 54, 284f
Suchdienst 27
Südosteuropa 174

Taschengeld 30, 82
Teilhaberschaft 36, 126
Transportkosten 215
Trennungsbeihilfe 226

Sachverzeichnis

Tschechoslowakei, s. auch CSSR   95, 104, 197, 333, 355, 448, 457
Tschechoslowakische Republik   186, 351
Tschechoslowakisches Rotes Kreuz   80

Überbrückungsbeihilfe   226
Überbrückungsgeld   30, 82, 354
Überbrückungshilfe   29f, 32, 50, 56, 82, 96ff, 267f, 274, 281
Übergangswohnheim   33, 43, 206, 211, 376, 378
Übernahmeerklärung   30
Übernahmevereinbarung   29
Übersetzung (Urkunden)   57f, 299, 326
Übersetzungskosten   299, 316
Übersiedler   19, 218
Übersiedlung   59
UdSSR   18ff, 22, 60, 352, 355, s. auch Sowjetunion
Ukraine   195
Umgesiedelter   168
Umrechnungskurs   100
Umschulung, berufliche   45, 51, 225, 250, 272
Umsiedler   104, 194
Umsiedlung   39, 111, 448
Umzugsgut   28, 31, 82, 99f, 215
Umzugskosten   31f, 226
Unfallversicherung   51, 67, 87, 220, 224, 277, 402ff
Ungarn   18f, 60, 62, 104, 197, 333, 352, 355, 457
Unna-Massen   27ff, 82, 264
Unterbringung   57, 83, 326
Unterhaltsbeihilfe   68, 424f
Unterhaltsgeld   51, 53, 222ff, 249, 254f, 268f
Unterhaltshilfe   377
Unterkunft   51, 82f, 224, 242, 257, 293
Unterrichtsgelder   57, 296, 315
Unterstützung   434, 439ff
Untersuchung, ärztliche   82
Urkunde   135, 168, 333, 343, 376

Vergabe öffentlicher Aufträge   62, 355ff
Vergleichbarkeit   349f
Vergünstigungen   10, 64, 107
– Ausschluß von   107
– steuerliche   36, 127, 380
Vermögen, anrechenbares   57, 299, 309, 317ff
Vermögensabgabe   117ff
Verpflegung   24, 51, 57, 82, 242, 257, 297, 326
Verrechnungsfähigkeit   31f, 98ff, 108
Verteilung   29, 94f, 101, 192, 196, 443
Verteilungsrichtlinien   29, 96
Verteilungsschlüssel   29, 94, 103
Verteilungsverordnung   29, 94f
Vertragshilfe   131ff
Vertragshilfegesetz   131

Vertragshilfeverfahren 131
Vertragsumsiedler 27
Vertreibung 97, 105f, 108, 111, 171, 386
Vertreibungsdruck 34f, 139f, 141, 143f
Vertreibungsgebiet 18, 39, 107, 142, 174, 197f, 377
Vertreibungsmaßnahmen 18, 140, 161
Vertriebenenamt 43, 49, 96, 264f, 376
Vertriebenenausweis 27, 39, 56, 264f, 291, 310, 323, 331, 352, 376, 387
Vertriebener 37, 41, 47, 62, 103, 106, 139, 192, 332, 343, 355ff, 374, 383ff
Vertriebenenorganisationen 111
Verwaltungsvorschrift des Innenministeriums Baden-Württemberg 36
Volksdeutscher 36
Volksgruppe 140
Volkspolizei 147, 149, 153
Volkstum 35f, 142, 144, 158ff
Volkstumspolitik 21
Volkszugehöriger, deutscher 21, 32, 36, 38, 103ff, 139ff, 144ff, 158ff, 184ff, 192ff, 198ff, 383, 422
Volkszugehörigkeit, deutsche 23, 38, 76, 106, 144ff, 158ff, 184ff, 192ff, 198ff, 414, 431
Vollerwerbsstelle 65, 115f, 294, 394
Vorkaufsrecht 124
Vorname 39f, 198, 200
Vorschuß (Garantiefonds) 56, 293, 312

Währungsausgleichsgesetz 93
Wegweiser für Aussiedler 28, 49, 62, 64, 352, 375ff
Wegweiser für Flüchtlinge und Übersiedler aus der DDR 28, 62, 64
Wehrdienst 186, 457
Wehrpaß 193
Wehrpflicht 88, 453
Wehrpflichtgesetz 69, 453
Wirtschaftsprüfer 63, 369
Wissenschaftlerprogramm 59, 91
Wochenendseminar 32
Wohnberechtigungsschein 41, 83
Wohngeld 40ff, 91, 202, 204f, 247, 440
Wohngeldgesetz 41, 293
Wohngeldverordnung 42
Wohnraum 25, 83, 377, 432f
Wohnraumhilfe 116
Wohnraumversorgung 34, 40f, 130
Wohnung, ausreichende 42, 44, 206, 210ff
Wohnungsbau 37, 40, 83, 180, 202, 367, 377
Wohnungsbaugesetz, Zweites 40, 180, 202, 398, 433

Zahl der Aussiedler 18f
Zahl der Zuwanderer 19f
Zentrale Aufnahmestelle des Landes Hessen (Gießen) 27, 30, 82, 102
Zentralstelle für ausländisches Bildungswesen 54, 60, 285, 350f
Zentralverband Mittel- und Ostdeutscher 33
Zinssubvention 42, 207

Sachverzeichnis

Zinsverbilligung 36, 126, 206, 209
Zivildienst 457
Zugewinngemeinschaft 37
Zuschuß (Garantiefonds) 56, 294, 313
Zuwanderer 19f, 24ff, 34, 37, 40, 42, 56, 202f, 289ff, 308ff, 323f, 374, 399
Zwangslage, besondere 35f, 101, 105, 146ff, 150 ff
Zwangslage, subjektive 144, 147

NACHTRAG

1. zu 6. Wohnraumversorgung, Wohngeld, Einrichtungsdarlehen

Die Deutsche Ausgleichsbank hat im September 1988 die nachstehende Richtlinie bekanntgegeben, durch die eine Wohnraumversorgung von Großfamilien gefördert werden soll:

Eigenheimdarlehen für Großfamilien von Aussiedlern und Zuwanderern – Richtlinie der Deutschen Ausgleichsbank (September 1988)

Die Eigenheimdarlehen sollen die rasche und angemessene gemeinsame Unterbringung von kinderreichen Familien bzw. Großfamilien von Aussiedlern und Zuwanderern ermöglichen. Ein Rechtsanspruch auf diese Darlehen besteht nicht.

1. Verwendungszweck

Mitfinanzierung der Errichtung oder des Erwerbs von Eigenheimen oder Eigentumswohnungen für Großfamilien von Aussiedlern und Zuwanderern mit mindestens 5 im gemeinsamen Haushalt lebenden Kindern oder mindestens 7 Personen bei Angehörigen auf- oder absteigender Linie (Großeltern bis Enkel).

2. Antragsberechtigte

Antragsberechtigt sind Aussiedler und Zuwanderer, die in den letzten 4 Kalenderjahren vor Antragstellung, nicht vor dem 1. 1. 1984, in die Bundesrepublik Deutschland oder Berlin (West) eingereist sind.

3. Darlehenskonditionen

Darlehenshöhe:	in der Regel bis zu 50.000 DM in Ausnahmefällen bis zu 80.000 DM
Auszahlung:	100 %
Laufzeit/Rückzahlung:	alternativ, je nach Notwendigkeit – Laufzeit 25 Jahre, 5 Freijahre, Tilgung in gleichen Halbjahresraten mit 5 % p.a. – Laufzeit 25 Jahre, keine Freijahre, Tilgung in gleichen Halbjahresraten mit 4 % p.a. – Laufzeit 10 Jahre und Rückzahlung in einer Summe am Ende der Laufzeit.
Zinssatz:	0 % Verzinsungsvorbehalt: Falls die wirtschaftlichen Verhältnisse des Schuldners eine Verzinsung tragbar erscheinen lassen, wird nach frühestens 8 Jahren, gerechnet vom Datum der Vollauszahlung des Darlehens, ein Zinssatz bis zu 6 % p.a. vom valutierenden Restbetrag festgesetzt.
Subsidiarität:	Die Eigenheimdarlehen werden gewährt, wenn trotz Einsatzes der vorhandenen Eigenmittel und nach Ausschöpfung aller öffentlichen Förderungsmöglichkeiten ein ungedeckter Finanzierungsbedarf besteht, der eine zusätzliche Finanzierungshilfe erfordert.

4. Darlehensabsicherung

Die Darlehen sind an rangbereitester Stelle grundpfandrechtlich abzusichern.

Nachtrag **Seite 473**

5. Antragsverfahren

die Darlehensanträge können – ohne Einschaltung von Hausbanken – direkt bei der Deutschen Ausgleichsbank gestellt werden. Falls die Eigenheime im Trägerbau errichtet bzw. von Bauträgergesellschaften erworben werden, sind die Anträge über die Bauträgergesellschaften bei der Deutschen Ausgleichsbank einzureichen. Von den Bauträgergesellschaften ist eine Stellungnahme zum Vorhaben sowie zur vorgesehenen Finanzierung abzugeben; sie sollen sich insbesondere dazu äußern, ob alle in Betracht kommenden öffentlichen Förderungsmittel ausgeschöpft worden sind.

Für die Antragsbearbeitunng werden ferner folgende Unterlagen benötigt:
- zur Antragsberechtigung: Vertriebenen- bzw. Flüchtlingsausweis; sofern nicht oder noch nicht vorhanden: Aufnahme- oder Registrierschein oder andere, zum Nachweis der Antragsberechtigung geeignete Unterlagen
- Meldebescheinigung
- Bescheinigung über die Einkünfte aller Familienangehörigen
- Alle relevanten Bescheide, z. B. über Wohngeld und andere öffentliche Fördermittel
- Zusagen für die anderweitigen Darlehen
- Kosten- und Finanzierungsplan, einschließlich Angaben zu den Gesamtherstellungskosten und zum Anteil der Wohneinheiten für die Antragsteller
- Bauplan, Baubeschreibung
- Wirtschaftlichkeits-/Teilwirtschaftlichkeitsberechnung
- Übersicht über die voraussichtlichen Zins- und Tilgungsbelastungen
- Angaben über den Wert des zu finanzierenden Objektes
- ggf. notarieller Kauf- oder Kaufvorvertrag bzw. Erbbauvertrag
- Grundbuchauszug sowie Aufstellung evtl. weiterer zu erwartender grundbuchlicher Belastungen (Rangfolge)

Für evtl. Rückfragen und Auskünfte zu diesem Darlehensprogramm steht die Deutsche Ausgleichsbank jederzeit zur Verfügung.
Deutsche Ausgleichsbank
Wielandstr. 4
5300 Bonn 2
Tel. (02 28) 8 31-2 68 oder 83 10

2. zu 9. Eingliederung in Schule und Berufsausbildung

Der Bundesminister für Jugend, Familie, Frauen und Gesundheit hat durch zwei Erlasse vom 24. und 26. Oktober 1988 den Anwendungsbereich des Garantiefonds – Schul- und Berufsbildungsbereich – erweitert. Der Erlaß vom 26. Oktober 1988 gilt auch für den Garantiefonds – Hochschulbereich.

a. Erlaß des BMJFFG vom 24. Oktober 1988 – 216-2055-5

Im Hinblick auf die besondere Situation des wachsenden Zustroms junger Aussiedler ohne deutsche Sprachkenntnisse und die Bedeutung der Sprachkenntnisse für die Entwicklung der jungen Menschen wird im Einvernehmen mit dem Bundesminister der Finanzen ab sofort der Garantiefonds für die Förderung der deutschen Sprache junger grund- und hauptschulpflichtiger Aussiedler für folgende Fälle zugelassen:

a) Die Schaffung einer Fördereinrichtung (Förderschule, Förderklasse, Fördergruppe) am Ort durch den Schulträger ist wegen der geringen Zahl der zu fördernden Kinder nicht gerechtfertigt. Diese Kinder sind auf Einzelförderung angewiesen.

b) Schulpflichtige Kinder, die sich in Übergangsheimen aufhalten, erhalten oftmals während dieses zeitlich begrenzten Aufenthalts weder Schul- noch Sprachförderung. Sie sollen in Zukunft in Maßnahmen zur Verbesserung der Kenntnisse der deutschen Sprache einbezogen werden.

c) In Einzelfällen reicht die Sprachförderung in einer schulischen Fördereinrichtung (Nr. 9.2 Abs. 2 der Richtlinien zum Garantiefonds – RL-GF-SB –) nicht aus. Eine Ergänzung durch Maßnahmen, die nicht mehr in die Erfüllung der alllgemeinen Schulpflicht fallen, erscheint angezeigt. Den Kindern wird vom Schulträger empfohlen, zusätzliche Sprachkenntnisse in einer betreuenden Einrichtung eines freien Trägers zu erwerben. Die Regelung erfolgt unter Berücksichtigung der in Nr. 7.1 Buchst. b der RL-GF-SB dargelegten grundsätzlichen Förderungsmöglichkeit von Maßnahmen zur Verbesserung der Kenntnisse der deutschen Sprache im Rahmen der schulischen Eingliederung und unter Anwendung der Ausnahmebestimmung des Garantiefonds zunächst für die Dauer von zwei Jahren. Die Förderung der zu a) bis c) genannten Personenkreise richtet sich nach Nr. 9.2 Abs. 2 der RL-GF-SB. Die Förderung zu c) schließt die Kosten zur sozialpädagogischen Stützung des Sprachunterrichts ein; von einer Einzelstunde darf höchstens die Hälfte für die sozialpädagogische Betreuung verwendet werden.

Die anzuerkennenden Kosten der Einzelstunde richten sich nach den Sätzen, die in den Regelungen der Länder für die Vergütung von Mehrarbeit und von nebenamtlichem Unterricht der Lehrer festgelegt sind.

Der schulbezogene Inhalt der zusätzlichen Sprachförderung wird im Einzelfall von der Schule festgelegt. Die Verpflichtung der Länder und Schulträger zur Förderung der schulischen Eingliederung in Erfüllung der allgemeinen Schulpflicht wird nicht berührt.

b. Erlaß des Bundesministers für Jugend, Familie, Frauen und Gesundheit vom 26. Oktober 1988 – 216-2055-5

Betr.: Richtlinien des Bundesministers für Jugend, Familie, Frauen und Gesundheit für die Vergabe von Beihilfen zur schulischen, beruflichen und gesellschaftlichen Eingliederung junger Aussiedler, junger Zuwanderer aus der DDR und Berlin (Ost) sowie junger ausländischer Flüchtlinge – sog. Garantiefonds – Schul- und Berufsbildungsbereich – (RL-GF-SB) vom 1. 3. 1988

hier: Nr. 3.1 Buchst. a

Anlg.: – 1 –

Die von der Bundesanstalt für Arbeit . . . als vorläufiger Nachweis der Vertriebenen-(Aussiedler-)Eigenschaft zugelassene „Stellungnahme für die Gewährung von Leistungen"[1] wird im Rahmen des sog. Garantiefonds ab sofort ebenfalls als vorläufiger Nachweis i. S. der Nr. 3.1 Buchst. a der o. g. Richtlinien anerkannt.

Die „Stellungnahme" wird – wie im o. g. Runderlaß der Bundesanstalt für Arbeit vorgesehen – mit der Entscheidung über den Antrag auf Ausstellung des Vertriebenenausweises spätestens nach Ablauf eines Jahres vom Tage der Ausstellung an ungültig.

Bewilligungsbescheide bitte ich mit dem nachstehenden Zusatz zu versehen:

Die Bewilligung erfolgt vorläufig unter dem Vorbehalt der rückwirkenden Aufhebung des Bewilligungsbescheides und der Rückforderung für den Fall, daß eine Anerkennung als Vertriebener (Aussiedler) **nicht** erfolgt.

---

[1] vgl. hierzu den Runderlaß des Präsidenten der Bundesanstalt für Arbeit vom 2. August 1988 – 105/88 –, abgedruckt unter 7.5.

Notizen

Notizen

Notizen